刑事判例研究

〔22〕

韓國刑事判例研究會 編

博 英 社

Korean Journal of Criminal Case Studies

[22]

Edited by

Korean Association of Criminal Case Studies

Parkyoung Publishing&Company
Seoul, Korea

머 리 말

형사판례연구 제22권이 발간되었다. 1993년 6월부터 매년 발간되어 온 형사판례연구는 20여 년의 역사와 전통을 자랑하는 학술지로서 우리나라 형사판례에 이론적 기초와 아울러 실천적 적용방안을 제시해왔다. 형사법학은 단순히 이론적 학문에만 그칠 수 없고, 시대의 중요한 현실 문제에 대한 합리적 해결책을 제시해야 하는 막중한 임무도 수행해야 한다. 따라서 학계와 실무계의 협력은 필수적이라 할 것인바, 이러한 측면에서 우리 연구회가 지난 20여 년 동안 현실에 뿌리박은 형사법학의 정립과 이론적 근거를 지닌 형사실무의 확립에 커다란 공헌을 해왔음은 그 누구도 부인할 수 없을 것이다.

지난 1년을 돌이켜 볼 때 우리 연구회에도 큰일들이 발생하였다. 무엇보다 안타까운 것은 형사판례연구 제21권을 우리 연구회의 창립자이며 명예회장이신 지송 이재상 교수님의 고희기념호로 발간하였으나, 예정된 봉정식을 불과 몇 시간 앞두고 지송 선생님께서 지병으로 유명을 달리하셔서 그 책을 고인의 영정 앞에 올릴 수밖에 없었던 일이다. 다시 한 번 고인의 명복을 빌고 유족들께도 심심한 위로의 말씀을 올린다. 또 하나 안타까운 일은 한국형사정책연구원의 정책결정에 따라 지난 20여 년간 유지되어 왔던 우리 연구회와 한국형사정책연구원의 긴밀한 협조관계가 더 이상 유지될 수 없게 된 것이다. 이에 따라 그동안 선배들이 쌓아온 학계와 형사정책연구원 및 실무계 사이의 모범적 협조관계가 중대한 지장을 받게 되었음은 매우 유감스러운 일이다. 그러나 앞으로도 우리 연구회와 한국형사정책연구원이 진일보한 협조관계를 설정하고 유지할 수 있을 것이라고 확신한다.

지난 1년간 우리 연구회에 기쁜 일도 많이 있었다. 그 중 대표적인 것이 우리 연구회와 한국형사소송법학회 그리고 검찰의 형사입법 커뮤니티가 공동학술대회를 개최함으로써 학회와 학회 그리고 학회와 실무계의 새로운 협력관계의 가능성을 보여준 것이다. 향후 우리 연구회는 법원, 검찰, 변호사협회 등 실무계와의 협력은 물론이고, 다른 형사법 관련 학회나 형사판례 연구에 도움이 되는 여타 인접학문 분야의 전문가들과 심도 있는 논의의 장을 열 수 있도록 노력할 것이다. 김진환, 강용현 두 분 전임 회장님께서는 의미 있는 시작을 격려하기 위해 커다란 도움을 주셨다. 이 자리를 빌려 다시 한 번 감사드린다.

끝으로 지난 1년간 월례발표회에 옥고를 제출하여 주신 발표자와 사회자 및 토론자분들 그리고 열심히 참석하여 주신 모든 회원들께 감사의 말씀을 올린다. 특히 계명대의 김혜경 교수님과 한국형사정책연구원의 윤지영 박사님은 연구회의 온갖 궂은 일들을 도맡아 처리해 주셨는데, 역시 이 자리를 빌려 고마운 인사를 드린다. 그리고 어려운 여건 속에서도 창간호부터 지금까지 이 책의 출판을 맡아주신 박영사의 안종만 회장님을 비롯하여 조성호, 우석진 부장님 및 박영사 관계자 여러분께 진심어린 감사를 드린다.

2014년 6월

한국형사판례연구회 회장

오 영 근

목 차

Table of Contents

계속범의 본질 -불법성의 내적 강화- 와 유형화

김 혜 경*

[대상판례 1] 대법원 2013.07.25. 선고 2012도15057 판결

[사실관계]

피고인은 2009. 3. 3.경 공소외인으로부터 (차량 등록번호 생략) BMW 승용차(이하 '이 사건 자동차'라 한다)를 양수하였음에도 정당한 사유 없이 소유권이전등록을 신청하지 아니하였고, 검사는 공소장에 위 공소사실에 대한 적용법조를 현행 자동차관리법 제81조 제2호, 제12조 제1항으로 기재하여 기소하였다. 그런데 동법의 개정경과를 보면 다음과 같다. 우선 피고인이 지동차미등록죄가 성립하는 2009년 3월 19일에는 A법(구법)이 존재하였고, 2009년 2월 6일 개정되어 2010년 2월 7일부터 시행된 법은 B법(개정법)이므로, 기소당시의 시행법은 B법이다.

검사는 B법으로 공소제기하였고, 원심은 이를 A법으로 경정하였다. 그런데 A법상으로는 동 행위가 과태료 부과대상이고, B법에서만 1년 이하의 징역 또는 300만원 이하의 벌금이 법정형인 범죄이다. 그럼에도 불구하고 원심은 유죄를 선고하였다.

* 계명대학교 법경대학 · 부교수.

[판결요지]

원심은 이 부분 공소사실을 유죄로 인정하면서 이에 대하여 구법 제81조 제2호, 제12조 제2항이 적용된다고 보았다. 그런데 구법 제12조 제2항에 의하면 자동차소유권의 이전등록 신청의무를 부담하는 자는 자동차매매업의 등록을 한 자(이하 '자동차매매업자'라 한다)이므로, 구법 제81조 제2호, 제12조 제2항 위반죄는 자동차매매업자를 범죄의 주체로 하는 신분범이라 할 것이다. 이 부분 공소사실과 공소장에 기재된 적용법조 및 원심이 유지한 제1심이 인정한 범죄사실은 피고인이 자동차매매업자임을 전제로 자동차소유권 이전등록 신청의무를 이행하지 아니하였다는 것이 아니므로, 원심의 위와 같은 법률 적용은 잘못된 것이다.

나아가 앞서 본 규정들을 종합하면, 개정법 제81조 제2호, 제12조 제1항 위반죄는 등록된 자동차를 양수받은 자가 그 자동차를 매수한 날부터 15일 이내에 소유권 이전등록 신청을 하지 아니함으로써 곧바로 범죄가 성립하고 그와 동시에 완성되는 이른바 즉시범이라고 보아야 하고, 마찬가지로 구법 제84조 제2항 제2호, 제12조 제1항의 위반행위도 등록된 자동차를 양수받은 자가 그 자동차를 매수한 날부터 15일 이내에 소유권 이전등록 신청을 하지 아니함으로써 곧바로 위반행위가 성립하여 완성된다고 할 것이다.

개정법 및 구법의 관련 규정과 앞서 본 법리를 위 사실관계에 비추어 살펴보면, 피고인이 이 사건 자동차를 매수한 날부터 15일 이내인 2009. 3. 18.경까지 자동차소유권의 이전등록을 신청하지 아니함으로써 위 날이 경과한 2009. 3. 19.경 그 의무위반행위가 성립하여 완성되었다고 할 것이고, 피고인의 이러한 위반행위에 대하여는 개정법 부칙 제5조에 따라 구법 제84조 제2항 제2호, 제12조 제1항을 적용하여 과태료를 부과할 수 있을 뿐이므로, 원심으로서는 이 부분 공소사실에 대하여 형벌 규정이 없어 범죄로 되지 아니한다는 이유로 형사소송법 제325조 전단에 의하여 무죄를 선고했어야 할 것이다.

[대상판례 2] 대법원 2010.5.27. 선고 2009도10778 판결

[사실관계]

원심은, "피고인 2는 피고인 5 주식회사의 대표이사로서 2007. 3. 9. 횡성군이 발주한 주천강 마암, 화동 3지구 수해복구공사(이하 '이 사건 공사'라고 한다)를 조달청 전자입찰 방식에 의해 낙찰받아 피고인 4 주식회사를 운영하는 피고인 3으로 하여금 피고인 5 주식회사의 상호를 사용하여 시공하게 하였다. 이로써 피고인 2는 피고인 3에게 자기의 상호를 대여하여 건설공사를 시공하게 하고 피고인 3은 피고인 2로부터 피고인 5 주식회사의 상호를 대여받아 건설공사를 시공하였다. 피고인 5 주식회사는 위와 같이 대표이사인 피고인 2가 그 업무에 관하여 명의를 대여하였고, 피고인 4 주식회사는 위와 같이 대표이사인 피고인 3이 그 업무에 관하여 명의를 대여받았다"라는 공소사실에 대하여, 판시 사실을 종합하면 피고인 2와 피고인 5 주식회사가 이 사건 공사의 수급 및 시공의 전 과정에 있어서 어느 정도 실질적으로 관여하였다고 봄이 상당하므로 이를 두고 건설업 명의대여 행위라고 볼 수 없다는 제1심의 판단을 그대로 유지하였다.

그러나 대법원은 사실관계를 앞서 본 법리에 비추어 보면, 피고인 2가 피고인 3으로 하여금 이 사건 공사를 시공하도록 할 당시 피고인 2가 이 사건 공사에 실질적으로 관여할 의사를 전혀 가지고 있지 않았고, 또 실질적으로 관여하지도 않았다고 판단하였다.

[판결요지]

[1] 구 건설산업기본법(2007. 5. 17. 법률 제8477호로 개정되기 전의 것) 제21조의 규정에 비추어 건설업자가 건설공사를 정당하게 수급한 다음 다른 사람에게 자기의 성명 또는 상호를 사용하여 시공만 하게 한 경우에도 명의대여 행위로서 금지되고, 이러한 경우 명의대여 행위는 시공자로 하여금 공사에 착수하게 한 때에 완성되어 같은 법

제96조 제4호 위반죄의 기수가 되고 그 후 공사 종료시까지는 그 법익 침해상태가 남아 있을 뿐이라고 할 것이므로, 공사착수 후 실제로 시공행위를 계속 담당한 것이 누구인지는 위 범죄의 성립을 좌우할 사유가 되지 못한다.

[2] 대표이사 을이 갑 주식회사가 낙찰받은 공사를 병 주식회사를 운영하는 정에게 갑 주식회사의 상호를 사용하여 시공하게 함으로써 명의를 대여하였다는 공소사실에 대하여, 갑 주식회사의 대표이사인 을이 위 공사의 수급에 실질적으로 관여하였으므로 건설업 명의대여에 해당하지 않는다고 보아 구 건설산업기본법(2007. 5. 17. 법률 제8477호로 개정되기 전의 것) 위반의 공소사실을 무죄로 인정한 원심판단에 법리오해 및 심리미진의 위법이 있다.

[연 구]

Ⅰ. 들어가며

일반적으로는 계속범과 상태범의 구별기준을 흔히 기수 이후 행위의 지속이나 행위의 시간적 계속성에 초점을 맞추는 듯하다. 그러나 특정한 경우에는 행위의 계속인지 단지 위법상태의 계속인지 구별이 모호한 경우가 발생한다. 예컨대 각종의 소지죄는 최초의 소지행위만이 작위행위에 의한 구성요건충족이고 그 이후는 '소지'라는 위법상태의 계속인지 '소지행위'라는 구성요건행위의 계속인지에 대한 뚜렷한 구별기준이 제시되지는 않는 것으로 보인다. 이러한 예는 소지죄 이외에도 형법상의 범죄단체조직죄, 건축법상의 불법용도변경 및 이용행위나 국토이용관리법상의 농지전용행위, 특별법상의 각종 미등록죄나 미신고죄 및 특별법상의 명의신탁약정이나 명의대여행위 등에서도 나타날 수 있다.

그렇다면 계속범에게 행위의 계속성을 요구함으로서 일정한 법적 효과, 예컨대 그것이 실체법 및 소송법적으로 행위자에게 불이익한 경우이거나 반대로 유리한 경우의 효과를 인정하는 이유가 무엇인지부터 논의의 출발점으로 삼아야 할 것이다. 그리고 이로부터 계속범과 상태범을 구분할 수 있는 판단기준을 정립할 수 있는지 검토해 보아야 할 것이다. 즉, 위법상태가 계속되는 동안 위법행위도 계속된다고 평가할 수 있는, 또는 평가해야하는 근거를 행위로부터 찾음으로써 계속범 판단을 정형화할 수• 있는가의 문제이다.

또한 계속범의 범주라도 몇 가지 유형군으로 구별이 가능할 것으로 보이는바, 이들의 유형화가 계속범 판단에 실익이 있을지 판단해 보는 것도 의미가 있을 것으로 보여 진다. 대상판례1의 경우에는 진정부작위범으로서, 미등록죄라는 범죄는 등록하지 않은 상태로 법률이 요구하는 등록기간을 도과함과 동시에 기수에 이르지만, 기수 이후에도 미등록이라는 부작위가 계속되는 것인지 아니면 미등록상태라는 위법상태만이 계속되는지 검토해야 할 것이다. 이는 미등록죄뿐만 아니라 진정부작위범 영역으로 확대하여 계속범을 인정할 수 있는가의 문제까지도 제기된다. 또한 대상판례 2는 명의대여행위로서 법률행위적 의사표시가 범죄가 되는 경우인 바, 특히 일방적인 의사표시가 아니라 소위 일방만 처벌되는 편면적 대향범으로서 상대방과 의사합치적 또는 상호교차적 의사표시가 존재하여야만 범죄가 되는 경우이므로, 의사표시의 철회시점까지는 의사표시가 추구하고자 하는 법률행위의 효과가 지속되어 의사표시라는 법위반행위가 계속되는 것인지 아니면, 법률행위는 표시행위가 외부로 현출되어 민법상 표시주의 하에서 상대방에게 도달하기만 하면 기수에 이르고, 이후에는 의사표시가 지향하는 '법에 위반되지만 의사표시에 의하여 지속되는 법률효과' 라는 위법상태만이 지속되는 것인지 판단해 볼 필요가 있을 것이다.

따라서 본 논문에서는 우선 상태범과 계속범의 구별 및 판단기준을 제시한 후(Ⅱ), 계속범의 유형화의 시도 및 유형화가 가지는 법적 의미 여부를 살펴보고, 특히 진정부작위범과 민법상 법률행위적 의사표시가 별도의 추가행위 없이 범죄의 구성요건에 해당하는 경우에도 계속범으로 분류할 수 있는지 검토해 본 후에(Ⅲ), 대상판결들에 대한 판례의 태도를 검토해 보고자 한다(Ⅳ).

Ⅱ. 계속범의 본질-불법성의 내적 강화

1. 계속범의 판단기준에 관한 학설의 태도

계속범이 행위의 계속을 요구하는 반면, 상태범은 기수와 동시에 범죄는 종료되고 다만 종료이후에는 위법상태만 계속된다는 점에서는 공통되나, 계속범의 경우 기수를 위한 행위의 계속인지, 기수 이후의 위법상태와 행위의 계속이 일치하는지에 따라 견해가 대립된다. 전자는 계속범은 구성요건적 행위의 속성상 행위자체가 어느 정도 시간적으로 계속되어야 성립되는 범죄를 의미한다고 보는 바, 예컨대 감금의 경우에도 순간적인 또는 일시적인 감금으로는 행위가 기수에 이르지 아니한다고 본다.[1] 반면 후자는 위법상태의 계속과 행위의 계속이 일치하므로, 기수 이후에도 행위의 계속에 의하여 위법상태가 지속되고 행위의 종료로서 위법상태도 종료되기 때문에 기수시기와 종료시점이 일치하지 않는 범죄라고 본다.[2] 또는 외관상 하나의 행위만 있는 것처럼 보이지만 실질에 있어서는 기수 이후에도 제2, 제3의 행위가 반복하여 되풀이되는 형태라고 설명하기도 한다.[3]

그러나 다음과 같은 몇 가지 이유로 후자의 견해가 타당하다고 보여 진다. 우선, 언어사용의 면이다. 기수가 되기 위하여는 구성요건 행위 자체의 어느 정도 시간적 계속성을 요구하는 범죄라고 정의한다

1) 김성천/김형준, 형법총론, 62면; 정성근/박광민, 형법총론, 175면.

2) 김성돈, 형법총론, 114면; 김일수/서보학, 형법총론, 150면; 오영근, 형법총론, 94면; 임웅, 85면. 한편, 임광주, “공법 : 몇 가지 유형의 범죄에 대한 재정립”, 법학논총 제25권 제4호, 한양대학교 법학연구소, 2008, 76-77면은 즉시범을 종료범이라고 표현하면서, 상태범 개념 없이 즉시범과 계속범을 대립되는 범죄 유형으로 본다.

3) 신동운, 형법총론, 456면.

고 하더라도, 그것이 상태범과 구별되는 법적 효력을 찾기는 어렵다. 오히려 일정한 행위들은 행위 고유의 속성상 일시적으로 형성되는 외관만으로는, '행위하였다'라는 행위의 완성이 일반인의 법감정에 부합하는 평가를 받지 못하는 범주가 생긴다. 이는 구성요건행위라는 법적 평가의 측면이 아니라 일상적인 용어의 문제일 뿐이다. 예컨대 일상적으로도 가축을 '가둔다'라거나 타인의 집을 '방문한다'라는 말은 언어 고유의 사용면에서 볼 때에도 그러한 행위 자체가 일반인들의 용어사용의 통념에 부합하는 정도의 시간적 계속을 요구한다는 점에서, 법적 용어로서 감금이나 주거침입 역시 달리 해석할 필요가 없기 때문이다.

둘째, 기수에 이르기까지 구성요건행위 자체의 시간적 계속성을 요구하는 범죄라고 정의한다고 하더라도, 계속범과 상태범의 구별에 의한 법적 평가가 달라지지는 않는다. 이러한 정의에 따른다면, 일반적으로 계속범의 특징이라고 일컫는 기수시점과 불일치하는 종료시점까지의 공범성립, 정당방위, 공소시효의 기산점 등이 상태범과 구별되지 않기 때문이다. 셋째, 진정부작위범의 형태인 계속범의 경우 구성요건행위 자체의 시간적 계속성을 논할 필요 없이 즉시 성립하는 거동범이 되므로 기수가 되기 위한 행위자체의 시간적 계속성을 요구할 필요가 없다.

그 밖에도 범죄군에 따라 계속범과 상태범을 나누는 것은 옳지 않으며, 범죄의 구성요건 자체로는 시간적 계속성을 예정하고 있지 않다고 하더라도 구체적인 행위태양이나 행위객체에 따라서 시간적 계속성이 필연적으로 요구되는 경우에는 계속범으로 보아야 한다는 견해[4]가 있다.[5] 그러나 상태범인가 계속범인가 여부는 행위의 속성으로

4) 최재정, "계속범에 관하여", 사법연수원논문집 제1집, 사법연수원, 2004, 328면.

5) 동 견해에 따르면 상태범의 전형이라고 할 수 있는 절도죄도 관리할 수 있는 동력을 절취하는 경우에는 시간적 계속성이 필연적인 요소이기 때문에 계속범이라고 평가한다. 즉, 구성요건적 행위의 속성이 아니라, 구체적인 사안에 따라서 양자를 구분하여야 한다고 본다. 그러나 전력절도의 경우에도 객체의 속성상 행위의 시간적인 계속이 불가피하다고 하더라도, 그것을 계속범이라고 볼 필요는 없을 것으로 보인다. 만일 이와 같이 설명한다면 특정 유체물

부터 비롯되어야 하며, 예컨대 객체의 속성이 어느 정도 시간적 계속이 수반된다고 하더라도 이는 절취행위의 기수를 완성하기 위한 것으로 보아도 될 것이다.

또 다른 견해에 의하면, 어떤 범죄가 계속범인지 불분명한 경우에는, 시민자유우선원칙(의심스러울 때는 시민의 자유를 우선함[in dubio pro libertate])에 따라 피고인에게 유리한 방향으로 판단해야하는데, 원칙적으로 계속범으로 보기도 한다.[6] 그러나 계속범이 반드시 피고인에게 유리한 범죄인지는 실체법적 또는 절차법적 개별효과에 따라 달리 해석될 수 있다는 점에서 반드시 명확한 구별기준이라고 볼 수 없다.

2. 계속범의 판단기준에 관한 판례의 태도 분석

가. 즉시범과 상태범 개념의 동일시화

판례는 계속범과 대립되는 개념을 즉시범이라고 이해하면서, 동시에 즉시범과 상태범을 구분하지 않는다. 예컨대 '즉시범 내지 상태범'에 해당하는가 여부를 판단함으로서, 즉시범과 상태범을 동일한 용어로 취급하면서, 최초의 행위시점인 기수시점을 공소시효 기산점으로 본다.[7] 반면 즉시범과 상태범의 구별실익은 기수 이후 가담하는 공범자를 처벌할 수 있는가 여부에 있다고 보면서, 판례가 즉시범과 상태범을 동일한 개념으로 보지 않으면서 즉시범과 계속범을 반대개념으로 본다고 해석하는 견해가 있다.[8]

들 또한 객체의 속성상 계속범이라고 해야만 할 것인바, 예컨대 주유소에서 석유를 절도하는 경우에도 객체의 속성상 어느 정도 절취행위에 시간적 계속이 요구되므로 계속범이라고 해야 하는가 등의 문제가 발생하게 된다.

6) 이상돈, 형법강의, 법문사, 2010, 4/54.

7) 大判 2010. 9. 30, 2008도7678. 공유수면 무단 점용으로 인한 구 공유수면관리법(2007. 12. 27. 법률 제8819호로 개정되기 전의 것) 위반죄가 상태범 내지 즉시범에 해당함을 전제로, 피고인의 최초 점용시를 공소시효의 기산점으로 보아 이미 공소시효가 완성되었다고 판단하였다.

8) 송진경, "판례평석 : 농지법상 농지전용죄와 범죄의 성격", 비교형사법연구 제11권 제2호, 한국비교형사법학회, 2009, 272면 이하.

그러나 또 다른 판례에서는 '반국가단체의 구성죄는 상태범이 아니고 계속범이므로 그 공소시효의 기산점은 피고인이 위 반국가단체에 가입한 시점이 아니라 가입하였다가 탈퇴한 시점'[9]이라고 하여 상태범과 계속범을 대립되는 개념으로 이해하고 있다. 또한 내란죄를 상태범이라고 본 판례[10]에서는 '폭동에 의한 국헌문란의 죄는 한 지방의 평온을 해칠 정도에 이르게 된 때에 기수가 되나, 즉시범이 아니라 계속범'이라고 본 원심판결[11]에 대하여 대법원은 '…다수인이 한 지방의 평온을 해할 정도의 폭동을 하였을 때 이미 내란의 구성요건은 완전히 충족된다고 할 것이어서 상태범으로 봄이 상당하며, 따라서 원심이 이 사건 내란죄를 계속범으로 본 조처는 적절하지 아니하다'고 함으로서 즉시범과 상태범을 구분하지 않음을 간접적으로 제시하고 있다.

동 판결에서 대법원은 상태범인 이유를 '행위를 통해 구성요건이 완전히 충족'되었다는 점에 두고 있을 뿐, 이후 위법상태의 존속 또는 계속 여부는 언급하고 있지 않다. 그 결과 문맥상으로는 즉시범이라는 용어가 보다 적절한 부분에 상태범이란 용어를 사용한다는 점에서, 즉시범과 상태범을 인식적으로 구분하지 않음을 확인할 수 있다.[12]

ㄴ. 계속범의 의의

판례는 즉시범을 '행위와 함께 범죄가 기수에 이르러 범죄행위가 종료되는 범죄'라고 보고, 계속범을 '행위를 계속함으로써 위법상태가 지속되는 동안 범죄행위도 종료되지 않고 계속되는 범죄'라고 판시하고 있다.[13] 계속범에 관한 이러한 해석은 다른 판례에서도 유지되고

9) 서울고등법원 1966. 3. 29, 65노450.

10) 大判 1997. 4. 17, 96도3376(전합).

11) 서울고법 1996. 12. 16, 96노1892.

12) 학설상으로도 즉시범과 상태범을 구별하면서도, 구별의 법적 실익이 없다는 점에 대하여는 대체로 일치하는 듯하다. 본 논문에서는 판례의 태도에 관한 한 즉시범과 상태범을 동일한 용어로 보고자 한다.

13) 大判 2009. 1. 30, 2008도8607. 건설폐기물의재활용촉진에관한법률위반죄에 관한 동 판결에서 대법원은 ' …원심은 법 제63조 제1의2호가 금지하는 행위는 건설폐기물을 허가받지 아니한 업체에 위탁하여 처리하는 행위인데, <u>이는 위</u>

있는 바, 예컨대 공유수면관리법 위반죄 성립여부에 있어서 공유수면인 바닷가를 허가 없이 점·사용하는 행위는 그로 인하여 공유수면의 외부적 형상이 변경되었는지 여부와 관계없이 그 공유수면을 무단으로 점·사용하는 한 가벌적인 위법행위가 계속 반복되고 있는 계속범이라고 본다.[14]

다. 진정부작위범의 경우

가벌적 위법행위가 기수 이후에도 계속 반복되는 범죄를 계속범이라고 판시한다고 하더라도, 위법상태가 지속되는 동안 위법'행위'도 계속되는지 여부에 대한 기준은 명확하지 않은 것으로 보인다. 예컨대 대상판례 1과 같이 자동차소유권이전 미등록죄의 경우 자동차를 양수받은 자가 등록기간이 도과할 때까지 등록하지 아니함으로써 곧바로 위반행위가 성립하여 완성되는 즉시범이라고 본다.[15] 즉, 자동차소유권이전 미등록죄는 15일이라는 유예기간이 완성됨과 동시에 성립하는 즉시범이고, 기간도과 이후의 미등록상태는 위법상태의 계속일 뿐 미등록상태가 미등록이라는 부작위 행위의 계속이 아니라고 보는 것이다.

또한 이와 유사하게 구 폐기물관리법(1999. 2. 8. 법률 제5865호로 개정되기 전의 것) 제61조 제8호, 제24조 제2항 위반죄[16], 즉 폐기물관

탁처리를 위한 도급계약의 성립과 함께 범죄가 기수에 이르러 범죄행위가 종료되는 이른바 즉시범이 아니고 그 도급계약에 따른 건설폐기물의 처리행위를 계속함으로써 위법상태가 지속되는 동안 범죄행위도 종료되지 않고 계속되는 계속범의 성격을 갖는 것이므로, 대한주택공사와 철거업체들 간의 도급계약이 처벌규정인 위 법률 조항이 신설되기 전에 체결되었다고 하더라도, 그에 따른 건설폐기물의 처리행위가 처벌규정의 신설 후에도 종료되지 않고 계속적으로 이루어진 이상, 처벌규정 신설 후에 이루어진 무허가 처리업체에 의한 건설폐기물의 위탁처리에 대하여 위 법률 조항이 적용된다'고 판시하였다.

14) 大判 2010. 9. 30, 2008도7678.

15) 大判 2013. 7. 25, 2012도15057.

16) 구 폐기물관리법(1999. 2. 8. 법률 제5865호로 개정되기 전의 것) 제24조 제2항은 환경부령이 정하는 사업장폐기물배출자는 사업장폐기물의 종류·발생량 등을 환경부령이 정하는 바에 따라 시장·군수·구청장에게 신고하여야 한다고 규정하고, 제61조 제8호는 제24조 제2항의 규정에 의한 신고를 하지 아니

리사업 미신고죄는 계속범이 아니라, 사업개시일 또는 실제로 폐기물을 배출하기 시작한 날로부터 1월 이내에 위 신고를 하지 아니함으로써 곧바로 범죄가 완성된다고 본다.[17] 다만 지금까지 예외적으로 유일하게 미신고죄를 계속범으로 판단한 판결[18]이 있는 바, 구시장법 제4조 위반에 대하여 "허가를 받지 아니하고 시장을 개설하는 행위는 계속범의 성질을 가지는 것이어서 허가를 받지 않은 시장개설 상태가 계속되는 한 무허가 시장개설행위에 대한 공소시효는 진행하는 것이 아니므로 … 공소시효가 시장개설 행위가 최초로 행해진 때로부터 진행하여 이미 완성되었다는 취지의 논지도 받아들일 수 없다"고 보았다. 그러나 동 판결을 제외하고는, 일관되게 미신고죄에 대하여 즉시범으로서 공소시효가 신고의 유예기간 도과와 동시에 기산된다고 본다.

이처럼 판례는, 의무불이행이라는 부작위는 상태일 뿐 기수 시점 이후의 부작위는 범죄'행위'가 아니라고 봄으로써, 총체적으로 진정부작위범은 계속범이 아니라고 판단하는 듯한 인상을 준다. 즉, 미등록 또는 미신고죄는 기간도과로 기수가 됨은 물론이나 그 이후에는 등록 또는 신고하지 아니한 위법상태만 존재할 뿐이라고 본다. 그러나 진정부작위범이 거동범이라는 점에서, 부작위행위는 부작위라는 거동의 형태로 여전히 지속되는 것은 아닌가 하는 의문이 발생한다.

라. 위법상태와 위법행위의 시간적 일치

위법상태와 위법행위의 일치여부에 관하여 판례는 다음과 같이 구별하고 있다. '구 농지법(2005. 1. 14. 법률 제7335호로 개정되기 전

한 자는 1년 이하의 징역 또는 500만 원 이하의 벌금에 처한다고 규정하고 있으며, 구 폐기물관리법시행규칙(1999. 8. 9. 환경부령 제82호로 개정되기 전의 것) 제10조 제1항 제3호, 제2항의 규정에 의하면 폐기물을 1일 평균 300kg 이상 배출하는 자는 사업개시일 또는 폐기물배출일부터 1월 이내에 별지 제1호 서식의 신고서를 사업장폐기물의 발생지를 관할하는 시장·군수·구청장에게 신고하여야 한다고 규정하고 있다.

17) 大判 2001. 12. 24, 2001도4506.

18) 大判 1981. 10. 13, 81도1244.

의 것) 제2조 제9호에서 말하는 '농지의 전용'이 이루어지는 태양은, 첫째로 농지에 대하여 절토, 성토 또는 정지를 하거나 농지로서의 사용에 장해가 되는 유형물을 설치하는 등으로 농지의 형질을 외형상으로뿐만 아니라 사실상 변경시켜 원상회복이 어려운 상태로 만드는 경우가 있고, 둘째로 농지에 대하여 외부적 형상의 변경을 수반하지 않거나 외부적 형상의 변경을 수반하더라도 사회통념상 원상회복이 어려운 정도에 이르지 않은 상태에서 그 농지를 다른 목적에 사용하는 경우 등이 있을 수 있다. 전자의 경우와 같이 농지전용행위 자체에 의하여 당해 토지가 농지로서의 기능을 상실하여 그 이후 그 토지를 농업생산 등 외의 목적으로 사용하는 행위가 더 이상 '농지의 전용'에 해당하지 않는다고 할 때에는, 허가 없이 그와 같이 농지를 전용한 죄는 그와 같은 행위가 종료됨으로써 즉시 성립하고 그와 동시에 완성되는 즉시범이라고 보아야 한다. 그러나 후자의 경우와 같이 당해 토지를 농업생산 등 외의 다른 목적으로 사용하는 행위를 여전히 농지전용으로 볼 수 있는 때에는 허가 없이 그와 같이 농지를 전용하는 죄는 계속범으로서 그 토지를 다른 용도로 사용하는 한 가벌적인 위법행위가 계속 반복되고 있는 계속범이라고 보아야 한다.'[19][20]

동 판결은 즉시범과 계속범을 구별하는 판례의 태도를 제시하고 있는 바, 농지로서의 기능을 완전히 상실시키는 행위는 즉시범이나, 농지의 기능을 상실하지 않은 채 농지 이외의 목적으로 사용하고 있

19) 大判 2009. 4. 16, 2007도6703(전합). 사실관계를 살펴보면, 1999년 4월 피고인이 농지를 임차하여 폐차를 쌓아두다가 2002년에 농지전용허가없이 완전히 폐차장 및 주차장으로 사실상 형질을 변경하여 사용하여 오다가 2006년 1월 25일 공소제기되었다. 무허가농지전용죄의 공소시효는 3년이므로 만일 동 범죄를 즉시범으로 보면 이미 공소시효가 완성되었으므로 면소판결(大判 2001. 8. 24, 2001도2902 등)을 해야 하고, 계속범인 경우에는 실체판결이 가능한 상태였다.

20) 동 판결이 있기 이전 이미 최재정, 앞의 논문, 334-335면은 다수의견과 일치하는 견해를 제시하였는 바, 농지전용은 계속범으로 보고 형질변경은 즉시범으로 평석하고 있다.

는 행위는 사용하는 동안 전용행위가 계속되는 계속범이라고 본다. 즉, 행위를 통하여 농지로서의 기능을 완전히 상실시키면 그 이후에는 위법한 상태만 유지되지만, 언제든지 행위의 중단을 통하여 농지의 기능을 회복시킬 수 있다면 기능회복을 통하여 위법상태를 해소시키기 전까지는 행위도 계속되는 것으로 보는 것이다.[21)]

그런데 즉시범으로 보는 이유로서, 전용행위를 통하여 농지를 농지가 아닌 다른 성질로 변경하였다면 동법상 범죄의 객체인 농지가 더 이상 존재하지 않음으로 기수 이후에는 동법을 적용할 여지가 없게 된다는 점을 들고 있다. 그러나 농지의 전용이란 농지를 농지 이외의 형질로 사실상 변경하는 행위를 당연히 포함하고 있다는 점에 대하여도 판례는 인정하고 있을 뿐만 아니라, 범죄행위의 완성과 동시에 범죄의 객체가 될 수 없다면 그 어떤 경우에도 범죄가 기수가 되었다고 할 수 없다. 범죄의 성립은 기수시점에서 구성요건표지를 충족시켰는가 여부를 판단하여야 하기 때문에, 기수시점에는 더 이상 범죄의 객체가 존재하지 않는다는 판례의 태도는 해석상의 모순을 초래한다. 오히려 농지법 제2조 제9호는 농지의 전용이란 "농지를 농작물의 경

---

21) 반면, 별개의견은, 허가 없이 스스로 농지의 형질을 변경하는 행위를 한 자에 대해서조차 그러한 행위가 종료된 이후에는 더 이상 농지를 사용하는 것이 아니므로 '농지의 전용'에 해당하지 않는다는 다수의견에 대하여, 무허가 농지전용죄가 성립하여 형벌권이 발생한 결과 농지로서의 성질이 상실되었다는 이유로 그 원인행위자에 대해서조차 그의 계속되는 사용에도 불구하고, 당해 토지를 더 이상 '농지'가 아니라고 함으로써 원인과 결과를 순환시키는 논리적 오류를 범하고 있다고 지적하고 있다. 또한 농지의 형질을 변경시켜 원상회복이 어려운 상태로 만드는 경우가 그 정도에 이르지 않은 경우보다 위법성이 더 크다고 할 것임에도 그 즉시 공소시효가 진행하고 한번 처벌받은 후에는 형질변경된 상태를 그대로 유지하면서 계속 사용하더라도 처벌할 수 없게 되어 형사정책적 측면에서 형벌권 행사의 불균형을 초래하게 된다는 점을 지적하고 있다. 또는 윤동호, "농지법의 무허가농지전용죄가 계속범(繼續犯)인지 여부", 형사법연구 제23권 제1호, 한국형사법학회, 2011/봄, 175면은 주차장법의 '부설주차장을 주차장 외의 용도로 사용한 범죄'와 옛 건축법의 '건축물 무단용도변경죄'를 계속범으로 본 입장에 비추어보면, 다수의견이 이에 부합하지 않는다는 점을 거론하면서 동 범죄를 계속범으로 판단한다.

작 또는 다년성식물의 재배 등 농업생산 또는 농지개량 외의 목적에 사용하는 것"이라고 규정하고 있는 바, 농작물 경작 이외의 목적에 사용하는 행위는 그것이 사실상의 형질변경행위라 할지라도 당연히 포함하며 그로 인하여 농지로서의 성격이 소멸되었다 하더라도 달리 볼 것은 아니다. 또한 전용은 이용행위를 의미하므로 최초의 형질변경행위 이후에 계속적으로 농지 이외의 목적으로 이용하고 있었다면 여전히 전용행위는 계속되는 것으로 보아야 할 것이다.

그 밖에도 주차장법 제29조 제1항 제2호의 '부설주차장을 주차장 외의 용도로 사용'한 주차장법 위반죄를 계속범이라고 판시하였고,[22] 건축법상 허가를 받지 아니하거나 신고를 하지 아니한 채 건축물을 다른 용도로 사용하는 건축법 위반죄에 대하여도 계속범의 성질을 가진다고 판시한 바 있다.[23] 공통적으로는 원 용도 이외의 용도로의 사용행위나 무단으로 점유하는 행위 등을 계속범으로 보고 있는 바, 기수이후 위법상태의 유지가 사용행위나 점유행위로 인한 것으로 봄으로서 위법상태와 위법행위의 일치를 계속범으로 판시하고 있다.

판례는 임대행위 역시 계속범으로 보고 있다. 구공업배치및공장설립에관한법률 제39조 제3항의 규정에 위반하여 산업용지 또는 공장 등을 임대한 행위에 대하여 "임대한 행위는 계속범의 성질을 가지는 것으로서 임대상태가 계속되는 한 가벌적 위법상태는 계속 존재하고 있다"[24]고 판시하였다. 즉, 임대하는 구성요건행위는 필연적으로 시간적 계속성을 요소로 하고 있으므로 계속범으로 보아야 한다는 취지이다.

반면, 군형법 제79조의 무단이탈죄에 대하여는, 장소를 이탈하거나 지정한 시간 내에 지정한 장소에 도달하지 못하는 행위는 그 즉시 종료되므로 즉시범이라고 보며,[25] 구병역법 제85조의 방위소집된 자의 복무이탈 역시 방위소집되어 복무하는 자가 정당한 이유 없이 3일 이

22) 大判 1999. 3. 9, 98도4582.
23) 大判 2001. 9. 25, 2001도3990.
24) 大判 1993. 4. 13, 92도3222.
25) 大判 1983. 11. 8, 83도2450.

상 그 복무를 이탈한 때에 성립하고 또 그로써 완성되는 것으로서 그 후에 복무이탈 상태의 계속이 있었다고 하더라도 이는 복무지에 복귀하지 아니하는 상태가 계속되는 것뿐이고 새로운 복무이탈 행위가 발생한 것이 아니라고[26] 하여 즉시범으로 본다.

3. 계속범의 본질로서의 불법성의 내적 강화

가. 불법성의 내적 강화

상태범과 계속범을 위법상태의 유지와 이를 위한 행위의 지속이 필요한가 여부로 나눈다고 하더라도 행위의 계속이 단순히 위법상태의 유지를 위해서 필요하다면, 이를 통해 상태범과 구별되는 법적 실익을 계속범에 부과하는 것이 타당한가는 여전히 의문이다. 예컨대 상태범으로서 절도죄에 의하여 타인의 소유권이 침해된 상태가 유지된다는 점이나, 계속범으로서 감금죄에 의하여 타인의 장소이전의 자유가 침해된 상태가 유지된다는 점에서는 양자가 하등의 차이가 없는 것으로 보이기 때문이다. 또한 절도죄의 행위자가 반환의 의사를 가질 때만이 위법상태가 해소된다는 점이나 감금죄의 행위자가 해방의 의사를 가질 때만이 위법상태가 해소된다는 점에서도 양자는 위법상태의 회복이 기본적으로 행위자의 의사에 의존한다는 점에서 공통되기 때문이다. 이처럼 '위법상태'는 상태범과 계속범의 구별기준이 될 수 없고, 양자는 여전히 공통된 법적 의미를 가지게 된다. 즉, 위법상태의 유지라는 현상은 즉시범, 상태범 및 계속범을 구분하는데 있어서 아무런 법적 실익이 없다.

이처럼 실현된 위법상태가 유지되고 있고, 위법상태의 종료는 전적으로 행위자의 내심의 의사의 변화에 의해서 실현된다는 점에서 양자가 동일하다면, 이것만으로는 양자 사이에 서로 다른 법적 효력을 부여하는 형법적 의미를 찾기가 어려울 것이다. 물론 상대방의 정당방

26) 大判 1972. 2. 22, 72도42.

위의 범위가 시간적으로 확대된다거나 공소시효의 기산점이 연기된다는 점에서는 계속범의 행위자에게 불이익한 법적 효력이 부과되기도 하지만, 그럼에도 불구하고 계속범의 효과를 공범성립 범위의 확대나 죄수관계에 있어서 계속상태에서의 추가적인 행위들이 연결효과에 의한 상상적 경합으로 평가될 여지가 있다면, 이는 상태범보다 계속범에게 보다 관대한 법적 효력을 부여하는 것처럼 보이기도 한다.

그렇다면 형법적 효력의 부여 대상은 행위에 의하여 수반되는 위법상태가 아니라, 특정 행위 그 자체에 있는 것으로 보아야 할 것이다. 즉, 행위에 의하여 법익이 침해된 상태에 놓이게 되었다는 행위의 효과가 아니라, 규범에 반하는 행위를 선택하는 행위자의 고의로부터 불법성이 출발하고 그러한 고의가 지속되는 한 범죄행위는 계속된다. 그리고 계속되는 행위의 결과 위법상태가 유지되는 것은 상태범과 마찬가지이나, 그 불법성은 보다 강화된다고 보아야 할 것이다. 즉, 기수이후에 불법성이 질적으로 변화하는 것은 아니나 내적으로 강화된다면 계속범으로 보고자 한다. 따라서 계속범은 기수이후에 행위자의 추가적인 작위나 부작위를 통해서 법익에 가해지는 침해 즉, 불법성이 기수시점보다 점차 또는 상당한 정도로 강화되는 범죄유형이라고 분류할 수 있을 것이다.

만일 위법상태가 계속되는 동안 불법성의 내적 강화가 일어난다면, 불법성을 내적으로 강화시키는 원인 또는 원동력을 행위로부터 찾아야만 할 것이다. 이미 기수에 이르고 행위가 존재하지 않음에도 불구하고 불법성에 변화가 발생한다는 것은 불가능하기 때문이다. 여기에서 불법성의 내적 강화란, 이미 기 침해되거나 위태화된 법익의 양적 증가라고 할 수도 있다. 역으로 판단하면, 기수이후 행위자의 추가적인 작위나 부작위를 통해서 법익에 가해지는 침해가 기수시점보다 점차 또는 상당한 정도로 강화된다면, 이는 행위의 계속이 있다고 볼 수 있다. 즉, 일반적으로는 규범적 평가를 배제한 채 행위 그 자체의 고유의 속성을 통하여 계속범인지 여부가 판단이 되겠지만, 계속범인지 상태범인지 불명확한 경우에는 귀납적으로 기수이후의 불법성의 내적 강화가 존재하는 경우에는 계속범으로 보고자 하는 것이다.

행위의 존속은 범죄에너지를 직접적으로 증가시키는 원동력이 된다. 위법상태의 존재라는 현상의 유지 하에 범죄에너지가 시간의 연속선상에서 증가한다는 양적 변화는 위법상태의 유무와는 명백히 달리 평가해야할 형법적 요소가 될 것이다. 그리고 이를 계속범의 법적 효력이라고 판단할 수 있을 것이다. 대부분의 계속범의 경우에는 선행하는 행위로부터 강화되는 불법성을 확인하는 것이 일반적이다. 그러나 이러한 과정이 불분명할 경우 역으로 시간적으로 강화되는 불법성의 증가를 확인하였다면, 이는 행위 외에 기타의 사정으로부터 도출해 낼 수는 없을 뿐만 아니라, 구성요건행위 이외의 행위외적 사정에 기인하여 그러한 불법성의 증가를 의존시키고자 함은 범죄성립의 기본적인 요소들이 아닌 것으로부터 찾아내는 모순이 생기기 때문이다.

나. 귀납적 판단의 예

예컨대 각종 불법소지죄의 경우 취득죄를 처벌하는 규정이 있을 경우 최초의 취득행위를 통해 불법성이 완전히 평가되기 때문에 소지죄가 아닌 취득죄가 되어야 한다. 예컨대 마약류취득죄와 마약류소지죄를 각각 처벌하는 경우 마약류취득죄가 성립한다면 이후 소지죄는 불가벌적 사후행위가 될 것이다. 그렇다면 불법소지죄는 최초의 취득행위가 별도의 독립된 범죄가 성립하지 않는 경우에만 고유의 불법성을 가지게 된다. 이처럼 최초의 취득행위라는 작위행위와 분리된 소지만이 소지죄의 고유의 불법성을 드러내는바, '소지'가 최초의 취득행위가 원인이 된 '위법상태'인지 아니면 이와는 별개의 독자적인 '위법행위'인지 문제될 것이다. 예를 들어, 총포·도검·화약류 등 단속법 제10조는 최초의 취득행위와는 관련 없이 소지 자체를 금지한다. 즉, 최초의 취득행위가 무엇인지 판단하지 않고 허가 없는 소지만을 금지하는바, 최초의 취득행위가 처벌규정이 없음으로 인하여 위법하지 않음에도 불구하고 '소지'가 위법상태인지 아니면, 소지하게 된 원인행위와 무관하여 소지행위가 계속되고 있는지 문제될 것이다.

또는 범죄단체조직죄와 같이 '조직'행위로 기수가 된 이후에는 조직하고 있는 위법상태만 계속되는 것인지, 아니면 조직하고 있는 행위가 계속되고 있는 것인지 역시 구분이 모호하다. 각종의 용도변경죄나 무단점유죄 역시 마찬가지이다. 최초의 용도변경행위 또는 무단점유행위로 범죄는 기수에 이르고, 이후에는 불법한 변경상태 또는 점유상태만이 계속되는 것인지 아니면 변경하여 사용하고 있는 행위 또는 무단으로 점유하고 있는 행위가 계속되는 것인지 또한 같은 이유에서 논란의 소지가 있다.

이 경우 귀납적으로 기수 이후 위법상태가 계속되는 동안 불법성이 강화 또는 심화되었는가를 판단해 본다면 다음과 같다. 예컨대, 감금죄의 경우 감금행위가 기수에 이르면 장소이전의 자유가 침해되는 상태에 이르게 되지만, 감금행위가 계속됨으로 인하여 보호법익인 장소이전의 자유의 침해정도는 더욱 강화된다. 또한 앞서 언급한 불법총기소지죄는 불법한 총기소지로 인한 위험과 재해를 미리 방지함으로써 공공의 안전을 유지함을 보호법익으로 하고 있는 바, 소지의 시간적 계속이 장기화될수록 소지로 인한 공공의 안전에 대한 위협의 정도는 강화된다고 평가할 만하므로 계속범으로 판단할 수 있다. 반면, 절도죄의 경우 절도행위가 기수에 이르면 타인의 소유권이 침해되지만, 그 이후에 타인의 소유권이 침해되었다는 위법상태 이외에 시간의 계속으로 인하여 소유권의 침해정도가 강화되었다고 말할 수 없다. 그 결과 위법상태가 계속되는 동안에 동일법익에 대한 행위자의 외형상 구성요건에 해당하는 행위가 추가된다고 하더라도, 위법상태나 불법성의 정도에 변함이 없다는 점에서 불가벌적 사후행위로만 평가된다.

Ⅲ. 계속범의 유형화

1. 작위행위의 계속을 통한 불법성의 내적 강화

기수 이후에도 행위의 속성상 법익침해가 해소되기까지는 행위자의 내심의 의사에 의한 행위가 계속되는 경우이다. 그리고 앞서 살펴본 바와 같이 만일 행위의 계속여부를 판단하기 불명확한 경우에는 귀납적으로 기수 이후에 위법상태가 계속되는 동안 법익침해 또는 법익위태화의 정도가 내적으로 강화되었는가 여부를 기준으로 심사하고자 한다.

형법상 대표적으로 문제되는 경우는 범죄단체조직죄(형법 제114조)와 마약류소지죄(형법 제205조)가 있다.

가. 범죄단체조직죄

범죄단체조직죄의 성격에 대한 논의는 공소시효기산점의 문제로부터 출발한다. 동 범죄를 계속범으로 보고자 하는 견해[27]는 범죄단체로 인정되기 위한 요건 가운데 지속성을 주목하면서, 행위자의 지속되는 범행의사에 의하여 구성요건이 실현되므로 해산하는 시점까지는 구성요건이 계속적으로 실현되기 때문에 조직의 해산이나 탈퇴시점이 공소시효기산점이라고 본다.

반면 즉시범으로 보고자 하는 견해들은 그 논거가 각각 상이하다. 우선 지속성은 문제의 단체가 가지고 있는 속성 그 자체를 의미하는 것이지 그 조직된 단체가 실제로 과거로부터 현재까지 지속적으로 유지되어온 역사를 가지고 있어야 함을 의미하는 것은 아니므로 일단 조직되기만 하면 요건을 충족시키는 즉시범이라고 보는 견해가 있다.[28] 그러나 이러한 견해는 계속범을 기수에 이르기 위하여는 행위

---

27) 김일수/서보학, 형법각론, 544면; 박상기, 형법각론, 454면; 배종대, 형법각론, 610면; 임웅, 형법각론, 530면; 조영수, "범죄단체조직죄의 성격", 형사판례연구(2), 한국형사판례연구회, 1994, 234면.

28) 김성천/김형준, 형법각론, 585면.

고유의 속성으로서의 계속이 필요하다는 견해[29]를 전제로 하므로 즉시범이라고 이해하는 것이 당연한 귀결인 듯하다. 한편, 단체를 조직한 자는 설사 그 단체에서 활동하지 않더라도 단체를 탈퇴하거나 단체가 해산되지 않으면 범죄가 종료되지 않는 불합리가 발생하므로 즉시범으로 보기도 한다.[30] 그러나 범죄행위인지 여부는 행위자의 고의를 중심으로 파악하여야 할 것이므로, 비록 외형적으로는 단체를 탈퇴하지 않았다고 하더라도 실질적으로 활동을 종료하거나 탈퇴의 의사가 있었다면 그 시점을 종료시점으로 보면 되므로, 계속범으로 판단하더라도 단체의 존재가 개별 조직자들에게 불이익하게 작용한다고 할 수 없다. 또 다른 견해에 의하면 즉시범으로 보아서 범죄단체조직으로 기수에 이르지만, 판례[31]의 견해에 따르면 범죄단체가 유지되어 활동하더라도 공소시효가 도과되어버리는 문제가 생기기 때문에 본 죄의 범행의 종료 또는 공소시효의 기산점은 범죄단체의 해산 또는 탈퇴시라고 보기도 한다.[32] 그러나 이에 따르면 즉시범에 대하여 기수시점과 종료시점의 불일치를 인정하는 결과를 초래한다.

우선 공소시효 기산에 있어서의 불합리 여부는 범죄의 성격에 따른 소송법적 효과일 뿐, 소송법적 효과의 불합리를 시정하기 위한 목적으로 실체법상 범죄의 성격을 판단하는 것은 타당하지 않다. 사전적으로는 조직이란 일정한 환경 내에서 비교적 지속적으로 존재하는 사람들의 집합체로서, 특정한 공동의 목표를 추구하며 이를 달성하기 위하여 체계적으로 구성된 사회적 단위이며, 조직한다는 것은 어떠한 기능을 협동해나가도록 하는 체계의 결성을 의미한다. 그러나 결성만을 의미하는지 결성이후의 지속적 유지까지도 포함하지는 언어의 뜻만으로는 모호하다. 다만, 조직하는 행위를, 혼자서는 할 수 없는 목적한

29) 김성천/김형준, 형법총론, 62면.
30) 오영근, 형법각론, 684면.
31) 판례는 범죄단체조직죄를 즉시범으로 판단한다. 大判 1997. 10. 10, 97도1829; 大判 1995. 1. 20, 94도2752; 大判 1992. 2. 25, 91도3192 등.
32) 정영일, 형법각론, 470면.

바를 위한 사회적 도구로 보기 때문에, 목적한 바가 존재하는 동안에는 조직한다는 행위가 계속되는 것으로 볼 수 있다.

그럼에도 불구하고 여전히 불명확하다면, 기수이후에 조직이 유지되는 동안 법익에 대한 침해 또는 위태화의 내적 강화가 있는가를 보고자 한다. '조직'이 목적한 바를 달성하기 위한 사회적 도구라면, 조직이 유지되는 동안에는 목적한 바를 지향하고자 하는 범죄에너지는 증가하게 되고, 이는 불법성의 내적 강화가 이루어졌다고 판단할 수 있다. 따라서 계속범으로 평가할 수 있을 것이다. 그리고 비록 외형적으로는 행위의 계속여부는 조직의 존속이 아니라, 가담한 행위자의 고의를 기준으로 판단하여야 하므로, 개별 행위자가 단체를 탈퇴하지 않았다고 하더라도 실질적으로 활동을 종료였거나 탈퇴의 의사가 있었다면 비록 조직이 존속하도 있더라도, 그 시점을 종료시점으로 보면 되므로, 계속범으로 판단하더라도 단체의 존재가 개별 조직 가담자들에게 불이익하게 작용한다고 할 수 없다.

나. 마약류 단순소지죄

소지에 대하여 일단 자신의 지배하에 들어오게 하는 작위 또는 부작위가 없이는 소지가 불가능하므로 소시 사체에서 어떠한 행위적인 요소를 찾을 수는 없다고 보는 견해가 있다.[33] 이에 따르면 소지를 처벌하는 범죄는 소지를 증명할 특별한 방식을 통한 소지를 금지하는 것은 아니라는 것과 조화되지 못하고, 결국 남은 것은 지배관계의 상태를 표현하는 내용 이외에 소지라는 단어에서 찾을 수 있는 작위적 요소는 없다고 본다.

그럼에도 불구하고 소지에서 작위적 요소를 추출할 수 있다고 할 논거들은 다음과 같다고 한다. 우선 '행위를 통한 금지된 물건의 소지를 획득하는 것'에서 작위적 요소를 찾음으로서 단순소지죄보다 조금 더 선행적인 행위를 소지범의 작위적 요소로 전용하는 방법이 있고,

33) 김성룡, "소지범의 실체법·소송법상 문제점", 형사법연구 제15호, 한국형사법학회, 2001/6, 230면.

소지를 일반적으로 방치하는 것이 아니라 어떠한 형태로건 소지를 상실할 위험에 처했을 때 '그러한 소지의 상실을 방지하는 행위'를 당연히 개념적으로 내재하는 것으로 보아, 그러한 잠재적인 행위성에서 소지의 작위성을 찾는 방법과 '그 소지된 물건을 사용함으로서 자신이 소지하고 있다는 것을 보여주는' 방법, 즉 적극적인 사용의 모습에서 행위적 요소를 찾아내는 방법이 그것이다.[34] 독일 판례의 경우 총기소지와 관련하여 소지란 '총기에 대한 사실상의 힘의 특별히 강력한 행사'라고 본다.

반면 소지를 부작위로 보는 견해에 따르면 소지는 '소지의 포기 내지는 소지의 종료를 부작위함'이라고 본다. 즉, 사실상이 힘의 행사가 소지이며, 소지를 처벌하는 것은 그러한 '소지를 포기하지 않음'에 대한 비난이라고 이해한다.[35] 그러나 소지를 포기하지 않았다는 점은 부작위범에서 의무의 내용은 될 수 있어도, 그 자체가 구성요건 행위라고 볼 수 없을 뿐만 아니라, 부작위와 지배상태를 동일하게 평가할 수 없다는 점에서도 타당하지 않다.

특히 소지죄의 계속범적 성격을 부정하는 근거를 소송법적 효과로부터 찾는 견해에 의하면, 단순소지하고 있다가 상당한 간극을 두고 약물을 2회 이상 흡입하는 경우 2회 이상의 흡입은 별개의 행위로서 실체적 경합이 되고, 이를 관통하는 소지죄와 상상적 경합이 됨으로서 소위 '연결효과에 의한 상상적 경합'을 모든 범죄에 인정하는 불합리가 발생하기 때문이라고 한다.[36]

우선 소지죄가 계속범인가 여부는 최초의 취득행위와는 별개로 판단해 보아야 할 것이다. 만일 최초의 취득행위가 범죄가 된다면, 이후의 소지죄는 불가벌적 사후행위가 된다. 반면 최초의 취득행위에 대한 별도의 범죄가 존재하지 않는다면, 이제 소지를 행위가 아닌 상태

34) Struensee, Besitzdelikte, 717면 이하(김성룡, 앞의 논문, 230-231면 재인용).

35) OLG Zweibrucken, NJW 1986, 2841면 이하; OLG Hamm, StV 1986, 441면 이하 (김성룡, 앞의 논문, 232-233면 재인용).

36) 김성룡, 앞의 논문, 235-236면.

로 이해하는 것은 행위 없는 위법상태를 인정하고 이를 처벌하는 모순이 생기게 된다. 또한 소지가 행위가 아닌 상태라고 이해할 때에는 소지의 시간적 계속에 따라 증가 또는 강화되는 불법성을 설명할 수 없다. 예컨대 불법총기소지죄의 경우 보호법익은 그러한 무기로 인한 위험과 재해를 미리 방지함으로써 공공의 안전을 유지하는데 있다. 따라서 불법하게 총기를 소지하고 있는 동안에는 이를 사용하여 타인 또는 사회에 위험을 발생케 할 우려는 점차 증가하며, 이러한 불법성의 강화를 행위 없는 상태에서 찾아야 하는 불합리가 생기며, 이로부터 귀납적으로 소지죄가 계속범이라고 평가받아야 할 이유를 찾을 수 있다.

또한 소송법적 효과에 대한 우려에 대해서도 다음과 같은 반론이 가능하다. 계속범은 기수와 동시에 상상적 경합의 시간적 한계도 완성된다. 즉, 계속범이 기수 이후 시점에 타 범죄와 상상적 경합이 발생하기 위해서는 이미 계속범의 기수시점 이전에 타 범죄에 대한 범의와 동시에 타 범죄의 행위가 시작되어야 한다. 반면, 기수 시점 이후에 새로운 범의를 가지고 행한 범죄에 대하여는 상상적 경합이 아닌 실체적 경합을 인정하여야 한다.[37] 따라서 단순소지죄가 기수에 이른 후에 새로운 범의로 흡식을 하였다면 단순소지죄와 흡식죄는 실체적 경합이 되고, 시간적으로 분리되어 독립된 2회 이상의 흡식행위 역시 각각 실체적 경합이 되기 때문에 그 어떤 경우에도 기수 이후에 새로운 범의에 의한 범죄행위들이 연결효과에 의한 상상적 경합은 발생할 수 없다. 따라서 계속범이 소송법적으로 불합리한 이익을 발생시킨다는 점은 수긍할 수 없다.

---

37) 예컨대, 강간의 고의로 감금을 하고 감금행위 도중 강간을 하였다면 이미 감금죄의 기수시점 이전에 강간의 고의와 폭력적 행위가 시작되었으므로 양자는 상상적 경합인 반면, 감금행위 도중 새로운 범의로 감금이라는 억압된 상태를 이용하여 강간을 하였을 때에는 양자가 실체적 경합이 된다.

2. 법률행위적 의사표시 효과의 계속

가. 법률행위적 의사표시가 범죄의 구성요건인 경우

형법상 구성요건행위는 인간의 의식적인 지배에 의한 신체의 외적 변동을 수반하거나 의식적인 의무불이행이 범죄가 됨이 일반적이지만, 때로는 법률행위적 의사표시 자체만으로도 구성요건을 충족하는 경우가 있다. 의사표시는 특정한 내용의 법률효과가 발생되기를 원하는 행위자의 의사가 이를 외부에 표출하기 위한 수단으로서 취해진 표의자의 행위를 통하여 외부에 전달됨으로서 이루어지지만, 이때 표의자의 행위는 단지 행위자의 내심의 의사를 전달하기 위한 수단에 불과하게 된다.

형법상 의사의 표시가 범죄가 되는 경우는 다시 법률행위가 아닌 사실행위로서 일방적인 의사의 표출인 경우와 양 당사자간의 의사의 합치로서 법률행위를 이루는 경우가 있다. 예컨대, 전자의 경우 명예훼손죄나 협박죄 등이 해당할 것이며, 불법계약이나 명의대여, 명의신탁약정 등이 후자의 예가 될 것이다. 다만, 법률행위적 의사표시는 의사표시만으로 구성요건을 충족시키는 경우보다는 양 당사자간의 의사합치적 구성내용이 후속되어 의사표시와 의사실현을 위한 추가적 행위가 요구되는 경우가 더욱 많은 것으로 보인다. 부동산실명법상 명의신탁약정은 법률에 의하여 금지되는 행위이지만 실제로 처벌되는 행위는 명의신탁약정에 의한 등기이전행위라거나, 공인중개사의 업무 및 부동산 거래신고에 관한 법률 제49조의 공인중개사가 다른 사람에게 자기의 성명을 사용하여 중개업무를 하게 하는 행위를 처벌하거나, 관세법 제12조상 관세사가 다른 사람에게 자기의 성명 또는 사무소의 명칭을 사용하여 통관업을 하게 하는 행위를 처벌하는 경우가 그 예이다. 그뿐만 아니라, 공인회계사법 제53조처럼 다른 사람에게 자기의 성명 또는 상호를 사용하게 하는 행위 그 자체만으로 처벌하는 규정도 존재한다.

그런데 이들 행위의 공통점은 법률행위적 의사표시만으로 구성요건을 충족하든, 법률행위적 의사표시의 내용을 실현하기 위한 후속행위까지 구성요건표지를 이루든지 간에 의사표시라는 법률행위의 계속 여부가 문제된다는 점에서, 이른바 '계속범'인지 여부의 판단이 선결되어야 한다.

나. 법률행위적 의사표시의 특성

민법은 사인간의 법률관계가 당사자의 자발적인 의사에 기초하여 성립될 것을 기본원리로 삼는다.[38] 근대 이후의 사법은 자유인격의 이념에 따라 사법상의 법률관계는 각자가 원하는 대로 자유롭게 형성하여 나갈 수 있다는 사적 자치의 원칙을 인정하고 있다. 따라서 모든 사권의 발생, 변경, 소멸은 원칙적으로 당사자의 의사표시를 요소로 하는 법률행위에 의하여 야기된다. 법률행위란 사람의 행위 중 일정한 법률효과를 의욕하고서 이루어지는 행위로서, 일정한 권리 내지 법률관계의 창설, 개폐라는 일정한 법률효과를 원하는 의사표시를 불가결의 요소로 하는 법률요건 가운데 가장 중요한 것이다.

또한 법률행위의 성립요건에는 당사자와 목적, 그리고 의사표시가 있다. 따라서 법률행위가 이들 요건을 갖추어 확정적으로 완전한 효과를 나타내도록 하기 위하여서는 이것을 행하는 당사자가 행위능력을 가지며, 목적이 가능·적법하고 사회적 타당성을 가지며 확정 또는 확정할 수 있는 것이어야 하며 또한 의사표시가 그 결정에 하자없이 완전하여야 하고 내심의 효과의사와 표시가 일치하여야 한다.

일반적으로 의사표시의 구성요소는 표시와 효과의사, 그리고 동기이다. 의사표시는 표의자의 의식과정에 의하여 내부적으로 형성된 일정한 의사가 외부에 표출되는 것으로, 표의자의 의사가 내부적으로

38) 이은영, "법률행위론의 발전과 역사적 의의", 157면. 한편, 의사표시이론에 관한 자세한 내용은 안춘수, "의사표시이론-의사주의, 표시주의 및 이른바 효력주의에 관하여", 고시연구, 2013/11, 39면 이하 및 박찬주, "의사표시의 효력발생", 법조 통권 621호, 법조협회, 2008/6, 6면 이하 참조.

형성되는 의식과정을 구체화하면 내심의 의사를 결정하기 전에 먼저 그결정을 하게 되는 이유나 원인이 주어지고 그 결과로서 내심의 의사가 결정되는데 그 이유나 원인을 동기라고 한다.[39] 따라서 민법상으로는 의사표시와 관련하여 주로 통정허위표시라든가 진의와 표시가 불일치하는 경우, 또는 타인명의로 행해지는 법률행위의 해석방법, 의사표시의 도달 등이 문제된다.

다. 법률행위적 의사표시 중 계속범적 성격의 구성

형법상으로는 사실행위가 범죄의 구성요건이 되는 경우가 일반적이다. 예컨대, 살해행위, 절취행위, 간음행위 등은 행위자의 법률행위적 의사표시나 당사자간의 법률관계와는 무관하다. 물론 경우에 따라서는 성매매가 매매계약을 전제로 한 사실행위라는 점과 같이 법률행위적 의사표시를 전제로 한 사실행위가 범죄가 되기도 하지만, 이 경우에는 매매계약이라는 법률행위 또는 법률관계가 아니라 성매매라는 사실행위만이 구성요건행위가 되므로 민법상의 의사표시의 해석이나 효력들이 문제될 여지가 없다.

반면 법률행위적 의사표시 중 단독으로 또는 사실행위와 결합하여 구성요건표지로서 범죄행위가 될 경우 이에 대한 해석의 문제가 발생한다. 또한 법률행위적 의사표시가 범죄의 구성요건행위와 동일시되는 경우 그 자체가 '반사회질서적 법률행위'로서 민법상 원시적 무효가 된다는 점이 다시 형법상 구성요건행위인 '법률행위적 의사표시'가 최초의 시점부터 없던 것으로 평가됨으로 인하여 범죄자체가 성립하지 않는 것은 아닌지 문제된다.

예컨대 법률행위적 의사표시 중에서도 성명이나 상호 등의 대여행위를 살펴보면 다음과 같다. 당사자가 의욕하고자 한 법률효과인 대여가 발생되기를 원하는 효과의사가, 이를 외부에 표출하기 위한 수단으로서 취해진 표시행위를 통하여 외부에 전달됨으로서 이루어지고

39) 윤용석, "의사와 표시의 불일치에 관한 재검토", 법학연구 제53권 제1호, 부산대학교 법학연구소, 2012/2, 4면.

그 밖에 추가적인 사실행위를 필요로 하지 않는다. 이 경우 대여행위는 대여계약을 통하여 그 법률효과가 인정되는 바, 민법 제531조는 계약의 성립시기만을 규정할 뿐, 승낙의 효력발생시기에 대하여는 규정하고 있지 않다. 그런데 대여행위란 양 당사자간의 청약과 승낙의 형태로 이루어지기 때문에 승낙의 효력발생시기가 형법상으로도 기수시점이 된다고 보아야 한다. 따라서 대여행위란 양 당사자의 의사합치적 법률행위의 효과가 발생하는 시점이 기수시점이 되므로, 일방적인 대여란 범죄가 아니다.

이에 관하여, 성립요건설은 상대방 있는 의사표시는 상대방에게 도달하여야 효력을 발생하기 때문에 의사표시의 효력을 주장하는 자는 도달의 주장 및 증명책임을 부담한다고 본다.[40] 반면 효력요건설은 의사표시의 발송을 위해서는 표의자가 자신의 의사표시의 발송을 입증하여야 하고, 의사표시의 효력불발생을 위해서는 상대방이 도달하지 않았음을 증명하여 항변할 수 있다고 본다.[41] 판례는 전자의 입장으로 보인다.[42] 법률행위가 성립하면 효력이 발생하는 것이 원칙이고, 도달시기는 성립요건에 해당하기 때문에 법률행위의 성립을 주장하는 자가 효력의 발생에 대하여도 증명책임이 있다고 보아야 할 것이다. 반면 증명책임과 별개로 승낙의 의사표시가 도달하는 시점이 기수시점이 됨은 물론이다.

이 경우 의사표시의 도달로 대여행위가 기수에 이른 후에, 의사표시의 효력이 발생함과 동시에 그 효력만이 유지되는 것인지 아니면 의사표시가 목적하는 법률행위가 계속되는 것인지의 문제이다. 그런데 명의대여행위라는 법률행위는 당사자의 의사표시 속성상 그 효력이 지속되는 동안 법률행위도 계속되는 것으로 보는 것이 타당하다고 판단된다. 도달로써 의사표시의 효력은 해지 또는 철회 전까지 유지되

40) 박찬주, "의사표시의 효력발생", 법조 제621호, 법조협회, 2008/6, 14면; 이영준, 민법총칙, 409면; 이은영, 민법총칙, 554면.

41) 김주수/김상용, 민법총칙, 391면; 윤형렬, 민법총칙, 385면.

42) 大判 1997. 2. 25, 96다38322.

는바, 이는 법률행위의 효력의 유지를 의미하며 동시에 법률행위의 지속이라고 보여 진다. 즉, 대여라는 당사자의 의사합치적 의사표시가 법률행위라면 의사표시가 도달하여 효력을 유지하는 동안 민법상 법률행위도 계속되고, 민법상의 법률행위가 형법상 범죄의 구성요건행위라면 당연히 형법상 구성요건행위도 계속되는 것으로 보는 것이다.

다음으로 법률행위적 의사표시가 범죄의 구성요건행위와 동일시되는 경우 그 자체가 '반사회질서적 법률행위'로서 민법상 원시적 무효가 된다는 점이 다시 형법상 구성요건행위인 '법률행위적 의사표시'가 최초의 시점부터 없던 것으로 평가됨으로 인하여 범죄자체가 성립하지 않는 것은 아닌지의 문제이다. 그러나 형법상 대여행위를 금지한다는 점이 민법상 대여계약을 반사회질서적 법률행위로 구성케 하여, 법적 효력을 원시적으로 무효로 만든다고 하더라도 형법상의 대여행위는 존재하는 것으로 보아야 한다. 형법상 대여행위는 그 법률적 효력이 민법상 무효인지 유효인지 또는 취소가능한지 여부와 관계없이 외형상 일단 행위가 존재하면 성립하기 때문이다.

그 결과 명의대여행위들은 당사자의 의사표시의 철회 또는 계약의 해지를 통하여 의사합치가 결렬되는 시점까지 행위가 계속되는 것이므로, 계속범에 해당한다고 보고자 한다.

라. 범죄성립 방식의 분류

법률행위적 의사표시가 범죄가 되는 경우를 구체적으로 세분화하면 다음과 같다. 첫째, 공인회계사법 제53조 제3항과 같이 명의대여행위 그 자체가 범죄가 되는 경우이다. 둘째, 명의신탁계약과 같이 법률행위적 의사표시가 금지규정의 주된 행위이지만 처벌규정에는 명의신탁계약을 통해 실권리자 아닌 수탁자 명의로의 등기가 범죄행위인 경우이다. 건설산업기본법이나 건축법상 명의대여행위를 통해 타인에게 시공을 하게 하거나 변리사법상 변리사가 타인에게 명의를 대여하여 변리사업무를 하게 하는 행위도 또한 같다. 즉, 법률행위적 의사표시와 그 법률행위적 의사표시의 주된 목적을 실현하는 사실행위가 복합적으로 구성요건요소로서의 행위를 이루는 경우이다.

우선 첫째, 법률행위적 의사표시가 단독으로 범죄의 구성요건행위가 되는 경우이다. 앞서 본 바와 같이 의사표시가 존재하는 한 법률행위가 존재하고 있는 것으로 보아 계속범으로 볼 수 있을 것이다. 이 역시 불법성의 내적 강화가 있었는가라는 귀납적 판단으로도 설명이 가능하다. 예컨대 공인회계사법은 공인회계사제도를 확립함으로써 국민의 권익보호와 기업의 건전한 경영 및 국가경제의 발전을 법익으로 하는 바, 공인회계사가 자격 없는 자에게 명의를 대여해 주는 행위가 장기화될수록 이러한 법익에 대한 침해의 위험성은 보다 커진다는 점에서 불법성이 시간과 비례하여 강화된다고 평가할 수 있다.

두 번째 경우에는 구성요건 자체가 두 개의 행위를 요구하는 바, 법률행위와 그 내용으로서 사실행위가 모두 충족되어야만 범죄가 성립되는 경우이다. 예컨대 대상판결 2의 경우, 건설산업기본법 제21조는 건설업자가 다른 사람에게 자기의 성명이나 상호를 사용하여 건설공사를 수급 또는 시공하게 하는 행위를 금지한다. 따라서 명의대여행위라는 법률행위와 수급 또는 시공하게 하는 사실행위가 모두 요구되는 바, 수급 또는 시공하게 하는 행위는 시간적으로 앞서 존재하는 의사합치적 법률행위로서 명의대여행위의 내용을 완성하는 사실행위이다. 이 경우 대여계약이라는 양 당사자의 의사표시의 내용은 수급 또는 시공행위로 실현되기 때문에, 의사표시의 효과는 수급 또는 시공행위까지만 계속되고 그와 동시에 완결된다. 따라서 시공행위 이후에는 범죄의 구성요건에 해당하는 의사표시가 존재하지 않으므로, 위법상태만이 지속되는 것으로 보아야 할 것이다.

3. 진정부작위범

가. 진정부작위범에 있어서의 행위

형법상 행위론들은 특정 행위론이 다른 차원에서 구성된 행위론들의 이론적인 미해결문제들을 비판하면서 이론을 전개하여 왔고, 또 다른 행위론에 의하여 비판을 받고, 다시 그 비판의 결과를 감수하는 형상으로 발전해 왔다.[43] 여기에서는 행위개념에 형법상의 모든 현상에 대한 공통분모로서의 독자적인 가치를 부여한다거나 또는 어떠한 행위의 존재구조로부터 이미 다양한 범죄요소의 실질적 내용이 규정된다는 것에 관하여 긍정적이거나 부정적[44]인가의 문제는 별론으로 하고 중립적인 입장에서 출발하고자 한다.

그런데 행위론에 대한 부정설 중에는 행위란 최소한 인간의 의사에 의한 인과관계적 결정일 것이 요구되는데, 부작위에 있어서는 이러한 존재론적인 최소요건이 인정되지 않는다고 보는 견해가 있다. 부작위란 존재론적으로 無이기 때문이다. 그러나 이러한 의미는 작위와 부작위를 포함하는 상위개념으로서 또는 전구성요건적 개념으로서의 행위를 부정한다는 의미이지 부작위가 형법상 전혀 무의미한 개념이라는 의미는 아닌 듯하다. 존재론적으로는 작위와 부작위를 하나로 묶는다는 것은 불가능하지만 규범적으로는 이미 형법상의 구성요건이 작

43) 형법적 평가의 출발점은 인간의 행위라는 점에서 행위론에 대하여는 많은 논의들이 지속되어 왔다. Liszt와 Beling의 인과적 행위론부터 출발하여 Welzel의 목적적 행위론 및 Jescheck, Wessels, Maihofer 등의 사회적 행위론 그리고 최근의 인격적 행위론 및 Kahrs의 소극적 행위론 뿐만 아니라 행위개념 부인론까지 다양한 이론들이 대립되고 있다. 자세한 내용은 박중규, "형법적 '행위'에 대한 행위론상의 근본토대 - '통일적 행위론'과 '통일적 행위개념'의 구성을 위한 전제시론-", 영남법학 제5권 제1.2호, 영남대학교 법학연구소, 1999/2, 390면 이하 참조.

44) Schönke/Schröder/Lenckner, vor § 13 Rn. 37; 김일수/서보학, 형법총론, 117면; 남흥우, 형법총론, 70면; 박상기, 형법총론, 68면; 오영근, 형법총론, 110면; 임광주, "현행형법이 의미하는 행위개념", 형사법연구 제14호, 한국형사법학회, 2000, 92면.

위 또는 부작위의 형태로 충족될 수 있음을 규정해 놓았기 때문이다. 즉, 범죄체계 안에서 규범적으로 평가되는 '구성요건에 해당하는 행위'는 규범적인 평가의 대상이기 때문에 그것이 작위이든 부작위이든 구성요건상의 평가를 받게 된다.

부작위범의 성립요건으로서 형법상 의미 있는 부작위는 작위에 비견되는 가치를 가져야 됨을 요구하는 상황에서, 행위자의 어떠한 부작위가 작위와 동일한 "행위"가치를 가질 수 있는지의 파악은 형법상의 행위개념에 있어 아직까지는 미결의 문제이다.[45] 그렇다 하더라도 부작위범은 아무것도 하지 않는 단순한 無爲가 아니라 형법이라는 법규범에서 명령한 행위 또는 요구되는 행위를 의도적으로 하지 않는 것이라는 점에 중점을 두어야 한다.

그런데 '법규범에서 명령한 행위 또는 요구되는 행위에 대하여 소극적으로 하지 않는 것'이라는 점은 부작위가 형법적으로 의미를 갖게 하는 기준점이 되는 반면에 부작위의 존재론적 실체를 확인하는 작업은 아니다.[46] 형법상의 부작위범은 그것이 존재론적으로 있느냐 없느냐의 문제가 아니다. '형법상의 부작위'는 구성요건적으로 판단할 가치가 있는 요구된 "행위"와 비견되는 것인가라는 규범적 판단이 개입된다는 점에서 형법상 의미 없는 부작위와는 구별된다. 형법상 요구되고 필요한 "행위"가 부작위의 평가 동기를 제공해 준다는 점에서 부작위에 있어서도 행위란 의미를 갖는다. 그리고 이는 존재론적인 有無와는 관계없는 규범적 판단의 문제이다.

그리고 계속범은 구성요건에 요구된 "행위"를 계속적으로 실현시키는 범죄이다. 그런데 여기서 "행위"란 존재론적인 판단의 대상이라고 보아서는 안 될 것이다. 또한 작위와 부작위의 상위개념으로서의 "행위"라는 의미도 아니다. 이는 규범적으로 "구성요건에 해당하는 행

45) 허일태, "형법상 행위개념에 관한 고찰", 형사법연구 제18호, 한국형사법학회, 2002/겨울, 60면.

46) 또한 이는 부작위와 작위를 동시에 포함하는 상위개념으로서의 행위개념을 인정할 것인가 부정할 것인가의 문제와도 관계없다.

위"로서 특정한 구성요건과의 관련 속에서 작위 또는 부작위의 형태로 평가될 수 있다는 의미에서의 "행위"라고 보아야 한다. 따라서 존재론적으로는 無이지만 규범적으로는 평가의 대상이 된다는 점에서 부작위범의 영역에서도 계속범의 성립은 가능하다.[47)]

나. 진정부작위범의 계속범적 성격

일반적으로 진정부작위범을 거동범으로 분류하는 취지는 명령규범의 불이행'행위' 즉, 명령규범 또는 요구규범에 반하는 태도로서 요구된 동작을 하지 않았다는 것만으로도 수범자는 처벌되며,[48)] 결과발생, 즉 보호법익의 현실적 침해가 구성요건충족의 요소가 아니라는 점에서 결과범과 구분되기 때문이다. 물론 작위와 부작위를 구분함에는 많은 논의[49)]가 있지만, 일반적으로는 신체동작에 의한 힘의 투입이 구성요건의 실현과 결과발생의 원인이 되었다면 이러한 사실상의 인과관계는 작위로 인정된다.[50)] 이처럼 구성요건충족에 있어서 결과발생의 필요성은 일반적으로 부진정부작위범과의 구별기준을 논할 때 언급되며, 따라서 반대로 부진정부작위범은 작위의무뿐만 아니라 결과

---

47) Engelsing, Strafrechtliche Abhandlungen 212 [1926], 41면은 순수한 신체적 거동범을 결과범으로부터 구별하면서 결과범과 엄격히 대립되는 것으로서 진정부작위범과 진정거동범을 거론하기도 한다.

48) BayObLG NJW 1990, 1861; BGHSt 14, 281

49) 이에 관한 자세한 내용은 김성돈, "형법상 작위와 부작위의 구별", 성균관법학 제14권 제1호, 성균관대학교 비교법연구소, 2002; 김성룡, "치료행위중단에 있어서 작위와 부작위의 구별", 형사판례연구 제13권, 한국형사판례연구회, 2005; 박미숙, "부작위와 공범", 비교형사법연구 제5권 제1호, 한국비교형사법학회, 2003; 양화식, "작위와 부작위의 구별", 성균관법학 제14권 제1호, 성균관대학교 비교법연구소, 2002; 이석배, "형법상 이중적 의미를 가지는 행위의 작위·부작위 구별과 형사책임의 귀속", 형사법연구 제25호, 한국형사법학회, 2006; 이세화, "작위와 부작위의 단계적 고찰", 형사법연구 제19권 제2호, 한국형사법학회, 2007; 하태영, "형법상 부작위범이 인정되기 위한 요건", 비교형사법연구 제5건 제1호, 한국비교형사법학회, 2003; 한정환, "작위와 부작위, 진정·부진정 부작위범의 구별", 비교형사법연구 제7권 제1호, 한국비교형사법학회, 2005 등 참조.

50) Roxin, ATⅡ, §31 Rn. 78; SK-Rudolphi, vor §13 Rn. 6.

발생의 방지의무까지도 요구된다고 본다.[51)]

그렇다면 진정부작위범은 명령규범의 이행을 통하여 구성요건적 결과발생을 방지할 의무까지도 구성요건상으로 요구하지 않는다는 점은 명백하다. 진정부작위범은 행위자 외적으로 존재하는 사정에 의하여 또는 행위자의 선행하는 형법외적 행위에 의하여, 이미 법익의 침해 또는 위태화가 행위자의 범죄행위와는 무관하게 존재한다. 그리고 행위자에게는 그러한 외적 사정으로부터 작위의무가 발생하기 때문에, 이미 보호법익은 침해 또는 위태화가 이루어졌다는 점에서 진정부작위범에서는 구성요건적 결과발생을 방지할 의무가 요구될 수 없는 것이다. 따라서 진정부작위범은 명령규범의 이행이라는 작위의무만이 존재하고, 작위의무의 불이행은 동시에 범죄를 기수에 이르게 한다.

다음으로 부작위가 의무불이행을 통해 즉시 기수에 이르더라도, 기수 이후의 시점에 여전히 존재하는 부작위는 행위인가 상태인가의 문제를 해결하여야 한다. 우선 행위자의 심리적 측면에서 보면, 기수 이후에도 명령규범을 이행하지 않겠다는 내심의 고의는 명령규범의 이행시점까지 계속 존재한다. 그리고 작위와 부작위의 구별기준과는 관계없이 진정부작위범에서는 그 어떤 경우에도 외적으로 일정한 방향으로의 에너지 투입이 없다는 점은 이론의 여지가 없다. 따라서 규범적 평가로서만 인정되는 진정부작위범에 있어서 행위는 그러한 구성요건적 행위정황 및 고의의 존속시점까지 존재하는 것으로 봄이 타당할 것이다. 부작위가 개념적으로 규범적 평가의 산물이라는 점에서는, 객관적 구성요건요소로서의 '의무이행이 요구되는 행위정황'과 주관적 구성요건요소로서의 '고의'가 존속하는 한 구성요건행위인 부작위가 존재하는 한다고 봄이 규범적 평가로서 적절할 것이기 때문이다. 그리고 이렇게 해석하는 한 진정부작위범은 계속범이다.

불법성의 내적 강화라는 측면에서 본다면 더욱 명백해진다. 진정부작위범에 있어서 기수 이후의 불법성의 정도는 시간의 지속으로 인

51) Jescheck/Weigend, §58 Ⅲ2; SK-Rudolphi, vor §13 Rn. 10.

하여 점차 증가하는 경향을 가지기 때문이다. 예컨대 퇴거불응죄의 경우, 행위자가 퇴거요구에 불응함으로써 기수가 된 이후에도 피해자의 사생활의 평온은 시간의 경과에 비례하여 침해의 정도는 더욱 커지게 된다. 따라서 기수 이후 시점의 위법상태만 고려할 때, 불법성의 내적 강화가 이루어진다는 점에서도 계속범으로 평가된다. 다중불해산죄의 경우 역시 마찬가지이다. 다중의 불해산이 해산명령 이후에 지속되는 동안 불법성의 내적 강화가 이루어진다는 점은, 불해산의 시간적 지속으로 말미암은 평온의 교란정도의 심화를 통해 확증할 수 있다.

Ⅳ. 대상판례의 검토

1. 대상판례 1의 경우

동 판결은 나름의 의도가 있는 듯 보이기도 하다. 사실관계상 피고인은 2009년 3월 3일자동차를 매수하였으나, 2011년 원심선고일까지도 이전등록을 하고 있지 않았다. 따라서 피고인은 일단 매수일로부터 15일 이내인 2009년 3월 18일까지 자동차소유권의 이전등록을 신청하지 아니함으로써 위 날이 경과한 2009년 3월 19일 법위반행위가 완성되었다. 한편 개정법[52] 제12조 제1항, 제26조 제1호 및 제81조 제2호에 의하면 같은 법 제12조 제1항 위반에 대하여 1년 이하의 징역이나 300만 원 이하의 벌금에 처하도록 함으로써 자동차매매업의 등록을 하지 아니한 자가 자동차소유권의 이전등록을 신청하지 아니한 행위에 대하여도 형벌을 과할 수 있는 규정이 신설되었고, 다만 개정법 부칙 제5조에 의하면 개정법 시행 전의 행위에 대하여 벌칙 및 과태료를 적용할 때에는 종전의 규정에 따르도록 하고 있다. 한편 구법[53] 제12조 제1항 및 제84조 제2항 제2호에 따르면 동일한 행위에 형벌이

52) 2009. 2. 6. 법률 제9449호로 개정되어 2010. 2. 7.부터 시행된 자동차관리법으로서, 2011년 10월 19일 개정된 현행법 이전의 법.

53) 2009. 2. 6. 법률 제9449호로 개정되기 전의 법률 및 자동차등록령.

아닌 50만 원 이하의 과태료에 처할 수 있을 뿐이다.

즉, 자동차미등록행위는 행위시법주의에 의하면, 즉시범일 경우에는 2009년 3월 19일 기수에 이르러 과태료 부과대상이 되는 비범죄행위지만, 계속범으로 평가하게 되면 원심 판결선고 시점의 법률이 행위시법이 되어 1년 이하의 징역이나 300만 원 이하의 벌금에 해당하는 범죄가 된다. 물론 부칙에 경과규정을 두고 있지만, 부칙은 개정법 전의 행위에 대해서만 구법을 적용하고, 개정법이전부터 계속되어 온 행위에 대하여는 아무런 경과규정을 두고 있지 않다. 그 결과 행위자에게 유리한 해석을 하기 위해서는 계속범으로 보아서는 아니 되고 즉시범으로 평가해야 하는 부담이 발생한다. 그러나 행위자에게 유리한 해석이란 사실관계 판단에서의 문제이다. 따라서 명확성의 원칙에 반하지 않는 규정을 행위자에게 유리하게 해석해야 하는 것은 아니다.

자동차미등록죄는 진정부작위범으로서, 15일의 유예기간이 도과하였다는 행위정황과 등록하지 않고자 하는 행위자의 내심의 고의만으로 기수에 이르게 된다. 또한 자동차를 양수받는 자에게 자동차관리법 제12조 제1항이 등록의무를 부과하는 이유는 자동차를 효율적으로 관리하고 자동차의 성능 및 안전을 확보함으로써 공공의 복리를 증진함을 목적으로 하기 때문이다. 즉 보호법익은 자동차의 성능 및 안전의 확보를 통한 교통안전 및 공공복리인 바, 양수받은 자가 미등록상태에서 자동차를 운행함으로써, 자동차 안전기준, 제작결함 시정, 점검, 정비, 검사 등의 대상에서 배제됨으로 인하여, 점검, 정비, 검사 등의 대상에서 배제되는 시간이 계속될수록 비례적으로 교통안전과 공공복리에 해를 가할 위험성은 점차 강화된다고 볼 것이다. 따라서 계속범으로 보아야 한다.

그 결과 행위시법은 15일의 유예기간이 도과되는 시점의 법이 아니다. 행위자는 재판시에도 미등록상태였으므로 재판시의 법이 여전히 행위시법이 된다. 따라서 구법에 의한 과태료의 대상이 아니라 현행법에 의한 형사처벌의 대상으로 보아야 할 것이다.

2. 대상판례 2의 경우

건설공사의 적정한 시공과 건설산업의 건전한 발전을 도모함을 목적으로 하는 건설산업기본법의 입법 취지나, 이러한 목적을 달성하기 위하여 건설업의 면허·등록 기준을 엄격하게 규정하는 한편 면허를 받거나 등록한 건설업자가 아니면 건설업을 영위할 수 없음을 그 본질적·핵심적 내용으로 하는 위 법의 관계규정 등에 비추어 보면, 같은 법 제21조가 금지하고 있는 명의대여란 타인이 자신의 상호나 이름을 사용하여 자격을 갖춘 건설업자로 행세하면서 건설공사를 시공하리라는 것을 알면서도 그와 같은 목적에 자신의 상호나 이름을 사용하도록 승낙 내지 양해한 경우를 의미한다고 해석하여야 한다.[54) 따라서 어떤 건설업자의 명의로 하도급된 건설공사 전부 또는 대부분을 시공자가 맡아서 시공하였다 하더라도, 그 건설업자 자신이 그 건설공사에 실질적으로 관여할 의사로 수급하였고, 또 그 시공 과정에 실질직으로 관여하여 왔다면, 이를 명의 대여로 볼 수는 없다는 것이 판례의 일관된 태도이다.[55)]

대상판례 2의 경우 명의대여행위라는 법률행위적 의사표시가 계속되는 동안 법률행위가 목적하는 수급 또는 시공하게 하는 행위라는 사실행위가 완성되어야 범죄는 기수에 이른다. 만일 수급 또는 시공 이전에 법률행위적 의사표시가 철회되면 그 이후 상대방의 일방적 수급 또는 시공은 구성요건행위를 충족시키지 못하기 때문에 미수로 평가되어야 한다. 여기에서 계속범적인 성격은 명의대여행위라는 법률행위에만 유효하고, 수급 또는 시공케 하는 행위는 행위와 동시에 종

54) 大判 2007. 5. 11, 2005도6668; 大判 2003. 12. 26, 2003도5541.

55) 大判 2003. 12. 26, 2003도5541; 大判 2003. 5. 13, 2002도7425. 여기서 건설업자가 건설공사의 시공에 실질적으로 관여하였는지 여부는, 건설공사의 수급·시공의 경위와 대가의 약속 및 수수 여부, 대가의 내용 및 수수 방법, 시공과 관련된 건설업자와 시공자 간의 약정 내용, 시공 과정에서 건설업자가 관여하였는지 여부, 관여하였다면 그 정도와 범위, 공사 자금의 조달·관리 및 기성금의 수령 방법, 시공에 따른 책임과 손익의 귀속 여하 등 드러난 사실관계에 비추어 객관적으로 판단하여야 한다.

료된다.

판례는 명의대여 행위는 시공자로 하여금 공사에 착수하게 한 때에 완성되어 같은 법 제96조 제4호 위반죄의 기수가 되고 그 후 공사 종료시까지는 그 법익 침해상태가 남아 있을 뿐이라고 보아 상태범으로 이해하고 있다. 동 범죄는 의사합치적 법률행위가 명의대여를 하는 동안 계속될 뿐이고, 법률행위적 의사표시만으로 범죄의 구성요건이 충족되는 것이 아니라 의사표시가 목적하는 사실행위까지 충족되어야만 기수에 이르는 범죄이다. 따라서 시공, 즉 공사착수로 기수가 되며, 시공행위는 계속범적 성격을 가지지 아니하므로 상태범으로 보는 것은 타당하다. 시공은 어의상 공사의 착수만을 의미할 뿐 공사의 완성을 의미하는 것이 아니기 때문이다.

다만 판례는 상태범이기 때문에 공사착수 후 실제로 시공행위를 계속 담당한 것이 누구인지는 위 범죄의 성립을 좌우할 사유가 되지 못한다고 판시하고 있으나, 시공행위가 이루어졌다면 이를 계속범으로 평가한다고 하더라도 시공행위 이후에 실질적으로 명의대여자가 건축행위를 담당하는 것은 범죄성립에 있어서 하등의 영향을 미치지 아니한다. 시공행위 이후에도 시공행위가 계속된다고 본다면 범죄의 종료시점이 달라지게 됨은 물론이다. 따라서 이를 계속범으로 판단할 때에는, 시공행위 이후에 명의대여자가 실질적인 공사를 하였다는 점이 명의대여라는 법률행위 계속의 종료를 의미하므로 공소시효 기산점이 달라질 수 있을 것이다. 그러나 앞서 본 바와 같이 시공의 어의상 시공과 동시에 명의대여행위는 종료하는 것으로 봄이 타당할 것이다.

Ⅴ. 마 치 며

계속범을 위법상태와 위법행위가 일치하여 계속되는 범죄라고 정의한다고 하더라도, 개별범죄에 있어서는 계속범과 상태범을 구분하는 것이 여전히 모호한 경우가 발생한다. 이는 기수 이후의 시점에 작위든 부작위든 행위의 존속 여부를 관찰할 수 있는 판단기준이 필요하다는 점을 반증하는 것은 아닌가 한다.

그런데 형법적 효력의 부여 대상은 행위에 의하여 수반되는 위법상태가 아니라, 특정 행위 그 자체에 있는 것으로 보아야 할 것이다. 즉, 행위에 의하여 법익이 침해된 상태에 놓이게 되었다는 행위의 효과가 아니라, 규범에 반하는 행위를 선택하는 행위자의 고의로부터 불법성이 출발하고 그러한 고의가 지속되는 한 범죄행위는 계속된다. 그리고 계속되는 행위의 결과 위법상태가 유지되는 것은 상태범과 마찬가지이나, 그 불법성은 보다 강화된다고 보아야 할 것이다. 즉, 기수이후에 불법성이 질적으로 변화하는 것은 아니나 내적으로 강화된다면 계속범으로 보고자 한다. 따라서 계속범은 기수이후에 행위자의 추가적인 작위나 부작위를 통해서 법익에 가해지는 침해 즉, 불법성이 기수시점보다 점차 또는 상당한 정도로 강화되는 범죄유형이라고 분류할 수 있을 것이다.

만일 위법상태가 계속되는 동안 불법성의 내적 강화가 일어난다면, 불법성을 내적으로 강화시키는 원인 또는 원동력을 행위로부터 찾아야만 할 것이다. 이미 기수에 이르고 행위가 존재하지 않음에도 불구하고 불법성에 변화가 발생한다는 것은 불가능하기 때문이다. 여기에서 불법성의 내적 강화란, 이미 기 침해되거나 위태화된 법익의 양적 증가라고 할 수도 있다. 역으로 판단하면, 기수이후 행위자의 추가적인 작위나 부작위를 통해서 법익에 가해지는 침해가 기수시점보다 점차 또는 상당한 정도로 강화된다면, 이는 행위의 계속이 있다고 볼 수 있다. 즉, 일반적으로는 규범적 평가를 배제한 채 행위 그 자체의 고유의 속성을 통하여 계속범인지 여부가 판단이 되겠지만, 계속범인지 상태범인지 불명확한 경우에는 귀납적으로 기수이후의 불법성의 내적 강화가 존재하는 경우에는 계속범으로 보고자 하는 것이다.

행위의 존속은 범죄에너지를 직접적으로 증가시키는 원동력이 된다. 위법상태의 존재라는 현상의 유지 하에 범죄에너지가 시간의 연속선상에서 증가한다는 양적 변화는, 위법상태의 유무와는 명백히 달리 평가해야할 형법적 요소가 될 것이다. 그리고 이를 계속범의 법적 효력이라고 판단할 수 있을 것이다. 대부분의 계속범의 경우에는 선행하는 행위로부터 강화되는 불법성을 확인하는 것이 일반적이다. 그러나 이러한 과정이 불분명할 경우 귀납적인 판단을 통해 시간적 경과에 의하여 강화되는 불법성의 증가를 확인하였다면, 이는 행위 외에 기타의 사정으로부터 도출해 낼 수는 없을 뿐만 아니라, 구성요건행위 이외의 행위외적 사정에 기인하여 그러한 불법성의 증가를 의존시키고자 함은, 범죄성립의 기본적인 요소들이 아닌 것으로부터 찾아내는 모순을 초래하게 될 뿐이다.

본 논문에서는 이러한 판단기준을 전제로 하여, 위법상태와 작위적인 위법행위가 일치하여 계속되는 경우와, 진정부작위범, 그리고 의사합치적 법률행위 중에서 명의대여약정 등을 유형화하여 계속범의 범주에 포함시키고자 한다. 물론 이러한 정형화에도 예외는 있을 수 있겠지만, 여기에서는 불법성의 내적 강화라는 계속범의 판단기준을 제시하고 유형화를 시도하였다는 점에 의의를 두고자 한다.

[주 제 어]

계속범, 상태범, 진정부작위범, 법률행위적 의사표시, 명의대여, 범죄단체조직죄, 소지죄

[Key words]

key words: Dauerdelikt, continuing crime, authentic crime of omission, declaration of intention, internal intension of unlawfulness

접수일자: 2014. 5. 21. 심사일자: 2014. 6. 16. 게재확정일자: 2014. 6. 20.

[참고문헌]

국내문헌

김성돈, "형법상 작위와 부작위의 구별", 성균관법학 제14권 제1호, 성균관대학교 비교법연구소, 2002.

김성돈, 형법총론, 성균관대학교 출판부, 2009.

김성룡, "소지범의 실체법·소송법상 문제점", 형사법연구 제15호, 한국형사법학회, 2001/6.

김성룡, "치료행위중단에 있어서 작위와 부작위의 구별", 형사판례연구 제13권, 한국형사판례연구회, 2005.

김성천/김형준, 형법각론, 소진, 2012.

김성천/김형준, 형법총론, 소진, 2014.

김일수/서보학, 형법각론, 544면; 박상기, 형법각론, 454면; 배종대, 형법각론, 610면; 임웅, 형법각론, 530면; 조영수, "범죄단체조직죄의 성격", 형사판례연구(2), 한국형사판례연구회, 1994, 234면.

김일수/서보학, 형법총론, 박영사, 2004.

김주수/김상용, 민법총칙, 삼영사, 2013.

박미숙, "부작위와 공범", 비교형사법연구 제5권 제1호, 한국비교형사법학회, 2003.

박중규, "형법적 '행위'에 대한 행위론상의 근본토대 - '통일적 행위론'과 '통일적 행위개념'의 구성을 위한 전제시론-", 영남법학 제5권 제1.2호, 영남대학교 법학연구소, 1999/2.

박찬주, "의사표시의 효력발생", 법조 통권 621호, 법조협회, 2008/6.

송진경, "판례평석 : 농지법상 농지전용죄와 범죄의 성격", 비교형사법연구 제11권 제2호, 한국비교형사법학회, 2009.

신동운, 형법총론, 법문사, 2001.

안춘수, "의사표시이론-의사주의, 표시주의 및 이른바 효력주의에 관하여", 고시연구, 2013/11.

양화식, "작위와 부작위의 구별", 성균관법학 제14권 제1호, 성균관대학교 비교법연구소, 2002.
오영근, 형법각론, 박영사, 2009.
오영근, 형법총론, 94면, 박영사, 2014.
윤용석, "의사와 표시의 불일치에 관한 재검토", 법학연구 제53권 제1호, 부산대학교 법학연구소, 2012/2.
윤형렬, 민법총칙, 박영사, 2013.
이상돈, 형법강의, 법문사, 2010.
이석배, "형법상 이중적 의미를 가지는 행위의 작위·부작위 구별과 형사책임의 귀속", 형사법연구 제25호, 한국형사법학회, 2006.
이세화, "작위와 부작위의 단계적 고찰", 형사법연구 제19권 제2호, 한국형사법학회, 2007.
이영준, 민법총칙, 박영사, 2007.
이은영, "법률행위론의 발전과 역사적 의의", 법사학연구 제11권, 아세아문화사, 1990/12.
이은영, 민법총칙, 박영사, 2009.
임광주, "공범 : 몇 가지 유형의 범죄에 대한 재정립", 법학논총 제25권 제4호, 한양대학교 법학연구소, 2008.
임광주, "현행형법이 의미하는 행위개념", 형사법연구 제14호, 한국형사법학회, 2000, 92면.
임웅, 형법총론, 법문사, 2011.
정성근/박광민, 형법총론, 삼지원, 2011.
정영일, 형법각론, 박영사, 2008.
최재정, "계속범에 관하여", 사법연수원논문집 제1집, 사법연수원, 2004.
하태영, "형법상 부작위범이 인정되기 위한 요건", 비교형사법연구 제5건 제1호, 한국비교형사법학회, 2003.
한정환, "작위와 부작위, 진정·부진정 부작위범의 구별", 비교형사법연구 제7권 제1호, 한국비교형사법학회, 2005.
허일태, "형법상 행위개념에 관한 고찰", 형사법연구 제18호, 한국형사법학회, 2002/겨울.

외국문헌

Engelsing, Strafrechtliche Abhandlungen 212 [1926].
OLG Zweibrucken, NJW 1986.
Schmidhäuser, Strafrecht AT, 2. Aufl., 1975.

[Abstract]

Essential property and classification of 'Dauerdelikt'

Kim, Hye-Kyung*

'Dauerdelikt' is a continuing crime. Although The 'Dauerdelikt' is defined as a crime subsequent misconduct and illegal state match, 'Dauerdelikt' or 'Zustandsdelikt' is very hard or impossible to distinguish and is still ambiguous case-by-case crimes. Since the existence criteria is necessary that at the time after completion of commission of crime, it must be observed whether omission of the act or acts exist.

Starting from willful actors to choose from acts contrary to the norms of illegality, as long as the intentional act continues, crime will continue. And it is evaluated while the action continues willfully, illegal state not only continue, but also internal strengthening of illegality has been performed. 'Dauerdelikt', that is infringement after completion of commission of crime adds to the interests protected by law through inaction or omission of additional actors, gradually increasing from a base point, is a sin or a large extent has been enhanced illegality.

In this study will be made a classification that authentic crime of omission, declaration of intention as juristic act, and willfully act that during continuing act unlawfulness is enhanced increasingly are 'Dauerdelikt'

* associate professor, College of Law and Police Science, Keimyung University, Ph.D. in Law.

공범관계의 해소(解消)

류 전 철*

[대상판례] 대법원 2012.11.15. 선고 2012도7407 판결

[사실관계]

피고인 甲은 2011. 11. 초순경과 2011. 11. 20.경 공소외인 乙에게 전화하여 ○○은행노조위원장인 피해자 A의 불륜관계를 이용하여 공갈할 것을 교사하였다. 이에 乙은 2011. 11. 24.경부터 피해자 A를 미행하여 2011. 11. 30.경 피해자 A가 여자와 함께 호텔에 들어가는 현장을 카메라로 촬영한 후 甲에게 이를 알렸다. 그러나 甲은 2011. 12. 7.경부터 2011. 12. 13.경까지 乙에게 여러 차례 전화하여 그 동안의 수고비로 500만 원 내지 1,000만 원을 줄 테니 촬영한 동영상을 넘기고 피해자 A를 공갈하는 것을 단념하라고 하여 범행에 나아가는 것을 만류하였으나 乙은 甲의 제안을 거절하고 2011. 12. 9.경부터 2011. 12. 14.경까지 위와 같이 촬영한 동영상을 피해자 A의 핸드폰에 전송하고 전화나 문자메시지 등으로 1억 원을 주지 않으면 여자와 호텔에 들어간 동영상을 가족과 회사에 유포하겠다고 피해자 A에게 겁을 주어 2011. 12. 14.경 피해자 A로부터 현금 500만 원을 교부받았다.

---

* 전남대학교 법학전문대학원 교수.

[사건경과]

1심법원에서 유죄판결을 받은 甲은 위 범행을 교사하기는 하였으나 피교사자인 乙이 범죄의 실행에 착수하기 전에 범행을 중지시켰고, 그 이후의 乙의 실행행위는 乙의 독자적 판단하에 이루어진 단독 범행이므로 甲의 교사는 乙의 공갈행위와 인과관계가 인정되지 않고, 또 피고인은 공범관계에서 이탈한 것이라고 주장하였으나, 원심법원은 공범관계에서 이탈하였다는 甲의 주장을 배척하였다. 원심법원은 甲의 교사행위로 인하여 乙이 범행의 결의를 가지게 되었고, 그 후 공갈의 실행행위에 착수하여 피해자 A로부터 500만 원을 교부받음으로써 범행이 기수에 이르렀으므로 甲의 교사행위와 乙의 범행 결의 및 실행행위 사이에 인과관계가 인정되고, 또 甲이 전화로 범행을 만류하는 취지의 말을 한 것만으로는 甲의 교사행위와 乙의 실행행위 사이에 인과관계가 단절되었다거나 甲이 공범관계에서 이탈한 것으로 볼 수 없다고 하여, 피고인을 유죄로 판단한 제1심판결을 그대로 유지하였다.[1)]

[판시사항]

교사범이란 정범인 피교사자로 하여금 범죄를 결의하게 하여 그 죄를 범하게 한 때에 성립하는 것이고, 교사범을 처벌하는 이유는 이와 같이 교사범이 피교사자로 하여금 범죄 실행을 결의하게 하였다는 데에 있다. 따라서 교사범이 그 공범관계로부터 이탈하기 위해서는 피교사자가 범죄의 실행행위에 나아가기 전에 교사범에 의하여 형성된 피교사자의 범죄 실행의 결의를 해소하는 것이 필요하고, 이때 교사범이 피교사자에게 교사행위를 철회한다는 의사를 표시하고 이에 피교사자도 그 의사에 따르기로 하거나 또는 교사범이 명시적으로 교사행위를 철회함과 아울러 피교사자의 범죄 실행을 방지하기 위한 진지한 노력을 다하여 당초 피교사자가 범죄를 결의하게 된 사정을 제거하는

1) 서울중앙지법 2012. 6. 1. 선고 2012노1069 판결.

등 제반 사정에 비추어 객관적·실질적으로 보아 교사범에게 교사의 고의가 계속 존재한다고 보기 어렵고 당초의 교사행위에 의하여 형성된 피교사자의 범죄 실행의 결의가 더 이상 유지되지 않는 것으로 평가할 수 있다면, 설사 그 후 피교사자가 범죄를 저지르더라도 이는 당초의 교사행위에 의한 것이 아니라 새로운 범죄 실행의 결의에 따른 것이므로 교사자는 형법 제31조 제2항에 의한 죄책을 부담함은 별론으로 하고 형법 제31조 제1항에 의한 교사범으로서의 죄책을 부담하지는 않는다고 할 수 있다.

그러나 본 사안에서 甲의 교사행위와 乙의 공갈행위 사이에는 상당인과관계가 인정된다 할 것이고, 甲의 만류행위가 있었지만 乙이 이를 명시적으로 거절하고 당초와 같은 범죄 실행의 결의를 그대로 유지한 것으로 보이는 이상, 甲이 공범관계에서 이탈한 것으로 볼 수도 없다.

[참고판결 1] 대법원 2010.9.9. 선고 2010도6924 판결

[판시사항]

공모공동정범에 있어서 공모자 중의 1인이 다른 공모자가 실행행위에 이르기 전에 그 공모관계에서 이탈한 때에는 그 이후의 다른 공모자의 행위에 관하여는 공동정범으로서의 책임은 지지 않는다 할 것이나, 공모관계에서의 이탈은 공모자가 공모에 의하여 담당한 기능적 행위지배를 해소하는 것이 필요하므로 공모자가 공모에 주도적으로 참여하여 다른 공모자의 실행에 영향을 미친 때에는 범행을 저지하기 위하여 적극적으로 노력하는 등 실행에 미친 영향력을 제거하지 아니하는 한 공모자가 구속되었다는 등의 사유만으로 공모관계에서 이탈하였다고 할 수 없다.

[참고판결 2] 대법원 2011.01.13. 선고 2010도9927 판결

[판결요지]

피고인이 갑 투자금융회사에 입사하여 다른 공범들과 특정 회사 주식의 시세조정 주문을 내기로 공모한 다음 시세조정행위의 일부를 실행한 후 갑 회사로부터 해고를 당하여 공범관계로부터 이탈하였고, 다른 공범들이 그 이후의 나머지 시세조정행위를 계속한 사안에서, 피고인이 다른 공범들의 범죄실행을 저지하지 않은 이상 그 이후 나머지 공범들이 행한 시세조정행위에 대하여도 죄책을 부담함에도, 피고인이 해고되어 갑 회사를 퇴사함으로써 기존의 공모관계에서 이탈하였다는 사정만으로 피고인이 이미 실행한 시세조정행위에 대한 기능적 행위지배가 해소되었다고 보아 그 이후의 각 구 증권거래법(2007. 8. 3. 법률 제8635호 자본시장과 금융투자업에 관한 법률 부칙 제2조로 폐지) 위반의 공소사실에 대하여 무죄를 선고한 원심판결에 공모공동정범에 관한 법리오해의 위법이 있다

[평 석]

I. 들어가는 말

다수가 참가한 범죄형태를 다루는 공범론에서 공동정범, 교사범, 방조범의 경우에 그 공범처벌의 근거는 범죄에 참가한 자들 상호간의 '관계'가 범죄의사를 강화시키고 범죄로 인한 위험성을 증폭시키는 점에 있다. 다수 참가자들 사이의 '관계'는 상호간에 서로 이용관계에 있다고 할 수 있다.[2] 다만 공동정범의 경우는 각 참가자가 분업적 역할분담을 통해 상호간에 이용을 한다는 점에 특징이 있다. 다수참가자 사이의 관계는 결속력을 가져오는 것이고 이러한 결속력이 1인이 범한 범죄의 경우와는 다른 위험성을 갖는 것이므로 공동정범의 경우에

2) 오영근, 형법총론(제2판), 562면.

는 '전체책임', 교사범의 경우에는 피교사자인 정범과 '동일한 책임' 그리고 정범을 방조한 방조범의 경우도 정범보다 경하지만 책임을 지게 된다.

다수의 참가로 일단 형성된 '관계'는 되돌릴 수 없는 불변의 관계인가? 공동정범, 교사범, 방조범의 경우에 참가한 각자는 자신의 기여부분에 대해서 자신의 결정에 따라서 행한 것이기 때문에 이미 형성된 '관계'로부터 벗어날 수 없다고 하는 것은 타당하다고 할 수 없다. 그러므로 다수의 참가로 만들어진 관계, 즉 공범관계는 일정한 요건하에서 그 '관계'의 해소가 가능하다고 하는 것이 논리적이며 타당하다. 즉 참가자 중 1인이 '관계'의 결속력을 해소한 경우에는 그에 상응한 형사책임이 부여되는 것이 타당하다.

공범관계로부터 참가자가 '관계'의 결속력으로부터 벗어난 경우와 관련해서 지금까지는 '공모관계의 이탈', '공범의 중지미수' 등의 주제로 다루어왔다. 그러나 '공모관계의 이탈'의 논의는 논란이 많은 공모공동정범의 인정에 따른 부속적 논의로 인식되어 왔고, '공범의 중지미수'의 논의는 독일형법해석론의 연장선에서 해석론보다는 입법론적 의미가 강하다고 할 수 있다. 대상판결은 교사자에게 공범관계로부터 이탈을 인정할 수 있는지를 다루고 있지만, 이 논문에서는 '공범관계의 해소'라는 일반적인 논의주제로 다루고자 한다. 다만 이 주제에 대한 논의가 많지 않다는 점을 고려하면, 다소 시론적(試論的)인 시도라는 점에 대한 이해를 구하고자 한다.

II. 공범관계 해소의 의미

1. 용어의 정리

(1) '이탈'과 '해소'

판례에서는 '이탈'이라는 용어와 '해소'라는 용어를 번갈아 가며 사용하고 있다. 대상판결에서도 "교사범이 그 공범관계로부터 이탈하기 위해서는 피교사자가 범죄의 실행행위에 나아가기 전에 교사범에 의하여 형성된 피교사자의 범죄 실행의 결의를 해소하는 것이 필요하고"라고 하면서 이탈과 해소를 같은 문장안에서 사용하고 있다. 사전적 의미에서 이탈(離脫)은 '벗어나 따로 떨어져 나가다' 또는 '어떤 범위나 대열 따위에서 벗어남'의 의미이고, 해소(解消)는 '좋지 않은 일이나 감정 따위를 풀어서 없앰'을 뜻한다. 이러한 이탈과 해소를 일본에서는 이탈의 형태를 놓고, 공범간에 형성된 범행수행의사의 포기에 의한 이탈을 '공범의 이탈'로, 범행수행과정상 객관적 역할종료에 따른 이탈을 '공범의 해소'라고 구별한다고도 한다.[3] 그리고 이러한 전제에서 공범관계의 해소를 자의에 의한 것이든 타의에 의한 것이든 공범관계에서 이탈하는 모든 경우를 의미한다고 보는 견해도 있다.[4] 한편 공모관계로부터 이탈, 공범관계로부터 이탈, 공범관계의 해소라는 논의주제에서'이탈'과 '해소'가 포섭하는 범위가 조금씩 다르기는 하지만 두 용어는 대체적으로 같은 개념으로 이해하고 큰 틀에서는 공범관계의 해소가 적절하다는 견해도 있다.[5]

다수의 참가로 생겨난 관계가 가지는 결속력으로 인한 책임귀속을 인정하는 공범이론에서 결속력으로부터 벗어나는 것으로만 책임을 면할 수는 없는 것이며 자신이 공범관계의 결속력에 기여한 부분을 제거해야 '공범관계'의 공동책임을 면할 수 있을 것이다. 사전적 의미를 충실하게 반영한다면 실행의 착수를 기준으로 하여 그 이전은 이탈, 그 이후는 해소라는 용어가 적절하다는 의미로 볼 수 있겠지만 향후 이 주제에 대한 논의들에서는 해소라는 용어로 통일되는 것이 바

3) 권창국, 공범관계의 이탈 및 공범의 중지에 대한 검토, Jurist 제395호, 2003, 123면.

4) 김용세, 공모공동정범과 공범관계 이탈론 : 대법원판례를 중심으로, 사회과학논문집 제16권 제2호 대전대학교 사회과학연구소, 1997, 23면.

5) 백정민, 공동정범에서의 이탈에 관한 연구, 형사법연구 제제24권 제1호, 2012, 65면.

람직하다고 생각한다. 왜냐하면 참여자는 자신의 공범관계형성의 기여분을 스스로 회수하여야 하고 그에 대한 법적 의미를 부여함으로써 '관계'를 해소한 자의 책임을 논하는 것이 적절하다고 보여지기 때문이다.[6]

그렇지만 '이탈'을 대신하여 '해소'라는 용어의 사용으로 인한 혼란을 줄인다는 의미에서 공범자의 형사책임이 문제될 수 있는 사례들을 구별하여 공동의 가공의사에 관여한 공동정범의 일원이 공동정범관계로부터 이탈한 경우와 교사 또는 방조자가 피교사자와 피방조자와의 관계를 해소한 경우로 나누고, 전자는 '공동정범관계의 이탈'[7]로 부르고 후자는 공범이 정범과의 관계를 '풀어서 없어지게 한다'는 의미에서 '공범관계의 해소(解消)'[8]로 표현하기로 한다.

(2) '공모관계의 이탈'

공모관계의 이탈은 '공모'로부터의 이탈이 아니라 '관계'로부터 떨어져 나가는 것을 의미한다. 공동정범의 경우에 참가자 스스로가 다른 참가자에게 행한 공동가공의 의사를 철회함으로써 이탈 이후에 다른 공범들이 실행한 부분에 관한 부분에 대해서는 공동정범관계가 해소 또는 소멸되는 것이다. 여기에 '공모'라는 개념을 공동가공의 의사와 동일한 의미로 이해하는 경우에는 공모관계로부터 이탈이라는 표현을 사용하지만 이는 타당하지 않다. 공모는 특정한 범행계획이고[9] 이에

6) 이 논문에서는 기존의 문헌에서 '이탈'이라는 용어를 사용한 경우에는 그대로 '이탈'을 사용하고, '해소'라는 용어를 사용한 경우에는 '해소'라는 용어를 사용하기로 한다.

7) 다른 공동정범에 의해 수행된 범죄로부터 벗어난다는 의미로 '이탈'이라고 본다.

8) 공범은 정범의 위법한 행위를 통하여 간접적으로 법익을 침해하는 범죄형식이므로 공범성립과 처벌의 근거 또한 여기서 찾게 된다. 즉 공범이기 위해서는 공범의 행위가 결과발생에 인과적으로 작용하지 않으면 안된다. 따라서 이 작용(범죄촉진을 가져오는)이 없어지게 되면 이제 더 이상 공범관계는 존속하지 않게 되고 설령 다른 공범자가 결과를 실현하더라도 이에 대한 공범자의 책임은 없으므로 어떤 경우에 이 인과관계가 해소되는지를 확인하는 것이 중요하다(안동준, 형법총론강의, 271면).

가공하는 의사를 공동가공의 의사라고 보면, 공동가공의 의사는 참여자 개개인의 철회의사를 통해 가능하지만 공모, 즉 범행계획은 참여자 개인이 철회할 수 있는 대상은 아니기 때문이다. 그러므로 '공모관계의 이탈'이 아니라 '공동정범관계로부터 이탈'이라는 논의로 다루는 것이 타당하다.

'공동정범관계로부터 이탈'이란 실행착수 전후를 불문하고 공범 중 일부가 공동정범관계에서 이탈한 경우에는 이탈 이후에 다른 공범들이 실행한 부분에 관한 한 공동정범관계가 해소 또는 소멸된다는 의미이다. 넓은 의미에서의 '공범관계의 해소'에는 공동정범관계에서 이탈하는 경우와 협의의 공범관계에서 이탈하는 경우가 모두 포함된다고 할 수 있다.[10)]

(3) '이탈'과 '중지'

통설은 공범관계에서 공범 중 1인이 실행에 착수한 이후에는 '이탈'의문제로 보지 않고 공범의 중지미수의 문제로 해결하려고 시도한다. 통설에 따르면 다수인의 범행가담형태에서도 중지미수를 인정하지만 그 요건은 단독범의 중지미수와 달리 공범 중 1인이 자의로 자

9) 엄밀하게 말해서 공모는 특정한 구성요건 실현을 위한 공동의 범행계획(Tatplan)이라고 할 수 있다. 이러한 범행계획에 참여한 자가 공동으로 그러한 범행계획이 존재한다는 것을 스스로 인식하는 것이 의사의 연락, 즉 공동가공의 의사라고 할 수 있다. 이러한 관점에서는 공동의 가공의사는 공동정범적 참여자가 타 참여자도 자신과 동일한 공동의 범행계획(공모)을 실현해서 전체결과를 달성하겠다는 의사를 가지고 행위한다는 것을 인식한 경우에 성립하는 것이라고 할 수 있다. 이렇게 이해하는 것이 '전부책임'이라는 공동정범의 책임귀속에 부합하는 것이다. 그리고 공모, 즉 특정한 구성요건 실현을 위한 공동의 범행계획에 참여하는 것과 그러한 범행계획이 존재한다는 것을 인식하는 것은 동시적일 수 있으며 순차적일 수 있다. 예를 들어 갑과 을이 강도할 계획을 가진 경우에 갑과 을은 공모와 동시에 의사연락이 이루어 경우이지만, 병이 갑과 을의 범행계획을 인식하고 공동가공의사를 가진 경우에는 공모와 의사연락은 순차적으로 이루어진 경우라고 할 수 있다. 류전철, 공범이론에서 공모(共謀)개념의 문제성, 형사법연구 제26권 제1호, 2014, 7-8면.

10) 김용세, 앞의 글, 24면.

기의 실행을 중지하거나 자신이 맡은 범행부분의 결과발생을 방지하는 것만으로는 중지미수의 인정에 충분하지 않다고 한다. 즉 공동정범에서는 다른 공범자 전원의 실행행위를 중지하게 하거나 결과발생을 방지해야 하며, 간접정범은 피이용자의 실행행위를 중지하거나 결과발생을 방지해야 하고, 교사범이나 방조범은 정범의 실행행위를 중지하거나 결과발생을 방지해야 한다고 한다.[11] 이렇게 중지미수의 요건으로서 엄격한 결과발생방지를 요구하는 이유는 다수인이 가담한 행위의 위험성 때문에 개별적인 행위가담의 포기만으로는 충분하지 않고, 범죄가 기수에 달하면 중지미수는 생각할 여지가 없고, 중지미수를 인정하기 위해서는 이미 실현된 미수범의 법익침해의 위험이 중지행위를 통하여 무해화되어야 하기 때문이라고 한다.[12] 판례도 "공범에 있어서는 공범자의 1인이 범의를 중지함으로써 족한 것이 아니고 공범자의 범죄실행을 중지하게 하여야" 한다고 하여 통설과 같은 입장이다.[13] 즉 통설과 판례는 공범의 중지는 결과발생이 방지된 경우에 이에 관여된 자의 책임문제를 다루는 것으로 보고 있다. 이에 대해서 자기책임의 원칙에 비추어 볼 때 행위자가 범행의 완수 이전에 자의에 의해서 중지하였고 범행방지를 위한 진지한 노력을 하였다면 공범에 의해 결과가 야기되었다고 무조건 중지미수를 부정하기는 어려우며, 오히려 당해결과가 전체 범행 중 행위자의 역할과 떨어질 수 없을 정도로 관련을 가진 경우에만 결과발생방지의무가 있다고 보아야 한다는 견해도 제시되고 있다.[14] 더 나아가 이러한 문제사안을 중지미수

11) 김성돈, 형법총론(제2판), 602면; 김일수/서보학, 새로쓴 형법총론, 545면; 배종대, 형법총론, 527면; 성낙현, 형법총론, 569면; 손동권/김재윤, 새로운 형법총론, 555면; 신동운, 형법총론, 590면; 안동준, 앞의 책, 239면; 오영근, 앞의 책, 522면; 이재상, 형법총론, 393면; 임웅, 형법총론, 420면; 정성근/박광민, 형법총론, 404면.

12) 최준혁, 다수인의 범행가담과 중지미수, 형사법연구 제19권 제2호, 2007, 119면.

13) 대법원 1954.1.30. 선고 4286형상103 판결.

14) 신양균, "판례에 나타난 중지미수", 고시연구 1998/5, 72면 이하; 이정원/류석준, "중지미수에서의 착수미수와 실행미수", 경남법학 제18집(2003), 188면. 이

의 응용을 통해서가 아니라 공범에서의 이탈이라는 문제로 다루려는 입장들이 제시되고 있다.[15)]

이러한 논의상황에서'이탈'은 다른 공범의 실행행위(또는 결과)와의 인과성 제거의 문제로 이해하고, '중지'는 형법 제26조의 중지미수의 효과를 공범관계에서 인정할 것인가의 개념으로 한정하여 사용하는 것이 타당하다.[16)] 왜냐하면 이탈의 경우의 쟁점은 관여를 중단한 공범자가 그 이후에 실행된 결과에 대하여 형사책임을 질 것인가 아닌가(구체적으로 기수인가, 미수이나, 무죄인가, 중한 결과를 귀속시킬 것인가) 하는 것과 공동정범, 교사범, 방조범의 귀속형태 중 어떠한 처벌을 인정할 것인가에 있으므로 공범(공동정범)의 행위와 결과 내지 다른 자의 실행의 착수와의 인과성 여부가 기준이 된다. 이에 반해서 중지의 쟁점은 중단한 자에게 형법 제26조의 중지미수의 요건 - 특히 자의성을 포함하여 - 을 갖춘 경우에 필요적 감면효과를 인정할 것인가 아닌가에 있기 때문이다.

2. 공범관계 해소의 핵심으로서 '인과성의 제거'

공범처벌에 있어서도 결과와의 인과관계를 중시해야 한다는 관점에서 종래와 같이 중지미수론을 공범론에 응용하거나 공모공동정범의 인정 여부에 따라 문제를 해결하는 것보다는, 이탈자가 이미 수행한 범행에의 기여가 다른 공범자의 범행에 인과적으로 작용하였는가 또

러한 해석은 독일 형법 제24조 제2항 제2문의 요건과 관련되어 있다고 볼 수 있다. 여기에서는 범행이 이미 기수에 이르렀다고 하더라도 중지는 가능한데, 행위자가 자의적으로 진지하게 범행의 기수를 방지하기 위하여 노력하였고 자신의 범행기여부분과 범행결과 사이의 인과관계를 완전히 제거했을 경우가 이에 해당한다.

15) 이용식, 공동자 중 1인의 실행착수 이전의 범행이탈, 형사판례연구[11], 90면; 손동권, 중지(미수)범의 특수문제 - 특히 예비단계에서의 중지-, 형사판례연구[5], 1997, 99면; 장한철, 공범의 중지미수와 형법 제26조의 해석문제, 차용석교수 화갑기념논문집, 1994, 449면 이하.

16) 이용식, 앞의 글, 90면.

그렇다면 이탈자는 그러한 인과적 효력을 어떻게 차단 제거해야 할 것인가 하는 관점에서 이 문제가 다루어져야 한다는 견해가 점차 늘고 있다. 인과성을 강조하는 견해에 의하면 인과성을 제거 내지 차단하였는가 여부에 따라 일정한 경우에는 공동정범으로서의 처벌을 인정하고 그렇지 못한 경우에는 공동정범으로서의 귀속을 부정하자는 견해가 바로 공모관계이탈론이고, 이것이 핵심이며 공모관계이탈론은 공모공동정범의 인정여부와는 직접 관련이 없다고 한다.[17]

이러한 문제 인식은 일본 형법에서도 나타나고 있다. 일본에서는 이전에는 중지범규정(일본형법 43조 단서[18])의 공범관계의 적용문제로 논의되었으나 이 규정은 단독범이 범죄의 실행에 착수한 이후에 관한 규정이고, 공범의 처벌근거에 대한 인식이 심화됨에 따라 중지범 성부 이전의 공범의 성부 그 자체에 관한 문제로 인식하게 되었다.[19] 공범관계 이탈자에 대해 학설은 장애미수의 책임을 물어야 한다는 견해, 전체범죄에 대한 중지미수가 인정된다는 견해[20]등이 주장되었으나 현재의 다수견해는 소위 '인과관계차단설'에 따라 공범관계의 이탈로 인해 인과관계가 차단되면 이후의 범행진행결과에 대해서는 책임을 부담하지 않는다고 보면서[21], 판례를 통해 인과관계 차단의 형태를 유형화하고 있다. 여기에서 공범관계가 해소되었다고 판단하기 위해서는 이탈하기 전까지의 공범관여의 정도, 다른 공범자들에게 미치는 심리적·물리적 인과성을 부정할 수 있는지를 구체적으로 검토하여야 한다고 한다.[22] 공범자의 실행착수 전에는 이탈의 의사를 명시적으로 표시

17) 이용식, 앞의 글, 93면.
18) 제44조. 범죄의 실행에 착수하여 이를 완수하지 못한 자는 그 형을 감경할 수 있다. 단, 자기의 의사에 의하여 범죄를 중지한 때에는 그 형을 감경 또는 면제한다.
19) 井田良, 刑法總論の理論構造, 成文堂, 2005, 416頁.
20) 罔野光雄, "共同正犯からの離脱", 法修 509号, 1990, 11頁.
21) 平野龍一, 刑法總論Ⅱ, 有斐閣, 1975, 384頁; 西田典之, 刑法總論(第2版), 弘文堂, 2010, 368頁.
22) 前田雅英、 刑法總論(第5版), 東京大学出版会, 2011, 547頁.

하고, 공범자가 이를 이해한 경우 또는 이탈의 의사를 명시적으로 표시하지 않았더라도 다른 공범자가 그것을 인식하면서 묵시적으로 이탈의 의사를 받아들인 경우에는 이탈을 긍정한 판례가 있다.[23] 실행의 착수이후에는 이탈의 의사표시를 명시적으로 표시하는 것에 그치지 않고, 진지한 노력에 의해 다른 공범자의 범행을 저지할 것을 요구한다고 보아 이탈의 인정에 대해 매우 신중한 태도를 취하고 있다. 다만 결과방지를 위한 적극적 행위를 통해 심리적·물리적 인과성을 차단하는 것이 필요하고 그러한 진지한 노력이 있었다면 이탈을 인정할 수 있다는 가능성을 열어두고, 어느 정도의 노력을 요구할 것인가에 대해서는 공모자가 실행으로 나갈 위험에 대한 기여의 정도에 대응하여 판단하여야 한다고 한다.[24]

III. 공범관계 해소

1. 공동정범관계로부터 이탈

공모관계 이탈은 공모공동정범을 부인하는 통설에 의하는 경우에는 거의 문제되지 않는다. 이탈자가 실행행위로 나아가지 않기 때문에 공동실행이라는 객관적 요소를 구비하지 못한 이상 아직 공동정범이 아니기 때문이다.[25] 그러나 공모공동정범을 인정하는 입장에서는 공모에만 가담하고 실행행위를 전혀 분담하지 아니한 자도 공동정범이

23) 福岡高判 昭和 28·1·12 高刑集 6卷1号1頁.

24) 今井猛嘉, 共犯関係からの離脱, 西田典之·山口厚·左伯仁志編「刑法の争点」, 有斐閣, 2007, 119頁. 이에 대해 착수후의 이탈을 위해서는 결과발생의 위험성을 제로에 가깝게 제거해야 할 정도까지 요구하는 것은 아니고 어떤 조치에 의해 위험성을 소멸시키면 충분하고, 공동자에 의한 범행을 저지할 것까지는 요구되지 않으며, 실행의 착수 이후의 이탈의 효과는 임의성 등의 요건이 충족되면 중지범 규정의 적용이 가능하다는 견해도 있다. 井田良, 刑法總論の理論構造, 成文堂, 2005, 418頁.

25) 김성돈 교수는 공모관계의 이탈의 경우에는 공동정범의 객관적 요건이 충족되지 않은 것은 물론이고 공동가담의 의사라는 주관적 요소도 탈락된다고 한다(형법총론(제2판), 587면).

될 수 있다고 하므로 다른 공모자가 실행에 착수하기 전에 공모관계에서 이탈하더라도 역시 공동정범관계로부터 이탈의 문제로 보게 된다.[26)]

기존의 논의에서 공모관계이탈론은 공모공동정범의 개념을 인정하기 때문에 이를 제한하기 위해 나오게 된 이론이라는 인식이 일반적이지만 공모공동정범과 관련없이 다수인의 범죄참가형태에서 중지규정을 두지 않은 우리 형법의 해석론이라고 이해하는 견해도 있다.[27)] 이러한 견해는 일반적으로 공범관계(공동정범, 교사, 방조)에 있는 자가 그러한 관계로부터 벗어나는 것은 가능한 것이며, 굳이 공모공동정범의 경우에만 한정되는 것이 아니라는 점에서 타당하다고 할 수 있다. 그렇지만 부인할 수 없는 사실은 '공모관계의 이탈'이라는 개념은 공모공동정범의 예기치 않은 파생물에 불과하다는 것이다.[28)] 그러므로 이 문제를 '공모관계의 이탈'이 아니라 '공범정범관계로부터 이탈'이라는 논의로 다루는 것이 타당하다. 이러한 관점에서 "이탈론은 공동정범의 본질적 표지인 기능적 행위지배를 어떻게 이해할 것이냐와 관련되는 문제"[29)]라는 지적은 타당한 것이다.

공동정범관계로부터 이탈은 일반적으로 이탈의 유형을 실행의 착수 선과 이후로 나누어서 다루고 있다. 먼저 공동정범관계의 이탈여부와 관련하여 공동정범의 실행의 착수시점으로 전체적 해결방법과 개별적 해결방법이 대립되고 있는데 이는 다수가 참가한 범죄형태에서 각 참가자의 역할이 다르고 수행시기가 달라 실행의 착수가 언제 있었는지에 대한 한계설정을 위해 제시된 해결방법이다. 전체적 해결방법은 공동정범자 전체의 행위를 기초로 공동정범의 실행의 착수여부를 판단해야 한다는 입장으로서, 공동정범 중 어느 한 사람이 실행행위를 직접 개시한 순간, 공동정범 모두에 대하여 실행의 착수도 개시

26) 김용세, 앞의 글, 24면.
27) 이용식, 앞의 글, 96면.
28) 류전철, 앞의 글, 13면.
29) 이용식, 앞의 글, 96면.

된다는 것이다. 반면 개별적 해결방법에 따르면, 공동정범의 실행의 착수시기는 기능적 역할분담에 참가한 각자의 범행지배가 예비단계를 지나 실행의 착수에 이르렀는가를 개별적으로 판단해야 한다고 본다.[30] 공동정범관계로부터 이탈을 논의하기 위해서는 공동정범의 실행의 착수의 기준으로서 전체적 해결설이 전제되어야 한다.[31]

(1) 실행착수 전의 이탈

실행단계 이전의 예비단계에서도 예외적으로 기능적 행위지배가 가능하다는 예비단계의 기능적 행위지배 긍정설의 입장[32]에서 보면 공동정범의 경우 실행단계에서 실행행위를 분담하지 않았을지라도 예비단계의 범행기여로 기능적 행위지배가 인정된다는 전제에서만 공모관계이탈론의 성립이 가능하다고 한다. 이에 따르면 공모관계이탈론이란 이탈자가 공모에 의하여 담당한 기능적 행위지배를 다른 공모자에 의한 실행의 착수 이전 예비단계에서 인과적으로 제거한 때 공동정범이 인정되지 않고, 그렇지 못하여 인과적 효력이 남아있는 경우에는 공동정범으로 처벌될 수 있다는 이론이라고 한다.[33] 그러나 공범관계의 해소라는 측면에서 보면 실행의 착수 이전에만 이탈이 가능한

30) 김일수/서보학, 앞의 책, 603면.

31) 이용식, 앞의 글, 98면.

32) 안동준, 예비단계에서의 행위기여와 공동정범, 정성근교수 화갑기념논문집, 1997, 61면 이하; 이원경, 기능적 행위지배와 공모공동정범의 정범성, 형사법연구 제22권 제2호, 2010, 59면 이하; 이용식, 공동정범의 실행의 착수와 공모공동정범, 형사판례연구 [8], 2000, 58면 이하; 이재상, 공모공동정범, 법학논집 제6권 제1호, 이화여자대학교 법학연구소, 2001, 149면 이하; 이창섭, 공모공동정범이론 유감, 비교형사법연구 제9권 제2호, 2007, 357면 이하; 정도희, 본질적 기여를 고려한 공모공동정범, 형사법연구 제23권 제2호, 2011, 144면 이하; 천진호, '공모'공동정범에 있어서 공모의 정범성, 형사판례연구 [9], 2001, 203면 이하; 최호진, 공동가공의 사실과 본질적 기여행위의 판단, 형사법연구 제21호, 2004, 211면 이하.

33) 이러한 견해에 대해서 예비단계에서의 관여행위는 교사범 또는 방조범이 될 수 있을 뿐이며 공동정범은 실행행위단계에서의 기능적 행위지배가 필요하다는 입장에 대해서는 조기영, 예비단계에서의 관여행위와 공동정범, 형사법연구 제25권 제4호, 2013, 73면 이하 참조.

것이 아니라 공범의 전체범행과정에서 자신의 기여분의 제거여부에 따라 전체책임의 부과여부를 판단하는 것이므로 공동정범관계의 이탈 여부를 실행의 착수를 기준으로 판단할 필요는 없다고 본다. 단지 실행의 착수 전에 공동정범관계의 이탈은 실행의 착수 이후의 인과성 제거보다 상대적으로 용이하므로 그인정 가능성이 높아질 뿐이다. 그렇다면 기능적 행위지배가 예비단계에서도 가능한 것인지 여부는 별론으로 하더라도 공동정범관계의 이탈을 인정하기 위해서 예비단계의 기능적 행위지배를 인정하여야 한다는 주장에는 동의할 수 없다.[34]

판례는 "공모공동정범에 있어서 그 공모자 중의 1인이 다른 공모자가 실행행위에 이르기 전에 그 공모관계에서 이탈한 때에는 그 이후의 다른 공모자의 행위에 관하여 공동정범으로서의 책임은 지지 않는다고 할 것이고 그 이탈의 표시는 반드시 명시적임을 요하지 않는다"[35]고 하여 공모관계의 이탈을 인정하고 있다. 그리고 실행의 착수 전 이탈을 인정하기 위해서는 공모자가 공모에 의하여 담당한 기능적 행위지배를 해소하는 것이 필요하다고 한다.[36]

(2) 실행착수 후의 이탈

판례와 형법문헌에서는 공모관계의 이탈에 대해서 공동모의를 한

34) 독일형법에서 실행착수 전의 이탈(Abatandnahme)의 논의는 우리의 논의 구조와는 다르다고 생각한다. 독일형법에서 예비단계에서의 기능적 행위지배의 논의는 행위지배설에 근거한 공동정범의 본질과 관련되어 있다(Frank Zieschang, Mittäterschaft bei bloßer Mitwirkung im Vorbereitungsstadium?, ZStW (107), 1995, S.361 ff). 그리고 독일 형법 제24조 제2항에서 실행의 착수 후에도 중지미수의 인정이 가능하고 더 나아가 결과가 발생한 경우에도 중지미수의 인정이 가능하기 때문에 실행의 착수 전과 실행의 착수 후는 중요한 기준점이 될 수 없다. 따라서 이탈의 주요논의가 예비단계에서 이탈을 인정할 수 있는가에 놓여있다. 그리고 이러한 논의주제에서는 단독정범을 포함하여 모든 형태의 공범의 경우를 다루고 있다.(Jörg Eisele, Abstandnehme von der Tat vor Versuchsbeginn bei mehreren Beteiligten, ZStW (112), 2000, S. 745 ff; Frank Fad, Die Abstandnahme des Beteiligten von der Tat im Vorbereitungsstadium, Duncker & Humblot · Berlin, 2005).

35) 대법원 1986.1.21. 선고 85도2371, 85감도347 판결.

36) 대법원 2008.4.10. 선고 2008도1274 판결.

가담자가 다른 공동모의자가 '실행에 착수하기 이전'에 공동가공의 의사를 철회하여야 한다고 한다.[37] 그러나 '범죄에 대한 본질적 기여를 통한 기능적 행위지배가 존재하는 정도'의 공모는 단순 공모와 달리 공동정범의 정범표지인 기능적 행위지배자로 볼 수 있다는 판례와 일부견해[38]의 입장대로라면 '공모관계의 이탈'은 실행의 착수 전 뿐만 아니라 실행의 착수 후에도 가능하다고 하는 것이 논리적으로 일관성이 있을 것이다.[39] 왜냐하면 이탈의 본질적 요소가 '본질적 기여'에 의한 영향력의 제거에 있는 것이라면 특정한 시점, 즉 실행의 착수 전인가 실행의 착수 후인가는 이탈을 인정하는 기준이 될 수 없으며, 단지 이탈자에게 요구되는 인과성 제거의 요건과 정도의 세부적 기준에만 차이가 있을 뿐이기 때문이다.

그러나 대법원은 "행위자 상호간에 범죄의 실행을 공모하였다면 다른 공모자가 이미 실행에 착수한 이후에는 그 공모관계에서 이탈하였다고 하더라도 공동정범의 책임을 면할 수 없는 것이므로 피고인 등이 금품을 강취할 것을 공모하고 피고인은 집 밖에서 망을 보기로 하였으나, 다른 공모자들이 피해자의 집에 침입한 후 담배를 사기 위해서 망을 보지 않았다고 하더라도, 피고인은 판시 강도상해죄의 공동정범의 죄책을 면할 수가 없다"고 하여 실행의 착수 이후에는 이탈이 인정될 수 없다는 입장이다.[40]

한편 판례 중에는 실행의 착수 이후에도 이탈을 인정할 수 있는 해석의 여지를 주는 경우가 있다. [참고판례 1]에서 "공모자가 공모에

37) 김성돈, 앞의 책, 587면.
38) 이재상, 공모공동정범, 160면 각주49)에서 "공모는 공모공동정범이 성립하기 위한 주관적 요건이면서 동시에 객관적 요건으로서의 의미를 가지고 있다고 할 수 있다"고 하고 있다.
39) 일본에서는 공동정범관계 이탈은 다시 실행착수 전의 이탈과 착수 후의 이탈로 나누고, 전자는 일정한 범죄를 공동으로 실행하기로 공모한 후 공모자 중 일부가 공모범죄의 실행에 착수하기 전에 이탈한 경우를, 후자는 공모범죄의 실행에 착수하여 범행의 일부를 마친 후 공범 중 일부가 공동정범 관계에서 이탈한 경우를 말한다. 김용세, 앞의 글, 24면.
40) 대법원 1984.01.31. 선고 83도2941 판결.

주도적으로 참여하여 다른 공모자의 실행에 영향을 미친 경우에는 범행을 저지하기 위하여 적극적으로 노력하는 등 실행에 미친 영향력을 제거해야만 한다고 한다"고 하면서 만일 자신의 기여분에 따른 공동정범관계의 결속력과 범행실행의 영향력이 제거되지 못한 경우라면 이탈을 인정할 수 없다고 하고 있다.[41] 즉 甲이 乙과 공모하여 가출청소년 丙을 유인하고 성매매 홍보용 나체사진을 찍은 후, 자신이 별건으로 체포되어 수감 중인 동안 丙이 乙의 관리 아래 성매수의 상대방이 된 대가로 받은 돈을 丙, 乙 및 甲의 처 등이 나누어 사용한 사안에서, 대법원은 甲은 乙과 함께 구속된 이후의 乙이 주도한 범행에 대하여 실행에 미친 영향력을 제거하지 않는 이상 공모관계에서 이탈했다고 볼 수 없다고 한다. '실행에 미친 영향력'의 의미를 공모단계의 영향력에만 한정한 것이 아니라 다른 공범이 실행에 나아간 경우에도 자신이 공동의 의사형성과정에서 기여한 부분을 실행단계에서도 제거할 수 있고, 그 시점은 결과가 발생하지 않은 때까지 가능하다는 것으로 볼 수도 있다. 물론 [참고판례 1]의 사안을 아직 실행의 착수 전의 문제로 보는 견해도 있다. 즉 공모자가 다른 공모자와 공모과정에서 적극적으로 가담하여 다른 공모자와 주도적으로 구체적인 범행방법 등을 공모하기만 하고, 아직 공모범죄의 일부를 분담하여 직접 실행하지 않고 '실제 범행에 착수되지 아니한 경우'에는 아직 발생한 범행결과가 없으므로 다른 공모자의 범행을 저지하기 위하여 적극적으로 노력하는 등의 행위만 하더라도 실행에 미친 영향력을 제거하는 것이기에, 다른 공모자를 저지하기 위한 노력만으로도 공모관계에서의 이탈이 인정된다는 것이다.[42] 그러나 대법원은 공동정범의 경우 실행의 착수 이후라도 공모에 의하여 담당한 기능적 행위지배를 해소했는지 여부에 따라 판단하려는 것으로 이해하는 것이 타당하다고 생각한다. 예

41) 대법원 2010.9.9. 선고 2010도6924 판결.

42) 박영호, 포괄일죄의 관계에 있는 범행의 일부 실행 후 공범관계에서 이탈한 공범자가 관여하지 않은 범죄에 대한 책임 여부, 대법원판례해설 제88호(2011 상반기), 2011, 566면.

컨대 다른 공모자와 달리 주로 공모에만 주도적으로 참여한 경우에는 실행의 착수 이후에 결과가 아직 발생하지 않은 상태라면 다른 공범자의 범행을 저지하기 위하여 적극적으로 노력하는 등의 실행에 미친 영향력을 제거하면 이탈을 인정할 수 있다는 취지로 볼 수 있고, 공범이 스스로 범행의 일부를 실행한 경우에도 이미 실행하여 발생된 범행으로 인한 결과발생의 인과성을 제거하는 경우에는 이것을 기능적 행위지배의 해소로 볼 수 있는 것이다.

마찬가지로 포괄일죄인 시세조정행위의 일부를 실행한 후 해고를 당하여 공범관계로부터 이탈하였고, 해고일 이후에 대하여는 다른 공범들이 그 이후의 나머지 시세조정행위를 계속한 사안인 [참고판례 2]에서도 대법원은 피고인이 해고일 이후에는 기능적 행위지배가 해소되었다고 판단한 1, 2심을 파기하고, 다른 공범들의 범죄실행을 저지하지 않은 이상 그 이후 나머지 공범들이 행한 시세조정행위에 대하여도 공동정범으로서의 죄책을 부담한다고 하면서 이미 발생된 범행의 착수 부분의 결과 자체를 없애야만 이탈을 인정할 수 있다는 취지로 판시하고 있다.

[참고판례 2]에서 대법원은 피고인 스스로 포괄일죄의 관계에 있는 범행의 일부를 실행한 경우에는 이미 실행하여 발생된 범행의 착수 부분의 결과 자체를 없애야 기능적 행위지배가 해소되는 것이므로, 다른 공범자들의 추가적인 행위를 저지하는 것만으로는 기능적 행위지배 해소가 되지 않고, 피고인이 추가적인 범행을 하지 않고 공범관계에서 이탈했다 하더라도 자신의 기능적 행위지배에 기하여 실행된 범행 부분이 남아 있는 이상 기능적 행위지배가 해소되었다고 볼 수 없어 이를 공모공동정범관계에서의 이탈이라고 볼 수는 없다는 것이다.

이와 같이 실행의 착수 이후에도 공범자의 이탈은 가능하고 이탈을 인정하는 세부적인 기준들이 등장하는 판례들이 나타나고 있다. 향후의 논의에서는 결과가 발생한 경우일지라도 공동정범관계의 이탈이 인정될 수 있는 기준들이 논의될 필요가 있을 것이다.

2. 공범관계의 해소

기존의 논의에서 공범관계로부터 이탈이란 공범관계에 있는 2인 이상 가운데 일부가 범죄의 완성에 이르기 전에 범의를 포기하거나 자의로 행위를 중지하고 이후의 범죄행위에 관여하지 아니하는 것을 말하는데 이때에 이탈자는 이탈후의 다른 공범자에 의하여 행하여진 행위 또는 결과에 대하여 책임을 부담하느냐의 여부가 문제로 된다. 이 경우 교사범에 있어서는 피교사자가 실행의 착수 전에 포기하도록 할 수 있었다면 그 후의 피교사자의 실행행위 또는 결과에 대하여 처음의 교사의 효과는 소멸하고 그 실행행위에 대한 인과관계는 인정될 수 없으므로 교사의 미수로 처벌할 수 없다고 본다. 또한 방조범의 경우에도 실행의 착수 전에 이탈의 의사를 표명하고 방조행위를 철회하여 정범의 실행행위로부터 이탈한 때에는 그 후의 결과발생에 대하여 책임을 지지 않는다고 한다.[43)]

한편 피교사자가 실행에 착수한 후에도 교사범, 방조범으로부터 이탈을 인정할 수 있느냐가 문제가 된다. 즉 피방조자가 실행에 착수한 후에 피교사자에게 이탈의 의사를 표명하여 일단 정범자가 실행을 중지하여 인과적 영향력이 소멸하였으나 다시 정범자가 범행을 완성한 경우에 공범관계의 해소를 인정할 수 있는지에 대해서는 충분한 논의가 되지 못하였다. 공범관계의 해소여부는 정범의 실행의 착수 이후 또는 정범의 기수와 관계없이 논의될 수 있다. 왜냐하면 교사자나 방조자가 정범에게 미친 인과성을 제거한 경우에는 '공범관계의 해소'로 인정될 수 있는지의 문제이지, 어느 시점까지만 인과성 제거가 가능한 것인가의 문제로 볼 수는 없기 때문이다. 즉 관계형성과정과 공범관계의 영향에 의한 결과발생을 포함하는 전체과정에서 인과성의 제거로 인해 정범에게 미친 영향력이 해소된 것으로 볼 수 있는지 여부를 우리가 '공범관계의 해소'의 영역으로 다루는 것이다.

---

43) 이영우, 공범처벌의 근거와 한계에 관한 연구, 외국어대학교 대학원 박사학위 논문, 1994, 175면.

이러한 공범관계의 해소의 기준과 관련하여 심리적·물리적 인과성 양쪽의 인과성이 모두 단절됨에 의하여 이탈이 긍정될 수 있다는 견해에 의하면 공범간의 연계형태가 무형적, 정신적인 것으로 파악되는 경우에는 공범자가 명시·묵시적 이탈의사를 표명하고 잔여인원이 이를 인식한 경우에 공범관계는 이후로 해소되어, 이탈자는 해소이전의 행위부분에 대하여만 죄책을 부담하게 되지만, 단순히 무형적, 정신적 연계를 넘어, 구체적 범행계획제공, 지시나 도구, 장비 등의 제공 및 기타 유형적 조력이 있는 경우에는 심리적 인과의 단절만으로는 충분하지 않고, 이러한 유형적 기여분에 대한 제거가 있을 때, 즉, 이탈의 의사표명 외에도 조력의 철회나 적극적 설득행위 등에 의하여 공범관계로부터 이탈이 가능해진다고 한다.[44] 이 견해에 의하면 실행착수 전의 공범관계 해소는 쉽게 인정될 수 있으나, 실행착수 후 공범관계의 해소로서 인과성의 요건은 상대적으로 엄격할 뿐이다.[45]

IV. 나오는 말

대상판결은 교사자의 공범관계 이탈의 문제를 다룬 최초의 판결이자 교사자의 공범관계 이탈의 기준을 제시하였다는데 의미가 있다

---

44) 조준현, 공범관계의 해소에 관한 사례연구, 형사판례연구 [5], 1997, 148면에서는 공범관계의 해소는 공범이 다른 공범의 범행을 적극적으로 저지하는 행위가 있으면 가장 확실하다. 저지하지 않더라도 추후 범행의 실행의 염려가 없어지게 된다면 또한 공범관계의 해소가 될 수 있다. 소멸하였다고 할 수 있으면 추후 범행의 실현은 모두 직접행위자 단독의 것으로 된다. 저지하였으나 공범의 범행의사가 완강하여 다시 범행에 들어가게 되었다면 이는 염려가 소멸된 상태로 보기 어렵다. 저지 후 범행의사의 종국적 포기로 이어져야 한다. 만일 인과관계절단론에 선다면 범행계속의 염려는 피고인이 야기한 물리적·심리적 효과가 남아 있고 공범이 이를 이용하여 범행을 계속할 위험이 있으면 인정된다. 일단의 자들이 범행을 공모하고 일부의 자가 범행을 실행하였는데 범행 중간에 경찰관이 출현하여 현장에서 실행하던 자들 모두가 후퇴하였을 경우를 생각하면 이 경우는 공모의사가 소멸되었다고 본다.

45) 권창국, 앞의 글, 126면.

고 할 수 있다. 대법원은 교사자가 피교사자의 범죄 실행의 결의에 미친 영향력을 해소시켜야 한다는 원칙을 제시하였다. 그리고 구체적인 기준으로 ① 교사자의 교사행위 철회의사표시와 피교사자의 동의가 있는 경우에는 철회의 의사표시만으로 이탈이 인정되지만(엄밀하게 말하면 교사자와 피교사자의 공범관계의 결속력의 해소를 인정하지만), ② 피교사자의 동의를 구하지 못한 경우에는 교사범이 명시적으로 교사행위를 철회하여야 할 뿐만 아니라 피교사자가 범죄를 결의하게 된 사정을 제거하는 등 제반 사정에 비추어 객관적·실질적으로 보아 교사범에게 교사의 고의가 계속 존재한다고 보기 어렵고 당초의 교사행위에 의하여 형성된 피교사자의 범죄 실행의 결의가 더 이상 유지되지 않는 것으로 평가할 수 있을 정도로 피교사자의 범죄실행 방지하기 위한 진지한 노력이 있어야 한다.

그리고 대상판결에서 피교사자가 범죄실행을 통해 기수에 이른 경우라도 공범관계 이탈을 인정할 수 있다고 판시한 점을 주목할 필요가 있다. 대법원이 "설사 그 후 피교사자가 범죄를 저지르더라도 이는 당초의 교사행위에 의한 것이 아니라 새로운 범죄 실행의 결의에 따른 것이므로 교사자는 형법 제31조 제2항에 의한 죄책을 부담함은 별론으로 하고 형법 제31조 제1항에 의한 교사범으로서의 죄책을 부담하지는 않는다고 할 수 있다"는 판시내용의 의미가 인과성의 제거에 의해서 최초에 형성된 '공범관계'는 해소되는 것이라고 해석될 수 있다. 그리고 대상판결의 판시내용을 인과성의 제거를 통해 '공범관계'의 해소가 가능하다는 점을 받아들인 것으로 해석될 수 있다면, 공동정범관계 이탈과 관련해서도 실행의 착수 이후의 공동정범관계의 이탈을 인정할 수 있는 가능성을 열어두었다는 점에 의미를 부여할 수 있다.

[주 제 어]

공모관계의 이탈, 공범관계의 해소, 중지미수, 인과성, 교사

[Key words]

Abstandnahme von Tatplan bei mehreren Beteiligten, Auflösung von mehreren Beteiligten, Rücktritt, Kausalität, Anstift

접수일자: 2014. 5. 26. 심사일자: 2014. 6. 13. 게재확정일자: 2014. 6. 20.

[참고문헌]

김성돈, 형법총론(제2판), 성균관대학교, 2011.
김일수/서보학, 새로쓴 형법총론(11판), 박영사, 2006.
배종대, 형법총론(제11판), 홍문사, 2013.
성낙현, 형법총론(제2판), 동방문화사, 2011.
손동권/김재윤, 새로쓴 형법총론, 율곡출판사, 2011.
신동운 형법총론(제3판), 법문사, 2008.
안동준, 형법총론강의, 형설, 2009.
오영근, 형법총론(제2판 보정판), 박영사, 2012.
이재상, 형법총론(제7판), 박영사, 2011.
임 웅, 형법총론(개정판), 법문사, 2003.
정성근/박광민, 형법총론, 삼지원, 2001.

권창국, 공범관계의 이탈 및 공범의 중지에 대한 검토, Jurist 제395호, 2003.
김용세, 공모공동정범과 공범관계 이탈론 : 대법원판례를 중심으로, 사회과학논문집 제16권 제2호 대전대학교 사회과학연구소, 1997.
류전철, 공범이론에서 공모(共謀)개념의 문제성, 형사법연구 제26권 제1호, 2014.
박영호, 포괄일죄의 관계에 있는 범행의 일부 실행 후 공범관계에서 이탈한 공범자가 관여하지 않은 범죄에 대한 책임 여부, 대법원판례해설 제88호(2011 상반기), 2011.
백정민, 공동정범에서의 이탈에 관한 연구, 형사법연구 제제24권 제1호, 2012.
손동권, 중지(미수)범의 특수문제 - 특히 예비단계에서의 중지-, 형사판례연구 [5], 1997.
신양균, "판례에 나타난 중지미수", 고시연구 1998/5.
안동준, 예비단계에서의 행위기여와 공동정범, 정성근교수 화갑기념논문집, 1997.

이영우, 공범처벌의 근거와 한계에 관한 연구, 외국어대학교 대학원 박사학위논문, 1994.

이용식, 공동자 중 1인의 실행착수 이전의 범행이탈, 형사판례연구[11], 2003.

이용식, 공동정범의 실행의 착수와 공모공동정범, 형사판례연구 [8], 2000.

이원경, 기능적 행위지배와 공모공동정범의 정범성, 형사법연구 제22권 제2호, 2010.

이재상, 공모공동정범, 법학논집 제6권 제1호, 이화여자대학교 법학연구소, 2001.

이정원/류석준, "중지미수에서의 착수미수와 실행미수", 경남법학 제18집, 2003.

이창섭, 공모공동정범이론 유감, 비교형사법연구 제9권 제2호, 2007.

장한철, 공범의 중지미수와 형법 제26조의 해석문제, 차용석교수 화갑기념논문집, 1994.

정도희, 본질적 기여를 고려한 공모공동정범, 형사법연구 제23권 제2호, 2011.

조기영, 예비단계에서의 관여행위와 공동정범, 형사법연구 제25권 제4호, 2013.

조준현, 공범관계의 해소에 관한 사례연구, 형사판례연구 [5], 1997.

천진호, '공모'공동정범에 있어서 공모의 정범성, 형사판례연구 [9], 2001.

최준혁, 다수인의 범행가담과 중지미수, 형사법연구 제19권 제2호, 2007.

최호진, 공동가공의 사실과 본질적 기여행위의 판단, 형사법연구 제21호, 2004.

Frank Zieschang, Mittäterschaft bei bloßer Mitwirkung im Vorbereitungsstadium?, ZStW (107), 1995.

Jörg Eisele, Abstandnehme von der Tat vor Versuchsbeginn bei mehreren Beteiligten, ZStW (112), 2000.

Frank Fad, Die Abstandnahme des Beteiligten von der Tat im Vorbereitungsstadium, Duncker & Humblot · Berlin, 2005.

井田良, 刑法總論の理論構造, 成文堂, 2005.

罔野光雄, “共同正犯からの離脱”, 法修 509号, 1990.

平野龍一, 刑法總論Ⅱ, 有斐閣, 1975, 384頁; 西田典之, 刑法總論(第2版), 弘文堂, 2010.

前田雅英、刑法總論(第5版), 東京大学出版会, 2011.

今井猛嘉, 共犯関係からの離脱, 西田典之·山口厚·左伯仁志編「刑法の争点」, 有斐閣, 2007.

[Zusammenfassung]

Die Auflösung von Täterschaft und Teilnahme

Ryu, Chenchel*

Die Abstandnahme von der Tat vor Versuchsbeginn bei mehreren Beteiligten richtet sich nach Kausalität und Teilnahmeregeln. Die Rücktrittsregelung findet im Abstandnahme von mehreren Beteiligten keine Anwendung, weil Rücktritt und Abstandnahme sich unterscheidet werden sollen.

Mittäterschaft hat neben dem gemeinsamen Tatplan eine gemeisame Tatausführung zur Voraussetzung. Ob hierbei als Tatbeitrg bereits eine Mitwirkung eines Beteiligten in der Vorbereitungphase und nach dem Versuchsbeginn der Tat genügen kann, ist umstritten. Für die Abstandnahme von der mittäterschaftlichen Begehung genügt grundsätzlich die Aufgabe des Tatentschlusses oder die Aufkündigung gegenüber den anderen Beteiligten. Anderes gilt nur dann, wenn der Abstandnehmende den Erfolg führenden Beiträge der anderen Mittäter noch vor Anstandnahme zugerechnet werden oder er bereit alle nach dem Tatplan zu leistenden Beiträge erbracht hat.

Es stellt sich Frage, ob eine Abstandnahme durch Beseitigung der tatfördernden Wirkung erfolgen kann. Daher get es sich darum, ob der Abstandnehmende seiner Verantwortlichkeit entgehen kann, indem er noch im Vorbereitungsstadium und auch nach dem Versuchsbeginn verhindert, dass seine Tatbeitrag für die Vollendung der Tat kausal wird, oder er die Wirkungen seines Tatbeitrag im Vorbereitungsstadium und auch nach dem Versuchsbeginn so rückgängig machen kann. Wenn die tatfördernden Wirkung durch eine Abstandnahme im Sinne Kausalität beseitigt wird, dann die Beziehung von Beteiligten aufgelöst werden kann.

* Professor, Law School of Chonnam National University.

보호감독자에 의한 미성년자약취죄와 국외이송약취죄
-베트남 여성의 자녀 약취 사건-

윤 지 영*

[대상판결] 대법원 2013. 6. 20. 선고 2010도14328 전원합의체 판결

[사실관계]

피고인은 베트남 국적의 여성으로서 2006. 2. 16. 대한민국 국적의 공소외 A와 혼인하고, 같은 해 4. 30. 입국하여 대한민국 내에서 거주하던 중 2007. 8. 12. 아들인 공소외 B를 출산하였다. 천안시 두정동 소재 주거지에서 거주하며 A와 공동으로 B를 보호·양육하던 피고인은 A로부터 학대를 받거나 가혹행위를 당한 적은 없으나, 평소 A나 시집 식구들이 자신이 외국인이라는 이유로 차별하고 무시한다는 생각을 갖고 있었다. 2008. 8. 30.경 수원에 사는 친구 집에 놀러갔던 피고인은 늦게까지 그곳에 머물었던 탓에 당일 천안행 버스를 놓치게 되어 다음날 귀가하였고, 화가 난 A로부터 며칠 동안 집을 나가라는 말을 듣게 되었다. 이에 피고인은 돈을 주고 사온 자신을 A가 더 이상 필요 없다고 생각하는 것 같아 자존심이 상하였으며, 국내에는 마땅히 찾아갈 곳이 없어 생후 13개월이 채 되지 않은 B를 데리고 친정

* 한국형사정책연구원 부연구위원.

인 베트남에 돌아가기로 마음먹었다. 2008. 9. 3.경 피고인은 A가 출근한 사이에 천안시 두정동에 있는 국민은행 두정동 출장소와 천안축산농협 두정지점의 현금인출기에서 A의 예금통장을 넣고 비밀번호와 금액을 누르는 방법으로 10만원권 수표 87매와 현금 260만원을 인출한 후 B를 데리고 베트남으로 출국하였다. 이후 피고인은 B의 양육비를 벌기 위해 B를 베트남 친정에 맡겨 둔 채 2008. 9. 17. 다시 우리나라에 입국하였다. A에게 발각된 피고인은 A의 고소에 의해 2010. 4. 16. 구속되었고, 같은 해 5. 27. 보석으로 석방되었으며, 구속 중이던 2010. 5. 13. 피고인과 A는 협의이혼의사확인을 받으면서 B에 대한 양육자를 피고인으로 정하였다.

[사건의 경과]

피고인은 절도죄와 국외이송약취죄 및 피약취자국외이송죄로 기소되었다. 제1심 법원은 통장의 정당한 사용권자가 아닌 피고인이 현금인출기 관리자의 의사에 반하여 예금을 인출한 행위에 대해서는 절도죄를 인정하여 벌금 150만원에 처하였다. 그러나 국외이송약취 및 피약취자국외이송의 점에 대해서는 피고인이 피해자를 데리고 베트남으로 출국하게 된 경위, 생후 1년이 막 지난 피해자의 당시 연령, 베트남으로 출국한 이후의 피해자의 양육 상태와 피고인의 양육자 지정 등을 종합하여 볼 때, 피고인이 피해자를 데리고 베트남으로 출국한 행위를 가리켜 피고인이 피해자를 그 의사에 반하여 자유로운 생활관계 또는 보호관계로부터 자신의 사실상 지배하에 옮기는 약취행위를 하였다고 볼 수 없고, 달리 이를 인정할 증거가 없다는 이유로 무죄를 선고하였다(대전지방법원 공주지원 2010. 7. 28. 선고 2010고합24 판결).

이에 검사는 국외이송약취 및 피약취자국외이송의 점에 대하여 사실오인 및 법리오해가 있으며, 절도죄의 양형이 지나치게 가벼워서 부당하다는 이유로 항소하였다. 항소법원은 피고인이 남편인 A와 사전 협의 없이 아들 B를 베트남으로 데리고 간 행위는 B의 다른 보호감독자인 A의 감호권을 침해한 것이라고 볼 수 있으나 그로 인하여 미성년자인 피해자 B 본인의 이익을 침해하였다고 단정하기는 어렵고, 달리 이를 인정할 만한 증거도 없으므로 피고인의 위 행위가 미성년자에 대한 약취행위에 해당한다고 볼 수는 없는 바, 검사의 사실오인 또는 법리오해에 관한 주장은 이유 없다고 판단하였다. 한편, 피고인이 남편 A 몰래 예금통장을 가지고 나와 돈을 인출한 행위는 절도죄로서 비난받아 마땅하나, 피고인은 아들인 B의 양육을 위하여 필요하다고 생각하는 돈 1,130만원을 인출하였고 그 중 170만원은 A의 통장에 다시 입금한 점, 나머지 피해금액인 960만원도 나중에 A와 협의이혼을 하면서 B에 대한 양육비로 지급된 것으로 협의한 점, 피고인에게 아무런 범죄전력이 없는 점, 피고인은 국내에서 취업하여 얻은 수입으로 B를 양육하려고 하고 있는 점, 그 밖에 피고인의 연령·성행·가족관계 및 이 사건 범행에 이르게 된 경위와 범행 후의 정황 등의 모든 사정을 종합해 볼 때, 원심의 양형이 부당하게 가볍다고 보이지는 않으므로 검사의 양형부당 주장도 이유 없다고 판단하였다(대전고등법원 2010. 10. 8. 선고 2010노363 판결).

이후 검사가 상고하였고, 상고심인 대법원은 원심판결 중 절도 부분에 관하여는 항소심의 심리·판단의 범위에 관한 법리를 오해하여 판결 결과에 영향을 미친 위법이 있다고 보아 직권으로 파기하였고,[1)]

1) 형법 제37조 전단의 경합범으로 동시에 기소된 사건에 대하여 일부 유죄, 일부 무죄의 선고를 하거나 일부의 죄에 대하여 징역형을, 다른 죄에 대하여 벌금형을 선고하는 등 판결 주문이 수 개일 때에는 그 1개의 주문에 포함된 부분을 다른 부분과 분리하여 일부상소를 할 수 있고, 이때 당사자 쌍방이 상소하지 아니한 부분은 분리 확정된다. 그러므로 경합범 중 일부에 대하여 무죄, 일부에 대하여 유죄를 선고한 제1심판결에 대하여 검사만이 무죄 부분에 대하여 항소한 경우, 피고인과 검사가 항소하지 아니한 유죄판결 부분은 항소기간이 지남으로써 확정되었으므로 항소심에 계속된 사건은 무죄판결 부분일 뿐이고(대법원 2000. 2. 11. 선고 99도4840 판결, 대법원 2010. 11. 25. 선고 2010도10985 판결 등 참조), 그에 따라 항소심이 심리·판단해야 할 범위도 무죄판결 부분에 한정된다고 할 것이다. 이 사건의 경우, 제1심판결 중

국외이송약취 및 피약취자국외이송 부분에 대해서는 공개변론을 실시한 후 검사의 상고를 기각하였다(대법원 2013. 6. 20. 선고 2010도14328 전원합의체 판결).

[판결요지]

[다수의견]

형법 제287조의 미성년자약취죄, 제288조 제3항 전단[구 형법(2013. 4. 5. 법률 제11731호로 개정되기 전의 것을 말한다. 이하 같다) 제289조 제1항에 해당한다]의 국외이송약취죄 등의 구성요건요소로서 약취란 폭행, 협박 또는 불법적인 사실상의 힘을 수단으로 사용하여 피해자를 그 의사에 반하여 자유로운 생활관계 또는 보호관계로부터 이탈시켜 자기 또는 제3자의 사실상 지배하에 옮기는 행위를 의미하고, 구체적 사건에서 어떤 행위가 약취에 해당하는지 여부는 행위의 목적과 의도, 행위 당시의 정황, 행위의 태양과 종류, 수단과 방법, 피해자의 상태 등 관련 사정을 종합하여 판단하여야 한다. 한편 미성년자를 보호·감독하는 사람이라고 하더라도 다른 보호감독자의 보호·양육권을 침해하거나 자신의 보호·양육권을 남용하여 미성년자 본인의 이익을 침해하는 때에는 미성년자에 대한 약취죄의 주체가 될 수 있는데, 그 경우에도 해당 보호감독자에 대하여 약취죄의 성립을 인정

절도죄에 관한 유죄 부분은 항소기간이 지남으로써 이미 확정되었으므로 항소심인 원심으로서는 국외이송약취 및 피약취자국외이송에 관한 무죄 부분만을 심리·판단하였어야 함에도 불구하고, 이미 유죄로 확정된 절도 부분까지 다시 심리하여 검사의 항소를 기각하였으므로 원심판결 중 절도 부분은 항소심의 심리·판단의 범위에 관한 법리를 오해하여 판결 결과에 영향을 미친 위법이 있고, 이는 검사가 항소이유서에 이미 확정된 유죄 부분에 대한 항소이유를 기재하였다고 해서 달리 파악되지 않는다. 이에 상고심인 대법원은 원심판결 중 절도 부분을 파기하였는데, 이 부분의 경우 이미 확정되어 당초부터 원심의 심판 대상이 아니었다는 점을 고려하여 원심에 환송하지는 아니하였다.

할 수 있으려면 그 행위가 위와 같은 의미의 약취에 해당하여야 한다. 그렇지 아니하고 폭행, 협박 또는 불법적인 사실상의 힘을 사용하여 그 미성년자를 평온하던 종전의 보호·양육 상태로부터 이탈시켰다고 볼 수 없는 행위에 대하여까지 다른 보호감독자의 보호·양육권을 침해하였다는 이유로 미성년자에 대한 약취죄의 성립을 긍정하는 것은 형벌법규의 문언 범위를 벗어나는 해석으로서 죄형법정주의의 원칙에 비추어 허용될 수 없다. 따라서 부모가 이혼하였거나 별거하는 상황에서 미성년의 자녀를 부모의 일방이 평온하게 보호·양육하고 있는데, 상대방 부모가 폭행, 협박 또는 불법적인 사실상의 힘을 행사하여 그 보호·양육 상태를 깨뜨리고 자녀를 탈취하여 자기 또는 제3자의 사실상 지배하에 옮긴 경우, 그와 같은 행위는 특별한 사정이 없는 한 미성년자에 대한 약취죄를 구성한다고 볼 수 있다. 그러나 이와 달리 미성년의 자녀를 부모가 함께 동거하면서 보호·양육하여 오던 중 부모의 일방이 상대방 부모나 그 자녀에게 어떠한 폭행, 협박이나 불법적인 사실상의 힘을 행사함이 없이 그 자녀를 데리고 종전의 거소를 벗어나 다른 곳으로 옮겨 자녀에 대한 보호·양육을 계속하였다면, 그 행위가 보호·양육권의 남용에 해당한다는 등 특별한 사정이 없는 한 설령 이에 관하여 법원의 결정이나 상대방 부모의 동의를 얻지 아니하였다고 하더라도 그러한 행위에 대하여 곧바로 형법상 미성년자에 대한 약취죄의 성립을 인정할 수는 없다.

[반대의견]2)

공동친권자인 부모 중 일방이 상대방과 동거하며 공동으로 보호·양육하던 유아를 국외로 데리고 나간 행위가 약취죄의 '약취행위'에 해당하는지를 판단하려면, 우선 폭행, 협박 또는 사실상의 힘을 수단으로 사용하여 유아를 범인 또는 제3자의 사실상 지배하에 옮겼는지,

2) 대법관 신영철, 대법관 김용덕, 대법관 고영한, 대법관 김창석, 대법관 김신의 반대의견.

그로 말미암아 다른 공동친권자의 보호·양육권을 침해하고, 피해자인 유아를 자유로운 생활관계 또는 보호관계로부터 이탈시켜 그의 이익을 침해하였는지를 따져 볼 필요가 있다. 부모 중 일방이 상대방과 동거하며 공동으로 보호·양육하던 유아를 국외로 데리고 나갔다면, '사실상의 힘'을 수단으로 사용하여 유아를 자신 또는 제3자의 사실상 지배하에 옮겼다고 보아야 함에 이론이 있을 수 없다. 친권은 미성년 자녀의 양육과 감호 및 재산관리를 적절히 함으로써 그의 복리를 확보하도록 하기 위한 부모의 권리이자 의무의 성격을 갖는 것으로서, 민법 제909조에 의하면, 친권은 혼인관계가 유지되는 동안에는 부모의 의견이 일치하지 아니하거나 부모 일방이 친권을 행사할 수 없는 등 예외적인 경우를 제외하고는 부모가 공동으로 행사하는 것이 원칙이고(제2항, 제3항), 이혼하려는 경우에도 상대방과의 협의나 가정법원의 결정을 거치지 아니한 채 일방적으로 상대방의 친권행사를 배제하는 것은 허용되지 않는다(제4항). 따라서 공동친권자인 부모의 일방이 상대방의 동의나 가정법원의 결정이 없는 상태에서 유아를 데리고 공동양육의 장소를 이탈함으로써 상대방의 친권행사가 미칠 수 없도록 하였다면, 이는 특별한 사정이 없는 한 다른 공동친권자의 유아에 대한 보호·양육권을 침해한 것으로서 민법을 위반한 행위라고 할 것이다. 그뿐 아니라 유아로서도 다른 공동친권자로부터 보호·양육을 받거나 받을 수 있는 상태에서 배제되는 결과를 강요당하게 되어 유아의 이익을 현저히 해치게 될 것이므로 그 점에서도 위법성을 면할 수 없다. 따라서 어느 모로 보나 부모의 일방이 유아를 임의로 데리고 가면서 행사한 사실상의 힘은 특별한 사정이 없는 한 불법적이라고 할 것이며, 특히 장기간 또는 영구히 유아를 데리고 간 경우에는 그 불법성이 훨씬 더 크다는 점을 부인할 수 없을 것이다.

[연 구]

Ⅰ. 서 론

교통과 통신의 발달로 인해 지구촌 시대에 살고 있는 오늘날, 우리나라에서는 한 해 결혼하는 부부 10쌍 중 1쌍 가량이 국적이 다른 배우자를 맞이하고 있다.[3] 국제결혼으로 인한 다문화가정이 늘어나면서, 우리 사회는 결혼이주여성의 인권보호 문제나 다문화가족을 위한 복지정책 등에 지속적인 관심을 기울여 왔다. 한편 국제결혼 부부의 경우 이혼건수도 빠르게 증가하고 있는데,[4] 평균 결혼생활 유지기간이 한국인 부부에 비해 10년 이상 짧은 것으로 나타나고 있다.[5] 국가적 경계를 넘어 형성된 가족이 해체될 때에는 전통적인 국내법만으로는 쉽게 해결될 수 없는 법적 문제가 발생하기도 하는데, 부모 일방에 의한 국제적 아동탈취가 가장 대표적인 예라고 하겠다. '아동탈취(child abduction)'는 타인에 의해 이루어지는 '고전적 유괴(classic kidnapping)'와 대비되는 개념으로서 부모나 후견인, 기타 가까운 친족이 일방적으로 아동을 이동시키거나 유치하는 것을 말한다.[6] 특히, 부모 일방이 자녀를 데리고 외국으로 나가는 국제적 아동탈취의 경우에는 자녀가 언어적·사회적·문화적 장벽으로 인해 고통을 겪을 수 있고,[7] 나머지

3) 2013년 기준으로 총 혼인건수 322,807건 중 외국인과의 혼인건수는 25,963건으로 전체 혼인 중 외국인과의 혼인 비중은 8%로 나타났다. 통계청 홈페이지, 한국의 주요지표(혼인건수('13)) 참조, http://kosis.kr/ (2014년 5월 4일 최종접속); 통계청, e-나라지표(국제결혼 현황) 참조, http://www.index.go.kr/egams/stts/jsp/potal/stts/PO_STTS_IdxMain.jsp?idx_cd=2430 (2014년 5월 4일 최종접속).

4) 2000년에 117,957건이었던 한국인 부부의 이혼건수는 2012년에 103,429건으로 감소하였으나, 다문화부부의 이혼건수는 동 기간 1,498건에서 10,887건으로 급격히 증가하였다. 김유경, "다문화가족의 특성 변화와 정책적 함의", 보건·복지 Issue & Focus 제205호, 한국보건사회연구원, 2013, 4면.

5) 2010년 기준으로 한국인 부부의 평균 결혼생활기간이 14년이었던 것에 반해, 다문화부부의 결혼생활기간은 3.2년에 불과하였다. 김유경, 앞의 글, 4면.

6) Paul R. Beaumont/Peter E. McEleavy, The Hague Convention on International Child Abduction, Oxford University Press, 1999, p. 1.

7) Julia Alanen, "When Human Rights Conflict: Mediating International Parental

부모 일방으로 하여금 자녀의 발견이나 반환을 어렵게 만든다는 점에서 국내적 아동탈취와는 달리 취급해야 할 필요성이 대두되었다.[8] 이에 국제사회는 1980년에 "국제적 아동탈취의 민사적 측면에 관한 헤이그협약(Hague Convention on the Civil Aspects of International Child Abduction)"[9]을 채택하였고, 우리 정부는 2012년 12월에 동 협약에 가입하였다.[10] 동 협약은 아동을 상거소국(the country of habitual residence)으로 신속히 돌려보내고, 아동에 대한 면접교섭권을 보장하는 것 등을 주된 내용으로 하고 있으나, 정작 우리나라로 결혼이민을 오는 비율이 높은 중국, 베트남, 필리핀 등은 동 협약의 미가입국이라는 점에서 그 실효성에 대해서는 의문이 제기되고 있다.[11] 2013년 6월 30일 대법원

Kidnapping Disputes Involving the Domestic Violence Defense", 40 University of Miami Inter-American Law Review, University of Miami, 2008, p. 59.

8) 석광현, "국제아동탈취의 민사적 측면에 관한 헤이그협약과 한국의 가입", 법학 제54권 제2호, 서울대학교 법학연구소, 2013, 80면.

9) 1980년 10월 25일 헤이그 국제사법회의에서 채택되어 1983년 12월 1일에 발효된 국제적 아동탈취의 민사적 측면에 관한 헤이그협약은, 체약국 사이에서 불법적으로 이동 또는 유치된 아동의 신속한 반환을 확보하는 것을 목적으로 한다. 2014년 5월 현재 국제적 아동탈취의 민사적 측면에 관한 헤이그협약의 체약국은 92개국에 이른다(2014년 1월 24일에 일본이 91번째 체약국이 되었으며, 2014년 3월 21일에 이라크가 92번째 체약국이 되었다). 헤이그 국제사법회의(Hague Conference on private international law) 홈페이지, 국제적 아동탈취의 민사적 측면에 관한 협약(Convention of 25 October 1980 on the Civil Aspects of International Child Abduction) 체약국 현황 참조, http://www.hcch.net/index_en.php?act=conventions.status&cid=24 (2014년 5월 4일 최종접속).

10) 법무부장관을 국제적 아동탈취의 민사적 측면에 관한 헤이그협약의 이행 업무를 총괄하는 중앙당국으로 지정하고, 그 밖에 우리 정부가 협약을 이행하는 데 필요한 지원 절차 및 재판 절차 등을 구체적으로 정하고자 2012년 12월 11일 법률 제11529호로 헤이그 국제아동탈취협약 이행에 관한 법률이 제정되어 2013년 3월 1일부터 시행중이다.

11) 2012년도 국적별 결혼이민자 체류현황을 보면, 중국이 42.4%로 가장 큰 비중을 차지하고 있으며, 베트남 26.5%, 일본 7.9%, 필리핀 6.5% 순으로 그 뒤를 잇고 있다. 법무부 출입국·외국인정책본부, 2012 출입국·외국인정책 통계연보, 2013, 587면. 중국은 특별행정구인 홍콩과 마카오만이 국제적 아동탈취의 민사적 측면에 관한 헤이그협약에 가입한 상태이고, 베트남과 필리핀은 동 협약에 가입하지 않았다. 일본은 2014년 1월 24일에 동 협약에 가입하였으며,

은 베트남 국적의 여성이 남편의 의사에 반하여 생후 약 13개월 된 자녀를 주거지에서 데리고 나와 베트남으로 입국한 사안에서 국외이송약취 및 피약취자국외이송으로 기소된 피고인에게 무죄를 인정하였다. 그러나 동 판결에서는 재판관 13명 중 5명이라는 적지 않은 수가 반대의견을 표명하였고, 다수의견의 입장에서 반대의견을 논박하는 보충의견이 제시되는 등 치열한 이론적 공방이 전개되었다. 외국인 배우자가 아무런 협의 없이 자녀를 데리고 본국으로 귀환한 행위가 형법상 미성년자약취죄나 국외이송약취죄로 처벌될 수 있는지를 최초로 판단한 대상판결은 선례로서의 가치를 가질 뿐만 아니라, 형사정책적인 측면에서의 후속 논의를 요청하고 있다. 이하에서는 보호감독자에 의한 미성년자약취죄와 국외이송약취죄 등의 성립요건을 중심으로 동 판례를 고찰하고, 형사정책적인 개선방안에 대해서 간략히 살펴보고자 한다.

Ⅱ. 미성년자약취죄와 국외이송약취죄에 대한 개관

1. 입법취지와 보호법익

(1) 입법취지

미성년자약취죄와 국외이송약취죄는 사람의 장소선택의 자유를 보호하는 범죄로서, 형법 제31장 '약취, 유인 및 인신매매의 죄'에서 규정되고 있다.[12] 약취·유인죄의 기원은 로마법상의 지배권약탈(plagium) 범죄로 거슬러 올라가는데, 당시 노예나 유아를 약취한 자는 그 주인

동 협약은 2014년 4월 1일에 발효되었다(朝日新聞, 2014년 4월 3일자, "子の奪い合い、歯止めかかるか ハーグ条約に日本加盟", http://www.asahi.com/articles/ASG3Z4JFHG3ZUTIL006.html (2014년 5월 4일 최종접속); 헤이그 국제사법회의 홈페이지, News & Events 참조, http://www.hcch.net/index_en.php?act=events.details&year=2014&varevent=344 (2014년 5월 4일 최종접속);

12) 김성돈, 형법각론, 성균관대학교출판부(SKKUP), 2013, 147면; 손동권/김재윤, 형법각론, 율곡출판사, 2013, 129면; 이재상, 형법각론, 박영사, 2014, 128면.

이나 부친의 지배권을 침해하였다는 이유로 처벌받았다.[13] 약취·유인의 죄는 1794년의 프로이센 일반란트법에서 개인의 자유에 대한 죄로 규정되기 시작하였는바,[14] 동법은 부모로부터 유아를 약취한 자를 처벌하였으며 결혼이나 간음을 위해 부녀를 유인한 행위자를 처벌하는 규정도 별도로 두고 있었다. 다만, 당시에는 미성년자가 부모에게 예속되어 있었기 때문에 아동의 약취·유인죄에는 소유권침해 범죄의 성격이 강하게 남아 있었다.[15] 근대에 들어 노예매매의 금지도 본죄에 포섭되었는데, 약취·유인의 죄 중 노예매매죄는 순수하게 개인의 자유를 보호하기 위한 취지로 입법화되었던 것임에 반해,[16] 미성년자 약취·유인죄의 경우에는 애당초 보호자의 감독권 침해를 막으려고 입법화되었던 것이 미성년자의 자유도 보호하는 것으로 그 입법취지가 확대되었다.[17]

(2) 보호법익

형법 제31장 약취, 유인 및 인신매매의 죄의 보호법익은 개인의 자유라고 파악되고 있으나, 대상판결의 주된 논의 대상인 미성년자 약취·유인죄와 관련해서는 그 보호법익을 무엇으로 볼 것인지에 대해서 견해가 대립되고 있다. 종래 독일에서는 미성년자 약취·유인죄의 보호법익은 보호자의 감독권이나 교육권이라고 파악하였으나,[18] 현재

13) 배종대, 형법각론, 홍문사, 2013, 219면; 조규창, 로마형법, 고려대학교 출판부, 1998, 649-650면.

14) 배종대, 앞의 책, 219면; 이재상, 앞의 책, 128면.

15) Urs Kindhäuser/Ulfrid Neumann/Hans-Ullrich Paeffgen, Strafgesetzbuch, 4. Auflage, Nomos, 2013, § 235 Rn. 2.

16) 이재상, 앞의 책, 128면.

17) Urs Kindhäuser/Ulfrid Neumann/Hans-Ullrich Paeffgen, a.a.O., § 235 Rn. 2.

18) Karl Lackner/Kristian Kühl, Strafgesetzbuch, 27. Auflage, C.H.Beck, 2011, § 235 Rn. 1. 종래 독일 판례는 미성년자 약취·유인죄의 보호법익은 보호자의 감독권이며 미성년자는 간접적으로 보호된다는 입장을 취하였으나, 1998년 제6차 형법개정이 단행된 후 미성년자의 육체적정신적 발전도 보호자의 감독권과 동등한 가치를 지닌 보호법익으로 파악하게 되었다. 다만, 형법 개정 직후인 1999년에 독일 연방대법원이 파키스탄 출신 아버지가 독일인 전처의 의사에

통설은 부모의 가족법상의 보호권은 물론이고 미성년자의 자유권이나 육체적·정신적 발전도 동죄의 보호법익에 포함된다고 해석하고 있다.[19] [20] 독일 형법 제235조는 미성년자 약취·유인죄를 규정하면서

반해 아들을 파키스탄으로 데려가서 이슬람 교육을 받도록 조처한 뒤 독일로 돌아와 구 형법(1998년 개정 이전의 형법)상의 아동 약취·유인죄(Kindesentziehung)로 기소된 사건에서, 형법 제235조의 보호법익은 보호자의 감독권이고, 아동의 육체적·정신적 발전은 간접적으로 보호된다고 판시함으로써 보호법익의 해석에 혼선을 빚은 바 있다(BGH, Urteil vom 11. 2. 1999-4 StR 594/98(LG Bielefeld)).

19) Helmut Satzger/Bertram Schmitt/Gunter Widmaier, StGB: Strafgesetzbuch Kommentar, Carl Heymanns Verlag, 2009, § 235 Rn. 1. 미성년자의 자유권 및 육체적·정신적 발전이라는 보호법익은 1998년에 개정된 독일 형법 제235조 제4항 제1호 및 제5항에 의해 도출된다고 한다. Adlof Schönke/Horst Schröder, Strafgesetzbuch, 28. Auflage, C.H.Beck, 2010, § 235 Rn. 1; Thomas Fischer, Strafgesetzbuch, 59. Auflage, C.H.Beck, 2012, § 235 Rn. 2.

20) 1998년 개정 이전 독일형법 제235조와 현행 독일형법 제235조 비교

1998년 개정 이전 독일형법 제235조	1998년 개정 이후 독일형법 제235조(현행)
제235조 아동 약취·유인죄 (Kindesentziehung) ① 위계, 협박 또는 폭행에 의하여 18세 미만자를 그의 부모, 후견인 또는 보호자로부터 약취·유인한 자는 5년 이하의 자유형 또는 벌금에 처한다. ② 제1항의 행위가 특히 중한 경우에는 6월 이상 10년 이하의 자유형에 처한다. 특히 중한 경우란 특별한 사정이 없는 한 행위자가 영리를 목적으로 행위한 경우를 말한다.	제235조 미성년자 약취·유인죄(Entziehung Minderjähriger) ① 다음 각 호의 1에 해당하는 자를 부모, 부모 일방, 후견인 또는 보호자로부터 약취 또는 불법으로 억류한 자는 5년 이하의 자유형 또는 벌금에 처한다. 1. 폭행, 해악으로 감지되는 수단을 통한 협박 또는 위계에 의하여, 18세 미만의 자 2. 친척이 아닌 아동 ② 아동을 부모, 부모 일방, 후견인 또는 보호자로부터 다음 각 호의 1을 행한 자도 동일하게 처벌한다. 1. 외국으로 데려가기 위한 약취행위 2. 외국으로 보내지거나 외국으로 간 후에, 그곳에서 불법으로 억류하는 행위 ③ 제1항 제1호 및 제2항 제1호의 경우에 미수범은 처벌한다. ④ 행위자가 다음 각 호의 1에 해당하는 경우에는 1년 이상 10년 이하의 자유형에 처한다.

"부모나 부모 일방, 후견인 내지는 보호자로부터" 미성년자를 약취하거나 불법으로 억류한 자를 처벌한다고 규정하고 있는 바, 인적 보호관계가 구성요건에 포함되어 있다. 우리나라의 경우, 미성년자 약취·유인죄의 주된 보호법익은 피인취된 미성년자의 자유권이고, 보호자의 감독권이 부차적 보호법익으로서 인정된다는 것이 통설이다.[21] 미성년자의 자유권과 보호자의 감독권을 모두 보호법익으로 파악한다는 측면에서는 독일의 통설과 일맥상통하지만, 현행 형법 제287조는 독일과 달리 보호자 등에 대한 아무런 언급 없이 미성년자를 약취·유인한 자를 처벌한다고만 규정하고 있기 때문에 미성년자의 자유권을 주된 보호법익으로 파악하고 있는 것이다.[22] 나아가 보호자의 감독권을 부차적 보호법익으로 인정하는 것은 이를 통해 판단능력이 미성숙하고 경험이 부족한 미성년자를 특별히 보호하기 위한 취지로 파악되는바, 고대 로마법상 부친의 지배권이 인정되던 것과 같은 맥락에서 미성년자의 이익과 무관하게 보호자의 감호권이 인정되는 것은 아니라고 하겠다.[23]

	1. 피해자를 (당해) 행위로 사망의 위험 또는 중한 상해 또는 신체적·정신적 발전의 현저한 손상의 위험에 빠뜨린 경우 2. 자신 또는 제3자의 영리를 위하여 대가를 받고 또는 고의로 (당해) 행위를 범한 경우 ⑤ 행위자가 (당해) 행위를 통해 피해자의 사망을 야기한 경우에는 3년 이상의 자유형에 처한다. ⑥~⑦ 생략

21) 김성돈, 앞의 책, 147면; 김일수/서보학, 형법각론, 박영사, 2007, 143면; 배종대, 앞의 책, 230면; 손동권/김재윤, 앞의 책, 132-133면; 오영근, 형법각론, 박영사, 2009, 143면; 이형국, 형법각론, 법문사, 2007, 191면; 임웅, 형법각론, 법문사, 2005, 150면; 정성근/박광민, 형법각론, 성균관대학교출판부(SKKUP), 2013, 164면; 정영일, 형법각론, 박영사, 2008, 121면.

22) 이재상, 앞의 책, 129-130면.

23) 형법 제287조에 규정된 미성년자약취죄는 심신의 발육이 불충분하고 지려와

2. 구성요건 체계와 법정형

(1) 구성요건 체계

형법 제31장 '약취, 유인 및 인신매매의 죄'는 미성년자 약취·유인(제287조), 추행 등 목적의 약취·유인(제288조), 인신매매(제289조)를 기본적 구성요건으로 규정하고 있고, 약취·유인·매매·이송된 사람에 대한 상해·치상(제290조), 살인·치사(제291조) 및 수수·은닉 등(제292조)에 대한 처벌 규정을 마련하고 있다.[24] 대상판결에서 문제되고 있는 미성년자약취죄와 국외이송약취죄의 관계를 검토해 볼 필요가 있는데, 전자는 행위객체가 미성년자에 한정되는 것에 반해 후자는 사람을 객체로 삼고 있다는 점에서 일반적으로 양자는 독립된 구성요건으로 취급된다. 다만, 미성년자를 국외에 이송할 목적으로 약취한 경우에는 피해자의 발견이나 귀환이 어려운 대한민국 영역 밖으로 이송하려는 목적의 불법성이 법정형에 반영되어 있는 국외이송약취죄가 적용될 것인바, 이때 국외이송약취죄는 미성년자약취죄의 가중적 구성요건이 된다. 한편, 종래 독일 형법에는 국외이송약취죄와 피약취자국외이송죄를 규정한 조문이 존재하지 않았으나, 1998년 형법 개정을 통해 제235조가 개정되면서 행위객체가 아동인 경우에 한해서[25] 외국으

경험이 풍부하지 못한 미성년자를 특별히 보호하기 위하여 그를 약취하는 행위를 처벌하려는 데 그 입법의 취지가 있으며, 미성년자의 자유 외에 보호감독자의 감호권도 그 보호법익으로 하고 있다는 점을 고려하면, 피고인과 공범들이 미성년자를 보호·감독하고 있던 그 아버지의 감호권을 침해하여 그녀를 자신들의 사실상 지배 하로 옮긴 이상 미성년자약취죄가 성립한다 할 것이고, 약취행위에 미성년자의 동의가 있었다 하더라도 본죄의 성립에는 변함이 없다(대법원 2003. 2. 11. 선고 2002도7115 판결).

24) 그 외에 미수범(제294조)과 예비·음모(제296조)에 대한 처벌 규정과 함께, 벌금의 병과(제295조)와 형의 감경(제295조의2) 및 세계주의(제296조의2)의 적용에 대한 규정을 두고 있다.

25) 아동은 14세 미만인 자를 말한다(아동의 연령기준에 관해서는 형사미성년자의 연령에 대해 규정하고 있는 독일형법 제19조가 준용된다). Adlof Schönke/Horst Schröder, a.a.O., § 235 Rn. 3; Thomas Fischer, a.a.O., § 235 Rn 10, 11; Urs Kindhäuser/Ulfrid Neumann/Hans-Ullrich Paeffgen, a.a.O., § 235 Rn. 13, 19.

로 데려가기 위해 약취하거나 불법으로 외국에 억류한 자를 처벌하는 규정이 마련되었다. 요컨대, 현행 독일 형법은 위계·협박 또는 폭행으로 18세 미만자를 그의 부모·부모 일방·후견인 또는 보호자로부터 약취·유인하거나 불법 억류한 자를 처벌하고 있고, 친척[26]이 아닌 아동을 행위객체로 하는 경우에는 폭행·협박 또는 위계라는 수단을 사용하지 않더라도 보호자 등으로부터 약취·유인 내지는 불법 억류한 자를 처벌하고 있다. 또한 아동을 대상으로 한 국외이송약취·유인 및 국외에서의 불법 억류 행위도 동일하게 처벌하고 있는데, 이 경우 폭행·협박 또는 위계라는 수단의 사용 여부 및 가족관계의 존부 여부는 동죄의 성립에 영향을 미치지 않는다. 독일에서는 1998년 형법 개정을 통해 아동의 국외이송을 처벌하는 입법적 불비가 해결되었다는 평가가 내려지고 있는 바,[27] 향후 대상사건을 검토하고 개선방안을 모색함에 있어서 독일의 입법례가 참고될 수 있을 것이다.

(2) 법 정 형

형법 제287조는 미성년자약취죄의 법정형을 10년 이하의 징역형으로 규정하고 있고, 동법 제288조 제3항은 국외이송약취죄와 피약취자국외이송죄의 법정형을 2년 이상 15년 이하의 징역형으로 규정하고 있다. 국외이송약취죄와 피약취자국외이송죄는 미성년자약취죄에 비해 법정형이 높게 책정되어 있는데, 이는 대한민국 영역 밖으로의 이송이라는 목적이 결과의 실현으로 이어질 경우, 피해자의 발견이나 귀환이 한층 더 어려울 수밖에 없다는 점이 반영된 것으로 파악된다. 한편 대상판결에서 보충의견은 미성년인 자녀를 보호·양육하는 부모에 의해 범해질 수 있는 다른 범죄들과의 법정형 비교를 통해서 피고인

26) 친척의 정의에 대해서는 독일형법 제11조 제1항에서 규정하고 있다. 독일형법 제11조 제1항에 따르면 친척은 ① 직계혈족 및 인척, 배우자, (사실혼 관계의) 동거자, 약혼자, 형제자매, 형제자매의 배우자 또는 (사실혼 관계의) 동거자, 배우자 또는 (사실혼 관계의) 동거자의 형제자매, ② 양부모 및 양자를 말한다.

27) Urs Kindhäuser/Ulfrid Neumann/Hans-Ullrich Paeffgen, a.a.O., § 235 Rn. 10.

에게는 동죄가 성립하지 않는다는 하나의 논거를 제시하였다. 즉, 미성년자약취죄의 법정형은 형법상 유기죄나 학대죄 및 아동혹사죄 등의 법정형에 비해 현저히 높고,[28] 아동에 대한 신체적·정서적 학대행위 등으로 인한 아동복지법 위반죄[29]나 아동을 매매한 행위로 인한 아동복지법 위반죄[30]의 법성형보다도 높다는 점을 고려할 때 부모 일방이 폭행이나 협박 없이 자녀를 데리고 국외로 나간 행위는 미성년자 약취에 해당하지 않는다고 보는 것이 입법자의 의도나 법정형의 체계에 부합한다는 것이다. 물론, 형법상 유기죄나 학대죄 및 아동혹사죄는 행위주체를 보호의무자 등에 제한시켜 규정하고 있음에 반해, 현행 미성년자약취죄의 규정은 그 주체에 제한을 두고 있지 않기 때문에 양자의 법정형을 동일선상에 두고 비교하는 것이 적절한지에 대해서는 의문이 제기될 수 있다. 전자는 생명·신체의 안전을 보호법익으로 하고 있으나 보호의무 없는 자의 행위는 처벌하지 않는 것임에 반해, 후자는 미성년자의 자유권과 함께 보호자의 감독권까지 보호법익으로 인정하면서 그 주체에 제한을 두고 있지 않기 때문이다. 요컨대, 미성년자약취죄의 법정형 자체가 지나치게 높게 설정되어 있다거

28) 형법상 유기죄는 3년 이하의 징역 또는 500만원 이하의 벌금(제271조 제1항), 영아유기죄는 2년 이하의 징역 또는 300만원 이하의 벌금(제272조)에 처해지고, 학대죄는 2년 이하의 징역 또는 500만원 이하의 벌금(제273조 제1항), 아동혹사죄는 5년 이하의 징역(제274조)에 처해진다.

29) 아동복지법상 아동의 신체에 손상을 주는 학대행위, 아동에게 성적 수치심을 주는 성희롱·성폭력 등의 학대행위, 아동의 정신건강 및 발달에 해를 끼치는 정서적 학대행위, 자신의 보호·감독을 받는 아동을 유기하거나 의식주를 포함한 기본적 보호·양육·치료 및 교육을 소홀히 하는 방임행위, 장애를 가진 아동을 공중에 관람시키는 행위, 아동에게 구걸을 시키거나 아동을 이용하여 구걸하는 행위는 5년 이하의 징역 또는 3천만원 이하의 벌금에 처한다(아동복지법 제71조 제1항 제2호, 제17조 제3호부터 제8호).

30) 아동을 매매하는 행위는 10년 이하의 징역 또는 5천만원 이하의 벌금에 처한다(아동복지법 제71조 제1항 제1호, 제17조 제1호). 다만 '아동·청소년의 성보호에 관한 법률' 제12조에 따른 매매는 제외하는데, 동법상 아동·청소년의 성을 사는 행위 또는 아동·청소년이용음란물을 제작하는 행위의 대상이 될 것을 알면서 아동·청소년을 매매하는 경우의 법정형은 무기징역 또는 5년 이상의 징역이다.

나 보호감독자가 행위주체가 된 경우의 처벌을 차등화시키기 위해 미성년자약취죄의 구성요건을 세분화시킬 필요가 있다는 주장 등이 제기될 수는 있겠지만, 미성년자약취죄의 성립 논거를 성격이 다른 유기죄 등과의 법정형 비교를 통해서 찾을 수는 없다고 사료된다.

Ⅲ. 미성년자약취죄와 국외이송약취죄의 성립 여부

1. 행위주체

(1) 보호감독자의 행위주체 가능성

현행법상 미성년자약취죄나 국외이송약취죄의 행위주체에 대해서는 아무런 제한이 없다.[31] 다만, 미성년자가 행위객체인 경우에 그 보호감독자도 범죄의 주체가 될 수 있는지가 문제되는데, 종래 판례는 미성년자를 보호·감독하는 자라 하더라도 다른 보호감독자의 감호권을 침해하거나 자신의 감호권을 남용하여 미성년자 본인의 이익을 침해하는 경우에는 미성년자 약취·유인죄의 주체가 될 수 있다고 밝혔다.[32] 즉 보호감독자가 미성년자약취죄의 주체가 되는지를 판단함에 있어서는 다른 보호감독자의 감호권 침해 여부나 감호권 남용을 통한 해당 미성년자의 이익 침해 여부를 고려해야 한다는 것이 판례의 입장인데, 동 사건에서도 대법원은 이러한 입장을 견지하고 있다.

---

31) 다만, 본죄는 궁극적으로 미성년자의 자유를 보호하기 위한 범죄이기 때문에 미성년자 본인은 본죄의 정범은 물론 공범도 되지 못한다. Karl Lackner/Kristian Kühl, a.a.O., § 235 Rn. 1; Adlof Schönke/Horst Schröder, a.a.O., § 235 Rn. 11.

32) 대법원은 외조부가 맡아서 양육해 오던 미성년인 자를 자의 의사에 반하여 강제로 차에 태우고 할아버지에게 간다는 등의 거짓말로 속인 후 고아원에 데려가 피해자의 수용문제를 상담하고, 개사육장에서 잠을 재운 후 다른 아동복지상담소에 데리고 가는 등 피해자인 자를 사실상 자신의 지배하에 옮긴 친권자에 대하여 미성년자 약취·유인죄를 인정하였다(대법원 2008. 1. 31. 선고 2007도8011 판결).

(2) 공동감호권자의 문제

대상판결에서는 자녀를 공동으로 보호·양육하던 부모 중 일방이 타방의 감호권을 배제한 채 유아를 데리고 종전의 거소를 벗어났을 때 미성년자약취죄의 주체가 되는지가 문제되었다. 우선 다수의견은 부모 중 일방이 상대방이 단독으로 양육하고 있던 자녀를 탈취하여 자신의 지배하에 옮긴 행위와 공동으로 양육하던 자녀를 상대방의 의사에 반하여 자신의 단독 지배하에 옮긴 행위의 유형을 구분하였다. 그리하여 전자의 경우에는 특별한 사정이 없는 한 미성년자약취죄의 구성요건해당성을 인정할 수 있으나 후자의 경우에는 다른 요건의 고려 없이 곧바로 구성요건해당성을 인정할 수는 없다고 판단하였다. 이에 대해 반대의견은 우리나라가 가입한 '국제적 아동탈취의 민사적 측면에 관한 협약'에 의하면 아동에 대한 부모의 단독 보호·양육 상태를 침해하는 행위와 공동 보호·양육 상태를 침해하는 행위가 모두 불법적인 아동탈취행위로 규정되고 있는 바, 정당한 절차와 방법을 거치지 않고 상대방의 자녀에 대한 보호·양육권을 침해하였다는 점에서 양자는 그 본질이 같은 것이라고 파악하였다. 그러나 민사적 측면에서의 협약이 형법 해석의 절대적인 준거가 될 수는 없다고 사료되는 바, 형법상의 점유가 순수한 사실상의 개념이라는 점에서 민법상의 점유와 구별되는 것처럼[33] 형사법적인 쟁점은 민사법적인 측면과는 다른 차원에서 검토되기 때문이다.

한편, 형법상 미성년자약취죄에서의 감호권자 개념도 민법상 미성년자의 보호·양육권자에 비해 사실적인 측면을 중시해야 한다는 의견이 제기되고 있으나,[34] 이 사건의 경우 피고인은 물론이고 그 남편

---

33) 형법상 점유와 관련해서는 민법상의 간접점유나 상속으로 인한 점유의 이전이 인정되지 않고, 법인이 점유의 주체가 될 수 없음에 반해서 민법상 점유자로 인정되지 않는 점유보조자(민법 제195조)의 점유가 인정된다는 점에서 민법상 점유와 구별된다.

34) 오영근, "다문화가정에서 미성년자약취죄 및 국외이송죄의 문제", 형사법연구 제25권 제3호, 한국형사법학회, 2013, 376-377면.

A에게도 사실상의 감호권이 인정되어야 마땅하다. 대상판결에서 다수의견은 당시 남편 A는 직장에 다녔고 피고인이 가사를 전담하였기 때문에 아들 B에 대한 현실적인 보호·양육을 주로 피고인이 맡았다는 사실에 주목하였다. 그러나 자녀의 보호·양육에 대한 부모의 역할과 책임은 동등하게 평가되어야 하고, 자녀와 동일한 곳에 거주하면서 직업 활동을 통해 자녀의 보호·양육을 위한 경제적 기초를 제공한 행위도 사실상 감호권을 행사하고 있는 것으로 평가되어야 한다.[35] 나아가 대상판결은 베트남으로 떠난 지 불과 2주 만에 B를 친정에 맡겨 둔 채 혼자 우리나라로 재입국한 피고인의 행위를 양육비를 벌기 위한 것이었다는 이유로 문제 삼지 않았는데, 이는 직장을 다니면서 보호·양육을 위한 경제적 기초를 제공하던 남편 A와 현실적인 보호·양육을 주로 담당하던 피고인의 역할을 달리 고려한 위 다수의견의 논지와 모순된다. 요컨대, 부모 중 일방이 상대방의 의사에 반해 자신의 지배하에 자녀를 옮긴 경우, 행위자가 감호권 행사에 동참하고 있었는지의 여부에 따라 유형을 구분한 것은 사실상의 감호관계를 중요시한다는 점에서 적절하며, 대상사건의 피고인은 공동감호권자인 남편의 감호권을 침해하였다고 판단된다.

(3) 미성년자의 이익 침해 여부

대상사건에서 대법원은 미성년자를 보호·감독하는 사람이라고 하더라도 다른 보호감독자의 보호·양육권을 침해하거나 자신의 보호·양육권을 남용하여 미성년자 본인의 이익을 침해하는 때에는 미성년자에 대한 약취죄의 주체가 될 수 있다고 판시하였다. 다만, 복수의 보호법익을 갖는 미성년자약취죄의 경우에는 일차적 보호법익인 미성년자의 자유를 보호하기 위해서 부차적 보호법익인 보호감독자의 감호권이 침해

35) 동 판결의 반대의견은 남편 A가 공동양육의 책임을 해태하고 있지 않았던 이상 B는 피고인과 A에 의해 '공동양육'되고 있었다는 것이 사실이고, B의 연령이 낮다고 하여 여러 정황을 고려하지 않은 채 피고인의 감호권을 우월하게 평가할 수 없다는 입장을 밝혔다.

되었다면 형법상 미성년자약취죄가 성립되지 않는다고 파악된다.[36] 대상판결은 피해자가 어머니의 손길을 더 필요로 하는 유아였다는 점, 어린 피해자를 홀로 집에 남겨두고 나가는 행위에 대한 비난가능성이 더 크다는 점 등을 고려할 때, 피고인의 행위가 남편 A의 보호·양육권을 침해하였다고 하더라도 피해자 본인의 이익을 침해한 것은 아니어서 미성년자약취죄가 성립되지 않는다고 보았다. 이에 대해 반대의견은, 부모 중 일방이 상대방 부모의 의사에 반하여 자녀를 데리고 종전의 국내 거주지를 이탈하여 국외로 이전하는 것은 자녀의 생활관계나 보호관계에 중대한 변경을 가져오는 행위로서 자녀의 이익을 침해한다고 보았고, 그 근거로 부모 쌍방에 의한 공동 보호·양육관계가 부모 일방에 의한 보호·양육관계로 변경된다는 점, 자녀가 언어·풍습·문화·생활환경 등이 전혀 다른 외국에서 상당한 정신적·심리적 충격을 겪으면서 성장한다는 점 등을 제시하고 있다. 그러나 혼인관계 파탄으로 인해 부모의 결별이 사실상 예정된 경우라면 공동양육 관계는 부모 일방에 의한 단독양육 관계로 변경될 수밖에 없고, 외국에서의 생활이 미성년인 자녀의 이익을 침해한다고 쉽게 단정할 수 없다.[37] 미성년자의 이익이나 복리 침해 여부는 상대적으로 판단되어야 할 것인 바, 이처럼 반론의 여시가 큰 기순에 따라 범죄 성립 여부를 판단하는 것에 대해서는 우려의 목소리가 제기되고 있다.[38] 이 사건과 같이 미성년자의 이익이나 복리

---

36) 낙태죄의 일차적 보호법익인 태아의 생명이나 신체의 안전을 보호하기 위해서 부차적 보호법익인 임부의 생명이나 신체의 안전을 침해한 경우, 임부에 대한 상해죄가 성립할 수 있을지언정 낙태죄는 성립하지 않는다. 이와 같이 보호법익이 여러 개인 경우, 일차적 보호법익을 보호하기 위해 부차적 보호법익을 침해하였다면 범죄가 성립되지 않는 것으로 파악해야 할 것인바, 어느 하나의 보호법익만 침해해도 범죄가 성립한다고 해석한다면 범죄의 성립범위가 지나치게 넓어져서 엄격한 형법해석의 원칙에 위배된다고 하겠다. 오영근, 앞의 논문, 373-374면.

37) 자녀의 보호·양육에 대한 부모 쌍방의 태도, 경제적 여건을 비롯한 생활환경, 자녀의 나이와 특성, 가족 및 친족관계 등의 여러 요소들을 종합적으로 고려해서 판단해야 한다.

38) 석광현, 앞의 논문, 128면.

를 침해하는 측면과 그 반대의 측면이 모두 존재하는 경우에는 어느 한 쪽이 다른 쪽을 압도하지 않는 한, 범죄 성립 여부를 판단함에 있어서 이를 결정적인 기준으로 삼지 않는 것이 타당하다고 생각한다.

2. 행위태양

(1) 폭행 또는 협박 등

미성년자약취죄와 국외이송약취죄의 구성요건해당성을 판단하기 위해서는 과연 피고인의 행위가 '약취'에 해당하는지를 살펴보아야 한다. 일반적으로 약취란 폭행 또는 협박을 수단으로 사람을 보호받는 상태 내지는 자유로운 생활관계로부터 이탈시켜 자기나 제3자의 실력적 지배하에 옮기는 것을 말한다.[39] 판례도 약취의 개념을 이와 같이 해석하면서, 폭행 또는 협박의 정도는 상대방을 실력적 지배하에 둘 수 있을 정도이면 족하지 반드시 상대방의 반항을 억압할 정도의 것임을 요하지 않는다고 밝혔다.[40] 또한 약취에는 폭행이나 협박 이외에 사실상의 힘에 의한 경우도 포함되는데, 어떤 행위가 약취행위에 해당하는지의 여부는 행위의 목적과 의도, 행위 당시의 정황, 행위의 태양과 종류, 피해자의 의사 등을 종합하여 판단해야 한다.[41]

이 사건에서 피고인이 생후 13개월가량 된 자녀를 데리고 간 행위는 전형적인 폭행이나 협박에 해당하지 아니하는 바, 이 경우 피고인이 사실상의 힘을 행사한 것으로 볼 수 있는지가 문제된다. 이에 다수의견은 형법상 약취죄에서의 사실상의 힘이라 함은 폭행이나 협박에 준하는 불법성을 갖추어야 하는데,[42] 미성년인 자녀를 보호·양육

39) 김성돈, 앞의 책, 151면; 배종대, 앞의 책, 222면; 손동권/김재윤, 앞의 책, 135면; 오영근, 앞의 책, 144면; 이재상, 앞의 책, 132면; 정성근/박광민, 앞의 책, 168면.

40) 대법원 1991. 8. 13. 선고 91도1184 판결.

41) 대법원 2009. 7. 9. 선고 2009도3816 판결.

42) 약취죄가 포함되어 있는 형법 제31장은 동법 제29장 체포와 감금의 죄, 제30장 협박의 죄 다음에 위치하고, 제32장 강간과 추행의 죄 앞에 규정되어 있

해오던 부모 중 일방이 자녀를 데리고 간 행위는 이러한 불법성이 인정되지 않는다고 보았다. 한편, 반대의견은 다수의견과 달리 '불법적인'이라는 수식어를 사용하지 않으면서 사실상의 물리력 행사에 초점을 맞추고 있으나, 다른 공동친권자의 보호·양육권을 침해한 피고인의 행위는 민법 위반일 뿐만 아니라 다른 공동친권자로부터 보호·양육을 받을 수 있는 유아의 이익도 현저히 침해하였으므로 불법성이 인정된다고 주장하였다. 이러한 반대의견에 대해서는 사실상의 힘을 불법적인 것에 한정하지 않고 자연적·물리적인 개념으로 이해한 것으로서 '약취'라는 법문언의 가능한 의미를 벗어나는 유추해석을 통해 죄형법정주의의 원칙을 위배하였다는 비판이 제기되고 있다.[43] 통상 감호권자가 아닌 제3자가 유아를 몰래 데려간 경우[44]는 물론이고 부모 일방이 단독양육권을 가지고 있는 상황에서 타방이 몰래 유아를 데리고 간 경우에도 약취 행위로 인정된다. 의사능력이 없는 유아를 데려갔다는 행위 자체만을 두고 본다면 이 사건 피고인의 행위도 동일선상에서 이해될 수 있다. 또한 전형적인 폭행·협박과 구별되는 '사실상의 힘'이라는 행위수단 자체에 대해 불법성 평가를 전제시키는 것은 범죄성립 여부의 체계적 분석을 어렵게 만드는 측면도 있으나, 사실상의 힘을 자연적·물리적 개념으로 해석해서 가벌성의 범위를 지나치게 확대하는 것은 형법 해석의 엄격성 원칙에 반하므로 폭행·협박에 준하는 불법적인 사실상의 힘으로 그 개념을 한정하는 것이 타당하다.[45] 다만, 형법상 미성년자약취죄에서의 감호권자 개념이 민법상

는데, 이러한 형법체계상의 위치를 고려할 때 약취죄는 협의의 폭행·협박이나 감금 및 그에 준하는 유·무형력의 행사를 수반하는 범죄라고 파악하는 견해도 있다. 오영근, 앞의 논문, 378-379면.

43) 하태훈, "미성년자약취죄와 국외이송약취죄의 '약취'의 의미: 대법원 2013.6.20. 선고 2010도14328 전원합의체 판결에 대한 평석", 고려법학 제71호, 고려대학교 법학연구원, 2013, 115-119면.

44) 김성돈, 앞의 책, 151면; 이재상, 앞의 책, 132면; 이형국, 앞의 책, 193면; 정성근/박광민, 앞의 책, 168면.

45) 형법상의 '약취'는 그 자체로서 중대한 사회유해적 행위 또는 법익침해 행위로 평가될 수 있을 정도에 이르러야 하므로, '약취'의 수단으로서의 '사실상의

미성년자의 보호·양육권자에 비해 사실적인 측면이 중시된다고 하더라도 자녀와 동일한 곳에 거주하면서 직업 활동을 통해 자녀의 보호·양육을 위한 경제적 기초를 제공하고 있던 남편 A에게는 민법상 친권은 물론이고 형법상의 감호권도 인정된다고 보아야 하므로 이를 침해하면서 아들 B를 데리고 간 피고인의 행위는 '불법적인 사실상의 힘'을 수단으로 한 것이라고 평가될 수 있다.

(2) 실력적 지배

약취가 인정되기 위해서는 폭행이나 협박을 한 것만으로는 부족하고 피인취자를 자기 또는 제3자의 사실적 지배하에 두어야 한다. 미성년자약취죄의 성립에 피인취자의 장소적 이전이나 보호자와의 장소적 격리가 요구되지는 않지만,[46] 본죄의 완성을 위해서는 피인치자에 대한 실력적 지배가 시간상 어느 정도 계속되어야 한다.[47] 피고인이 B를 데리고 베트남으로 떠난 행위는 어떠한 실력을 행사하여 평온하던 종전의 보호·양육 상태로부터 B를 이탈시킨 것이 아니라, 친권자인 모로서 출생 이후 줄곧 맡아왔던 B에 대한 보호·양육 상태를 계속 유지한 것이므로 이를 두고 폭행·협박 또는 불법적인 사실상의 힘을 사용하여 피해자를 자기 또는 제3자의 지배하에 옮긴 약취행위라고 할 수 없다는 것이 대상판결의 입장이다. 이에 대해 반대의견은 부모 중 일방이 상대방과 동거하면서 공동으로 보호·양육하던 유아를

힘'은 폭행 또는 협박에 준하여 형법의 규율 대상이 될 만한 불법성을 갖춘 것을 의미한다(대법원 2013. 6. 20. 선고 2010도14328 전원합의체 판결의 보충의견 참조).

46) 보호자의 실력적 지배를 제거하는 방법을 통해서도 피인치자의 장소적 이전 없이 피인치자를 자기 또는 제3자의 실력적 지배하에 둘 수 있는데, 판례는 미성년자가 혼자 머무는 주거에 침입하여 그를 감금한 뒤 폭행 또는 협박에 의하여 부모의 출입을 봉쇄하거나, 미성년자와 부모가 거주하는 주거에 침입하여 부모만을 강제로 퇴거시키고 독자적인 생활관계를 형성하기에 이르렀다면 비록 장소적 이전이 없었다 할지라도 미성년자약취죄에 해당한다고 밝혔다(대법원 2008. 1. 17. 선고 2007도8485 판결).

47) 배종대, 앞의 책, 225면; 이재상, 앞의 책, 133면; 이형국, 앞의 책, 194면; 정성근/박광민, 앞의 책, 169-170면.

국외로 데리고 나갔다면, 이는 '사실상의 힘'을 수단으로 사용하여 유아를 자신 또는 제3자의 사실상 지배하에 옮긴 것이라고 주장하였다. 이 사건 피고인의 경우, 남편 A의 B에 대한 물리적·실력적 지배를 배제하기는 하였으나 이미 B를 자신의 실력적 지배하에 두고 있었기 때문에 약취행위로 평가될 수 없고, 나아가 베트남에 있는 자신의 부모에게 B를 맡긴 행위도 B를 제3자의 실력적 지배하에 둔 것이 아니라 자신의 B에 대한 물리적·사실적 지배를 확장한 것이라고 분석할 수 있다.[48] 대상사건의 피해자는 생후 13개월가량의 유아이기 때문에 '자유'라는 측면보다는 '보호'라는 측면에 초점이 맞추어질 것인데, 양쪽 부모 모두로부터 보호받던 상태에 있던 유아의 평온을 깨트려 한쪽 부모만의 보호를 받는 상태에 놓이게 하는 것은 유아의 이익을 일정 부분 침해하는 것이라 할 수 있고, 자녀 B에 대한 남편 A의 실력적 지배를 임의로 배제시켰다는 측면에서 피고인의 행위는 비난받을 만하다. 그러나 정당한 감호권자로서 종전부터 B의 양육을 맡아온 피고인으로서는 B를 이탈시켜 새롭게 자신의 실력적 지배하에 둔 것이 아니므로 불법적인 사실상의 힘을 이용했다고 하더라도 약취행위로 인정하지 않는 것이 형법 해석의 엄격성 원칙에 부합한다. 한편, 피고인이 남편의 자녀에 대한 감호권을 침해한 점도 비난받아야 마땅하나, 미성년자약취죄 이외에 이를 처벌할 수 있는 별도의 규정이 없다면 민사상의 문제로 해결하는 것이 타당하다.

Ⅳ. 형사정책적인 고려 및 개선방안

1. 형사정책적 측면에서의 고려

(1) 국제적 아동탈취에 대한 처벌 요청

국제결혼의 증가와 더불어 다문화가정 또한 증가일로에 있는 현

48) 오영근, 앞의 논문, 379면.

시점에서, 향후 이 사건과 유사한 사례가 지속적으로 발생할 것으로 예상되는바, 공동친권자인 부모 중 일방이 정당한 절차와 방법에 반하여 상대방 몰래 자녀를 데리고 출국해버리는 행위를 처벌할 수 없다면 형사정책적인 측면에서 중대한 문제가 발생할 수 있다는 우려가 제기되고 있다. 자녀를 인도받기 위해서 우리나라 법원에서 민사재판이나 가사재판을 받는다고 하더라도 외국에서 그 재판결과를 집행한다는 것이 현실적으로 쉽지 않고, '국제적 아동탈취의 민사적 측면에 관한 헤이그협약'에 근거해서 아동을 반환받으려 해도 우리나라로 결혼이민을 오는 비율이 높은 국가들 대부분이 동 협약의 미가입국이라는 점에서 실효성 있는 방법을 찾기가 어렵다. 이러한 맥락에서 대상판결의 반대의견은 다수의견의 결론이 일반국민의 정서와 법 감정에 반하고, 다문화가정에서 발생하는 현실적인 문제들에 대한 해결책을 제시하지 못하며, 국가로 하여금 자국민 보호의 책무를 제대로 이행할 수 없도록 만든다고 비판하였다.

(2) 형법 해석상의 한계

국제결혼으로 형성된 다문화가정에서 외국인 부모가 정당한 절차와 방법을 거치지 아니한 채 우리나라 부모의 동의 없이 자녀를 데리고 출국하는 것이 중대한 사회적 문제로 대두된 지금, 이러한 문제에 대한 형사정책적 측면에서의 대책 마련이 시급한 것이 사실이다. 그러나 국제적 아동탈취에 대한 처벌의 필요성이 인정된다고 하더라도, 형법이 예정한 범위를 벗어난 해석을 통해서 가벌성을 확장하는 것은 경계되어야 마땅하다. 형벌법규의 명확성과 유추해석을 금지하는 법치국가적 원리에 비추어 볼 때 언어의 가능한 의미를 넘는 법률해석은 허용될 수 없고, 형벌법규는 엄격히 해석해야 한다는 점에서 형법상 확장해석도 금지되어야 한다.[49] 요컨대 형법 해석의 원칙을 고려할

49) 대법원은 유추해석뿐만 아니라 확장해석도 죄형법정주의에 반하는 것으로서 허용되지 않는다는 태도를 취하고 있다. 대법원 2002. 2. 8. 선고 2001도5410 판결; 대법원 2010. 5. 13. 선고 2009도13332 판결 참조.

때 정당하게 감호권을 가진 부모 중 일방이 종전부터 보호·양육하던 자녀를 장소를 옮겨 보호·양육하는 것은 타방의 감호권을 배제시켰다는 측면에서 비난이 가해질 수 있을지언정 약취로는 해석될 수 없다. 나아가 이러한 행위에 대한 처벌의 필요성이 강하게 제기된다고 하더라도, 이와 관련해서는 새로운 입법적 조치나 제도의 개선을 통해서 해결책을 모색하여야 할 것이지 형법이 예정한 범위를 벗어난 해석을 통해 가벌성을 확장할 수는 없는 것이다.

2. 개선방안 모색

(1) 입법적 조치

대상판결을 계기로 공동감호권자인 부모 중 일방이 상대방의 의사에 반해 자녀를 데리고 나간 행위는 형법상 처벌되지 않는 행위로 인정되었다. 그러나 부모 모두로부터 보호받던 상태에 있던 유아를 부모 일방에 의한 보호 하에 두는 것은 유아의 이익을 침해하는 측면이 있고, 타방 부모의 자녀에 대한 감호권을 배제시켰다는 측면에서 비난의 여지가 있다. 특히, 부모 일방이 자녀를 데리고 외국으로 나가는 국제적 아동탈취의 경우에는 자녀가 언어적·사회적·문화적 장벽으로 인해 고통을 겪을 수 있고, 남겨진 부모 일방으로 하여금 자녀의 발견이나 반환을 어렵게 만든다는 점에서 형사법적 처벌의 필요성이 강하게 제기되는 것이다. 종래 독일에서도 부모에 의한 국제적 아동탈취를 처벌할 수 없는 상황을 두고 가벌성 흠결에 대한 논의가 전개되었는바, 이러한 문제는 1998년의 형법 개정을 통해서 입법적으로 해결되었다. 현행 독일 형법은 18세 미만자를 대상으로 한 미성년자약취죄를 규정함과 동시에 14세 미만의 아동에 대한 국외탈취의 경우에는 부모에 의해서 폭행·협박 등의 수단을 사용하지 않고 이루어지더라도 처벌할 수 있도록 규정하고 있다. 한편, 미국은 연방법을 통해 부모 중 일방이 상대방의 동의나 가정법원의 결정이 없는 상태에서 미성년인 자녀를 데리고 국외로 나가는 행위를 범죄로 규정하고 있다(18 U.S.C. § 1204, International parental kidnapping).[50] 즉, 친권의 적법한 행사를 방해하려는 목적에서, 아동을 미국으로부터 이동 또는 이동시키려고 시도하거나 미국 밖에서 아동을 유치하려는 자에 대해서는 3년 이하의 징역 또는 25만 달러 이하의 벌금에 처하거나 양자를 병과할 수 있다(18 U.S.C. § 1204 (a)). 이때 아동은 16세 미만인 자를 말하며(18 U.S.C. § 1204 (b)(1)), 아동을 탈취한 부모가 적법한 법원의 명령에 따라 행동하였거나 가정폭력 상황 등으로 인해 도망친 경우에 해당할 때에는 동죄의 적용에 대하여 항변할 수 있다(18 U.S.C. § 1204 (c)). 우리나라도 부모 중 일방이 상대방의 동의나 가정법원의 결정이 없는 상태에서 미성년인 자녀를 데리고 국외로 나가는 행위를 범죄로 규정하는 방안을 모색할 수 있을 것인데, 이 경우 법정형은 현행 미성년자약취죄에 비해 낮게 책정되어야 할 것이다.[51]

---

50) 1993년 부모의 국제아동약취·유인처벌법(International Parental Kidnapping Crime Act of 1993, IPKCA), Pub. L. 103-173, 107 Stat. 1998. 미국 의회는 "국제적 아동탈취의 민사적 측면에 관한 헤이그협약"을 강화하고, 동 협약의 구제수단이 동 협약의 비체약국에 대해서는 적용되지 않음을 고려하여, 미국에서 동 협약의 비체약국으로 불법하게 탈취된 아동의 신속한 반환을 구하고자 아동을 탈취한 부모에 대해 형사적 제재를 부과하는 부모의 국제아동약취·유인처벌법(IPKCA)을 제정하였다. 부모의 국제아동약취·유인죄를 연방형법에 도입하면서, 미국 의회는 "국제적 아동탈취의 민사적 측면에 관한 헤이그협약에 따른 절차들을 이용해서 많은 아동들이 반환되었다는 점을 고려하면, 그러한 절차들은 부모로부터 탈취된 아동의 반환을 구하는 부모를 위한 첫 번째 선택지가 되어야 한다는 것이 의회의 의사"임을 밝혔다(Sense of Congress Regarding Use of Procedures Under The Hague Convention on the Civil Aspects of International Parental Child Abduction, Section 2(b) of Pub. L. 103-173). 판례 또한 부모의 국제아동약취·유인처벌법(IPKCA)을 "집행의 간극을 메우는(enforcement-gap-closing)" 기능을 수행하는 합리적 수단으로 보고 있다(United States v. Amer, 110 F.3d 873, 882(2d Cir. 1997)).

51) 미국의 약취·유인죄의 법정형은 무기징역 또는 종신형이며, 당해 행위의 결과로 피해자의 사망을 야기한 경우에는 종신형 또는 사형에 처해진다(18 U.S.C. § 1201 Kidnapping (a)).

(2) 행정적·외교적 조치

대상판결에서와 같이 감호권자에 의한 국제적 아동탈취의 문제를 해결하기 위해서는 행정적·외교적 노력과 조치도 이루어져야 한다. 우선, 여권의 발급이나 제한 및 출입국관리 등과 관련된 제도를 개선할 필요가 있다. 미국의 경우, 16세 미만의 아동이 여권을 발급받기 위해서는 부모 쌍방이나 법적 보호자의 서명을 요건으로 하고, 국무부 영사사업부(Bureau of Consular Affairs)가 운영하는 아동 대상 여권발급 경보프로그램(Children's Passport Issuance Alert Program, CPIAP)에 자녀를 등록시킬 수 있는 바, 이를 참고하여 아동의 여권 발급에 관한 제도 개선 방안을 마련할 수 있을 것이다.[52] 또한 우리나라 국민과의 국제결혼이 빈번하게 이루어지고 있는 국가들을 상대로 하여 국제적 아동탈취 문제를 원활하게 해결하기 위한 외교적 노력 또한 기울여야 한다. 특히, 헤이그 국제아동탈취협약에 아직 가입되어 있지 않은 국가들과 면접교섭권 보장이나 아동반환 및 분쟁조정 프로그램의 운영 등을 내용으로 한 협정을 체결할 수 있도록 적극적인 외교적 조치가 모색되어야 할 것이다.

Ⅴ. 결　론

최근, 미국인과 국제결혼을 한 베트남 여배우가 배우자의 동의 없이 자녀를 데리고 본국에 귀환한 행위로 인해 미국 형사법정에 기소된 사건을 두고 미국과 베트남 언론의 관심이 집중된 바 있다.[53] 비슷

52) 이병화, 국제아동탈취의 민사적 측면에 관한 헤이그협약 연구, 법무부, 2009, 164-166면; 미국 국무부 영사사업부 홈페이지, 부모의 국제아동약취·유인, 약취·유인 방지 항목 참조, http://travel.state.gov/content/childabduction/english/preventing.html 참조 (2014년 5월 4일 최종접속).

53) 피고인 Huong Thi Kim Ly는 베트남 국적의 여배우로서 2001년 미국 시민인 Tony Lam과 결혼하여 동년 4월에 딸 Princess Lam을 출산하였고, 2005년 9월에 미국 영주권을 받았다. 2005년 11월에 피고인은 남편 Tony가 자신과 공동

한 시기에 우리나라 대법원은 베트남 여성이 배우자의 동의 없이 자녀를 데리고 친정에 간 행위는 약취에 해당하지 아니한다는 이유로 무죄를 선고하였으나, 재판관 13명 중 5명이라는 적지 않은 수가 반대의견을 표명하였다. 미성년자약취죄와 국외이송약취죄 등을 형법전에 규정했던 당시의 입법자들은 교통과 통신의 발달로 인해 외국과의 교류가 활발해지면서 국제결혼 건수가 늘어나고, 국적을 달리하는 부부

으로 소유하고 있던 가게를 팔기 위해 베트남으로 떠난 사이에 남편에게 알리지 않은 채 딸을 데리고 베트남으로 갔고, 이후 베트남에서 남편을 만나 뉴욕에 돌아가지 않고 딸과 함께 베트남에 있겠다고 말했다. 2006년 4월, 부부는 딸이 12살이 될 때까지 베트남에서 학교에 다니는 동안 피고인이 양육권을 행사하고 여름에는 남편이 딸의 양육권을 행사하기로 합의하였다. 2006년 5월 부부는 양육권 합의서에 서명하기 위해 베트남 법원에 갔으나, 해당서류가 베트남 법을 따르지 않았다는 이유로 베트남 법원은 이를 거부하였다. 그러자 피고인은 자신에게 단독 양육권을 부여하는 합의서에 서명할 것을 남편에게 요청했고, 남편이 이를 거부하자 피고인이 직접 남편의 서명을 대신하였다. 이를 목격한 후 뉴욕에 돌아온 Tony는 뉴욕 주 가정법원에 딸의 양육권을 구하는 서류를 제출하였는바, 뉴욕 주 가정법원은 2006년 6월 19일자 명령으로 Tony에게 단독 양육권을 부여하면서, 피고인에게 딸을 뉴욕에 돌려보낼 것을 지시하였다. 2006년 9월부터 2007년 8월까지 뉴욕 주 가정법원이 발부한 3건의 법원 출석 명령에 응하지 아니하던 피고인은 2008년 5월 영주권 비자 갱신을 위해 미국에 입국한 직후 공항에서 체포되었다. 2008년 6월 5일 기소배심은 피고인을 연방형법 제1204조(a)에서 규정하고 있는 부모의 국제아동약취·유인죄로 기소하였고 2010년 12월 16일 배심원으로부터 유죄평결을 받았다.

이에 피고인은 연방형사소송규칙 제29조에 의한 무죄판결 및 연방형사소송규칙 제33조에 의한 재공판을 신청하였다. 뉴욕 동부 연방지방법원은 피고인이 베트남행 편도 항공권을 구입했던 점, 아이의 아버지에게 베트남으로 간다는 사실을 알리지 않은 점, 피고인이 베트남에서 자신에게 단독 양육권을 부여하는 이혼장을 준비했던 점, 법원의 명령을 받았음에도 불구하고 법정에 출석하지 않은 점 등으로 미루어 볼 때, 합법적인 친권 행사를 방해할 목적을 가지고 행동하였음을 인정할 증거가 충분하다고 보아 무죄판결 신청을 받아들이지 않았다. 그러나 법원이 배심원들에게 부모의 국제아동탈취죄의 항변사유가 되는 "가정폭력"의 정의에 대해 충분히 설명하지 아니하였음을 인정하면서 피고인의 재공판 신청은 받아들여졌다(United States v. Huong Thi Kim Ly, 789 F.Supp.2d 467, 2011). 동 법원의 재공판 인정에 대해 검찰이 항소하였으나, 2013년 1월에 미국 연방 제2순회항소법원이 원심판결을 확인함에 따라, Huong Thi Kim Ly에 대한 재공판이 이루어지게 되었다.

간에 발생한 갈등으로 인해 공동친권자 중 일방이 폭행이나 협박 또는 불법적인 사실상의 힘을 행사하지 않으나 상대방 몰래 임의로 자녀를 데리고 국외로 나가는 상황을 미처 상정하지 못했을 것이다. 물론 법조문이 입법 당시의 정황이나 입법자의 의사만을 추정해서 해석·적용되는 것은 아니며, 사법부는 시대의 변화를 고려하여 적절한 해석을 내놓을 수 있다. 대상판결에서 대법원은 형법이 예정한 범위를 벗어나 가벌성을 확장하려는 시도를 경계하고 있다. 이러한 사법부의 입장은 형법의 보충성 원칙과 엄격한 해석의 원칙에 부합한다고 사료되나, 부모 중 일방이 상대방의 동의나 가정법원의 결정 없이 미성년인 자녀를 데리고 국외로 나가는 행위로 인해 발생하고 있는 문제의 심각성을 고려할 때, 이를 해결할 수 있는 입법적·행정적 조치가 신속하게 마련되어야 할 것이다.

[주 제 어]
미성년자약취죄, 국외이송약취죄, 국제아동탈취, 자녀약취, 헤이그국제아동탈취협약

[Key words]
kidnapping of minor, transporting abductee to foreign country, international child abduction, parental kidnapping, Hague Convention on the Civil Aspects of International Child Abduction

접수일자: 2014. 5. 6. 심사일자: 2014. 6. 12. 게재확정일자: 2014. 6. 20.

[참고문헌]

국내문헌

김성돈, 형법각론, 성균관대학교출판부(SKKUP), 2013.
김일수/서보학, 형법각론, 박영사, 2007.
손동권/김재윤, 형법각론, 율곡출판사, 2013.
배종대, 형법각론, 홍문사, 2013.
법무부 출입국·외국인정책본부, 2012 출입국·외국인정책 통계연보, 2013.
오영근, 형법각론, 박영사, 2009.
이병화, 국제아동탈취의 민사적 측면에 관한 헤이그협약 연구, 법무부, 2009.
이재상, 형법각론, 박영사, 2014.
이형국, 형법각론, 법문사, 2007.
임웅, 형법각론, 법문사, 2005.
정성근/박광민, 형법각론, 성균관대학교출판부(SKKUP), 2013.
정영일, 형법각론, 박영사, 2008.
조규창, 로마형법, 고려대학교 출판부, 1998.

김유경, "다문화가족의 특성 변화와 정책적 함의", 보건·복지 Issue & Focus 제205호, 한국보건사회연구원, 2013.
석광현, "국제아동탈취의 민사적 측면에 관한 헤이그협약과 한국의 가입", 법학 제54권 제2호, 서울대학교 법학연구소, 2013.
오영근, "다문화가정에서 미성년자약취 및 국외이송죄의 문제", 형사법연구 제25권 제3호, 한국형사법학회, 2013.
하태훈, "미성년자약취죄와 국외이송약취죄의 '약취'의 의미: 대법원 2013.6.20. 선고 2010도14328 전원합의체 판결에 대한 평석", 고려법학 제71호, 고려대학교 법학연구원, 2013.

국외문헌

Adlof Schönke/Horst Schröder, Strafgesetzbuch, 28. Auflage, C.H.Beck, 2010.

Helmut Satzger/Bertram Schmitt/Gunter Widmaier, StGB: Strafgesetzbuch Kommentar, Carl Heymanns Verlag, 2009.

Karl Lackner/Kristian Kühl, Strafgesetzbuch, 27. Auflage, C.H.Beck, 2011.

Paul R. Beaumont/Peter E. McEleavy, The Hague Convention on International Child Abduction, Oxford University Press, 1999.

Thomas Fischer, Strafgesetzbuch, 59. Auflage, C.H.Beck, 2012.

Urs Kindhäuser/Ulfrid Neumann/Hans-Ullrich Paeffgen, Strafgesetzbuch, 4. Auflage, Nomos, 2013.

Julia Alanen, "When Human Rights Conflict: Mediating International Parental Kidnapping Disputes Involving the Domestic Violence Defense", 40 University of Miami Inter-American Law Review, University of Miami, 2008.

[Abstract]

Kidnapping of minor and transporting abductee to foreign country by the person with custody rights - International parental kidnapping(child abduction) by Vietnamese mother -

YUN, JEE YOUNG*

Today we live in a global village owing to the development of transportation and communication and almost one of ten couples in Korea are married with a different nationality every year. In addition, divorce cases between international marriage couples are increasing rapidly. As families form and dissolve across international borders, domestic family law does not adequately address the needs of parents and children with ties to multiple legal systems. The international parental child abduction exemplifies these complex issues. When the child has been taken or kept overseas by one of the parents, that child may suffer from linguistic, social and cultural barriers and the left-behind parent may have difficulties in finding or recovering a child. Accordingly, it is necessary that the international parental child abduction should be handled differently considering the differences with child kidnapping within the country.

The international society(Hague Conference on Private International Law) adopted the "Convention on the Civil Aspects of International Child Abduction(Hague Child Abduction Convention)" in 1980 and South Korea acceded to the Hague Child Abduction Convention on December 13, 2012, whereby South Korea became the 89th contracting nation to the convention. However, considerable number of marriage immigrants in

* Ph. D., Researcher, Korean Institute of Criminology.

Korea came from countries such as China, Vietnam and the Philippines and these countries are not party to the Hague Child Abduction Convention. In this respect, the effectiveness of the international civil remedy through the Hague Child Abduction Convention is being questioned.

The Supreme Court of Korea declared the defendant(Vietnamese female marriage immigrant) not guilty on June 30, 2013. The defendant took a 13 month old baby to her native Vietnam without husband's consent and she was charged with kidnapping and transporting kidnapped person to foreign country. In this ruling, there was a fierce theoretical battle between Justices and 5 of 13 Justices wrote a dissenting opinion. As the divorce rate of multi-cultural family is raising, the number of korean parents who suffer from problems related to international child kidnapping by foreign spouses is on the increase. Under these circumstances, this Supreme Court judgement has a significant meaning. This paper reviews this Supreme Court judgement mainly with the established requirements of kidnapping minor and transporting abductee to foreign country.

허위사실적시에 의한 명예훼손죄의 적용에서 전제사실의 미확정으로 인한 문제점 고찰*

이 원 상**

I. 대상판례

[제1심 판결] 서울남부지방법원 2011.11.24. 선고 2011고정2444 판결

- 주 문 -

피고인을 벌금 2,000,000원에 처한다.

피고인이 벌금을 납입하지 않는 경우 50,000원을 1일로 환산한 기간 피고인을 노역장에 유치한다.

벌금 상당액의 가납을 명한다.

* 이 논문은 2013년도 조선대학교 학술연구비의 지원을 받아 연구되었음..

** 조선대학교 법과대학 법학과 조교수.

- 이　유 -

[범죄사실]

피고인은 ○○생명보험 주식회사의 SIU부(보험사기 등 업무를 담당하는 부서)에서 근무하는 사람이다. 피고인은 2009.10.15. 11:30경 남양주시 외부읍 팔당리 '○○○ 장작구이'식당에서 같은 부서에 근무하는 이○○(A), 이○○(B)과 함께 점심을 하던 중, A와 B에게 같은 부서 부장인 피해자 황○○에 관하여 "황 부장의 비리를 알고 있다. 황 부장이 이○○(C) 사건을 처리하면서 돈을 받아 무마해주었고 돈의 일부를 부회장에게 건네주었다. 서○○, 나○○의 사건 담당에게 부장의 지휘를 이용하여 부당하게 조사를 방해하였다."라고 말하고, 계속해서 같은 날 19:10분경 서울 마포구 도화동 중국요리집에서, 같은 날 21:30분경 같은 동 '도화 ○○○○'호프집에서 이○○(A), 이○○(B)에게 같은 내용을 말하였다. 그러나 피고인이 피해자에 관하여 말한 내용은 사실이 아니었다.

이로써 피고인은 공연히 허위사실을 적시하여 피해자의 명예를 훼손하였다.

[증거의 요지]

1. 증인 이○○(A), 이○○(B), 황○○의 각 법정진술
1. 이○○(A)에 대한 경찰 진술조서(이○○(B) 진술부분 포함)

[법령의 적용]

1. 범죄사실에 대한 해당법조
   형법 제307조 제2항(벌금형 선택)
1. 경합범가중
   형법 제37조 전단, 제38조 제1항 제2호, 제50조

1. 노역장유치
   형법 제70조, 제69조 제2항
1. 가납명령
   형사소송법 제334조 제1항

[위법성에 대한 판단]

1. 조직 내 부정이나 비리를 고발하는 내부고발자의 행위는 존중되어야 한다. 그러나 이 사건은 피고인이 직장 상사인 피해자의 부정이나 비리를 공식적인 절차에 따라 고발하거나 그와 관련하여 동료 직원들을 상대로 사실대로 말해달라고 요청한 것이 아니라, 피해자에 대한 개인적인 감정 때문에 식사자리나 술자리에서 피해자의 부정과 비리를 단정적으로 반복해서 언급하는 한편, 동료 직원들의 반박에도 불구하고 심지어 대가를 제시하면서 자신의 의견에 대한 동조를 구하거나 설득하려고 한 것이므로 명예훼손의 고의는 인정된다. 직장 내부의 문제를 직장 동료 직원들에게 언급한 것이라고 해도 타인의 부정과 비리와 같은 민감한 부분을 대상으로 한 피고인의 진술은 전파될 가능성이 농후하고 실제로 전파되어 직장 내에 광범위하게 퍼졌다는 것이므로, 공연성 또한 인정된다.

2. 이 사건과 같은 허위사실 적시 명예훼손 행위에는 위법성 조각에 관한 형법 제310조가 적용될 수 없을 뿐만 아니라(대법원 2006.8.25. 선고 2006도648 판결 등), 피고인이 적시한 사실을 진실한 것으로 믿었고 또 그렇게 믿을 만한 상당한 이유가 있는 경우에 해당한다고 볼 뚜렷한 자료도 없다.

3. 결국 피고인의 행위는 위법한 것으로 평가된다.

[항소심 판결] 서울남부지방법원 2012.11.15. 선고 2011노1718

- 주 문 -

원심판결을 파기한다.

피고인은 무죄.

- 이 유 -

1. 항소이유의 요지

피해자 황○○이 보험사기 사건의 조사를 방해한 것은 사실이고, 피고인은 이○○(A), 이○○(B)에게 이에 대한 특별조사가 실시되면 사실대로 진술하여 달라고 말하였을 뿐 피해자가 돈을 받고 보험사기 사건을 무마해주었다고 말한 바 없으며, 더구나 피고인이 대표이사에게 위와 같은 보험사기 사건에 대한 의혹을 직접 보고하여 회사 차원에서 특별조사팀을 구성하여 진상조사를 할 계획이었으므로 명예훼손의 고의가 없었다. 또한 피고인의 이야기가 전파될 가능성이 있다고 생각하여 말한 것이 아닐 뿐 아니라 실제로 피고인의 이야기 때문에 피해자에 대한 비리 의혹이 전파된 것도 아니다. 그럼에도 원심은 피고인이 이○○(A), 이○○(B)에게 공소사실 기재와 같이 허위의 사실을 말함으로써 피해자의 명예를 훼손하였다고 판단하여 유죄판결을 선고하였으니, 원심판결에는 사실오인의 위법이 있다.

2. 공소사실 및 원심의 판단

가. 공소사실

피고인은 ○○생명보험 주식회사의 SIU부(보험사기 등 업무를 담당하는 부서)에서 근무하는 사람이다. 피고인은 2009.10.15. 11:30경 남양주시 외부읍 팔당리 '○○○ 장작구이' 식당에서 같은 부서에 근무하는 이○○(A), 이○○(B)과 함께 점심을 하던 중, 이○○(A)와 이○○(B)에게 같은 부서 부장인 피해자 황○○에 관하여 "황 부장의 비리를 알고 있다. 황 부장이 이○○(C) 사건을 처리하면서 돈을 받아 무마해주었고 돈의 일부를 부회장에게 건네주었다. 서○○, 나○○의 사건 담당에게 부장의 지휘를 이용하여 부당하게 조사를 방해하였다."라고 말하고, 계속해서 같은 날 19:10분경 서울 마포구 도화동 중국요리집에서, 같은 날 21:30분경 같은 동 '도화 ○○○○'호프집에서 이○○(A), 이○○(B)에게 같은 내용을 말하였다. 그러나 피고인이 피해자에 관하여 말한 내용은 사실이 아니었다.

이로써 피고인은 공연히 허위사실을 적시하여 피해자의 명예를 훼손하였다.

나. 원심의 판단

이에 대하여 원심은, 원심 증인 이○○(A), 이○○(B), 황○○의 각 법정진술과 이○○(A)에 대한 경찰 진술조서(이○○(B))를 근거로 위 공소사실을 유죄로 인정하여 피고인에게 벌금 200만원을 선고하였다.

3. 당심의 판단

허위사실 적시에 의한 명예훼손죄가 성립하려면 그 적시하는 사실이 허위이어야 할 뿐 아니라, 피고인이 그와 같은 사실을 적시할 때에 적시사실이 허위임을 인식하여야 하고, 이러한 허위의 점에 대한 인식 즉 범의에 대한 입증책임은 검사에게 있다(대법원 2010.20.28. 선고 2009도4949 판결 등 참조).

원심에서 적법하게 채택하여 조사한 증거들에 의하면, ○○생명보험 주식회사의 직원인 이○○(C), 서○○, 나○○이 자신 또는 배우자에 대한 보험사고발생을 원인으로 위 회사로부터 보험금을 수령하였는데, 보험금이 부당하게 지급되었다는 의혹이 제기되어 황○○이 부장으로 있는 SIU부에서 보험금의 부당 지급 여부를 조사한 사실, 황○○은 이○○(C)의 배우자인 정○○에게 부당하게 과다한 보험금이 지급된 것을 확인하고 지급된 보험금 가운데 일부를 환급받은 사실, 이에 대하여 피고인은 2009.9.경 위 회사 대표이사에게 이메일로 위와 같이 의혹이 제기된 보험금의 지급심사 및 환급 과정에서 내부 직원들의 비리가 있는 것으로 보인다는 취지의 제보를 하고, 그 무렵 대표이사와 만나 위와 같은 내용을 보고하여 이와 관련된 진상조사를 할 특별조사팀이 구성될 예정이었던 사실, 피고인은 2009.10.15. 공소사실 기재와 같이 이○○(A), 이○○(B)에게 '황○○이 이○○(C) 사건을 처리하면서 돈을 받았고, 서○○, 나○○ 사건의 조사를 부당하게 방해하였다'는 취지로 주장하면서 자신의 의견에 동조할 것을 요구하였고, 이○○(A), 이○○(B)은 이에 대하여 반박한 사실, 그 후 실제로 회사 차원에서 특별조사팀이 구성되어 SIU 부원들을 비롯한 직원들에 대한 조사가 이루어졌으나, 명시적으로 보험금 지급 및 환급 과정에서의 비리 내지 부당한 업무처리로 인한 징계 등의 조치가 취해지지는 않은 사실을 인정할 수 있다.

살피건대, 피고인이 확인되지 않은 황○○의 비리 사실을 대표이사에게 보고한 것에 그친 것이 아니라 동료 직원인 이○○(A), 이○○(B)에게 단정적으로 반복하여 언급함으로써 이○○(A), 이○○(B)로부터 다른 직원들에게까지 그 내용이 전파되어 그 진위 여부와 관계없이 황○○에 대한 사회적 평가가 저하되었을 것으로 보이고, 차후에 그 내용이 허위로 밝혀지더라도 위와 같이 저하된 평가가 회복되기는 상당히 어려운 점을 고려하면 피고인이 공소사실 기재와 같이 행동한 것은 적절하지 못한 것으로 보이기는 하나, 피고인이 이○○(C), 서○○, 나○○의 보험금 지급 및 환급 과정에서 내부 직원의 비리가 있다는 의심을 가지고 대표이사에게 이를 제보하여 특별조사팀이 구성될 예정이었고, 피고인은 그러한 시점에서 동료 직원이자 위 보험금 지급 과정에서의 문제점을 조사한 이○○(A), 이○○(B)을 만나 자신이 가진 의혹을 강하게 제기하였던 점, 이 사건 이후 실제로 특별조사팀이 구성되어 피고인이 제기한 문제에 대한 조사가 이루어진 점 등을 고려하면, 검사가 제출한 증거들만으로는 피고인이 이○○(A), 이○○(B)에게 이야기한 내용이 허위임을 인식하고 있었다고 단정하기 어렵고, 달리 이를 인정할 만한 증거가 없다.

따라서 피고인의 사실오인 주장은 이유 있다.

4. 결 론

그렇다면, 피고인의 사실오인 주장은 이유 있으므로 형사소송법 제364조 제6항에 의하여 원심판결을 파기하고 변론을 거쳐 다시 다음과 같이 판결한다.

이 사건 공소사실의 요지는 위 제2의 가.항 기재와 같은바, 이는 위 제3항에서 본 바와 같이 범죄사실의 증명이 없는 때에 해당하므로, 형사소송법 제325조 후단에 따라 피고인에게 무죄를 선고하기로 하여 주문과 같이 판결한다.

[대법원 판결] 대법원 2013.5.9. 선고 2012도15345 판결

- 주 문 -

상고를 기각한다.

- 이 유 -

상고이유를 판단한다.

1. 형법 제307조 제2항의 허위사실 적시에 의한 명예훼손죄가 성

립하려면 그 적시하는 사실이 허위이어야 할 뿐 아니라, 피고인이 그와 같은 사실을 적시함에 있어 적시 사실이 허위임을 인식하여야 하고, 이러한 허위의 점에 대한 인식 즉 범의에 대한 입증책임은 검사에게 있다(대법원 2010.10.28. 선고 2009도4949 판결 등 참조).

원심은, 피고인이 회사 직원인 이○○(C) 등에 대한 보험금 지급 및 환급 과정 등과 관련하여 확인되지 않은 황○○의 비리 사실을 회사 대표이사에게 보고한 것에 그치지 아니하고 동료직원인 이○○(A), 이○○(B)에게 단정적으로 반복하여 언급하여 그 내용이 다른 직원들에게 전파됨으로써 그 진위 여부와 관계없이 황○○에 대한 사회적 평가가 저하되었을 것으로 보이기는 하나, ① 피고인이 이○○(C) 등에 대한 보험금의 지급 및 환급 과정에서 내부 직원의 비리가 있다는 의심을 가지고 회사 대표이사에게 이를 제보하여 특별조사팀이 구성될 예정이었던 점, ② 피고인은 그러한 시점에서 보험금 지급 과정의 문제점을 조사하였던 이○○(A), 이○○(B)을 만나 자신이 가진 의혹을 강하게 제기하였던 점, ③ 그 이후 실제로 특별조사팀이 구성되어 피고인이 제기한 문제에 대한 조사가 이루어진 점 등을 고려하면, 피고인이 이○○(A), 이○○(B)에게 언급한 황○○의 비리 사실이 허위임을 인식하고 있었다고 단정하기 어렵고 달리 이를 인정할 만한 증거가 없다는 이유로, 이 사건 공소사실에 대하여 유죄를 선고한 제1심 판결을 파기하고 피고인에게 무죄를 선고하였다.

앞서 본 법리와 기록에 비추어 살펴보면, 원심의 위와 같은 판단은 정당한 것으로 수긍할 수 있고, 거기에 명예훼손죄의 허위성 인식에 관한 법리를 오해하는 등의 위법이 없다.

2. 한편, 검사는 상고이유로서, 제1심 증인들의 증언 등에 비추어 보면 피고인에게 충분히 유죄가 인정됨에도 원심은 무죄를 선고하였는바, 제1심 증인들이 한 진술의 신빙성 유무에 관한 제1심의 판단이 명백히 잘못되었다거나 그 진술의 신빙성 유무에 관한 제1심의 판단을 그대로 유지하는 것이 현저히 부당하다고 볼 만한 특별한 사정이

없음에도 원심이 무죄를 선고한 것은 공판중심주의와 직접심리주의 원칙을 위반한 것이라고 주장한다.

그러나 검사의 위 주장과 기록만으로는 원심이 제1심 증인들이 한 진술 중 어느 진술의 신빙성에 관하여 제1심과 판단을 달리하였다는 취지인지 알 수가 없다. 위 주장은 제1심 증인들의 진술만으로도 이 사건 공소사실에 대한 입증이 충분한데도 원심이 이와 달리 그 증인들의 진술만으로는 입증이 부족하다고 보아 피고인에게 무죄를 선고한 것은 부당하다는 취지로 이해할 수 있을 뿐이다.

한편, 원심판결 이유를 제1심판결 이유에비추어 살펴보면, 원심은 제1심과 마찬가지로 증인 이○○(A), 이○○(B)의 각 법정 진술을 토대로 피고인이 이○○(A), 이○○(B)에게 황○○의 부정과 비리를 단정적으로 반복해서 언급하였다는 등의 사실을 인정하면서도, 위 증인들의 각 법정 진술에 따라 인정되는 사실과는 별개의 사실관계, 즉 앞서 본 바와 같이 피고인이 보험금의 지급 및 환급 과정에서 내부 직원의 비리가 있다는 의심을 가지고 내부 직원의 비리를 회사 대표이사에게 제보하였고, 그에 따라 회사에 특별조사팀이 구성되어 조사가 이루어진 점 등을 고려하면, 증인 이○○(A), 이○○(B)의 각 법정 진술에 따라 인정되는 사실만으로는 이 사건 공소사실을 유죄로 인정할 수 없다는 취지로 판단한 것이므로, 거기에 위 상고이유 주장과 같이 원심이 제1심 증인들이 한 진술의 신빙성 유무에 관하여 특별한 사정이 없이 제1심과 판단을 달리함으로써 공판중심주의 및 직접심리주의를 위반하여 판결에 영향을 미친 위법이 있다고 할 수 없다.

3. 결　　론

그러므로 상고를 기각하기로 하여 관여 대법관의 일치된 의견으로 주문과 같이 판결한다.

II. 문제제기

본 사건의 사실관계를 정리해 보면 다음과 같다. SIU(보험사기 등 업무를 담당하는 부서)에 소속되어 있는 피고인이 같은 부서 동료인 이○○(A)와 이○○(B)에게 같은 부서 부장인 황○○가 내부 직원인 이○○(C), 서○○, 나○○이 보험금을 부당하게 지급받은 사안을 조사하는 가운데 이○○(C)으로 부터 사건 무마비조로 돈을 받았고, 일부는 부회장에게 건네주었다는 전제사실이 존재한다는 사실을 적시하였다. 따라서 본 사안에 대해 검사는 해당 전제사실을 허위로 판단하여 형법 제307조 제2항을 적용하여 기소를 하였다. 이에 대해 제1심 법원은 전제사실을 허위로 판단하여 허위사실적시에 의한 명예훼손죄가 적용되고, 그러므로 제310조의 위법성조각사유는 당연히 적용되지 않으며, 사실을 오인할 상당한 이유도 없기 때문에 허위사실적시에 의한 명예훼손죄가 유죄라고 판결하였다. 그러나 항소심 법원은 피고인이 해당 전제사실에 대한 사실오인 가능성이 이유가 있다는 근거로 원심을 파기하고 무죄를 선고하였다. 이에 대해 검사가 상고를 하였고, 대법원은 항소심의 법리에 위법이 없다고 확인하며 검찰의 상고를 기각하고 무죄를 확정하였다.

어떻게 보면 본 판례는 매우 단순할 수 있지만, 실무에서 명예훼손죄와 관련해서 적용하고 있는 메커니즘을 다시금 확인할 수 있는 판례라고 생각된다. 이처럼 실무에서 명예훼손죄에 대해 적용하고 있는 메커니즘에 대해 크게 두 가지 관점에서 의문점을 제기할 수 있다. 하나는 전제사실이 확정되지 않은 사안에 대해 허위사실적시에 의한 명예훼손죄를 적용하는 것이 적절한지에 대한 것이다. 허위사실적시에 의한 명예훼손죄에서는 허위사실이 구성요건요소로 되어 있기 때문에 전제사실이 허위사실임이 판명되는 경우에만 동 규정이 적용될 수 있다. 그 후에 비로소 전제사실이 허위사실이었음에도 행위자가 진실로 오인하고 허위사실을 적시하였을 경우 착오에 대한 문제로 해결하면 된다.[1] 그런데 전제사실이 진실인지 허위사실인지 판명되지 않는 경우 이를 제307조 제1항의 문제로 볼 것인지, 동조 제2항의 문제로 볼 것인지가 문제가 된다. 본 사안에 대한 항소심과 대법원 견해를 살펴보면 전제사실이 진실인지 허위사실인지 판명되지 않은 상황으로 보임에도 불구하고 이를 제307조 제2항의 문제로 해결하고 있다. 그런데 현행 명예훼손 관련 조문의 구조를 볼 때 해당 사안을 과연 제307조 제2항의 문제로 해결해야 하는지가 의문이 든다.

다른 하나는 앞서 언급한 바와 같이 전제사실의 진위여부가 불분명한 가운데 법원이 사실오인의 문제로 제307조 제2항을 적용하여 유·무죄 판결을 내리게 되면 전제사실이 확정되는 효과가 발생할 수 있다는 것이다. 이는 제307조 제2항이 '허위사실'이라고 못 박고 있기 때문에 법원이 피고인에 대해 동 조문을 적용하여 유죄를 선고하면 전제사실은 허위가 아닌 사실이 되며, 무죄를 선고하면 전제사실은 허위사실이 된다. 그러므로 법원이 전제사실의 허위여부를 판단하지 않은 가운데 피고인이 진실이었다고 오인할 만한 충분한 이유가 있기 때문에 무죄라는 선고를 내리게 되면, 전제사실은 허위가 아닌 사실이 되는 효과가 발생한다는 것이다. 따라서 법원은 우선적으로 전제사실의 진위여부를 밝혀야 한다.

이와 같은 의문점을 해소하기 위해 본 논문에서는 우선 우리의 현행 명예에 관한 죄의 내용 및 적용구조에 대해 살펴보고 본 사안에서 의문점이 제기될 수 있는 진위가 밝혀지지 않은 사실을 어떻게 해결해야 할지, 전제사실 확정의 효과를 없애기 위해서는 어떻게 해야 할지에 대해 고찰해보고자 한다.

1) 김성돈, 형법각론(제3판), 2013, 212면.

III. 형법상 명예에 관한 죄의 이해

1. 현행법상 명예와 관련된 법규들

우리 형법에서 명예훼손과 관련된 규정은 형법 제33장에 규정되어 있다. 제307조 제1항은 사실적시에 의한 명예훼손을 처벌하고 있으며, 그에 대한 가중요건으로 동조 제2항에서는 허위사실적시에 의한 명예훼손을 처벌하고 있다. 다만, 사실적시에 의한 명예훼손죄의 경우 제310조의 개별적 위법성조각사유에 의해 위법성이 조각될 수 있다. 또한 비방의 목적과 함께 출판물 등을 이용하는 경우에는 제309조 제1항이 적용되어 가중처벌 되며, 허위사실인 경우에는 보다 높은 형량이 규정되어 있다. 그리고 비록 정보통신망 이용촉진 및 정보보호 등에 관한 법률(이하 '정보통신망법' 이라고 함) 제70조에 규정되어 있지만, 형법 제309조와 궤를 같이 하여 비방의 목적을 가지고 정보통신망을 통할 경우 가중처벌 될 수 있다. 다만, 정보통신망법 제70조(소위 '사이버 명예훼손죄')의 경우 출판물 등에 의한 명예훼손죄보다 벌금형이 높게 규정되어 있다. 이와 함께 독자적인 변형구성요건으로서 공연히 사람을 모욕한 경우에는 제311조의 모욕죄가 적용되며 허위의 사실을 적시하여 사자의 명예를 훼손하는 경우에는 제308조가 적용된다. 또한 소송법적으로 제311조의 모욕죄와 제308조의 사자의 명예훼손죄는 친고죄이며, 제307조와 제309조, 정보통신망법 제70조는 반의사불벌죄에 속한다.[2)]

하지만 명예훼손과 관련해서는 공직선거법이나 교육공무원법에도 유사한 규정이 있다. 공직선거법 제251조에서는 당선되거나 되게 하거나 되지 못하게 할 목적으로 연설·방송·신문·통신·잡지·벽보·선전문서 기타의 방법으로 공연히 사실을 적시하여 후보자(후보자가 되고자 하는자 포함), 그의 배우자 또는 직계존·비속이나 형제자매를 비방

2) 이원상, "허위사실유포 관련 범죄에 대한 고찰", 형사정책연구 제24권 제3호, 한국형사정책연구원, 2013, 70면.

한 자를 3년 이하의 징역 또는 500만원 이하의 벌금으로 처벌하고 있으며, 다만, 적시한 사실이 진실이고 공공의 이익에 관한 때는 처벌하지 않도록 규정하고 있다. 또한 교육공무원법에서도 대학의 장 후보자 선거와 관련하여 연설·벽보 및 그 밖의 방법으로 거짓 사실을 공표하거나 공공연하게 구체적인 사실을 드러내서 후보자를 비방하는 경우 500만원 이상 3천만원 이하의 벌금에 처하도록 하고 있으며, 진실한 사실로서 공공의 이익을 위한 경우에는 처벌하지 않도록 하고 있다. 이들 개별법률들을 보면 선거라는 특수한 상황과 관련이 되어 있어 형법 규정과 경합하는 경우 우선적으로 적용될 수 있지만, 설사 해당 규정이 적용되지 않는다고 하더라도 형법상의 명예훼손죄나 모욕죄가 적용될 수 있다.

2. 모욕죄의 적용구조

공연히 타인의 명예를 훼손하는 발화행위가 있을 경우 모두가 명예훼손죄가 적용되는 것은 아니다. 경우에 따라서는 모욕죄가 적용될 수 있기 때문이다. 우리나라의 통설적 견해는 명예훼손이나 모욕죄의[3] 보호법익을 외적 명예로 보고 있다.[4] 이에 반해 소수설은 모욕죄의 보호법익은 명예감정이라고 한다. 그에 따르면 객관적 기준이 없게 되고, 어린이나 법인 등의 모욕죄가 성립될 수 없게 된다는 비판이 제기된다.[5] 더구나 소수설에 따르면 발화행위자와 피해자 단둘이 있는 상황에서 피해자에게 모욕하는 경우에도 공연성과 관계없이 모욕죄로

3) 모욕죄의 보호법익을 명예감정이라고 보는 견해도 있다; 유기천, 형법학(각론강의 상), 1982, 138면.

4) 배종대, 형법각론(제8전정판), 2013, 50/5; 이재상, 형법각론(제9판), 2013, 12/4; 정성근/박광민, 형법각론(전정판), 2013, 228면; 임웅, 형법각론(제2판), 2005, 192면; 박상기, 형법각론(제7판), 2008, 177면 이하; ;이에 반해 주관적 명예를 배제한 인간의 내적·외적 가치를 포함하는 것으로 파악하는 견해도 있으며(김일수/서보학, 형법각론(새로쓴 제7판), 2007, 189면), 순수한 규범적 명예개념으로 이해하기도 한다(이정원, 형법각론(제3판), 1999, 206면).

5) 정성근/박광민, 앞의 책, 228면.

처벌될 수 있게 되는데, 이는 모욕죄가 공연성을 그 구성요건으로 하고 있는 것과는 조화될 수 없는 문제점이 발생한다.[6] 그러므로 다수설의 견해에 따르면 발화행위자의 발화행위가 타인의 외적 명예를 사실의 적시를 통해서 침해하였는지, 아니면 추상적 판단 또는 경멸적 감정 표현으로 침해를 하는지에 따라 명예훼손죄로 처벌될지, 또는 모욕죄로 처벌될지가 결정된다.[7] 이 때 모욕죄가 명예훼손죄와 구성요건이 경합하는 경우에는 법조경합에 따라 명예훼손죄만 적용되지만,[8] 제310조에 따라 명예훼손죄가 되지 않는 경우 모욕죄가 성립할 수 있는지에 대해서는 긍정설과 부정설이 나뉘고 있다.[9]

모욕죄의 구성요건에서는 명예훼손죄와 같이 '공연성'의 개념을 요구하는데, 이 때 공연성이란 반드시 피해자의 면전일 필요는 없으며,[10] '불특정 또는 다수인이 인식할 수 있는 상태'면 된다.[11] 여기서 불특정이란 특수 관계에 따라 한정되어 있는 범위에 속하지 않는 것을 의미하며, 다수인이란 한정된 숫자는 아니지만 적어도 상당한 수에 이르는 것을 말한다.[12] 또한 '인식할 수 있는 상태'란 불특정 또는 다수인이 현실적으로 인식하지는 못했더라도 직접인식 할 수 있는 정도에는 이르러야 한다는 직접인식가능성설과 전파될 가능성만 있어도 충분하다는 판례의 '전파성이론'[13]이 대립하고 있다.

그러나 명예훼손죄도 마찬가지이지만, 모욕죄에서도 해당 표현이 모욕죄에 해당하는지 여부를 발화행위당시에 판단하기가 쉽지 않다. 이는 우리나라의 표현이 매우 다양할 뿐 아니라 똑같은 표현이라고 하더라도 상황에 따라 다르게 평가될 수 있기 때문이다. 예를 들어,

---

6) 배종대, 앞의 책, 50/2 이하.
7) 대법원 1987.5.2. 87도739.
8) 배종대, 앞의 책, 291면.
9) 정성근/박광민, 앞의 책, 230면.
10) 정성근/박광민, 앞의 책, 228면.
11) 배종대, 앞의 책, 51/3; 김성돈, 앞의 책, 201면.
12) 위와 동일.
13) 이에 대한 비판으로 배종대, 앞의 책, 51/5 이하 참조.

우리 판례는 "도둑놈", "죽일 놈", "망할년" 등의 표현은 모욕죄가 된다고 보고 있다. 하지만 상황에 따라서는 똑같은 표현이라고 하더라도 모욕죄가 되지 않을 수도 있다. 또한 한 때 유행했던 "검사스럽다", "놈현스럽다" 또는 "창스럽다" 등과 같은 표현도 모욕행위로 볼 수 있다는 견해도 있는 반면에,[14] 이에 대해 회의적인 견해도 있다.[15] 따라서 결국 발화행위에 따른 표현이 모욕이 되는지 여부는 법원의 판단이 나와 봐야 할 수 있게 된다.

3. 명예훼손죄의 적용구조

(1) 명예훼손죄의 구조

명예훼손죄는 발화행위자가 전제사실(일반적으로는 진실 또는 허위사실)의 적시를 통해 타인의 외적 명예를 침해하는 범죄이다. 다만, 비교법적으로 볼 때, 단순히 사실을 적시하는 경우에도 명예훼손으로 처벌할 수 있는 규정을 두고 있는 국가로는 일본과 우리나라가 있으며, 독일이나 오스트리아 등과 같은 국가들은 명예훼손죄와 관련된 규정들을 두고 있지만, 그에 해당하는 행위유형을 매우 좁게 파악하고 있다.[16] 또한 미국과 같은 경우 일부 주에서는 명예훼손죄에 대한 형사처벌규정을 두고 있지만, 주로 민사상 손해배상을 통해 관련 문제를 해결하고 있다.[17]

이 때 침해되는 명예는 과연 무엇인지가 문제가 될 수 있다. 일부에서는 명예를 '각 사람이 인간의 존엄과 사회적·윤리적 생활의 기초 위에서 마땅히 향유해야 할 인격적 가치'나 '사람이 사회생활에서 가지는 가치', '독립된 인격체로서 인정되는 가치' 등과 같이 '가치'적인

14) 김상호, "형법상 모욕과 비방", 저스티스 제103호, 한국법학원, 2008, 59면.
15) 이원상, "'사이버'개념을 통한 사이버 모욕죄의 고찰과 대안", 형사정책 제20권 제2호, 2008, 262면 각주 37) 참조.
16) 이원상, 앞의 글, 70면 이하.
17) 정신교, "사이버명예훼손의 표현의 한계와 입법론적 개선방안", 법학연구 제46권, 한국법학회, 2012, 301면.

측면에서 정의하기도 하며, '사람의 인격에 대한 사회의 평가'와 같이 '평가'적인 측면에서 정의하기도 한다.[18] 하지만 우리나라 대법원은 명예를 '사람에 대한 사회적 평가'로 보고 있는 것에 반하여 일본 최고재판소는 '사회적 생활에서 사람이 가지는 지위 또는 가치'로, 독일에서는 '인간의 존엄성에 대한 내면적 가치', '인격에 대해 외부적으로 주어지는 명예나 사회적 평가', '주관적 사정으로서의 명예감정', '인격에 대한 존중요구', '인격의 독립성을 가능하게 해주는 사회적 승인관계'등으로 파악하고 있다.[19]

현행 명예훼손죄의 적용과정을 살펴보면, 먼저 우리 형법 제307조 제1항의 사실적시에 의한 명예훼손죄에서는 '공연성'과 '사실의 적시'라는 구성요건표지의 해석에 따라 사실적시에 의한 명예훼손죄의 구성요건해당성 여부가 결정될 수 있다. 우리 통설과 판례는 공연성을 불특정 다수인이 인식할 수 있는 상태를 의미하는 것으로 보고 있으며, 판례는 더 나아가 전파성이론에 따라 공연성을 판단하고 있다.[20] 또한 사실의 적시란 개인의 인격적 가치에 대한 사회적 평가를 저하시킬 수 있는 현실적으로 발생·증명할 수 있는 과거·현재의 상태를 외부에 표시 또는 전달하는 것이다.[21] 다만, 우리 형법은 비록 타인의 명예와 관련된 사실을 적시하는 것이 명예훼손죄의 구성요건에는 해당하지만, 그는 헌법상 표현의 자유나 국민의 알 권리 등과 같은 기본권을 침해할 수 있기 때문에 제310조에 개별적 위법성조각사유를 두어 절충하고 있다.[22] 그러므로 적시한 사실이 진실이고, 공익을 위한 경우에 해당하는지 여부는 구체적 사안에 따라 해석하는 방법으로 해결하고 있다.[23] 그뿐 아니라 제312조 제2항에서는 명예훼손죄를 반의

18) 김일수, "명예훼손죄를 어떻게 이해할 것인가?", 안암법학 창간호, 안암법학회, 1993, 282면.
19) 김일수, 앞의 글, 283면.
20) 김성돈, 앞의 책, 201면 이하.
21) 김성돈, 앞의 책, 203면 이하.
22) 김성돈, 앞의 책, 207면 이하.
23) 주승희, 인터넷상 명예훼손죄의 비범죄화 주장 검토, 형사법연구 제25호, 293

사불벌죄로 규정하고 있어 비록 명예훼손죄가 된다고 하더라도 피해자가 처벌을 원치 않는다는 의사표시를 하거나 처벌의 의사표시를 철회한다면 공소가 제기되지 않거나 공소기각 판결이 선고된다.

또한 명예훼손죄는 발화행위의 수단이 무엇인지에 따라 가중 처벌된다. 다만, 행위수난의 특성에 따라 추가적인 구성요건이 요구된다. 출판물 등에 의한 명예훼손죄(동법 제309조 제1항)에 따르면, '비방의 목적'이라는 초과주관적 불법요소와 함께 신문이나 잡지 등과 같이 전파성이 높은 경우 불법이 가중된다.[24] 이는 신문·잡지 등이 전파성이 강하고 명예훼손의 위험성이 매우 높기 때문이다.[25] 다만 '비방의 목적'이 없을 경우에는 제309조의 적용이 문제가 되는 것이 아니라 다시금 제307조의 문제로 돌아가게 된다.[26] 또한 행위수단이 신문, 잡지 또는 라디오 기타 출판물에 해당하지 않는 경우에도 제307조가 적용될 수 있다.[27] 이는 제307조에서 사실을 적시하는 방법에는 제한을 두고 있지 않기 때문에 언어나 문서·도화·신문·잡지·라디오·기타 출판물 등 모든 행위수단이 포함되기 때문이다.[28]

형법에서의 이런 구조는 사이버 공간이라는 독특한 공간속에서 다시금 가중된다. 명예훼손죄의 가중적 처벌규정인 정보통신망법 제70조의 소위 '사이버 명예훼손죄'는 형법 제309조에 있는 출판물 등에 의한 명예훼손죄와 불법성은 유사하지만, 그 유형이 다소 차이가 나기 때문이다. 대표적인 유형을 살펴보면 a)공적인 홈페이지의 게시판 등에 타인에 대한 사실 및 허위사실을 적시하는 행위가 있으며, b)개인

면.

24) 다만, 초과주관적 불법요소인 비방의 목적이 명확히 무엇인지에 대해서는 여전히 불분명한 부분이 있는데, 이에 대한 비판적 견해로는 최준혁, "출판물에 의한 명예훼손죄의 해석론 - 가중처벌요소와 공범을 중심으로", 형사정책 제25권 제3호, 2013, 88면 이하.

25) 배종대, 앞의 책, 52/3.

26) 안성조, "SNS를 이용한 명예훼손의 법리적 검토", 형사정책 제25권 제3호, 2013, 116면.

27) 정성근/박광민, 앞의 책, 226면 이하.

28) 배종대, 앞의 책, 51/14.

이 자신의 홈페이지나 블로그, 트위터, 페이스북, 카카오톡 및 라인과 같은 SNS를 통해 타인의 사실 및 허위사실을 적시하는 경우, c)개인이 명예훼손에 관한 글을 링크하거나 '퍼오는 행위'를 하는 경우, d)서로 의사연락이 없는 개인들이 특정 개인의 홈페이지 및 블로그, SNS 서비스 등을 통해 명예훼손적인 글을 쓰는 것 등이 있다. 다만, 사이버 명예훼손죄에서도 '비방의 목적'을 추가적인 구성요건 표지로 삼고 있다. 따라서 정보통신망법 제70조는 형법 제309조와 유사한 구조를 가지고 있으며, 제309조의 행위수단인 신문·잡지 또는 라디오 기타 출판물이 '정보통신망'이라는 매체로 대체되어 있을 뿐이고, 단지 그 행위유형이 사이버공간에 적합한 것이라고 할 수 있다. 다만, 형량을 살펴보면 벌금의 액수가 출판물 등에 의한 명예훼손죄 보다는 높게 규정되어 있다. 그러므로 사이버 명예훼손죄에서 '사이버'의 개념은 행위수단을 의미하고 있는 하고 있으며, 동시에 불법성을 높이는 효과를 내고 있다.29)

〈표 1〉 사실의 적시에 따른 명예훼손죄의 구조30)

<table>
<tr><th>발화행위</th><th>적시 수단</th><th>주관적 요건</th><th>적용조문</th><th>위법성 조각사유</th><th>공소 조건</th><th>비고</th></tr>
<tr><td rowspan="3">구체적인 사실의 적시</td><td>일반적인 경우</td><td>고의</td><td>제307조 제1항</td><td>제310조 총론상 위법성 조각사유</td><td rowspan="3">반의사불벌죄</td><td></td></tr>
<tr><td>출판물 등</td><td>고의/비방의 목적</td><td>제309조 제1항</td><td rowspan="2">총론상 위법성 조각사유</td><td rowspan="2">적시수단/비방의 목적 불충족시 제307조 제1항 적용</td></tr>
<tr><td>정보통신망</td><td>고의/비방의 목적</td><td>정보통신망법 제70조 제1항</td></tr>
</table>

29) 이원상, 앞의 글, 259면.
30) 이원상, 앞의 글, 71면(변형).

그런데 제309조 제1항의 출판물 등에 의한 명예훼손죄나 정보통신망법 제70조 제1항의 사이버 명예훼손죄의 경우에도 그 적시수단이나 비방의 목적이 입증되지 않을 수도 있다. 그러므로 그와 같은 경우에는 다시금 제307조 제1항이 적용될 수 있다.

그와 함께 형법 제307조 제2항에 따라 적시한 사실이 허위일 경우에는 가중 처벌하는 규정을 두고 있으며, 제309조 제2항에서도 동일하게 적시한 사실이 허위의 사실인 경우에는 그 형량이 7년 이하의 징역, 10년 이하의 자격정지 또는 1,500만원 이하의 벌금으로 가중처벌하고 있고, 정보통신망법 제70조 제2항에서도 7년 이하의 징역, 10년 이하의 자격정지 또는 5천만원 이하의 벌금을 규정해 놓고 있다. 다만, 이 때 허위여부를 판단함에 있어 과장된 사실이나 객관적 진실과 다소 차이가 나는 사실, 일부정도가 허위에 해당하는 사실을 적시한 경우는 허위사실 적시에 해당하지 않게 된다.[31]

〈표 2〉 허위사실의 적시에 따른 명예훼손죄의 구조[32]

<table>
<tr><th>발화행위</th><th>적시 수단</th><th>주관적 요건</th><th>적용 조문</th><th>위법성 조각사유</th><th>공소 조건</th><th>비고</th></tr>
<tr><td rowspan="3">구체적인 허위사실의 적시</td><td>일반적인 경우</td><td>고의</td><td>제307조 제2항</td><td rowspan="3">총론상 위법성 조각사유</td><td rowspan="3">반의사불벌죄</td><td></td></tr>
<tr><td>출판물 등</td><td>고의/비방의 목적</td><td>제309조 제2항</td><td rowspan="2">적시수단/비방의 목적 불충족시 제307조 제2항 적용</td></tr>
<tr><td>정보 통신망</td><td>고의/비방의 목적</td><td>정보통신망법 제70조 제2항</td></tr>
</table>

31) 김성돈, 앞의 책, 213면.
32) 이원상, 앞의 글, 73면(변형).

(2) 허위사실에 대한 입증책임 전환

허위사실 적시에 의한 명예훼손죄의 주안점은 전제사실의 허위성 여부에 있다. 이는 허위사실 적시에 의한 명예훼손죄에서 허위사실 여부는 구성요건요소이기 때문에 전제사실이 허위가 아닌 경우 사실의 적시에 의한 명예훼손죄가 성립할 수 있을 뿐이고, 허위사실 적시에 의한 명예훼손죄는 적용될 수 없기 때문이다. 그러나 전제사실의 허위사실 여부가 명확한 경우에는 문제될 것이 없지만 불명확한 경우나 애매한 경우도 많다고 할 수 있다. 더구나 허위와 진실은 그 개념자체가 가지고 있는 모호함 뿐 아니라 어느 정도의 과장이나 허위의 내용이 포함되는 경우가 있더라도 진실이라고 할 수 있는 경우도 있고, 허위라고 판단했던 것이 추후에 진실로 밝혀질 수도 있기 때문에 객관적이고 구체적인 기준에 따라 구별하는 것은 매우 어려운 일이다.[33] 그렇다고 하더라도 이에 대한 입증책임은 당연히 검사에게 있고 검사의 입증이 부족할 경우에는 동조 제1항이 적용될 수 있을 뿐이다.[34]

그런데 우리 판례를 보면 "... 그런데 위 증명책임을 다하였는지 여부를 결정함에 있어서는, 어느 사실이 적극적으로 존재한다는 것의 증명은 물론, 그 사실의 부존재의 증명이라도 특정 기간과 특정 장소에서의 특정행위의 부존재에 관한 것이라면 적극적 당사자인 검사가 이를 합리적 의심의 여지가 없이 증명하여야 할 것이지만, 특정되지 아니한 기간과 공간에서의 구체화되지 아니한 사실의 부존재를 증명한다는 것은 사회통념상 불가능한 반면 그 사실이 존재한다고 주장·증명하는 것이 보다 용이하므로 이러한 사정은 검사가 그 입증책임을 다하였는지를 판단함에 있어 고려되어야 하고, 따라서 의혹을 받을 일을 한 사실이 없다고 주장하는 사람에 대하여 의혹을 받을 사실이 존재한다고 적극적으로 주장하는 사람은 그러한 사실의 존재를 수긍할

33) 박경신, "허위사실유포죄의 위헌성에 대한 비교법적인 분석", 법학연구 제12권 제1호, 인하대학교 법학연구소, 2009, 34면 이하.

34) 이근우, 앞의 글, 139면.

만한 소명자료를 제시할 부담을 지며 검사는 제시된 자료의 신빙성을 탄핵하는 방법으로 허위사실임을 입증할 수 있을 것인데, 이 때 제시하여야 할 소명자료는 단순히 소문을 제시하는 것만으로는 부족하고 적어도 허위임을 검사가 입증하는 것이 가능할 정도의 구체성은 갖추어야 하며, 이러한 소명자료의 제시가 없거나 제시된 소명자료의 신빙성이 탄핵된 때에는 허위사실공표로서의 책임을 져야 한다"라고 하면서 피고인에게는 허위사실에 대한 입증책임을 부담지우고, 검사에게는 단순히 탄핵의 방법으로 허위를 증명하도록 하고 있다.[35] 따라서 실질적으로 입증책임을 전환하고 있다는 비판을 받고 있다.[36]

이처럼 허위사실 여부에 대한 입증책임을 실질적으로 피고인에게 돌리는 것은 문제라고 생각된다. 검사가 허위사실에 대해 입증하지 못할 경우 단지 사실의 적시에 의한 명예훼손죄의 적용여부만이 검토될 수 있기 때문이다. 다만, 본 판례에 있어서는 입증책임 전환과 관련된 쟁점은 나타나지 않고 있다.

(2) 명예훼손죄에서 미확정된 사실의 지위

앞서 살펴본 바와 같이 일반적으로 명예훼손죄의 경우 전제사실은 사실과 허위사실의 적시로 나누어 볼 필요가 있다. 이는 형법 제307조 제2항은 허위사실적시를 가중처벌하고 있기 때문에 동조 제1항은 '진실의 사실 적시'를 처벌하는 것으로 볼 수 있다.[37] 실무에서도 대개 적시한 사실이 진실이 아닐 경우에는 허위사실로 취급하여 허위사실적시와 관련된 규정이 적용된다고 한다. 즉, 사실적시에 의한 명예훼손죄에서의 '사실'은 '진실한 사실'로 취급하고 있는 것이다.[38] 그

35) 이와 같은 방식에 대한 헌법적 관점에서의 비판으로 김종철, "공직선거법 제250조 제2항(낙선목적 허위사실 공표죄)와 관련한 대법원 판결에 대한 헌법적 검토", 연세대학교 법학연구 제22권 제1호, 연세대학교 법학연구소, 2012. 3 참조.

36) 이원상, 앞의 글, 76면 이하.

37) 이근우, "명예훼손죄의 해석, 적용상의 몇 가지 문제", 법학논총 제25호 제3호, 한양대학교 법학연구소, 2008, 134면.

38) 윤동호, 한눈에 잡히는 형법각론, 2014, 66면; 오영근, 형법입문(제3판), 2013,

러나 사실적시에 의한 명예훼손죄에서의 사실은 반드시 진실일 필요는 없다.[39] 사전적 의미로 볼 때, 사실이란 "실제로 있었던 일이나 현재에 있는 일"을 의미하는데,[40] 이는 진실과 일치하는 개념은 아니라고 할 수 있다. 왜냐하면 제307조 제2항의 허위사실과의 관계를 고려해 볼 때, 사실적시에 의한 명예훼손죄의 경우 발화행위에 의한 전제사실은 '허위사실이 아닌 사실'이라고 할 수 있고, 이 때 '허위사실이 아닌 사실'에는 적시되는 전제사실이 진실한 사실 뿐 아니라 사실인지 허위인지 판명이 안 된 경우도 포함된다고 할 수 있기 때문이다. 예를 들어, 발화행위자가 'A가 B와 C날에 간통현장인 D에 있었다'라고 발화행위를 했을 경우 정말로 A가 B와 C날에 장소 D에 있었다면 사실의 적시가 된다. 그런데 발화자가 'A가 B와 간통죄를 저질렀다'라고 발화행위를 한 경우 전제사실은 A와 B와의 간통죄 여부가 확실시되기 전까지는 미확정의 상태가 되는 것이다.

이 경우 실무에서는 허위사실적시의 문제로 다루고 있지만, 허위사실이 밝혀지지 않은 경우에는 제307조 제2항의 구성요건 해당성이 없게 되기 때문에 제307조 제1항이 적용되어 할 것이다. 그러므로 사실적시에 의한 명예훼손죄에 있어 사실은 마치 적시한 내용의 외형 또는 형식과 같은 것이고, 그 실질 또는 실체와는 구분되는 것이다. 따라서 제307조 제1항의 적용범위는 현실적으로 발생하고 증명할 수 있는 과거와 현재의 사건이나 상태가운데 내용이 구체적이고(추상적이면 모욕죄 적용) 진실하면서(허위의 경우 제307조 제2항 적용) 공익성이 없는 사실(공익성이 존재하면 위법성 조각), 전제사실의 진실여부가 판명되지 않은 사실 및 기타 허위가 아니고 위법성이 조각되지 않는 사실이라고 할 수 있다.

340면.

39) 김성돈, 앞의 책, 203면.

40) http://krdic.naver.com/detail.nhn?docid=19314500.

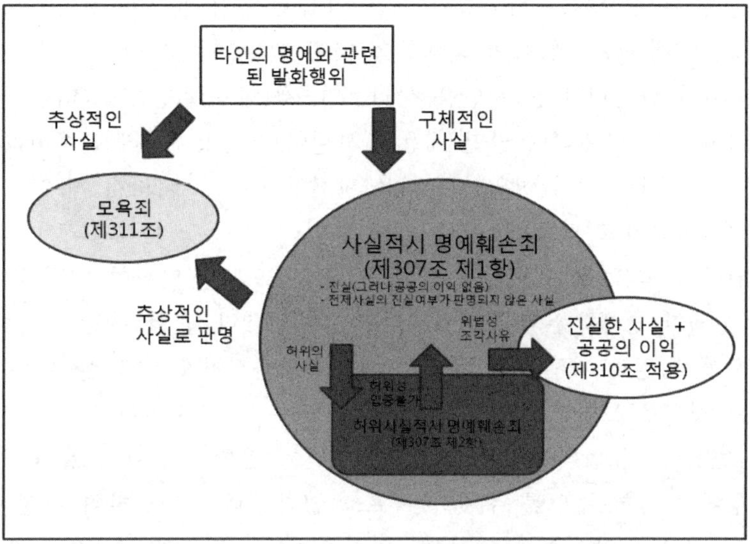

IV. 사안풀이

1. 적용법조

다시금 강조하지만 허위사실적시에 의한 명예훼손죄의 경우 우선 전제사실이 허위사실인지가 판명되어야 한다. 이는 허위사실은 구성요건에 해당하기 때문에 허위사실에 해당하지 않는 경우에는 허위사실적시에 의한 명예훼손죄가 적용될 수 없기 때문이다. 이에 대해서는 본 판례에서도 "...허위사실 적시에 의한 명예훼손죄가 성립하려면 그 적시하는 사실이 허위이어야 할 뿐 아니라..."이라고 분명히 밝히고 있다. 그러므로 전제사실이 허위사실이 아닌 경우, 즉, 진실인 경우 뿐 아니라 미확정 상태인 경우에도 동조 제1항이 적용되어야 하는 것이다. 따라서 전제사실이 허위임이 판명된 후 발화행위자가 전제사실이 허위의 사실임에도 불구하고 허위가 아니라고 오인할 만한 상당한 이유가 있는 경우에는 허위성에 대한 인식이 없기 때문에 형법 제15조에 의해 제307조 제1항의 죄책만을 지게 되는 것이다.[41]

이런 관점에서 본 사안을 살펴보면, 제1심 법원은 "...그러나 피고인이 피해자에 관하여 말한 내용은 사실이 아니었다..."라고 하며 피고인이 적시한 사실이 허위라는 것을 확신하고 있다. 따라서 제307조 제2항을 적용하고 있으며, 이로 인해 당연히 제310조가 적용되지 않고, 허위라고 믿을만한 상당한 이유도 없는 것으로 판단하여 허위사실적시에 의한 명예훼손죄가 성립된다고 판시하였다. 또한 판결문을 보면 항소심 법원과 대법원도 전제사실이 허위사실이라는 것은 인정하고 있는 것으로 보인다. 다만, 제1심 법원에서는 "...피고인이 적시한 사실을 진실한 것으로 믿었고 또 그렇게 믿을 만한 상당한 이유가 있는 경우에 해당한다고 볼 뚜렷한 자료도 없다..."라고 판단하여 사실오인을 인정하지 않고 있는 것에 반하여, 항소심 법원과 대법원은 "...① 피고인이 이○○(C) 등에 대한 보험금의 지급 및 환급 과정에서 내부 직원의 비리가 있다는 의심을 가지고 회사 대표이사에게 이를 제보하여 특별조사팀이 구성될 예정이었던 점, ② 피고인은 그러한 시점에서 보험금 지급 과정의 문제점을 조사하였던 이○○(A), 이○○(B)을 만나 자신이 가진 의혹을 강하게 제기하였던 점, ③ 그 이후 실제로 특별조사팀이 구성되어 피고인이 제기한 문제에 대한 조사가 이루어진 점 등을 고려하면, 피고인이 이○○(A), 이○○(B)에게 언급한 황○○의 비리 사실이 허위임을 인식하고 있었다고 단정하기 어렵고..."라는 이유(이하 '사실오인 판단인자'라고 함)를 들어 전제사실에 대한 사실오인 가능성을 인정하고 있다.

여기에서 공소사실을 보면 당해 허위사실적시에 의한 명예훼손죄의 전제사실은 "황 부장이 이○○(C) 사건을 처리하면서 돈을 받아 무마해주었고 돈의 일부를 부회장에게 건네주었다. 서○○, 나○○의 사건 담당에게 부장의 지휘를 이용하여 부당하게 조사를 방해하였다."라

41) 이근우 , 앞의 글, 제150면.

는 것이다. 그런데 판시내용을 보면 특별조사팀의 조사결과가 어떻게 나왔는지가 언급되지 않고 있다. 다만, 추측컨대 특별조사팀에 대한 조사결과는 황 부장이 이○○(C) 사건을 처리하면서 돈을 받아 무마해 주었거나 돈의 일부를 부회장에게 건네주지도 않았고, 서○○, 나○○의 사건 담당에게 부장의 시위를 이용하여 부당하게 조사를 방해하지도 않았다고 나왔을 것이다. 또는 특별조사팀의 조사결과는 어떻게 나왔는지 모르지만 회사차원에서 황 부장에게 어떠한 조치도 취하지 않았을 수 있다. 만일 그렇지 않았다면 허위사실이라는 구성요건표지에 해당하지 않기 때문에 당연히 제1심 법원과 항소심 법원 및 대법원이 제307조 제2항을 적용하지 않았을 것이다. 따라서 해당 사안에 대해 항소심 법원과 대법원은 제1심 법원과 같이 전제사실은 허위사실이지만, 앞의 사실오인 판단인자를 통해 사실오인 가능성이 있다고 판단한 것으로 보인다.

그런데 해당 사안의 전제사실은 보험사기를 조사하는 부서의 피고인이 보험사기와 관련된 일련의 사건과 관련된 사실을 적시한 것이다. 그러므로 본 사안에서 제307조 제2항이 적용되기 위해서는 회사의 특별조사팀이 구성되어 조사 결과가 있었다는 정도가 아니라 실제로 보험사기와 관련해서 황 부장이 사건 무마를 위해 돈을 받았고, 그 돈의 일부를 부회장에게 건네주었는지, 황 부장이 부당하게 해당 사안의 조사를 방해하였는지 등이 우선적으로 입증되어야 할 것이다. 그러나 본 판결문을 볼 때, 그와 같은 내용은 언급되어 있지 않고 있기 때문에 단지 추측만이 가능할 뿐이다. 그런 가운데 항소심 법원 및 대법원이 사실오인 가능성으로 언급한 앞의 사실오인 판단인자를 살펴보면, 전제사실은 허위사실로 확정되기 보다는 진실인지 허위인지 판명되지 않은 상태로 보아야 할 것이다. 따라서 본 사안에서 법원은 제307조 제2항이 아니라 제307조 제1항을 적용하여 판결을 내렸어야 할 것으로 보인다.

2. 사실오인 문제로 전환

우리 명예훼손죄는 공연히 진실을 적시하는 경우에도 제307조 제1항의 구성요건에 해당된다. 다만, 발화행위자는 진실성과 공익성을 입증하여 제310조의 위법성 조각사유를 통해 위법성을 조각시키는 방법으로 벗어날 수밖에 없다.42) 그러나 허위사실적시에 있어서는 제310조가 적용되지 않기 때문에 허위사실을 적시한 경우 발화행위자는 허위사실에 대한 착오가 있었다는 것을 주장하는 경우에만 제307조 제2항에 따른 처벌을 피할 수 있다. 이는 허위사실적시에 의한 명예훼손죄가 성립하기 위해서는 발화행위자가 허위사실을 적시하고 있다는 것에 대한 인식과 의욕이 있어야 하기 때문이다. 이 때, 적시되는 허위사실은 전부가 허위일 필요는 없다. 대법원은 제310조의 진실을 해석함에 있어서 반드시 적시한 사실내용 전체가 진실일 필요는 없고, 중요부분이 진실이면 족하다고 보고 있다. 따라서 이를 허위사실에 적용해 보면 모든 사실이 허위사실일 필요는 없으며 중요내용이 허위사실의 경우에는 허위사실에 속한다고 볼 수 있을 것이다. 그러므로 허위사실에 의한 명예훼손죄로 처벌하기 위해서는 전제되는 사실이 적어도 중요부분은 허위사실이라는 것을 밝혀내야 한다.

그런데 이와 같이 사실오인에 대한 문제로 넘어가기 위해서는 적어도 전제사실에 대한 허위성 여부가 판단되어야 한다. 그러나 항소심 법원과 대법원의 판시 내용을 보면 제1심 법원과 같이 전제사실에 대한 허위성은 그대로 인정하고 있으며, 허위사실로 인식한 것에 대한 사실오인의 문제로 해결하고 있다. 그러나 항소심이나 대법원이 허위

---

42) 이처럼 헌법에서 보호하고 있는 표현의 자유에 따라 사실을 말하는 것을 기본적으로 금지하고, 위법성 조각에 의해 정당화 시켜주는 것은 개인의 기본권을 지나치게 제한하는 문제를 야기 시킨다. 따라서 제307조 제2항과 같이 허위사실을 적시하여 타인의 명예를 실추시킨 경우에만 처벌을 하고, 제307조 제1항의 사실의 적시에 의한 명예훼손죄는 삭제하여 그에 대한 문제는 민사적인 방법으로 해결하는 것이 표현의 자유를 보장하면서 타인의 명예를 지키는 방안이라고 생각된다.

가 아닐 '가능성'에 초점을 두고 있는 사실오인 판단인자를 보면 해당 사안의 경우 허위사실을 부정하고 제307조 제1항의 문제로 가는 것이 더 적절하다는 것을 보여주는 것 같다. 따라서 항소심 법원 및 대법원은 '허위사실'의 구성요건을 충족시키지 못하고 있기 때문에 제307조 제1항을 적용하여 판단을 해야 할 것이고[43] 제310조를 적용하여 위법성조각여부를 판단하는 것이 적절할 것이라고 여겨진다. 이는 우리 판례의 경우 명예훼손죄를 모욕죄로,[44] 사실적시에 의한 명예훼손죄를 허위사실적시에 의한 명예훼손죄로[45] 변경되는 경우에는 공소장변경을 필요로 하고 있지만, 출판물 등을 통한 허위사실적시에 의한 명예훼손죄를 출판물 등을 통한 사실적시에 의한 명예훼손죄로 변경할 경우 공소장변경이 필요 없다고 밝히고 있기 때문이다.[46] 이처럼 전제사실에 대한 허위사실 여부가 확실하지 않은 경우를 제307조 제1항을 적용하지 않고 사실오인 여부를 통해 제307조 제2항을 적용하여 유·무죄를 선고하는 것은 문제가 있다고 여겨진다. 그 이유는 다음에서 살펴보는 것과 같이 전제사실을 확정짓는 효과가 발생하기 때문이다.

3. 전제사실의 확정 효과문제

앞서 언급한 것처럼 허위사실적시에 의한 명예훼손죄의 경우 허위사실 여부가 구성요건요소이기 때문에 우선 전제사실의 허위여부를 판단하여야 한다. 그런데 문제는 전제사실의 허위여부가 판단이 되지 않은 상황에서 허위사실에 의한 명예훼손죄가 적용되는 경우 그 전제사실이 확정되는 효과가 발생한다는 것이다. 즉, 지금과 같이 제307조 제1항의 사실을 진실, 그 이외에는 허위사실로 2분화하고 있는 실무의 관행에 따르면 허위사실에 의한 명예훼손죄가 유죄가 되면 전제사실

43) 공소장변경에 대해서는 오경식, "공소장변경과 법원의 심판범위", 형사판례연구 제11권, 2003, 290면 이하 참조.

44) 대법원 1972.5.31. 선고 70도1859 판결.

45) 대법원 2001.11.27. 선고 2001도5008 판결.

46) 대법원 1993.9.24. 선고 93도1732 판결.

은 허위사실이라는 것이 되며 무죄가 선고되면 전제사실은 적어도 허위는 아닌 사실(진실 또는 전제사실의 미확정)이 된다. 그러나 허위사실적시에 의한 명예훼손죄가 무죄가 된다면 적어도 허위는 아닌 사실에 대해 일반인들은 진실이라고 받아들일 가능성이 크다. 따라서 본 판례에서처럼 전제사실이 제307조 제2항의 허위사실에 의한 명예훼손이 되지 않는다고 판단하게 되면 전제사실은 허위가 아닌 사실이 되는 것이다. 본 판결문을 보면 법원은 전제되는 사실에 대해 보다 구체적인 입증이 필요함에도 불구하고 허위를 전제로 하고 있다. 그러나 앞서 언급한 바와 같이 본 사안의 전제사실은 그 허위성 여부가 미확정 상태인 것으로 판단된다. 그러므로 법원이 전제사실의 허위사실 여부를 보다 치밀하게 입증하지 않은 상황에서 사실오인의 문제로 유무죄를 판단함으로서 전제사실의 확정 효과나 나타나는 것은 문제라고 생각된다. 그러므로 이와 같은 문제점이 나타나지 않도록 하기 위해 법원은 이와 같이 전제사실이 확정되지 않은 경우에는 해당 문제를 제307조 제2항이 아닌 제307조 제1항의 문제로 다루어야 할 것이다.

V. 결 론

우리나라는 공연히 진실을 통해 타인의 명예를 실추시키는 표현에 대해서도 구성요건을 두고 있다. 즉, 발화행위자가 공연히 타인에 대해서 하는 발화행위들은 모두 명예훼손죄에 해당하게 되는 것이다. 그리고 우리 법률은 발화행위자의 발화행위가 허위사실일 경우에는 가중해서 처벌하는 구성요건도 두고 있다. 그런데 발화자의 발화행위에 대한 전제사실이 허위인지 진실인지 판단되지 않을 경우에는 어떤 구성요건에 해당하게 되는지에 대해서는 명확한 규정이 없다. 다만, 명예훼손죄의 구조상 사실적시에 의한 명예훼손죄에 포함되는 것이 적절할 것 같지만, 실무에서는 진실이 아닌 것은 허위사실로 보고 허위사실적시에 의한 명예훼손죄의 범위에서 처리하고 있다고 한다. 그러나 허위사실적시에 의한 명예훼손죄에서는 허위사실여부가 구성요건요소이고, 그에 따라 형벌을 가중하고 있으므로 검사는 우선 전제사실의 허위성 여부에 대해 입증책임을 지며, 그 다음으로 그 허위사실에 대한 인식에 대한 입증도 해야 한다. 그런데 본 판결을 보면, 우선 전세사실의 허위성에 대한 입증이 충분히 되었는지 의문이 든다. 그런 가운데 법원은 전제사실의 허위성 여부를 세밀하게 판단하기 보다는 사실오인의 문제로 사안을 해결하고 있다. 그러나 전제사실의 허위성이 확정되지 않은 경우 그에 대해 제307조 제2항을 적용하는 것은 문제라고 생각된다. 더욱이 전제사실이 판명되지 않은 상황에서 사실오인의 문제로 제307조 제2항을 적용하여 내린 판단은 전제사실을 확정시키는 효과를 갖게 된다. 그러므로 전제사실의 허위성 여부가 의심되는 경우 법원은 제307조 제2항이 아니라 동조 제1항을 적용하여 판단하여야 할 것이다.

사실 이와 같은 문제가 발생하는 이유는 우리나라 명예훼손죄가 가지고 있는 구조적인 문제와 입증되기 힘든 '허위사실'의 특성 때문이라고 생각된다. 그러므로 제307조 제2항에 입증되기 힘든 '허위사실'이라는 구성요건을 두어 추가적인 문제를 만들기 보다는 독일처럼 "타인을 비방하거나 세평을 저하시키기에 충분한 사실을 주장하거나 전파한 자"와 같은 구성요건을 두는 것도 고려해 볼 수 있을 것이다. 더 나아가 다만 정보통신망법이나 다른 법에 규정되어 있는 법률들을 고려하여 좀 더 체계적이고 명확한 명예훼손에 대한 내용들이 형법에 통합되어 규정될 필요가 있다. 다만, 현행법이 유지되는 경우에는 전제사실의 진위여부가 명확하지 않은 경우 제307조 제2항을 적용하는 것이 아니라 제307조 제1항을 적용해야 할 것이다.

[주 제 어]
명예훼손죄, 사실적시에 의한 명예훼손죄, 허위사실적시 의한 명예훼손죄, 모욕죄, 위법성조각사유

[Key words]
defamation, defamation by publicly alleging facts, defamation by publicly false facts, insult, justification

접수일자: 2014. 5. 10. 심사일자: 2014. 6. 13. 게재확정일자: 2014. 6. 20.

[참고문헌]

김상호, “형법상 모욕과 비방”, 저스티스 제103호, 한국법학원, 2008.
김성돈, 형법각론(제3판), 2013.
김일수, “명예훼손죄를 어떻게 이해할 것인가?”, 안암법학 창간호, 안암법학회, 1993.
김일수/서보학, 형법각론(새로쓴 제7판), 2007.
김종철, “공직선거법 제250조 제2항(낙선목적 허위사실 공표죄)와 관련한 대법원 판결에 대한 헌법적 검토”, 연세대학교 법학연구 제22권 제1호, 연세대학교 법학연구소, 2012. 3.
박경신, “허위사실유포죄의 위헌성에 대한 비교법적인 분석”, 법학연구 제12권 제1호, 인하대학교 법학연구소, 2009.
박상기, 형법각론(제7판), 2008.
배종대, 형법각론(제8전정판), 2013.
안성조, “SNS를 이용한 명예훼손의 법리적 검토”, 형사정책 제25권 제3호, 2013.
오경식, “공소장변경과 법원의 심판범위”, 형사판례연구 제11권, 2003.
오영근, 형법입문(제3판), 2013.
유기천, 형법학(각론강의 상), 1982.
윤동호, 한눈에 잡히는 형법각론, 2014.
이근우, “명예훼손죄의 해석, 적용상의 몇 가지 문제”, 법학논총 제25호 제3호, 한양대학교 법학연구소, 2008.
이원상, “허위사실유포 관련 범죄에 대한 고찰”, 형사정책연구 제24권 제3호, 한국형사정책연구원, 2013.
이원상, “‘사이버’개념을 통한 사이버 모욕죄의 고찰과 대안”, 형사정책 제20권 제2호, 2008.
이원상/안정민, 방송통신융합에 따른 처벌법규 정비방안 연구, 한국형사정책연구원 연구총서, 2011.
이재상, 형법각론(제9판), 2013.

이정원, 형법각론(제3판), 1999.

임웅, 형법각론(제2판), 2005.

정성근/박광민, 형법각론(전정판), 2013.

정신교, "사이버명예훼손의 표현의 한계와 입법론적 개선방안", 법학연구 제46권, 한국법학회, 2012.

주승희, 인터넷상 명예훼손죄의 비범죄화 주장 검토, 형사법연구 제25호.

최준혁, "출판물에 의한 명예훼손죄의 해석론 - 가중처벌요소와 공범을 중심으로", 형사정책 제25권 제3호, 2013.

[Abstract]

A Study on the Problems of a unsettled Fact in the Defamation by Publicly Alleging False Facts**

Lee, Won Sang**

Anyone who defames another by publicly alleging facts can be punished, even though the facts are true. Because In korean criminal law there are the article, "A person who defames another by publicly alleging facts shall be punished by imprisonment or imprisonment without prison labor for not more than two years or by a fine not exceeding five million won(Art. 307 (1))". Furthermore, "A person who defames another by publicly alleging false facts shall be punished by imprisonment for not more than five years, suspension of qualifications for not more than ten years, or a fine not exceeding ten million won(Art. 307 (2))". But If the facts alleged under Article 307 (1) are true and solely for the public interest, the act shall not be punishable(Art. 310).

However, there is no rule about the unsettled facts(It's not sure whether the publicly alleging facts is true or false). In practice, this cases are applied to Art. 307 (2). And the practice deal with the unsettled facts in the field of a mistake of face. But in Art. 307 (2) the "fale facts" is a element of a crime, so that the unsettled facts should be applied not to Art. 307 (2), but Art. 307 (1). Otherwise, the unsettled facts can make misunderstand to the public by the guilty or not guilty of a judge. Because if the judge found the defendant guilty, then the unsetlled fact turn to be a true fact in spite of not proving of the fact. But if the judge found the defendant not guilty, then the unsettled fact turn to be a false fact. Therefore, if a judge can not prove the truth of the unsettled fact, then the Art. 307 (1) must be applied.

* This study was supported by research fund from Chosun University, 2013.

** Assistant Professor of Chosun University.

‘명의수탁자의 처분과 횡령’의 불가벌적 사후행위*

이 경 렬**

[대상판결] 대법원 2013. 2. 21. 선고 2010도10500 전원합의체 판결(횡령)

[사실관계]

① 피고인 甲과 乙은 일가친척으로서 피해 종중회의 일원이다.

② 위 중종회의 총무인 甲은 1995. 10. 20.부터 위 종중 소유의 토지 1(畓 2,337㎡)과 토지 2(畓 2,340㎡)를 명의신탁 받아 종중을 위하여 보관하고 있다. - 이하 두 필지의 토지를 합하여 ‘이 사건 토지’라고 부른다.

③ 이를 기회로 甲은 1995. 11. 30.경과 2003. 4. 15.경에 위 종중의 허락을 받지 아니한 채 이 사건 토지에 각 채권최고액 1,400만원과 750만원의 근저당권을 설정하고, 돈을 차용하여 자신의 채무를 변제하는데 사용하였다.

④ 그 후 피고인들은 공모하여 2009. 2. 21. 이 사건 토지를 공소외인에게 1억9,300만원에 매도하였다.

⑤ 위 종중회의 이사들은 이 사건 토지의 처분사실에 대해 모르

---

* 본 연구는 숙명여자대학교 2013년도 교내연구비 지원에 의하여 수행되었음.

** 숙명여자대학교 법과대학 교수, 법학박사.

고 있다가 2009. 4.경에 위 종중의 일원인 丙이 종중재산의 등기부등본을 보고서 그 처분사실을 확인한 다음, 이를 종중회에 보고함으로써 비로소 이 사실을 알게 되었다.

[사안의 경과]

1) 제1심판결은 위 [사실관계]에서 ① ② ④의 '범죄사실'에 대하여 피고인 甲에게 벌금 500만원을, 피고인 乙에 대해서는 벌금 100만원으로 각 처벌하고, 피고인들이 위 벌금을 납입하지 아니하는 경우 5만원을 1일로 환산하는 노역장유치처분과 위 벌금에 상당하는 금액의 가납을 각 명하였다.[1)]

2) 고양지원 2009고정2679 판결에 대하여 피고인 甲은 횡령죄에 있어서 불법영득의사의 인정에 관한 '사실오인' 또는 불가벌적 사후행위에 관한 '법리오해' 및 양형부당을 이유로, 피고인 乙은 사실오인 또는 법리오해를 이유로 항소하였다.[2)]

3) 제2심판결인 의정부지방법원 2010. 7. 23. 선고 2010노594 판결은 피고인의 항소를 모두 기각하고, 이 사건 공소사실을 유죄로 판단하였다.

4) 대법원 2010도10500 전원합의체판결에서는 피고인의 상고를 모두 기각하였을 뿐만 아니라, 이 판결과 배치되는 기존의 판례를 변경하였다.[3)]

1) 의정부지방법원 고양지원 2010. 2. 18. 선고 2009고정2679 판결. 담당검사의 약식명령청구사건을 법원이 직권으로 정식재판한 경우이다(형사소송법 제450조 참조). 피고인 甲의 1995년과 2003년의 2회에 걸친 이 사건 토지에 대한 근저당권설정행위의 횡령죄는 공소시효가 완성되어 기소되지 않았고 2009년의 매도행위만이 기소되었다.

2) 피고인 乙의 항소취지는 甲과 횡령행위를 공모한 사실이 없고, 이 사건 토지의 매매로 인하여 이익을 취득한 바 없을 뿐만 아니라 (업무상) 보관자의 신분을 가지고 있지도 않았으며 나아가 甲의 행위가 불가벌적 사후행위인 이상 이에 가담한 乙의 행위도 처벌될 수 없다는 것이다.

3) 대법원 2010도10500 전원합의체판결에 의하여 변경되는 판결로는 대법원 1996. 11. 29. 선고 96도1755 판결, 대법원 1997. 1. 20. 선고 96도2731 판결, 대

[판결요지]

1. 다수의견

1) 횡령죄는 다른 사람의 재물에 관한 소유권 등 본권을 보호법익으로 하고 법익침해의 위험이 있으면 침해의 결과가 발생되지 아니하더라도 성립하는 위험범이다. 그리고 일단 특정한 처분행위(이를 '선행 처분행위'라 한다)로 인하여 법익침해의 위험이 발생함으로써 횡령죄가 기수에 이른 후 종국적인 법익침해의 결과가 발생하기 전에 새로운 처분행위(이를 '후행 처분행위'라 한다)가 이루어졌을 때, 후행처분행위가 선행 처분행위에 의하여 발생한 위험을 현실적인 법익침해로 완성하는 수단에 불과하거나 그 과정에서 당연히 예상될 수 있는 것으로서 새로운 위험을 추가하는 것이 아니라면 후행 처분행위에 의해 발생한 위험은 선행 처분행위에 의하여 이미 성립된 횡령죄에 의해 평가된 위험에 포함되는 것이므로 후행 처분행위는 이른바 불가벌적 사후행위에 해당한다. 그러나 후행 처분행위가 이를 넘어서서, 선행 처분행위로 예상할 수 없는 새로운 위험을 추가함으로써 법익침해에 대한 위험을 증가시키거나 선행 처분행위와는 무관한 방법으로 법익침해의 결과를 발생시키는 경우라면, 이는 선행 처분행위에 의하여 이미 성립된 횡령죄에 의해 평가된 위험의 범위를 벗어나는 것이므로 특별한 사정이 없는 한 별도로 횡령죄를 구성한다고 보아야 한다.

2) 따라서 타인의 부동산을 보관 중인 자가 불법영득의사를 가지고 그 부동산에 근저당권설정등기를 경료함으로써 일단 횡령행위가 기수에 이르렀다 하더라도 그 후 같은 부동산에 별개의 근저당권을 설정하여 새로운 법익침해의 위험을 추가함으로써 법익침해의 위험을 증가시키거나 해당 부동산을 매각함으로써 기존의 근저당권과 관계없

법원 1998. 2. 24. 선고 97도3282 판결, 대법원 1999. 4. 27. 선고 99도5 판결, 대법원 1999. 11. 26. 선고 99도2651 판결, 대법원 2000. 3. 24. 선고 2000도310 판결, 대법원 2006. 8. 24. 선고 2006도3636 판결, 대법원 2006. 11. 9. 선고 2005도8699 판결 등이 있다.

이 법익침해의 결과를 발생시켰다면, 이는 당초의 근저당권 실행을 위한 임의경매에 의한 매각 등 그 근저당권으로 인해 당연히 예상될 수 있는 범위를 넘어 새로운 법익침해의 위험을 추가시키거나 법익침해의 결과를 발생시킨 것이므로 특별한 사정이 없는 한 불가벌적 사후행위로 볼 수 없고, 별도로 횡령죄를 구성한다.

2. 다수의견에 대한 별개의견

1) 타인의 부동산에 근저당권을 설정하는 선행 횡령행위로 인하여 부동산 전체에 대한 소유권 침해의 위험이 발생함으로써 그에 대한 횡령죄가 성립하는 이상, 그 이후에 이루어진 당해 부동산에 대한 별개의 근저당권설정행위나 당해 부동산의 매각행위 등의 후행 횡령행위는 이미 소유권 침해의 위험이 발생한 부동산 전체에 대하여 다시 소유권 침해의 위험을 발생시킨 것에 불과하므로, 특별한 사정이 없는 한 선행 횡령행위에 의하여 평가되어 버린 불가벌적 사후행위로 보는 것이 논리상 자연스럽다.

2) 선행 횡령행위로 발생한 소유권 침해의 위험이 미약하여 과도한 비용과 노력을 들이지 아니하고도 그 위험을 제거하거나 원상회복할 수 있는 상태에서 그보다 월등히 큰 위험을 초래하는 후행 횡령행위를 저지른 경우에는 그 행위의 반사회성이나 가벌성이 충분히 인정되고 일반인으로서도 그에 대한 처벌을 감수함이 마땅하다고 여길만하다. 이와 같은 경우에는 예외적으로 이를 불가벌적 사후행위로 볼 것이 아니라 처벌대상으로 삼을 필요가 있다. 기존의 판례를 변경하지 아니하고도 이러한 해석이 가능하고, 이러한 해석을 하려면 판례를 변경하여야 한다고 보더라도 그 범위 내에서만 제한적으로 변경함으로써 충분하다.[4)]

---

4) 별개의견은 피고인들의 상고를 기각하는 다수의견의 결론에는 반대하지 않으나 그 이유는 달리 판단하고 있다. 즉, 甲의 이 사건 토지에 대한 [사실관계] ③에서의 근저당권설정행위는 비록 이 사건 토지전체의 소유권침해의 위험을 초래함으로써 토지전체에 대한 횡령죄를 구성하지만, 그 선행 처분행위로

3. 소수의 반대의견

1) 형법 제355조 제1항에서 규정한 횡령죄는 재물의 영득을 구성요건적 행위로 삼는다는 점에서 재산상의 이익을 대상으로 하는 같은 조 제2항의 배임죄와 구분되는데, 재물에 대한 불법영득의사는 피해자의 소유권 등 본권에 대한 전면적 침해를 본질적 내용으로 하므로 그러한 불법영득의사에 기한 횡령행위가 있을 경우 이미 그에 의한 법익침해의 결과나 위험은 그 소유권 등의 객체인 재물의 전체에 미친다고 볼 수밖에 없고, 따라서 일단 위와 같은 횡령죄가 성립한 후에는 재물의 보관자에 의한 새로운 처분행위가 있다고 하여 별도의 법익침해의 결과나 위험이 발생할 수 없음은 당연한 논리적 귀결이다.

2) 타인의 부동산을 보관 중인 자가 그 부동산의 일부 재산상 가치를 신임관계에 반하여 유용하는 행위로서, 즉 배임행위로서 제3자에게 근저당권을 설정한 것이 아니라, 아예 해당 부동산을 재물로서 불법적으로 영득할 의사로, 즉 횡령행위로서 근저당권을 설정한 것이라면, 이러한 횡령행위에 의한 법익침해의 결과나 위험은 그때 이미

초래된 소유권침해의 위험이 미약하여 과도한 비용과 노력을 들이지 않고도 이를 제거하거나 원상회복할 수 있는 정도에 해당하는 것이나. 그러나 이 사건 토지를 1억 9,300만원에 제3자에게 매도한 [사실관계] ④의 행위는 선행 처분행위에 의해 발생한 위험보다 월등히 큰 위험을 초래하는 후행횡령행위로서 새로운 법익침해를 수반하는 것으로 평가할 수 있으므로, 이는 불가벌적 사후행위라고 판단하기에는 마땅하지 않다는 것이다.

별개의견은 이처럼 판례변경의 필요성을 인정하나 그 범위에 대해서는 법적 안정성의 확보와, 국민의 의사결정이나 행위준칙에 대한 판례의 규범력을 확보하기 위하여 신중한 입장을 취하고 있다. 특히, "형사사건에서 종래 처벌대상이 아니라고 보아 오던 행위를 법률 해석을 통하여 새로 처벌대상에 포섭하는 내용의 판례 변경은 이미 종료된 행위까지 소급입법을 통하여 처벌하는 것과 다름없는 효과를 가져 오므로 형벌불소급의 원칙이 갖는 취지나 의미에 비추어 더욱 삼갈 필요가 있다"고 그 이유를 설시하고 있다. 이와 같이 피고인에게 불리하게 변경되는 판례의 소급적용 금지에 관한 문제점의 지적에 대해서는 이경렬, "변경된 판례의 소급적용에 대한 형법 제16조 원용의 문제점", 성균관법학 제21권 제1호, 성균관대학교 법학연구소, 2009년 4월, 297면 이하; 특히, 306~314면 참조.

위 부동산에 관한 소유권 전체에 미치게 되고, 이 경우 후행 처분행위에 의한 추가적 법익침해의 결과나 위험은 법논리상 불가능하다고 보아야 한다.

[판례평석]

I. 들어가는 말

1) 횡령한 부동산을 다시 횡령한 경우 종래는 대개 (선행행위에 대한) 횡령죄의 불가벌적 사후행위에 해당하는가의 문제로 논의되어 왔다. 여기서 불가벌적 사후행위(straflose Nachtat)란 특정범죄의 구성요건을 실현한 선행행위의 범죄적 결과를 사용·처분하는 후행행위가 (다른) 구성요건을 실현하는 범죄행위이지만 그 불법성이 이미 선행행위에 의해 완전히 평가되었기 때문에 달리 처벌할 필요가 없는 경우라고 한다. 행위에 대한 불법평가의 중점은 사후행위가 아니라 사전행위에 놓여 있다.[5)]

후행행위를 별도의 범죄로서 (다시) 처벌할 수 있는가는 실체법뿐만 아니라 소송법적으로도 매우 중요한 문제이지만, 형법에는 이에 관한 이렇다 할 명문규정을 두고 있지 않고, 이 문제의 해결은 전적으로 이론과 판례에 의존하고 있다.

최근 대법원 전원합의체는, 위의 [대상판결]에서 명의수탁자가 보관부동산에 근저당권을 설정함으로써 횡령죄가 기수로 된 이후에도 (여전히) 해당부동산을 보관하던 중 이를 제3자에게 매도하는 것은 횡

5) 후행행위를 불가벌적 사후행위라고 지칭하지만, 그 행위의 성질을 더욱 명확하게 표현하기 위해서는 사후행위의 불법성 및 처벌이 선행행위의 불법성과 그 처벌에 '흡수'되어 있다는 의미에서 함께 처벌된 그래서 (다시) 처벌할 수 없는 행위라고 해야 한다. 이러한 의미에서 불가벌적 사후행위는 '공벌적 사후행위'(mitbestrafte Nachtat)라고도 한다. 김성돈, "법조경합의 유형과 그 판단방법", 법조 제580호, 법조협회, 2005. 1, 50~51면; 김창종, "불가벌적 사후행위의 범위", 재판자료 제50집, 형사법에 관한 제 문제(하), 법원행정처, 1990. 9, 222면.

령죄의 불가벌적 사후행위가 아니라 별도의 횡령죄를 구성한다고 판시하여 기존의 판례를 변경하였다.[6] 기존판례는 이와 같은 경우에도 후행 처분행위가 선행 횡령행위에 의해 '평가'된 것으로써 새로운 법익침해가 없다고 긍정되는 한, 별도의 범죄가 아니라 선행처분에 의한 횡령죄의 불기벌적 사후행위로 판단하였다.[7]

2) 한편 선행처분행위의 법률적 평가에 대하여 종전의 대법원판례는 이른바 '소유권의 관계적 귀속론'에 의거하여 횡령죄의 성립을 부정하였다.[8] 명의수탁자가 자기명의·타인소유의 부동산을 신탁의 취지에 반하여 제3자에게 임의로 처분한 경우, 그 부동산에 대한 횡령죄의 성부는 명의수탁자를 제3자와의 관계에서 해당부동산의 소유자로 볼 수 있느냐에 따라 결정되어 왔다.[9] 그러다가 대상사건과 같이 "종중소유의 부동산을 명의신탁 받아 소유권등기를 거친 사람이 이를 임의로 처분하면 횡령죄가 성립한다."고 판시하여 횡령죄의 성립을 긍정하는 방향으로 선회하였다.[10] 대내적 관계에서는 명의수탁자가 여전히 타인의 재물을 보관하는 자에 해당하기 때문이다.

대법원 71도740 전원합의체 판결이후, 횡령죄의 성립을 긍정하는 판례의 취지는 확대·유지되어 왔다. 명의신탁을 받은 부동산에 대한 보관자의 지위는 "부동산에 대한 점유를 기준으로 할 것이 아니라 그 부동산을 제3자에게 유효하게 처분할 수 있는 권능의 유무를 기준으로 하여 결정"됨으로써, 명의수탁자는 타인의 재물을 보관하는 자에 해당되는 것으로 보았기 때문이다.[11]

---

6) [대상판결]에 의한 판례변경이전에 기존의 대법원판례의 태도에 반대하는 평석으로는 김대웅, "횡령한 부동산에 대한 횡령죄의 성립 여부", 형사판례연구 [18], 박영사, 2010. 6, 146면 이하, 특히 163면 참조.

7) 대표적인 기존판례로는 대법원 2000. 3. 24. 선고 2000도310 판결을 들 수 있다.

8) 대법원 1970. 8. 30. 선고 70도1434 판결: 명의신탁 받은 부동산을 임의로 처분한 경우에 배임죄를 구성함은 별론으로 하고 횡령죄를 구성하는 것은 아니다.

9) 여기서는 특히 김성돈, 형법각론, 제3판, SKKUP, 2013. 9, 416면 참조.

10) 대법원 1971. 6. 22. 선고 71도740 전원합의체 판결.

11) 대법원 1987. 2. 10. 선고 86도1607 판결. 동지: 대법원 2007.5.31. 선고 2007도

이러한 판단은 1995. 7월부터 “부동산 실권리자명의 등기에 관한 법률”(이하 ‘부동산실명법’으로 한다.)이 시행됨으로써 획기적인 변화를 맞이하게 된다. 부동산실명법의 시행이전에 유효한 명의신탁이 이제는 허용되는 명의신탁[12]과 금지되는 명의신탁[13]으로 이원화됨으로써 형법학에서는 과거의 논쟁에 대한 반전된 양상의 새로운 논의가 진행되고 있기 때문이다.[14] 그렇지만 [대상판결]의 [사실관계]는 부동산실명법에 의하더라도 허용되는 종중의 명의신탁일 뿐 아니라 횡령죄의 성립을 인정한 기존의 대법원 71도740 전원합의체 판결의 취지와 일치하는 내용임에 유의해야 한다.[15]

3) 이하에서는 먼저, [대상판결]에서 각 의견의 차이로 귀결되는 횡령죄의 본질 및 배임죄와의 구별문제가 검토되어야 한다. 다수의견

1082 판결; 2004.5.27. 선고 2003도6988 판결 등 참조.

12) 부동산실명법 제8조 참조.

13) 부동산실명법 제4조 참조. 다만, 동조 제2항 단서 및 제3항에 의하여 부동산에 관한 물권변동의 효력이 인정되는 예외적인 경우도 있다.

14) 부동산등기부에 소유자로 기재되어 있는 명의수탁자는 “타인의 재물을 보관하는 자”가 아니라 소유자라고 이해하여 횡령죄의 성립을 부정할 것인가 아니면, 여전히 종래의 ‘소유권의 관계적 귀속론’에 따라 횡령죄의 성립이 가능하다고 할 것인가라는 과거논의의 현대적인 반전논의 양상에 대해 자세한 것은 김성돈, 앞의 책, 416면 이하참조.
다만 대법원의 이른바 ‘완전한 소유권 취득론’에 의하면, 2자간 명의신탁, 3자간 등기명의신탁(중간생략등기형), 계약명의신탁의 각 경우에 소유권은 명의신탁자, 매도인, 명의수탁자에게 귀속되고, 이에 명의수탁자의 처분행위는 2자간 명의신탁의 경우 명의신탁자를, 등기명의신탁의 경우 매도인을 피해자로 하는 횡령죄가 성립되고, 계약명의신탁의 경우에는 횡령죄뿐만 아니라 배임죄의 성립마저 부정하고 있다(대법원 2001. 9. 25. 선고 2001도2722 판결; 2008. 3. 27. 선고 2008도455 판결; 2012. 12. 13. 선고 2010도10515 판결 등 참조).

15) 따라서 [판결이유]에서도 - 민사사안처럼 - 명의신탁 및 부동산에 관한 물권변동의 효력을 정면으로 다루고 있지 않다. 여기서는 부동산실명법의 시행이후에 명의수탁자가 해당부동산을 처분한 행위에 어떤 형사책임을 부과할 것인지에 대한 논의는 생략한다. 이에 대한 자세한 논의는 백재명, “부동산명의신탁과 횡령죄”, 형사판례연구 [7], 박영사, 1999. 7, 367면 이하; 천진호, “부동산실명법상 부동산명의수탁자의 형사책임”, 형사재판의 제문제 [제5권], 박영사, 2005. 10, 259면 이하참조.

이 선행처분행위의 법률적 판단을 기존판례의 입장을 따라 횡령죄로 유지하는데 반해, 소수의견에서는 구체적인 경우 이를 변경하여 배임죄로 판단할 여지에 대해서도 설시하고 있기 때문이다. 이러한 소수의견의 설시는 과거의 대법원 판단이기도 하였다.[16]

나아가 후행처분행위는 선행범죄의 불법성을 능가하는 새로운 법익의 침해 또는 위험의 발생이라는 요건을 충족시키는 것인지, 불가벌적 사후행위의 성립요건에 관하여 분석한다. 이는 결국 불가벌적 사후행위가 불가벌인 이유를 해명하는 작업이기도 하다. 이 분석에는 특히, 불가벌적 사후행위의 법적 성격 또는 선행행위와 후행행위 사이의 관계와 법적인 판단의 문제가 선결되어야 한다.

[대상판결]에서 위의 선결문제는, 선행범죄의 "재물에 대한 불법영득의사"가 미치는 대상이 당해부동산의 소유권 '전체'에 대한 전면적 침해인가, 아니면 부동산의 고가치성에 비추어 횡령된 그 재물의 재산적 가치의'일부'만인가의 의문과 연계되어 있다. 또 대상사건에서의 각 처분행위의 성질에 따라 '법익침해의 결과 발생'과 '법익침해의 위험 증가 내지 발생'이라는 구별이 가능하고, 이러한 차이가 횡령죄의 성립여부를 판단하는 결정인자인가라는 점도 의문이다.[17]

끝으로 위의 검토·분석에 기초하여 [대상판결]의 각 판단과 관계되는 대법원의 규범논리에 관하여 평석한다. 여기서는 특히, 앞에서 논의된 쟁점과 [대상판결] 각 의견과의 상관관계를 고찰함으로써 그 판단의 타당성과 적절함이 규명될 것이다.

---

16) 대법원 1970. 8. 30. 선고 70도 1434 판결; 1990. 10. 30. 선고 90도1858 판결 참조.

17) 부동산 소유권에 대한 완전한 침해는, 물권변동의 효력에 대해 형식주의에 입각하고 있는 현행민법의 태도와 관련하여 등기이전 내지 등기설정이겠지만, 형법상의 침해는 이보다 더 현실적인 사실상의 침해다.

II. [대상판결]의 후행처분행위가 불가벌인 이유

1) 불가벌적 사후행위에 있어서 사후행위가 불가벌이라고 판단하더라도 그것이 법률적으로 무의미하거나 또는 불문에 붙인다는 말은 아니다. 이는 선행범죄의 불법이 계속되고 있는 상태에서의 후행행위가 가벌적인 선행행위에 수반된 것으로 선행범죄의 구성요건에 의해 이미 후행행위의 불법성이 '포괄적으로 평가되었다'고 보아 불가벌이라는 것이다. 후행행위의 불법(및 책임)내용이 선행행위의 그것에 흡수되는가에 따라 판단하는 즉, 불가벌적 사후행위를 법조경합의 흡수관계로 파악하는 태도가 전통적인 입장이다.[18]

[대상판결]에서도 명시된 것처럼, 후행행위의 불가벌 여부는 선행행위에 의한 법익침해 및 위험을 능가하여 새롭게 법익침해의 위험을 추가하거나 법익침해의 결과를 발생시켰는가에 따라 결정된다. 즉, 불가벌적 시후행위에서 그 사후행위가 불가벌인 이유는 후행행위의 불법성이 이미 처벌된 선행범죄의 구성요건적 보호법익을 통하여 단일한 평가(Bewertungseinheit)를 받았다는 점에 있다. 즉, 사후행위가 이미 선행범죄에 의하여 완전히 평가된 것이기 때문에 별도의 범죄를 구성하지 않게 된다. 따라서 사후행위가 불가벌이기 위해서는 선행범죄와 다른 구성요건적 보호법익을 침해하거나 또는 그 침해의 양을 초과해서는 안 된다.

2) [대상판결]에서 다수의견은, 명의수탁자의 근저당권설정행위를 횡령죄로 처벌한 것만으로는 당해부동산에 대한 후행의 소유권처분 등 횡령행위의 불법성을 포괄적으로 평가한 것으로 볼 수 없어 새로운 법익침해가 있다고 한다. 하지만 반대의견에 의하면, 선행처분행위

18) 김성돈, 형법총론, 제3판, SKKUP, 2014. 3, 716면; 虫明 満, 包括一罪の硏究, 成文堂, 1992. 5, 266면. 특히, 불가벌적 사후행위의 법적 성격에 관한 기존의 논의현황에 대해서는 정정원, "부동산 명의수탁자의 후행 처분행위의 불가벌적 사후행위 해당 여부", 한양법학 제25권 제1집, 한양법학회, 2014. 3, 369~371면 참조.

의 횡령죄 성립과 후행행위의 처벌가능성을 동시에 긍정하는 다수의견(별개의견 포함)에는 횡령죄의 본질과 관련하여 '양립불가능한 법률적 평가의 모순'이 있다고 한다. 즉, 횡령죄의 본질은 영득행위에 있는데 근저당권의 설정에 의해 영득되는 횡령의 대상(내지 객체)은 부동산 자체이며,[19] 불법영득의사에 기한 횡령행위가 있는 이상 법익침해의 결과나 위험은 그 대상인 재물 전체에 미치게 되므로 선행처분행위로 인해 그 부동산 전체에 횡령죄가 성립한다는 것이다.[20]

요컨대, 선행처분행위에 대해 배임행위가 아니라 그 부동산에 대한 횡령행위로 판단하였다면 그러한 선행범죄의 처벌에는 이미 후행행위의 불법이 포괄적으로 평가되어 있다는 것이다.[21]

3) 위와 같은 각 의견의 차이는 피고인들이 주장한 항소이유 즉, "횡령죄에 있어서 불법영득의사의 인정"과 "불가벌적 사후행위의 법리"에 대한 판단의 다름에서 연유한다([사안의 경과] 2) 참조). 특히 별개의견은, 선행처분행위에 의하여 평가된 횡령죄에서 불법영득의사의 인정'범위'에 착안함으로써 선행처분행위로 이미 발생한 불법영득의 의사는 해당부동산 '전체'에 미치므로 당해부동산에 대한 소유권 등

---

19) 대법원 2000. 3. 24. 선고 2000도310 판결; 1998. 2. 24. 선고 97도3282 판결 등.

20) 대법원 1999. 4. 27. 선고 99도5 판결; 1996. 11. 29. 선고 96도1755 판결. 명의수탁자가 보관 부동산에 근저당권을 설정하는 행위만으로는 그 부동산 소유권 전체에 대한 횡령으로 평가받을 수 없다는 견해로는 김대웅, 앞의 논문, 159~163면 참조.

21) 나아가 반대의견은 판례변경의 필요성과 그 범위에 대해서도 다수의견처럼 불가벌적 사후행위를 횡령죄로 긍정하는 방향의 판례변경이 아니라 선행행위에 대한 종전의 평가를 횡령죄에서 배임죄로 변경해야 할 경우로 한정하고 있다. 즉, "종전 판례들 가운데 타인의 부동산을 보관하는 자가 제3자에게 근저당권을 설정해 준 경우 그 범의나 행위의 성격을 구체적으로 따지지 않고 무조건 불법영득의사가 인정되어 횡령죄를 구성한다고 본 것이 있다면, 위와 같은 법리에 배치되는 한도 내에서 해당 판례를 변경할 필요도 있다." 고 한다.

위 [대상판결]에 의해 폐지되는 판결들 중에서 이에 해당되는 대표적인 경우로는 대법원 1998. 2. 24. 선고 97도3282 판결; 1999. 11. 26. 선고 99도2651 판결; 2000. 3. 24. 선고 2000도310 판결 등을 들 수 있다.

법익침해의 위험 추가만으로는 별도의 범죄가 성립하지 않는다는 취지이다.

이에 대해 반대의견은 횡령과 배임의 구별에 관한 기존 판례의 법리에 따라서 선행처분행위를 횡령으로 평가한 이상, 불법영득의사의 인정'대상'은 영득하려는 재물 전체에 미치고 선행행위로 영득한 재산상의 이익에 국한되는 것이 아니라는 취지이다. 후행처분행위에 대하여 일반인의 법감정을 고려하여 처벌의 필요성에는 공감하는 편이지만 처벌의 정당성을 부여하는 방법에 대해서는 각 의견이 차이를 두고 있다.

나아가 위의 차이는 - 다수의견에서는 보이지 않는 - 판례변경의 신중과 필요성에 관한 쟁점으로 나타난다. 별개의견은 판례변경의 범위에 대해 선행의 근저당권설정행위에 대한 횡령으로의 판단을 받아들이고 후행처분행위의 성질에 따라 즉, 근저당권설정인가 매각행위인가로 구분하여 후자에 대해서만 선행행위의 불법평가를 초과하는 새로운 법익침해가 있다고 본다. 이러한 판단은 불가벌적 사후행위의 인정요건 중 선행범죄의 불법성을 능가하는 새로운 법익침해 여부와 관계된 문제이다.

반대의견에 의하면, 판례변경의 필요성은 후행처분과 관련된 불가벌적 사후행위의 성립여부가 아니라 선행처분행위에 대한 횡령판단에 대해 의문을 제기하는 방향으로 나타난다. 이러한 의문의 근저에는 횡령과 배임의 구별에 관한 판례의 법리와 학계의 견해 차이 및 재물과 재산상의 이익의 구분에 관한 차이가 깔려 있다.

III. 횡령죄의 본질과 배임과의 구분

1. 기존 판례의 법리 정리

선행처분행위에 대한 법률적 판단인 횡령죄는 타인의 재물을 보관하는 자가 그 재물을 횡령하거나 반환을 거부함으로써 성립하는 범죄이다. 그 보호법익의 보호정도에 대해 학계의 다수는 소유권에 대한 침해범이라고 하는데 반해, 대법원판례는 위험범이라고 한다.[22] 또 횡령죄의 기수시기에 관해서도 표현설[23]과 실현설[24]의 대립이 있지만, 대법원판례는 타인의 재물에 대한 소유권을 침해하는 "영득의 의사가 외부에 인식될 수 있는 객관적 행위를 하였을 때"[25] 또는 "자기의 점유하에 있는 피해자 소유의 원사(原絲)에 대하여 불법영득의 의사로 연사의 가공행위를 한 이상 그 불법영득의 의사가 객관적으로 외부에 표현된 것이라고 보겠으므로 이로써 횡령되는 기수가 된다."[26]고 판시하고 있다.

이러한 표현설의 입장은 횡령죄를 위험범으로 파악하는 판례의 입장과 이론적인 정합성이 있지만,[27] 재물죄인 횡령죄의 본질에 대한 영득행위설과는 상충되는 설명이다.[28] 횡령죄의 본질에 대해서는 영득행위설[29]과 월권행위설[30]이 대립하고 있지만, 판례는 일관하여 영득

22) 대법원 1975. 4. 22. 선고 75도123 판결; 2002. 11. 13. 선고 2002도2219 판결; 2009. 2. 12. 선고 2008도10971 판결 등 참조.

23) 불법영득의사가 외부적·객관적으로 인식할 수 있을 정도로 표현된 때에 기수이다.

24) 횡령죄의 기수시기는 처분행위로 인하여 불법영득의 의사가 객관적으로 실현된 때다.

25) 대법원 1998. 2. 24. 선고 97도3282 판결; 1993. 3. 9. 선고 92도2999 판결.

26) 대법원 1981. 5. 26. 선고 81도673 판결.

27) 김성돈, 형법각론, 410면.

28) 그 결과 대법원도 [대상판결]과 같이 명의수탁자가 신탁 받은 부동산을 처분한 몇몇의 경우에는 "위 부동산에 관한 근저당권설정등기를 마치는 때"(대법원 1986. 9. 10. 선고 85도86 판결) 또는 "건물을 자기명의로 보존등기를 한 때에 부동산에 관한 횡령죄의 기수가 된다."(대법원 1993. 3. 9. 선고 92도2999 판결)고 판시하여 일부 실현설의 입장을 취하기도 하였다.

29) 이 견해에 의하면, 위탁받아 보관하고 있는 물건을 불법으로 영득함으로써 그 신임관계를 배반한 점에 횡령죄의 본질이 있다고 한다.

30) 이 견해에서는 위탁받은 보관물에 대해 권한을 초월하는 행위를 하여 위탁의 기초가 된 신임관계를 깨뜨리는데 횡령죄의 본질이 있다고 한다. 정성근, 형법각론, 전정판, 법지사, 1996. 9, 512면; 정성근·박광민, 형법각론, 제4판, 삼영사, 2011. 8, 420면.

행위설의 입장을 취하고 있기 때문이다.[31] 다른 한편으로 선행처분행위의 법적인 판단으로 논의되는 배임죄의 본질에 관해서도 권한남용설[32]과 배신설[33]이 대립하는데, 판례는 일관되게 배신설의 입장을 따르고 있다.[34]

이러한 횡령죄 및 배임죄의 본질에 관한 견해의 차이는 두 범죄의 구별과 양자의 관계에 대해서까지 그 설명을 달리하게 된다. 판례의 태도인 배신설에 의하면, 사실상의 신뢰관계에 대한 위배만 있더라도 배임죄가 성립할 수 있다. 즉, '신임관계의 배반'이라는 점에서 횡령죄와 배임죄는 그 성질을 같이 하지만 행위객체가 보관하는 '재물'인가, 재산일반인가에 따라 구별된다고 한다.[35] 이를 흔히 횡령죄와 배임죄는 그 행위객체가 재물인가 재산상의 이익인가에 따라 구별되고, 양자는 '특별관계'에 있다고 표현한다.[36]

요컨대 대법원의 입장에 의하면, 횡령죄는 타인의 재물을 보관하는 자가 그 재물을 횡령하는 경우에 성립하는 재물죄이고, 그 구성요건적 행위인 횡령행위는 불법영득의사를 외부로 표현하는 일체의 행위로서 타인의 재물을 점유하는 자가 그 점유를 자기를 위한 점유로

31) 대법원 1994. 9. 9. 선고 94도619 판결; 1999. 2. 23. 선고 98도2296 판결; 2002. 2. 5. 선고 2001도5439 판결 등 참조.

32) 법적 대리권의 남용에 배임죄의 본질이 있다.

33) 배임죄의 본질은 사실상의 신임관계를 침해하여 타인의 재산을 침해하는데 있다.

34) 대법원 1999. 9. 17. 선고 97도3219 판결; 2002. 6. 14. 선고 2001도3534 판결; 2007. 6. 1. 선고 2006도1813 판결 등: 배임죄의 주체인 타인의 사무를 처리하는 자라 함은 타인과의 대내관계에 있어서 신의성실의 원칙에 비추어 그 사무를 처리할 신임관계가 존재한다고 인정되는 자를 의미하고 반드시 제3자에 대한 대외관계에서 타인의 재산을 처분할 적법한 대리권이 있음을 요하지 아니 한다.

35) 김성돈, 앞의 책, 431면.

36) 그러나 권한남용설에 의하면, 재산처분에 관한 법적 대리권이 있는 자만이 배임죄의 주체가 되고, 따라서 배임은 법률행위에 의해, 횡령은 사실행위에 의해 성립하며 양자는 '택일관계'에 있다고 하게 된다. 횡령죄와 배임죄의 관계를 택일관계로 보는 입장으로는 신동운, 형법총론, 제6판, 법문사, 2012. 3, 744면 이하; 하태훈, 판례중심 형법총·각론, 법원사, 2006. 6, 604면 등 참조.

바꾸려고 하는 의사를 가지고 그러한 영득의 의사가 외부에 인식될 수 있는 객관적 행위를 하였을 경우 그 재물 전체에 대한 횡령죄가 성립하고,[37] 일단 횡령을 한 이후에 다시 그 재물을 처분하는 것은 불가벌적 사후행위에 해당하여 처벌할 수 없다고 하게 된다.

2. 횡령과 배임의 구별에 관한 새로운 시도들

횡령죄와 배임죄는 죄질이 동일하고 동일법조가 적용되며 동일형량이 귀속되기 때문에 실무상으로 구별실익이 없다는 견해[38]도 있지만, 양죄는 죄명을 달리 하고 있을 뿐만 아니라 이들 범죄로 인한 이득액의 구분에 따라 가중처벌하는 "특정경제범죄 가중처벌 등에 관한 법률"(이하 특경법이라 약칭한다.) 제3조의 적용 및 그 범죄적 불법수익의 박탈방법에 있어서도 구별실익이 있다고 본다.[39] 특히 [대상판결]과 관련해서는 선행처분행위를 횡령죄로 판단하였을 때에는 그 재물 전체에 대한 횡령죄가 성립되고 일단 횡령을 한 후에 다시 그 재물을 처분하는 행위는 횡령죄의 불가벌적 사후행위에 해당하여 처벌되지 않는다. 반면에 재산상의 이익을 취득객체로 하는 배임죄로 보게 되면, 범행객체가 동일한 부동산이더라도 신임관계배반의 처분행위를 할 때마다 별도의 배임죄가 성립할 수 있으므로 그 구별실익이 없는 것이 아니다.[40]

위와 같은 구별의 실익에도 불구하고 횡령죄와 배임죄의 구별기

---

37) 그러나 월권행위설에 의하면, 타인의 보관물을 위탁의 취지에 반하여 일시사용·손괴·은닉의 목적으로 처분하는 등 불법영득의 의사가 없는 경우에도 배신적 권한일탈이 있는 한 횡령죄가 성립하게 된다(김성돈, 앞의 책, 396면 참조).

38) 손동권, "양도담보물을 임의처분한 경우의 형사책임", 형사정책연구 제20권 제1호, 한국형사정책연구원, 2009. 3, 551면.

39) 허일태, "위탁금전과 형법상 소유권개념", 비교형사법연구 제5권 제1호, 한국비교형사법학회, 2003. 7, 271면; 김재윤, "횡령죄와 배임죄의 관계", 법학논총 제30집 제1호, 전남대학교 법률행정연구소, 2010. 4, 137면.

40) 문영식, "횡령죄와 배임죄의 구별", 형사법의 신동향 통권 제34호, 검찰, 2012. 3, 295~296면.

준이 일의적인 것은 아니다. 앞서 요약한 판례입장과 같이 학계의 전통적인 견해는, 횡령죄가 타인에 대한 신임관계를 위반한다는 점에서 배임죄와 그 법적 본질을 같이 하지만 횡령의 객체는 재물임에 반해 배임의 그것은 재산상의 이익이라는 점에서 차이가 있다고 하는 객체기준설의 입장이다.[41] 이에 대해 최근에는 재산범죄의 객체로서 재산상의 이익이 재물을 반드시 배제하는 대척관계에 있는 개념은 아니라고 이해하여 횡령죄와 배임죄의 구별은 행위객체만이 아니라 행위주체에서도 차이가 있다는 주체·객체기준설,[42] 행위객체와 불법영득의사의 유무를 기준으로 하는 영득행위기준설,[43] 그리고 구성요건요소를 종합적으로 검토하여 구별하는 구성요건기준설[44] 등이 주장되고 있다.[45]

횡령죄와 배임죄의 구별 내지 그 관계를 규명하려는 위의 견해들은 서로 대립하는 것이 아니다. 형법각칙 각장의 편제는 공통된 보호법익과 이를 침해·위태화하는 행위태양을 중심으로 구성되어 있음에

41) 여기서는 특히 김일수, 새로 쓴 형법각론, 제4판, 박영사, 2001. 8, 389면; 오영근, 형법각론, 제2판, 박영사, 2009. 3, 499면; 이재상, 형법각론, 제9판, 박영사, 2013. 7, 388면; 김성돈, 앞의 책, 431면 등 참조.

42) 횡령죄의 객체는 재물이지만, 배임죄의 객체인 재산상의 이익이 재물을 배제하는 것이 아니라 포함하는 것이다. 횡령의 주체(타인의 재물을 보관하는 사무처리자)는 배임의 주체(타인의 사무처리자)에 대해 특수성을 지니고 있다. 이와 같이 주체 및 객체의 측면에서 횡령죄는 배임죄에 대해 특별규정이다. 임 웅, "재산범죄에 있어서 '재물'과 '재산상의 이익'개념에 대한 비판적 고찰", 형사법연구 제21권 제4호, 한국형사법학회, 2009. 12, 370면; 동, 형법각론, 개정판 보정, 법문사, 2008. 3, 441면.

43) 김재윤, 앞의 논문, 148면; 횡령과 배임은 택일관계에 있다고 한다. 횡령죄의 본질에 관한 월권행위설의 입장에서는 정성근, 앞의 책, 534면; 횡령과 배임은 기본적으로 특별관계에 있으며, 배임죄는 타인의 재물을 제외한 재산일반에 대한 배신행위를 처벌하기 위한 것으로서 횡령죄의 보충규정의 의미도 가지게 된다.

44) 횡령죄와 배임죄는 보호법익은 물론 주체, 객체, 실행행위 등의 객관적 구성요건과 고의, 불법영득의사 등 주관적 구성요건을 종합적으로 검토하여 구별한다. 허일태, 앞의 논문, 271면; 문영식, 앞의 논문, 304면 이하, 특히 309면.

45) 여기에 거론되어 있는 학설의 구체적인 내용과 그에 따른 횡령과 배임의 관계에 대하여 자세한 설명은 문영식, 앞의 논문, 296~310면 참조.

주목한다면, 각 범죄유형의 종(種)적 구별에 있어서도 형식적인 구성요건을 중심으로 하되, 실질내용에서는 보호법익과 행위태양을 고려해야 할 것이다. 이러한 고려는 바로 구성요건기준설의 기본취지로서 일리가 있다고 본다. 그렇지만 횡령과 배임의 구별의 정확성에서는 구성요건기준설이 객체기준설보다 명확할 수 있겠지만, 그 구별기준으로서의 객관성은 구성요건에 명시적으로 기술되어 있는 행위객체(또는 취득대상)를 중시하는 객체기준설에서 찾을 수밖에 없다. 바로 여기에 객체기준설이 전통적인 통설·판례의 입장인 이유가 있는 것이다.

나아가 구성요건의 행위객체(내지 대상)와 보호대상(내지 객체)의 표현차이에도 유의해야 할 점이 있다. 횡령죄의 객체가 "타인의 재물"이고, 배임죄의 객체가 "재산상의 이익"으로 구성요건적으로 명시되어 있어도 그 '객체'의 의미하는 바는 다를 수 있다는 말이다. 횡령죄의 객체가 공격의 대상인 동시에 행위의 객체라면 배임죄의 객체는 공격대상이 아니라 보호대상으로서 취득의 객체라고 한다.[46]

요컨대 횡령과 배임은 그 죄명을 달리 하고 있을 뿐만 아니라 그 보호법익도 재물에 대한 소유권과 재산일반으로 차이가 있다. 이를 감안하다면 재물과 재산상의 이익을 반드시 대척개념으로만 파악해야 할 것은 아니다.[47] [대상판결]에서 반대의견이 부동산에 대한 근저당권설정행위에 대한 횡령죄의 성립을 긍정한 기존의 입장에 의문을 제기한 것이나, 별개의견에서 판례변경의 범위에 대해 다수의견과 차이를 보이는 이유도 여기에 있는 것으로 추론된다.

46) 문영식, 앞의 논문, 305~306면.

47) 횡령죄와 배임죄의 관계를 특별관계로 파악하는 입장에서는 더욱 그러하다. 횡령죄와 배임죄의 구별기준에 다양한 견해들이 주장되고 있는 것은 각 죄의 본질과 그러한 처벌규정으로써 보호하는 법익 및 금지하고자 하는 행위에 차이가 있기 때문이다. 횡령죄와 배임죄의 본질 및 양자의 관계에 관한 분석적 검토 및 심층적 논의는 다음 기회에 살펴볼 것을 기약한다.

3. 보관부동산에 대한 근저당권설정행위의 횡령죄 성립여부 검토

(1) 부동산 횡령죄에서의 보관 및 보관자의 의미에 관하여

횡령죄에 있어서 '보관'은 위탁자에 대해 신임관계의 기초를 의미하는 것이고, 행위자에게는 타인의 재물에 대한 영득의 유혹 내지 남용위험을 강하게 하는 기능을 한다. 바로 이 때문에 횡령죄의 보관은 타인의 재물을 사실상 지배하고 있는 경우뿐만 아니라 법률상의 지배·처분이 가능한 상태까지 포함되는 것이다.[48] 특히 부동산에 관한 횡령죄에서 보관자의 지위는 그 점유를 기준으로 하는 것이 아니라 그 부동산을 제3자에게 유효하게 처분할 수 있는 권능의 유무를 기준으로 결정하고 있다.[49]

[대상판결]에서 선행범죄행위는 종중의 토지를 명의신탁 받아 피고인이 보관하던 중 개인채무를 변제하기 위하여 이 사건 토지에 근저당권을 두 번에 걸쳐 설정한 행위이다. 부동산실명법에 의하더라도 종중의 명의신탁은 조세포탈, 강제집행의 면탈 또는 법령상 제한의 회피를 목적으로 하는 경우가 아니한 유효하고, 따라서 그 소유권은 신탁자인 종중에게 있다.[50] 명의수탁자는 등기부상의 명의에도 불구하고 법적으로는 소유권자가 아니기 때문에 명의신탁자에게 반환해야 할 재물을 보관하고 있는 자에 해당하게 된다.

이에 대해 합법적인 명의신탁의 경우에도 명의수탁자가 보관부동산을 임의로 처분한 경우는 자기가 보관하고 있는 '자기소유'의 부동산을 처분하는 행위에 해당하므로 횡령죄를 구성할 수 없고 배임죄의

48) 대법원 2000. 8. 18. 선고 2000도1856 판결.

49) 대법원 2007. 5. 31. 선고 2007도1082 판결; 2004. 5. 27. 선고 2003도6988 판결; 1987. 2. 10. 선고 86도1607 판결 등 참조. 대법원은 미등기건물의 관리를 위임받아 보관하고 있는 자가 자기명의로 보존등기를 한 때 횡령죄의 성립을 인정하였지만(대법원 1993. 3. 9. 선고 92도2999 판결), 공동상속인이 다른 공동상속인의 상속지분을 임의로 처분한 경우에는 그 처분권능이 없었기 때문에 횡령죄가 성립하지 않는다고 판시하였다(대법원 2000. 4. 11. 선고 2000도565 판결).

50) 부동산실명법 제8조(종중 및 배우자에 대한 특례) 참조.

성립만이 문제된다고 보는 견해도 있다.[51] 즉, 부동산실명법 제8조에 의한 '유효한' 명의신탁의 경우에는 등기명의자와 제3자와의 매매계약 및 소유권이전의 물권변동의 효력이 있으므로 명의신탁부동산의 소유권이 명의수탁자인 등기명의자에게 있는 것으로 해석하기 때문이다. 반면에 도법 제4조에 의한 '무효의' 명의신탁인 경우에는 당연히 그 소유권이 명의신탁자에게 남아 있고 따라서 등기명의에도 불구하고 수탁자에게는 소유권이 인정되지 않는다고 한다. 그 이유는 무효의 제3자 대항력을 규정한 동법 제4조 제3항과 부동산명의의 실명전환을 강제하기 위한 제6조(이행강제금)에서 찾고 있다.[52]

이러한 설명은 명의수탁자의 임의처분행위가 횡령죄인지 아니면 배임죄인지는 명의수탁자의 보관자로서의 지위가 아니라 명의신탁부동산의 소유권의 귀속문제에 달려 있다고 보는 것이다. 즉, 명의수탁자의 보관부동산이 타인소유인 때에는 횡령죄가 성립하고 자기소유인 경우에는 배임죄가 성립한다는 결론을 맺고 있다.[53] 이러한 입장은 부동산명의신탁약정의 경우 지금까지 인정되던 '소유권의 관계적 귀속'을 더 이상 인정하지 않고, 명의신탁부동산에 대한 소유권의 귀속은 명의신탁약정 및 물권변동의 효력을 모두 부정하는 부동산실명법의 입법취지에 따라 법률로 '획일적으로' 결정하려는 것이다.[54]

---

51) 임 웅, 앞의 책, 415면. 명의신탁약정 및 부동산등기에 기한 물권변동의 효력을 무효로 정하고 있는 부동산실명법 제4조는 횡령죄의 주체인 '보관자의 지위'와는 무관하며 단지 횡령죄의 객체인 부동산에 관한 '소유권의 귀속'을 좌우하기 때문이라는 것이다(임 웅, 앞의 책, 410면 각주 16) 참조).

52) 임 웅, 앞의 책, 411면.

53) 명의수탁자에게는 보관자의 지위뿐만 아니라 명의신탁약정에 따라 '타인의 사무를 처리하는 자'로서 배임죄의 주체로도 인정되기 때문이다(임 웅, 앞의 책, 410면). 그런데 이 견해에서는 이와 같이 행위주체가 동일한 경우 횡령죄와 배임죄의 구분은 행위객체에 따라 구별된다고 보고 있다. 행위객체가 보관하는 타인의 재물인 경우 횡령죄가 성립하고 재산상의 이익, 즉 전체로서의 재산이 객체인 때에는 배임죄가 성립한다는 것이다(동, 앞의 책, 441면).

54) 이러한 입장은 물권법에서 부동산등기의 공신력과 물권변동의 무인성을 인정하는 견해와 일맥상통한다. 그러나 부동산실명법의 시행으로 부동산등기의 공신력을 전면적으로 인정할 수 있는가에 관해서는 견해가 일치되어 있지

하지만 부동산실명법의 입법취지는 부동산에 관한 소유권 기타 물권 등 실체적 권리관계에 부합하도록 실권리자명의로 등기하게 함으로써 등기제도를 악용한 투기나 탈세 등 반사회적 행위를 방지하고 부동산거래의 정상화와 투명성을 제고하기 위한 것인지, 명의신탁의 유·무효에 따라 부동산소유권의 귀속관계를 획일적으로 정하려는데 있는 것은 아니라고 본다.[55] 나아가 명의신탁약정의 유효와 물권변동의 유효를 예외적으로 인정하는 특례규정의 취지도 부동산의 실권리자인 종중이나 배우자에 대해 명의신탁부동산의 소유권을 박탈하려는 의미는 아닐 것이다.

대법원판례 역시 위와 같은 전제아래 횡령죄의 성립을 인정하고 있다. 대법원은 명의신탁이 부동산실명법 시행이후에 약정된 경우[56]이거나, 기존 명의신탁약정에서 실명등기 유예기간이 경과하기 전에 기존 명의신탁자의 반환요구를 수탁자가 거부함으로써 횡령죄가 기수로 된 후에 그 유예기간의 경과로 명의신탁약정이 무효가 된 경우[57]는 물론, 기존 명의신탁약정에서 유예기간이내에 실명등기를 하지 않음으로써 그 명의신탁약정 및 이에 따른 등기에 의한 물권변동이 무효로 된 이후에 명의수탁자의 처분행위가 이루어진 경우[58]에도 모두 횡령죄의 성립을 긍정하였다.[59]

않을 뿐만 아니라 부동산실명법 자체에서도 그에 대한 특례규정을 두고 있음(제8조 참조)에 유의해야 한다.

55) http://likms.assembly.go.kr/bill/jsp/SummaryPopup.jsp?bill_id=013166(국회의안정보시스템, 부동산실명법 제안이유) 참조.

56) 대법원 1999. 10. 12. 선고 99도3170 판결.

57) 대법원 1998. 8. 25. 선고 98도399 판결; 이와 관련하여 부동산실명법 제11조 및 제12조 참조.

58) 대법원 2000. 2. 22. 선고 99도5227 판결.

59) 다른 한편으로 대법원은 부동산실명법에 위반한 무효인 명의신탁약정에 기하여 타인명의의 등기가 마쳐졌다는 이유만으로 그 등기를 당연히 불법원인급여에 해당하는 것으로 보지는 않았다(대법원 2010. 9. 30. 선고 2010도8556 판결; 2003. 11. 27. 선고 2003다41722 판결). 이와 관련한 민법상의 논의에 대하여 자세한 것은 백경일, "불법원인급여반환금지규정의 적용제한에 관한 비판적 고찰", 재산법연구 제29조 제4호, 한국재산법학회, 2013. 2, 243면 이하참조.

요약컨대, 부동산실명법의 시행에도 불구하고 명의신탁의 경우에는 - 그 약정의 효력과 무관하게 - 신탁목적물의 소유권이 위탁자에게 있고(타인의 재물), 수탁자는 명의신탁부동산을 제3자에게 유효하게 처분할 수 있으므로(부동산실명법 제4조 제3항 참조) 명의수탁자는 타인의 재물인 그 부동산을 보관하는 사에 해당된다. 나아가 위탁관계가 법률상 무효·취소되더라도 보관물에 대한 사실상의 위탁관계는 여전히 인정되므로 횡령죄의 구성요소인 보관자의 지위를 인정하는데 지장이 없다.

(2) 불법영득의사가 미치는 범위 및 대상에 대하여

횡령행위의 의미에 대해 대법원은 ①불법영득의사를 실현하는 일체의 행위를 말하는 것으로서 ②이미 타인의 재물을 점유하고 있는 자가 그 점유를 자기를 위한 점유로 변개하는 의사 즉, ③불법영득의 의사가 외부에 인식될 수 있는 객관적 행위를 하였을 때에는 ④그 재물 전체에 대하여 횡령죄가 성립한다고 하며, 더 나아가 대법원은 ⑤일단 횡령행위를 완성한 이후에 다시 그 재물을 처분하는 것은 새로운 법익의 침해를 수반하지 않는 한 불가벌적 사후행위에 해당하여 처벌할 수 없다고 판시한다.[60] [대상판결]에 의하여 위의 ⑤해당부분이 변경되었고, 이는 선행처분행위로 인한 횡령행위의 대상이 되는, 그 영득의사가 미치는 범위가 되는 위의 ④판시사항과 밀접한 관련을 맺고 있다. 불가벌적 사후행위의 인정요건인 새로운 법익의 침해 여부

60) 대법원 2004. 12. 9. 선고 2004도5904 판결(①, ③); 대법원 1993. 3. 9. 선고 92도2999 판결(①, ②, ③); 대법원 1998. 2. 24. 선고 97도3282 판결(①, ②, ③, ④; ⑤ [대상판결]에 의해 변경). 대법원이 횡령죄에서 보호법익의 보호정도를 위험범으로 본다면(대법원 2002. 11. 13. 선고 2002도2219 판결; 2012. 8. 17. 선고 2011도9113 판결) 기수시기에 대해서는 표현설의 유지(위의 각주 25) 및 26) 참조)가 이론적인 정합성을 가진다. 하지만 횡령죄의 구성요건으로서의 횡령행위의 의미에 대하여 대법원의 위와 같이 기수시기에 관한 실현설의 입장을 따르는 것과 같은 판시를 하고 있다. 이러한 논리적인 부정합성은 횡령죄의 본질이 영득행위임을 간과할 수 없기 때문이라고 한다(김성돈, 앞의 책, 411면).

를 판단하기 위한 전제사실로서 횡령의 대상(객체) 또는 영득의사의 범위는, ④의 판시처럼 '재물 전체'인가 아니면 경우에 따라서는(여기서는 선행처분행위에 따른 구체적인) 보관부동산의 일부일 수도 있는가의 문제이다.[61)]

선행처분행위(근저당권설정)로 이미 보관부동산 '전체'에 대해 횡령죄가 완성된 후, 그 이후의 이용·처분행위(특히, 매각행위)는 횡령죄의 불가벌적 사후행위에 해당되는 것은 영득행위설의 당연한 귀결이다.[62)] 횡령죄에서 불법영득의사는 보관하고 있는 타인의 재물을 자기소유물인 것과 같이 이용하겠다는 의사를 의미하고,[63)] 하나의 물건은 한번 밖에 영득할 수 없다는 사고가 전제되어 있기 때문이다.

그러나 명의수탁자의 담보제공만으로 그 보관부동산 전체에 대해 횡령죄가 성립하는가의 문제는 영득행위의 성질·내용보다는 오히려 수탁자의 영득의사의 내용·대상과 관계있는 문제라고 하겠다.[64)] 횡령죄와 절도죄를 보호객체에 따라 즉, 영득의 대상(타인소유·자기점유의 재물)과 달리 점유이전을 요건으로 하는 절취의 객체(타인소유·타인점유의 재물)로 구분하고 있는 형법의 규정태도를 감안한다면, 횡령죄에서 영득의 객체가 반드시 재물전체여야 하거나 그 영득의사의 내용이 항상 재물전체를 대상으로 해야 할 필연성은 없다고 본다.[65)]

[대상판결]은 횡령물의 처분행위에 의해 침해된 법익이 선행의 횡

61) 환언하면, 선행처분행위로 이미 성립한 재물죄인 횡령죄에서 행위자의 영득의사는 보관부동산 전체에 대한 것인가, 아니면 객관적인 근저당권설정행위에 대한 주관적인 반영만인가의 의문이다.

62) 조현욱, "명의수탁자의 보과부동산 후행 처분행위의 불가벌적 사후행위 해당여부", 법학논고 제42집, 경북대학교 법학연구원, 2013. 5, 200면; 문영식, 앞의 논문, 307면.

63) 횡령죄를 위시한 영득죄 전반에 있어서 불법영득의사의 범위와 기능에 대한 자세한 논의로는 이경렬, "재산범죄와 불법영득의 의사", 법조 통권 제578호, 법조협회, 2004. 11, 51면 이하; 특히 69~71면 참조.

64) 이상원, "횡령죄의 이득액과 가벌적 후행행위(하)", 저스티스 제132호, 한국법학원, 2012. 10, 240면.

65) 이상원, 앞의 논문, 240면; 조현욱, 앞의 논문, 201면.

령행위에 의해 침해된 법익의 범위를 초과하는 경우 불가벌적 사후행위가 아니라고 한다. 특히 원심판결(의정부지방법원 2010노594 판결)에서는 명의수탁자가 2차례에 걸쳐 종중의 승낙 없이 채권최고액 1,400만원과 750만원의 각 근저당권설정행위를 함으로써 근저당권자에게는 채권최고액의 범위로 제한된 담보권만이 이전되었고, 이 사건 토지에 관한 나머지 권리는 여전히 소유권자인 종중에게 유보되어 있으므로 선행처분행위로 인한 횡령죄의 침해법익은 종중의 소유권 중 근저당된 담보권 부분에 국한된다고 할 것이고,[66] 그 이후에 이 침해법익을 초과하는 후행처분행위인 매각행위는 이 사건 토지에 관한 종중의 소유권을 침해하는 별도의 횡령죄가 될 수 있다.[67]

Ⅳ. 법익침해의 결과발생과 법익침해위험의 발생 내지 증가의 문제

1. 불가벌적 사후행위의 정체와 법적 성질

1) 불가벌적 사후행위는 기본적으로 선행행위 이외에 별도의 사후행위를 필요로 하므로 일단은 수개의 행위를 판단대상으로 한다. 따라서 이와 같은 법형상은 법조경합의 문제영역에 해당되지 않는 것으로 설명하는 견해도 있다.[68] 즉, 법조경합은 1개의 행위에 대해 구성요건(법조)의 경합이 발생하는 경우이고, 불가벌적 사후행위는 선행행위와 후행행위가 경합하는'부진정실체적 경합'관계가 발생하는 경우라

---

66) 우인성, "횡령죄의 불가벌적 사후행위에 관한 판례의 변경", 사법 제24호, 사법발전재단, 2013. 6, 351~352면.

67) 우인성, 앞의 논문, 305면; 이상원, 앞의 논문(상), 저스티스 제131호, 한국법학원, 2012. 8, 198면; 이에 반해 보관부동산의 교환가치의 전부나 대부분의 영득인 경우에는 횡령죄가 성립하나 그렇지 않는 경우에는 배임죄를 구성한다고 보는 입장도 있다(문영식, 앞의 논문, 314면).

68) 임 웅, 형법총론, 개정판 제2보정, 법문사, 2008. 11, 553면; 동, "불가벌적 사후행위, 사전행위, 수반행위에 대한 형법적 고찰", 형사정책연구 제20권 제3호, 한국형사정책연구원, 2009. 9, 282면; 박상기, 형법총론, 제9판, 박영사, 2012. 3, 521면.

고 한다. 불가벌적 사후행위가 다수행위를 대상으로 하는 법형상이라면, 위의 견해에 의하더라도 후행행위가 선행의 범죄행위와 실체적 경합관계에 있는가 아니면 포괄하여 1개의 죄로 평가될 수 있는가의 판단이 중요할 것이다.

그러나 죄수판단에서 법조경합을 1죄의 하위유형으로 분류하지 않고 구성요건표준설의 입장에서 1죄의 '판단과정'으로 이해하는 견해에 의하면,[69] 1개의 행위에 대해서는 법조경합이, 불가벌적 사후행위는 수개의 행위에 대한 구성요건의 부진정실체적 경합관계라는 언명은 설득력을 상실하게 된다. 또한 죄수판단을 기본적으로 행위표준설에 따르는 위의 견해에서 말하는 1개의 행위(Handlungeinheit)는 실제로는 범죄를 의미하는 것이므로 부진정실체적 경합에서의 행위 및 상상적 경합에서의 행위와 그 구분에 혼동이 있다고 본다.

다른 구성요건을 충족하는 수개의 행위가 존재하는 때에는 원칙적으로 수죄가 성립하는 것이 당연하다. 수개의 행위가 이질의 구성요건을 충족시키는 때에는 행위의 불법내용을 달리하고 있으므로 1개의 처벌규정으로 1회 평가하는 것이 불가능하기 때문이다. 반대로 특수한 경우 1개의 구성요건에 의한 1회적인 평가가 가능한 때에는 이를 불가벌적 (사후)행위로 관념하고 포괄1죄의 한 유형으로 볼 수도 있다.[70]

2) 불가벌적 사후행위를 인정함에 있어 후행행위와 선행행위가 실체적 경합인지, 포괄1죄인지는 이들 두 개의 행위를 '동시에 평가하는 경우'에 의미가 있는 것이다. 그렇지만 선행의 범죄행위가 완성된 후에 이루어진 후행행위의 가벌성 여부를 사후적으로 결정하는 불가

69) 이에 대해서는 이경렬, "죄수결정기준과 법조경합의 본질", 형사법연구 제22호, 한국형사법학회, 2004. 12, 96면 이하; 오영근, 형법총론, 제2판(보정판), 박영사, 2012. 3, 686면 각주 1) 등 참조.

70) 虫明 滿, 앞의 책, 255면; 김정한, "불가벌적 사후행위의 본질과 처벌에 관한 고찰", 인권과정의 제429호, 대한변호사협회, 2012, 53면. 이에 대해 가벌적 후행행위는 선행횡령행위와 실체적 경합관계에 있다고 보는 견해로는 조현욱, 앞의 논문, 209면. [대상판결]의 사안과 같은 경우에는

벌적 사후행위의 성립판단에 있어서는 선행범죄행위의 불법내용에 대한 사후적 평가와 후행행위의 불법내용의 비교형량이 더욱 중요한 의미를 지니게 된다. 이러한 판단에서도 결국 정당한 처벌이라는 관점에서 선행범죄행위의 불법(및 책임)내용에 후행행위의 그것이 흡수되는 것으로 평가할 수 있는지가 관건이다.

처벌된 선행범죄에 후행하는 사후행위에 대해 가벌성이 문제되고, 후행행위의 가벌성이 선행범죄의 불법내용에 흡수되어 있는 것으로 판단되는 경우를 특히, 불가벌적 사후행위라는 법형상을 통해 관념하는 것이다. 후행행위의 가벌성에 착안하여 이 문제를 고찰하면, 사후행위를 처벌하는 것은 선행범죄의 불법내용을 거듭 처벌하는 이중처벌금지의 소송법적인 문제와 연계된다. 이중처벌금지원칙은 일사부재리의 또 다른 표현으로, 후행행위의 가벌성은 선행범죄의 재판에서 문제된 공소사실과의 동일성 내지 (잠재적) 심판대상으로 논의되어야 할 것이다.[71]

그렇지만 불가벌적 사후행위라는 법형상은 후행행위가 범죄성립요건을 흠결하고 있는 것이 아니라 이미 범죄성립을 충족하지만 처벌된 선행행위의 불법내용과 관련하여 이를 별도로 처벌하지 않겠다는 의미다. 따라서 불가벌적 사후행위라는 법형상에는 후행행위에 대한 별도의 처벌이 정당한 형벌인가라는 형벌부과의 정당성확보라는 문제와 연계되어 있는 것도 사실이다. 이 문제는 결국 범죄론과 형벌론의 접합영역에서 다루어지고 형사법이론체계의 편재로는 죄수론의 문제로 구성하는 것이 타당하다.

2. 법익의 새로운 침해·위태화 대(對) 불법의 증가

[대상판결]은 타인의 부동산을 보관하던 자가 불법영득의사를 가

71) 이와 같은 문제적 시각에서 불가벌적 사후행위의 인정여부에 관한 소송법적인 논의에 대해서는 이경렬, "약식명령의 기판력과 불가벌적 사후행위의 인정여부", 홍익법학 제15권 제1호, 홍익대학교 법학연구소, 2014. 2, 945면 이하 참조.

지고 그 부동산에 근저당권을 설정하여 등기를 마침으로써 횡령죄가 기수에 이른 후 같은 부동산에 별개의 근저당권을 설정하여 새로운 법익침해의 위험을 추가한 경우에도 이를 불가벌적 사후행위로 보지 않는다고 종래의 판례를 변경하고 있다. 불가벌적 사후행위로 평가받기 위하여 후행행위의 침해법익은 선행범죄의 피해법익과 동일하거나 그 불법의 정도를 능가하지 말아야 한다. 구성요건해당적인 사후행위가 다른 새로운 법익을 침해하는 경우는 별도의 범죄가 성립되고 불가벌적 사후행위에 해당되지 않는다. 또한 사후행위가 동일한 피해자의 다른 법익을 침해하거나 선행범죄의 불법을 초과하는 경우에도 불가벌적 사후행위로 평가받을 수 없다.[72] 결국, 불가벌적 사후행위로 인정되기 위해서는 선행범죄와 다른 새로운 법익을 침해하거나 이미 침해된 불법의 양을 초과하지 말아야 한다.[73]

그런데 [대상판결]에는 이러한 불가벌적 사후행위의 인정요건에 대해 논란의 여지를 남겨두고 있다. 선행처분행위에 의한 범죄가 "기수에 이른 후 종국적인 법익침해의 결과가 발생하기 전에 … 후행처분행위가 새로운 위험을 추가하는 것이 아니라면 … 평가된 위험에 포함되는 것이므로 후행처분행위는 이른바 불가벌적 사후행위에 해당한다. 그러나 새로운 위험을 추가함으로써 법익침해에 대한 위험을 증가시키거나 선행처분행위와는 무관한 방법으로 법익침해의 결과를 발생시키는 경우라면, 이는 선행처분행위에 의하여 … 평가된 위험의 범위를 벗어나는 것이므로 … 별도로 …죄를 구성"하며 불가벌적 사후행위에 해당되지 않는다고 한다.

---

72) 임 웅, 앞의 논문, 283면에서는 선행행위에 의해 한번 처벌된 것으로 평가된 결과불법은 사후행위에 의해 재차 결과불법의 평가를 받아 처벌될 수는 없다고 한다. 특히 동, 형법총론, 553면 각주 21-1)에서는 사후행위의 '결과'불법이 선행행위의 결과불법보다 더 중하더라도 사후행위의 불법이 선행행위의 '행위'불법의 포괄적 범위 내에 해소될 수 있는 경우에는 사후행위가 불가벌일 수 있으며, 점유이탈물횡령의 선행행위와 손괴의 후행행위를 그 예로 들고 있다.

73) 김성돈, 형법총론, 716면.

그러나 횡령죄는 그 보호법익이 '소유권'이고 '상태범'의 성격을 지니고 있다. 선행처분행위로 횡령의 실행행위가 종료되고 그 구성요건적 결과도 발생함으로써 범죄가 기수로 된 후에 행해진 횡령물의 이용·처분행위는 불가벌적 사후행위에 해당되므로 별도의 범죄를 구성하시 않지만, '새로운 법익침해·위태화'가 있는 경우에는 별도의 범죄가 성립한다. 그런데 [대상판결]에서 다수의견의 태도는 선행처분의 근저당설정행위와 무관하게 해당부동산을 매각함으로써 법익침해의 새로운 결과를 발생시킨 후행처분행위의 가벌성을 인정하기 위하여 그 이론적 근거를 제시하고 있는 것과는 별개로, 그와 함께 새로운 법익침해가 아닌 단지 법익침해에 대한 위험의 추가만을 이유로 사후행위의 불가벌성을 부정하는 것이므로 그러한 판례변경을 이론적으로 정당화하기 곤란하다. 횡령죄의 본질적 불법내용은 재물에 대한 소유권의 침해(또는 침해의 위태화)에 있다고 한다면, 단순히 법익침해의 위험만을 증가시킨 경우는 - 질적인 측면에서의 - 새로운 불법의 증가가 아니라 기존불법의 양적인 증대에 불과하며, 이는 결국 사후행위가 별도의 새로운 법익을 침해하지 않았을 것이라는 불가벌적 사후행위의 소극적 인정요건을 여전히 충족시키지 못한 것으로 판단되기 때문이다.[74] 또한 [대상판결]의 다수의견은 횡령죄의 성립여부를 판단해온 기존의 다른 판례태도와 비교하더라도 그 규범논리의 일관성에 많은 문제점을 노정시키고 있다.

V. 횡령죄의 법리에 관한 대법원 규범논리의 일관성과 관련하여

1) [대상판결]은 명의신탁부동산에 대한 근저당권설정행위로 횡령죄가 기수로 된 후, 그 보관부동산에 별도의 근저당권을 설정하는 행위는 법익침해의 새로운 위험을 추가함으로써 법익침해의 위험을 증가시켰기 때문에 또한 그 보관부동산에 대한 매각행위는 기존의 근저

74) 김성돈, 형법각론, 414~415면.

당권과 무관한 새로운 법익침해의 결과를 발생시켰기 때문에 그러한 후행처분행위들은 선행횡령죄의 불가벌적 사후행위가 아니라 별도의 횡령죄를 구성한다는 것이다. 횡령물의 사후적인 이용·처분행위에 대한 불가벌적 사후행위의 인정에 관한 기존의 판례를 변경하고 있는 [대상판결]의 결론은, 선행처분행위에 비해 후행처분행위의 불법이 훨씬 큰 경우에도 횡령죄의 불가벌적 사후행위로 처벌되지 않는다는 기존의 사회일반인의 실질적 정의 관념에 반하는 판례의 문제를 해소한 것으로 어느 정도 수긍이 가는 바도 있다.

그러나 대상사건에서 명의수탁자를 처벌해야 할 필요성만으로 판례에서 일관되게 유지되어오던 횡령죄의 법리판단에 규범논리적인 혼란을 초래할 수 있는, 불가벌적 사후행위의 법리를 변경하여 명의수탁자를 처벌해야 할 정도의 규범이론적인 정당성을 가지고 있는가에 대해서는 의문이 남아 있다.

2) 대법원의 결론은 먼저, 횡령죄의 본질을 영득행위로 파악하는 기존의 입장과 충돌한다. 영득행위설에 의하면, 이 사건과 같이 명의수탁자가 보관부동산에 근저당권을 설정하여 횡령한 경우에도 그 법익침해의 결과나 위험이 보관부동산의 전체에 미치게 된다. 영득행위의 대상객체가 재물 전체이기 때문이다. 이와 같은 전체가치설의 입장에 대해서는 횡령의 이득액과 관련하여 특경법상의 가중처벌규정(제3조)을 적용함에 있어 중대한 문제점을 노정시킨다는 학계의 정당한 비판이 있었음에도 불구하고, 대법원은 이에 직접 답하지 않고 단지 후행처분행위에 대한 처벌의 필요성에 대해서만 정당성을 부여하기 위하여 우회적으로 불가벌적 사후행위의 성립요건을 수정하고 있다. 선행행위와 후행행위의 불법성비교에서 전통적으로 인정되어 오던 새로운 법익의 침해라는 소극적 성립요건에는 후행행위로 인한 선행행위의 법익침해 내지 위험을 증가시킨 경우까지 포함되는 것으로 확대해석함으로써 불가벌적 사후행위의 성립범위를 제한하고 별도의 범죄성립가능성에 여지를 제공하고 있다.

다음으로 대법원이 제시하고 있는 불가벌적 사후행위의 소극적 성립요건으로서, 선행처분행위를 능가하는 예견불가의 새로운 위험추가로 인한 법익침해의 위험증가 또는 그와 무관한 새로운 법익침해의 결과발생도 특별한 사정이 없는 경우에 한하여 별도의 범죄를 구성한다는 점이다. 그러나 불가벌적 사후행위와 별도의 범죄성립에 결정적인 사유가 되는 특별한 사정은 불가벌적 사후행위라는 법형상의 개념·본질과 관련하여 - 소송법적인 측면에서 - 선행처분행위로 인한 횡령죄의 성립여부에 대한 기존의 판단에서 즉, 법원의 잠재적 심판대상으로도 전혀 고려되지 않은 새로운 범죄사실을 의미하는 것인지, 아니면 실체법적인 관점에서 불가벌적 사후행위의 성립요건과 관련하여 행위자가 '주된 행위로 처벌되지 않았다'는 우연적인 사정을 나타내고자 한 것인지가 명확하지 않다는 한계가 있다.

[대상판결]은 불가벌적 사후행위와 별도의 범죄성립에 결정적인 사유가 되는 특별한 사정이 어떤 경우인지를 분명히 하였어야 했다. 다만, 대상사안에서는 피고인이 선행처분행위의 공소시효완성으로 처벌되지 않아 후행처분행위에 대한 처벌의 필요성이 있었다는 정도의 추측을 가능하게 한다.[75] 그러나 이와 같은 추론이 정당화되려면, 불가벌적 사후행위가 불가벌인 이유는 선행처분행위의 불법성의 대한 판단과 정당한 내지 충분한 처벌에 있는 것으로 이해되어야 한다. 즉 불가벌적 사후행위의 불가벌성은 실체법적인 양형과정에서 고려되는 것만으로 충분한지, 이에 덧붙여 선행행위의 처벌과 연계하여 심판대상, 공소사실의 동일성 등 소송법적인 사건에서도 모색해야 할 것인지에 대하여 이 법형상의 원초적 문제에 대한 성찰이 필요한 이유이다.[76] [대상판결]은 물론 학계의 다수도 이와 달리 선행처분행위의 처벌유무와 상관없이 후행행위와 선행행위간의 불법성에 대한 비교형량

75) 정정원, 앞의 논문, 378면.

76) 불가벌적 사후행위라는 법형상의 정체, 선행행위의 처벌여부와 관계된 성립요건의 문제, 종된 행위의 처벌에 의한 기판력의 문제 등 소송법적인 관련 문제점에 대한 자세한 논의는 다음의 기회에 검토할 것을 기약한다.

만을 제시하고 있다.

3) 문제에 대한 대법원의 미온적인 해결태도는 횡령죄의 본질, 횡령의 기수시기, 배임죄와의 구별 나아가 특경법에 의한 가중처벌 등에 규범논리적인 혼란을 가중시키고 있다. 앞에서 검토한 것처럼, 원심판결의 이유에서 설시하고 있는 실질가치설의 입장에서 근본적인 재검토가 필요할 것이다. 그럼에도 대법원이 재물과 재산상의 이익으로 횡령과 배임을 구분하는 (엄격한) 객체기준설의 입장이라면, 앞의 실질가치설의 입장은 횡령죄의 법리와 일치하지 않는다는 점에 유의해야 한다. 이 경우에는 오히려 선행처분행위에 대하여 배임죄의 성립여부를 타진하는 반대의견이 규범논리적으로는 일관성이 있다고 생각한다.

[대상판결]에서 후행처분행위의 가벌성을 긍정하기 위하여 제시한 새로운 위험의 추가로 인한 불가벌적 사후행위의 불성립범위에 대해서는 별개의견이 기존의 판례태도와 일치하는 생각이다. 법익침해의 위험증가나 새로운 위험의 추가와 같이 비교형량되는 불법의 양적인 확대만으로는 포괄일죄의 하위유형으로 분류되는 불가벌적 사후행위의 불가벌성을 부정하기에는 충분하지 않다고 본다. 적어도 선행행위에 대한 불법(·책임)판단을 질적으로 변화시키는 새로운 법익의 침해나 위태화가 없는 한 후행행위는 선행범죄의 불가벌적 사후행위에 해당하는 것으로 평가하여야 한다. 대상사건과 같이 명의수탁자가 보관하고 있는 동일한 부동산에 대한 수회의 처분행위를 감행한 경우 횡령죄의 죄수는 위탁관계의 수를 기준으로 판단하고 있다.[77] 즉, 수개의 처분행위가 있더라도 위탁관계와 소유자가 같고 동일한 범의가 계속되면서 같은 행위태양이 이어진 때에는 포괄하여 1죄가 성립한다. 그 도중에 공범자의 변동이 있는 경우에도 수개의 처분행위가 포괄일죄의 인정기준을 충족하는 것이라면 별개의 죄가 되는 것이 아니라 포괄하여 1죄가 된다.[78]

---

77) 대법원 1979. 8. 28. 선고 79도161 판결; 1960. 8. 3. 선고 4293형상64 판결 등 참조.

위 [대상판결]은 명의수탁자에 대한 처벌의 필요성을 긍정하기 위하여 장장 7년4개월과 5년10개월에 걸친 총 13 여년의 기간에 걸친 범죄사실에 대하여 그 법형상의 본질을 도외시한 채 단지 법조경합이라는 이유만으로, 선행범죄의 불가벌적 사후행위라는 점을 부정하고 있다. [대상판결]의 결론은 포괄일죄의 성립과 관련된 대법원의 기존 태도와도 일치하지 않는 문제가 있다.

결론적으로 [대상판결]은 부동산실명법에 의하여 변동된 법제도적 현실에도 불구하고, 배임죄로 의율되어야 할 실체사안 또는 죄수판단을 달리해야 할 행위들에 대해 맹목적으로 횡령죄의 법리를 관철함으로써 발생하는 피고인의 행위와 책임에 상응하는 처벌의 부당성을 회피하기 위하여, 후행처분행위의 처벌에 결정적인 '특별한 사정'의 구체적인 설시도 없이 종래 이론과 판례에 의하여 인정되어오던 불가벌적 사후행위의 소극적인 성립요건을 부적절하게 확대해석함으로써 횡령물의 처분과 관련된 법리의 안정성에 대한 불필요한 대법원 규범논리의 혼란을 야기한 것으로 판단된다.

[주 제 어]
부동산명의신탁, 횡령죄, 불가벌적 사후행위, 불법영득의사, 대법원 2010도10500 전원합의체 판결

[Key words]
Titelfunktion, Unterschlagung, straflose od. mitbestrafte Nachtat, Zueignungswille, KorObGH 2010Do10500 Urteil.

접수일자: 2014. 5. 23. 심사일자: 2014. 6. 16. 게재확정일자: 2014. 6. 20.

78) 대법원 2009. 2.12. 선고 206도6994 판결 참조.

[참고문헌]

김성돈, 형법각론, 제3판, SKKUP, 2013. 9.

김성돈, 형법총론, 제3판, SKKUP, 2014. 3.

김일수, 새로 쓴 형법각론, 제4판, 박영사, 2001. 8.

박상기, 형법총론, 제9판, 박영사, 2012. 3.

신동운, 형법총론, 제6판, 법문사, 2012. 3.

오영근, 형법각론, 제2판, 박영사, 2009. 3.

오영근, 형법총론, 제2판(보정판), 박영사, 2012. 3.

이재상, 형법각론, 제9판, 박영사, 2013. 7.

임 웅, 형법각론, 개정판 보정, 법문사, 2008. 3.

임 웅, 형법총론, 개정판 제2보정, 법문사, 2008. 11.

정성근, 형법각론, 전정판, 법지사, 1996. 9.

정성근·박광민, 형법각론, 제4판, 삼영사, 2011. 8.

하태훈, 판례중심 형법총·각론, 법원사, 2006. 6.

虫明 滿, 包括一罪の硏究, 成文堂, 1992. 5.

김대웅, "횡령한 부동산에 대한 횡령죄의 성립 여부", 형사판례연구 [18], 박영사, 2010. 6, 146면 이하.

김성돈, "법조경합의 유형과 그 판단방법", 법조 제580호, 법조협회, 2005. 1, 29면 이하.

김정한, "불가벌적 사후행위의 본질과 처벌에 관한 실무적 고찰", 인권과정의 제429호, 대한변호사협회, 2012. 11, 53면.

김창종, "불가벌적 사후행위의 범위", 재판자료 제50집, 형사법에 관한 제문제(하), 법원행정처, 1990. 9, 217면 이하.

김재윤, "횡령죄와 배임죄의 관계", 법학논총 제30집 제1호, 전남대학교 법률행정연구소, 2010. 4, 131면 이하.

문영식, "횡령죄와 배임죄의 구별", 형사법의 신동향 통권 제34호, 검찰, 2012. 3, 285면 이하.

백경일, "불법원인급여반환금지규정의 적용제한에 관한 비판적 고찰", 재산법연구 제29조 제4호, 한국재산법학회, 2013. 2, 243면 이하.

백재명, "부동산명의신탁과 횡령죄", 형사판례연구 [7], 박영사, 1999. 7, 367면 이하.

손동권, "양도담보물을 임의처분한 경우의 형사책임", 형사정책연구 제20권 제1호, 한국형사정책연구원, 2009. 3, 545면 이하.

우인성, "횡령죄의 불가벌적 사후행위에 관한 판례의 변경", 사법 제24호, 사법발전재단, 2013. 6, 325면 이하.

이경렬, "변경된 판례의 소급적용에 대한 형법 제16조 원용의 문제점", 성균관법학 제21권 제1호, 성균관대학교 법학연구소, 2009년 4월, 297면 이하.

이경렬, "약식명령의 기판력과 불가벌적 사후행위의 인정여부", 홍익법학 제15권 제1호, 홍익대학교 법학연구소, 2014. 2, 945면 이하.

이경렬, "재산범죄와 불법영득의 의사", 법조 통권 제578호, 법조협회, 2004. 11, 51면 이하.

이경렬, "죄수결정기준과 법조경합의 본질", 형사법연구 제22호, 한국형사법학회, 2004. 12, 96면 이하.

이상원, "횡령죄의 이득액과 가벌적 후행행위(상)", 저스티스 제131호, 한국법학원, 2012. 8, 173면 이하.

이상원, "횡령죄의 이득액과 가벌적 후행행위(하)", 저스티스 제132호, 한국법학원, 2012. 10, 229면 이하.

임 웅, "불가벌적 사후행위, 사전행위, 수반행위에 대한 형법적 고찰", 형사정책연구 제20권 제3호, 한국형사정책연구원, 2009. 9, 273면 이하.

임 웅, "재산범죄에 있어서 '재물'과 '재산상의 이익'개념에 대한 비판적 고찰", 형사법연구 제21권 제4호, 한국형사법학회, 2009. 12, 395면 이하.

정정원, "부동산 명의수탁자의 후행 처분행위의 불가벌적 사후행위 해당 여부", 한양법학 제25권 제1집, 한양법학회, 2014. 3, 363면 이하.

조현욱, "명의수탁자의 보관부동산 후행 처분행위의 불가벌적 사후행위 해당여부", 법학논고 제42집, 경북대학교 법학연구원, 2013. 5, 189면 이하.

천진호, “부동산실명법상 부동산명의수탁자의 형사책임”, 형사재판의 제문제 [제5권], 박영사, 2005. 10, 259면 이하.

허일태, “위탁금전과 형법상 소유권개념”, 비교형사법연구 제5권 제1호, 한국비교형사법학회, 2003. 7, 265면 이하.

[Abstract]

Problem zwischen der wiederholten Zueignung und mitbestrafter Nachtat

Lee, Kyung-Lyul*

Kann eine durch strafbare Handlung bereits zugeeignete Sache erneut zugeeignet werden? Im Schriftum wird nach dieser Frage überwiegend die Meinung vertreten, daß in einer wiederholten Betätigung des Herrschaftenswillen eine erneute Zueignung liegt, diese aber als mitbestrafte Nachtat gegenüber dem ersten Zueignungsakt zurücktritt.

Straflose od. mitbestrafte Nachtat ist eine tatbestandsmäßige Handlung, die nicht bestraft wird, weil das Schwergewicht des Unrechts im Gesamtkomplex der Straftaten maßgeblich bei der bestraften Vortat liegt. Nach der alten Rechtsprechung des KorObGH sind die Voraussetzungen für die Straflosigkeit einer späteren (Zweit-)Zueignungsakt, daß der Täter in aller Regel auch die Nachtat begehen muß, wenn die erste (od. Haupt-)Tat für ihn einen Sinn haben soll. So ist, daß die Nachtat sich in der Auswertung od. Sicherung der durch die Vortat erlangten Position erschöpft, den schon angerichteten Schaden nicht wesentlich erweitert und kein neues Rechtsgut verletzt.

Mit dem jüngeren Urteil 2010 Do 10500 des Großen Senates hat der Koreanichen Obersten Gerichtshof seine Meinung verändert. So geht er davon aus, daß in diesem Fall eine später wiederholte Zueignungsakt aber nicht als mitbestrafte Nachtat gegenüber dem ersten Zueignungsakt zurücktritt, sondern den selbständigen Zueignungstatbestand verwirklicht. Der maßgebliche Grund dafür ist, daß die Zweitzueignunstat sich in der Bewertung des durch die erste Vortat erlangten Unrechtsinhaltes nicht

* Professer, College of Law, Sookmyung Women's University, Ph.D. in Law.

erschöpft, den schon angerichteten Schaden wesentlich erweitert und ein neues Rechtsgut verletzt.

In diesem Aufsatz habe ich hingegen die andere Meinung herangezogen, die jeweils etwa an einer Normlogik des KorObGH orientiert wird. Seine Begründung miteinander hat aber m. E. keine Übereinstimmung in allen wesentlichen Punkten. Sie steht nicht Einklang mit seiner bisherigen Normlogik über das Wesen von Zueignungsakt, die Abgrenzung der Unterschalgung und Untreue, den Unterschied zwischen subjektivem Vorsatz und einer Zueignungswille (eine Zueignungsabsicht im Sinne von § 329 KorStGB (Diebstahl) ist hier nicht erforderlich).

동독 내에서 서독에 적대적인 간첩활동을 한 동독 주민의 형사처벌 여부(소극)

김 영 규*

[대상판결] 독일연방대법원 1995. 10. 18. 선고, 마르쿠스 볼프 사건 판결(BGH, Urteil v. 18.10.1995-Az. 3 StR 324/94, BGHSt 41, 292, 293f)

[사건 경과]

마르쿠스 볼프(Markus Wolf)[1]는 1986년까지 동독 국가공안부(Ministerium für Staatssicherheits, MfS) 즉 슈타지(Stasi) 산하 중앙정찰총국(HVA[2])의 총책을 역임한 인물로서, 12명의 대서독 간첩을 지휘·조정하여 간첩, 뇌물공여 등의 혐의로 기소되어 1993년 12월 6일 뒤셀도르프 고등법원으로부터 6년의 자유형을 선고받았다.

그러나 1995년 5월 15일 연방헌법재판소가 동독 중앙정찰총국의 총책을 지낸 바 있는 그로스만의 대서독 간첩행위에 대한 형사소추장애 이론을 전개하여 처벌할 수 없다고 판시하자, 피고인은 연방대법원에 상고하였고, 1995년 10월 18일 **연방대법원**은 피고인 측의 상고를

---

* 수원지방검찰청 부장검사(한국형사정책연구원 파견).

1) 1953년부터 1986년까지 슈타지의 해외공작 책임자로 일하면서 서방 세계정보기관들로부터 '스파이의 장인','얼굴없는 스파이' 등이라는 별칭을 받았다.

2) Hauptverwaltung für Aufklälung이 정식 명칭이다.

받아들여 **동독지역에서의 스파이행위로 처벌된 원심의 유죄판결을 파기**하고 사건을 뒤셀도르프 고등법원의 다른 형사부로 환송하였다.

파기환송심 재판은 1997년 1월 7일부터 5월 27일까지 진행되어 **뒤셀도르프 고등법원 제7형사부에서 "형사소추장애는 간첩범죄 외의 납치 등 범죄에는 적용되지 않는다"는 연방헌법재판소의 결정에 따라 피고인은 인신납치사건에 대하여서만 자유형 2년, 집행유예 3년 및 5만 마르크의 벌금형을 선고하였다.**[3)]

[연방대법원 판결요지][4)]

① 우선 1995년 5월 15일 연방헌법재판소 결정에서 천명된 형사소추장애 이론의 이 사건에의 적용가능성에 관하여 연방대법원은 다음과 같이 설시하였다.

기존 형벌청구권의 실현 이익과 형량해 볼 때, 동일한 기준에 의한 형사소추가 개별 사안의 정황에 따라서 특별히 가혹한 경우, 형사소추장애 이론이 적용된다. 구체적으로는, 서독이나 그 우방국에 대한 동독 국민의 간첩행위가 동독 내에서만 이루어졌고, 통일 당시에도 그 행위자의 생활 근거지가 동독에 있었던 경우에는 헌법상 형사소추에 장애가 발생한다는 것이다. 또, 통일 당시 동독 국민으로서 그 생활 근거지가 동독에 있었던 경우에는 대서독 간첩행위가 전적으로 동독 내에서만이 아닌 외국(제3국)에서도 이루어졌다 하더라도, 당시 그 국가에서는 그와 같은 행위를 형사처벌하지 않거나 서독에 인도하지 않았을 것인데 통일로 인하여 그러한 형사적 보장이 탈락한 경우에도 동 이론이 적용된다. 하지만, 동·서독이 아닌 제3국에서 대서독 간첩활동을 한 경우, 그 국가의 형법상 서독에 대한 간첩활동에 대해 형사소추가 이루어지거나 당시 서독에게 피고인이 형사소추를 위해 인도

3) OLG Duesseldorf, Urteil v 27.5.1997-Az. Ⅶ-1/96.

4) 이하의 내용은 BGH Urt. V. 18. 10. 1995 - 3 StR 324/94 전문을 토대로 '독일통일 10년의 법적고찰'(2000. 법무부) 169~172면에 게재된 볼프(Wolf, Markus) 事件을 참고하여 정리한 것이다.

될 수 있는 상황이었다면 형사소추장애가 인정되지 않는다.

그런데, 원심판결에서는 피고인이 동독 내에서 뿐만 아니라 외국(오스트리아, 스웨덴, 유고슬라비아, 헝가리 등)에서도 대서독 간첩행위를 지휘하고 조종하였다는 점을 확인하였다.[5] 그러나 연방헌법재판소가 밝힌 상기의 이론으로 보아, 이러한 확증과 더불어 당해 제3국이 피고인을 그 간첩행위를 이유로 서독에 인도하거나 자국 형법에 따라 처벌할 수 있었는지를 판단하여야 하는 것이다.

따라서 연방대법원은 형사소추장애 여부를 판단할 수 없기에 원심판결을 파기하고 새로운 사실심을 위하여 이 사건을 환송하였다.

② 한편 피고인의 T 납치사건 연루에 대하여 연방대법원은 다음과 같이 판결하였다.

국가공안부의 전신인 국가공안사무국(Staatssekretariat für Staatssicherhit, StS)은, 당시 서베를린에 주재하던 미국 고등판무관실에서 비서 겸 통역관으로 근무하던 T를 납치하여 대서독 간첩행위에 활용할 계획을 세우고 1955년 3월 31일 이에 관하여 당시 책임자였던 피고인으로부터 승인을 얻어, 동년 6월 16일 납치가 실행되었었다. T는 협박에 못이겨 간첩활동에 협조할 것을 약속하였으나, 서독으로 돌아온 직후 이 사실을 자신의 상사에게 밝히고 미국으로 이수하였던 사건이다.

원심은 납치죄나 강요죄 또는 공갈죄 등이 아닌 간첩죄를 이유로 (피고인에 대한 유죄판결을 위하여) 이 사건을 판단하였다. 검찰은 피고인의 간첩행위와의 관련성을 주장하기 위하여 이 사건에 대한 계획과 피고인의 승인 사실을 공소장에 적시하였으나, 기소 당시에는 납치의 실행 여부를 알지 못하였다. 그래서 피고인은 간첩사안으로 기소되었으며, 납치사안으로 기소되지 않았다.

그런데 소송법상의 행위라 함은, 허용된 소에서 적시된 사건과정

5) 그러나 원심은 사실관계를 부분적으로만 파악하였을 뿐, 추가적으로 다른 국가에서 그러한 행위를 하였는지 여부, 간첩과 접촉한 정확한 지역을 확인하지 않았다.

으로서 그 과정 중에 피고인이 구성요건을 실현하는 것을 의미하므로, T에 대한 납치행위와 피고인의 간첩행위는 형사소송법 제264조[6]에 의한 하나의 행위가 될 수 없다.

간첩사안은 국가에 대한 배신에 대한 사안이고, 납치사안은 한 개인의 인권에 대한 것이기에 보호목적이 다르다.

스파이행위에 수반되는 전형적 범죄(예컨대 뇌물공여, 문서위조)와 대조적으로 서베를린에서 동베를린 지역으로의 납치행위는 간첩행위를 완수하기 위하여 수반되는 위와 같은 전형적 범죄와 동일하게 취급할 수 없고, 오히려 형법적으로 불법성이 현저한 행위이다. 피해자를 목적을 위한 수단으로 이용하기 위하여 정의와 기본적 인권이 무시되는 폭력적이고 자의적인 조치가 납치행위의 특성이기 때문에 납치죄는 형법 제234조a에 의하여 1년 이상 15년까지의 중형에 처하도록 규율된다.

작전 계획에 대한 조직 내부에서의 관여행위와 그로부터 2달 반이 지난 후의 납치행위는 일상경험칙과 정당한 법직용의 원칙상 **별도로 불법성을 평가하고 판결을 선고**해야 할 것이다.

따라서 납치사건과 관련하여 피고인에 대하여 유죄판결을 위해서는 검찰측의 새로운 기소가 요구되며, 또한 재판부는 이 납치사건에 대하여는 피고인의 간첩 혐의와는 분리된 판단을 하여야 한다.

그러나 이 납치사건을 분리하여 새로 재판한다 하더라도 당시 동독이나 서독 양측의 형법에 의하면 자유박탈죄 등의 예비에 대한 처벌규정은 존재하지 않았으며(동독 형법은 후에 제132조 제3항[7]에 예

6) 독일형사소송법 제264조 [판결의 대상] ① 판결의 대상은 심리의 결과에 따라 나타난 것으로 소에서 지적하고 있는 행위이다.
② 법원은 공판개시 결정의 근거가 된 범죄행위에 대한 판단에 기속되지 않는다.

7) 독일 형법 제132조 [인신매매] ① 폭력, 협박 또는 기만으로 타인을 납치하거나, 일정지역에의 거주를 위법하게 강요하거나, 독일민주공화국 외의 지역이나 국가로 이전토록 한 자는 1년 이상 8년 이하의 자유형에 처한다.
② 부녀를 매춘하게 할 목적으로 매매하거나 미성년인 부녀를 그 승낙을 얻

비에 대한 처벌규정을 두게 되었다), 새로운 공판절차에서 재판부는 '피고인이 T 납치계획을 승인한 것 때문에 비밀 스파이활동으로 기소된 이상 형법 제100조e[8] 규정에 의하여 처벌할 수 없다'는 점을 고려하여야 한다. 왜냐하면 서독 또는 나토회원국에 적대적인 동독 내에서의 스파이활동은 국가형벌에 의한 강박(협박) 아래서 수행되었기 때문이며, 동 형법조항은 서독 또는 서독의 각 주에 대한 간첩행위만을 포섭하며, 본건은 미국 고등판무관실에 있는 자료의 복사본을 취득한 행위에 대한 사안으로 서독이나 각 주에 대한 것이 아닌 미국에 대한 것인 바, 그 목표된 간첩행위가 미국에 대한 것으로 당시 형법상 불가벌이었기 때문이다.

③ 한편 피고인의 7건의 뇌물공여 혐의에 대한 원심의 유죄판결에 관하여 연방대법원은 이 또한 받아들일 수 없다며 다음과 같은 이유로 파기환송하였다.

피고인이 70년대 초반부터 1986년까지 7명의 공무원에게 총 1,122,700 마르크를 지속적으로 지급하고, 그 밖에 특별자금을 제공한 혐의로 기소된 뇌물공여사건은 형법 제94조, 제99조(간첩죄)에 한정하여 선고된 연방헌법재판소 결정상의 형사소추 장애사유에 해당하지 아니하다 위 연방헌법재판소는 간첩(스파이)행위와 관련된 다른 범죄행위에 대하여는 언급하지 않았다. 동독지역 내에서의 서독에 적대적인 스파이행위는 독재국가의 법을 거역하기 어렵다[9]는 점에서 헌법상 법치국가 원리에 따른 형사소추장애사유에 해당한다. 그러나 일반적으로 사회윤리상 반가치(反價値) 판단을 받는 뇌물공여죄에는 스파이행위와 같은 특성이 존재하지 아니한다. 뇌물공여행위와 간첩(스파이)

어 매춘의 목적으로 독일민주공화국 국외로 이전토록 한 자에 대한 처벌도 동일하다.

③ 예비 및 미수범은 처벌한다.

8) 구 독일형법 제100조e [국가반역 외국정보기관 조력] 규정에 의하면 서독의 국가기밀을 전달할 목적으로 서독 이외의 외국정보기관과 관계를 맺는 자는 처벌된다.

9) 거역하면 동독법에 따라 처벌된다.

행위 사이에는 사실적으로나 법적으로나 밀접한 관련성이 전혀 없다.

즉 연방헌법재판소가 제시한 형사소추장애 이론은 간첩죄의 양면적 성격을 고려한 것으로서, 뇌물죄의 경우에는 동 원칙을 적용할 여지가 없다. 그럼에도 불구하고 원심이 뇌물공여 혐의를 간첩죄의 유죄판결에 일죄로 다루었다는 점에서 뇌물공여의 유죄판결 부분도 파기되어야 하는 것이다.

또한 원심은 각 뇌물공여를 연속범으로 보아 일죄로 다루었으나. 최근 연방대법원은 뇌물죄에 있어 연속범이 일죄가 될 수 없음을 밝힌 바 있으므로 각 행위를 독립된 행위로 다루어야 할 것이다. 즉 연방대법원(BGH NStZ 1995, 92)은 부정처사 수뢰죄(형법 제332조)에 있어 수개의 행위가 있을 경우 하나의 연속된 행위로 보지 않았다. 이러한 원칙이 형법 제334조에 의거한 부정처사를 위한 뇌물공여에도 동일하게 적용된다. 따라서 본건의 경우 7개의 개별 뇌물공여 행위를 하나의 연속된 행위로 간주할 수 없으며, 개별 행위로 보아야 한다. 그러므로 각각의 뇌물공여행위는 기본적으로 형법 제334조에 해당하는 각각의 행위이며, 각각의 공소시효를 적용해야 한다.

[참조판례] 연방헌법재판소 1995.5.15. 결정요지(BVerfGE, Beschluss v. 15.5.1995-Az 2. BvL 19/91 u.a. BVerfGE 92, 277)

동독에 거주하면서 첩보활동을 전개한 간첩은 그들의 국가가 원하는 바에 따라 행동하였고, 그 국가의 법률에 의하여 소추되지 않았으며 통일 이전 동독이라는 국가의 보호를 받고 있었다. 그런데 동독이 붕괴됨으로써 과거 구동독이 간첩에 대해 보장했던 보호가 소멸되었고 구동독의 법률제도가 연방공화국의 법률제도로 대체되어, 서독은 통일로 인하여 비로소 그들에 대한 형벌권행사의 가능성(사실상의 형사소추 가능성)을 취득했다. 따라서 동독이라는 국가의 보호권역을 떠나지 않았던 사람들의 동독을 위한 동독지역에서의 간첩행위에 대한 소추는 특별한 권리침해상태를 초래한다.

통독이전까지 동독내에 생활근거지를 가지고 있던 행위자가 통독으로 인하여 갑자기 독일연방의 형벌권아래 놓이게 된 상황에서 구동독의 간첩행위자를 처벌하는 것은 '비례성의 원칙'(Grundsatz der Verhältnismässigkeit)에 반한다. 이러한 행위자는 헌법으로부터 직접 소추장애사유가 도출되는 것이며, 이는 사면법의 제정여부와 무관한 소추장애사유이다.

그러나, 동독 주민으로서 서독 내에서 서독이나 서독의 우방을 겨냥하는 범죄행위를 자행했을 경우에는 다른 판단기준이 필요하다. 이러한 경우에는 연방공화국의 형사소추 이익과 국가의 과잉개입금지와를 비교교량하여 사안별로 다른 판단기준을 적용해야 한다.

[소수의견] 헌법재판관 3명은 비례원칙에 따른 형사소추 면제(배제)라는 다수의견에 반대하여 이번 결정은 연방헌법재판소가 지금까지 존중하였던 제원칙 적용의 한계를 초월한 조치를 감행한 것이라고 비난하였다.

소수의견에 의하면 형사소추를 부인한 다수의견은 구동독 지역에서 활동한 구동독 간첩에 대해서만 사면조치와 동일한 효과를 가져온 것으로 이는 입법자에게 위임된 것이지 연방헌법재판소에 위임되어 있지 않다는 점, 위헌결정에 의하여 구동독 지역에서 간첩활동을 명령·사주하였던 정찰총국의 총책들이 처벌 면제된 반면 구서독 지역에서 간첩활동을 실제 감행한 간첩들은 계속해서 형사소추대상으로 남아 있게 된 점, 동독 간첩들이 동독이라는 국가의 권익을 위해 위임된 임무를 수행하였으므로 구동독에서는 무죄였으나 통일 이후 구동독 정권을 재조명한다는 의의 때문에 소추되지 않을 수 없었다는 점, 동독이 동독 법질서의 적용영역안에 체재하고 있는 간첩들을 서독의 형사소추기관에 의한 형사소추로부터 보호해 줄 것이라는 신뢰는 독일의 통일이 가까운 장래에 이루어지지 않으리라는 기대하에 있었던 것으로 이러한 신뢰는 독일연방공화국의 헌법상 보호가치가 없다는 점,

다수의견이 형사소추권의 존속이라는 국가의 권익과 비례성의 원칙에 위반된 행위자의 불이익 사이에서 형사소추권의 존속이라는 국가의 권익을 너무 소홀히 하였다는 점을 지적하고 있다.

[평 석]

I. 서 론

독일 통일 이후 불법과거사 청산과정에서의 구동독 간첩(스파이) 사건[10] 중 슈타지판결은 여러 헌법적·법률적 문제를 파생한 특수사례이다.

그런데 구동독 간첩행위자에 대한 형사처벌 여부에 대하여 연방 **헌법재판소는 헌법재판관 다수의 의견으로 법치국가의 근간을 이루는 비례성의 원칙(Grundsatz der Verhältnismässigkeit)을 들어 동독지역에서 동독주민에 의하여 이루어진 간첩행위에 한하여 독일연방공화국의 소추이익보다 간첩행위 관계자의 이익을 우위에 둠으로써 대서독 간첩활동의 소추가능성을 부인하였다.**[11] 즉 동독 주민은 통일 이전까지 동독이라는 국가의 보호를 받았던 동독의 생활권에 있었고 동독 정권에 의해 조종되고[12] 있었던 점, 간첩활동은 모든 국가의 기본적인 임무에 속하며, 동독 지역에서 동독을 위하여 활동하였던 동독 간첩들은 동독이라는 국가의 법률에 의하여 그러한 활동이 정당화되었다는 점을 고려하면 이들에 대한 형사소추는 동독 주민의 특별한 권리침해 상태를 초래하므로 형사소추로부터 면제되어야 한다는 것이다[13][14]

10) 구동독 간첩사건 유형은 동독지역 내에서 활동한 동독 간첩, 서독지역에 투입되어 간첩행위를 한 동독 국적의 주민, 서독지역 내에서 동독을 위하여 간첩행위를 한 서독 주민 사건등 세가지 유형으로 나누어 볼 수 있다.

11) 신의기·박학모·이경렬, 『통일대비 북한범죄자 처리방안에 관한 연구』, 한국형사정책연구원, 2009, 230면; BVerfGE 92, 277.

12) 동독의 법, 지시, 명령을 거부하기 어려웠다.

13) 하태영, 『형사철학과 형사정책 -형법학의 새로운 길-』, 법문사, 2007. 585면,

그러나 이러한 독일 연방헌법재판소의 "형사소추장애"이론에 따라 동독의 국가공안부 즉 슈타지(Stasi) 산하 중앙정찰총국(HVA)의 총책 등 배후 주범들이 대서독 간첩행위에 대하여 면죄부를 받는 결과가 실질적 정의관념에 반하는 것 아닌가 라는 의문이 든다.

이러한 문세의식 하에서 과연 위 "형사소추장애"이론이 우리의 통일과정에서도 예상되는 북한지역에서의 대남 간첩행위자에 대한 형사처벌 여부에 그대로 적용될 수 있는지에 대해 살펴보고자 한다.

그래서 본 판례의 평석대상은 슈타지 산하 중앙정찰총국(HVA)의 총책을 역임한 마르쿠스 볼프(Markus Wolf) 사건을 중심으로 하여 위 "형사소추장애"이론의 비판적 검토, 그 적용대상 및 한계 등을 살펴보고, 마지막으로 우리의 통일 이후 북한 지역에서의 통일이전 대남 간첩행위자에 대한 형사법적 처리방안을 제시하고자 한다.

Ⅱ. 독일 연방헌법재판소의 간첩행위 소송장애론 검토

1. 연방헌법재판소 다수의견의 입장 및 평가

다수의견은 가벌성을 부인한 핵심적 근거중의 하나로 동독에 거주하면서 간첩활동을 전개한 간첩이 그들의 국가가 원하는 바에 따라 행동하였다는 점을 들면서, 간첩활동은 국제법적으로도 인정되는 국가보안을 위한 행위로서 모든 국가의 기본적인 임무에 속하므로 자기 조국을 위한 간첩행위는 처벌대상이 될 수 없고, 동독 지역에서 동독을 위하여 활동하였던 동독 간첩들은 동독이라는 국가의 법률에 의하여 그러한 활동이 정당화되었다는 점을 고려하고 있다. - 즉 동독출신 간첩이 동독을 위해 외국에서 간첩행위를 한 경우는 외국에서 적발될 위험이 있다는 것을 알고 그 위험을 감수하면서 간첩행위를 했으므로

600면 (독일통일과 스파이 소송).

14) 그러나, 형사소추 면제의 대상이 된 위 동독 주민에는 서독에 투입되어 서독지역에서 간첩행위를 한 동독 국적의 주민을 포함하는 것은 아니다.(하태영, 앞의 책, 600면).

처벌에 대한 예측 가능성이 있었으므로 처벌을 받는 것이 비례원칙에 어긋나지 않지만, 동독간첩이 동독 영토 내에서만 간첩행위를 한 경우는 다른 국가에서 간첩행위가 적발되더라도 동독 정부가 그 적발된 동독 간첩을 다른 국가에 인도할리도 없을 뿐더러 동독이 붕괴되어 다른 국가에 흡수될 것은 더욱 더 예측가능하지 않았는 바, 이러한 특별한 경우에는 형사처벌하는 것이 비례성의 원칙에 어긋나므로 형사면책이 타당하다는 것이다.

연방헌법재판소의 결정에 대하여는 행위자들의 헌법적 권리보호를 충실히 보장해 주었으며 헌법이론의 결론에 따른 공정한 판단이었다는 점에서 긍정적인 평가도 있었지만 사법실무상 부정적 평가가 우세하였다고 한다.[15)]

종전에 유죄판결을 선고받은 정찰총국 총책인 마르쿠스 볼프는 이러한 헌법재판소의 결정을 통해서 독일이라는 법치국가가 그를 비롯한 모든 시민들의 권리가 관철되도록 하였다고 주장하였다.[16)]

2. 다수의견에 대한 비판론

그러나, 이러한 다수의견에 대하여는 다음과 같은 비판들이 제기되었다.

(1) 슈타지 특성 간과론

먼저, 다수의견은 "동독의 국가공안부 즉 슈타지(Stasi)의 관심사는 단지 동독 정부를 위해 정보를 수집하는 것이 아니라, 공산당으로부터 위임받은 정치투쟁 과제를 수행한 것"[17)]이라는 슈타지의 특성을 간과한 견해라는 비판을 면하기 어렵다.

슈타지의 간첩활동 등 비밀공작은 실질적으로 공산당 독재를 보

15) 김하중, 체제불법 청산방안에 관한 헌법적 고찰 - 구동독과 북한의 체제불법을 중심으로 -, 고려대학교 대학원 박사학위논문, 2008, 184면.

16) 법무부, 『통일통일의 구동독 체제불법청산 개관』, 1995, 703면.

17) 후베르투스 크나베, 김주일 역, 『슈타지 문서의 비밀』, 월간조선 2004, 7면.

장하고 강화하며 나아가 독일연방공화국을 약화시키고 궁극적으로 사회주의의 승리를 목표로 하는 공격적인 것[18][19]으로 국가의 보호를 위해 위임된 임무를 방어적으로 수행한다는 의미에서의 모든 국가의 기본적인 임무에 속한다고 보기 어렵다는 점에 비추어 다수의견의 논거는 타당하지 않다고 본다.[20]

독일 법조계에서도 서독 간첩과 동독 간첩이 동등한 대우를 받는 것이 타당하지 않다며, 그 이유로 서독 간첩은 평화유지 및 서독보호를 위해 간첩행위를 했지만 동독의 경우에는 간첩행위가 자유민주주의 체제를 파괴하려는 명확한 공격성을 띠고 있었으며 세계적으로 사회주의의 궁극적 승리를 위해 공작행위를 한 것이라는 견해가 있다.[21]

또한 서독 기본법의 가치체계를 적용한다면, 자유민주주의(自由民主主義)적 기본체제를 지키기 위해 공작행위를 한 서독 간첩과 그렇지 않았던 동독 간첩과 큰 차이가 있으므로 동등한 대우를 받는 것은 법적으로 부당하다는 주장도 있다.[22]

따라서 "정보수집에 기여하는 국가공안부 산하 중앙정찰총국의 활동이 국가공안부의 억압기구로 흡수되었다는 사실을 재판부가 '국가공안부-반가치성'으로 명명하고 있음에도 불구하고, 이러한 사실에 전혀 비중을 두지 아니하고 있는 것은 부당하다"고 지적한 소수의견의 목소리에 경청할 필요가 있다고 하겠다.

18) 후베르투스 크나베, 앞의 책, 7면.

19) 위 연방헌법재판소의 소수의견에서는 동독에서의 법률도 막스-레닌주의이론에 따라, 예외없이, 정치의 수단이자 계기였다고 판시하였다.

20) 연방대법원도 동독 간첩행위의 가벌성은 범행시점에 이미 성립되었으며 동독의 연방가입에 의해 그 가벌성이 소멸되지 않고, 서독 정보기관이 국가보호라는 측면에서 소극적 방어적으로 활동한 데 반하여 동독 정보기관의 대서독 정보활동은 서독의 대외 안전을 위협하는 공격적인 것이었기 때문에 동독 국가안전부 요원의 간첩행위만이 형사소추된다고 하여 평등원칙에 위배되는 것은 아니라고 하면서 처벌가능하다는 입장이었다.(BGH Bschluss vom 29. 5. 1991.- 3StE 4/91 - 3 - geh. StB 11/91).

21) Schröder, Die Strafbarkeit der Ausforschung der Bundesrepublik durch die DDR, Juristische Rundschau 1995, 441.

22) Huber, Die Strafbarkeit von Mfs-Spionen, Jura 1996, 301.

(2) 헌법재판소의 권한 범위 문제 등

아울러 다수의견에 대하여는 동독지역에서만 행해진 간첩행위와 독일의 전 지역에서 행해진 간첩행위와의 사이에 기본적인 차이가 있을 수 있는 것인지의 여부, 이와 같은 형사소추의 배제라고 하는 일종의 사면은 입법자를 통해서만 가능한 것인지[23] 또는 헌법재판소에서도 가능한 것인지의 여부, 그리고 간첩행위자가 통일된 독일을 자신의 모국이었던 동독처럼 여기지 않으며 게다가 자기가 알고 있는 정보를 공개하지 않고 있음[24]에도 불구하고 통일된 독일은 이런 자를 보호해야 하는 것인지의 여부들이 문제되기도 하였다.[25]

또한 후버(Huber)는 통일조약을 협상한 것은 처음이자 마지막으로 동독에서 자유·평등 선거를 통해 선출된 대표단이었다는 점을 강조한다. 서독 대표단이 간첩 면책조항을 포함시키는 반면 동독 대표단이 이를 의도적으로 포함시키지 않았다면 연방헌법재판소가 동독간첩에 대한 면책조항이 없어도 여러 다른 이유로 동독간첩도 서독간첩과 같은 대우를 받아야 한다고 주장하는 것은 입법자를 무시하는 행위로서 연방헌법재판소의 월권행위라고 비판한다.[26]

---

23) 동독의 비밀정보원들에 대한 사면조치를 정한 법률안은 1990년 정치적 반대에 의해 법률로 제정되지 못했다.[Thomas Weigent, 'Die Wiedereinigung Deutschlands und die Strafrechtspflege', 1991. : '독일통일과 형사사법', 박강우(역), 형사정책연구소식 통권 제49호(1998·9/10월호) 31면].

24) 연방헌법재판소의 형사소추장애이론에 따라 동독지역에서 활동한 구 동독간첩에 대해서만 사면조치와 동일한 효과를 가져온 상황에서는 더 이상 국민의 대표인 입법자가 동독간첩을 위한 형사면책법을 만들 수 없게 되었다는 것인데, 이러한 입법자가 제정한 형사면책법이 있었다면 동독 간첩이 자기가 수집한 정보를 다 공개하는 조건으로 면책을 받는 것으로 (서독의) 국가적인 이익으로 이어질 수 있었지만 연방헌법재판소의의 결정 덕분에 더 이상 아무런 형사소추를 걱정하지 않게 된 동독 간첩으로부터 그마저도 놓치게 되었다는 것이다.

25) BVerfGE 92, 277,316f. 330ff ; 이시우, 『독일 통일과정에서 파생된 헌법적 문제에 관한 독일 연방헌법재판소의 판례분석』, 헌법재판소 1996. 114면.

26) Huber, 앞의 논문, 301면.

(3) 국가목표와 관련한 가치충돌의 문제

그리고 지금은 삭제된 조항이지만 기본법 중에 서독은 통일을 지향하는 국가라는 내용의 조항이 있었으며 연방헌법재판소 역시 여러 판례를 통해 이러한 국가성향 및 목적을 인정하고 강조한 바가 있었다. 이러한 국가목표를 연방헌법재판소가 한편 찬성하면서 또 한편으로는 통일이 될 가능성이 적었다는 이유로 갑자기 통일되어 독일연방의 형벌권아래에 놓이게 된 동독간첩의 형사면책을 결정한다면 모순행위(가치의 충돌)라고 비판하는 견해가 있다.[27]

3. 검　토

결국 '동독 간첩행위자들은 독일 통일에 의하여 그들을 보호해 주던 동독이라는 국가가 소멸해 버렸으므로 그들을 간첩죄로 처벌하는 것이 헌법상 비례의 원칙에 반한다'는 연방헌법재판소의 결정에 대하여는 '간첩에 대한 형사처벌의 기준을 너무 엄격하게 설정함으로써 대부분의 혐의자들이 엄격한 기준 사이로 빠져 나가도록 만들었다'는 비판적 의견이 우세하였다고 볼 수 있다.

특히 '통일로 인하여 그 보호막인 독일민주공화국(동독)이라는 국가를 상실하게 된 것'이 간첩행위의 위법성을 소멸하거나 감소한다고 보기 어렵고, 나아가 연방헌법재판소의 결론에 의하면 동독내 간첩행위의 지휘자·총책들은 처벌이 불가능하다고 하면서 그들에 의하여 사주되어 서독내에서 활동한 동독간첩 행동요원들은 처벌이 가능하다는 결론이 되어 평등원칙에 반한다는 비판[28]이 설득력이 있다고 하겠다.

27) Huber, 앞의 논문, 301면.
28) 김하중, 앞의 논문, 184면.

Ⅲ. 마르쿠스 볼프(Markus Wolf) 사건의 쟁점 및 의의

1. 쟁 점

마르쿠스 볼프 사건의 쟁점은 첫째, 1995년 5월 15일 연방헌법재판소 결정에서 천명된 형사소추장애이론이 이 사건에 적용될 수 있는가 여부와 적용한계 및 그 대상범죄의 범위, 둘째, 독일 형사소송법 제264조(판결의 대상)[29]와 관련하여 피고인의 인신납치 계획 승인으로 인한 간첩행위와 그 이후 실행된 인신납치는 형사소송법 제264조에 의한 하나의 행위가 될 수 없다는 점, 셋째, 수인에 대한 뇌물공여행위의 죄수관계(연속범인 포괄일죄가 아니라 수죄)이다. 여기서는 연방헌법재판소 결정과 관련된 첫 번째 쟁점을 중심으로 살펴보기로 한다.

2. 판결의 의의

(1) 형사소추장애 적용범위의 제한

연방헌법재판소 결정의 비례원칙에 따른 형사소추장애(면제)사유를 동독지역에서의 대서독 간첩행위를 한 동독주민에 한정하여 적용[30]하고, 그 밖의 범죄인 인신납치, 뇌물공여 사안은 형사소추면제에 해당되지 않는다고 판시하여 피고인을 처벌할 수 있다고 한데 의의가 있다.[31]

(2) 제3국에서 행해진 경우의 문제

그리고, 서독에 적대적 간첩활동을 한 동독 주민의 경우, 그러한 행위가 전적으로 동독 내에서만이 아닌 제3국(외국)에서 행해진 경우

---

29) 제264조 [판결의 대상] ① 판결의 대상은 심리의 결과에 따라 나타난 것으로 소에서 지적하고 있는 행위이다. ② 법원은 공판개시 결정의 근거가 된 범죄행위에 대한 판단에 기속되지 않는다.

30) 이는 행위 당시 불법적이지 않은 행위에 대하여 통일 이후 형사소추할 수 없다는 것이다.

31) 하태영, 앞의 책, 601면.

에도 원칙적으로 헌법상의 이유로 형사소추장애가 인정된다고 판시하였다. 다만, 동독과 서독이 아닌 제3국에서 행한 행위에 대해 그 국가에서 형사소추가 이루어지거나 형사소추 목적으로 서독에 인도될 수 있는 경우에는 불법행위가 행해진 것으로 평가할 수 있기 때문에 형사소추장애가 인정되지 않는다. 위 판결의 취지를 도표로 정리하면 다음과 같다.

〈표〉 활동영역에 따른 독일 판례의 태도

동독 內	서독 內	제3국
불가벌	가벌	원칙) 불가벌
		예외) 가벌

그러나, 동독지역에서만 행해진 간첩행위와 서독지역에서 행해진 간첩행위 사이에 위법성에 있어 본질적인 차이가 있다고 보기 어려운 것과 마찬가지로, 피고인의 대서독 간첩행위의 불법성은 본질적으로 동일한데 피고인의 공작활동 영역이 형사소추 또는 범죄인인도가 가능한 제3국인지 여부에 따라 위법성을 달리 평가하여 처벌기준으로 삼는 것은 자의적·임의적 분별기준이 되어 타당하지 않다고 본다.

이와 관련하여 헌법재판소가 동독 영토 내에서만 공작행위를 한 간첩들에게 예외적으로 형사면책을 허용하는 것을 다음과 같이 비판하는 견해도 있다. 이렇게 활동 영역에 대해 구분을 두는 것이 분별기준으로는 적합하지 않고 임의적이라는 것이다.[32] 예컨대, 만약 동독에서만 공작행위를 한 간첩이 적발될 위험이 낮고 처벌을 받을 확률 역시 적어 이러한 신뢰가 보호받을 가치가 있다고 주장한다면, 과연 이러한 간첩이 비행기를 타고 동독의 동맹국으로 가는 도중 비행기에 문제가 생겨 서방자유국가 등 적국의 영토에 불시착을 하게 된다면 마찬가지로 그 간첩은 이러한 상황이 발생하리라고는 예측하지 못했

32) Schröder, 앞의 논문, 441면.

으므로 형사면책을 해줄 것이냐고 반문한다.

오히려 공작업무를 수행하기 위하여 비행기를 탔다면 이와 같은 상황도 발생할 가능성을 감수한 것이며, 서독에 적대적인 공작·간첩 행위도 마찬가지로 동독의 붕괴가능성, 즉 패배를 배제할 수 없었으므로 동독이라는 국가의 보호에 대한 동독 간첩의 신뢰는 보호받을 가치가 없다는 주장이다.

(3) 기대가능성 이론의 문제

또한 '피고인이 T 납치계획을 승인한 것 때문에 비밀 스파이활동으로 기소된 이상 형법 제100조e 규정에 의하여 형사처벌할 수 없다'고 하면서 그 논거의 하나로 서독 또는 나토회원국에 적대적인 동독 내에서의 스파이활동은 국가형벌에 의한 강박(협박) 아래서 수행되었던 점을 들고 있다. 이는 형사소추면제의 근거를 연방헌법재판소의 비례성 원칙뿐만 아니라 강요된 행위, 명령에 의한 행위 등 기대가능성 이론에 둔 것으로 볼 여지가 있다.

그러나 중간간부나 하위 실행자의 지위가 아니라 동독 국가안전부 산하 중앙정찰총국의 총책인 피고인의 T 납치계획 승인 행위가 과연 국가형벌에 의한 강박(협박)에 따라 이루어진 것으로 볼 수 있는지는 의문이다.

Ⅳ. '북한 내에서 이루어진 대남 간첩행위'에 대한 통일 이후의 형사법적 처리에 대한 시사점

이제 북한 내에서 대한민국에 적대적인 간첩행위를 한 북한 간첩사범의 가벌성 문제에 대하여 살펴보기로 한다.

1. 북한의 법적 지위: 이중적 성격

북한의 법적 지위는 우선 헌법 제3조와 제4조로부터 도출되는데,

현실적 규범력을 갖는 헌법 제3조에 따라 대한민국은 한반도에서 유일한 합법정부이고 북한지역은 대한민국의 영토로서 대한민국이 회복해야 할 미수복지역에 해당하므로 북한이 북한지역을 불법적으로 점유하고 있으며, 북한은 여전히 적화통일 노선에 따라 자유민주주의를 전복하고자 하는 입장을 유지하고 있는 현실에서는 반국가단체 또는 불법단체이다.[33] 한편 헌법 4조는 헌법 제3조의 헌법적 규범력을 인정하고 준수하는 범위내에서 남북분단 상황을 인정하고 평화통일을 추진할 헌법적 의무를 부과하고 있으므로 이러한 의미와 범위에서 북한은 평화통일을 위한 대화와 협력의 동반자로서의 지위도 함께 갖는다.[34]

북한의 이와 같은 이중적 지위는 그 헌법적 근거가 되는 헌법 제3조와 제4조와의 관계, 구체적 사안과 규범영역에 따라서 법적 성격과 적용범위가 달리 나타나게 된다.[35]

그래서 북한이 반국가단체로서 활동하는 규범영역에서는 헌법 제3조와 국가보안법 등 국내법이 적용되고 그러한 범위에서는 국제법원칙이 적용되지 않으며, 헌법 제4조와 이를 근거로 제정된 남북교류협력에관한법률 등 국내법률과 각종 남북합의서도 적용될 여지가 없다고 하겠다.[36] 헌법재판소와 대법원도 국가보안법 등 구체적 사안의 적용에 있어서 북한의 법적 지위에 대하여 일관되게 이와 같은 규범적 판단을 하고 있다. 헌법재판소는 남북합의서를 한민족공동체 내부의 특수관계를 기초로 하여 합의된 공동성명이나 신사협정에 준하는 것으로 보아, 남북합의서의 채택·발효가 북한을 하나의 국가로 인정한 것으로 볼 수 없다고 한다.[37] 또한 현실적으로 북한이 적화통일의

33) 이효원, 『남북한 형사사건의 합리적 해결을 위한 법제도 구축방안』, 한국형사정책연구원, 2008, 29면.
34) 이효원, 앞의 책, 29면.
35) 이효원, 앞의 책, 30면.
36) 이효원, 앞의 책, 32면.
37) 헌법재판소, 1997. 1. 26. 92헌바6 결정 등.

목표를 버리지 않고 남북한의 긴장과 대립이 여전히 존재하는 상황에서 북한을 반국가단체로 전제하는 국가보안법이 헌법상 평화통일의 원칙 등에 위반된다고 할 수 없다고 본다.[38] 대법원도 북한은 조국의 평화적 통일을 위한 대화와 협력의 동반자임과 동시에 적화통일노선을 고수하면서 우리의 자유민주주의 체제를 전복하고자 획책하는 반국가단체의 성격도 아울러 가지고 있고, 반국가단체 등을 규율하는 국가보안법의 규범력이 상실되었다고 볼 수는 없다고 한다.[39]

2. 소급효처벌금지 원칙의 위반 여부

반국가단체가 불법적으로 점유하고 있는 북한지역도 대한민국의 영토에 속하므로 북한 내에서 대한민국에 적대적인 간첩행위를 한 북한 간첩사범에게 국내법의 적용이 가능하다고 하겠다. 이는 통일 전후를 불문하고 적용되는 것으로 소급효 처벌금지에 반하지 아니한다. 왜냐하면 현재 즉 통일 이전에도 북한지역에서의 대남 간첩행위는 반국단가단체로서의 활동영역에 속하고, 헌법 제3조가 적용되어 북한 지역도 대한민국의 영역에 속하므로[40] 우리 형법(제2조)상의 속지주의 원칙에 따라 우리 형법이나 국가보안법을 적용하여 처벌 가능[41][42]하므로 통일 이후 처벌시 소급효 처벌금지 원칙의 적용이 문제될 여지가 없기 때문이다.[43]

---

38) 헌법재판소, 1997. 1. 16. 89헌마240 결정.

39) 대법원 2008. 4.17. 선고 2003도758 판결.

40) 대법원 1957.9.20. 4290 형상 228, 대판 1996. 11. 12. 96누1221.

41) 이효원, 앞의 책, 76면; "남한 헌법 제3조의 영토조항과 국가보안법, 국적법 등을 엄격하게 해석할 경우에는 북한은 불법단체 또는 반국가단체이며 북한 주민도 대한민국 국민이고, 대한민국 헌법과 법률의 효력이 당연히 북한 지역과 북한 주민에게도 미치므로 북한의 재판관할권을 인정할 여지가 없다."

42) 다만, 북한지역의 대남공작기관 총책 등에 대한 수사권·재판권 행사의 현실적 제약, 범죄인인도문제 때문에 사실상 처벌이 어려우나, 통일 이후에는 형벌권 행사가 사실상 가능할 것이다.

43) 신의기 등 3인, 앞의 책, 246면.

3. 비례성 원칙의 적용 여부

독일 연방헌법재판소가 구동독 간첩행위의 가벌성을 부인한 핵심적 근거는 과거 구동독에 거주하면서 첩보활동을 전개한 간첩이 그들의 국가가 원하는 바에 따라 행동하였으며 그 국가의 법률에 의하여 이러한 활동이 성당화되었다는 점이다.[44] 그래서 위 재판소는 "구동독이라는 국가의 보호권(Schutzmächtigkeit) 적용영역을 떠나지 않았던 사람들의 구동독을 위한 구동독 지역에서의 간첩행위에 대한 소추는 특별한 권리침해상태를 초래한다"고 판시하였다.

그러나 이러한 헌법상 비례 원칙으로부터 직접 도출된 형사소추장애사유에 대하여는 여러 비판이 있다는 점은 앞에서 살펴 보았다.

그러면 위 연방헌법재판소의 결정에 대한 찬반의견은 별론으로 하고, 과연 이와 같은 비례성의 원칙에 따른 형사소추장애(면제)이론을 우리 남북한의 특수관계에서 발생할 '통일전 북한지역에서의 대남간첩행위자'에 대한 통일 이후의 형사법적 처리에 그대로 적용할 수 있을 것인지가 문제된다.

(1) 원칙적으로 적용 불가능

북한은 간첩활동과 같은 반국가단체로서의 활동영역에서는 국가로서의 성격이 부인되고 우리 헌법 및 법률상 반국가단체에 불과하여 주권국가에 해당하지 아니하므로, 동독을 주권국가[45] 내지 전체독일의 부분국가(Teilstaaten Gesamtdeutschland)[46]로 인정하고 전개한 위 연

44) 朴剛盱, 독일연방의 구동독 간첩행위자처벌에 관한 판례, 사법행정(1999. 5), 30면.

45) 1972. 12. 21. 동서독 기본조약(제6조)에서 쌍방은 각자의 국가고권을 각자의 국가영역에 한정하고 국내외적 문제에서 각자의 독립성과 자주성을 존중하기로 한다는 원칙을 합의하여 서독의 형사사법기관은 동독 영역에서 활동하는 것이 금지되었다. 동독은 간첩활동을 한 자를 외국의 국가형벌권으로부터 보호하는 것을 국가들에게 통용되는 의무로 인식하였다(신의기 등 3인, 앞의 책, 230~231면). 그러나, 독일의 학설과 판례는 상대적 관계에 있어서 통일전까지 동독의 국가성을 일관되게 인정하지 않았다.

46) BVerfGE 36, 1, 27f.

방헌법재판소의 비례 원칙에 따른 일반적 형사소추장애사유를 통일 이전 북한 지역에서의 대남 간첩행위자에 대한 통일 이후의 형사법적 처리에 그대로 적용하기는 어렵다고 하겠다.

간첩의 처벌성 여부는 본질적으로 국내법적 문제이지만, 설령 북한의 국가성이 인정된다고 하더라도 통일로 인하여 그 보호막인 국가를 상실하게 된 것이 간첩행위의 위법성을 소멸하게 한다고 보기 어렵고, 북한의 대남첩보활동은 남한에 대한 공산혁명을 실현하기 위한 것으로 일반적으로 국가가 행하는 정보수집활동의 범위를 넘어선 자유민주주의에 대한 공격적 도발행위에 해당하므로 이를 처벌하여야 할 것이다.[47)]

그리고, 독일 연방헌법재판소의 결정취지와 같이 비례원칙에 따라 일괄적으로 형사소추면제시 무분별한 처벌면제로 인하여 북한지역 간첩행위에 대한 처벌공백이 너무 커[48)] 국가안보에 큰 위해를 초래하고, 이는 대다수 국민의 법감정에도 반할 여지가 있다.

따라서 통일 독일과 달리 통일 한국에서는 북한 내의 대남 간첩행위 관련자에 대한 처벌에 있어 헌법적 장애가 없다고 봄이 타당하다고 하겠다.[49)]

(2) 개별적 고려사항

그러나 북한 정권이 사실상 스탈린식 전체주의 독재국가로서의 기능을 하고 있으므로 통일 이전 북한 거주 간첩에 대한 통일 이후 사법처리에 있어서 강요된 행위(형법 제12조), 절대적 구속력을 가진 명령에 따른 행위[50)] 등 기대가능성 이론을 비롯한 형사법상 제반 원

47) 김하중, 앞의 논문, 제381면.

48) 북한 대남공작기관 총책의 명령·지시에 따라 남파되어 간첩활동을 한 간첩은 처벌받는 반면에, 북한 지역에서 대남 간첩활동을 명령·조정했던 북한지역의 총책은 처벌되지 않는 불합리한 차별이 발생하여 평등원칙에 반하게 된다.(김하중, 앞의 논문, 381면).

49) 김하중, 앞의 논문, 제381면.

50) 피의자·피고인이 자신은 상관의 명령을 무조건적으로 실행했을 뿐이므로 무죄라고 주장하는 경우에도, 그 명령의 위법성의 명백성을 검토하여야 한다.

칙과 이론을 고려하여 구체적 사안에 따라 책임조각 여부, 처벌범위·수위 등을 개별적으로 평가하여야 할 것이다. 왜냐하면 북한이 반국가단체로서 활동하는 국내법적 규범영역에서는 북한 주민에 대하여 반국가단체를 구성하는 적극적 주체로 인정하든지, 반국가단체에 의하여 사실상 조정·지배당하고 있는 대상으로 인식하든지 법규범적으로는 모두 대한민국 국민이므로[51] 법치국가적 기본원칙들이 각 사안에 적합하게 구현되어야 하기 때문이다.

따라서, 예컨대 북한의 대남공작기구(국가안전보위부, 정찰총국, 조선인민군 보위사령부, 225국 등)의 고위 책임자, 중간 간부, 하부 공작원의 간첩행위에 대한 불법성·책임성을 기계적으로 동일하게 평가, 취급할 수 없을 것이다.

V. 맺 음 말

1995년 5월 15일 독일 연방헌법재판소는 「동독에 거주하면서 서독에 대한 간첩행위를 하였던 자를 처벌하는 것은 '비례성의 원칙'에 반한다는 이유로 형사소추장애 이론을 도출하여 처벌할 수 없다」고 결정하였다.

그 후 독일 연방대법원은 대상판결에서 「서독에 대한 동독 국민의 간첩행위가 동독 내에서만 이루어졌고, 통일 당시에도 그 행위자의 생활 근거지가 동독에 있었던 경우에는 헌법상 형사소추에 장애가 발생한다. 또, 통일 당시 동독 국민으로서 그 생활 근거지가 동독에 있었던 경우에는 대서독 간첩행위가 외국(제3국)에서도 이루어졌다 하더라도, 당시 제3국에서는 그와 같은 행위를 형사처벌하지 않거나 서독에 인도하지 않았을 것인데 통일로 인하여 그러한 형사적 보장이 탈

'법률의 형태를 취한 불법(gesetzlichen Unrecht)과 법률을 초월한 법'이라는 라드부르흐 공식을 적용하여 인도주의 원칙 등에 비추어 명령의 위법성이 명백할 경우에는 그러한 명령에 따를 의무는 없기 때문이다.

51) 이효원, 앞의 책, 81면.

락한 경우에도 위 이론이 적용된다.」고 판시하였다.

이러한 독일의 형사소추장애이론을 우리 남·북한의 특수관계에서 발생할 '통일전 북한지역에서의 대남 간첩행위자'에 대한 통일 이후의 형사법적 처리에 그대로 적용할 수 있을 것인지가 문제된다. 북한은 간첩활동과 같은 반국가단체로서의 활동영역에서는 국가로서의 성격이 부인되고 우리 헌법 및 법률상 반국가단체에 불과하여 주권국가에 해당하지 아니하므로, 동독을 주권국가 내지 전체독일의 부분국가(Teilstaaten Gesamtdeutschland)로 인정하고 전개한 독일의 형사소추장애사유를 통일 이전 북한 지역에서의 대남 간첩행위자에 대한 통일 이후의 형사법적 처리에 그대로 적용하기는 어렵다고 하겠다. 설령 북한의 국가성이 인정된다고 하더라도 통일로 인하여 그 보호막인 국가를 상실하게 된 것이 자유민주주의에 대한 공격적 도발행위에 해당하는 간첩행위의 위법성을 소멸하게 한다고 보기 어려우므로 이를 처벌하여야 할 것이다.

앞으로 독일 통일이후 동독 불법과거사청산사례를 해외판례의 평석 형태로 소개·분석하고, 종전의 독일 사례 및 관련 법원칙·이론들이 남북한의 특수관계에서 파생되는 또는 파생할 것으로 예상되는 여러 유형의 사안에 적용가능한지 등을 구체적으로 살펴보는 비교법적 연구작업이 지속될 필요가 있다.

이러한 작업들이 하나하나 축적될 때 북한의 급변사태[52]와 통일에 대비한 형사법적 대응방안이 합리적으로 구축될 것이다.

52) 북한의 급변사태란 '북한내에 급격하고 심각한 혼란이 발생하여, 북한이 이를 자구적 노력으로 해결하지 못하는 상황'이라고 정의되고, 이러한 북한 급변에 대한 대비는 한반도가 대한민국의 영토임을 국제사회에 주장하고, 궁극적으로 그러한 합법적 권리를 갖기 위한 거대한 프로젝트의 일환이라는 주장이 있다(전경주, 『북한의 급변, 북한 정권 붕괴 가능성과 대비』, 살림출판사, 2012. 13면, 85면).

[주 제 어]
동독 주민의 간첩행위, 비례성의 원칙, 형사소추장애, 북한 간첩행위자의 처벌

[Key words]
Spionagetätigkeit der Staatsbürger der DDR, Grundsatz der Verhältnismäßigkeit, Verfolgungshindernis, Bestrafung der Nordkoreaner wegen Spionagestraftaten

접수일자: 2014. 5. 8. 심사일자: 2014. 6. 16. 게재확정일자: 2014. 6. 20.

[참고문헌]

김하중, "체제불법 청산방안에 관한 헌법적 고찰 - 구동독과 북한의 체제불법을 중심으로 -", 고려대학교 대학원 박사학위논문, 2008. 2.

박강우, "통일후 북한지역에 대한 불법청산 및 범죄자처리방안 연구", 한국형사정책연구원, 1999.

朴剛吁, "독일연방의 구동독 간첩행위자처벌에 관한 판례", 司法行政 제40권 제5호, 1999. 5.

김성천, "통일전 동독의 범죄행위에 대한 통일이후의 형사법적 처리", 법정논총, 1998.

하태영, "형사철학과 형사정책 -형법학의 새로운 길-", 법문사, 2007.

신의기·박학모·이경렬, "통일대비 북한범죄자 처리방안에 관한 연구", 한국형사정책연구원, 2009.

이효원, "남북한 형사사건의 합리적 해결을 위한 법제도 구축방안", 한국형사정책연구원, 2008.

이효원, "남북한관계에 대한 판례 분석", 서울대학교 법학(제52권 제3호[통권 제160호]), 2011. 9.

전경주, "북한의 급변, 북한 정권 붕괴 가능성과 대비", 살림출판사, 2012.

이시우, "독일 통일과정에서 파생된 헌법적 문제에 관한 독일 연방헌법재판소의 판례분석", 헌법재판소 1996.

독일통일관련 독일연방헌법재판소판례 번역집(1997년, 헌법재판소).

독일통일관련 독일연방헌법재판소의 판례 및 기본법개정에 관한 연구(1996년 12월, 헌법재판소).

통일독일의 구동독체제불법청산 개관(1995. 법무부).

독일통일 10년의 법적고찰(2000. 법무부).

이준일, 헌법학강의(제3판), 홍문사, 2008.

Klaus Marxen/Gerhard Werle, 'Die strafrechtliche Aufarbeitung von DDR-Unrecht', Eine Bilanz, Berlin-New York, 1999.

Friedrich-Christian Schröder: 'Die Strafbarkeit der Ausforschung der Bundesrepublik durch die DDR', in: Juristische Rundschau 1995, S. 441.

Peter M Huber : Die Strafbarkeit von Mfs-Spionen, in; Jura 1996, S. 301.

Thomas Weigent, 'Die Wiedereinigung Deutschlands und die Strafrechtspflege', 1991.: '독일통일과 형사사법', 박강우(역), 형사정책연구소식 통권 제49호(1998·9/10월호).

[Abstract]

Zur Verfolgbarkeit von MfS-Mitarbeitern der DDR nach der Wiedervereinigung Deutschlands wegen ihrer Spionagetätigkeit gegen die BRD

Youngkyu Kim*

Das Bundesverfassungsgericht erklärte am 15.5.1995, dass die Strafverfolgung von Spionagehandlungen, die durch die Staatsbürger der DDR vom Boden der DDR aus begangen wurden, gegen Art. 2 GG in Verbindung mit dem Grundsatz der Verhältnismäßigkeit verstieße.

Danach hat der Bundesgerichtshof seine entgegenstehende frühere Auffassung in BGHSt 39, 260 aufgegeben und vertritt im vorliegenden Urteil in Anlehnung an das Urteil des Bundesverfassungsgerichts nunmehr folgende Auffassung:

"(…) derjenigen Personen (…), die als Staatsbürger der DDR Spionagestraftaten gegen die Bundesrepublik Deutschland oder deren Verbündete allein vom Boden der DDR aus begangen haben und im Zeitpunkt des Wirksamwerdens der Einheit Deutschlands dort ihren Lebensmittelpunkt hatten, ergibt sich unmittelbar von Verfassungs wegen ein Verfolgungshindernis. (…) Dieselben Gründe gelten darüber hinaus für Bürger der DDR, die im Zeitpunkt der Wiedervereinigung ihren Lebensmittelpunkt in der DDR hatten, wenn sie Spionagestraftaten gegen die Bundesrepublik Deutschland (…) auch in anderen Staaten begangen haben, in denen sie vor Strafverfolgung wegen solcher Taten aus Rechtsgründen sicher waren und diese Sicherheit auch für sie erst durch die Wiedervereinigung entfallen ist."

* Senior Prosecutor of the Suwon Provincial Prosecution Service.

Zu fragen ist hier, ob die deutsche Theorie der Verfolgungshindernis im Falle der koreanischen Wiedervereinigung auch für diejenigen anwendbar wäre, die ihre Spionagestraftaten gegen Südkorea vor der Wiedervereinigung vom Boden des Nordkoreas aus begangen haben. Diese Frage ist allerdings negativ zu beantworten, denn Nordkorea gilt bloß als eine „antistaatliche Vereinigung" bei seiner „antistaatlischen Handlungen" gegen Südkorea wie Spionagetätigkeiten; es wird also nicht als einen Staat mit seiner Souveränität betrachtet, während die DDR von der BRD als einen souveränen Staat bzw. als ein Teilstaat des Gesamtdeutschlands anerkannt war. So ist die Theorie der Verfolgungshindernis nicht einfach im Falle der koreanischen Wiedervereinigung bzw. Unrechtsaufarbeitung zu übertragen. Selbst wenn Nordkorea seine Souveränität zuerkannt würde, wären Spionagestraftaten zu bestrafen, weil ihre einst gegen den liberalen Rechtsstaat gerichtete Rechtswidrigkeit nicht einfach durch die Wiedervereinigung entfällt, welche für Nordkorea bedeutet, dass die Sicherheit vor der Strafverfolgung wegen der Spionagestraftaten entfällt.

자발적 성매매 처벌의 위헌성 여부*

이 경 재**

I. 들어가는 말

2013년 1월 9일 서울북부지법의 吳某 판사가 "성매매 여성을 처벌하는 '성매매알선 등 행위의 처벌에 관한 법률'(이하 성매매처벌법이라 한다) 제21조 제1항[1]이 헌법상 과잉 금지 원칙에 위반된다."는 성매매 여성 金某 씨의 의견을 받아들여 헌법재판소에 위헌법률심판을 제청[2]했다는 소식이 알려지자 성매매가 다시 세간의 주목을 받고 있다. 주지하는 바와 같이, 성매매처벌법은 2004년에 제정되었는데 이

* 이 글은 2013년 6월 21일 헌법재판소에서 개최된 「헌법재판소 연구모임」에서 발표한 것을 수정·보완한 것임을 밝힌다. 아울러 이 글은 필자가 이미 발표했던 "성매매 단속과 성매매 정책"(형사정책연구소식, 통권 제125호, 2013 봄호), "성풍속범죄에 대한 비판적 고찰"(형사판례연구 19, 박영사, 2011), "성윤리와 형법 - 성풍속범죄에 대한 형법적 규제"(비교형사법연구, 제12권 제2호, 2010), "성매매처벌법 시행 4년에 대한 평가와 제언"(형사정책연구 제20권 제1호, 2009 봄호), "매춘에 대한 다양한 견해와 그에 대한 형사정책적 입장", 형사정책연구(제10권 제4호, 통권 제40호, 1999 겨울호) 등의 내용을 바탕으로 했음을 밝힌다.

** 충북대학교 법학전문대학원 교수, 법학박사.

1) 성매매처벌법 제21조 ① 성매매를 한 사람은 1년 이하의 징역이나 300만 원 이하의 벌금·구류 또는 과료에 처한다.

2) 이 위헌심판제청에 대한 서울 북부지방법원의 결정문에 따르면 신청인은 "성매매처벌법 제21조 제1항이 헌법에 위반된다는 이유로 위헌법률심판제청을 신청하였다. 신청인은 그 근거로서 첫째, 입법 목적의 정당성에 관한 의심, 둘째, 수단의 적절성 및 피해최소성에 관한 의심, 셋째, 평등권 침해에 대한 의심 등을 들고 있다.

법률은 기존의 '윤락행위방지법'을 전부개정한 것이다. 그 동안 이 법률은 몇 번의 개정을 거쳐 현재에 이르고 있는데, 이번 위헌법률심판제청으로 성매매의 처벌 여부에 대하여 논란이 더욱 가속화 될 전망이다.

성매매에 관한 논란은 사실 어제오늘의 일이 아니다. 그 동안 학계는 물론, 각종 사회단체나 유력인사들이 이에 대한 의견을 제시해 왔을 뿐만 아니라, 사법 당국은 지속적으로 성매매 단속을 펴 왔으며, 그때마다 매스컴은 발 빠르게 이 소식을 세간에 전해 왔다. 그러나 지속적인 단속에도 불구하고 성매매가 근절되었다는 소식은 어디에서도 들을 수 없을뿐더러, 오히려 이른바 '풍선효과'로 인하여 음지에서 더 확대되고 있으며, 해외에까지 '진출'하여 망신을 당하고 있다는 소식까지 들린다.

한편, 형법상 범죄로 처벌되었던 혼인빙자간음죄는 2008년 헌법재판소로부터 위헌판결을 받아 이제는 더 이상이 범죄가 아니게 되었으며, 간통죄에 대해서도 위헌법률심판이 제청되어 있는 상태이다.

한 마디로 현재 우리 사회는 온갖 '성' 문제가 요동치고 있다고 해도 과언이 아니다. 그렇다면 이 문제들, 특히 현안이 되고 있는 성매매에 대하여 어떻게 대처하면 좋을 것인가를 심각하게 생각하지 않을 수 없다. 이 글은 위헌심판의 대상이 된 이른바 '자발적 성매매'를 중심으로 성매매에 대한 일반적 논의를 검토해보고, 성매매에 관한 다양한 시각과 입법례, 그리고 성매매에 대한 법이론과 처벌의 문제점 등을 살펴본 후 바람직한 대안을 제시해보는 것을 그 목적으로 하였다.

II. 대상 결정: 서울북부지방법원 결정[3)]

사 건 2012초기 1262 위헌심판제청
(2012고정2220 성매매알선등행위의처벌에관한법률위반(성매매))

피고인 김OO, 무직
주거 서울특별시 동대문구 답십리로11길 OO-OO (전농동)
등록기준지 경남 함양군 함양읍 하동 OOO-O

변호인 법무법인 OO 담당변호사 정OO

신청인 피고인 김OO

주 문

피고인 김OO에 대한 당원 2012고정2220 성매매알선등행위의처벌에관한법률위반(성매매) 사건에 대하여 성매매알선 등 행위의 처벌에 관한 법률 제21조 제1항의 위헌 여부 심판을 제청한다.

이 유

위 법률 조안은 주문 기재 사건 재판의 전제가 될 뿐만 아니라 별지 기재와 같이 위헌이라고 의심할 만한 이유가 있으므로 피고인의 신청을 인용하기로 하여 주문과 같이 결정한다.

2012. 12. 13
판사 오OO

3) 피고인 등의 구체적인 이름과 주소는 피고인 등의 보호를 위해 모두 생략하였다.

1. 사건개요

서울북부지방법원 2012고정2220 성매매알선등행위의처벌에관한법률위반(성매매알선 등) 사건의 피고인 김OO(여, 41세)는 2012. 7. 7 서울 동대문구 전농동 588-35 7호집에서 이OO(35세)한테서 돈 13만 원을 받고 성교함으로써 성매매행위를 하였다는 공소사실로 기소되었다.

피고인의 변호인은 당해사건의 적용법조인 성매매알선 등 행위의 처벌에 관한 법률(2004. 3. 22. 법률 제7196호로 제정되고, 2011. 5. 23. 법률 제10659호로 개정된 것. 이하 '이 사건 법률'이라 한다) 제21조 제2항이 헌법에 위반된다는 이유로 피고인을 대리하여 위헌법률심판 제청신청을 하였다.

2. 입법 목적의 정당성에 관한 의심

가. 신청인의 신청요지

신청인은 기본권제한의 목적상 한계를 넘어 위헌이라고 주장한다.

나. 판　　단

(1) 입법경위 등 (생략)

(2) 성매매 여성에 대한 처벌 입법의 문제점(생략)

(3) 강요·착취 등 없는 성인 간 성매매에서 성판매 여성에 대한 처벌 입법의 정당성 여부

(전략) … 해악적 문제가 수반되지 않는 한 이성 관계 자체에 대하여 법률이 직접 개입하는 것은 성적 자유에 대한 무리한 간섭이 되기 쉽다는 비판이 있다(헌법재판소 2009. 11. 26. 선고 2008헌바58, 2009헌바191 결정 참조).

3. 수단의 적절성 및 피해최소성에 관한 의심

가. 신청인의 신청요지

신청인은 성매매행위를 형사처벌하는 것은 적절하지 않고, 성매매 여성에게 형벌을 과하는 것은 기본권제한의 피해최소성을 갖추지 못해 위헌이라고 주장한다.

나. 판　　단

(1) 성풍속 확보를 위한 최후 수단으로서 국가형벌권의 가부

(가) 개인의 내밀영역에 대한 형벌필요성 판단기준 이탈 여부

(전략)… 다른 생활영역과는 달리 사생활, 특히 성적 사생활 영역에서 형법적 보호의 필요성과 형벌의 필요성을 판단함에 있어서 더욱 엄격한 기준을 적용해야 한다(헌법재판소 2009. 11. 26. 선고 2008헌바58, 2009헌바191 결정 참조).

살피건대, 비도덕적이고 반사회적인 행위라도 모든 것을 처벌할 수는 없고, 국가가 형벌로써만 국민을 도덕적으로 개선하려는 시도는 성공하기도 어렵고, 절대 바람직하지도 않다(헌법재판소 2008. 10. 30. 선고 2007헌가17 등 결정 참조).

(나) 성매매에 대한 법감정 (생략)

(다) 성매매 여성 처벌의 실효성에 대한 증명부재 (생략)

(라) 자의적 법집행 가능성과 일반 국민의 불신 (생략)

(2) 피해자 지위의 성매매 여성에 대한 처벌과 피해최소성 원칙

(가) 보호대상자로서 성매매 여성의 지위 간과 (생략)

(나) 성매매 여성에 대한 자기부죄 강요, 진술거부권 형해화, 갱생방해 (생략)

(다) 성 착취 환경의 고착화 (생략)

4. 평등권 침해에 관한 의심

가. 신청인의 주장요지

신청인은 이 사건 법률 조항이 평등권을 침해하여 위헌이라고 주장한다.

나. 판 단

(1) 축첩행위 등과 차별 (생략)

(2) 성매매 여성에 대한 차별적 범죄화와 국제협약 간 충돌 (생략)

5. 결 론

그렇다면 성매매 여성을 처벌하는 이 사건 법률 조항은 보호법익이 모호하고, 수단의 적절성과 피해최소성 원칙을 준수하였는지 불분명하며, 진술거부권과 평등권 침해 의심이 있다. 끝.

III. 성매매에 대한 다양한 시각과 입법례

1. 성매매에 대한 다양한 시각

외국에서는 오래전부터 성매매에 관한 다양한 견해가 제시되어 왔는데, 우리나라도 1990년대 후반부터 다양한 분야에서 다양한 견해가 첨예하게 대립되고 있다. 성매매에 관한 논의가 제기되고 있는 분야는 주로 법학[4)]과 여성학[5)]이지만 철학[6)]이나 경제학[7)] 분야에서도 논

4) 법학적 시각에서 작성된 문헌으로는 임 웅, "성범죄의 非犯罪化", 『非犯罪化의 이론』, 법문사, 1999; 이영란, "성매매(윤락행위) 최소화를 위한 입법정책", 저스티스(통권 제65호, 2002/2), 185-204면; 이호중, "성매매방지법안에 대한 비판적 고찰", 형사정책(제14권 제2호, 2002), 7-35면; 하태영, "법사회학적 관점에서 본 매춘에 관한 연구 - 매춘정책을 중심으로", 비교형사법연구(제4권 제2호, 2002), 453-485면; 조 국, "성매매에 대한 시각과 법적 대책", 형사정책(제15권 제2호, 2003), 255-288면; 허경미, "성매매규제 관련법의 쟁점", 한국공안행정학회보(제15권, 2003), 227-259면; 김성천, "성매매의 非犯罪化", 중앙법학(제6집 제4호, 2004), 중앙법학회, 117-138면; 이상돈, "성매매의 범죄화와 인권

의되고 있다는 점이 흥미롭다.

그런데 성매매에 관하여 다양한 견해가 제기되고 있지만, 견해가 대립하는 것은 '성인들 사이의 자발적 합의에 의한 성매매'(이를 '자발적 성매매' 또는 '단순 성매매'라고 부르기로 하자)에 대한 것이다. 예컨대, 폭력이나 강요에 의한 성매매 또는 성착취 목적의 성매매 등에 관하여는 異論 없이 그 불법성을 인정하고 있다.[8] 하지만 성인 사이

침해", 시민과 변호사(2004. 12), 18-22면; 권오명, "성매매처벌법에 대한 소고", 법학연구(제17권, 2004), 한국법학원, 187-209면; 이호용, "성매매의 합리적 규제를 위한 법정책적 방향", 한국공안행정학회보(제20호, 2005), 11-34면; 주승희, "법여성주의의 이론의 흐름과 형사법에의 투영", 법철학연구(제8권 제2호, 2005), 275-296면; 임상규, "성매매처벌법의 필요성과 문제점", 형사정책(제17권 제1호, 2005), 179-199면; 배종대, "형법, 형벌, 양형 - 성매매처벌법의 경우", 형사정책연구(제17권 제4호, 통권 제68호, 2006 겨울호), 437-465면; 한상희, "성매매방지법과 여성인권", 민주법학(제30호, 2006), 49-76면; 허경미, "성매매사범의 동기 억제를 위한 정책변화에 관한 연구", 한국범죄심리학연구(제3권 제2호, 통권 제5호, 2007), 249-278면; 박혜진, "성매매처벌법의 실효성", 형사법연구(제19권 제4호, 통권 제33호, 2007 겨울), 373-394면; 이덕인, "자발적 대가성 성관계의 非犯罪化", 형사정책(제20권 제1호, 2008), 153-186면 참조.

5) 여성학적 시각에서 작성된 문헌으로는 김은경, "성매매에 관한 페미니즘 담론과 형사정책적 딜레마", 형사정책(제14권 제2호, 2002), 37-73면; 박은경, "여성장애인의 성매매와 성매매방지법률(안)의 문제점", 여성연구논집(제15집, 2004), 신라대학교 여성문제연구소, 171-200면; 윤덕경, "성매매처벌법의 시행 현황과 향후 과제", Gender Review(Vol.2, 2006), 23-32면; 원숙연/박진경, "젠더-거버넌스의 가능성 탐색: 성매매방지법 제정과정을 중심으로", 한국여성학(제22권, 2004), 85-124면; 이나영, "성매매: 여성주의 성정치학을 위한 시론", 한국여성학(제21권, 2005), 41-85면; 이나영, "금지주의와 국가규제 성매매 제도의 착종에 관한 연구", 사회와 역사(제75집, 2007), 39-76면; 이동주, "한국 성매매 반대운동의 프레임 형성과 변화에 관한 연구 - 1970년 ~ 2005년 기간을 중심으로", 사회연구(통권 제15호, 2008. 1), 9-39면; 백수진, "성매매와 성매매방지법에 대한 남성들의 인식", 여성연구논집(제19집, 2008), 39-84면 참조.

6) 철학적 시각에서 작성된 문헌으로는 하주영, "성매매는 범죄인가?", 시대와 철학(제13권 제2호, 2002), 325-410면; 김애령, "지구화 시대의 성매매와 한국의 「성매매방지법」", 경제와 사회(통권 제79호, 2008 가을호), 254-307면 참조.

7) 경제학적 시각에서 본 문헌으로는 이주선, 「경제학적 관점에서 본 성매매처벌법」, Issue Paper 24, 한국경제연구원, 2006 참조.

8) 이에 관하여는 김은경, 『성착취 목적의 인신매매 현황과 법적 대응방안』, 한국형사정책연구원, 2002; 천진호, "성착취와 성착취형 인신매매에 대한 형사

의 자발적 성매매에 대하여는 보수주의적 입장, 자유주의적 입장, 사회주의적 입장, 여성학적 입장에 따라 많은 차이가 있다. 각각의 입장을 기존의 연구자가 작성한 도표를 통해 보면 다음과 같다.

〈표 1〉 성매매에 대한 다양한 시각

구분	보수적 도덕주의/도덕적 여성주의	자유주의적 여성주의	사회주의적 여성주의	급진적 여성주의
인신매매/강요된 성매매	형사처벌	형사처벌	형사처벌	형사처벌
단순 성매매의 본질	도덕적 타락	선택으로서의 노동	자본제적 모순으로서의 노동	여성에 대한 폭력
단순 성매매의 조장·알선	형사처벌	불처벌/형사처벌	형사처벌	형사처벌
단순 성판매 여성	형사처벌	불처벌	불처벌	불처벌
단순 성구매 남성	형사처벌	불처벌	불처벌	형사처벌

* 출처: 조 국, 267면.

위에서 보는 바와 같이 인신매매나 강요된 성매매에 대하여는 입장과 상관없이 형사처벌을 주장하고 있지만, 단순 성매매의 본질이나 단순 성매매의 남성과 여성에 대한 시각이 극과 극의 입장에 서 있는 것을 알 수 있다. 이는 단순 성매매에 대하여 아직까지 합의된 견해가 없을뿐더러 전혀 반대의 입장이 대립되어 있다는 것을 반증하는 것이다. 따라서 어느 한쪽의 입장에서 법을 만들거나 집행한다면 당연히 그와 같은 입장에 서 있지 않은 쪽에서는 반발할 수밖에 없다. 예컨대, 우리나라에서 단순 성매매에 대한 여성학적 입장의 견해는 대체로

법적 대응과 개선방안", 형사정책연구(제13권 제4호, 통권 제52호, 2002 겨울호), 151-191면 참조.

단순 성매매라도 형사처벌해야 하고, 성을 구매한 쪽(주로 남성)을 형사처벌해야 하지만, 성을 판매한 쪽(주로 여성)은 설혹 자발적으로 응했다고 하여도 그것은 여성이 폭력에 굴한 것이기 때문에 범죄자로 보아서는 안 되고 피해자로 보아야 한다고 하는 것이다. 이는 바로 성매매처벌법을 제정한 여성계의 입장과도 일치하는 바이다.[9)]

하지만 법학적 입장에서 제기되는 견해는 이와 전혀 다르다. 예컨대, 단순 성매매는 "사생활에 대한 국가권력의 과도한 개입과 우리 사회의 성도덕·성의식이 크게 변화했다는 사실"[10)] 때문에, "형법이 관여할 필요가 없는 문제이고, 관여한다고 성공할 문제도 아니기"[11)] 때문에, "성매매의 전면금지주의를 채택하였지만 성매매가 감소되지 않기"[12)] 때문에, "性道德과 性刑法은 분리되어야 하기"[13)] 때문에, "제재의 당위성을 가지고 있지 않고, 신체의 자유를 침해하지 않기"[14)] 때문에, "구체적인 이익의 침해가 없기"[15)] 때문에, "개방적 성풍조 등과 같이 근대적 가족제도의 붕괴되고 있는 상황에서 성매매를 범죄라고 단죄할 수 없기"[16)] 때문에, "처벌 근거가 분명하지 않기"[17)] 때문에, 非犯罪化하거나 처벌하지 않아야 한다는 견해가 주류를 이루고 있다.

위와 같은 견해들과는 별개로 일부에서 性販賣者(주로 여성)의 일을 합법적인 직업으로 인정하여 그들의 노동권을 존중해야 한다는 주장[18)]이 제기되고 있는 것도 흥미로운 사실이다. 또한 여성주의의 입장에서 "성매매를 섹스(sex)이자 노동(work)"으로 인식하고 "성매매를 범죄의 영역에 위치지우는 담론이 위험하다"[19)]고까지 주장하는 견해는

9) 여성가족부, 2-3면 참조.
10) 임 웅, 108면.
11) 배종대, 463면.
12) 이영란, 198면.
13) 이경재, 185면.
14) 김성천, 136-137면.
15) 이덕인, 180면.
16) 이호용, 30면.
17) 임상규, 192면.
18) 하주영, 348면; 김애령, 272면.

외국의 성노동자들의 주장이나 최근 우리나라의 매춘 여성들의 주장과도 일맥상통하는 바이다. 나아가 최근에는 성매매를 "성적 자기결정권으로 접근하기보다는 사회경제적 약자의 마지막 선택이라는 측면에서 접근"하고, "성판매 여성을 非犯罪化하고 성구매자만 처벌하는 수요차단 정책을 신중하게 검토해야 할 필요"가 있다는 주장(이른바 '스웨덴 모델')[20]이 제기되어 주목을 받고 있다.

이상 간략하게 살펴본 바와 같이, 적어도 단순 성매매에 관한 한 견해를 수렴하기 곤란할 정도로 다양하고 폭넓은 주장이 전개되고 있으며 이들이 지향하는 바도 서로 다르다는 것을 알 수 있다. 어떤 인간의 행위에 대한 평가가 다양하고 합의되지 않은 상태에서 그 행위를 범죄화하여 처벌하면 사회구성원들의 합의를 이끌어내기 어렵다는 것은 너무나도 자명한 사실이다. 그런데도 우리의 성매매처벌법은 오로지 하나의 입장에서 출발한 입법정책을 고수하고 있다.

2. 성매매에 대한 입법례

성매매에 대한 시각이 다양하듯이 이를 처벌할 것인가를 두고도 국가마다 다른 입장을 취하고 있다. 이를 금지주의, 규제주의, 관용주의로 나누어볼 수 있다.[21]

(1) 금지주의

금지주의는 단순 성매매행위를 포함하여 성매매를 조장하거나 알선을 하는 등 성매매와 관련된 행위 일체를 처벌하는 입법주의로서 우리나라, 일본, 아일랜드, 스웨덴 등이 이에 속한다.

---

19) 이나영, 71면.

20) 조주은, "「성매매처벌법」 위헌법률심판제청을 둘러싼 쟁점과 과제", 이슈와 논점(제661호, 2013. 5. 28, 국회입법조사처).

21) 이하의 내용은 조주은, "「성매매처벌법」 위헌법률심판제청을 둘러싼 쟁점과 과제" 참조.

(2) 규제주의

규제주의는 성매매 자체를 처벌하지 않고 성매매여성에 대하여 등록, 정기검진, 사회보험 적용 등을 제공하는 입법주의로서 독일, 오스트리아, 네덜란드, 영국 등이 이에 속한다.

(3) 관용주의

관용주의는 성매매를 금지하지 않고 이를 규율하지도 않으며 성매매자들을 노동법상의 권리나 사회보장체계로 편입하지도 않는 입법주의로서 벨기에, 덴마크, 프랑스, 이탈리아가 이에 해당한다. 다만 최근에는 이를 변형하여 성매매업소에서의 성매매에 대해서는 금지하고 성매매업소를 운영하는 자를 처벌하는 추세로 변화하고 있다.

IV. 성매매 처벌에 대한 법리 검토 및 문제점

1. 성매매행위의 보호법익 문제

성매매행위의 보호법익이 무엇인가에 대하여는 이를 '건전한 또는 선량한 성풍속'이라고 보는 입장과 '성적 자기결정권'이라고 보는 입장이 있다.

(1) 건전한 또는 선량한 성풍속으로 보는 입장

형법 제22장 性風俗에 관한 죄에는 姦通罪(제241조), 淫行媒介罪(제242조), 淫畵頒布等罪(제243조), 淫畵製造等罪(제244조), 公然淫亂罪(제245조)가 있다. 이 가운데 음란물죄와 공연음란죄의 보호법익이 건전한 性風俗이라는 데에는 의견의 일치를 보인다.

다수설은 性風俗에 관한 죄의 보호법익을 주된 건전한 性風俗 내지 性道德 또는 性秩序로 보고 있는데, 일부 견해는 그 외에도 음행매개죄와 간통죄의 경우는 부차적인 보호법익을 인정하고 있다. 그러나 부차적인 보호법익은 차치하고, 다수설에서 말하는 건전한 性風俗이

형법이 보호하는 법익이 될 수 있는가?

이 문제를 논하기에 앞서 먼저 형법은 무엇을 보호해야 하는가 하는 이른바 형법의 임무에 관하여 잠시 살펴볼 필요가 있다. 일반적으로 형법의 임무에 관하여는 크게 법익보호 또는 사회윤리적 행위가치보호라고 하는 견해[22]와 법익보호, 사회윤리적 심정가치보호, 법익보호 및 사회윤리적 심정가치보호, 사회(체계)보호, 규범보호로 보는 견해가 있다.[23][24]

위의 견해들은 나름대로 근거를 가지고 있으나 사회윤리를 보호하는 데에 무게의 중심을 두게 되면 국가형벌권을 남용할 위험이 있으며, 도덕적 자율성을 위태롭게 만들 수 있다.[25] 나아가 "형법의 뿌리가 법공동체의 사회윤리적 가치관념에 있는 것은 분명하지만, 그 사회윤리적 가치관념은 어디까지나 보호법익의 성립 기초를 제공하는 것이고, 형법은 법익의 보호를 통하여 공공복리의 실현과 법평화의 확보에 기여하는"[26] 점과 형법의 단편적·보충적·최후수단적 성격을 고려할 때, 형법의 임무가 사회윤리를 보호하는 것이라고 보게 되면 형법과 도덕의 분리라고 하는 형법의 중요한 명제에 반할 우려가 있다.

---

22) 이용식, "형법의 임무 - 법익보호인가 사회윤리보호인가?", 피해자학연구(제9권 제2호), 275면 이하 참조.

23) 변종필, "형법의 임무", 형사정책연구(제8권 제4호, 통권 제32호, 1997·겨울호), 307면 이하 참조.

24) 이러한 논의는 일본의 형법학계에서도 두드러지게 나타난다. 즉, 사회윤리주의를 지지하는 학자들은 "형법은... 국가적 도의와 같은 면을 중시하지 않으면 안 된다. 국민의 현실적인 반도의적 행위에 대하여 형벌적 응보로써 도의를 顯揚하고 明徵하는 데 본래의 임무가 있다"(小野清一郎)거나 "사회상황에 필요로 하는 최소한도의 도덕규범은 법에 의해 강행될 필요가 있다. 그런 한도를 제외하고 도덕규범은 법규범을 심화하는 데 존재의의가 있다"(団藤重光)고 한다. 한편, 법익보호주의는 "범죄의 본질을 법익침해 내지 법익에 대한 위험으로서 파악하고, 형벌의 본질을 법익침해의 방지를 목적으로 하는 목적형에 있다고 본다." 이는 독일의 Feuerbach, Liszt, 平野龍一 등의 견해이기도 하다(이용식, 283-284면).

25) 이용식, 288-291면; 변종필, 325-326면 참조.

26) 요하네스 베셀스(허일태 역), 독일형법총론(전정판), 세종출판사, 1998, 42-43면.

이러한 논리를 性風俗犯罪에 적용한다면 법익보호를 강조하는 입장은 "性風俗이나 性道德과 같은 윤리적 가치는 그 자체로서 보호될 것이 아니고 항상 '사회적 관점'에서, 즉 '사회적 유해성'의 관점에서 사회의 공존·공영질서를 현저히 교란할 때에 형법의 개입이 정당화된다"[27]고 본다. 이러한 입장에 선다면 性風俗에 내한 죄는 추상적이고 애매모호하며 막연하여 다의적으로 해석할 수 있어 자의적인 판단이 얼마든지 가능한 '건전한 性風俗'을 보호법익[28]으로 삼아서는 안 된다. 특히 사회의 '풍속'이라는 것은 시대와 장소, 사람들의 인식, 사회환경 등에 따라 가변적이기 때문에[29] 이를 보호법익으로 삼는다면 법수범자들은 혼란에 빠질 수 있다. 따라서 과학적으로 입증하기 어렵거나 확인하기 곤란할 경우 "의심스러울 때에는 자유가 우선한다"[30]는 원칙을 적용하여 형법의 단편적·보충적·최후수단적 성격을 고려하여 판단해야 할 것이다.

(2) 성적 자기결정권으로 보는 입장

성매매행위의 보호법익을 명백하게 성적 자기결정권으로 보는 판례는 없으나 일부 견해에서는 이를 인정하고 있다. 예컨대, 우리 헌법재판소는 혼인빙자간음죄의 위헌심판결정에서 "개인의 성행위와 같은 사생활이 내밀 영역에 속하는 부분에 대하여는 그 권리와 자유의 성질상 국가는 간섭과 규제를 가능하면 최대한으로 자제하여 개인의 자기결정권에 맡겨야 하며, 국가형벌권의 행사는 중대한 법익에 대한 위

27) 임 웅, "성범죄의 非犯罪化", 75면.

28) "보호법익이란 공동체를 위한 특별한 의미 때문에 법의 보호를 누리는 개인이나 일반인의 생활상의 재산, 사회적 가치, 법적으로 인정된 이익을 말한다. 예를 들면, 개인적 법익은 생명, 신체의 불가침성, 신체의 자유, 명예, 소유권, 재물, 일반적 법익은 국가의 존속 및 국가의 자유롭고 민주적인 근본질서의 유지, 국가비밀의 유지, 사법, 공무원의 청렴성, 화폐거래의 확보, 법적 거래에 있어서 문서의 신용성 등을 말한다."(베셀스, 42-43면).

29) 배종대 교수는 "性道德은 실체가 없는 가변적인 개념"이라고 비판하고 있다(배종대, 743면).

30) 임 웅, "성범죄의 非犯罪化", 76면 참조.

험이 명백한 경우에 한하여 최후수단으로써 필요한 최소한의 범위에 그쳐야 하기 때문이다. 따라서 다른 생활영역과는 달리 사생활 특히, 성적 사생활 영역에서 형법적 보호의 필요성과 형벌의 필요성을 판단함에 있어서 더욱 엄격한 기준을 적용해야 한다."[31]고 판시한 바 있다.

아울러 간통죄에 대한 위헌심판결정례 중 위헌의견 역시 "이 사건 법률조항은 과잉금지 원칙에 위반하여 개인의 性的 자기결정권과 사생활의 비밀과 자유를 제한하는 것으로 위헌이다. 오늘날 性에 대한 국민 일반의 법감정이 변하고 있고, 도덕적으로 비난받을 만한 행위 모두를 형사처벌의 대상으로 삼는 것은 바람직하지 아니하며, 간통 및 상간행위의 형사처벌이 일부일처제와 가정보호·부부간의 성적 성실의무 보호·여성의 보호에 실효적인 기능을 하지도 못한다는 점 등을 고려할 때 이 사건 법률조항의 수단의 적절성 및 피해의 최소성을 인정하기 어렵다. 또한 이 사건 법률조항은 개인의 내밀한 성생활의 영역을 형사처벌의 대상으로 삼아 국민의 성적 자기결정권 등 기본권을 지나치게 제한하여 법익균형성을 상실한 것이다."라고 판시하고 있다.

특히 성풍속범죄에 속하는 간통죄의 보호법익을 '건전한 성풍속'에 두지 않고 '성적 자기결정권'으로 본 점은 매우 주목할 만하다. 나아가 "최근의 우리 사회는 급속한 개인주의·성 개방적 사고의 확산에 따라 성과 사랑은 법으로 통제할 사항이 아닌 사적인 문제라는 인식이 커가고 있으며, 전통적 성도덕의 유지라는 사회적 법익 못지않게 성적 자기결정권의 자유로운 행사라는 개인적 법익이 더 한층 중요시되는 사회로 변해가고 있다."[32]는 견해도 이러한 입장에 서있다고 볼 수 있다.

또 성매매처벌법 제1조(목적) 규정에서 "제1조 (목적) 이 법은 성매매·성매매알선등행위 및 성매매 목적의 인신매매를 근절하고, 성매매피해자의 인권을 보호함을 목적으로 한다."고 규정하고 있듯이, '성

31) 헌법재판소 2009. 11. 26, 선고 2008헌바58, 2009헌바191.

32) 서울북부지방법원 2012초기1262 위헌심판제청문 참조.

매매피해자의 '인권' 보호가 목적이라면 '성매매자의 인권'도 보호함이 당연한 논리적 귀결일 것이다.

따라서 적어도 타인의 강제나 강요 또는 폭력이 없는 성인 간의 자발적 성매매의 보호법익은 성적 자기결정권이 되어야 할 것이다.

2. 성매매행위의 가벌성 문제

성매매처벌법 제2조(정의)에서는 "“성매매”라 함은 불특정인을 상대로 금품 그 밖의 재산상의 이익을 수수·약속하고 다음 각목의 어느 하나에 해당하는 행위를 하거나 그 상대방이 되는 것을 말한다. 가. 성교행위, 나. 구강·항문 등 신체의 일부 또는 도구를 이용한 유사성교행위"라고 정의하면서, 제4조에서 성매매를 금지하고, "성매매를 한 자는 1년 이하의 징역이나 300만원 이하의 벌금·구류 또는 과료에 처한다."고 규정하고 있다. 그런데 이러한 정의 규정과 처벌이 과연 타당한가에 대하여는 생각해볼 여지가 많다.

첫째, 성적 자기결정권을 존중할 때 "불특정인과 성교행위 등을 하는 것"이 범죄가 될 수 있는가? 성행위 여부를 스스로 결정할 자유가 성적 자기결정권이라고 한다면 누구와 성행위를 하는지를 스스로 얼마든지 결정할 수 있는 것이다. 따라서 이러한 행위가 가벌성이 있다고 보기는 어렵다. 동성애나 스와핑(swapping) 또는 음란물을 보는 행위가 처벌되지 않는 것도 마찬가지의 논리일 것이다.

둘째, 나아가 성교행위에 대하여 금품이나 재산상의 이익을 수수하거나 약속하는 행위가 범죄가 될 수 있을까? 일반적으로 자본주의 사회 아니, 사회주의를 지향하는 사회에서도 인간에게 있어 가장 소중한 생명조차도 무료로 치료하지 않는다는 점을 감안한다면, '성적 서비스'를 제공하고 이에 대하여 금품 등을 수수하는 것이 범죄가 될 수 있는지는 신중하게 생각해볼 필요가 있다. 예컨대, 평소 성의 자유를 지향하는 남녀가 클럽에서 만나 서로 호감을 가지고 하룻밤을 같이 지낸 다음, 어느 일방이 상대방에게 선물을 준다든가 음식을 사주는 것이 성매매에 해당할 수 있을까? 성매매행위의 가벌성이 문제가 되는 것은 이처럼 다양한 경우를 고려하지 않은 채 편견을 가지고 특정 행위만을 처벌하겠다는 데에 있다고 할 수 있다.

3. 성매매 처벌의 입법상 문제점

성매매처벌법이 아래에서 보는 바와 같이 법집행상 여러 가지 문제점을 가지고 있는 것은 이 법이 법으로서의 정당성을 가지지 못한 것과도 밀접한 관련이 있어 보인다. 즉, 성매매처벌법은 형법의 성격을 지니고 있으므로 이 법은 마땅히 형법상의 제원칙을 지켜야 하는 것이 당연하지만, 이 법은 일반적으로 형법의 입법상 제원칙인 형법의 단편성, 보충성, 최후수단성[33] 등을 갖추고 있지 못할뿐더러 형법의 가장 중요한 임무[34]도 수행하지 못한 측면이 있다.

법치국가의 법으로서 가장 중요한 것은 법이 정당성을 가지고 있어야 한다는 것인데, 법이 정당성을 가지려면 법의 수범자인 일반국민의 동의와 합의에 그 기반을 두어야 한다. 정당하지 못하고 공정하지 못한 법은 규범으로서의 성격을 가지지 못하고, 규범의 성격을 가지지 못한 법이 효력을 가질 수 없는 것은 너무나도 당연하다. 과거 1920-30년대 미국에서 禁酒法이 시행되었지만 오히려 불법이 조장되고 이러한 불법을 이용한 범죄집단이 창궐하여 금주라고 하는 일반예방의 효과를 거두기는커녕 더 큰 악이 횡행한 것은 그 대표적인 예가 될 것이다. 금주법이 실패한 가장 중요한 까닭은 일반국민의 합의와 동의

33) 이에 관하여는 윤영철, "형사입법론으로서 형법의 최후수단성에 대한 고찰", 형사정책(제13권 제2호, 2001), 157-192면; 김성규, "형벌목적의 형사정책적 딜래마", 형사정책(제17권 제1호, 2005), 9-32면 참조.

34) 이상돈, "법익보호원칙 - 근대형법의 신화인가 이성인가?", 형사정책연구(제5권 제1호, 통권 제17호, 1994년 봄), 173-214면; 전지연, "형법형성에서의 법치국가적 원리", 연세법학연구(제3집, 1995), 665-688면; 변종필, 위의 논문; 이용식, 위의 논문 참조.

에 기초하지 못했기 때문이다. 앞에서 간략하게 살펴보았듯이 성매매의 유형에는 다양한 형태가 있는데 이 가운데 폭력이나 강요 또는 착취 등의 형태에 의한 성매매에 대하여는 이견 없이 그 불법성을 인정하고 있지만, 단순 성매매에 대하여는 형사처벌과 불처벌이라는 극과 극의 견해가 대립하고 있다. 그럼에도 불구하고 이 법을 추진한 이익집단 내지 정치세력들은 오로지 하나의 입장에 근거를 두고 입법화하였다. 즉, 다양한 의견을 수렴하지 않은 채 어느 일방의 의견만을 '밀어붙이기 식'으로 추진한 것이다. 따라서 이에 대한 비판 내지 반발이 제기되는 것은 어쩌면 당연한 일이었는지 모른다.

또 성매매의 불법성에 대한 합의도 없으면서 성매매처벌법을 제정한 것은 형법의 '최후수단성'(ultima ratio)보다 '최우선 수단성'(prima ratio)을 강조한 것으로 이는 형법 적용의 일반원칙에 반하는 것이다.[35]

나아가 형법의 가장 중요한 임무인 법익보호의 측면에서 보아도 과연 단순 성매매가 어떤 법익을 침해하는지에 대하여 심히 의심스러운 마당에 이를 범죄화하는 것은 '의심스러울 때는 시민의 자유를 위해'(in dubio pro libertate)[36]라고 하는 법원칙에 반하는 것이다.

따라서 성매매처벌법은 아래에서 언급하는 집행상 문제점을 가지고 있을 뿐만 아니라 더 근본적인 입법상 문제점도 가지고 있음이 분명해졌다. 이러한 문제점을 가지고 있는 법이기 때문에 성매매처벌법은 애초 예견했던 바와 같은 소기의 목적을 달성하기는커녕 오히려 더 많은 문제점을 불러일으키는 것이다.

4. 성매매처벌법의 집행상 문제점

성매매처벌법의 특징은 거의 모든 유형의 성매매행위를 형사처벌한다는 데에 있다. 특히 단순 성매매의 경우 성판매자와 성구매자를

35) 같은 견해로는 박혜진, 384면 참조..
36) 이상돈, 212면; 윤영철, 170면 참조.

모두 처벌하면서, 일정한 경우 (여성인) 성판매자는 피해자로 인식하여 이들에 대하여는 형벌보다는 보호조치를 취하고 있다. 폭력이나 강요 등에 의한 성매매 또는 착취형의 성매매의 불법성에 대하여 이의를 제기하는 견해는 거의 없지만, 단순 성매매에 대하여는 다양한 견해가 대립되고 있기 때문에 이를 중심으로 살펴보기로 한다.

첫 번째 문제점은, 과연 성매매처벌법이 모든 유형의 단순 성매매를 처벌해 왔는가 하는 점이다. 성매매처벌법은 "불특정인을 상대로 금품 그 밖의 재산상의 이익을 수수·약속하고 성교행위나 구강·항문 등 신체의 일부 또는 도구를 이용한 유사성교행위"를 성매매로 정의하고 이러한 행위를 한 자를 1년 이하의 징역이나 300만원 이하의 벌금, 구류, 과료에 처하고 있다. 이러한 정의에 따르면 단순 성매매의 유형과 상관없이 일률적으로 법을 집행하는 것이 마땅하다. 논리적으로 생각해 볼 때 성매매 유형에는 異性 간의 성매매와 同性 간의 성매매로 구분할 수 있고, 異性 간의 성매매도 남성의 성구매자와 여성의 성판매자, 여성의 성구매자와 남성의 성판매자가 있을 수 있다. 그런데 성매매처벌법은 남성 성구매자와 여성 성판매자의 성매매에만 국한하여 집행되어 왔다. 최근 들어 남성 성판매자와 여성 성구매자의 성매매(예컨대, 호스트 빠를 통한 성매매)도 적지 않게 발생하고 있음은 주지의 사실인데도 이에 대하여는 남성 성구매자에게 성매매처벌법을 적용하는 것만큼 성매매처벌법을 적용하고 있지 않다. 게다가 최근 동성애가 점차 확산되고 있는데 동성 간의 성매매도 충분히 상정할 수 있고 또 현실에서도 발생함에도 불구하고 이에 대하여는 거의 성매매처벌법을 적용하고 있지 않다. 그렇다면 성매매처벌법의 집행은 공평한 법집행이 아니라 차별적인 법집행임에 틀림없다. 헌법상 평등 원칙은 입법상의 평등뿐만 아니라 법집행에도 당연히 적용되어야 하여야 한다면, 적어도 성매매처벌법의 법집행은 형평의 원칙에 어긋나는 것이다.

두 번째 문제점은, 성매매처벌법이 특정한 형태의 성매매업소에 국한하여 집행되어져 왔다는 점이다. 예컨대, 집창촌과 안마시술소 등에서 행해지는 성매매에 집중하여 집행된 반면, 노래방, 룸싸롱, 이발소, 남성휴게텔 등을 통해서 행해지는 성매매에 대하여는 거의 단속을 하고 있지 않을뿐더러 최근 유행하고 있는 1 대 1 형태의 만남식 성매매나 인터넷이나 휴대폰 등을 통해 만나는 형식의 성매매에 대하여는 거의 손을 쓰지 못하고 있다. 게다가 최근에는 비인간적인 행태라 고밖에 볼 수 없는 이른바 '인형방'[37]까지 등장하고 있다. 성매매처벌법상의 성매매 정의에 따르면 그 형태가 어떠하든지 간에 성매매의 요건에 해당되는 것이라면 당연히 성매매처벌법이 적용되어야 함에도 불구하고, 단속하기 쉬운 집창촌과 안마시술소 등에만 단속을 집중하는 것도 역시 법집행의 형평성에 어긋나는 것이다.

세 번째 문제점은, 성매매처벌법의 단속이 일관성 없이 집행되어져 왔다는 점이다. 경찰이나 검찰은 특정기간에 집중하여 성매매처벌법의 위반 여부를 단속해 왔다. 따라서 이 기간이 경과하거나 특별한 사회문제가 되지 않으면 다시 암묵적인 태도로 변해 단속의 고삐를 느슨하게 해 왔다. 그 결과 성매매업소를 운영하는 사람들이나 성매매를 행하는 자들에게 집중단속기간만 피하면 된다는 인식을 심어주게 되었으며, 이는 법집행의 일관성을 상실케 하는 중요한 요인이 되어 왔다. 이와 관련하여 성매매를 단속해야 할 경찰과 안마시술소 업주 등이 연계하여 뇌물을 주고받는 일이 빈번하게 발생하고 있다. 즉, 성매매가 뇌물이라는 2차의 범죄를 낳는 결과가 되는 꼴이다.

이와 같이 성매매처벌법을 집행하는 데 있어서는 형평성이 결여되고 일관성 없이 집행되어 왔다는 문제점을 가지고 있다. 이러한 문제점은 바로 법의 실효성에 대한 의문을 제기하게 되는 바,[38] 그렇지

37) '인형방'이란 인조인간의 형태를 띤 인형과의 성행위를 할 수 있는 업소로서 현재 이러한 행위는 성매매처벌법으로 처벌할 수 없다 다만 풍속영업의 규제에 관한 법률 및 동시행령 제2조 제5호 가목 9가 적용되어 청소년유해업소로 처벌될 뿐이다.

38) 성매매처벌법의 실효성 문제에 관하여는 박혜진, 전게논문 참조.

않아도 법 자체에 대한(구체적으로는 단순 성매매에 대한) 이견과 의문이 많은 법을 더욱 회의적으로 만들게 되었다.

5. 인간 본성에 대한 이해의 결여

흔히 성매매는 인류의 가장 오래된 직업이라고 말하고 있지만,[39] 오래된 직업이기 때문에 법에서 보호해야 한다는 것은 이치에 맞지 않는다. 그렇다면 도둑질이나 사람을 죽이는 일도 역사를 알 수 없을 정도로 오래되었을 텐데 이것도 법의 보호를 받아야 하는가? 오히려 단순 성매매를 범죄로 하지 않거나 적어도 불처벌해야 하는 논거는 인간 본성에 대한 이해에서 출발해야 할 것이다.

인간의 성은 동물과 달리 단지 종족번식이나 생식에만 관계하는 것이 아니라 쾌락이나 행복과도 밀접한 관련이 있다. 모든 인간이 성에 대한 본능을 가지고 있다면 차별 없이 존중받아야 할 것이다. 인간의 성이 외부적인 형태로 표출되는 양상은 사람마다 다를 수 있는데, 적어도 타인에 대한 폭력이나 강요 또는 착취의 목적이 아닌 형태로 표출되는 성행동이라면 이는 적어도 국가가 관여하거나 간섭할 문제가 아닐 것이다. 그렇다면 스스로의 행동에 대하여 책임을 질 수 있는 성인들 사이에서 상호간의 합의에 의하여 행해지는 성행위는, 설혹 금전적인 대가가 개입된다고 하여도, 이를 범죄로 하여 처벌하는 것은 과잉금지의 원칙에 반할 것이다. 성매매에 반대하는 입장에서는 숭고해야 할 인간의 성관계가 금전이라는 수단으로 매개되는 것은 인간의 존엄을 해친다고 주장하나, 이 세상의 모든 인간사에 금전이 개입되지 않은 것이 있을까? 예컨대, 죽어가는 사람일지라도 병원에서 아무런 대가를 받지 않고 그 사람의 생명이나 건강을 구해주지 않는다. 특별한 구호단체가 아니라면 굶주림에 처해 있는 가난한 자에게 아무런 대가도 받지 않고 음식을 제공해주지는 않는다. 인간에게 가장 귀중한 생명이나 건강조차도 금전의 대가가 지불되는 현실에서 성매매 - 좀

39) 번 벌로/보니 벌로(서석연/박종만 옮김), 『매춘의 역사』, 까치, 1994, 20면.

더 구체적으로 말하자면 성적 서비스의 제공과 그에 대한 대가의 지불 - 에 대하여 금전이 지불되는 것이 과연 인간의 존엄을 해치는 것이 될 수 있을까?

게다가 자신의 성적 욕망을 해결하기 어려운 사람들 - 예컨대, 지체장애인, 노인,[40] 군인, 동성애자, 외모가 준수하지 못한 자 등 - 에게 국가가 금욕을 강요하는 것은 오히려 인간의 존엄에 반하는 것이 아닐까? 따라서 모든 인간에게 일률적으로 어떤 특정한 성생활만을 영위하라고 국가가 강요하거나 제한을 두는 것은 국가의 기본임무에 속한다고 보기 어렵다. 더구나 성의 문제는 국가가 해결해줄 수 있는 차원의 문제가 아닌 이상 이를 범죄로 처벌하는 것도 문제가 있다. 그러므로 인간의 성을 국가가 통제하거나 제한을 가할 때에는 여러 가지 사항들을 고려하여 심사숙고해서 판단해야 한다. 어떤 특정한 부류의 사람들만을 기준으로 하여 성 문제를 결정한다면 그러한 부류에 속하지 않는 사람들은 소외될 수밖에 없고, 그렇게 되면 이들은 어떤 방식으로든지 반발하거나 일탈을 하게 될 것이다.

V. 맺 음 말

성매매는 위에서 언급한 바와 같이 매우 복잡하고 단순하게 해결하기 어려운 인간의 성 문제와 밀접하게 관련되어 있고, 그것은 바로 인간에 대한 기본적인 이해와 배려, 동정심에서 출발하여 접근해야 하는 문제임을 명심해야 한다. 단순히 기존의 도덕이나 윤리에 반한다고 하여 법의 잣대로 해결해서는 안 되고, 또 해결할 수도 없는 그런 문제인 것이다. '가장 오래된 직업'인 된 까닭은 그 나름대로의 이유가 있기 때문일 것이다.

그렇다면 성매매행위를 위에서 살펴본 법이론에 따라 非犯罪化

40) 정지섭, "종묘공원 일대, 콘돔 지급·성교육 확대 - 종로구 노인 성병 대책 나서", http://news.chosun.com/site/data/html_dir/2008/10/29/2008102900078.html 참조.

내지는 합법화해야 하는가? 위에서 살펴본 바와 같이 순수하게 법이론적인 측면에서 볼 때에는 당연히 자발적 성매매를 처벌하는 것은 위헌의 소지가 다분하다. 그러나 이 문제는 좀 더 신중한 판단을 해야 할 필요가 있다. 왜냐하면 우리 사회의 일반적인 법감정이나 정서가 이를 수용할만큼 포용력을 가지고 있는지 신중하게 생각해볼 필요가 있기 때문이다. 조금 차원을 달리하는 문제이기는 하지만, 우리 헌법재판소는 「신행정수도의건설을위한특별조치법 위헌확인 결정」[41]에서 성문헌법 외에 불법헌법의 일종인 관습헌법을 인정하여 위의 법이 위헌임을 밝혔다. 이에 대하여는 찬반양론이 대립하지만, 필자로서는 이러한 헌재의 결정에 찬성하는 입장이다.

예를 들어 혼인빙자간음죄는 그동안 학계에서 非犯罪化해야 한다는 논의가 꾸준하게 제기되어 왔지만 정작 이 죄가 위헌판결을 받은 것은 형법이 제정된 지 55년이 지난 후였다. 마찬가지로 간통죄 역시 1990년 이후 수차례 위헌심판제청이 행해졌으나 20여년이 지난 지금도 위헌판결을 받지 못하고 있다. 그 이유는 법이론적으로는 이러한 행위들이 非犯罪化되는 것이 타당할지라도 이를 일반인들이 받아들이거나 용인하기에는 아직 미흡한 점들이 있다고 평가하기 때문일 것이다.

성매매 역시 마찬가지가 아닐까 생각한다. 법리적으로 볼 때, 적어도 자발적인 성인 간의 성매매행위가 성적 자기결정권에 따른 행위이기 때문에 국가의 간섭이 필요 없거나 아니면 간섭해서는 안 된다고 할지 모르겠으나, 적어도 성매매가 非犯罪化 되기 위해서는 먼저 간통죄가 위헌판결을 받은 다음이 되어야 할 것이다. 개인적으로는 지금까지의 다수견해에 따라 非犯罪化하는 방향으로 나아가되, 현 시점에서는 '사실상의 非犯罪化' 즉, 개인간의 단순 성매매는 사실상 처벌하지 않는 입장을 유지하면서 일반인들의 법감정과 정서를 면밀히 주시할 필요가 있다고 생각한다. 앞으로 시간을 두고 사회구성원들의 다

41) 신행정수도의건설을위한특별조치법 위헌확인 [전원재판부 2004헌마554, 2004. 10.21].

양한 의견을 수렴하여 합리적인 판단을 해야 하지 않을까 조심스럽게 생각하는 바이다.

[주 제 어]
성매매, 자발적 성매매, 성풍속범죄, 보호법익, 비범죄화

[Key words]
voluntary prostitution, sexual crime, legal interest, decriminalization

접수일자: 2014. 5. 10. 심사일자: 2014. 6. 16. 게재확정일자: 2014. 6. 20.

[참고문헌]

권오명, "성매매처벌법에 대한 소고", 법학연구(제17권, 2004), 한국법학원, 187-209면.

김성규, "형벌목적의 형사정책적 딜래마", 형사정책(제17권 제1호, 2005), 9-32면.

김성천, "성매매의 非犯罪化", 중앙법학(제6집 제4호, 2004), 중앙법학회, 117-138면.

김애령, "지구화 시대의 성매매와 한국의 「성매매방지법」", 경제와 사회(통권 제79호, 2008 가을호), 254-307면.

김은경, 『성착취 목적의 인신매매 현황과 법적 대응방안』, 한국형사정책연구원, 2002.

김은경, "성매매에 관한 페미니즘 담론과 형사정책적 딜레마", 형사정책(제14권 제2호, 2002), 37-73면.

박은경, "여성장애인의 성매매와 성매매방지법률(안)의 문제점", 여성연구논집(제15집, 2004), 신라대학교 여성문제연구소, 171-200면.

박혜진, "성매매처벌법의 실효성", 형사법연구(제19권 제4호, 통권 제33호, 2007 겨울), 373-394면.

배종대, "형법, 형벌, 양형 - 성매매처벌법의 경우", 형사정책연구(제17권 제4호, 통권 제68호, 2006 겨울호), 437-465면.

백수진, "성매매와 성매매방지법에 대한 남성들의 인식", 여성연구논집(제19집, 2008), 39-84면.

번 벌로/보니 벌로(서석연/박종만 옮김), 『매춘의 역사』, 까치, 1994.

변종필, "형법의 임무", 형사정책연구(제8권 제4호, 통권 제32호, 1997·겨울호).

요하네스 베셀스(허일태 역), 독일형법총론(전정판), 세종출판사, 1998.

윤덕경, "성매매처벌법의 시행 현황과 향후 과제", Gender Review(Vol.2, 2006), 23-32면.

윤영철, "형사입법론으로서 형법의 최후수단성에 대한 고찰", 형사정책(제13

권 제2호, 2001), 157-192면.
원숙연/박진경, “젠더-거버넌스의 가능성 탐색: 성매매방지법 제정과정을 중심으로”, 한국여성학(제22권, 2004), 85-124면.
이나영, “성매매: 여성주의 성정치학을 위한 시론”, 한국여성학(제21권, 2005), 41-85면.
______, “금지주의와 국가규제 성매매 제도의 착종에 관한 연구”, 사회와 역사(제75집, 2007), 39-76면.
이경재, “성매매 단속과 성매매 정책”(형사정책연구소식, 통권 제125호, 2013 봄호).
______, “성풍속범죄에 대한 비판적 고찰”(형사판례연구 19, 박영사, 2011).
, “성윤리와 형법 - 성풍속범죄에 대한 형법적 규제”(비교형사법연구, 제12권 제2호, 2010).
______, “성매매처벌법 시행 4년에 대한 평가와 제언”(형사정책연구 제20권 제1호, 2009 봄호).
______, “매춘에 대한 다양한 견해와 그에 대한 형사정책적 입장”, 형사정책연구(제10권 제4호, 통권 제40호, 1999 겨울호).
이덕인, “자발적 대가성 성관계의 非犯罪化”, 형사정책(제20권 제1호, 2008), 153-186면
이동주, “한국 성매매 반대운동의 프레임 형성과 변화에 관한 연구 - 1970년 ~ 2005년 기간을 중심으로”, 사회연구(통권 제15호, 2008. 1), 9-39면.
이상돈, “성매매의 범죄화와 인권침해”, 시민과 변호사(2004. 12), 18-22면.
______, “법익보호원칙 - 근대형법의 신화인가 이성인가?”, 형사정책연구(제5권 제1호, 통권 제17호, 1994년 봄), 173-214면.
이영란, “성매매(윤락행위) 최소화를 위한 입법정책”, 저스티스(통권 제65호, 2002/2), 185-204면.
이용식, “형법의 임무 - 법익보호인가 사회윤리보호인가?”, 피해자학연구(제9권 제2호).
이주선, 「경제학적 관점에서 본 성매매처벌법」, Issue Paper 24, 한국경제연구원, 2006.

이호용, “성매매의 합리적 규제를 위한 법정책적 방향”, 한국공안행정학회보(제20호, 2005), 11-34면.

이호중, “성매매방지법안에 대한 비판적 고찰”, 형사정책(제14권 제2호, 2002), 7-35면.

임상규, “성매매처벌법의 필요성과 문제점”, 형사정책(제17권 제1호, 2005), 179-199면.

임 웅, “성범죄의 非犯罪化”, 『非犯罪化의 이론』, 법문사, 1999.

전지연, “형법형성에서의 법치국가적 원리”, 연세법학연구(제3집, 1995), 665-688면.

정지섭, “종묘공원 일대, 콘돔 지급·성교육 확대 - 종로구 노인 성병 대책 나서”, http://news.chosun.com/site/data/html_dir/2008/10/29/2008102900078.html.

조 국, “성매매에 대한 시각과 법적 대책”, 형사정책(제15권 제2호, 2003), 255-288면.

조주은, “「성매매처벌법」 위헌법률심판제청을 둘러싼 쟁점과 과제”, 이슈와 논점(제661호, 2013. 5. 28, 국회입법조사처).

주승희, “법여성주의의 이론의 흐름과 형사법에의 투영”, 법철학연구(제8권 제2호, 2005), 275-296면.

천진호, “성착취와 성착취형 인신매매에 대한 형사법적 대응과 개선방안”, 형사정책연구(제13권 제4호, 통권 제52호, 2002 겨울호), 151-191면.

하주영, “성매매는 범죄인가?”, 시대와 철학(제13권 제2호, 2002), 325-410면.

한상희, “성매매방지법과 여성인권”, 민주법학(제30호, 2006), 49-76면.

하태영, “법사회학적 관점에서 본 매춘에 관한 연구 - 매춘정책을 중심으로”, 비교형사법연구(제4권 제2호, 2002), 453-485면.

허경미, “성매매규제 관련법의 쟁점”, 한국공안행정학회보(제15권, 2003), 227-259면.

______, “성매매사범의 동기 억제를 위한 정책변화에 관한 연구”, 한국범죄심리학연구(제3권 제2호, 통권 제5호, 2007), 249-278면.

[Abstract]

Is the voluntary prostitution unconstitutional?

LEE, Kyung Jae*

On January in 2013, a district judge made a constitutional suit to the Constitutional Court whether voluntary prostitution is unconstitutional. The key point is that the legal interest of the punishing voluntary prostitution is obscure, to punish it is not accorded with the properness of manner and the minimum of victim, and it is questionable in point of equal protection.

The question that voluntary prostitution is unconstitutional is during debate since long time ago. Some says it should not be punished because everybody has a sexual self-determination, others it is crime because it is immoral, and the others it is controlled by the state because it is harmful to the moral people.

I make a couple of proposals in the following points. Firstly, because the legal interest of punishing voluntary prostitution is obscure, so that it should not be punished. Secondly, punishing voluntary prostitution is unconstitutional because everybody has a sexual self-determination and buying or selling sexual service is absolutely depending on the individual. Thirdly, punishing voluntary prostitution is out of the principle because it goes against with the ultima ratio rule. Fourthly, punishing all the patterns of voluntary prostitution is not possible and punishing some peculiar types of prostitution does not accord with equal protection. Finally, punishing voluntary prostitution is against the principle of less restrictive alternative because everybody has a right to have a sex without force with another. So punishing voluntary prostitution is unconstitutional.

* Prof. Ph.D in Law, Law School, Chungbuk National University.

However, if the Constitutional Court proclaims that it is unconstitutional, it would give a shock to the ordinary people because they do not have an open mind with it. So I dare to say that punishing voluntary prostitution is committed to the 'factual' decriminalization for a while before punishing adultery is unconstitutional proclaimed by the Constitutional Court.

성폭법상 신상정보 공개·고지명령 소급 적용의 범위*

남 선 모**

[대상판결] 대법원 2014. 3. 27. 선고 2013도13095 판결

[사실관계]

피고인은 2007. 8. 6. 길을 지나는 15세 여중생을 화장실로 끌고가 성기를 음부에 삽입하다 피해자가 아프다고 하자, 피해자의 음부와 항문을 만지며 자위행위를 하고, 발가벗긴 채 카메라 이용 사진을 촬영하였다. 이로 인해 피해자에게 회음부 찰과상을 입혔다.

1심에서 합의되었음에도 징역 8년을 선고받은 피고인은 항소하였다. 항소심인 서울고등법원은 회음부 찰과상이 피고인의 행위로 발생하였는지 여부 및 자연치유 가능성이 있는지에 대해 당시 진단서를 발급한 의사에 대한 사실조회신청 및 의학적 지식 등을 적극 활용하여 본건 회음부 찰과상은 자연치유가 가능하여 강간치상죄의 상해에 해당하지 않는다는 이유로 무죄를 선고하고, 강간의 점은 인정되나(피고인은 강간의 점에 대해서는 자백하였음) 1심에서 고소취소되었으므로 공소기각하는 한편 전자발찌 부착명령도 기각하였다. 성폭법 위반에 대해서는 징역 3년 및 공개고지명령을 선고하면서도 보석신청을

* 이 논문은 2014년도 한국형사소송법학회·한국형사판례연구회 춘계공동학술회의에서 발표한 내용을 보정하였음.

** 세명대학교 법학과 교수, 법학박사.

받아들여 석방결정하였다<서울고법 2013.10.11. 선고 2013노2254, 2013전노 250(병합)판결>. 피고인이 공소시효가 완성되었다며 상고하였다. 대법원은 유죄부분을 파기하고, 이 부분 사건을 다시 심리·판단하도록 원심법원인 서울고등법원에 환송하였다. '아동·청소년' 대상 성폭력범죄가 성폭법(2012. 12. 18. 법률 제11556호로 전부 개정되어 2013. 6. 19. 시행된 것)에서 정한 등록대상 성폭력범죄에도 해당하는 경우, 같은 법 등의 규정에 따른 공개명령 및 고지명령의 대상이 되지 않으며, 같은 법 부칙 제4조 제1항의 소급규정이 같은 법 제42조 제1항에 의해 새롭게 공개명령 및 고지명령의 대상이 된 성폭력범죄(같은 법 제11조 내지 제15조에 정한 것)의 범행대상이 아동·청소년일 경우에도 적용되지 않는다.

[판결요지]

구 아청법(2012. 2. 1. 법률 제11287호로 개정되어 2012. 8. 2.부터 시행된 것)에 의해 공개 및 고지명령의 대상이 되기 이전의 아동·청소년 대상 성폭력범죄의처벌및피해자보호등에관한법률위반(카메라등이용촬영)죄에 대하여 개정 성폭법 부칙 제4조 제1항의 소급규정을 적용하여 공개명령 및 고지명령의 부수처분을 한 원심판결을 파기한 사안으로 우선 공소시효에 대한 판단(상고이유)을 살펴보면 원심이 유죄로 인정한 2007. 8. 6. 카메라 이용 촬영의 공소사실(이하 '이 사건 범죄' 라고 한다)은 구 '성폭력범죄의 처벌 및 피해자보호 등에 관한 법률'<2010. 4. 15. 법률 제10258호 '성폭법' 부칙 제5조 제10항에 의하여 '성폭력범죄의 피해자보호 등에 관한 법률'로 개정된 뒤 2010. 4. 15. 법률 제10261호 '성폭력방지 및 피해자보호 등에 관한 법률' 부칙 제2조로 폐지> 제14조의2 제1항에 의하여 그 법정형이 5년 이하의 징역 또는 1천만 원 이하의 벌금에 해당하는 범죄로서, 형사소송법 부칙(2007. 12. 21.) 제3조, 구형사소송법(2007. 12. 21. 법률 제8730호로 개정되기 전의 것) 제249조 제1항 제4호에 의하여 공소시효는 5년이다. 그런데 법률 제10258호 성폭법 제20조 제1항은 "미성년자에 대한 성폭력범죄의 공소시효는 형사소송법 제252조 제1항에도 불구하고 해당 성폭력범죄로 피해를 당한 미성년자가 성년에 달한 날부터 진행한다." 라고 규정하고, 그 부칙 제3조는 "이 법 시행 전에 행하여진 성폭력범죄로 아직 공소시효가 완성되지 아니한 것에 대하여도 제20조를 적용한다."라고 정하고 있다. 피해자가 1992. 2. 19.생으로서 당시 미성년자였던 이 사건 범죄의 경우, 법률 제10258호 성폭법이 시행된 2010. 4. 15. 기준으로 5년의 공소시효는 아직 완성되지 아니하였으므로, 그 공소시효는 위 규정에 따라 피해자가 성년에 달한 날부터 진행하게 되는데, 이 사건 공소는 그처럼 피해자가 성년에 달한 날부터 5년이 경과하지 않은 2013. 3. 14. 제기되었다. 따라서 이 사건 범죄의 공소시효가 완성되었음을 전제로 한 상고이유 주장은 이유 없다할 것이다.

다음으로 공개·고지명령에 대한 판단(직권판단)을 살펴보면 성폭법'(2010. 4. 15. 법률 제10258호로 개정된 것)은 신상정보의 공개·고지명령의 대상에서 '아동·청소년 대상 성폭력범죄를 저지른 자'를 제외함으로써 그 적용 범위를 '성인 대상 성폭력범죄를 범한 자'로 제한하였으며, '아청법'(2009. 6. 9. 법률 제9765호로 전부 개정된 것), '아청법'(2010. 4. 15. 법률 제10260호로 개정된 것)이 별도로 '아동·청소년 대상 성폭력범죄를 저지른 자'를 공개명령 및 고지명령의 대상으로 규정하였다. 그리고 '성폭법'(2012. 12. 18. 법률 제11556호로 전부 개정되어 2013. 6. 19. 시행된 것) 제47조 제1항, 제49조 제1항은 등록대상 성폭력범죄의 공개명령 및 고지명령에 관하여는 '아청법'(2012. 12. 18. 법률 제11572호로 전부 개정되어 2013. 6. 19. 시행된 것)에 의하도록 정하고 있다. 그러므로 아동·청소년 대상 성폭력범죄의 경우, 법률 제11572호 아청법이 시행된 이후의 범행뿐만 아니라 그 이전 범행이라도 그것이 법률 제11556호 성폭법 등에서 정한 등록대상 성폭력범죄에 해당하는지 여부와는 관계없이 법률 제9765호 아청법 등이 규정하고 있는 공개명령 및 고지명령의 대상이 될 수 있는지만 문제 될 뿐,

법률 제11556호 성폭력특례법 등의 규정에 따른 공개명령 및 고지명령의 대상이 되지는 아니한다<대법원 2012. 1. 12. 선고 2011도15062, 2011전도250(병합) 판결 등 참조>. 다만 법률 제11556호 성폭법은 제42조 제1항에서 과거 공개명령 및 고지명령의 대상이 되는 성폭력범죄가 아니었던 이 사건 범죄와 같은 일정한 유형의 범죄(같은 법 제11조 내지 제15조에 정한 것으로서 이 사건 범죄는 제14조에 해당한다)를 공개명령 및 고지명령의 대상이 되는 성폭력범죄로 새로이 규정하는 한편, 부칙 제4조 제1항으로 "이 법 시행 후 제11조부터 제15조(제14조의 미수범만을 말한다)까지의 개정규정의 범죄로 유죄판결이 확정된 자에 대하여는 제42조부터 제50조까지의 개정규정을 적용한다"고 정하여, 위 각 범죄(이하 신설된 제12조는 제외한다)의 범행 시점이 법률 제11556호 성폭법의 시행 이전이라 하더라도 그 시행 이후 유죄판결을 선고할 때에는 개정된 규정에 따라 공개명령 및 고지명령을 할 수 있는 근거를 두고 있는데, 아동·청소년을 상대로 한 위 각 범죄는 그와 별도로 2012. 2. 1. 법률 제11287호로 개정되어 2012. 8. 2. 시행된 '아청법'에서 이미 공개명령 및 고지명령의 대상으로 규정하고 있었던 점 등을 고려하면, 이는 위 각 범죄가 아동·청소년을 대상으로 이루어진 경우에는 적용되지 않는다고 보아야 한다.

[연　구]

Ⅰ. 문제제기

현대의 복잡한 생활환경의 변화는 새로운 신규범죄를 유발하기도 한다. 성관련 범죄 또한 다양한 현상으로 나타나고 있는 실정에 있다. 단순한 성매매 이상의 정신적 쾌락이나 심리이상 등의 '유사성행위'(소위 '특정부위 카메라 촬영')에 대해서도 촬영의 형법적 기준을 둘러싸고 견해가 다분하다. 형법의 중요한 원칙 중의 하나로 죄형법정주의를 들 수 있다. 이는 죄와 형벌은 행위 당시의 법에 따라야 한다는 의미로 일반시민의 기본권을 보장하는 취지에서 법은 명확해야 한다. 나아가 판결에서의 자의적인 해석이나 유추해석을 지양하기 위해서는 명확한 법해석이 중요하다. 그러나 최근의 다양한 법률환경에서는 간결한 법조문으로 일일이 규율할 수 있는 간단한 문제는 아니다. 관련범죄는 실무적으로 그 범위가 확대될 수 있는 가능성은 얼마든지 있다. 따라서 그 외연은 시대상황의 변화에 따라서 얼마든지 넓어질 가능성이 있다.[1] 제정법의 운용면에서 볼 때 법해석을 통해 올바른 사법제도의 운영이 필요한 부분이다. 성폭력범죄에 대한 보다 적절한 대응은 오히려 잘못된 법해석을 통해 자칫 범죄자들이 형사사법상의 제재를 받지 않고 거리를 활보하는 불합리한 상황이 전개되지 않도록 적어도 성폭력범죄에 있어서 형사사법상의 정의를 충실히 실행하는데 있다고 본다.[2] 이와 관련, 최근 신상정보 공개나 고지명령의 소급적용범위와 관련된 판례를 분석해 볼 필요가 있다. 특히 부칙으로 소급적용하거나 성폭력범죄의 처벌 등에 관한 특례법(이하 '성폭법'이라고 한다.) 및 아동·청소년의 성보호에 관한 법률(이하 '아청법'이라고 한다.) 규정에서 보는 바와 같이 그 체계가 복잡한 법률은 그 적용범위에 대해서 다툼의 개연성이 있는 부분이다. 대상판결은 대법원 2014. 3. 27. 선고 2013도13095 판결인데, 2007.8.6. 여중생을 상대로 저질러진 성폭법상(부칙 제4조 제1항) 신상정보 공개·고지명령의 소급규정이 적용되는지의 여부가 문제된 사안이다. 이와 관련, 신상정보 공개·고지명령 제도의 검토와 법적 성격에 대해 살펴보는 외 이를 바탕으로 대상판결의 쟁점을 살펴보기로 한다.

---

1) 배종대, 형법각론, 홍문사, 2013, 251면.

2) 김혜정, 성폭력범죄에 있어서 '항거불능인 상태'의 의미, 형사판례연구(14), 박영사, 2006, 178면.

Ⅱ. 신상정보 공개·고지명령 제도의 검토

1. 주요 내용

(1) 관련법률의 변경

성폭법은 성폭력범죄를 형법 제2편 제22장, 제31장, 제32장, 제339조상의 관련범죄로 열거적으로 규정하고 있으며(제2조), 성폭력범죄의 처벌 및 그 절차에 관한 특례를 규정함으로써 성폭력범죄 피해자의 생명과 신체의 안전을 보장하고 건강한 사회질서의 확립에 이바지함을 목적으로 하고 있다(제1조). 아청법은 아동·청소년대상 성범죄의 처벌과 절차에 관한 특례를 규정하고 피해아동·청소년을 위한 구제 및 지원절차를 마련하며 아동·청소년대상 성범죄자를 체계적으로 관리함으로써 아동·청소년을 성범죄로부터 보호하고 아동·청소년이 건강한 사회구성원으로 성장할 수 있도록 함을 목적으로 하고 있다(제1조). 이 사건 심판대상 법률조항의 생성배경을 실펴보면, 성폭법은 성폭력범죄의 처벌 및 피해자보호등에관한법률"성폭력특별법"(법률 제4702호, 1994.1.5.제정, 시행 1994.4.1) → 성폭력범죄의 피해자보호 등에 관한 법률(법률 제10258호, 2010.4.15, 타법개정, 시행2010.4.15) → 이 법은 2010년 4월 15일 ① **성폭력범죄의 처벌 등에 관한 특례법**(성폭력범죄의 처벌 및 그 절차에 관한 특례를 규정)과 ② **성폭력방지 및 피해자보호 등에 관한 법률**(성폭력을 예방하고 성폭력피해자를 보호·지원함을 목적)로 각각 제정됨으로써 성폭력특별법은 폐지되었다. 향후 아청법, 성폭법, 성매매알선 등 행위의 처벌에 관한 법률, 성폭력방지 및 피해자보호 등에 관한 법률, 성매매방지 및 피해자보호 등에 관한 법률, 특정강력범죄의 처벌에 관한 특례법(제8조의2), 정보통신망 이용촉진 및 정보보호 등에 관한 법률 등의 특별법을 정비하여 주요 구성요건을 형법에 편입하고, 가능한 한 이러한 특별법을 폐지하는 것이 바람직하다.[3] 특히 신상정보의 등록과 공개·고지의 집행에 대해 이원화되어 있는 구조를 일원화하여 등록한 기관이 집행하도록 그 구조를 혁신할 필요가 있다.

(2) 신상정보의 등록 및 공개·고지명령

성범죄 관련법의 실효성을 확보하기 위해서는 범죄자의 신상정보 등록이 필수인데 성폭법(제43조 제1항)에서는 신상정보 등록대상자는 판결이 확정된 날부터 30일 이내에 신상정보를 자신의 주소지를 관할하는 경찰관서의 장이나, 교정시설 또는 치료감호시설에 수용된 경우에는 그 교정시설의 장 또는 치료감호시설의 장에게 제출하도록 규정하고 있다. 나아가 이러한 신상정보를 제출받을 때에는 등록대상자의 정면·좌측·우측 상반신 및 전신 컬러사진을 촬영해 전자기록으로 저장·보관하도록 규정하고 있다(제43조제2항). 신상정보의 변경신고 등록대상자는 제출한 신상정보가 변경된 경우에는 그 사유와 변경내용을 변경사유가 발생한 날부터 20일 이내에 다시 제출하도록 하고 있다(제43조제3항) 등록대상자는 최초 등록일부터 1년마다 주소지를 관할하는 경찰관서에 출석해 경찰관서의 장으로 하여금 자신의 정면·좌측·우측 상반신 및 전신 컬러사진을 촬영해 전자기록으로 저장·보관하도록 하고 있다(제43조제4항). 다만, 등록대상자가 교정시설 등에 수용된 경우 교정시설 등의 장은 석방 또는 치료감호 종료 전에만 등록대상자의 정면·좌측·우측 상반신 및 전신 컬러사진을 새로 촬영해 전자기록으로 저장·보관하도록 하고 있다(제43조제4항 단서). 신상정보는 판결이 확정된 때부터 공개되지만, 공개명령을 받은 사람이 실형 또는 치료감호를 선고받은 경우에는 그 형 또는 치료감호의 전부 또는 일부의 집행이 종료되거나 집행이 면제된 때부터 공개된다(제49조제2항). 이는 성범죄의 예방과 피해자 보호를 위한 제도로서 공개대상자의 성명, 나이, 주소 및 실제거주지, 신체정보, 사진, 판결일자와 죄

3) 같은 취지로 오영근, 형사특별법 정비방안(6), 성폭력범죄의 처벌 및 피해자보호등에 관한 법률, 한국형사정책연구원, 2008, 12면, 이경재, 성풍속범죄에 대한 비판적 고찰, 형사판례연구(19), 박영사, 2011, 382면.

명 그리고 선고형량을 포함한 성범죄 요지, 성폭력범죄 전과사실, 전자장치 부착여부 등이 공개된다.[4)]

(3) 소급 적용

신상정보 공개·고지 대상을 제도 시행 3년 전 형이 확정된 성인 대상 성폭력범까지 소급 적용하도록 '성폭법'이 개정되어 적용대상자에 대해 신상정보 공개·고지명령을 소급청구하게 되었다. 성인을 대상으로 한 성폭력 범죄자에 대한 신상정보 공개는 첫 시행일인 2011년 4월 16일부터 유죄판결이 확정된 자에 한정되었었는데, 관련법 개정으로 2008년 4월 16일부터 2011년 4월 15일까지 사이에 성범죄로 유죄 확정판결(벌금형 제외)을 받은 경우도 신상정보 등록·공개 대상자에 포함되게 되었다(소급청구 대상자는 1만1000여명). 변경된 신상정보는 매년 갱신되어 법무부는 신상정보를 전산망에 등록하여 20년간 보존·관리하고, 검사와 경찰은 이 자료를 범죄예방 및 수사에 활용하며, 여성가족부는 성범죄자 알림e 사이트에서 공개 및 대상자의 거주지역주민 중 아동·청소년을 세대원으로 둔 세대 및 어린이집·유치원 원장, 초·중·고등학교 교장 등에게 고지정보를 우편으로 발송하는 등 그 구조가 이원화되어 있다. 소급 적용과 관련, 성폭법에서는 부칙 제7조(신상정보의 등록·공개 등에 관한 특례) ①항 제42조부터 제50조까지의 개정규정은 제2조제1항제3호·제4호, 같은 조 제2항(제1항제3호·제4호에 한정한다), 제3조부터 제10조까지 및 제15조에 해당

4) 신상정보 공개는 '성범죄자 알림e (www.sexoffender.go.kr)'라는 인터넷 사이트를 통해 이행되고, 일반인들은 지도 검색과 조건 검색을 통해 주소, 거주지 주위에 어떤 성범죄자가 사는지를 알 수 있다. 또한 이러한 내용들이 고지대상자(성범죄자)가 거주하는 읍·면·동의 아동 청소년의 친권자나 법정대리인이 있는 가구, 어린이집 원장, 유치원의 장, 학교의 장, 지역아동센터 등에 우편으로 정보가 제공되기 때문에 사실상 해당 주민들이 모두 알 수 있는 구조로 되어 있다. 현재 우리나라는 성범죄자 신상정보의 공개 및 우편고지 제도를 시행하고 있다. 제공받을 수 있는 신상정보는 성명, 나이, 주소 및 실거주지(도로명 및 건물번호), 신체정보(키와 몸무게), 사진, 성범죄 요지(판결일자, 죄명, 선고형량), 성폭력범죄 전과사실, 전자장치 부착여부 등이다.

하는 범죄를 저질러 2008년 4월 16일부터 2011년 4월 15일 사이에 유죄판결(벌금형은 제외한다)이 확정된 사람(이하 이 조에서 "특례대상자"라 한다)에 대하여도 적용하도록 하고 있다. 아청법에서는 부칙 제8조(등록정보의 고지 등에 관한 특례) ① 제50조제1항, 제51조의 개정규정은 2008년 4월 16일부터 2010년 12월 31일 사이에 제2조제2호의 개정규정의 아동·청소년대상 성범죄(제11조 제5항의 개정규정의 죄는 제외한다)를 범하고 유죄판결(벌금형은 제외한다)이 확정되어 종전의 규정에 따라 공개명령을 받은 사람에 대하여도 적용하되, 공개기간이 종료된 자는 제외하도록 규정하고 있다. 이를 분석해 보면 위에서 살펴본바, 성폭법 부칙 제7조에서 보는 바와 같이 제14조(카메라 등을 이용한 촬영)상의 행위에 대해서도 소급적용할 필요가 있는 부분이다. 발가벗긴 채 카메라 이용 사진을 촬영한 행위는 피해자의 인내의 한계를 넘어서는 극도의 수치심으로 인해 '상해'의 치유가능성 보다도 오히려 더 심각한 후유증을 유발할 수 있어, 제외할 것이 아니라 엄격하게 적용하여 이 부분 또한 소급적용이 가능하도록 개정되어야 할 부분이다. 이는 촬영의 핵심적인 유형에 따라 법적용을 달리하여야 할 것이다. 현재는 성폭법과 아청법의 부칙 조항에 의해 각각 소급효의 유형을 정하고 있다. 이와 관련, 그 법적 성격을 살펴볼 필요가 있다.

2. 신상정보 공개·고지명령 제도의 법적 성격

최근 성범죄자에 대한 대책을 강구하면서 형벌 이외의 기타제재로 신상정보 공개명령 및 고지명령, 전자장치 부착명령, 취업제한, 화학적 거세 등의 제도들이 확대·시행되고 있다. 이와 관련, 이러한 대처방안의 법적 성격을 둘러싸고 쟁점들이 부각되고 있다. 공개명령은 신상정보를 인터넷에 공개하는 것이고, 고지명령은 거주지의 학부모나 아동·청소년 시설 등에 신상정보를 알려주는 것이다. 아청법(제49조 제1항)에서는 아동·청소년을 대상으로 성폭력범죄를 저지른 사람이나 죄를 다시 범할 위험성이 있다고 인정되는 사람 등에 대한 신상정보를 정보통신망을 이용해 공개하도록 성범죄에 대한 판결과 동시에 선고하도록 규정하고 있다. 또한 공개대상자 중 아동·청소년을 대상으로 성폭력범죄를 저지른 사람이나 죄를 다시 범할 위험성이 있다고 인정되는 사람에 대해 공개명령 기간 동안 공개대상자가 거주하는 지역의 일정한 주민 등에게 고지하도록 판결과 동시에 선고하도록 규정하고 있다(제50조 제1항). 이처럼 신상정보 공개명령은 아동·청소년을 대상으로 한 성폭력범죄의 신상정보가 정보통신망을 이용해 공개되고, 고지명령은 공개명령 기간 동안 공개대상자가 거주하는 지역의 아동·청소년 보호세대와 어린이집, 유치원, 학교, 학원 및 지역아동센터 등에 우편으로 고지되도록 하는 제도이다. 이러한 조치를 취함으로써 필요한 절차를 거친 사람은 누구든지 인터넷을 통해 공개명령 대상자의 공개정보를 열람할 수 있도록 하는 외 일정한 지역 주민 등이 인터넷을 통해 열람을 하지 않고도 고지명령 대상자의 고지정보를 알 수 있게 하는 제도로서의 기능이 있다. 이는 신상정보 공개명령 및 고지명령이 아동·청소년을 대상으로 한 성폭력범죄를 효과적으로 예방하고 그 범죄로부터 아동·청소년을 보호함을 목적으로 하는 일종의 보안처분으로서의 기능하는 것으로 살펴볼 수 있다. 대법원 판결요지는 '공개명령 및 고지명령 제도는 범죄행위를 한 자에 대한 응보 등을 목적으로 그 책임을 추궁하는 사후적 처분인 형벌과 구별되어 그 본질을 달리한다고 할 것이다.' 공개명령 등의 예외사유로 규정되어 있는 위 '피고인이 아동 청소년 경우'에 해당하는지 여부는 사실심 판결의 선고시를 기준으로 판단하여야 할 것이다. 대법원은 판례를 통해 공개명령과 고지명령이 형벌과 구별되며 판단의 기준시점을 사실심 판결의 선고시점으로 보고 있다. 이는 신상정보 공개명령과 고지명령이 보안처분에 속하며 재판시법주의가 적용된다는 점을 밝히고 있다.[5] 이와 관련, 판례의 유형을 살펴보면 다음과 같다.

---

5) 대법원 2012. 5. 24. 선고, 2012도2763 판결.

3. 관련 판례

(1) 위반행위로 처벌(카메라등 이용촬영에 대한 성폭법 위반)

1) 사실관계

甲(남, 20대)은 지하철을 환승하기 위해 바삐 가는 여성 乙의 뒤를 따라갔다. 짧은 치마를 입고 있던 乙은 에스컬레이터를 타게 되었고 甲은 乙의 바로 뒤에 붙어서 휴대전화 카메라 기능을 이용하여 乙의 치마 속을 동영상으로 촬영하였다. 그때 마침 경찰이 그 장면을 목격하게 되었다. 경찰은 甲을 붙잡은 다음 휴대전화를 압수하려고 하였으나 甲이 휴대전화를 잡고 놓지 않아 힘으로 겨우 빼앗았다. 그런데 휴대전화를 확인해보니 저장된 동영상은 없었다. 甲이 동영상 촬영 중 저장버튼을 누르지 않고 종료를 시켰기 때문이다. 검사는 카메라등 이용촬영죄로 甲을 기소했다.

1심과 2심을 맡은 서울중앙지법은 무죄를 선고했다. 즉 몰카를 찍긴 했으나 저장버튼을 누르지 않고 종료했으므로 촬영에 실패했다고 본 것이다. 법원은 '카메라 기타 이와 유사한 기능을 갖춘 기계장치 속에 들어있는 필름 또는 저장장치에 피사체에 대한 영상정보가 입력된 상태에 도달하여야 기수(既遂)에 이른다.'고 보았다. 따라서 甲의 범죄행위는 동영상 촬영이라는 결과에는 이르지 않아서 미수에 그쳤다고 판단하였다. 甲은 미수죄로 벌금형을 선고받았다. 검사는 상고하였다.

2) 판결요지

대법원의 판단은 1, 2심과 달리 '(카메라의) 필름이나 저장장치에 피사체에 대한 영상정보가 입력된 상태에 도달하면 이로써 범행은 기수에 이른다.'고 판단하였다. 그런데 문제는 디지털카메라나 카메라기능이 내장된 휴대전화처럼 디지털기기의 경우이다. 대법원은 휴대전화 카메라와 같은 기계장치는 촬영된 영상정보가 전자파일로 저장되기 전이라도 촬영이 시작되면 곧바로 램(RAM)등 주기억장치에 입력되어 임시저장되었다가 이후 저장명령이 내려지면 보조기억장치에 저장되는 방식을 취한다는 사실에 주목하고 "(휴대전화로) 동영상 촬영이 이루어졌다면 그 범행은 촬영 후 일정한 시간이 경과하여 그 영상정보가 그 기계장치내의 주기억장치 등에 입력됨으로써 이미 기수에 이르는 것"이라며 "전자파일 등의 형태로 영구저장되지 않은 채 사용자에 의해 강제종료되었다는 이유만으로 미수에 그쳤다고 볼 수는 없다."고 판시했다. 이는 휴대폰으로 동영상 촬영을 시작하여 일정 시간이 흘렀다면 설사 저장버튼을 누르지 않고 촬영을 종료시켰더라도 카메라등 이용촬영죄는 이미 기수에 이르렀다고 판단한 것으로 보인다(2011년 6월 대법원 판결).

(2) 무죄선고(카메라등 이용촬영에 대한 성폭법 위반)

1) 사실관계

피고인이 피해자와 인터넷 화상채팅 등을 하면서 카메라 기능이 내재되어 있는 피고인의 휴대전화를 이용하여 피해자의 유방, 음부 등 부위를 피해자의 의사에 반하여 촬영한 행위로 '카메라등 이용촬영'으로 공소제기 되었다.

원심법원이 이에 무죄를 선고하자 검사는 상고하였다. 대법원은 무죄판결을 선고한 원심판결이 정당하다고 판결하였다.[6)]

2) 판결요지

'촬영'의 사전적·통상적 의미는 '사람, 사물, 풍경 따위를 사진이나 영화로 찍음'이라고 할 것이고, 위 촬영의 대상은 '성적 욕망 또는 수치심을 유발할 수 있는 다른 사람의 신체'라고 보아야 함이 문언상 명백하므로 위 규정의 처벌대상은 '다른 사람의 신체 그 자체'를 카메라 등 기계장치를 이용해서 '직접' 촬영하는 경우에 한정된다고 해석함이 타당하다. 이 사건의 경우 피해자는 스스로 자신의 신체 부위를 화상카메라에 비추었고 카메라 렌즈를 통과한 상의 정보가 디지털화되어 피고인의 컴퓨터로 전송되었으며, 피고인은 수신된 정보가 영상

---

6) 대법원 2013. 6. 27. 선고 2013도4279 판결

으로 변환된 것을 휴대전화 내장 카메라를 통해 동영상 파일로 저장하였으므로 피고인이 촬영한 대상은 피해자의 신체 이미지가 담긴 영상일 뿐 피해자의 신체 그 자체는 아니라고 판단하였다. 결론적으로 '신체의 이미지'는 '다른 사람의 신체'에 포함될 수 없다고 보아야 할 것이다.

(3) 공개·고지명령 소급 미적용(파기환송)

대상판결 - 대법원 2011.9.29.선고 2011도9253, 2011전도152,(성폭법위반)

1) 사실관계

절도죄 등으로 징역 1년6월을 선고받고 복역하다 2009년 7월 출소한 피고인(김00)은 2010년 9~11월 다시 수차례에 걸쳐 강간과 절도 등 주로 혼자 사는 여성들의 집에 침입해 성폭행을 저지른 혐의로 기소돼 1심에서 징역 15년과 신상정보 공개·고지 10년, 전자장치 부착 20년을 선고받았다.

피고인이 성범죄를 저지른 것은 2010년 9~11월이고 성폭법이 시행된 것은 2011년 4월 16일인데 공개명령 및 고지명령 규정을 소급적용한 것으로 항소하였다. 항소심인 서울고법은 "공개명령 고지명령과 같은 보안처분은 형벌과 본질을 달리하는 것이지만 피고인에게 불이익한 처분임이 분명하므로 법치주의 원리, 개인의 권리와 자유 옹호 측면에서 소급적용은 예외적으로 허용돼야 한다."며 1심을 깨고 부착명령과 더불어 징역 13년을 선고했다(서울고법 2011. 6. 23. 선고 2011노1146, 2011전노138 판결). 피고인 및 검사는 상고했으나 대법원은 파기환송하였다.

2) 판시사항

성폭력범죄의 처벌 등에 관한 특례법 제32조 제1항에 규정된 등록대상 성폭력범죄를 범한 자가 같은 법 제37조, 제41조 시행 전에 범죄를 범하여 공소제기되었더라도, 그 시행 당시까지 공개명령 또는 고지명령이 선고되지 아니하였다면 같은 법 제37조, 제41조에 의한 신상정보 공개명령 또는 고지명령의 대상이 되는 것이다. 피고인이 성폭력범죄의 처벌 등에 관한 특례법 제37조, 제41조의 시행 전 특수강도강간 및 특수강도강간미수죄를 범하여 같은 법 위반으로 기소된 사안에서, 위 각 범행은 같은 법 제32조 제1항에 규정된 등록대상 성폭력범죄에 해당하므로 같은 법 부칙 제2조 제2항에 따라 신상정보 공개명령 및 고지명령의 대상이 된다고 보아야 하는데도, 이와 달리 본 원심판단에 법리오해의 위법이 있다고 한 사례.

3) 판결요지

성폭법이 성인 대상 성범죄자에 대해 신상정보의 공개명령 및 고지명령 제도를 도입한 것은 성인 대상 성범죄자 역시 재범률이 높을 뿐만 아니라 아동을 대상으로 한 성범죄도 저지르고 있으므로 신상정보를 공개함으로써 성인 대상 성범죄는 물론 아동·청소년 대상 성범죄를 미연에 예방하고자 하는 데 입법취지가 있는 것으로 풀이된다. 2010. 4. 15. 법률 제10258호로 제정·공포된 성폭법은 신상정보의 공개명령 및 고지명령 제도에 관해 시행시기를 규정하면서도 대상 범죄가 행해진 시기에 대해서는 규정 시행 후 범죄로 한정하는 부칙 규정을 두고 있는 아동·청소년의 성보호에 관한 법률과는 달리 아무런 제한을 두고 있지 않다. 이 제도는 성범죄자에 대한 응보 목적의 형벌과 달리 성범죄의 사전예방을 위한 보안처분적 성격이 강한 점 등에 비춰 보면 성폭법 시행 전에 범죄를 범해 공소제기가 이뤄졌다고 해도 공개명령 또는 고지명령의 대상이 되는 것으로 판단하고 있다. 대법원은 징역 13년을 선고하면서 신상정보 공개를 허용하지 않은 원심을 파기하고 사건을 원심법원인 서울고법으로 환송하였다.

(4) 공개·고지명령 선고 위법(상고기각)

대상판결 - 대법원 2011.11.24. 2011도12296 판결, 아청법(강간 등)

1) 사실관계 및 재판의 경과

2010. 7. 31. 피해자(만 14세, 여중생)의 친구인 공소 외 1의 남자 친구인 피고인으로부터 인터넷 채팅을 통하여 만나자는 제의를 받고 이 사건 당일 처음으로 피고인을 만나게 되었고, 피고인이 모텔 방을 잡고 게임을 하는 등 놀자고 하여 피고인을 따라 모텔에 가게 되었다. 모텔 방에서 성관계에 이르게 된 경위에 관하여 피해자는 "모텔 방에서 대화를 나누던 중 피고인이 갑자기 어깨에 손을 올리고 키스하는 등 스킨십을 시도했다. 처음에는 여자친구도 있는데 이러면 안 된다고 하였고, 그러지 말라고 몇 번 살짝 밀쳤다. 그 후 피고인이 자신의 옷을 벗길 때 적극적으로 반항하지 않았지만 싫다는 의사표시는 하였다. 피고인이 성관계를 시도할 때 팔에 힘을 주어 피고인을 밀쳤으나 피고인은 꿈쩍도 하지 않았고, 계속 밀치다가 중간에 포기하였다."는 취지로 원심은 이를 유죄로 인정하면서 징역 3년 및 성폭법(2010. 4. 15. 제정 법률 제10258호) 제32조의 '등록대상 성폭력범죄'에 해당한다고 보아 같은 법 제41조 제1항 제1호에 의하여 등록정보의 고지명령을 선고하였다(인천지방법원 2011. 5. 27. 선고 2010고합834 판결).

피고인은 사실오인(이 사건 당시 피해자가 성관계를 거부하는 의사를 명확히 표시하지 않았고, 당시 정황에 비추어 피고인으로서도 합의에 의한 성관계라고 생각할 여지가 충분하였으므로, 피고인이 위력으로써 피해자를 간음한 것이 아니다. 그럼에도 이 사건 공소사실을 유죄로 인정한 원심판결에는 사실을 오인한 위법이 있다.)과 양형부당(징역 3년은 너무 무거워서 부당하다.)을 이유로, 검사는 양형부당(피해자와 합의되지 못한 점 등에 비추어 원심의 선고형은 너무 가벼워서 부당하다.)을 이유로 각각 항소하였다.

항소심인 서울고법은 원심판결을 파기하고 피고인을 징역 3년에 처하는 외 부수처분으로 성폭력 치료프로그램 40시간의 이수와 공개정보를 5년간 정보통신망을 이용하여 공개하도록 하였다(서울고등법원 2011.8.19, 선고, 2011노1551 판결). 검사는 상고하였다. 대법원은 상고를 기각하였다.

2) 판시사항

아동·청소년 대상 성폭력범죄를 저지른 자가 성폭법 제32조 제1항에 규정된 등록대상 성폭력범죄를 범한 자에도 해당하는 경우, 같은 법 제41조에 의한 고지명령의 대상이 되지 않는다. 피고인이 위력으로 청소년인 피해자(여, 14세)를 간음하였다고 하여 아청법 위반(강간등)으로 기소된 사안에서, 위 범행이 아동·청소년 대상 성폭력범죄에도 해당되는 이상 성폭법 제41조에 의한 고지명령을 선고할 수 없다고 한 사례

3) 판결요지

항소심에서는 성폭력특례법에 의하여 신설된 고지명령의 시행시기에 관하여 같은 법 부칙 제1조는 공포 후 1년이 경과한 날로부터 시행하는 것으로 규정하고, 적용례에 관하여 부칙 제2조 제2항은 고지명령에 관한 제41조, 제42조는 '시행 후 최초로 고지명령을 선고받은 대상자'부터 적용한다고 규정하고 있어, 문언상 고지명령은 해당 규정 시행일인 2011. 4. 16. 이전에 등록대상 성폭력범죄를 범한 자라도 시행일 이후 이에 대한 유죄판결이 확정될 경우 소급하여 적용되는 것처럼 해석될 여지가 없는 것은 아니다. 그러나 고지명령과 같은 보안처분은 형벌과 그 본질을 달리한다고 하더라도 피고인에게 불이익한 처분임이 명백하므로 법치주의 원리, 개인의 권리와 자유 옹호, 법률생활의 안정이라는 측면에서 그 소급적용은 예외적으로 허용되어야 하는 것일 뿐만 아니라 명확한 규정에 의하여야 하고, 그와 같은 명확한 규정이 없어 견해가 나누어질 수 있는 경우 법원은 관련 규정을 최대한 제한적으로 해석·적용함이 상당하다. 또한 성폭법의 제정과 유사한 논의과정을 거쳐 같은 날 개정된 아동·청소년의 성보호에 관한 법률(법률 제10260호, 이하 '아청법'이라 한다) 부칙 제1조는 고지명령에 관한 개정규정을 2011. 1. 1.부터 시행한다고 규정하고, 제4조는 고지명령의 개정규정의 적용에 관하여 '개정규정 시행 후 최초로 아

동·청소년대상 성범죄를 범하여' 고지명령을 선고받은 고지대상자부터 적용한다고 규정하여 소급효를 명백히 배제하였는데, 같은 제도를 도입하는 성폭법에서만 이와 달리 소급효를 인정할 이유를 찾기 어렵고, 성폭력특례법 부칙 제2조 제2항의 문언 자체가 소급효를 명확히 인정하는 취지로 보이지 않을 뿐만 아니라 아청법의 부칙 문언과 다르다는 이유만으로 곧바로 그 규정이 고지명령에 대하여 소급적용을 인정한 취지로 해석할 수는 없다고 할 것이다. 이와 같은 여러 사정을 종합하여 보면, 성폭법 부칙 제2조 제2항에서 규정한 '시행 후 최초로 고지명령을 선고받은 대상자'는 '시행 후 최초로 등록대상 성폭력범죄를 범하여 고지명령을 선고받은 대상자'로 해석함이 상당하다고 할 것이다. 따라서 성폭법의 고지명령에 관한 해당 규정의 시행 전에 이 사건 범행을 저지른 피고인에 대하여 고지명령을 선고한 원심판결에는 법리오해의 위법이 있으므로, 원심판결은 더 이상 유지될 수 없다.

대법원에서는 성폭법(2010. 4.15. 법률 제10258호로 제정·공포된 것) 제41조 제1항 제1호는 공개대상자 중 같은 법 제32조 제1항에 규정된 등록대상 성폭력범죄를 저지른 자에 대하여 고지명령을 하도록 규정하고 있고, 같은 법 제37조 제1항 제1호는 같은 법 제32조 제1항에 규정된 등록대상 성폭력범죄를 저지른 자를 공개대상자로 하되 아청법(2010. 4.15. 법률 제10260호로 개정된 것) 제38조에 따른 공개대상자는 제외하도록 규정하고 있으며, 아청법 제38조 제1항 제1호는 아동·청소년 대상 성폭력범죄를 저지른 자를 공개대상자로 규정하고 있고, 같은 법 제38조의2 제1항 제1호는 같은 법 제38조의 공개대상자 중 아동·청소년 대상 성폭력범죄를 저지른 자에 대하여 고지명령을 하도록 규정하고 있다. 성폭법은 신상정보 고지명령의 대상에서 아동·청소년 대상 성폭력범죄를 저지른 자를 제외함으로써 대상을 성인 대상 성폭력범죄를 저지른 자로 제한하고 있고, 대상 범죄가 행하여진 시기에 대해서도 신상정보 고지명령에 관한 규정 시행 후에 범한 범죄로 한정하는 부칙 규정을 두고 있는 아청법과 달리 아무런 제한을 두고 있지 않다. 아청법 제38조 제1항 제1호에 규정된 아동·청소년 대상 성폭력범죄를 저지른 자에 대해서도 성폭법 제32조 제1항에 규정된 등록대상 성폭력범죄를 저지른 자에 해당되는 이상 같은 법 제41조에 의한 고지명령의 대상이 되지 않는다.

Ⅲ. 대상판결에 대한 검토

이 사건은 2007.8.6. 아동청소년을 상대로 저질러진 강간등 외 카메라 이용 촬영 범죄로 피해자는 당시 15세로 2012년에 성년에 이른다. 피고인은 2012.8.5. 공소시효가 완성되었다고 보았다. 이 사건은 2013.3.14. 공소제기되어 공소시효가 완성되지 않았다. 미성년자를 상대로 한 성폭력범죄의 공소시효는 5년으로 형사소송법 제252조(시효의 기산점) 제①에서는 '시효는 범죄행위의 종료한 때로부터 진행한다.'라고 규정하고 있다. 원심이 유죄로 인정한 2007. 8. 6. 카메라 이용 촬영의 공소사실(이하 '이 사건 범죄'라고 한다)은 구 '성폭력범죄의 처벌 및 피해자보호 등에 관한 법률'<2010. 4. 15. 법률 제10258호 '성폭력범죄의 처벌 등에 관한 특례법'(이하 '법률 제10258호 성폭력특례법'이라고 한다) 부칙 제5조 제10항에 의하여 '성폭력범죄의 피해자보호 등에 관한 법률'로 개정된 뒤 2010. 4. 15. 법률 제10261호 '성폭력방지 및 피해자보호 등에 관한 법률' 부칙 제2조로 폐지> 제14조의2(카메라등 이용촬영) 제①항에 의해 그 법정형이, 카메라 기타 이와 유사한 기능을 갖춘 기계장치를 이용하여 성적 욕망 또는 수치심을 유발할 수 있는 타인의 신체를 그 의사에 반하여 촬영하거나 그 촬영물을 반포·판매·임대 또는 공연히 전시·상영한 자는 5년 이하의 징역 또는 1천만원 이하의 벌금에 해당하는 범죄로서, 형사소송법 부칙(2007. 12. 21.) 제3조, 구 형사소송법(시행 2007.12.21. 법률 제8730호로 개정되기 전의 것) 제249조 제1항 제5호에 의하여 공소시효는 5년이다. 그런데 법률 제10258호 성폭력특례법 제20조 제1항은 "미성년자에 대한 성폭력범죄의 공소시효는 형사소송법 제252조 제1항에도 불구하고 해당 성폭력범죄로 피해를 당한 미성년자가 성년에 달한 날부터 진행한다"고 규정하고, 그 부칙 제3조는 "이 법 시행 전에 행하여진 성폭력범죄로 아직 공소시효가 완성되지 아니한 것에 대하여도 제20조를 적용한다."라고 정하였다. 피해자가 1992. 2. 19.생으로서 당시 미성년자였던 이 사건 범죄의 경우, 법률 제10258호 성폭력특례법이 시행된 2010. 4. 15. 기준으로 5년의 공소시효는 아직 완성되지 아니하였으므로, 그 공소시효는 위 규정에 따라 피해자가 성년에 달한 날부터 진행하게 되는데(대법원 2013. 6. 14. 선고 2013도3799 판결 참조), 이 사건 공소는 그처럼 피해자가 성년에 달한 날부터 5년이 경과하지 않은 2013. 3. 14. 제기되었다. 그런데도 피고인은 이 사건 범죄의 공소시효가 완성되었음을 전제로 상고하였다. 대법원은 파기환송하였다. 공소시효는 공소제기로 진행이 정지되고 공소기각 또는 관할위반의 재판이 확정된 때로부터 진행한다(형소법 제253조①항). 공소시효의 법적 성질과 관련, 소송법설의 입장에서 고찰하면 시효완성 시 이전에는 원칙적으로 시효연장이 가능하다.[7] 나아가 소송법설은 소급효금지가 소송법에 대해 적용되지 않는다는 소급효금지(遡及效禁止)의 통설적 이해에 따라 공소시효기간연장도 소급효가 있다고 본다.[8] 한편 대법원이 유죄부분을 파기하여 공개·고지명령으로부터 벗어나게 한 것이 정당한 것인지 여부에 대해 살펴볼 필요가 있다.

1. 연혁 및 입법방식의 문제

현행 신상공개제도는 법무부에서는 성폭법을 근거로, 여성가족부는 아청법에 근거하여 각각 시행되고 있다. 법무부는 성폭력범죄를 예방하고 근절하기 위해 성폭법(2012.12.18. 법률 제 11556호 전문개정)에 근거하여 2011년 4월 16일부터 19세 이상 성인 피해자를 대상으로 한

7) 심희기·양동철, 형사소송법, 삼영사, 2009, 348면
8) 배종대 외, 신형사소송법, 홍문사, 2012, 243면

성폭력범죄자 신상정보 공개 및 우편 고지제도를 시행하였으며(법 시행 후 최초로 유죄판결이 확정된 자부터 적용, 성폭법 부칙 제2조), 2008년 4월 16일부터 2011년 4월 15일 사이에 유죄판결(벌금형은 제외한다)이 확정된 사람에 대하여도 적용하고 있다(성폭법 부칙 제7조). 여성가족부는 19세 미만 피해자를 대상으로 한 성범죄에 대해 아청법(2012.12.18. 법률 제 11572호 전문개정)에 따라 법 시행 후 아동·청소년대상 성범죄를 범하고 최초로 유죄판결이 확정된 자부터 적용하고 있다<(구)청소년의성보호에관한법률(제7801호) 시행(06. 6. 30.) 이후 열람대상자는 검사가 청구하여 법원의 공개명령으로 공개명령집행(아청법 부칙 제5조)>. 2008년 4월 16일부터 2010년 12월 31일 사이에 유죄판결(벌금형은 제외한다)이 확정된 사람에 대하여도 적용하고 있다(아청법 부칙 제8조). 이 제도의 연혁을 살펴보면 소위 '원조교제'의 사회적 문제를 해결하기 위해 2000. 7. 1. 신상정보 공개·열람제도 시행(청소년의 성보호에 관한 법률, 2000.2.3. 제정) 이후 이 제도가 위헌의 소지가 있다며 위헌법률심판을 제청하여[9] 합헌결정(헌재 2003.6.26, 선

9) 당시 원조교제로 인해 청소년보호위원회의 신상공개처분을 받은 전직공무원이 법원에 위헌제청신청을 하여, 이에 서울행정법원이 헌법재판소에 위헌법률심판을 제청하게 된 경위로 헌법 제107조 제1항은 '법률이 헌법에 위반되는 여부가 재판의 전제가 된 경우에는 법원은 헌법재판소에 제청하여 그 심판에 의하여 재판한다.'라고 규정하고 있다. 이 사건에서 신상공개제도가 형벌의 해당여부 및 공개대상자의 기본권의 침해인지 여부가 주요 쟁점이었다. 2000.7.1. 전직공무원 두00은 청소년에게 6만원을 주고 1회 성교행위(청소년의 성보호에 관한 법률 제5조 위반)를 한 혐의로 전주지방법원에서 벌금 500만원을 선고받고 2000.8.26. 판결이 확정되었다. 2001.5.3. 청소년보호위원회는 위 대상자를 포함하여 청소년 대상 성범죄자 170명에 대하여 성명, 연령, 생년월일, 직업, 주소 등과 범죄사실의 요지를 관보에 게재하고 위원회의 인터넷 홈페이지에 6개월간, 정부중앙청사 및 특별시·광역시·도의 본청 게시판에 1개월간 게시하는 결정을 내린 바 있다. 2001년 7월 16일 두00는 서울행정법원에 청소년보호위원회를 상대로 공개처분의 취소를 구하는 소를 제기한 후, 그 소송 계속 중에 위 법률 제20조에 대한 위헌여부심판제청을 신청하였다. 2001년 7월 23일 서울행정법원이 두 모씨의 공개금지 가처분신청을 인용하자 청소년보호위원회는 2001년 8월 30일 두 모씨를 제외하고 169명의 신상을 공개하였다. 2002년 7월 26일 서울행정법원은 신상공개는 실질적으로 형벌의

고 2002헌가14)된 후 여러 번의 법 개정을 거쳐 개선되었다. 2010. 1. 1. 이후 정보통신망(인터넷)을 이용한 공개제도의 시행으로, 이 제도를 이용하게 되었으며 2011. 4. 16. 이후 성인피해자 대상 성폭력범죄자 신상공개제도가 확대·시행하게 되었다. 이러한 신상공개제도는 성폭력사범의 재범을 막을 수 있는 동시에 일반시민 스스로가 '성폭력범죄자가 실제 어디에 살고 있는지'를 알아볼 수 있도록 하여 성폭력범죄로부터 예방할 수 있는 기능으로 작용되고 있다.[10] 나아가 입법방식의 유형으로는 성폭법이나 아청법상 모두 적용대상에서 제외되어 있던 자가 소급효로 인해 새로이 신상정보 공개대상자로 편입되면서 법률의 관련조항을 신설하는 것이 아니라 부칙조항을 개정하는 형식으로 규정하는 등 독특한 입법방식을 취하고 있다. 이는 관련법의 내용파악이 복잡하고 법체계의 혼란을 가중시키고 있는 등 명확성의 원칙에 근거지을 수 없는 것으로 판단된다.[11] 대상 소급효 규정은 형사특별법 조항의 기능으로 그 구성요건과 제재내용에서 일반법률보다 명확성의 정도가 엄격한 기준이 적용될 필요가 있는 것으로 명확성의 원칙에 위반될 소지가 있는 사안이다. 헌법 제12조 제1항 후문에서는 모든 국민은 '법률과 적법한 절차에 의하지 아니하고는 처벌·보안처분 또는 강제노역을 받지 아니한다.'라고 규정하고 있다. 이와 관련하여 성인대

속성을 가지므로 헌법 제13조 제1항이 금지하는 이중처벌에 해당하고, 행정청인 청소년보호위원회가 신상공개 여부를 결정하는 것은 법관에 의한 재판을 받을 권리의 침해 및 적법절차원칙에 위반되어 위헌의 의심이 있다고 밝히면서, 위 법률 제20조 제2항 제1호, 제3항, 제4항, 제5항에 대하여 헌법재판소에 위헌여부심판을 제청하였다.

10) 제출기간에 대해서는 성인대상은 판결이 확정된 날부터 60일 이내, 미성년자 대상은 판결이 확정된 날부터 40일 이내 이며 등록기간에 대해서는 성인대상은 10년간, 미성년자 대상은 20년간 등록·관리하도록 규정하고 있다. 공개의 경우는 모두 제출정보를 10년 이내(3년 초과 징역: 10년, 3년 이하 징역: 5년)로 규정하고 있다.

11) 헌재 2002.7.18. 선고 2000헌바57 결정, 공무원 급여제한 사유를 퇴직 후 범죄에 대해서도 그 급여청구권을 사후에 발생한 사유로 소급해 제한하는 것은 헌법상의 기본권을 침해하는 것이며, 법집행당국의 자의적인 해석의 가능성을 문제삼고 있다.

상 성범죄자에게는 제한적 적용으로, 미성년자 대상 성범죄자에게는 엄격적용하여 소급적용이 가능하도록 비교·형량하여 잠재적 피해자가 발생하지 않도록 법제도적인 운용면에서 검토되어야 할 부분이다.

2. 공소시효의 기산점

형사소송법은 2007년 12월 21일 법률 제 8730호로 대폭 개정하여 대부분의 범죄에 대하여 공소시효 기간을 연장하였다. 그리고 부칙 제3조에서는 ‘이 법 시행 전에 범한 죄에 대하여는 종전의 규정을 적용한다.‘ 라는 경과규정을 둠으로써 소급적용의 여지를 차단시키고 있다. 2007년 12월 21일에 살인죄를 범한 경우에는 2032년 12월에 공소시효가 완성되지만, 그 전날인 2007년 12월 20일에 같은 죄를 범한 경우에는 2022년 12월 19일에 공소시효가 완성된다. 이후 아동·청소년 대상 성범죄의 공소시효 기산점에 관한 문제가 제기되어 2010년 4월 15일 아동·청소년의 성보호에 관한 법률과 성폭력범죄의 처벌 등에 관한 특례법의 개정이 있었다. 2013년 6월 19일에는 13세 미만 아동이나 장애인에 대한 강제추행, 준강제추행까지 공소시효 배제가 확대되었고 살인죄 중 강간 등 성폭력 살인죄도 공소시효의 적용에서 제외되었다. 이 규정은 2013년 6월 19일 전의 범죄라도 공소시효가 완성되지 않은 경우에는 소급 적용된다(성폭력특례법 제21조제3항·제4항 및 부칙 제3조). 범죄 후 법률의 개정에 의하여 법정형이 가벼워진 경우에는 형법 제1조 제2항에 의하여 당해 범죄사실에 적용될 가벼운 법정형(신법의 법정형)이 공소시효기간의 기준이 된다.[12] 이와 관련, 부진정소급효(不眞正遡及效)를 갖는 경우 법적 안정성과 신뢰보호의 원칙을 포함하는 법치주의 정신에 위반되지 않는다. 진정소급입법이 허용되는 예외적인 경우로는 일반적으로, 국민이 소급입법을 예상할 수 있었거나, 법적 상태가 불확실하고 혼란스러웠거나 하여 보호할 만한 신뢰의 이익이 적은 경우와 소급입법에 의한 당사자의 손실이 없거나 아주

12) 대법원 2008.12.11. 2008도4376 판결.

경미한 경우, 그리고 신뢰보호의 요청에 우선하는 심히 중대한 공익상의 사유가 있는 경우 예외적으로 진정소급입법이 허용된다고 판시하였다.[13] 그렇다면 개정법에서는 부진정소급효를 인정하는 부칙규정이 마련되어야 할 필요가 있으며 관련범죄에 대하여 획일적으로 공소시효기간을 정하고 있는 형사소송법 제249조에 대한 개정논의가 이루어져야할 것으로 본다. 성폭력특례법에서는 공소시효를 배제하고 있는 만큼 '부진정소급효'를 적용하면 공소시효 문제가 해소돼 유죄가 인정될 수 있다. 성폭력법이 성폭력특례법으로 바뀌면서 경과규정을 두지 않은 것은 단순누락으로 봐 이 사건 피고인이 주장한 공소시효 완성은 받아들이지 않고 부진정소급을 받아들인 경우이다. 판결요지에서와 같이 공소시효 부분에서는 면밀히 검토한 사안으로 본 판결의 취지는 긍정적으로 평가되고 있다. 한편 특례법 적용시 진정소급효는 예외적으로 인정할 필요가 있는 부분이다.

3. 소급효금지의 원칙 위배 여부

성폭법 부칙 제7조 제1항에서 성범죄에 대한 피해자가 성인인 경우에도 유죄판결이 2008. 4.16.부터 2011. 4.15.까지에 있는 경우 공개·고지명령이 소급하여 적용되도록 규정하고 있다. 이는 신상정보등록공개제도가 죄형법정주의의 '소급효금지원칙'에 위배되는지 여부가 문제될 수 있다. 이에 대해 현행의 신상공개제도의 실질적인 성격을 둘러싸고 형벌적인 것이라 할 수 있는 것으로 이는 헌법 제13조 제1항에서 규정한 '모든 국민은 행위 시의 법률에 의하여 범죄를 구성하지 아니하는 행위로 소추되지 아니하며, 동일한 범죄에 대하여 거듭 처벌받지 아니한다.'라는 '행위시법 원칙'과 '이중처벌 금지의 원칙'에 위반되는 것으로 보이며 공개대상자의 명예실추효과가 지나치게 커질 수 있다.[14] 초기 청소년의성보호에관한법률시행령(대통령령 제16992호,

13) 헌재 1996.2.16, 96헌가2, 전원재판부 결정.

14) 오영근, 한국의 청소년대상 성범죄자의 신상공개제도, 법학논총 제23권 제3호,

제정 2000.10.23)의 부칙에서는 소급효를 금지하는 규정을 두어 신상공개제도가 형벌적 성격을 나타내는 것으로 볼 수 있었다.[15] 이는 과거에 사라졌던 형벌이 시대의 변천과 더불어 새롭게 작용되고 있는 것으로 신상공개는 실질적인 측면에서 보면 명예형에 가까운 형벌적 속성이 있다.[16] 그렇다면 신상정보 공개·고지명령의 대상을 법률 제정 이전에 소급하여 확대한다는 것은 죄형법정주의의 '소급효금지원칙'에 대한 위배라고 볼 수도 있다.[17] 신상공개제도의 형벌적 성격을 고려한다면 이 경우와는 다르다. 그러나 이에 대해서는 신상공개제도의 일반예방효과 측면에서의 입법 목적을 존중할 필요가 있다.[18] 이 경우에도 헌법 제37조 제2항에서 규정하고 있는 비례성원칙은 준수되어야 하며 기본권의 본질을 침해하여서는 안될 것이다.[19] 보안처분과 관련하여

한양대 법학연구소, 2006.12, 165면.

15) 청소년의성보호에관한법률시행령 부칙 제②(경과조치) 제2조의 규정에 의한 형이 확정된 자의 관련자료의 제출과 제3조의 규정에 의한 공개대상자에 대한 계도문의 작성은 법 시행 후 법(청소년의성보호에관한법률 제6261호, 제정 2000.2.3., 시행 2000.7.1) 제20조제2항 각호의 1에 해당하는 죄를 범한 자를 대상으로 한다.

16) 정신교, 성범죄자 신상공개의 예방적 효과, 법학연구 제 39집(2010.8.25), 한국법학회, 275면.

17) 헌재 2010헌가82 전원재판부결정, 2012년 12월 27일 헌법재판소는 전자장치 부착을 소급적용한 '특정 범죄자에 대한 위치추적 전자장치 부착등에 관한 법률'(2008. 6. 13. 법률 제9112호) 부칙 제2조 제1항에 대하여 합헌결정을 하였다. 이 결정의 요지는 '전자장치 부착은 형벌보다는 보안처분적 성격이 강하고, 잠재적 피해자의 법익 보호를 위해 과잉금지원칙에 위배되지 않는다'는 내용이다. 형벌불소급의 원칙 위배 여부와 관련해서는 '이 사건 부착명령은 범죄행위를 한 사람에 대한 응보를 주된 목적으로 그 책임을 추궁하는 사후적 처분인 형벌과 구별되는 비형벌적 보안처분으로서 소급효금지원칙이 적용되지 아니한다.'라고 하는 외 '과잉금지원칙에도 위배되지 아니한다.'라고 판시하였다.

18) 헌재 2003.6.26, 선고 2002헌가14결정 참조, 여기서 필자도 견해를 바꾸어 보안처분으로서의 소급효를 인정한다.

19) 헌법 제37조 제2항, "국민의 모든 자유와 권리는 국가안전보장·질서유지 또는 공공복리를 위하여 필요한 경우에 한하여 법률로써 제한할 수 있으며, 제한하는 경우에도 자유와 권리의 본질적인 내용을 침해할 수 없다." 여기서 필요한 경우란 과잉금지의 원칙을 언급한 것으로 비례성원칙의 위반여부의

대법원의 견해는 소급효를 허용하는 경우[20]와 허용하지 않는 경우[21]로 대별헤 볼 수 있다. 독일 형법은 그 시간적 적용범위와 관련하여 제2조 제6항에서 '보안처분에 관하여 법률에 달리 규정하지 않은 경우에는 재판 시에 유효한 법률에 의하여 선고한다.'라고 규정하고 있다.[22] 법률 제9765호 아동성보호법은 공개명령 제도를 처음 도입하여 2010. 1. 1. 이후 아동·청소년 대상 성범죄를 범하고 유죄판결이 확정된 자에게 적용되도록 하였다. 그런데 그 뒤 개정된 법률 제9765호 아동성보호법 부칙 제3조 제4항, 법률 제11572호 아동성보호법 부칙 제5조 제1항은 '아청법'(2005. 12. 29. 법률 제7801호로 개정되어 2006. 6. 30. 시행된 것) 혹은 '청소년의 성보호에 관한 법률'(2007. 8. 3. 법률 제8634호로 전부 개정되어 2008. 2. 4. 시행된 것)에 규정된 범죄(위반행위)를 저질러 '등록·열람결정 또는 열람명령의 대상이 되는 자' 중 법률 제9765호 아동성보호법 혹은 법률 제11572호 아동성보호법 시행 당시까지 아직 확정판결을 받지 아니한 자에 대하여 공개명령을 할 수 있도록 정하고 있다. 이에 비추어 보면, 2010. 1. 1. 이전 범행으로서 법률 제7801호 청소년성보호법 등의 시행 당시 범한 죄에 대하여 공개명령을 하기 위해서는 법률 제7801호 청소년성보호법 등이 정한 등록·열람 또는 열람명령의 요건을 갖추어야 한다.[23] 그리고 법률 제10260호 아동성보호법은 고지명령 제도를 신설하였는데, 그 부칙 제1조, 제4조는 2011. 1. 1. 이후 최초로 아동·청소년 대상 성폭력범죄를 범한 자부터 고지명령을 선고할 수 있도록 규정하였고, 법률 제11572호 아동성보호법 역시 부칙 제8조가 '2011. 1. 1. 이전에 아동·청소년 대상 성폭력범죄를 범하고 아직 유죄판결이 확정되지 아니한 자'에 대

판단은 보안처분의 소급효에 대한 허용한계와 관련하여 목적의 정당성, 수단의 적정성, 피해의 최소성, 법익균형성 등에 상응하는 경우에 기본권을 제한할 수 있는 것으로 보아야 할 것이다.

20) 대법원 1997.6.13. 선고 97도 703 판결.

21) 대법원 2008.7.24. 선고 2008어4 결정.

22) 법무부 형사법제과, 독일형법(2008.5), 13면.

23) 대법원 2013. 8. 22.선고 2013도5540, 2013전도171(병합) 판결.

하여 일정한 요건 아래 그 유죄판결 확정 후 고지명령을 청구하는 절차를 정한 것 이외에는 곧바로 판결과 동시에 고지명령을 선고할 수 있는 근거를 따로 두고 있지 아니하다. 그렇다면 법률 제11572호 아동성보호법이 시행된 뒤에도 여전히 법률 제10260호 아동성보호법 부칙 규정이 정한 대로 2011. 1. 1. 이후 '아동·청소년 대상 성폭력범죄를 저지른 자'에 대하여만 판결과 동시에 고지명령을 선고할 수 있다.[24)]

4. 평등권 침해의 여부

신상정보 공개·고지 명령의 소급적용은 일정한 시기에 같은 범죄를 범하여도 판결의 다른 결과가 도출될 수 있어 평등권 침해의 소지가 있다. 예로서, 2007년 12월에 甲과 乙이 특수강간죄(공범)로 기소되어 1심에서 2008년 4월 8일 모두 징역형을 선고받았을 경우, 甲은 항소를 포기하여 2008년 4월 15일 형이 확정되었고(2008년 4월 16일부터 2011년 4월 15일에 해당없음), 乙은 억울하다며 항소하였으나 기각되어 2008년 12월 2심에서 형이 확정되었다(2008년 4월 16일부터 2011년 4월 15일에 해당). 이 경우, 같은 공범인데도 甲은 신상정보 공개·고지 대상에서 제외되고 乙은 항소함으로써 소급기간에 적용되어 신상정보 공개·고지명령을 받게 되는 것이다. 결국 乙은 재판을 받을 권리 및 평등권을 침해받게 되는 결과로 볼 수 있다. 따라서 성폭법 부칙 제7조 제1항은 평등권을 침해하여 형평성 문제가 제기될 우려가 있다.[25)] 입법내용이 정의와 형평에 반하거나 자의적으로 이루어진 경우에는 평등권 등의 기본권을 본질적으로 침해한 입법권행사로서 위

---

24) 대법원 2014. 2. 13.선고 2013도14349, 2013전도275(병합) 판결.

25) 성폭력범죄의처벌등에관한특례법 제7조(신상정보의 등록·공개 등에 관한 특례) ① 제42조부터 제50조까지의 개정규정은 제2조제1항제3호·제4호, 같은 조 제2항(제1항제3호·제4호에 한정한다), 제3조부터 제10조까지 및 제15조에 해당하는 범죄를 저질러 2008년 4월 16일부터 2011년 4월 15일 사이에 유죄판결(벌금형은 제외한다)이 확정된 사람(이하 이 조에서 "특례대상자"라 한다)에 대하여도 적용한다.

헌성을 면하기 어렵게 된다.[26] 이 제도의 초기 시행에서는 소위 '원조교제'로 성을 사는 행위를 하는 자에 대해 계도의 취지가 있었다. 신속한 재판을 받을 권리는 주로 피고인의 이익을 보호하기 위하여 인정된 기본권이지만 동시에 실체적 진실발견, 소송경제, 재판에 대한 국민의 신뢰와 형벌목적의 달성과 같은 공공의 이익에도 근거가 있기 때문에 어느 면에서는 이중적인 성격을 갖고 있다고 할 수 있어, 형사사법체제 자체를 위하여서도 아주 중요한 의미를 갖는 기본권이다.[27] 나아가 헌법 제27조에 의하여 국민에게 보장된 재판청구권에는 재판의 공정 및 적법절차의 요청이 내재되어 있으므로, 재판의 신속 내지 효율성만을 강조하여 재판의 공정 내지 적정을 훼손하는 일이 있어서는 아니 된다. 따라서 헌법 제27조 제3항의 '신속한 재판'은 공정하고 적정한 재판을 하는 데 필요한 기간을 넘어 부당하게 지연됨이 없는 재판을 말한다. 신속한 재판을 받을 권리를 실현하는 구체적인 방법으로는, 소송절차에서 단계별로 소송을 촉진하는 수단을 적절히 배치하거나, 효율적인 소송절차의 운영을 위하여 필요한 인적·물적 시설을 확충하는 등 여러 가지 방안이 있을 수 있는바, 사법절차적 기본권으로서의 청구권적 성격을 고려할 때 신속한 재판을 받을 권리의 실현을 위한 방법들은 헌법 규정으로부터 곧바로 도출되는 것이 아니고 구체적인 입법형성을 필요로 한다.[28] 결국 헌법 제27조 ③항에서 신속한 재판을 받을 권리를 국민의 기본권으로 규정하고 있으므로 乙의 신속한 재판의 요청은 단순히 헌법 제27조 제 ③항이 정하는 재판청구권의 제한의 원리에 그치는 것이 아니라 재판청구권과 관련되어 있으면서 독자적인 헌법적 가치를 가지는 것으로 파악되어야 한다. 헌법 제27조 제3항(신속한 재판을 받을 권리)에서, 이는 '형집행법 시행령 제58조 제4항은 과잉금지원칙에 위반하여 청구인의 재판청구권을 지

---

26) 김혜경, 「생명윤리 및 안전에 관한 법률」상 처벌규정의 비판적 검토, 형사정책(제19권 제2호), 한국형사정책학회, 2007, 405면.

27) 헌재 1995. 11. 30. 90헌마44, 판례집 7-2, 646, 659-660.

28) 헌재 2009. 7. 30. 2007헌마732, 판례집 21-2상, 335, 342.

나치게 제한하고 있으므로, 헌법에 위반된다.'라는 헌재 위헌확인 사항을 참조할 필요가 있다.[29] 다만 미성년자 대상 성범죄자에게는 법제도적 측면에서 엄격적용하여 미성년자에 대한 보호권을 강화하는 방안으로 기능하도록 비교·형량될 필요는 있다.

5. 소 결

재판의 경과를 분석하면 항소심에서 자연치유 가능성이 있는지가 쟁점으로 당시 진단서를 발급한 의사에 대한 사실조회신청 및 의학적 지식 등을 적극 활용하여 본건 회음부 찰과상은 자연치유가 가능하여 강간치상죄의 상해에 해당하지 않는다는 이유로 무죄를 선고하였는데, 최근 성범죄의 확산과 아울러 의사가 자연치유가 가능하고 일상생활에 큰 지장을 줄 정도의 상처가 아니라는 사실조회 의견을 냈더라도, 항생제 처방을 받는 등 병원치료를 받았다면 경미한 상처로 볼 수 없어 무죄를 선고할 사안이 못된다. 강간행위에 수반해 생긴 상해가 극히 경미해 굳이 치료가 필요 없어 일상생활을 하는 데 아무런 지장이 없는 경우에는 준강간치상죄의 상해에 해당하지 않는다는 기존 판례의 태도를 유지하면서도, 강간치상죄의 '상해'의 인정 범위를 확대하는 경향으로 해석되는 부분이다. 아청법이 아동·청소년 대상 성폭력범죄에 대하여 신상정보의 고지명령을 도입한 것은 아동·청소년 대상 성범죄를 미연에 예방하고자 함에 그 입법취지가 있는 반면, 성폭법이 성인 대상 성폭력범죄에 대하여 신상정보의 고지명령을 도입한 것은 아동·청소년 대상 성범죄를 미연에 예방하고자 함은 물론 성인 대상 성범죄의 재범을 방지하고자 함에도 그 입법취지가 있는 것으로 풀이된다. 성폭법 부칙 제7조에서 보는 바와 같이 제14조(카메라 등을 이용한 촬영)상의 행위에 대해서도 소급적용할 필요가 있는 부분이다. 신상정보의 고지명령을 담당하는 행정기관에 관하여도 성폭법은 형사

29) 헌재 2011헌마122 형의 집행 및 수용자의 처우에 관한 법률 제41조 등 위헌확인.

정책 등 법무에 관한 사무를 관장하는 법무부로 정하고 있는 데 비하여 아청법은 아동·청소년의 보호 등 아동·청소년에 관한 사무를 관장하는 여성가족부로 정하고 있는 점 등에 비추어 보면, 아청법 제38조 제1항 제1호에 규정된 아동·청소년 대상 성폭력범죄를 저지른 자에 대해서는 그 범죄가 행하여진 시기에 따라 아청법 제38조의2에 의한 고지명령의 대상이 되는지 여부만이 문제될 뿐, 비록 성폭법 제32조 제1항에 규정된 등록대상 성폭력범죄를 저지른 자에 해당된다고 하더라도 같은 법 제41조에 의한 고지명령의 대상이 되지 아니한다고 해석하고 있다. 신상정보 공개·고지명령의 소급적용은 전자발찌 부착 소급적용 합헌결정과는 달리 형벌적 성격이 강해, 차이점 있는 것으로 판단되는 부분이 있다. 전자감시제도의 법적 성격과 관련하여, 이는 전자장치를 신체에 부착하게 하는 부가적인 조치를 취함으로써 성폭력범죄로부터 국민을 보호함을 목적으로 하는 일종의 보안처분이라고 판단된다.[30] 또한 전자장치부착명령은 범죄행위의 책임에 따른 징역형의 집행을 종료한 자에 대하여 재범위험성을 근거로 '추가적'으로 부과하는 것이며 자유제한적 보안처분에 해당된다.[31] 이 판결은 신상정보 공개·고지명령 제도의 법적 성격과 아울러 관련법조의 입법방식이나 소급효금지의 원칙 위배 여부 및 평등권 침해의 여부 등에 대해서 문제가 있는 것으로 판단된다. 다만 아동·청소년을 대상으로 한 성범죄자에게는 법제도적 측면에서 엄격적용하여 미성년자에 대한 보호권을 강화하는 방안으로 기능하도록 비교·형량될 필요가 있으며, 결론적으로 유죄부분을 파기하여서는 안되고 아청법위반 공개고지명령대상자라고 해야 할 것이다.

---

30) 권태형, 위치추적 전자장치 부착명령과 불이익변경금지, 형사판례연구(19), 박영사, 2011, 449면.

31) 김혜정, 소년법상 보호처분의 성격과 전자장치부착명령 요건과의 관계, 형사판례연구(21), 박영사, 2013, 630~631면.

Ⅳ. 결　론

성폭법은 개정을 통해 부칙규정을 마련하여 신상정보의 공개명령 및 고지명령 제도에 관하여 소급적용의 특례를 적용하고 있다. 이와 관련, 아청법에서는 제정법 시행 후에 범한 범죄로 한정하는 부칙 규정을 두고 있었으나 이와 달리 종전의 성폭법에서는 '아무런 제한을 두고 있지 아니한 점을 들어 소급적용이 가능하다.'라고 판시한 바 있다. 이처럼 성폭법을 제정하기 이전에 범죄를 저지른 자에 대해서도 신상정보의 공개명령 및 고지명령 부과를 긍정하여 왔다. 미국 뉴저지 주에서 1994년 7월 29일 7세 여자 아이 메간 칸카(Megan Nicole Kanka)가 이웃에 사는 성범죄 전과자(Jesse Timmendequas)에 의해 강간 살해된 사건이 발생하였다. 피해자의 부모는 이웃 사람이 성범죄 전과자라는 사실을 알았다면 비극을 막을 수 있었을 것이라고 주장하며, 성범죄자 입법제정을 위한 운동을 하였다.[32] 영국에서도 2000년 7월 8세 여자 아이 사라 페인(Sarah Payne)이 출소 후 3주된 성범죄 전과자에게 강간 살해된 사건이 발생하자 메간법과 같은 일반적 통지제도를 도입하자는 여론이 확대되었다.[33] 이러한 아동·청소년 대상 성범죄자의 처벌을 위한 관련법의 제정취지에 비추어 성인대상 성범죄자 보다 오히려 관련법의 적용을 엄격적용할 필요성이 있는 부분이다. 결론적으로 신상공개제도는 성인범죄자에 대해서는 제한적 적용으로, 19세 미만 성범죄자에게는 실효성 측면에서 엄격적용하는 방안이 강구되어

32) 이 사건을 계기로 1994년 뉴저지 주에서 처음 메간법(Megan's Law, Sex Offender Registration and Notification Law, 성범죄자 등록 및 통지에 관한 법률)이 제정되었고 1996년 5월 17일 연방법인 연방 메간법(Megan's Law, Sex Offender Registration Act, 성범죄자 신상공개법)은 등록의무가 있는 성폭력범죄자를 재범 위험의 정도에 따라 3단계로 분류되어 단계별로 법집행기관과 지역사회에 신상정보가 공개되는 제도로 가능한다.

33) 소위 '사라법(Sarah's Law)'이라고 이름 붙여진 개정법은 일반적 통지제도는 도입되지 않았지만 지역별 성범죄자들의 숫자를 일반인들에게 공개할 수 있도록 하였다.

야 할 것이다. 한편 신상공개의 입법의도와 그 형식적 효과 측면에서 명백히 형벌이라는 증거가 제시되지 아니하는 한 형벌로 볼 수 없다.[34] 특히 앞에서 살펴본 바와 같이 신상공개제도의 입법 목적과 외국 성범죄 관련법률의 제정취지 등을 고려해 볼 때 현행 성폭법이나 아청법 능 성범죄 관련법의 부칙규정은 보안처분으로서의 성격을 나타내고 있는 것으로 성폭법 위반자에게는 제한적 적용으로, 아청법위반자에게는 엄격적용으로 미성년자에 대한 보호권을 강화하는 방안으로 적용될 필요가 있다(각주 18참조). 발가벗긴 채 카메라 이용 사진을 촬영한 행위는 피해자의 인내를 넘어서는 굴욕적인 수치심으로 인해 '상해'의 치유가능성 보다도 오히려 더 심각한 후유증을 유발할 수 있어, 제외할 것이 아니라 엄격하게 적용해야 할 부분이다. 구 성폭력특별법(법률 제4702호)에서 허벅다리 부분을 촬영한 경우에도 동법 위반죄가 성립한다.[35] 최근 아동성폭력 범죄는 계속 증가추세에 있으며 특단의 대책이 요구되고 있는 실정에 있다.[36] 유죄부분을 파기하여서는 안되고 아청법위반 공개고지명령대상자라고 해야 할 것이다. 나아가 최근의 사례에서 피해자와의 합의나 결혼 및 가족생활관계의 유지 등을 이유로 공개·고지 대상으로부터 벗어나게 하는 것은 신중을 기할 필요가 있으며, 아동·청소년 대상 성범죄의 경우 소급적용 대상 피고인을 보호관찰이나 수강명령으로 대체할 것이 아니라 엄격하게 개입할 필요가 있는 사안이다. 중요한 것은 우선 적절하고 실효성 있는 조치를 취하여 아동·청소년 대상 성범죄가 발생하지 않도록 제도

34) 심희기, 신상공개의 정당화 근거와 적절한 공개대상과 공개기준의 탐색, 저스티스 제35권 제1호(2002), 한국법학원, 33면.

35) 대법원 2008.9.25. 선고, 2008도7007 판결, 성적 욕망 또는 수치심을 유발할 수 있는 타인의 신체와 관련, 야간에 버스 안에서 휴대폰 카메라로 옆 좌석에 앉은 여성(18세)의 치마 밑으로 드러난 허벅다리 부분을 촬영한 경우에도 범죄성립을 인정하고 있다.

36) 여성가족부 보도자료를 참고하면 2000년의 경우 강간 78건, 강제추행 96건, 성매매 알선·강요 7건이 발생한 것이 2010년에는 강간 440건, 강제추행 516건, 성매매 알선·강요 43건 등 999건이 발생하여 5배 이상 증가하고 있는 추세에 있다.

운용과 대상판결의 검토부분을 비교·형량하여 예방책을 강구하여야 할 것이다. 나아가 신상정보의 등록과 공개·고지의 집행에 대해 이원화되어 있는 구조를 일원화하여 등록한 기관이 집행하도록 그 구조를 혁신할 필요가 있다.

[주 제 어]
신상정보, 공개고지명령, 공소시효, 소급 적용, 보안처분

[Key words]
Personal information, Public Notices command, prescription of a public prosecution, Retroactive application, probation

접수일자: 2014. 5. 23. 심사일자: 2014. 6. 14. 게재확정일자: 2014. 6. 20.

[참고문헌]

배종대, 형법각론, 홍문사, 2013.

―― 외, 신형사소송법, 홍문사, 2012.

심희기·양동철, 형사소송법, 삼영사, 2009.

권태형, 위치추적 전자장치 부착명령과 불이익변경금지, 형사판례연구(19), 박영사, 2011.

김혜경, 「생명윤리 및 안전에 관한 법률」상 처벌규정의 비판적 검토, 형사정책(제19권 제2호), 한국형사정책학회, 2007.

김혜정, 성폭력범죄에 있어서 '항거불능인 상태'의 의미, 형사판례연구(14), 박영사, 2006.

――, 소년법상 보호처분의 성격과 전자장치부착명령 요건과의 관계, 형사판례연구(21), 박영사, 2013.

심희기, 신상공개의 정당화 근거와 적절한 공개대상과 공개기준의 탐색, 저스티스 제35권 제1호, 한국법학원, 2002.

오영근, 한국의 청소년대상 성범죄자의 신상공개제도, 법학논총 제23권 제3호, 한양대 법학연구소, 2006.12.

――, 형사특별법 정비방안(6), 성폭력범죄의 처벌 및 피해자보호등에 관한 법률, 한국형사정책연구원, 2008.

이경재, 성풍속범죄에 대한 비판적 고찰, 형사판례연구(19), 박영사, 2011.

정신교, 성범죄자 신상공개의 예방적 효과, 법학연구 제 39집, 한국법학회, 2010.8.

대법원 1997.6.13. 선고 97도 703 판결.

대법원 2008.9.25. 선고, 2008도7007 판결.

대법원 2008.12.11. 2008도4376 판결.

대법원 2012. 5. 24. 선고, 2012도2763 판결.

대법원 2013. 6. 27. 선고 2013도4279 판결.

대법원 2013. 8. 22.선고 2013도5540, 2013전도171(병합) 판결.

대법원 2014. 2. 13.선고 2013도14349, 2013전도275(병합) 판결.

헌재 1996.2.16, 96헌가2, 전원재판부 결정.

헌재 2002.7.18. 선고 2000헌바57 결정.

헌재 2003.6.26, 선고 2002헌가14결정.

헌재 2009. 7. 30. 2007헌마732, 판례집 21-2상, 335, 342.

헌재 2011헌마122 형의 집행 및 수용자의 처우에 관한 법률 제41조 등 위헌확인.

[Abstract]

A study on the Range of personal information disclosure and announcement command retroactive application of Special Law on punishment and sexual assault crime

Nam, Seon-Mo*

Through the judgement 2013Do13095 Decided March 27, 2014, the supreme court held the act on special cases concerning the punishment of sexual crimes stipulates the enforcement date of the order system of disclosure and notification of personal information. The sexual assault Special Law was provided through Supplementary provision of revision. You have applied the exception of retrospective application for the notification order system and disclosure of personal information instruction

In relation to this, children youth protection law, has placed the provisions of the Supplementary Provisions to limit the crime that was committed after the enforcement of the law. In contrast, sexual assault method is not provided any limitation. Was ruling that it is possible to apply retroactively as this reason.

Anyone who commits a crime prior to enact sexual assault law in this way, it has given a notice command imposition and disclosure of personal information instruction. we have affirmed the notification request command and disclosure of personal information instruction.

The legal character of the system of disclosure and notification of sexual offender`s personal information is not defined precisely yet The guilty part should not destroy. Act on the Protection of Children and Youth Sex in a public notice of the command should be called subjects.

* Professor, Department of Law, Semyung University.

Timely and important issues in the first viable target children and youth taking action to avoid sexual offenses should be take precautions. The current system of personal information disclosure, notice the careful analysis of children and youth have a sex offender and implement a plan to expand its type will be needed

The current system of personal information disclosure, notice the careful analysis of children and youth have a sex offender and implement a plan to expand its type will be needed.

음주운전자에 대한 보호조치와 음주측정불응죄의 성립관계

김 택 수*

[대상판결 1] 대법원 2012. 12. 13. 선고 2012도11162 판결

[사실관계]

화물차를 운행하던 피고인은 음주단속을 위해 경찰서 소속 의경이 경찰용 불봉을 흔들며 차량정지를 유도하였으나, 정지하지 아니하고 위 화물차로 불봉을 들이받아 부수고는 약 3km를 도주하다가 순찰차에 막혀 더 이상 진행하지 못하게 되자 운전석에서 내렸으나, 경찰관은 피고인의 입에서 술냄새가 많이 나는 등 피고인이 술에 취한 상태에서 운전을 하였다고 판단되어 피고인에게 음주측정을 요구하였으나 피고인은 계속 도망가려 하였고, 이에 경찰관은 피고인의 옷을 잡아 도망가지 못하게 하자 피고인은 인근 가게의 간판에 머리를 부딪치며 자해를 하였다. 경찰관이 피고인의 자해를 말리는 와중에 피고인의 차량에 동승하였던 피고인의 처는 경찰관의 멱살을 잡고 피고인의 도주를 도왔으나, 피고인이 넘어지자 경찰관은 피고인을 위에서 누르고 더 이상 도망가지 못하게 제압하였다. 경찰관은 현장에서의 음주측정이 힘들다고 판단하고 현장에 도착한 다른 경찰관들에게 지구대로 데려가도록 말하여 순찰차에 태워져 지구대로 연행되었다. 지구대에

---

* 계명대학교 경찰법학과 부교수.

도착한 피고인은 경찰관으로부터 2회에 걸쳐 음주측정요구를 거부하였으며, 측정을 요구하는 경찰관에게 주먹으로 복부를 가격하고 멱살을 잡아 흔드는 등 약 14일간의 치료를 요하는 상해를 가하였다. 이에 경찰관은 피고인에게 공무집행방해죄의 현행범으로 체포한다는 사실과 미란다원칙을 고지한 후 다시 3차 측정을 하려고 하였으나, 피고인이 갑자기 바닥에 쓰러져 119구급차를 불러 인근 병원에 후송하였으나, 피고인은 도착하자마자 아무런 치료를 받지 않고 그대로 귀가하였다.

[판결요지]

[1] 경찰관직무집행법 제4조 제1항 제1호(이하 '이 사건 조항'이라 한다)에서 규정하는 술에 취한 상태로 인하여 자기 또는 타인의 생명·신체와 재산에 위해를 미칠 우려가 있는 피구호자에 대한 보호조치는 경찰 행정상 즉시강제에 해당하므로, 그 조치가 불가피한 최소한도 내에서만 행사되도록 발동·행사 요건을 신중하고 엄격하게 해석하여야 한다. 따라서 이 사건 조항의 '술에 취한 상태'란 피구호자가 술에 만취하여 정상적인 판단능력이나 의사능력을 상실할 정도에 이른 것을 말하고, 이 사건 조항에 따른 보호조치를 필요로 하는 피구호자에 해당하는지는 구체적인 상황을 고려하여 경찰관 평균인을 기준으로 판단하되, 그 판단은 보호조치의 취지와 목적에 비추어 현저하게 불합리하여서는 아니 되며, 피구호자의 가족 등에게 피구호자를 인계할 수 있다면 특별한 사정이 없는 한 경찰관서에서 피구호자를 보호하는 것은 허용되지 않는다.

[2] 경찰관직무집행법 제4조 제1항 제1호(이하 '이 사건 조항'이라 한다)의 보호조치 요건이 갖추어지지 않았음에도, 경찰관이 실제로는 범죄수사를 목적으로 피의자에 해당하는 사람을 이 사건 조항의 피구호자로 삼아 그의 의사에 반하여 경찰관서에 데려간 행위는, 달리 현행범체포나 임의동행 등의 적법 요건을 갖추었다고 볼 사정이 없다면,

위법한 체포에 해당한다고 보아야 한다.

[3] 위법한 체포 상태에서 음주측정요구가 이루어진 경우, 음주측정요구를 위한 위법한 체포와 그에 이은 음주측정요구는 주취운전이라는 범죄행위에 대한 증거 수집을 위하여 연속하여 이루어진 것으로서 개별적으로 적법 여부를 평가하는 것은 적절하지 않으므로 일련의 과정을 전체적으로 보아 위법한 음주측정요구가 있었던 것으로 볼 수밖에 없고, 운전자가 주취운전을 하였다고 인정할 만한 상당한 이유가 있다 하더라도 운전자에게 경찰공무원의 이와 같은 위법한 음주측정요구까지 응할 의무가 있다고 보아 이를 강제하는 것은 부당하므로 그에 불응하였다고 하여 음주측정거부에 관한 도로교통법 위반죄로 처벌할 수 없다.

[대상판결 2] 대법원 2012. 2. 9. 선고 2011도4328판결

(대법원 2012. 3. 29 선고 2011도10012판결)

[사실관계]

피고인은 00:30경 시내 편도 2차로 중 1차로에서 자신의 차량에 시동을 켠 채로 그대로 정차하여 운전석에 잠들어 있다가, 피고인의 차량이 도로 가운데 정차되어 있어 통행을 방해하고 있다는 신고를 받고 출동하여 자신을 깨우는 경찰관에게 욕설을 하며 그를 폭행하였고, 경찰관은 피고인이 술냄새가 나고, 혈색이 붉으며, 말을 할 때 혀가 심하게 꼬이고 비틀거리며 걷는 등 술에 취한 것으로 보이자 피고인을 경찰관직무집행법 제4조 제1항에 따른 보호조치 대상자로 보아 순찰차 뒷자리에 태운 위 순찰지구대로 데려왔으며(그 현장에서 피고인에게 별도로 음주측정을 요구하지 않음, 별도의 임의동행 관련 서류를 작성하지 않음), 경찰관들은 피고인이 지구대에 도착한 직후인 00:47부터 같은 날 01:09까지 피고인에게 3회에 걸쳐 음주측정을 요구하였으나 피고인은 술을 마시고 운전을 하지 않았다고 주장하면서 이에 불응하였다.

[대법원 판결요지]

[1] 경찰공무원은 교통의 안전과 위험방지를 위하여 필요하다고 인정하거나 운전자가 술에 취한 상태에서 자동차 등을 운전하였다고 인정할 만한 상당한 이유가 있고 운전자의 음주운전 여부를 확인하기 위하여 필요한 경우에는 사후의 음주측정에 의하여 음주운전 여부를 확인할 수 없음이 명백하지 않는 한 운전자에 대하여 구 도로교통법(2011. 6. 8. 법률 제10790호로 개정되기 전의 것) 제44조 제2항에 의하여 음주측정을 요구할 수 있고, 운전자가 이에 불응한 경우에는 같은 법 제148조의2 제2호의 음주측정불응죄가 성립한다. 이와 같은 법리는 운전자가 경찰관직무집행법 제4조에 따라 보호조치된 사람이라고 하여 달리 볼 것이 아니므로, 경찰공무원이 보호조치된 운전자에 대하여 음주측정을 요구하였다는 이유만으로 음주측정 요구가 당연히 위법하다거나 보호조치가 당연히 종료된 것으로 볼 수는 없다.

[2] 경찰관이 지구대로 보호조치된 피고인에게 음주측정을 요구한 것은 같은 법 제44조 제2항에 따른 것으로서, 위법한 보호조치 상태를 이용하여 음주측정 요구가 이루어졌다는 등의 특별한 사정이 없는 한 이에 불응한 피고인의 행위는 음주측정불응죄에 해당한다고 보아야 하는데도, 이와 달리 보호조치가 경찰관이 음주측정을 요구할 시점에 이미 종결된 것으로 보아야 한다는 전제 아래 음주측정 요구가 위법한 체포상태에서 이루어진 것으로 보아 음주측정불응죄가 성립하지 아니한다고 본 원심판결에 경찰관직무집행법상의 보호조치와 음주측정불응죄에 관한 법리오해 및 보호조치 종료 여부에 관한 심리미진의 위법이 있다.

[항소심 판결요지] (의정부지방법원 2011.04.01. 선고 2010노2057 판결)

[1] 경찰관들이 피고인을 지구대에 데려올 당시 피고인에 대하여 음주운전의 피의자 지위로서 수사절차를 개시하였다고 보기 어렵고, 오히려 관련 경찰관은 음주운전의 피의자로서가 아니라 보호조치의 대상자로서 피고인을 지구대로 데려온 것이라고 봄이 상당하다.

[2] 경찰관이 피고인의 음주운전 여부를 밝히기 위하여 피고인에게 음주측정을 요구할 시점에는 피고인에 대한 보호조치는 이미 종결되고, 비로소 음주운전의 범죄행위에 대한 증거 수집을 위한 수사절차가 개시되었다고 보아야 한다. 그렇다면 그 당시 이와 같이 보호조치를 마치고 수사를 개시하는 경찰관으로서는 강제력 없이 상대방의 동의나 승낙을 받아서 행하는 임의수사를 위하여 음주운전의 피의자로 조사하는 것에 대한 협조를 구하고 수사관서에서 자유롭게 퇴거할 수 있음을 고지하는 방법 등으로 피고인에게 자발적으로 수사에 응할 것을 요구하는 절차를 밟거나 이에 응하지 않는 피고인에 대한 강제수사를 위하여 체포 등 형사소송법상의 적법한 강제처분에 대한 절차를 밟았어야 할 것이고, 그러한 절차를 거치지 아니한 채 피고인에 대한 수사에 나아갔다면 설령 그 당시 피고인에 대한 물리적 억압이 없었더라도 이는 적법한 체포 하의 수사개시행위에 해당한다고 할 수 없다. 만일 그렇지 않다고 한다면, 음주운전의 피의자를 경찰관직무집행법상의 보호조치 대상자에 해당한다고 하여 수사관서에 동행하는 방법으로 임의동행이나 강제수사를 위한 절차를 잠탈할 우려가 있어 국민의 기본권이 침해될 수 있다.

[연　구]

I. 문제제기

음주운전으로 인한 교통사고의 심각성과 주취자 처리에 따른 경찰인력의 낭비 등 주취로 인한 사회적 문제점은 주지의 사실이다. 음주운전자에 대한 처벌을 전제로 한 음주측정의 절차는 도로교통법 제44조(술에 취한 상태에서의 운전 금지)가 규율하고 있으며, 주취자로서 응급의 구호를 요하는 자에 대한 처리절차는 경찰관직무집행법(이하 '경직법'으로 약칭함) 제4조(보호조치 등)가 규율하고 있다. 이처럼 '술에 취한 상태'라는 원인에 있어서는 동일하지만 규율하는 목적과 수단이 각각 다른 사법경찰작용과 행정경찰작용이 때로는 교차의 가능성이 있다. 과거 대법원이 수사상 임의동행과 불심검문상의 동행요구의 법적성격이 다르며 더 나아가 불심검문이 수사상 임의동행으로 연결될 가능성이 있음을 밝힌 바가 있으나[2], 대상판결들은 행정경찰의 작용과 사법경찰의 작용의 관계에 대하여 직접적으로 다루고 있는 획기적인 사례라고 할 수 있다.

대법원은 음주측정을 위하여 운전자를 강제로 연행하기 위해서는 수사상의 강제처분에 관한 형사소송법상의 절차에 따라야 한다고 판시한 바가 있다.[3] 그런데 강제처분의 요건을 충족시킬 수 없는 상황에서 보호조치를 신병확보의 수단으로 활용하는 것이 적법한 것인지에 대하여 대상판결 2의 원심판결은 근본적으로 행정경찰상의 즉시강제와 증거수집이라는 사법경찰작용이 상호 배타적이라는 입장에서 접근하고 있음에 반하여 대상판결 2는 보호조치가 적법한 이상 보호조치된 자에 대한 음주측정요구도 적법하다는 단순한 논리에서 접근하고 있다. 이러한 대법원의 입장에 따라 경찰은 형사절차에 의하지 않

---

2) 대법원 2006. 7. 6. 선고 2005도6810판결: 김택수, "수사상 임의동행의 허용 여부와 적법성 요건", 형사판례연구[17], 2009, 340-376면 참조.

3) 대법원 2006. 11. 9. 선고 2004도8404 판결.

고 보호조치를 통한 새로운 신병확보의 수단을 획득하였다는 기대(?)를 할 수 있겠으나, 이후에 선고된 대상판결 1은 보호조치의 요건을 매우 엄격하게 해석함으로써 이러한 가능성을 사실상 없애고 있다. 따라서 본 연구에서는 보호조치의 적법성과 음주측정불응죄의 성립관계의 관점에서 보호조치가 음주측정을 위한 신병확보의 수단이 될 수 있는지(II)에 대하여 고찰하고, 다음으로 보호조치와 음주측정이라는 수사절차가 결합되는 경우의 법적문제(III)에 대하여 고찰하도록 하겠다.

II. 음주측정을 위한 신병확보수단

1. 임의동행

(1) 음주측정의 절차가 신병확보의 수단을 포함하는지의 여부

도로교통법 제44조 제2항은 경찰이 도로의 일정 지점에서 통행하는 차량의 운전자에 대하여 음주여부를 확인하는 통상적인 음주단속을 전제로 하여 음주측정에 관한 절차를 마련하고 있다. 그러나 이러한 범주를 벗어나는 상황, 예를 들어 경찰관이 순찰 중 또는 신고를 받고 출동하여 음주운전으로 의심되는 운전자를 발견하였으나 음주측정기를 휴대하지 않아 측정을 위하여 운전자를 현장에 머무르게 하거나, 가까운 경찰관서에 이동하여야 하는 경우에 음주측정의 적법성에 대한 논란이 생긴다. 그렇다면 음주측정에 관한 도로교통법 규정의 해석을 통하여 명시적 또는 묵시적으로 어떠한 행위들을 허용하고 있는지를 살펴보아야 하겠다.

도로교통법 제44조 제2항 본문은 "(…) 운전자가 술에 취하였는지를 호흡조사로 측정할 수 있다"고 규정하고 있으며, 제2항 단서는 측정요구에 응할 의무를 규정하고 있다. 이 규정은 음주측정에 관한 세부적 절차를 명시하고 있지 않지만 음주측정불응죄와의 관계에 비춰볼 때, 사전적, 사후적 조치로서 통행하는 차량에 대한 정지요구, 운전석의 창문을 내릴 것의 요구, 음주감지기에 의한 테스트 요구, 감지된 경우에 자동차에서 하차할 것의 요구, 음주측정기에 숨을 불어넣을 것의 요구, 측정동안 현장에서 벗어나지 않을 것의 요구, 현장을 벗어나는 자에 대한 추격과 정지요구 등 일련의 절차들을 포함하는 것으로 해석되어야 한다. 다만, 음주측정불응죄의 성립여부와 관련하여 도로교통법 제148조의2(벌칙) 제1항 제1호에 따르면 "술에 취한 상태에 있다고 인정할 만한 상당한 이유가 있는 사람"에 대하여만 음주측정불응죄를 적용할 수 있으므로, 음주운전을 하였다고 의심할 만한 상황이 아닌 경우로써, 정지신호를 무시하고 진행을 하거나, 차량에 탑승한 채로 창문을 내리지 않는다든지 하는 경우에는 음주측정불응죄를 적용하여 현행범인 체포를 하거나 음주측정을 위하여 강제로 차문을 개방하는 것은 허용되지 않는다고 하겠다. 따라서 헌법재판소의 견해[4] 처럼 호흡측정 자체는 임의적인 수단에 해당하는 것이지만, 이에 수반되는 일련의 절차들은 다분히 강제적 요소를 포함하고 있으며 이는 도로교통법이 규정한 음주측정의 법적 실효성을 담보할 수 있는 최소한의 조치에 해당하여 영장주의의 적용을 받는 것은 아니라고 하겠다.

그런데 경찰관이 음주측정기를 휴대하지 않는 경우 불가피하게 운전자를 인근 경찰관서로 데려 가거나, 음주측정기를 가지고 오는 동안 현장을 떠나지 않도록 하는 조치가 필요하게 된다. 따라서 도로교통법의 규정이 이러한 신병확보의 절차까지를 포함하는 것으로 해석될 수 있는지를 살펴 볼 필요가 있다. 이에 대하여 대법원은 "구 도로교통법상의 규정들이 음주측정을 위한 강제처분의 근거가 될 수 없으므로 위와 같은 음주측정을 위하여 당해 운전자를 강제로 연행하기 위해서는 수사상의 강제처분에 관한 형사소송법상의 절차에 따라야 [한다]"[5]는 입장이다. 결국 음주측정의 절차는 음주측정에 필수적으로 연결된 사전적, 사후적 행위에 한정되며, 신병확보절차를 포함하는 것

4) 헌법재판소 1997. 3.27. 96헌가11 결정.

5) 대법원 2006.11.09. 선고 2004도8404 판결.

은 아니라고 하겠다.[6] 학계의 입장도 대법원의 입장과 다르지 않다. 이미 발생한 범죄혐의를 수사하는 사법경찰활동의 분야에서는 '도로교통법'을 형사소송법에 우선하는 특별법이라고 할 수 없으며, 주취운전죄에 대한 강제수사에는 영장주의를 준수하여야 한다는 것이다.[7] 그러나 이 입장은 음주측정을 위한 강제연행의 경우에 영장주의가 적용되어야 한다는 점을 강조한 것으로, 그 전제로서 음주측정에 관한 규정이 신병확보까지를 포함하는 것으로 해석될 수 있다는 여지를 남기고 있는 문제점이 있다.

도로교통법의 규정이 영장주의의 문제와 별개로 신병확보를 포함하지 않는 것으로 해석되는 한, 일반적인 형사절차에 따라 증거수집 등 피의자에 대한 조사가 이루어져야 한다는 결론에 이르게 된다. 이와 관련하여 통상체포, (준)현행범인체포, 긴급체포, 구속 등의 강제처분과 임의동행[8]이 고려될 수 있으나, 임의수사 원칙의 관점에서 우선적으로 임의동행에 의한 신병확보가 가능한지에 대하여 살펴보아야 하겠다.

(2) 음주측정을 위한 임의동행의 적법성

임의수사는 법률에 특별한 규정이 없는 경우에도 당사자의 동의 또는 승낙을 받아 행할 수 있는 수사방법으로서, 동일한 수사목적을 달성할 수 있는 경우에 강제수사가 아닌 임의수사가 원칙이 된다. 범죄수사로서의 성격을 가지는 음주측정을 위하여 임의동행의 수단이 이용될 수 있으며, 이 경우 임의수사의 일반적 원칙과 판례가 제시하는 요건에 따라 실시될 것이 요구된다. 즉, 임의동행이 적법한 것으로

---

6) 이와 같은 맥락에서 하급심이 "호흡조사 측정을 위한 동행 또는 특정한 장소에의 출두 요구는 음주측정을 위한 준비의 요구일 뿐 도로교통법 제44조 제2항에서 규정한 적법한 호흡조사 측정의 요구로 볼 수 없다."고 판시한 사례가 있다(대전지방법원서산지원 2013.06.13. 선고 2012고합182 판결).

7) 신동운, 판례분석 신형사소송법, 박영사, 2007, 884면 참조.

8) 대상판결 1 및 대상판결 2의 원심판결도 임의동행을 음주측정을 위한 신병확보의 수단으로 보고 있다.

판단되기 위해서는 임의성이 보장되어야 하지만, 다른 임의수사와 달리 제도적으로는 물론 현실적으로도 임의성이 보장되기 어렵다는 점에서 임의성의 요건을 엄격하게 평가하여야 한다. 이와 관련하여 대법원은 "수사관이 동행에 앞서 피의자에게 동행을 거부할 수 있음을 알려 주었거나 동행한 피의자가 언제든지 자유로이 동행과정에서 이탈 또는 동행장소로부터 퇴거할 수 있었음이 인정되는 등 오로지 피의자의 자발적인 의사에 의하여 수사관서 등에의 동행이 이루어졌음이 객관적인 사정에 의하여 명백하게 입증된 경우에 한하여, 그 적법성이 인정되는 것으로 봄이 상당하다."[9]는 입장이다.

그러나 이러한 임의동행의 법리에도 불구하고 음주운전의 의심을 받는 자에게 수사상 임의동행의 요건을 그대로 적용하는 것은 다소 무리가 있다. 주취의 정도에 따라 달라질 수 있지만 음주로 인하여 이성과 판단력이 영향을 받는 상태에서 오로지 자발적 의사에 기하여 동행을 한다는 것은 일종의 가설에 불과하다. 일반인과 달리 주취자의 인식능력과 판단능력에 비춰볼 때 적극적으로 동행의사를 밝힌 경우에도 이성에 기초한 진정한 의사로 보기 어려우며, 결국 주취자에 대한 임의동행은 불법적인 체포로 평가될 가능성이 높다.[10]

다음으로 임의동행의 적법성을 판단하는 기준이 되는 퇴거의 자유보장이 음주측정을 위한 임의동행에도 동일하게 적용되는지 따져볼 필요가 있다. 임의동행 이후에 행해지는 피의자신문의 경우에는 그 자체가 임의수사에 해당하므로, 퇴거의 자유가 보장된다고 할 수 있지만, 음주측정의 요구로 이어지는 경우에는 음주측정불응죄와 관련하여 강제성이 인정된다고 보아야 할 것이다. 즉, 단속 또는 범죄현장에서 측정을 위하여 필요로 한 최소한의 강제성은 임의동행 이후에 그대로 유지되기 때문에 측정을 위한 시간 동안 현장에 머무르게 하는

9) 대법원 2006.7.6. 선고 2005도6810 판결.
10) 이에 반해 최근 대법원은 음주운전자에 대한 임의동행의 적법성을 인정한 바가 있다(대법원 2012. 9. 13. 선고 2012도8890판결).

등의 처분은 허용된다고 할 것이며, 결국 퇴거의 자유가 보장될 수 없다고 하겠다. 만일 퇴거의 자유가 보장된다고 본다면 임의동행이 된 자가 퇴거의 자유를 주장하는 방식으로 측정요구에 불응하더라도 처벌을 할 수 없게 되는 법리적 문제가 발생하며, 자발적으로 측정에 응한 자 또는 측정 자체를 거부한 자만이 불평등하게 처벌되는 결과가 발생하기 때문이다.[11)]

또 다른 관점에서 볼 때, 임의동행의 적법성이 원천적으로 부정될 소지가 있다. 일반적으로 임의동행은 피의자신문을 위한 수단으로 사용되며, 피의자신문을 통하여 피의자는 본인에게 유리한 진술이나 증거를 제출할 수 있어 피의자의 방어권 행사를 보장하는 측면을 가지고 있다. 그러나 음주측정을 위한 임의동행은 피의자신문이 아닌 음주운전죄의 유일한 증거수단인 혈중알콜농도를 측정하기 위한 전 단계로서의 의미를 가지므로, 임의동행에 응하는 것 자체가 방어권 행사의 의미가 아닌 오로지 수사기관에 의한 증거수집의 목적으로 이용된다는 측면에서 법률상 의무가 없는 피의자가 이를 수인하였다고 보기 어려워 임의동행의 임의성 또는 자발성을 인정할 수 없는 것이다.

이상의 것들을 종합하면, 음주측정을 위한 임의동행의 경우에는 음주운전자의 정신적 상태와 임의동행의 목적에 비춰볼 때 동행의 임의성을 인정하기 어려우며, 퇴거의 자유도 제한된다는 것을 알 수 있다. 결국 임의동행은 음주측정을 위한 신병확보의 수단이 될 수 없으며, 강제처분이 필요하다고 하겠다.

2. (준)현행범인 체포

(1) 현행범인 체포의 가능성

임의동행이 음주측정을 위한 신병확보의 수단이 될 수 없다면 다

11) 최근 대법은 임의동행 이후 측정거부행위에 대하여 음주측정불응죄의 성립을 인정한 바가 있다(대법원 2012. 9. 13. 선고 2012도8890판결).

른 강제수사의 방법 중에서 찾아야 하는데, 통상체포 및 구속은 사전영장을 필요로 하여 고려대상이 될 수 없으며, 긴급체포의 경우 도주 또는 증거인멸의 우려가 있어야 하며, 통상 구속절차로 연결된다는 점에서 단순히 범죄의 혐의를 받고 있는 자에 대하여 직접적인 증거를 확보하기 위한 목적으로 이용하는 것은 원칙적으로 불가능하다고 보아야 한다. 더욱이 2011년 7월 8일 개정된 도로교통법 제148조의2 제2항은 혈중알콜농도를 3단계로 구분하여 각각의 법정형을 달리 정하고 있어, 가장 높은 단계인 혈중알콜농도 0.2퍼센트 이상인 사람에 대하여는 긴급체포가 가능하지만 그 이하의 단계에서는 법정형의 요건을 충족시키지 못해 긴급체포가 불가능하다. 따라서 경찰관이 음주측정 이전단계에서 긴급체포의 요건을 충족시키는 수치에 해당하는지를 알 수 없으므로 음주운전의 혐의를 받는 자에 대한 긴급체포는 허용될 수 없다고 할 것이다.

다음으로 고려될 수 있는 것이 현행범인 체포이다. 대법원 및 일부 학계의 견해로는 음주운전이라는 범죄의 실행 중에 검거된 것이므로 현행범이 성립되며 결과적으로 음주측정을 위한 강제연행이 가능하다고 본다.[12)13)] 그러나 현행범의 법리에 비춰 볼 때 측정이전 단계에서 음주운전죄의 현행범 성립을 인정하기 곤란하다. 대법원의 일관된 입장에 따르면 현행범인의 체포는 시간적으로나 장소적으로 보아 체포를 당하는 자가 방금 범죄를 실행한 범인이라는 점에 관한 죄증이 명백히 존재하는 것으로 인정되는 경우에만 가능하다.[14)] 그런데 도로교통법 제44조 제1항은 "누구든지 술에 취한 상태에서 자동차등을 운전하여서는 아니 된다"고 규정하면서, 같은 조 제4항은 "제1항에 따

12) 김남현, "음주운전에 관한 형사법적 연구 – 주취운전죄 및 음주측정불응죄를 중심으로-", 연세대학교 박사학위논문, 2005, 345면.

13) "의경이 피고인을 파출소로 끌고 가려고 한 것은 음주측정을 하기 위한 것일 뿐, 피고인을 주취운전이나 음주측정거부의 현행범으로 체포하려는 의사였는지도 의심스러울 뿐"(대법원 1994. 10. 25. 선고 94도2283판결).

14) 대법원 1991. 9. 24. 선고 91도1314 판결 등.

라 운전이 금지되는 술에 취한 상태의 기준은 운전자의 혈중알콜농도가 0.05퍼센트 이상인 경우로 한다."고 규정하고 있다. 따라서 음주운전죄는 단순히 술에 취한 상태에서의 운전행위가 아니라, 엄격히 말해 혈중알콜농도 0.05% 이상인 상태에서의 운전행위를 의미하는 것으로, 기준치 이상이 혈중알콜농도는 음주운전죄의 특별구성요건요소가 되는 동시에 범죄사실을 입증할 수 있는 유일한 증거로서의 기능을 가지고 있다. 결국 범죄의 명백성은 혈중알콜농도의 확인에 의해서만 인정될 수 있으며, 다른 수단에 의하여 음주운전죄의 해당여부를 판단하는 것은 허용되지 않는다. 이처럼 음주운전죄의 성립여부를 오로지 혈중알콜농도에 의하여만 판단하도록 한 우리의 입법체계에 따르면, 혈색, 술 냄새, 언동 등 운전자의 외관에 의하여 명백한 주취상태로 판단되는 경우에도 음주운전죄의 성립을 인정할 수 없게 되며, 결과적으로 음주측정 이전단계에서는 범죄의 명백성이라는 요건을 충족시킬 수 없어 현행범인체포가 불가능하다고 할 것이다.[15][16]

(2) 준현행범인 체포의 가능성

음주측정 이전단계에서 음주운전죄의 현행범 성립을 인정할 수 없다면 준현행범인 체포의 가능여부를 살펴보아야 하겠다. 준현행범인에 관한 형사소송법 제211조 제2항 각호에 열거된 사유 중 음주운전죄와 관련될 수 있는 것은 제3호의 "신체 또는 의복류에 현저한 증적이 있는 때"이다. 음주운전자는 통상 얼굴색이 붉고, 신체 또는 의복에서 술냄새를 풍기기 때문에 위의 사유에 해당한다고 볼 수 있다.

15) 이에 반해 대법원은 음주운전을 종료한 후 40분 이상이 경과한 시점에서 길가에 앉아 있던 피고인에게서 술냄새가 난다는 점만을 근거로 피고인을 음주운전의 현행범으로 체포한 것은 피고인이 '방금 음주운전을 실행한 범인이라는 점에 관한 죄증이 명백하다고 할 수 없는 상태'에서 이루어진 것으로서 적법한 공무집행이라고 볼 수 없다(대법원 2007.4.13, 선고, 2007도1249, 판결)는 입장을 취하여 시간적 접착성이 인정되는 경우 현행범 체포가 허용될 수 있다는 점을 간접적으로 시사한 바가 있다.

16) 이에 대한 자세한 고찰은 김택수, "음주측정 이전 단계에서의 현행범 성립의 문제", 치안정책연구 제25권 제1호, 2011, 1-29면 참조.

대법원도 음주운전 중 교통사고를 내고 의식불명 상태에 빠져 병원으로 후송된 운전자에 대하여 수사기관이 영장 없이 강제채혈을 한 사안에서“피의자의 신체 내지 의복류에 주취로 인한 냄새가 강하게 나는 등 범죄의 증적이 현저한 준현행범인으로서의 요건이 갖추어져 있[다]”[17]고 판시하여 준현행범의 성립을 인정하고 있다. 이러한 논리에 따르면 외관상 주취상태의 특징을 충분히 나타내는 경우 준행범인으로 체포가 가능하게 되어 결과적으로 음주측정을 위한 신병확보의 수단으로 활용할 수 있게 된다. 그러나 음주측정 이전단계에서 준현행범의 성립을 인정할 수 있다는 것은 비판의 소지가 있다.

준현행범인은 ‘범죄의 실행 중이거나 실행의 즉후인 자’는 아니지만, 법률이 정한 유형적 사유들에 해당하는 경우에 범죄의 명백성을 인정하여 현행범인으로 간주되는 자를 의미한다. 그런데, 준현행범의 성립을 인정하기 위해서는 현행범이 성립될 수 있다는 것이 전제되어야 함에도 불구하고 앞서 본 바와 같이 음주측정을 요구하는 현장에서는 현행범의 성립을 인정할 수 없음에 반해 더 나아가 준현행범의 성립을 인정하는 것은 모순이 되기 때문이다. 따라서 병원 응급실로 후송된 의식불명의 운전자의 경우에는 교통사고에 따른 업무상과실치사상죄의 준현행범의 성립여부는 별론으로 하고 음주운전죄의 준현행범의 성립요건을 갖췄다고 볼 수 없다. 결국 음주측정 이전단계에서의 현행범인 또는 준현행범인으로 체포가 가능하기 위해서는 음주운전죄의 성립여부를 혈중알콜농도에 의해서만 판단하도록 하는 입법체계를 개선하여 외국의 사례와 같이 외관에 의하여 명백한 주취상태에서 운전을 한 경우에도 처벌하도록 하여야 할 것이다.

---

17) 대법원 2012.11.15, 선고, 2011도15258, 판결.

3. 보호조치

(1) 주취자에 대한 보호조치의 법적 성격과 체계

경직법 제4조 제1항에 따라 경찰관은 수상한 거동 기타 주위의 사정을 합리적으로 판단하여 술취한 상태로 인하여 자기 또는 타인의 생명·신체와 재산에 위해를 미칠 우려가 있는 자 등에 해당함이 명백하여 응급의 구호를 요한다고 믿을 만한 상당한 이유가 있는 자를 발견한 때에는 보건의료기관 또는 공공구호기관에 긴급구호를 요청하거나 경찰관서에 보호하는 등 적당한 조치를 할 수 있다. 음주운전자에 대한 보호조치의 허용문제를 다루기에 앞서 주취자에 대한 보호조치의 법적 성격과 체계를 고찰할 필요가 있다.

경직법 제4조의 보호조치는 일반적으로 당사자 및 타인에 대한 위해방지라는 소극적인 목적에 한정되며, 경찰행정상의 즉시강제인 법적성질, 즉 권력적 사실행위로서의 성질을 갖는다.[18] 대상판결 1도 보호조치의 법적 성질을 경찰 행정상의 즉시강제로 이해하고 있다. 즉, 보호조치는 경찰상의 위해방지를 목적으로 경찰관에 의해 취해질 수 있으며, 범죄수사목적의 사법경찰작용과는 엄격하게 구별된다고 하겠다. 법문상 경찰권을 발동하여 보호조치를 취할 것인지의 여부는 경찰관의 재량에 따르지만, 구체적 상황하에서 경찰관에게 그러한 조치권한을 부여한 취지와 목적에 비추어 볼 때 그 불행사가 현저하게 불합리하다고 인정되는 경우에는, 그러한 불행사는 법령에 위반하는 행위에 해당한다.[19] 따라서 국민의 생명과 신체 및 재산을 보호해야 하는 경찰관의 본질적 임무를 고려할 때 보호조치는 권한인 동시에 의무라고 해야 할 것이다.

보호조치의 적법성을 판단하기 위해서는 우선 경직법 제4조가 규정하는 '술 취한 상태', 즉 주취상태의 의미, '자기 또는 타인의 생명·

18) 백창현, "경찰상 보호조치에 관한 법적연구-주취자 보호조치를 중심으로-", 고려대학교 박사학위논문, 2010, 16면.

19) 대법원 1996.10.25. 선고 95다45927판결.

신체와 재산에 위해를 미칠 우려'의 의미, '응급의 구호를 요한다고 믿을 만한 상당한 이유'의 의미 등을 확정하는 것이 필요하며, 이 경우 개별적 의미뿐만 아니라 상호간의 관계를 고려하여 해석되어야 한다. 법적 요건과 관련하여 가장 쟁점이 되는 것이'술에 취한 상태'의 의미이다. 주취상태에 대한 명확하고 객관적인 판단기준을 제시하기 어려우나[20], 학계 또는 경찰실무[21]에서는 만취상태를 의미한다는 공통된 인식을 가지고 있다.[22] 대법원도 대상판결 1에서 "'술에 취한 상태'란 피구호자가 술에 만취하여 정상적인 판단능력이나 의사능력을 상실할 정도에 이른 것을 말[한다]"는 입장을 취하고 있으며, 이는 책임조각사유를 규정한 형법 제10조 제1항의 "심신장애로 인하여 사물을 변별할 능력이 없거나 의사를 결정할 능력이 없는 자"와 동일하거나 이에 준하는 것으로 보는 입장이라고 하겠다. 그러나, 주취자를 만취자와 동일시하는 것은 '술에 취한 상태'를 의미를 축소해석하는 것이며, 우리와 유사한 보호조치의 규정을 담고 있는 일본의 경직법 제3조의 해석론에 따른 것이라고 하겠다.[23]

즉, 일본 경직법은 보호조치의 대상을 니취(泥醉), 즉 만취로 한정하고 있어 보호조치의 대상이 우리와 동일하지 않다고 하겠다.[24] 더욱이 일본이 특별법인 '술에 취해 공중에 폐를 끼치는 행위의 방지 등에 관한 법률'(이른바 '명정자규제법')을 통하여 만취에 이르지 않은 주취

20) 백창현, 전게논문, 72면

21) 2004년 경찰청 보호조치 대상자 처리매뉴얼에 따르면 술에 취한 상태에 있는 자란 "객관적으로 음주 만취되어(후략)"로 정의하고 있다.

22) 반면에 음주운전죄의 경우에도 동일한 표현을 사용하고 있으므로 혈중알콜농도 0.05% 이상인 자를 '주취자'로 보아야한다는 주장으로는, 박종선, "경찰의 주취자보호를 위한 효율적인 대응방안", 중앙학술연구 제15호, 중앙경찰학교, 2010, 220-221면.

23) 예를 들어, "주취자란 과음하여 사리분별력을 상실한 상태에 있는 자를 말한다". 장영민·박기석, 경찰관직무집행법에 관한 연구, 형사정책연구원, 1993, 112면,

24) "일본법에 따르면 단순 주취자(酩酊者)와 만취자(泥醉者)는 구별된다."김형훈, 경찰관직무집행법해설, 경찰대학, 2007, 124면.

자(일본어로는'酩酊者(명정자)'라 함)에 대한 보호조치의 근거를 별도로 마련하고 있다는 점[25]을 고려하지 못한 해석이라고 하겠다. 따라서 우리의 경우 보호조치의 대상이 되는 주취자를 반드시 만취자로 축소해석할 필요가 없으며, 넓은 의미의 명정자로 이해하는 것이 타당하다고 할 것이다.[26]

이처럼 '주취'에 대한 해석이 명확하지 않은 상태에서 법원이 어떠한 주취개념을 취하느냐는 보호조치의 적법성 판단과 직결되는 문제라고 하겠다. 그럼에도 불구하고, 보호조치의 대상이 되는 주취자에 정의가 없을 뿐만 아니라 관련 경찰실무 매뉴얼 및 내부규정들이 다양하고 추상적으로 규정하고 있어, 주취자를 처리하는 일선 경찰관들이 매우 난감한 상황에 처해 있다고 하겠다.[27]

다음으로 '자기 또는 타인의 생명·신체와 재산에 위해를 미칠 우려'는 주취자를 방치하는 경우 자해, 교통사고 또는 안전사고, 동사, 범죄의 피해 등 자신에 대한 위해가 발생하거나 또는 타인에 대하여 교통사고의 유발, 상해, 폭력, 협박, 재물손괴 등의 범죄행위를 할 우려가 있는 경우를 말한다고 하겠다.[28] 다음으로 '응급의 구호를 요한다고 믿을 만한 상당한 이유'는 앞서 언급한 자기 또는 타인에 대한 위해발생의 개연성이 높고 경찰의 구호조치가 급박한 경우를 의미한다고 하겠다.[29] 그런데 '응급의 구호'의 의미와 보호조치 대상으로서의

---

25) "이 법은 명정자만을 특별히 규제하기 위해 제정된 것이니만큼 경찰관직무집행법에 대해 특별법적인 지위를 갖는다고 보아야 할 것이다", 장영민·박기석, 전게보고서, 112면 각주 14번.

26) 이와 유사한 맥락에서 주취와 만취가 구별된다는 주장으로는, 백창현, 전게논문, 74면.

27) 백창현, 전게논문, 73면; 같은 취지로는, 김영식, "경찰상 주취자 보호조치에 관한 법적 연구", 동아대학교 박사학위논문, 2011, 14면.

28) 이러한 맥락에서 주취자안정실 운영규칙(경찰청 훈령) 제5조(보호대상)는 주취자안정실에 보호할 수 있는 대상을 폭넓게 규정하고 있다.

29) 같은 취지로, "여기서의 응급이란 상황의 긴급성 내지 급박성을 의미한다. 즉, 즉시 구호하지 않으면 본인 또는 타인의 생명·신체 및 재산이 위험한 상황에 처하는 경우를 말한다.", 백창현, 전게논문, 24면.

주취자의 개념과의 관계가 문제된다. '응급의 구호'의 의미를 타인에 대한 위해를 발생시킬 우려보다는 자신의 생명과 신체에 대한 중대한 위험발생의 예상되어 의료기관이나 구호기관이 개입이 필요한 경우로 이해하는 경우[30]에는 주취의 정도가 만취상태로서 심신상실에 해당할 정도로 이르러야 한다고 볼 수 있기 때문이다.[31] 대상판결 1의 입장도 이러한 논리를 따르고 있는 것으로 보여 진다. 그러나 보호조치의 대상을 반드시 의료적 차원에서의 응급의 구호를 요하는 심신상실에 준하는 만취상태에 있는 자로 국한시키는 것은 타당하지 않다고 하겠다. 음주로 인하여 신체적 또는 정신적으로 영향을 받고 있으며, 이로 인하여 자기 또는 타인에 대한 위해를 일으킬 가능성이 높아 긴급하게 의료기관 또는 구호기관의 구호가 요청되거나 경찰관의 보호조치가 필요한 경우라는 의미로 해석되어야 한다. 결국 보호조치의 대상에 해당하는지에 대한 판단은 술에 취한 정도를 절대적 기준으로 하는 것이 아니라 술에 취한 상태라는 원인에 의하여 자기 또는 타인에 미칠 위험성의 정도를 기준으로 판단되어야 하는 것이다. 따라서 주취의 정도가 만취상태에 이르지 않더라도 위험성이 높은 경우에는 경찰에 의한 보호조치의 대상이 된다고 보는 것이 타당하다.[32][33]

---

30) 같은 취지로는, "응급구호를 요하지 않는 주취자, 즉 협의의 보호조치 대상이 아닌 제지목적의 보호조치 대상자를 주취자안정실에 보호조치 하는 경우 현행법상의 보호조치의 범위를 넘어서기 때문에 그 위법성을 부인할 수 없다." 이성용, "주취자보호조치에 관한 법적 검토", 경찰법연구 제7권 제2호, 2009, 47면.

31) "우리의 경직법 제4조에서 보호조치의 대상이 되는 것도 응급의 구호를 요하여야 한다는 점에서 만취자를 의미한다고 볼 수 있다", 김형훈, 전게서, 124면.

32) 같은 취지로는, "경찰활동을 위해 필요한 주취자의 개념은 결국 주취자가 주취의 상태에서 자기나 타인의 생명, 신체와 재산에 위해를 미칠 우려가 있느냐 아니냐를 판단하는 것이 매우 중요하다고 하겠다.", 백창현, 전게논문, 73-74면.

33) 2005년 9월 7일 발의된 '주취자보호 등에 관한 법률(안)'은 '주취자'를 "음주로 인하여 판단력 및 신체기능이 저하되어 타인의 도움을 필요로 하는 상태에 있거나 소란행위 등으로 자기 또는 타인의 생명·신체·재산 그 밖의 사회공

이상의 조건들을 모두 충족하는 경우 경찰관이 취할 수 있는 조치로는 크게 두 가지 방법이 있다. 경직법 제4조는 보건의료기관 또는 공공구호기관에 긴급구호를 요청하는 것과 경찰관서에 보호하는 등의 적당한 조치를 명시하고 있다.[34] 따라서 만취상태로서 의식이 불명하거나 의료기관에 의한 치료가 필요한 경우에는 보건의료기관이나 공공구호기관에 긴급구호요청을 하고, 구호요청의 대상이 아닌 경우에는 경찰관서에 24기간의 범위내에서 보호조치를 할 수 있다. 보호조치의 장소와 관련하여 주취자안정실을 고려할 수 있으나 처음 설치한 2000년에는 전국에 154개소가 있었으나 점차 줄어들어 2010년 12월 완전히 폐지되었다.[35] 따라서 현재는 일선 지구대 또는 파출소에서 보호하는 것이 불가피하다고 하겠다. 주취자안정실이 활용되지 못한 이유로는 의학적 식견이 없는 경찰관의 판단에 의해 주취자안정실에서 보호조치가 실시됨에 따라, 보호대상자의 생명이나 신체에 대한 예상치 못한 위험이 발생할 수 있다는 우려[36]와 보호조치 중 감시해야 하는 업무부담 등이 꼽히고 있다.[37] 주취자에 대한 또 다른 처리방법으로는 보호자 등에게 인계하는 것이다. 일반적으로 보호조치는 피구호자를 인수할 보호자가 없는 경우에 보충적으로 행해지는 것으로 이해되고 있으며[38], 다만 자기 또는 타인에 대한 위해의 가능성을 고려하

공의 안녕질서에 위험을 야기하고 있는 자"로 정의하고 있다.

34) 이성용 교수는 보호조치의 유형을 제지를 위한 보호조치와 협의의 보호조치로 구분하여 설명하면서 경직법 보호조치의 규정은 제지를 위한 보호조치의 근거로는 미약하다는 입장을 취하고 있다. 이성용, 전게논문, 42-43면.

35) 현재의 경찰실무는 경찰이 직접 보호조치를 하기 보다는 의료기관에 인계하여 알콜중독여부를 진단하여 여기에 해당하는 경우 보호자의 동의를 받아 입원치료 하도록 하거나, 만취자나 의식이 없는 주취자를 지구대가 아닌 의료적 조치가 가능한 병원에서 보호하고 치료하도록 하여 알콜 과다로 인한 쇼크사나 겨울철 동사 등 안전사고를 예방하도록 하도록 하고 있다. 경찰청, 경찰백서, 2012, 56면.

36) 이성용, 전게논문, 48면.

37) 성홍재, 경찰관직무집행법 개정방향에 관한 연구 -현장경찰관의 법집행력 강화를 위한 패러다임 변화-, 경찰청 용역연구보고서, 2012, 67면.

38) 장영민· 박기석, 전게보고서, 110면.

여 보호자에 대한 인계여부를 결정하는 것이 바람직하다고 하겠다.

(2) 음주운전자에 대한 보호조치의 허용성

술에 취한 상태에서 운전을 하였다고 인정되는 자에 대한 보호조치의 가능여부가 본 연구의 핵심쟁점이라고 하겠다. 우선적으로 보호조치의 대상인 주취자와 음주측정의 요구대상이 되는 주취자가 동일한 개념인가에 대하여 살펴보면, 음주운전죄에 해당하는 주취자는 혈중알콜농도 0.05% 이상인 상태인 자를 말하며, 보호조치의 대상인 주취자는 술취한 상태로 인하여 응급의 구호를 요한다고 믿을 만한 상당한 이유가 있는 자이다. 따라서 법문의 동일성에도 불구하고 주취의 정도와 요건이 일치하는 것은 아니라는 것을 알 수 있다. 반면에 이 두 개념이 완전히 분리되는 것이 아니라 경우에 따라 양쪽의 대상에 포함되는 경우를 예상할 수 있다. 즉, 주취상태에서 운전을 한 자에 대하여 응급의 구호를 위하여 보호조치가 가능할 수 있다는 것이다.

이와 관련하여 음주운전으로 적발된 주취운전자가 단속경찰관으로부터 보관 중이던 차량열쇠를 반환받아 몰래 차량을 운전하여 가던 중 사고를 일으킨 사안에서, 대법원이 "주취 상태에서의 운전은 도로교통법 제41조의 규정에 의하여 금지되어 있는 범죄행위임이 명백하고 그로 인하여 자기 또는 타인의 생명이나 신체에 위해를 미칠 위험이 큰 점을 감안하면, (중략) 주취운전을 적발한 경찰관이 주취운전의 계속을 막기 위하여 취할 수 있는 조치로는, (중략) 그 주취 정도가 심한 경우에 경찰관서에 일시 보호하는 것 등을 들 수 있[다]"[39]는 입장을 취하여 음주운전죄의 현행범인에 대하여 보호조치가 허용될 수 있음을 시사한 바가 있다. 다만 이 판결은 음주측정이 행해진 이후의 단계에서의 보호조치 허용여부라는 점에서 한계가 있다.

이에 반하여 대상판결 2에서 대법원은 도로교통법 제44조 제2항에 의한 음주측정 요구 및 불응한 경우에 성립되는 제148조의2 음주

39) 대법원 1998.05.08. 선고 97다54482 판결.

측정불응죄는 “당해 운전자가 경찰관직무집행법 제4조에 따라 보호조치된 사람이라고 하여 달리 볼 것이 아니[다]”[40]라고 하여, 보호유치된 자에 대한 음주측정 요구의 적법성을 직접적으로 인정하였다. 대법원은 이후에도 만취한 피고인이 편도 2차선 도로의 갓길에 자신의 차량의 시동을 켠 채 정차하여 두고 그 앞 횡단보도 위에 누워 있다가, 신고를 받고 출동한 경찰관이 보호조치 대상자로 보아 순찰차 뒷자리에 태운 뒤 파출소로 데려 온 직후 음주측정을 요구하자 이에 불응한 사안과 관련하여 “보호조치된 피고인에게 음주측정을 요구한 것은 구 도로교통법 제44조 제2항에 따른 것이라고 할 것이므로, 그러한 음주측정요구에 불응한 피고인의 행위는 (중략) 음주측정불응죄에 해당한다고 보아야 한다.”[41]고 판시하여 같은 입장을 유지하였다. 이처럼 대법원은 일관되게 만취한 운전자에 대하여 보호조치 후에 음주측정을 요구한 것이 적법하다고 봄으로써 음주측정을 위한 신병확보의 수단으로서 보호조치를 허용하고 있다고 하겠다.

III. 보호조치와 음주측정 결합의 문제

1. 보호조치 중 수사절차 개시의 허용성

(1) 원칙적 허용

대상판결 2의 쟁점 중 하나는 보호조치된 주취자에 대하여 경찰이 음주측정을 요구할 수 있는가이다. 이는 법적 성격이 행정경찰상의 즉시강제와 증거수집이라는 사법경찰작용이라는 서로 다른 두 가지의 작용이 병립될 수 있느냐의 문제와 직결되기 때문이다. 이에 대하여 부정하는 입장에서는 위험방지를 위한 보호조치의 목적에 비춰 볼 때 보호조치 중에 수사행위를 하는 것은 그 목적을 벗어나는 것이며, 보호조치 중에 음주측정이 요구된다면 더 이상 보호조치의 목적은 유지

40) 대법원 2012.02.09. 선고 2011도4328 판결.
41) 대법원 2012.03.29. 선고 2011도10012 판결.

될 수 없으므로 보호조치가 종결된 것으로 보아야 한다는 주장이 가능하다. 바로 대상판결 2의 원심판결의 입장이라고 하겠다. 원심법원은 "일응 적법한 보호조치로써 피고인을 수사관서에 데려온 것이라고 하더라도 그 후 경찰관이 피고인의 음주운전 여부를 밝히기 위하여 피고인에게 음주측정을 요구할 시점에는 피고인에 대한 보호조치는 이미 종결되고, 비로소 음주운전의 범죄행위에 대한 증거 수집을 위한 수사절차가 개시되었다고 보아야 한다."고 판시하여 행정경찰작용과 사법경찰작용이 병립될 수 없다는 입장을 취하였다. 이에 대한 논거로서 원심법원은 "음주운전의 피의자를 경찰관직무집행법상의 보호조치 대상자에 해당한다고 하여 수사관서에 동행하는 방법으로 임의동행이나 강제수사를 위한 절차를 잠탈할 우려가 있어 국민의 기본권이 침해될 수 있다."고 하여 보호조치가 음주측정을 위한 신병확보의 수단으로 악용됨으로써 인권침해의 우려가 있다는 정책적 측면을 고려하고 있다.

이에 반해 긍정하는 입장에서는 도로교통법상의 음주측정의 요구대상에 해당하는 경우에 보호조치된 자라고 하여 달리 볼 것은 아니며, 보호조치가 종료될 때까지 기다리게 되는 경우 증거확보가 불가능하게 되어 음주운전죄를 범한 범죄자를 처벌할 수 없는 불평등의 문제가 발생하게 된다는 주장이 가능하다. 이와 같은 맥락에서 대상판결 2는 보호조치가 경찰관직무집행법을 위반한 것으로서 위법하다는 등 다른 특별한 사정이 없는 한 음주측정요구는 적법한 것으로 보고 있다. 이러한 입장은 이후의 대법원 판결[42]에서도 명시적으로 유지되고 있으며, 대상판결 1도 묵시적으로 이러한 원칙을 유지하는 것으로 보여 진다. 결론적으로 대법원은 사법경찰작용과 행정경찰작용이 병립될 수 있음을 인정하는 입장이라고 하겠다.

---

42) 대법원 2012. 3. 29. 선고 2011도10012 판결.

(2) 예외적 금지

대상판결 2는 보호조치와 음주측정의 법적성격이 다르다는 것에 주목하지 않고 신병확보의 수단이 적법한 이상 그 기회에 이루어진 음주측정도 적법하다는 단순한 논리를 따르고 있다. 반면에 대상판결 2의 원심판결은 두 가지 행위의 법적성격이 다르다는 점을 고려하여 신중한 접근을 시도하고 있다. 즉, 행정경찰상의 보호조치가 범죄수사의 목적으로 사용되는 경우 더 이상 보호조치의 목적은 유지될 수 없으므로 형사소송법의 절차에 따라야 한다는 것이다. 이는 행정경찰과 사법경찰에 적용되는 법체계가 다르며, 이를 구분하는 기준[43]은 행위의 목적에 따른다는 원칙을 반영한 결과라고 할 수 있다. 그러나 원심판결은 법적성격이 다르다는 점에 그치지 않고 보호조치가 행정경찰상 즉시강제에 해당하여 영장주의의 예외에 해당한다는 헌법재판소 및 대법원의 입장을 고려하고 있다.[44]

즉 헌법재판소는 "영장주의가 행정상 즉시강제에도 적용되는지에 관하여는 논란이 있으나, (중략) 그 본질상 급박성을 요건으로 하고 있어 법관의 영장을 기다려서는 그 목적을 달성할 수 없다고 할 것이므로, 원칙적으로 영장주의가 적용되지 않는다고 보아야 할 것이다"[45]라는 입장을 취한 바가 있으며, 대법원도 "행정상 즉시강제는 본질상 행정목적달성을 위해 불가피한 한도 내에서 예외적으로 영장주의를 배제할 수 있다"[46]고 판시한 바가 있다.

결국 원심법원은 강제수사에 적용되는 엄격한 영장주의의 적용을 회피하는 수단으로 보호조치가 왜곡 사용되는 것을 차단시키기 위하여 법적성격이 다른 두 행위의 경계를 명확히 하고자 한 것이다. 반면

43) 강학상 행정경찰과 사법경찰은 행위의 성격과 업무수행자의 의도를 기준으로 구별되고, 그 구별실익은 그 적용법 및 소송절차의 차이에 있다. 박균성, 행정법론(하), 제5판, 박영사, 2007, 475면.

44) 학계의 입장에 대하여는 김영식, 전게논문, 42-43면 참조.

45) 헌법재판소 2002. 10. 31. 2000헌가12 결정.

46) 대법원 2008. 11. 13. 선고 2007도9794판결.

에 원심판결은 법적성격이 다른 두 작용이 상호 조화를 이룰 수 있는 여지를 원천적으로 차단하고 실무의 상황을 고려하지 못하였다는 비판을 면하기 어렵다. 보호조치가 본래부터 범죄수사를 목적으로 이용된 경우에는 그 적법성을 인정할 수 없으나, 주취자에 대한 응급의 구호라는 주된 목적으로 행하여 졌으며, 그 기회를 이용하여 부수적으로 범죄수사가 행해진 경우까지 위법하다고 보는 것은 잘못이기 때문이다. 이 점에서 대상판결 2가 밝힌 '다른 특별한 사정'이란 바로 헌법상의 영장주의의 원칙을 침해하였다고 명백하게 인정할 수 있는 경우로서, 응급구호가 아닌 범죄수사의 목적으로 보호조치를 한 경우를 말한다고 하겠다.[47] 따라서 보호조치의 과정 및 경찰의 조치내용, 음주측정 요구의 전후의 사정 등을 종합적으로 고려하여 경찰관의 행위가 실질적으로 구호의 목적을 가졌는지 아니면 범죄수사의 목적을 가졌는지를 심사하여 그 적법성을 판단하는 것이 타당하다.

2. 권리고지 등 절차적 문제

(1) 음주측정 이전단계에서의 권리고지

인신구속 등 형사절차의 적법성을 판단하기 위한 중요한 기준 중의 하나가 피고인 또는 피의자의 기본권을 보호하고 방어권을 보장하기 위한 권리고지의 유무이다. 예를 들어, 강제수사인 체포 또는 구속의 경우와 임의수사인 피의자신문 또는 임의동행의 경우에도 법률상 또는 판례상의 일정한 권리고지가 요구된다. 그렇다면 보호조치된 음주운전자에 대한 음주측정이 적법하려면 어떠한 권리고지가 필요한지 살펴볼 필요가 있다. 이와 관련하여 경직법 제4조 제4항은 긴급구호요청 또는 보호조치의 사실을 연고자 등에게 통지하도록 하는 규정만을

47) 이러한 맥락에서 대상판결1은 보호조치의 요건이 갖추어지지 않았다는 점뿐만 아니라, 경찰관이 실제로는 범죄수사를 목적으로 피의자에 해당하는 사람을 피구호자로 삼아 그의 의사에 반하여 경찰관서에 데려갔다는 점에도 주목하고 있다.

두고 있을 뿐 보호조치된 자에 대한 권리고지에 대한 규정은 두고 있지 않다.

새로운 권리고지의 필요성은 대상판결 2의 원심과 대상판결 2의 상반된 입장에 따라 고찰되어야 한다. 대상판결 2의 원심과 같이 법적 성격이 다른 두 작용이 병립될 수 없다는 입장에서는 음주측정을 요구한 시점에 수사절차가 개시되고 보호조치는 종결된 것으로 보게 된다. 따라서 음주측정을 위한 신병확보는 일반적인 형사절차에 따라 임의동행이나 체포 등의 방법에 따라 행해질 것이 요구되지만 영장을 발부받을 시간적 여유가 없다는 점을 고려하면 결국 임의동행에 의한 음주측정에 준하는 절차에 따라야 한다. 그런데 보호조치된 음주운전자의 입장에서는 음주측정이 요구될 당시 보호조치의 종료여부를 알 수 없게 되므로, 체포상태 또는 자유상태의 여부에 대한 불확정성을 해소시켜주기 위하여 보호조치가 종결되었음을 고지하여야 한다. 또한 보호조치가 종결된 상태이므로 임의동행의 연장선상에서 측정요구가 이루어진 것으로 보아 임의동행의 적법성을 보장하기 위하여 판례가 요구하는 바와 같이 동행요구를 거부할 수 있음을 고지하고 언제든지 퇴거할 자유가 보장되어야 한다. 그런데 이미 동행이 이루어진 상황이라는 점에서 동행요구를 거부할 권리의 고지는 불필요한 반면에 언제든지 퇴거의 자유가 보장된다는 고지는 행해져야 하는 것이다.[48)]

이러한 논리에 입각하여 원심판결은 “보호조치를 마치고 수사를 개시하는 경찰관으로서는 강제력 없이 상대방의 동의나 승낙을 받아서 행하는 임의수사를 위하여 음주운전의 피의자로 조사하는 것에 대한 협조를 구하고 수사관서에서 자유롭게 퇴거할 수 있음을 고지하는 방법 등으로 피고인에게 자발적으로 수사에 응할 것을 요구하는 절차

48) 퇴거의 자유에 대한 고지는 보호조치가 종결되었음을 함축하는 것이므로, 원심판결의 입장과 같이 보호조치의 종결에 대한 별도의 고지는 불필요하다고 하겠다.

를 밟[아야 한다]"는 판시를 하고 있다. 원심판결은 더 나아가 만일 이러한 권리고지가 없는 경우에는 비록 물리적 억압이 없었더라도 위법한 체포상태에서의 측정요구에 해당한다는 입장을 취하고 있다. 이와는 반대로 대상판결 2와 같이 보호조치가 적법한 이상 보호조치된 자에 대한 음주측정의 요구가 당연히 위법하거나 보호조치가 당연히 종료된 것으로 볼 수 없다는 입장에서는 새로운 권리고지는 불필요하게 된다.

그러나 대상판결 2의 원심판결의 입장과 같이 음주측정이 요구된 때에 보호조치가 종결된 것으로 보아야 하며, 퇴거의 자유에 대한 권리고지가 필요하다는 것은 피의자신문과 음주측정을 혼동한 결과라고 하겠다. 피의자신문은 임의수사로서 체포되지 않은 피의자에게는 언제든지 퇴거할 자유가 보장되는 것이라고 한다면[49] 음주측정의 경우에는 보호조치를 통하여 단속현장이 경찰관서로 이전된 것이라고 보아야 하며(그렇지 않다면 단속현장으로 원위치를 시켜야 할 것이다) 음주측정불응죄와의 관계에서 볼 때 측정이전에는 퇴거의 자유가 보장되지 않는다고 하여야 할 것이다. 원심판결은 임의수사와 강제수사의 극단적 이분론을 따르고 있다고 할 수 있으며, 설사 측정요구와 함께 보호조치가 종결된 것으로 보더라도 보호조치의 종결사실을 고지하는 것으로 충분하며 더 나아가 퇴거의 자유에 대한 고지를 필요로 하는 것은 아니라고 하겠다.

(2) 음주측정 이후단계에서의 절차

음주측정결과 음주운전죄가 성립하거나 측정요구에 불응하여 음주측정불응죄에 해당하여 현행범인 체포의 요건을 갖춘 경우 보호조치 중인 자에 대하여 현행범인 체포를 할 수 있는지가 문제된다.[50] 이

49) 이와 관련하여 최근 대법원은 피의자신문을 위한 출석요구에 응하지 아니하면서 수사기관 조사실에 출석을 거부하는 경우 수사기관은 그 구속영장의 효력에 의하여 피의자를 조사실로 구인할 수 있다는 취지의 판시를 한 바가 있다(대법원 2013.07.01. 자 2013모160 결정).

50) 이에 대하여는 이장선, "음주운전자 현행범인 체포에 관한 연구", 교수요원논

와 관련하여 최근 경찰실무에서는 단속현장에서 음주운전으로 판명되더라도 현행범조사의 관행을 없애고 일단 귀가시킨 후 지정된 기일에 출석을 요구하여 조사하는 방식으로 운용하고 있지만[51] 보호조치 중인 자가 아니라는 점에서 구별할 필요가 있다. 대상판결 2의 원심판결과 같이 음주측정의 요구가 있는 때에 보호조치가 종결된다는 관점에서는 별도의 체포절차를 밟아야 하지만, 대상판결 2와 같이 보호조치 중에도 수사절차의 개시가 가능하다는 관점에서는 현행범인 체포의 요건을 충족하는 경우 보호조치와 현행범인 체포가 중복적으로 행해질 가능성이 있다.

이 경우 현행범인에 해당하더라도 보호조치 중인 자는 사실상 체포상태에 있으므로 반드시 체포를 할 필요는 없다고 하겠으나, 주취상태에서 벗어나는 등 보호조치의 필요성을 더 이상 인정할 수 없는 경우 및 사실상 현행범인 체포의 절차를 밟는 경우에는 당연히 보호조치는 종결된 것으로 보아야 할 것이다. 다만, 현행범인 체포에 따른 권리고지의 시기는 체포상태를 인식하고 실질적으로 방어권을 행사할 수 있는 시점이 기준이 되어야 한다는 점에서 현행범으로 판명된 시점이 아니라 주취상태에서 벗어난 시점, 즉 보호조치가 종결된 시점에서 행해지는 것이 타당하다. 같은 맥락에서 피의자에 대한 조사는 보호조치 중인 자에 대하여는 불가능하다고 할 것이며, 보호조치가 종결된 때에 가능하다고 할 것이다. 이 경우 퇴거의 자유가 보장된 상태에서의 조사인지 아니면 체포상태에서의 조사인지를 명확히 할 필요가 있으며, 전자의 방식으로 조사를 하는 경우에는 퇴거의 자유가 보장된다는 사실을 고지하여야 하며, 후자의 방식으로 조사를 하는 경우에는 체포사유, 피의사실의 요지 및 변호인 선임에 대한 권리를 고지한 후 피의자조사를 실시하여야 한다.

보호조치와 현행범인 체포가 결합되는 경우 추가적으로 고려하여

문집 제13호, 중앙경찰학교, 2008, 3-47면 참조..

51) 음주운전 '무조건 현행범 조사' 관행 없애, 연합뉴스(2011-11-30 기사).

야 할 사항은 체포기간의 기산에 관한 것이다. 보호조치의 최대 허용기간인 24시간이 임박한 시점에 체포의 절차를 밟게 되는 경우 체포기간이 부당하게 연장되며, 현행범인 체포를 하더라도 보호조치와 동일한 효과를 거둘 수 있으며 사실상 주취상태에서 깨어나는데 불과 몇 시간이 걸리지 않는다는 점을 고려하면 보호조치의 개시시점을 기준으로 기산하는 것이 타당하다고 하겠다.[52)]

3. 보호조치의 위법성과 형사법적 효과

(1) 실체법적 효과

보호조치의 위법성이 실체법적으로 어떠한 효과를 발생시키는지에 대하여는 음주운전자의 측면과 단속경찰관의 측면으로 구분하여 고찰할 필요가 있다. 먼저 음주운전자의 측면에서 볼 때, 보호조치의 목적 또는 요건이 결여된 상태에서 보호조치의 형식으로 강제연행된 이후에 측정요구가 있었다면 위법한 체포 상태에서의 측정요구에 해당하므로 이에 불응하더라도 음주측정불응죄가 성립하지 않으며[53)], 더 나아가 음주운전자가 위법한 체포 및 음주측정요구에 저항하는 수단으로서 경찰관에게 폭행, 또는 상해를 가하였다고 하더라도 정당방

52) 외국의 입법례와 관련하여 우리와 유사한 주취자 보호조치의 제도를 운용하고 있는 프랑스의 경우, 2011년 4월 14일의 경찰유치에 관한 법률(LOI n° 2011-392 du 14 avril 2011 relative à la garde à vue)을 통하여 공중보건법전 및 형사소송법전을 개정하여 주취자에 대한 보호조치와 수사상 경찰유치(gard à vue)의 관계에 관한 절차규정을 마련하였다. 그 골자를 살펴보면, 심문(audition)을 할 필요가 없는 경우에는 보호조치 없이 보호자에게 인계할 수 있으며, 보호조치가 종료된 때에 형사소송법상의 경찰유치의 요건을 충족하더라도 수사관의 처분하에 머물러야 할 의무가 없으며 퇴거의 자유를 고지받은 경우에는 경찰유치는 의무적이지 않다. 공공장소에서 주취상태에 있는 자가 중죄 또는 1년 이상의 구금형에 해당하는 경죄를 범하였거나 범하려고 하였다는 상당한 이유가 있는 경우에는 언제든지 경찰유치를 할 수 있으며, 이 경우 권리고지는 주취자가 이성을 회복할 때까지 유예할 수 있다.

53) 예를 들어 대법원 2006. 11. 9. 선고 2004도8404 판결 및 대전지법 서산지원 2013. 6. 14. 선고 2012고합182판결.

위 또는 정당행위에 해당하여 별도의 공무집행방해죄 또는 상해나 폭행죄가 성립하지 않는다. 결국 보호조치의 적법성은 후속되는 절차의 적법성에도 영향을 미침으로써 보호조치가 적법한 경우 음주운전자에 대하여 음주측정불응죄, 공무집행방행죄 등의 죄책을 물을 수 있지만, 반대의 경우 음주운전자는 사실상 모든 형사책임으로부터 벗어나게 되는 결과를 초래한다.

다음으로 단속경찰관의 측면에서 볼 때, 보호조치가 적법한 경우 다른 특별한 사정이 없는 한 음주측정의 요구 및 적법한 직무집행에 대한 항거를 제압하는 행위는 법령에 의한 정당행위로서 형사책임을 물을 수 없다. 그러나, 보호조치의 요건을 갖추지 못하였음에도 불구하고 경찰관이 보호조치의 형식을 통하여 경찰관서에 강제연행한 경우에는 형법 제124조의 불법체포에 해당하며, 일시적인 신체구속이 아니라 일정 시간동안 경찰관서에 머무르도록 하였다면 불법감금죄[54]의 죄책을 물을 수 있다. 더 나아가 불법체포·감금 또는 위법한 음주측정요구에 대한 피의자의 저항행위를 제압하는 과정에서 신체에 대한 물리력이 가해졌다면 형법 제125조의 독직폭행죄가 성립될 수 있다. 그런데 경찰 등 인신구속에 관한 직무를 수행하는 자에 대한 처벌은 형사처벌의 문제로 그치는 것이 아니라 공무원의 신분문제로 연결된다. 즉, 불법체포, 불법감금, 독직폭행 등의 행위는 벌금형이 배제되고 모두 징역 및 자격정지의 형으로 규정되어 있어 유죄선고를 받는 경우 경찰공무원법 제21조에 따라 자격정지 이상의 형에 해당하여 당연퇴직의 사유가 된다. 따라서 징계위원회를 통한 일반적인 징계절차 없이 형사재판에 의해 직접적으로 신분이 박탈되며[55], 달리 소청이나 행정소송의 대상이 되지 않는다는 점에서 보호조치의 적법성 여부에 따른 실체법적 효과는 음주운전자의 측면과 마찬가지로 양극단을 향하

54) 예를 들어 대법원 1997.6.13. 선고 97도877 판결.

55) 이러한 문제점으로 인해 재판실무에서는 유죄를 인정하면서도 집행유예가 아닌 선고유예를 하는 사례가 있다.

고 있다고 하겠다.

(2) 절차법적 효과

보호조치의 적법성 문제는 위법수집증거배제법칙과 관련하여 증거법상 중요한 효과를 가져 온다. 이에 대한 구체적 분석은 위법한 체포상태에서의 호흡측정 결과의 증거능력, 호흡측정 결과를 탄핵하기 위한 수단으로서 임의로 행해진 혈액채취에 의한 측정결과, 증거동의에 의한 증거능력 부여의 단계로 구분하여 고찰할 필요가 있다.

첫째, 위법한 보호조치의 상태, 즉 위법한 체포 상태에서의 음주측정요구는 이를 개별적으로 평가하는 것이 아니라 위법수집증거배제법칙을 적용하여 증거수집의 절차인 음주측정요구의 적법성을 부정하게 되며, 결과적으로 음주측정을 통한 혈중알콩농도의 수치 또한 증거능력이 없다고 하겠다.

둘째, 호흡측정 결과를 탄핵하기 위한 수단으로 행해진 혈액채취에 의한 측정결과의 증거능력도 부정된다. 이와 관련하여 최근 대법원은 "위법한 강제연행 상태에서 호흡측정 방법에 의한 음주측정을 한 다음 (중략) 피의자가 호흡측정 결과에 대한 탄핵을 하기 위하여 스스로 혈액채취 방법에 의한 측정을 할 것을 요구하여 혈액채취가 이루어졌다고 하더라도 그 사이에 위법한 체포 상태에 의한 영향이 완전하게 배제되고 피의자의 의사결정의 자유가 확실하게 보장되었다고 볼 만한 다른 사정이 개입되지 않은 이상 불법체포와 증거수집 사이의 인과관계가 단절된 것으로 볼 수는 없다. 따라서 그러한 혈액채취에 의한 측정 결과 역시 유죄 인정의 증거로 쓸 수 없다고 보아야 한다."[56]고 판시함으로써 독수과실의 이론에 따라 호흡측정 이후에 자발적으로 행해진 혈액채취에 의한 측정결과에 대하여도 인과관계의 단절을 부정함으로써 증거능력을 인정하고 있지 않다.

셋째, 위법수집증거에 대하여 피고인의 증거동의에 의하여 증거

56) 대법원 2013.03.14. 선고 2010도2094 판결.

능력을 부여할 수 있는가라는 문제이다. 학설은 이에 대하여 긍정설과 부정설로 구분되며,[57] 긍정설을 따르더라도 증거수집절차의 위법이 본질적 위법에 해당하는 경우, 예를 들어 영장주의의 위반의 경우 증거동의에 의해 증거능력이 인정되지 않는다는 것이 일반적인 견해이므로, 위법한 세포상태에서의 이루어진 음주측정의 결과는 증거동의에 의하여 증거능력이 인정되지 않는다고 하겠다. 위에 언급된 대법원 판결도 "수사기관이 위법한 체포 상태를 이용하여 증거를 수집하는 등의 행위를 효과적으로 억지하기 위한 것이므로, 피고인이나 변호인이 이를 증거로 함에 동의하였다고 하여도 달리 볼 것은 아니다."[58]라고 판시하여 부정하는 입장이라고 하겠다.

IV. 대상판결의 검토

대상판결들은 음주측정을 위한 신병확보의 문제에 대해 변증법적인 해결의 변화를 보여주고 있다. 2006년 대법원은 음주측정을 위하여 운전자를 강제로 연행하기 위해서는 수사상의 강제처분에 관한 형사소송법상의 절차에 따라야 한다는 원칙을 밝힌 바가 있다. 그러나, 2012년 대법원은 대상판결 2에서 보호조치가 적법한 이상 보호조치된 자에게 음주측정을 요구하였다는 이유만으로 음주측정요구가 위법하거나 보호조치가 당연히 종료된 것은 아니라는 입장을 취했다. 이는 경찰상의 즉시강제인 보호조치가 수사목적의 음주측정을 위한 신병확보의 수단으로 활용될 수 있음을 보여 준 획기적이 판결로 평가될 수 있다. 이후의 판결에서도 동일한 입장이 유지되었으나, 2012년 12월 대상판결 1을 통하여 대법원은 음주측정을 위한 신병확보 수단으로서의 여지를 상당부분 없앴다.

대상판결 1의 취지는 보호조치된 자에 대한 음주측정의 허용여부

57) 이에 대하여는 신동운, 신형사소송법, 법문사, 제3판, 1147-1149면 참조.

58) 대법원 2013.03.14. 선고 2010도2094 판결.

를 따지기에 앞서 보호조치의 실질적인 목적과 요건을 엄격하게 심사함으로써 형사절차를 잠탈하는 수단으로 왜곡되는 것을 차단하여야 한다는 것으로 요약될 수 있다. 구체적으로 대법원은 다음과 같은 논거를 들어 보호조치가 적법하지 않다는 판단을 하였다.

① 술에 취한 상태이기는 하나 차량을 운전할 정도의 의사능력과 음주단속에 따른 처벌을 회피하기 위하여 도주하려 할 정도의 판단능력을 가지고 있어 보호조치의 요건인 '술에 취한 상태'에 있었다고 보기 어려움.

② 단속현장에서 도주하려고 하여 경찰관이 추적하여 검거하였으며, 계속하여 도주하려 하였으나 넘어져서 제압당한 상황으로 평균적인 경찰관의 입장에서 보호조치를 필요로 하는 상태에 있었다고 보기 어려움.

③ 보호조치를 하고자 하였다면 동승한 피고인의 처에게 인계하여야 하나, 처의 의사에 반하여 지구대로 데려감.

④ 주취자안정실이 설치되어 있을 것으로 보이는 관할 경찰서로 데리고 갔어야 하나 지구대로 데리고 갔으며, 주취자안정실에 상응하는 조치 및 그에 따른 보고서작성을 하지 않음.

⑤ 경찰관은 음주측정을 할 의도로 피고인을 지구대로 데려 갔으며, 지구대에 도착하여서도 계속하여 음주측정을 요구하였음.

⑥ 원심이 판시한 '자해'는 음주단속 현장에서 검거되자 이를 회피할 목적으로 시도한 것임.

이러한 입장은 원심판결[59]이 피고인이 '술에 취한 상태'에 있었으며, 자해를 하는 등으로 자기의 생명 및 재산에 대한 위해를 미칠 우려가 있는 자로서 보호조치의 대상에 해당한다고 본 것과는 배치된다고 하겠다. 대법원이 보호조치의 요건을 갖추지 못하였다고 판단한 핵심적인 이유는 단속현장으로부터 3km를 운행하고 차에서 내려서도 다시 도주하려고 한 사실에 비춰볼 때 심신상실에 준하는 만취상태에

59) 수원지방법원 2012.8.29. 선고 2012노2375 판결.

이르지 못하였다는 것이다. 그러나 이러한 해석은 보호조치의 목적이 자기 또는 타인에 대한 위해를 방지하기 위한 것이라는 점을 간과한 것으로서, '술에 취한 상태'에 대한 과도한 축소해석이라고 할 수 있다. 또한 원심이 경찰관들이 피고인을 지구대로 데려간 주된 목적이 보호조치를 위한 것임이 명백하다고 판시한 것과 정반대로 음주측정의 의도가 있었으며 여러 차례 음주측정의 요구가 있었다는 점을 부각시키면서 범죄수사의 목적을 위하여 지구대로 데려갔다고 판단한 것은 수긍하기 어렵다. 더불어 동승한 피고인의 처는 경찰관의 공무집행에 대하여 항거를 하여 피고인의 도주행위를 도우려 하였다는 점에서 신병을 인수받을 자라고 보기 어려우며, 더욱이 관할 경찰서에 주취자안정실의 설치 및 운영여부를 확인함이 없이 막연히 지구대로 데리고 간 행위 및 훈령상의 내부보고서를 작성하지 않은 것을 보호조치의 위법성 근거로 삼은 것은 타당하다고 볼 수 없다.

이처럼 대법원의 입장은 영장주의의 예외에 해당하는 경찰상의 보호조치가 형사절차를 위한 수단으로 활용될 위험성을 차단하고자 하는 나름대로의 정당성을 가지고 있지만, 반대로 음주운전자로 하여금 단속을 회피하고 적극적으로 도주하고 항거하는 행위를 오히려 정당화하는 빌미를 제공하며, 대상판결 2와 비교할 때 일선 경찰관들에게 보호조치의 대상여부에 대한 판단에 혼란을 초래할 소지가 있다. 이러한 문제점들을 극복하기 위해서는 관련 규정에 대한 올바른 해석론을 정립해야 하며, 궁극적으로는 관련 법제를 재정비하여 보호조치의 요건 및 절차에 대한 세부적인 규정을 마련하여야 하겠으며 외국의 사례를 참조하여 도로교통법을 개정하여 음주측정이 없이도 외관상 명백한 주취상태의 경우에 처벌이 가능하도록 하여야 하겠다.

[주 제 어]
보호조치, 음주운전죄, 음주측정불응죄, 영장주의, 현행범인체포

[Key words]
le placement en dégrisement, le délit de conduite en état d'ivresse, le délit de refus de se soumettre aux vérification d'alcoolémie, le principe du mandat, arrestation en flagrant délit

접수일자: 2014. 5. 10. 심사일자: 2014. 6. 16. 게재확정일자: 2014. 6. 20.

[참고문헌]

경찰청, 경찰백서, 2012.

김학신, 경찰의 주취자 보호를 위한 법적 고찰, 치안정책연구소, 2010.

김형훈, 경찰관직무집행법해설, 경찰대학, 2007.

박균성, 행정법론(하), 제5판, 박영사, 2007.

성홍재, 경찰관직무집햅법 개정방향에 관한 연구 -현장경찰관의 법집행력 강화를 위한 패러다임 변화-, 경찰청 용역연구보고서, 2012.

신동운, 판례분석 신형사소송법, 박영사, 2007.

신동운, 신형사소송법, 법문사, 제3판.

장영민·박기석, 경찰관직무집행법에 관한 연구, 형사정책연구원, 1993.

김남현, "음주운전에 관한 형사법적 연구 - 주취운전죄 및 음주측정불응죄를 중심으로-", 연세대학교 박사학위논문, 2005.

김영식, "경찰상 주취자 보호조치에 관한 법적 연구", 동아대학교 박사학위논문, 2011.

김택수, "음주측정 이전 단계에서의 현행범 성립의 문제", 치안정책연구 제25권 제1호, 2011.

김택수, "수사상 임의동행의 허용 여부와 적법성 요건", 형사판례연구회[17], 2009.

박종선, "경찰의 주취자보호를 위한 효율적인 대응방안", 중앙학술연구 제15호, 중앙경찰학교, 2010.

백창현, "경찰상 보호조치에 관한 법적연구-주취자 보호조치를 중심으로-", 고려대학교 박사학위논문, 2010.

이성용, "주취자보호조치에 관한 법적 검토", 경찰법연구 제7권 제2호, 2009.

이장선, "음주운전자 현행범인 체포에 관한 연구", 교수요원논문집 제13호, 중앙경찰학교, 2008.

음주운전 '무조건 현행범 조사' 관행 없애, 연합뉴스(2011-11-30 기사).

[Abstract]

Le placement en dégrisement d'un conducteur en état d'ivresse et la constitution d'un délit de refus de se soumettre aux vérification d'alcoolémie

Kim Taek-Su*

En 2006, la Cour de Cassation coréenne énonce que les dispositions de la loi sur la circulation de route ne peuvent servir de base de mesure coercitif afin de vérifier l'alcoolémie. Pourtant en 2012, elle déclare que une demand de souffler dans l'éthylomètre à un conducteur placé en dégrisement n'a pas été illégale dès lors que cette mesure était conforme aux dispositions de l'article 4 de la loi sur l'exécution des missions des agents de police. Quelques mois plus tard, la Cour de Cassation prends une position contraire dans une affaire où le conducteur n'a pas obtempéré au contrôle d'alcoolémie au volant en énonçant que le délit de refus de se soumettre aux vérification d'alcoolémie ne s'est pas constitué dès lors qu'une demande de souffler dans l'éthylomètre n'a pas été régulière dans la mesure où l'état d'ivresse n'était pas manifeste pour la placer en dégrisement. Cette position montre que la Cour de cassation craint que la mesure de police administrative ne puisse porter atteinte au principe de légalité des procédures pénales.

* Associate Professor of Police Law, Keimyung University.

정보저장매체의 압수 · 수색
- 휴대전화(스마트폰)의 압수 · 수색 -

원 혜 욱*

[대상판결 1] 대법원 2011.5.26. 자 2009모1190 결정(준항고기각결정에대한재항고)

[사건개요]

전교조 소속 교원 17,000여 명이 2009. 6. 18.경 미디어법 입법 중단 등을 요구하며 시국선언을 함에 따라, 전교조 간부 41명이 국가공무원법 위반 혐의로 고발되었다. 검사는 전국교직원노동조합 본부 사무실에 대하여 아래와 같은 물건을 압수수색하기 위한 영장을 청구하였고, 서울지방법원 판사는 2009. 7. 2. 압수의 방법을 제한하는 아래와 같은 내용의 별지를 첨부하여 압수수색영장을 발부하였다.

(압수 · 수색할 물건) ■ 압수·수색할 장소에 보관중인, ○ 각 전교조의 2009. 6. 19.자 시국선언 발표와 관련된, 전교조 대의원대회 및 중앙집행위원회 등 전교조 의사결정기관의 회의자료(공문, 의사록, 회의록 등 명칭 불문), 시국선언 집행 지침서, …

* 인하대학교 법학전문대학원 교수.

전산파일(참가자 명단 엑셀파일 포함) 및 데이터베이스(DB) 일체
○ 위자료를 보관중인 컴퓨터, 노트북, 외장 하드디스크, 플레쉬메모리, CD, DVD, 플로피 디스켓, 기타 외부 저장매체 및 그 출력물

(압수의 방법)
1. 압수할 물건이 문서인 경우, 해당 문서가 몰수 대상물인 경우에는 그 원본을 압수하고, 해당문서가 증거물인 경우에는 이를 사본하여 피압수자 또는 형사소송법 제123조에 정한 참여인의 확인을 받는 방법으로 압수함(다만, 사본 작성 및 확인에 협조하지 아니하는 경우에는 원본을 압수할 수 있고, 업무일지·수첩·다이어리·메모지·도장·통장·현금·CD·수표·주권·상품권 기타 유가증권·금품은 원본을 압수할 수 있음)
2. 컴퓨터 저장장치에 저장된 정보는 피압수자 또는 형사소송법 제123조에 정한 참여인의 확인을 받아 수사기관이 휴대한 저장장치에 하드카피·이미징하거나, 문서로 출력할 수 있는 경우 그 출력물을 수집하는 방법으로 압수함(다만, 하드카피·이미징 또는 문서의 출력을 할 수 없는 경우에는 컴퓨터 저장장치 자체를 압수할 수 있음)
 * 이 영장을 일출 전, 일몰 후에도 집행할 수 있다.

검사의 지휘를 받아 영장을 집행한 사법경찰관은 파일을 카피하기 위하여 하드디스크 복제장비 2대를 준비하여 갔으나, 위 사무실에 설치된 50여대 중 대부분의 컴퓨터에서 하드디스크가 제거되어 있었고, 컴퓨터와 서버의 전원공급은 차단된 상태여서 저장매체에 저장된 내용을 확인할 수도 없자, 저장매체가 포함된 데스크톱 컴퓨터 3대 및 서버 컴퓨터 10대를 압수하여 경찰서로 가지고 갔다.

위 영장집행 직후 경찰서에서, 사법경찰관은 전교조 직원들 및 그

변호인이 참관하고 있는 가원데 압수된 저장매체에 저장된 파일들 중 2009. 5. 1. 이후 열람한 모든 문서 파일 8,000여 개를 DVD 3장 및 CD 1장에 복사하였다. 위와 같이 파일 카피가 마쳐진 후 사법경찰관은 저장매체가 포함된 압수물을 가환부하였다. 전교조측은 압수수색영장의 집행에 내하여 순항고를 제기하였는데 준항고가 기각되자 이에 불복하여 재항고하였다.

[결정요지]

[1] 전자정보에 대한 압수·수색영장을 집행할 때에는 원칙적으로 영장 발부의 사유인 혐의사실과 관련된 부분만을 문서 출력물로 수집하거나 수사기관이 휴대한 저장매체에 해당 파일을 복사하는 방식으로 이루어져야 하고, 집행현장 사정상 위와 같은 방식에 의한 집행이 불가능하거나 현저히 곤란한 부득이한 사정이 존재하더라도 저장매체 자체를 직접 혹은 하드카피나 이미징 등 형태로 수사기관 사무실 등 외부로 반출하여 해당 파일을 압수·수색할 수 있도록 영장에 기재되어 있고 실제 그와 같은 사정이 발생한 때에 한하여 위 방법이 예외적으로 허용될 수 있을 뿐이다. 나아가 이처럼 저장매체 자체를 수사기관 사무실 등으로 옮긴 후 영장에 기재된 범죄 혐의 관련 전자정보를 탐색하여 해당 전자정보를 문서로 출력하거나 파일을 복사하는 과정 역시 전체적으로 압수·수색영장 집행의 일환에 포함된다고 보아야 한다. 따라서 그러한 경우 문서출력 또는 파일복사 대상 역시 혐의사실과 관련된 부분으로 한정되어야 하는 것은 헌법 제12조 제1항, 제3항, 형사소송법 제114조, 제215조의 적법절차 및 영장주의 원칙상 당연하다. 그러므로 수사기관 사무실 등으로 옮긴 저장매체에서 범죄 혐의 관련성에 대한 구분 없이 저장된 전자정보 중 임의로 문서출력 혹은 파일복사를 하는 행위는 특별한 사정이 없는 한 영장주의 등 원칙에 반하는 위법한 집행이다. 한편 검사나 사법경찰관이 압수·수색영장을 집행할 때에는 자물쇠를 열거나 개봉 기타 필요한 처분을 할 수

있지만 그와 아울러 압수물의 상실 또는 파손 등의 방지를 위하여 상당한 조치를 하여야 하므로(형사소송법 제219조, 제120조, 제131조 등), 혐의사실과 관련된 정보는 물론 그와 무관한 다양하고 방대한 내용의 사생활 정보가 들어 있는 저장매체에 대한 압수·수색영장을 집행할 때 영장이 명시적으로 규정한 위 예외적인 사정이 인정되어 전자정보가 담긴 저장매체 자체를 수사기관 사무실 등으로 옮겨 이를 열람 혹은 복사하게 되는 경우에도, 전체 과정을 통하여 피압수·수색 당사자나 변호인의 계속적인 참여권 보장, 피압수·수색 당사자가 배제된 상태의 저장매체에 대한 열람·복사 금지, 복사대상 전자정보 목록의 작성·교부 등 압수·수색 대상인 저장매체 내 전자정보의 왜곡이나 훼손과 오·남용 및 임의적인 복제나 복사 등을 막기 위한 적절한 조치가 이루어져야만 집행절차가 적법하게 된다.

[2] 수사기관이 전국교직원노동조합 본부 사무실에 대한 압수·수색영장을 집행하면서 방대한 전자정보가 담긴 저장매체 자체를 영장 기재 집행장소에서 수사기관 사무실로 가져가 그곳에서 저장매체 내 전자정보파일을 다른 저장매체로 복사하자, 이에 대하여 위 조합 등이 준항고를 제기한 사안에서, 수사기관이 저장매체 자체를 수사기관 사무실로 옮긴 것은 영장이 예외적으로 허용한 부득이한 사유의 발생에 따른 것으로 볼 수 있고, 나아가 당사자 측의 참여권 보장 등 압수·수색 대상 물건의 훼손이나 임의적 열람 등을 막기 위해 법령상 요구되는 상당한 조치가 이루어진 것으로 볼 수 있으므로 이 점에서 절차상 위법이 있다고는 할 수 없으나, 다만 영장의 명시적 근거 없이 수사기관이 임의로 정한 시점 이후의 접근 파일 일체를 복사하는 방식으로 8,000여 개나 되는 파일을 복사한 영장집행은 원칙적으로 압수·수색영장이 허용한 범위를 벗어난 것으로서 위법하다고 볼 여지가 있는데, 위 압수·수색 전 과정에 비추어 볼 때, 수사기관이 영장에 기재된 혐의사실 일시로부터 소급하여 일정 시점 이후의 파일들만 복사한 것은 나름대로 대상을 제한하려고 노력한 것으로 보이고, 당사자 측도

그 적합성에 대하여 묵시적으로 동의한 것으로 보는 것이 타당하므로, 위 영장 집행이 위법하다고 볼 수는 없다는 이유로, 같은 취지에서 준항고를 기각한 원심의 조치를 수긍한 사례.

[대상판결 2] 대법원 2014. 1. 6. 선고 2013도7101 판결; 부산고등법원 2013. 6. 5. 2012노667 판결

[사건개요]

중앙선관위는 2012. 7. 30. '현○희가 2013. 3. 15.경 선거사무장인 정○○을 통하여 공천 청탁과 관련하여 조○○에게 3억원을 건네주고 조00은 이를 현○환에게 제공하였고, 2012. 3. 29.경 조○○과 함께 홍○○게 불법선거자금 2,000만원을 제공하였다' 등 광범위한 공직선거법위반의 혐의사실이 인정된다며 피고발인을 현○희로 한 고발장을 서울지방검찰청에 접수하였다. 부산지방검찰청 검사는 2012. 8. 1. 서울중앙지방검찰청으로부터 위 사건을 이첩받아 수사를 개시하면서 부산지방법원에 압수·수색영장을 청구하였고, 2012. 8. 3. 부산지방법원 판사로부터 아래와 같은 내용의 영장을 발부받았다.

○ 피의자 : 현○희

○ 죄명 : 공직선거법위반

○ 압수할 물건

- 1. 범죄행위와 관련하여 작성·보관 중인 수첩 등
- 2. 위 1항의 자료가 포함된 컴퓨터(노트북), 디스켓, 이동식 저장장치(CD, USB, 외장형 하드디스크)
- 3. 조○○ 등이 소지하고 있는 휴대전화(휴대전화, 스마트폰 등), 태블릿PC(아이패드, 갤럭시탭 종류) 및 저장된 정보

○ 압수·수색할 장소·신체·물건

- 조○○의 주거지
- 조○○이 운전하는 차량
- 조○○의 신체 및 휴대전화, 태블릿PC 등이 소재한 장소 등

○ 영장 범죄사실 및 압수를 필요로 하는 사유

- '피의자는 공천과 관련하여, 2012. 3. 15. 및 3. 28. 정○○에게 지시하여 새누리당 공천심사위원인 현○환 등에게 거액이 든 돈 봉투를 각 제공하였다' 등

부산지방검찰청 수사관들은 이 사건 영장의 압수수색 장소인 피고인 조○○의 주거지에서 조○○로부터 컴퓨터 하드디스크 및 USB 3개, 휴대전화를 압수하면서 복제시 참여할 것인지 여부를 확인하였는데, 당시 조○○은 위 컴퓨터 하드디스크와 USB 3개에 대한 봉인지 비고란에 '봉인해제시 참관을 원하지 않는다'고 기재하고 서명하였으나, 수사관들은 조○○에게 휴대전화의 봉인해제 및 복제시 참여를 원하는지 여부에 대하여는 따로 확인하지 않았다.

수사관은 휴대전화의 경우에 각 제조사마다 사용하는 프로그램이 달라 현장에서 복제(이미징)하는 것이 현저히 곤란하고, 휴대전화의 저장정보를 복제하고 전자정보를 읽거나 들을 수 있도록 변환한 후 그 자료를 확인하여야 범죄사실 관련성 유무를 판단할 수 있을 뿐만 아니라 휴대전화의 존재 또는 그 형상도 증거가치를 가지므로 휴대전화 전체를 압수하여야 한다고 판단하고 휴대전화 자체를 압수하여 지방검찰청으로 가져왔고, 수사관은 피고인 조○○의 참여의사를 확인하지 아니한 상태에서 그의 참여 없이 휴대전화의 저장된 전자정보에 대한 복제 및 해당 녹음파일을 따로 추출하여 파일로 저장하는 과정을 진행하였으며, 조○○에게 이 사건 녹음파일을 비롯한 휴대전화에서 추출된 전자정보에 대한 상세 목록을 따로 교부하지 아니하였다.

부산지방검찰청 담당 검사는 이 사건 영장 집행 당시까지 피고인 조○○와 윤○○에 대한 공직선거법위반 혐의와 관련하여 제보를 받거나 조사한 사실이 없었는데, 2012. 8. 하순경 위와 같이 추출한 전자정보를 분석하던 중 피고인들 사이에 대화가 녹음된 이 시간 녹음파일을 통하여 피고인들에 대한 공직선거법위반의 혐의점을 발견하고 수사를 개시하였으나, 피고인들로부터 이 사건 녹음파일을 임의로 제출받거나 새로운 압수수색영장을 발부받지 아니하였다.

가. 고등법원[판결요지]

[1] **휴대전화 압수의 적법성**

휴대전화를 압수한 것 자체는 절차상 하자가 있다고 보이지 않는다. ① 휴대전화는 공통된 운영체계(OS)를 갖고 있지 아니하여 각 제조사마다 메모리를 복제하는 방법이 다른 경우도 많은 점, ② 이에 피압수자가 어떠한 휴대전화를 사용하는지 알 수 없는 수사관으로서는 압수·수색 현장에서 압수하게 될 휴대전화에 적합한 소프트웨어나 장비를 구비하는 것이 용이하지 아니한 점, ③ 또한 휴대전화 메모리를 복제하는 경우, 삭제된 전자정보를 복원하고 범죄사실과 관련된 전자정보를 선별하여 압수하는 것이 기술적으로 가능한지 여부를 누고 논란이 있다고 보이는 점, ④ 전자정보의 경우 간단한 조작에 의하여도 쉽게 변경되고 훼손될 우려가 크므로 저장매체에서 전자정보를 분리하여 추출함에 있어서 원본과의 동일성을 보장받기 위하여 무결성과 진정성이 확보될 것이 요구되는 점 등을 종합하여 볼 때, 압수·수색 현장에서 휴대전화의 내용을 확인하고 범죄사실과 관련된 전자정보만을 선별적으로 복제하는 것이 현저히 곤란하다고 보이므로, 조○○의 휴대전화 자제를 압수하여 수사기관의 사무실로 가져온 것은 적법한 것으로 보인다.

[2] **압수절차에의 참여권 보장**

형사소송법 제121조, 제122조는 '피고인은 압수·수색영장의 집행에 참여할 수 있고, 압수·수색영장을 집행함에는 미리 집행의 일시와 장소를 피고인 또는 변호인에게 통지하여야 한다'고 규정하고 있고, 전자정보저장매체 자체를 수사기관 등으로 옮긴 후 영장에 기재된 범죄 혐의 관련 전자정보를 탐닉하여 해당 전자정보를 문서로 출력하거나 파일을 복사하는 과정 역시 전체적으로 압수·수색영장 집행에 포함된다고 보아야 하므로, 그러한 과정에도 당사자의 절차 참여권을 보장하기 위하여 미리 당사자에 대한 통지가 이루어져야 한다. 그런데 수사관은 조○○의 휴대전화를 수사기관으로 가져와 저장된 전자정보에 대한 복제 과정을 실행하거나 해당 녹음파일을 따로 추출하여 독립된 파일로 저장함에 있어 미리 조○○에게 참여 의사를 문의하지 아니한 채 그의 참여 없이 진행하였다. 이 사건 녹음파일의 압수는 참여권자에 대한 통지절차를 준수하지 아니한 위법이 있다.

[3] 압수목록 교부 여부

형사소송법 제129조에 의해 압수물에 대하여는 압수목록이 신속하게 교부되어야 한다. 그런데 휴대전화에서 추출된 전자정보에 대한 상에 목록이 교부되지 않았다. 이 사건 녹음파일의 압수는 그러한 점에서도 절차를 위배한 잘못이 있다.

[4] 범죄사실 관련성

이 사건 녹음파일은 이 사건 영장에 기재된 압수대상물이 아님에도 수사기관은 이 사건 녹음파일에 대하여 별도의 압수수색영장을 발부받는 등의 적법한 절차를 준수하지 아니한 점, 이 사건 영장 집행과정의 일환인 이 사건 녹음파일의 복제과정에 당사자의 참여권이 보장되지 아니한 점, 당사자에게 이 사건 녹음파일에 대한 압수목록 교부가 이루어지지 아니한 점 등을 종합하면, 이 사건 녹음파일의 압수는 적법하게 발부된 영장에 의하지 아니하고 헌법과 형사소송법을 위반하여 행하여진 위법한 압수라 할 것이다.

나. 대법원[판결요지]

수사기관이 피의자 갑의 공직선거법 위반 범행을 영장 범죄사실로 하여 발부받은 압수·수색영장의 집행 과정에서 을, 병 사이의 대화가 녹음된 녹음파일(이하 '녹음파일'이라 한다)을 압수하여 을, 병의 공직선거법 위반 혐의사실을 발견한 사안에서, 압수·수색영장에 기재된 '피의자'인 갑이 녹음파일에 의하여 의심되는 혐의사실과 무관한 이상, 수사기관이 별도의 압수·수색영장을 발부받지 아니한 채 압수한 녹음파일은 형사소송법 제219조에 의하여 수사기관의 압수에 준용되는 형사소송법 제106조 제1항이 규정하는 '피고사건' 내지 같은 법 제215조 제1항이 규정하는 '해당 사건'과 '관계가 있다고 인정할 수 있는 것'에 해당하지 않으며, 이와 같은 압수에는 헌법 제12조 제1항 후문, 제3항 본문이 규정하는 영장주의를 위반한 절차적 위법이 있으므로, 녹음파일은 형사소송법 제308조의2에서 정한 '적법한 절차에 따르지 아니하고 수집한 증거'로서 증거로 쓸 수 없고, 그 절차적 위법은 헌법상 영장주의 내지 적법절차의 실질적 내용을 침해하는 중대한 위법에 해당하여 예외적으로 증거능력을 인정할 수도 없다.

수사기관의 이 사건 녹음파일 압수·수색 과정에서 피압수·수색 당사자인 피고인 1에게 참여권이 보장되었는지, 복사대상 전자정보의 목록이 교부되었는지 여부 등은 별론으로 하더라도, 원심이 위와 같은 전제에서 이 사건 녹음파일이 이 사건 영장에 의하여 압수할 수 있는 물건 내지 전자정보로 볼 수 없다고 하여 그 증거능력을 부정한 조치는 결론에 있어 정당한 것으로 수긍할 수 있으며, 거기에 검사의 상고이유 주장과 같이 범죄혐의 관련성의 범위나 위법수집증거배제법칙의 예외 등에 관한 법리를 오해한 위법이 없다.

[연 구]

1. 문제제기

압수와 수색은 소송의 진행과 형벌의 집행을 확보하기 위해서 사용되는 형사절차상 강제처분의 하나이다. 강제처분은 필연적으로 헌법에 의하여 보장되는 기본적 인권을 침해하지 않을 수 없기 때문에 기본적 인권 보장을 위하여 헌법은 제12조에 압수수색에 관한 적법절차와 영장주의에 대해 선언하였고, 헌법의 규정에 근거하여 형사소송법은 실체적 진실 규명과 개인의 권리보호 이념을 조화롭게 실현할 수 있도록 압수·수색절차에 관한 구체적 기준을 마련하고 있다. 따라서 헌법과 형사소송법이 정한 절차에 따르지 아니하고 수집된 증거는 기본적 인권 보장을 위해 마련된 적법절차에 따르지 않은 것으로서 원칙적으로 유죄 인정의 증거로 할 수 없다. 전자증거의 압수·수색에도 영장주의 및 강제처분 법정주의의 원칙이 적용되어 현행 형사소송법은 전자정보의 압수·수색절차에 관한 기준으로 제106조 제3항과 제4항에 “③ 법원은 압수의 목적물이 컴퓨터용디스크, 그 밖에 이와 비슷한 정보저장매체(이하 이 항에서 “정보저장매체등”이라 한다)인 경우에는 기억된 정보의 범위를 정하여 출력하거나 복제하여 제출받아야 한다. 다만, 범위를 정하여 출력 또는 복제하는 방법이 불가능하거나 압수의 목적을 달성하기에 현저히 곤란하다고 인정되는 때에는 정보저장매체등을 압수할 수 있다. ④ 법원은 제3항에 따라 정보를 제공받은 경우 「개인정보 보호법」 제2조 제3호에 따른 정보주체에게 해당 사실을 지체 없이 알려야 한다.”고 규정하고 있다. 이는 기존 형사소송법이 압수의 대상을 물건, 즉 유체물로 한정하고 있어서 무체물인 정보 자체만 필요한 경우에도 정보저장매체까지 압수하는 사례가 빈번히 발생하면서 개인의 사생활에 대한 침해가 지나치다는 지적에 따라서 정보 자체가 압수의 대상이 되는 경우에는 이를 출력하거나 복제하는 것을 원칙적인 압수방식으로 하여 개인의 사생활에 대한 침해를 최소화하는 동시에 무체물의 압수 방식에 대한 법적 근거를 명확히 하려는 취지에서 입법화된 것이다.[1)]

[대상판결 1]은 정보저장매체의 압수·수색에 대해 형사소송법이 개정되기 이전에 판단한 판결이고 [대상판결 2]는 형사소송법이 개정된 이후에 판단한 판결이다. 대상판결 1과 2는 모두 ① 정보저장매체를 압수·수색하는 경우 출력·복사를 원칙으로 하고 정보저장매체의 압수는 예외적으로 허용되어야 하는가, ② 압수·수색의 허용범위와 관련하여 압수된 대상물이 영장에 기재된 범죄와의 관련성을 가져야 하는가, ③ 정보저장매체를 외부로 반출하여 수사기관에서 정보를 분석하는 과정을 압수·수색의 과정으로 보아 피압수자 및 변호인의 참여권이 보장되어야 하는가 등에 대해 판단하고 있다. [대상판결 1]의 경우 형사소송법 개정에 직접적으로 영향을 미친 결정으로 형사소송법에 전자정보의 압수·수색에 대한 기준을 제시한 판결로 중요하게 다루어지고 있다. [대상판결 2]의 경우에는 기존의 판결이 컴퓨터 등과 같은 정보저장매체에 대해 판단하였다면 최근 급속하게 그 이용이 증가하고 있는 휴대전화(스마트폰)를 정보저장매체로 보아 이에 대한 압수·수색을 다루고 있다는 점에서 그 특이성을 인정할 수 있다.

형사소송법의 규정과 대상판결의 내용을 통해 몇 가지의 문제가 제기되는데, 첫 번째는 전자정보를 압수하는 경우 압수의 대상을 전자정보저장매체로 할 것인가 혹은 전자정보로 할 것인가이다. 이는 압수·수색의 방법과도 연결되는데, 압수의 대상을 전자정보저장매체로 하는 경우에는 전자정보저장매체에 대한 압수·수색을 원칙으로 하고 전자정보의 출력·복제를 예외적인 방법으로 인정하는 것이다. 전자정보가 압수의 대상이 되는 경우에는 정보의 출력·복제가 압수·수색방법의 원칙이 된다. 다음으로 저장매체를 압수한 경우 저장매체에 저장

1) 2009.4.1. 이주영 의원 등 13인 발의 형사소송법 일부개정법률안의 제안이유 참조.

되어 있는 정보를 분석하는 과정을 압수·수색의 집행과정으로 볼 것인가 하는 문제로서, 이는 피압수자 및 그 변호인의 참여권보장과 연결된다. 마지막으로 전자정보의 압수·수색의 허용범위와 관련하여 범죄사실과의 관련성 요건을 엄격하게 적용할 것인가의 문제가 발생한다. 이하에서는 이러한 문제들에 대해 순차적으로 검토하고자 한다.

2. 압수·수색의 대상 –정보저장매체 자체에 대한 압수·수색

(1) 압수·수색의 대상으로서의 정보저장매체에 대한 견해

형사소송법은 제106조 제3항에 압수의 목적물을 '컴퓨터용디스크, 그 밖에 이와 비슷한 정보저장매체'로 명시함으로써 정보저장매체가 압수의 대상임을 명확하게 하였다. 이에 따라 컴퓨터에 입력된 정보 자체는 그 자체로 압수의 대상물로 되지 아니하고, 형사소송법 제106조 제3항의 명문상 컴퓨터용디스크, 그 밖에 이와 비슷한 정보저장매체가 압수의 대상이 될 뿐이며, 압수의 대상은 유체물에 한정되고, 디지털 정보 자체가 압수의 대상에 포함되지는 아니한다는 주장이 가능하다.[2] 그러나 법문의 내용과 같이 정보저장매체가 압수의 대상이라고 해석하는 경우에는 여러 가지 문제가 발생할 수밖에 없는데, 첫째로는 저장매체 자체의 압수를 예외적인 집행방법으로 규정하고 있는 형사소송법의 압수·수색의 방법과 부합하지 않는다. 다음으로는 압수·수색의 대상으로 저장매체 자체의 압수를 원칙적인 방법으로 허용하게 되면 증거자료와 함께 그 저장매체에 저장되어 있는 범죄와 무관한 자료의 압수를 배제하기 어려우며, 범죄와 무관한 정보를 사용하는 것에 대한 사법적 통제도 어려워진다. 이러한 문제점을 고려하여 형사소송법상의 전자정보에 대한 압수는 그 저장매체를 대상으로 하는 것이 아니라 정보의 내용 그 자체를 목적으로 하는 것이라는 점을 근거로 전자정보가 압수·수색의 대상이라는 주장이 가능하다. 또한

2) 전승수, 디지털 정보에 대한 압수수색영장의 집행, 법조 2012. 7, 250면 이하.

제3항에서는 '기억된 정보의 범위를 정하여' 압수하도록 규정하고 있고, 제4항에서는 '제3항에 따라 정보를 제공받은 경우'의 통지의무를 규정하고 있으므로 압수·수색의 대상은 정보저장매체에 기록된 '전자정보'라는 해석[3]이 더욱 설득력을 가지게 된다. 이에 따라 압수·수색의 대상을 전자정보 자체로 볼 것인지 혹은 정보저장매체로 볼 것인지에 따라 압수·수색의 방법에 대해서 형사소송법의 규정에도 불구하고 정보저장매체의 압수를 예외적인 방법이 아닌 원칙적인 방법으로 해석할 수 있는지의 문제가 발생한다.

(2) 대상판결의 검토

[대상판결 1]에서는 "저장매체 자체를 수사기관 사무실 등으로 옮긴 후 영장에 기재된 범죄 혐의 관련 전자정보를 탐색하여 해당 전자정보를 문서로 출력하거나 파일을 복사하는 과정 역시 전체적으로 압수·수색영장 집행의 일환에 포함된다고 보아야 한다"고 판시함으로써 압수·수색의 대상을 저장매체가 아닌 저장매체 내의 전자정보로 파악하고 있다.

(3) 소 결

정보저장매체는 형사소송법의 규정에서 나타난 바와 같이 기억해야 하는 정보를 저장하는 매체에 불과하다. 정보저장매체와 정보 그 자체인 전자기록은 명백하게 구별된다. 유체물인 저장매체는 기록된 전자정보를 압수하기 위한 수단에 불과한 것일 뿐 그 자체가 압수·수색의 대상이 될 수는 없다고 할 것이다. 전자증거에 대한 압수·수색의 목적은 어디까지나 전자정보 그 자체인 것이지 정보저장매체인 것은 아니기 때문이다.[4]

---

3) 이숙연, 전자정보에 대한 압수수색과 기본권, 그리고 영장주의에 관하여, 헌법학연구 제18권 제1호(2012), 21면~22면.

4) 이주원, 디지털 증거에 대한 압수수색제도의 개선, 민주법학 제49호(2012), 159면.

3. 전자정보 압수·수색의 방법 —출력·복제의 원칙이 타당한가?

형사소송법에 규정된 전자정보에 대한 압수·수색의 방법은 ① 해당 전자정보의 출력 또는 복사 → ② 하드카피 혹은 이미징(복제) → ③ 저장매체 자체의 압수 형태로 이루어진다. 여기서 ①, ②의 방법은 취약성이라는 전자정보의 특성상 증거수집·보전과정에서 동일성·무결성이 문제될 수 있고, ②, ③의 방법은 대량성이라는 전자정보의 특성상 피압수자의 영업비밀을 침해하거나 사생활비밀을 침해할 가능성이 높다. 한편, ①, ②의 방법은 대량성, 불투명성이라는 전자정보의 특성상 장시간이 소요되고, 취약성이라는 전자정보의 특성상 원본과의 동일성 여부에 대한 시비가 제기될 수 있으며, 피압수자의 저항·방해·비협조에 따른 수사장애의 위험이 초래될 수 있다. 이러한 경우에는 부득이 ③의 방법이 그 현실적 대안이 될 수밖에 없겠으나, 이는 당해 정보 이외의 관련 없는 정보까지 압수한다는 점에서 특정성원칙에도 반하고 비례성원칙에도 반하는 과잉압수의 문제가 발생할 수 있다.[5] 압수·수색과정에서 발생하는 이러한 다양한 문제를 고려하여 형사소송법은 전자정보의 압수·수색의 방법으로 출력·복제를 원칙으로 하고, 예외적으로 범위를 정한 정보의 출력 또는 복제가 불가능하거나 압수의 목적을 달성하기가 현저히 곤란한 경우에 한하여 정보저장매체 원본을 압수할 수 있도록 규정하였다. 그러나 이에 대해서는 ① 피압수자의 사생활비밀보호, 수사권의 남용방지 등의 이유에 의해 형사소송법의 규정이 타당하다는 견해와 ② 출력 내지 복제를 압수의 원칙으로 할 경우 오히려 대상 기업체에게 피해가 될 가능성이 높다는 점 등을 이유로 이 법 규정에 대해서는 원칙이 예외가 되고 예외가 원칙이 되는 현상이 초래되었고, 오히려 압수·수색에 장시간이 소요되어 당사자에게 부담이 될 가능성이 높다는 비판적 견해가 대립하고 있다.

5) 이주원, 앞의 논문, 166면.

(1) 출력·복제의 원칙을 긍정적으로 평가하는 견해

정보저장매체를 압수하는 방법은 전자증거의 매체독립성이 증가하는 추세와 부합하지 않고, 범죄와 관련 없는 정보의 대량 압수로 인하여 피압수자의 영업비밀 또는 사생활비밀을 과도하게 침해할 위험성이 클뿐만 아니라 수사권의 남용, 별건 수사라는 문제도 발생하게 된다. 현장에서의 압수·수색이 어렵고 힘들다는 이유 또는 범죄와 관련된 정보의 특정이 쉽지 않다는 이유만으로 전자정보의 압수·수색을 위하여 저장매체 자체의 압수를 무조건 정당화하는 것은 법리적으로도 문제가 있다. 그러나 한편으로는 출력·복제의 방법을 고수하는 것이 수사기관의 부담이나 역량에 비추어 불가능을 요구하는 것이 되고 범죄와 관련된 자료에 대한 특정의 어려움으로 인하여 수사에 지장을 초래할 수도 있다. 따라서 전자정보가 특정 저장매체에 저장되어 있는 경우에 압수의 대상이 당해 정보라면, 저장매체 자체에 대한 압수는 현장에서 디지털증거의 출력·복사 또는 복제가 불가능하거나 현저히 곤란한 경우로 한정하여 집행하는 것이 타당할 것이다. 본 주장에 의하면 압수의 방법으로는 현재와 같이 출력·복사·이전을 원칙으로 하되 저장매체 자체에 대해서는 예외적으로 압수를 허용하는 것이 타당하다.[6)]

(2) 출력·복제의 원칙을 비판적으로 평가하는 견해

전자정보의 압수는 증거의 종류나 현장의 상황에 따라 그 방법에 차이가 크며, 압수 현장에서 저장매체 모두를 수색·검증하기 위해서는 장시간이 소요될 수 있고, 복제가 가능하더라도 정보의 양이 방대할 경우 시간상 현실적으로 복제가 불가능하며, 증거를 복제하거나 출력하는 방법이 원본을 압수하는 방법보다 대상자의 업무에 지장을 초래할 가능성이 더욱 높다. 더욱이 전자정보의 압수는 대부분 수사초기에 이루어지기 때문에 어떤 증거가 범죄와 관련성이 인정되어 압수되

6) 이주원, 앞의 논문, 171면.

어야 하는지를 판단하기 곤란하며, 압수의 집행 단계에서 예외 여부를 바로 판단하고 조치한다는 것은 사실상 불가능하고, 해당 범죄사실과 관련된 증거기록이 어느 저장 매체 또는 어느 폴더에 저장되어 있는지에 대한 예측도 어렵다. 특히 정보가 저장된 파일이 은닉, 가장, 암호화되어 있는 경우에는 분석기법을 동원하여 이를 복원해야 하는데, 현장에서 그 유무를 판단하거나 방대한 저장장치를 분석해 내는 것은 사실상 거의 불가능한 일이고, 현장에서 저장된 정보에 대한 은닉 또는 삭제가 예상되거나 시도되는 경우에는 복제가 가능한 경우라고 하더라도 저장매체를 곧바로 압수하여 접근을 차단시킬 필요가 있다. 본 주장에 의하면 저장매체의 압수를 원칙으로 하고 출력·복제는 예외적으로 인정하는 것이 타당하다.[7)]

(3) 대상판결의 검토

[대상판결 1]은 전자정보의 압수·수색 방법을 "전자정보에 대한 압수·수색영장의 집행에 있어서는 원칙적으로 영장 발부의 사유로 된 혐의사실과 관련된 부분만을 문서 출력물로 수집하거나 수사기관이 휴대한 저장매체에 해당 파일을 복사하는 방식으로 이루어져야 하고, 집행현장의 사정상 위와 같은 방식에 의한 집행이 불가능하거나 현저히 곤란한 부득이한 사정이 존재하더라도 그와 같은 경우에 그 저장매체 자체를 직접 혹은 하드카피나 이미징 등 형태로 수사기관 사무실 등 외부로 반출하여 해당 파일을 압수·수색할 수 있도록 영장에 기재되어 있고 실제 그와 같은 사정이 발생한 때에 한하여 예외적으로 허용될 수 있을 뿐이다"라고 판시하고 있다.

[대상판결 2]의 경우에는 휴대전화의 기록은 출력·복제하는 것이 원칙이라는 내용은 설시되어 있지는 않지만 고등법원의 판결에서 "① 휴대전화는 공통된 운영체계(OS)를 갖고 있지 아니하여 각 제조사마다 메모리를 복제하는 방법이 다른 경우도 많은 점, ② 이에 피압수자

7) 손동권, 새로이 입법화된 디지털 증거의 압수·수색제도에 관한 연구, 형사정책 제23권 제2호, 331면~332면.

가 어떠한 휴대전화를 사용하는지 알 수 없는 수사관으로서는 압수·수색 현장에서 압수하게 될 휴대전화에 적합한 소프트웨어나 장비를 구비하는 것이 용이하지 아니한 점, ③ 또한 휴대전화 메모리를 복제하는 경우, 삭제된 전자정보를 복원하고 범죄사실과 관련된 전자정보를 선별하여 압수하는 것이 기술적으로 가능한지 여부를 두고 논란이 있다고 보이는 점, ④ 전자정보의 경우 간단한 조작에 의하여도 쉽게 변경되고 훼손될 우려가 크므로 저장매체에서 전자정보를 분리하여 추출함에 있어서 원본과의 동일성을 보장받기 위하여 무결성과 진정성이 확보될 것이 요구되는 점 등을 종합하여 볼 때, 압수·수색 현장에서 휴대전화의 내용을 확인하고 범죄사실과 관련된 전자정보만을 선별적으로 복제하는 것이 현저히 곤란하다고 보이므로, 조○○의 휴대전화 자제를 압수하여 수사기관의 사무실로 가져온 것은 적법한 것으로 보인다"고 판시함으로써 휴대전화 자체를 압수하기 위한 전제조건으로 사전에 영장에 기재된 장소에서 정보를 수집하는 것이 가능한가의 여부를 판단하고 있다. 이는 기존의 판례 입장과 차이가 없는 것으로 전자정보의 압수에서 있어서는 출력·복제가 원칙임을 확인하고 있다.

(4) 소　결

전자정보에 대한 압수·수색은 형사소송법이 압수의 대상을 '정보저장매체'로 규정하고 있음에도 범죄와 관련된 정보 자체라고 할 것이다. 왜냐하면 범죄와 관련된 정보뿐 아니라 범죄와 관련되지 않은 다양한 정보도 함께 저장된 정보저장매체에 대한 압수·수색이 원칙으로서 허용된다면 헌법과 형사소송법이 금지하는 포괄적인 압수·수색의 위험, 즉 일반영장집행의 문제가 발생하기 때문이다.[8] 정보저장매체의 압수를 원칙으로 허용한다면 정보의 대량성으로 인하여 범죄와 관련 없는 정보의 압수가 가능하며, 더욱이 수사기관이 이와 같이 수집한

8) 이주원, 앞의 논문, 166면.

정보를 반환하지 않거나 반환하더라도 사본을 남겨, 피의자 또는 제3자에 대한 다른 범죄 수사의 단서 내지 증거로 사용하는 등 새로운 법익침해를 초래할 가능성도 배제할 수 없게 된다.[9] 실제로 [대상판결 2]에서 대법원이 스마트폰에 저장된 기록의 증거능력을 배제한 것은 압수영장에 기재된 범죄와 관련 없는 스마트폰에 저장되었던 기록이 수사의 증거로 사용되었기 때문이다. 따라서 전자정보에 대한 압수·수색의 방법은 형사소송법의 입법취지와 판례의 견해를 고려하여 출력·복제를 원칙으로 하고 정보저장매체에 대한 압수는 예외적으로 허용하는 것이 타당할 것이다.

4. 압수·수색의 허용범위

(1) 범죄사실 '관련성' 요구

형사소송법은 제106조 제1항에 압수·수색의 허용범위에 관하여 "법원은 필요한 때에는 피고사건과 관계가 있다고 인정할 수 있는 것에 한정하여 증거물 또는 몰수할 것으로 사료하는 물건을 압수할 수 있다"고 규정하여 압수·수색의 허용범위를 범죄와 관련성이 있는 증거물로 한정하고 있다. 형사소송법 제219조에 의해 수사기관 역시 압수·수색의 범위를 해당 범죄와 관련이 있는 대상으로 제한하여야 할 의무가 있다. 그러나 유체물에 대한 압수·수색과는 달리 전자정보는 무체물인 정보이므로 가시성이 없어 압수·수색 현장에서 범죄와 관련 있는 정보만을 선별하여 출력 또는 복사하는 것이 용이하지 아니하며, 때로는 피압수자측의 조직적인 방해나 증거인멸시도에 대응하여 저장매체 전체를 압수하거나 하드디스크 전체를 복제하여야 하는 경우가 발생한다. 또한 제3자로부터 목격될 가능성도 낮아 대상 정보가 어디에 소재하는지에 대한 사전 탐지가 어려울 뿐만 아니라, 정보가 범행장소가 아닌 다른 장소에도 분산되어 있을 가능성이 높기 때문에 포

9) 이숙연, 앞의 논문, 8면.

괄적 압수·수색은 허용되지 않더라도 그 특정의 정도를 어느 정도 완화하여 적용해야 한다는 주장[10]이 제기되고 있다. 이러한 주장에 의하면 부득이하게 범죄와 관련 있는 정보와 함께 관련 없는 정보까지 압수되는 경우 그와 같은 영장집행을 모두 위헌 또는 위법이라고 판단할 수 없다고 한다.[11] 이와 같이 전자증거를 압수하는 경우 범죄사실과의 관련성을 어느 정도 요구할 것인가에 대해서는 견해가 대립하고 있다.

1) '관련성'을 엄격하게 적용해야 한다는 견해

전자정보는 자료의 양이 방대하고, 범죄사실과 관련되지 않은 정보가 함께 혼합되어 저장되어 있을 수 있으므로 개인의 프라이버시에 대한 침해가 더 심각하고 중대할 수 있기 때문에 헌법상의 영장주의에 의한 엄격한 규제가 필요하다. 개인의 프라이버시를 보호하기 위하여 전자정보의 압수·수색의 범위는 기본적으로 범죄사실과의 관련성 유무 및 정도에 따라 판단되어야 한다. 압수·수색의 대상이 특정되어 있지 않은 영장에 의해 수집된 증거라면 일반영장을 금지하는 영장주의 원칙으로 위법하게 수집된 증거가 될 것이므로 압수·수색의 허용범위를 결정함에 있어서는 범죄사실과의 관련성이 인정되어야 한다.[12] 따라서 범죄사실과의 관련성 유무를 엄격하게 고려하지 않는다면 이는 압수·수색의 요건으로 관련성을 요구하는 형사소송법 제106조 제1항, 제109조 제1항, 제215조에 배치되는 결과가 된다.[13] 전자정보에 대한 수집은 수색, 압수, 분석, 보관에서부터 법정에 현출되기까지가 일련의 동적인 과정으로서, 그 과정 전체에 걸쳐 무결성, 진정성을 담보할 수 있는 이른바 '보관의 연속성'이 보장되는 절차가 되어야 한다. 따라서 전자정보의 압수·수색과 관련하여 외관상은 영장주의에 의한

10) 손동권, 앞의 논문, 334면, 조석영, 디지털 정보의 수사방법과 규제원칙, 형사정책 제22권 제1호, 90면.
11) 이숙연, 앞의 논문, 26면.
12) 조석영, 앞의 논문, 89면.
13) 전승수, 앞의 논문, 262면.

것으로 보이나, 실질적으로는 포괄적 압수·수색 등으로 영장주의를 벗어난 위헌 혹은 위법한 집행의 문제가 발생한다. 압수·수색영장의 청구, 발부단계, 집행단계에서 압수·수색의 범위를 범죄와 관련 있는 정보로 제한하여야 하며, 부득이 범죄와 관련 없는 정보를 압수한 것으로 밝혀질 경우 환부, 가환부절차를 통한 반환이나 수사기관이 보유한 정보의 삭제, 폐기조치를 취하게 함으로써 수사기관이 스스로 압수·수색절차의 적법성을 회복할 수 있도록 하는 장치가 필요하다.[14)]

2) 관련성을 완화하여 적용해야 한다는 견해

전자증거는 유체물이 아니라 무체물인 정보이므로 가시성이 없기 때문에 자료를 일일이 열람하여야 관련성을 판단할 수 있기 때문에 압수대상을 특정하기 어렵고, 제3자로부터 목격될 가능성이 낮아 이러한 증거가 있는지 사전에 인지하기가 어려울 뿐만 아니라 증거가 범행장소가 아닌 다른 곳에 분산되어 있을 가능성이 크고, 다른 정보와 혼재되어 있는 경우가 많아서 그 대상을 특정함에 있어서 많은 시간과 노력이 필요하다. 분석할 수 있는 파일에 대해 제한을 받게 된다면 수사기관의 입장에서는 범죄와 관련된 정보저장매체를 압수하고도 중요한 증거를 찾지 못하는 문제가 발생할 수도 있다.[15)] 또한 정보를 출력·복제하는 등의 증거취득과정에서 오염될 가능성이 높기 때문에 전자정보의 취득은 특별한 전문가에 의한 전문적 기술에 의해 이루어져야 한다.[16)] 그럼에도 불구하고 범죄사실과의 관련성을 엄격하게 적용하여 전자정보의 압수·수색 장소와 대상을 특정해야 한다면 압수·수색영장을 발부받더라도 전자정보의 위치를 정확하게 파악할 수 없어서 압수·수색하지 못하는 결과가 초래될 수 있다. 이러한 문제 때문에 전자증거에 대한 포괄적 압수·수색은 허용되지 않더라도 범죄사

14) 이숙연, 앞의 논문, 9면.

15) 이완규, 디지털 증거 압수수색과 관련성 개념의 해석, 법조 2012. 11, 93면, 113면.

16) 강동욱, 디지털증거 수집에 관한 형사소송법 개정안에 대한 검토, 법학연구 제19권 제3호(2010), 168면.

실과의 관련성, 압수·수색의 방법 등 그 특정의 정도를 완화하여 적용할 필요성이 있다.[17] 이 견해에 의하면 범죄사실 자체의 증거뿐만 아니라 범죄의 수단이나 간적적 도구, 피의자의 상습성이나 성격, 범죄의 전체적 성격을 이해할 수 있는 자료, 양형에 관련된 자료 등도 관련성이 있는 것으로 탄력적으로 해석해야 한다고 한다.[18] 또한 관련성이 없는 전자증거를 무조건 배척할 것이 아니라 전자증거의 압수·수색에 있어서 관련성 부분은 범죄와 무관한 데이터 내지 제3자의 권리나 이익의 보호라는 측면과 형사소추 유지의 이익이라는 측면을 적절하게 교량하여 판단해야 한다고 한다.[19]

3) 대상판결의 검토

[대상판결 1]은 "수사기관 사무실 등으로 옮긴 저장매체에서 범죄혐의와의 관련성에 대한 구분 없이 저장된 전자정보 중 임의로 문서출력 혹은 파일복사를 하는 행위는 특별한 사정이 없는 한 영장주의 등 원칙에 반하는 위법한 집행이 된다"고 판시하여 관련성을 압수·수색의 요건으로 요구하고 있다.

[대상판결 2]에서도 대법원은 "수사기관이 별도의 압수·수색영장을 발부받지 아니한 채 압수한 녹음파일은 형사소송법 제219조에 의하여 수사기관의 압수에 준용되는 형사소송법 제106조 제1항이 규정하는 '피고사건' 내지 같은 법 제215조 제1항이 규정하는 '해당 사건'과 '관계가 있다고 인정할 수 있는 것'에 해당하지 않으며, 이와 같은 압수에는 헌법 제12조 제1항 후문, 제3항 본문이 규정하는 영장주의를 위반한 절차적 위법이 있으므로.."라고 판시함으로써 전자정보의 압수를 위해서는 범죄사실과의 관련성이 엄격하게 적용되어야 한다는 대법원의 기존 입장을 다시금 명확하게 확인하고 있다.

---

17) 손동권, 앞의 논문, 334면, 조석영, 앞의 논문, 90면.
18) 이완규, 앞의 논문, 109면.
19) 조석영, 앞의 논문, 89면.

4) 소 결

압수·수색영장에는 수색할 장소 및 압수할 증거물이 특정, 명시되어 있어야 한다. 압수·수색의 대상이 특정되어 있지 않은 영장에 의해 수집된 증거라면 일반영장을 금지하는 영장주의 원칙을 위반한 위법한 절차에 의해 수집된 증거로서 그 증거능력을 부정해야 한다. 따라서 압수·수색의 허용범위를 결정함에 있어서는 증거와 범죄행위와의 '관련성'이 인정되어야 한다. 압수·수색의 요건으로 범죄사실과의 관련성을 요구하는 형사소송법의 규정에 비추어 압수·수색의 범위를 원칙적으로 범죄사실과 관련된 전자정보로 한정하는 것은 타당하다. 따라서 영장에 기재되지 않은 범죄사실에 관한 전자정보는 압수·수색의 범위를 벗어난 것이므로, 별도의 영장이 없는 한 이를 증거로 사용할 수 없고, 범죄사실과 무관한 전자정보를 계속 보존할 수 없다고 봄이 상당하다.[20] 이러한 의미에서 대상판결들은 무체물인 전자정보의 압수에 있어서도 개인의 사생활침해를 최소한의 범위로 한정하고자 하는 입장을 확고히 한 것으로 평가되며, 타당한 판시라고 판단된다.

(2) 전자정보의 분석과정에서 발견된 별건증거에 대한 처리

전자증거의 압수 이후 그 분석과정에서 영장에 기재되지 아니한 별건 범행의 증거가 발견된 경우 증거의 증거능력을 인정할 수 있는가에 대해서 견해가 대립하고 있다. 긴급상황이 아닌 통상적인 상황에서 수사기관이 적법한 수색과정에서 우연히 발견한 압수물에 대한 처리지침이 형사소송법에 규정되어 있지 않기 때문이다. 이에 수사기관이 저장매체에 저장된 전자정보에 대한 합법적 수색을 진행하던 도중 우연히 새로운 범죄사실과 관련된 정보를 발견한 경우에는 관련 증거에 대한 압수·수색 자체를 금지할 것이 아니라 증거로 인정할 수 있는 새로운 규칙의 도입이 필요하다는 주장이 제기된다.[21] 별건증거에

20) 전승수, 앞의 논문, 264면.
21) 조국, 앞의 논문, 119면.

대한 문제는 위에서 논의한 범죄사실 '관련성'과도 연결되는데, 정보저장매체의 압수 후 정보의 분석과정에서 발견된 증거가 영장에 기재된 범죄사실과 무관한 증거이기 때문이다.

별건증거에 대해서는 미국의 Plain View Doctrine에 대한 논의를 침조할 수 있다. Plain View Doctrine이란 수사기관이 적법하게 위치할 수 있는 장소에서 시야 내에 보이는 물건에 대해서는 그 물건이 범죄와 관련되어 있다고 믿을 만한 상당한 이유가 있어 압수의 대상임이 명백한 경우에는 영장 없이 긴급 압수할 수 잇다는 것이다. Plain View Doctrine의 적용을 받기 위해서는 ① 수사기관이 대상물을 관찰할 수 있는 지점에 적법하게 도달하였을 것, ② 관찰할 물건에 대한 물리적인 접근권한이 있을 것, ③ 우연히 발견할 것, ④ 그 증거가 눈 앞에 직접적으로 명백할 것 등의 요건을 갖추어야 한다.[22] 이에 따르면 영장을 적법하게 집행하는 도중에 명백한 관련 증거물을 우연히 발견한 경우에는 이 요건이 충족되는 것이다. 그러나 다른 범죄의 증거물에 대해 적용되는 Plain View Doctrine은 추가적인 수색을 허용하는 것이 아니라 단지 압수의 경우에만 허용되는 압수에 대한 영장주의 예외이론이다.[23] 물론 Plain View Doctrine로 인하여 개인의 프라이버시에 대한 정당한 기대의 침해까지 정당화되는 것은 아니고, 미국 수정헌법 제4조에 따라 수색할 권한이 있는 증거에 대한 조치만을 가능하게 할 뿐이다. 마약 사건을 위하여 영장을 발부받아 하드디스크를 수색하던 중 아동포르노 파일을 발견한 경우, 법원은 이에 대하여 Plain View Doctrine를 적용할 수 없다고 하였다.[24] 우리나라의 대법원은 우연한 발견한 증거의 증거능력을 인정하지 않는 취지의 판시를 하고 있다.[25]

---

22) 손동권, 앞의 논문, 340면 ; 이완규, 앞의 논문, 102면 : 이경렬, 디지털정보 관련 증거의 압수·수색 규정의 도입방안 연구, 홍익법학 제13권 제3호(2012), 507면.

23) 손동권, 앞의 논문, 340면.

24) 이주원, 앞의 논문, 175면.

25) 대법원 2007.11.15. 선고 2007도3061 전원합의체판결.

또한 이 이론은 압수·수색에 대한 영장주의의 예외에 관하여 형사소송법 제216조 내지 제218조에서 규정하고 있는 우리 형사소송법 체계에 부합하지 않는 측면이 있다.[26] 물론 이에 대해서는 전자증거의 경우에는 달리 적용해야 한다는 반대의 견해도 제기된다. 이 견해 따르면 전자증거의 분석과정에서 우연히 발견된 별건증거에 대한 긴급압수의 문제에 대해서는 포괄적인 압수·수색의 금지 원칙을 고려해야 할 것이지만 개별적·구체적인 사건에 따라 범죄의 경중, 범죄혐의의 강도에 상응하는 적정한 절차에 따른 수사처분의 비례성원칙 충족여하에 따라 판단될 여지도 중요하게 고려할 사항이라고 보기 때문이다.[27]

우리 형사소송법 체계 하에서는 수사기관이 압수·수색의 요건이 구비되지 아니한 본건의 수사에 이용할 목적으로 요건이 구비된 별건에 대한 압수·수색영장을 발부받아 본건의 입증에 필요한 물건을 압수하는 이른바 '별건 압수나 수색'이 허용되지 않으며, 동일한 물건 또는 장소에 대한 강제처분이라도 영장기재 범죄사실과 동일성이 없는 다른 범죄사실의 증거수집을 위하여 영장을 유용할 수 없다는 점은 명백하다.[28] 다만, 수사기관이 압수·수색영장의 집행 당시를 기준으로 범죄와의 관련성이 인정될 만한 상당한 개연성이 있는 범위에 국한하여 영장을 집행하였으나, 이후 분석과정에서 범죄와 관련 없는 증거를 발견하였고 그러한 증거가 상당한 부분을 차지하며, 그것이 관련성 있는 증거와 분리가 가능할 경우 관련성 없는 증거를 지체 없이 반환하거나 피압수자의 입회하에 폐기하였다면 압수·수색절차의 적법성을 인정해도 무방할 것이다.[29]

---

26) 이주원, 앞의 논문, 175면.
27) 이경렬, 앞의 논문, 508면.
28) 이숙연, 앞의 논문, 29면.
29) 이숙연, 앞의 논문, 31면.

5. 증거분석의 법적 성격(정보저장매체의 압수 후 분석과정에의 참여권)

(1) 정보저장매체의 압수 후 분석과정을 압수·수색영장의 집행과정으로 볼 수 있는가?

1) 견　해

전자증거는 서류 등의 유체물과 달리 무체물인 정보로서 그 존재 및 상태를 오관에 의하여 바로 감지할 수 없기 때문에 전자증거를 오관에 의하여 인식하기 위해서는 응용 프로그램 등과 같은 소프트웨어, 모니터 혹은 인쇄장치 등과 같은 별도의 출력장치를 사용하여야 한다. 즉, 압수·수색영장의 집행에 의하여 전자정보가 수집된 이후에는 전문적 기술과 능력을 갖춘 전문가가 삭제된 데이터를 복구하거나 증거가치가 있는 전자정보의 범위를 확정하는 등의 방법으로 파일이나 저장매체를 분석한다. 이는 영장 집행 현장에서 저장매체를 검색하여 관련성 있는 정보를 복사는 경우와 구별하여야 하는데, 전자증거의 분석은 저장매체에 대한 압수영장의 집행 이후에 이루어지기 때문이다. 이처럼 전자정보의 내용을 분석하는 행위에 대해서는 전자정보에 대한 실제 수색이 수사기관의 시설에서 행해지기 때문에 투명성에 문제가 있다는 지적이 제기되고 있다.[30] 그러나 이와는 달리 정보저장매체가 압수되면 그 압수된 저장매체를 검색하여 관련 자료를 찾아내는 것은 압수물로부터의 정보의 확인행위에 불과하다는 주장[31]도 제기되고 있다. 이에 전자정보의 검색과정에 대해서 검증에 해당한다는 견해, 수색에 해당한다는 견해,[32] 압수에 필요한 처분이라는 견해, 임의수사에 해당한다는 견해[33] 등이 제시되고 있다.

---

30) 조국, 컴퓨터 전자기록에 대한 대물적 강제처분의 해석론적 쟁점, 형사정책 제22권 제1호, 109면.

31) 이완규, 앞의 논문, 115면.

32) 그 저장매체나 복제물을 검색하면서 범죄의 증거로 관련성이 있는 것을 확인하는 과정을 수색이라고 한다.(오기두, 형사절차상 컴퓨터 관련 증거의 수집 및 이용에 관란 연구, 서울대학교 박사학위논문, 1997, 76면 이하 참조).

33) 검색은 디지털 증거의 압수에 당연히 예상되는 것이므로 별도의 강제처분으

2) 대상판결 검토

[대상판결 1]은 "저장매체 자체를 수사기관 사무실 등으로 옮긴 후 영장에 기재된 범죄 혐의 관련 전자정보를 탐색하여 해당 전자정보를 문서로 출력하거나 파일을 복사하는 과정 역시 전체적으로 압수·수색영장 집행의 일환에 포함된다고 보아야 한다"고 판시하여 검색 등의 적절한 작업을 통해 저장매체 중 범죄혐의 관련 정보를 탐색하는 것에 대해 전체적으로 압수·수색영장 집행의 일환에 포함되는 행위라고 보고 있다.

[대상판결 2]의 경우 대법원은 이에 대해 구체적으로 판단하고 있지는 않으나, 고등법원에서는 "전자정보저장매체 자체를 수사기관 등으로 옮긴 후 영장에 기재된 범죄 혐의 관련 전자정보를 탐닉하여 해당 전자정보를 문서로 출력하거나 파일을 복사하는 과정 역시 전체적으로 압수·수색영장 집행에 포함된다고 보아야 하므로, 그러한 과정에도 당사자의 절차 참여권을 보장하기 위하여 미리 당사자에 대한 통지가 이루어져야 한다"고 판시함으로써 정보저장매체 압수 후 분석하는 과정을 압수·수색영장의 집행과정으로 보고 있다.

3) 소 결

대상판결과 같이 압수·수색영장에 의해 전자정보에 대한 출력·복제가 불가능하거나 현저하게 곤란한 경우에 해당하여 정보저장매체를 압수한 이후 수사기관에서 행하는 정보의 분석과정은 압수·수색의 집행과정으로 해석하는 것이 타당하다. 증거가 전자정보인 경우에는 범죄관련 정보가 저장된 저장매체의 시스템을 작동하여 관련된 전자기록을 발견하는 것이 수색에 해당되기 때문이다.[34] 또한 형사소송법

로 볼 수 없고 임의수사에 해당한다. 따라서 현행법의 해석상 디지털 저장매체를 직접 압수하거나 복사, 복제하는 등의 행위가 있는 때에 압수수색 집행은 종료되는 것이고 그 이후에 내용을 검색하는 행위는 압수물의 내용을 알기 위한 수사기관의 내부적인 확인행위로 보아야 한다.(이완규, 앞의 논문, 149면).

34) 원혜욱, 과학적 수사방법에 의한 증거수집 - 전자증거의 압수·수색을 중심으로 -, 비교형사법연구 제5권 제2호, 170면.

의 규정에 근거하여 저장매체에 대한 압수가 예외적으로 허용되는 압수방법이고, 영장에 기재된 장소에서 압수·수색에 의해 증거물을 획득하는 것이 원칙이므로 증거물의 획득과정을 전체적으로 고려한다면 전자증거의 분석을 통해 증거물을 획득하는 과정은 증거를 발견하기 위한 압수·수색영장의 집행과정으로 판단해야 할 것이다.

(2) 피압수자 또는 변호인의 참여권이 보장되어야 하는가?

1) 견 해

전자증거의 분석과정을 대법원의 입장과 같이 압수·수색영장의 집행과정으로 판단하는 경우에는 압수·수색 전체과정을 통하여 피압수자나 변호인의 계속적인 참여권을 보장하고, 피압수자가 배제된 상태에서의 저장매체에 대한 열람·복사를 금지하고, 복사대상 전자정보의 목록을 작성·교부할 의무를 부과해야 한다. 이는 이를 통하여 피압수자가 압수·수색의 전과정을 통하여 어떠한 정보가 압수되었는지를 알 수 있게 함으로써 정보자기결정권을 실질적으로 보장하는 길을 열어주기 위함이다.[35] 따라서 영장의 집행 이후에 수사기관의 시설 내에서 피고인이나 변호인의 참여 없이 분석하여 획득한 전자증거는 형사소송법 제121조, 제122조 및 제145조를 위반한 위법수집증거라고 해야 할 것이다.[36] 그러나 이에 대해서는 유체물의 경우 압수 이후 대상물을 분석하는 과정을 새로운 수색 혹은 검증이라고 하지 않으므로, 디지털 증거분석의 경우에도 압수물은 정보저장매체에 대한 검색 등의 처분을 새로운 수색으로 보지 않는 것이 타당하다기 때문에 분석과정에 피압수자나 변호인의 참여권을 보장할 필요가 없다는 견해가 제시되고 있다.[37] 이 견해에 의하면 피압수자 또는 변호인은 압수·수색영장의 집행에 참여할 수는 있으나, 압수·수색영장의 집행이 종료한 이후에 압수물 분석의 일종인 전자증거분석 과정에 참여할 권한은

35) 이숙연, 앞의 논문, 25면.
36) 조국, 앞의 논문, 109면.
37) 전승수, 앞의 논문, 271면.

없다. 그리고 전자증거분석 과정에서 압수된 저장매체의 봉인을 해제할 때에 피압수자가 참여할 수 있는데, 이는 영장 집행에 따른 참여가 아니라 전자증거의 무결성을 확보하기 위한 조치에 불과하다고 한다.[38)]

2) 대상판결 검토

[대상판결 1]은 "예외적인 사정이 인정되어 그 전자정보가 담긴 저장매체 자체를 수사기관 사무실 등으로 옮겨 이를 열람 혹은 복사하게 되는 경우에도, 그 전체 과정을 통하여 피압수·수색 당사자나 그 변호인의 계속적인 참여권 보장, 피압수·수색 당사자가 배제된 상태에서의 저장매체에 대한 열람·복사 금지, 복사대상 전자정보 목록의 작성·교부 등 압수·수색의 대상인 저장매체 내 전자정보의 왜곡이나 훼손과 오·남용 및 임의적인 복제나 복사 등을 막기 위한 적절한 조치가 이루어져야만 그 집행절차가 적법한 것으로 될 것이다"고 판시하여 수사기관의 정보저장매체에 저장된 정보의 분석과정을 압수·수색의 과정으로 인정하여 당사자나 그 변호인의 참여권 보장을 인정하고 있다.

[대상판결 2]의 경우에는 위에서도 살펴본 바와 같이 대법원은 범죄사실과의 관련성 여부만을 판단하였고, 피압수·수색 당사자인 피고인에게 참여권이 보장되었는지는 별론으로 한다고 하여 참여권 보장에 대해 판단하고 있지 않다. 다만, 녹음파일의 압수·수색 과정에서의 당사자인 피고인에게 참여권이 보장되었는지에 대해서만 판단하고 있지 아니할 뿐 원심판결의 내용을 부정하는 것은 아니기 때문에 이에 대해서도 인정하고 있는 것으로 추론할 수는 있을 것이다. 이에 반해 고등법원에서는 "형사소송법 제121조, 제122조는 '피고인은 압수·수색영장의 집행에 참여할 수 있고, 압수·수색영장을 집행함에는 미리 집행의 일시와 장소를 피고인 또는 변호인에게 통지하여야 한다'고 규정하고 있고, 전자정보저장매체 자체를 수사기관 등으로 옮긴 후 영장

38) 전승수, 앞의 논문, 273면.

에 기재된 범죄 혐의 관련 전자정보를 탐닉하여 해당 전자정보를 문서로 출력하거나 파일을 복사하는 과정 역시 전체적으로 압수·수색 영장 집행에 포함된다고 보아야 하므로, 그러한 과정에도 당사자의 절차 참여권을 보장하기 위하여 미리 당사자에 대한 통지가 이루어져야 한다"고 판시하여 피압수·수색 당사자의 절차 참여권을 보장하고 있다. 고등법원은 절차 참여권 보장을 위한 통지가 이루어지지 않은 것에 대해 절차의 위법을 인정하여 그로 인하여 취득한 증거에 대해 위법수집증거배제법칙을 적용하여 전자증거의 증거능력을 인정하지 않았다.

3) 소 결

형사소송법에 의해 정보저장매체의 압수·수색은 예외적으로 허용되고 있으나, 저장매체의 압수 이후에 저장된 정보를 분석하여 증거를 추출하는 과정은 영장에 기재된 장소에서 정보를 획득하는 일련의 과정과 연계된다고 할 수 있으므로 정보의 분석과정을 압수·수색영장의 집행과정으로 판단하여 피압수자나 그 변호인의 참여권을 보장하여 증거능력을 판단하는 대상판결들의 견해는 타당하다. 전자정보의 특성으로 인하여 수사기관이 영장에 기재된 장소에서 정보를 출력·복제하는 것이 불가능하거나 현저히 곤란하여 범죄와 관련 있는 정보 이외에 관련 없는 정보도 저장되어 있는 저장매체에 대한 압수의 필요성이 인정되어 실제로 이에 대한 압수가 이루어지고 있다. 그러나 저장매체에 대한 압수에 대해서는 개인의 프라이버시 침해와 수사권 남용이라는 문제가 끊임없이 제기되고 있으므로 수사기관의 입장에서도 증거획득과정에 정당성을 부여하기 위해 분석과정에 당사자가 참여할 수 있도록 통지하고 나아가 참여권을 보장해야 할 것이다.

6. 맺음말

압수·수색은 형사소송법에 규정된 대물적 강제처분의 전형적인 유형이다. 강제처분은 필연적으로 헌법에 의하여 보장된 기본권 인권을 침해하지 않을 수 없기 때문에 헌법과 형사소송법에 의해 엄격히 제한되고 있다. 특히 과학기술의 발달에 따라 수사기법이 발달하면서 개인의 사생활과 인권을 침해할 수 있는 경우가 증가하면서 강제처분에 대한 제한이 더욱 엄격하게 적용되고 있다. 인터넷의 발달과 전자시스템 환경의 발전에 따라 수사과정에서도 전자증거가 범죄의 유력한 증거로서 중요성이 인정되고 있다. 이에 형사소송법은 기존 형사소송법이 압수의 대상을 물건, 즉 유체물로 한정하고 있어서 무체물인 정보 자체만 필요한 경우에도 정보저장매체까지 압수하는 사례가 빈번히 발생하면서 개인의 사생활에 대한 침해가 지나치다는 지적에 따라서 정보 자체가 압수의 대상이 되는 경우에는 이를 출력하거나 복제하는 것을 원칙적인 압수방식으로 하여 개인의 사생활에 대한 침해를 최소화하는 동시에 무체물의 압수 방식에 대한 법적 근거를 명확히 하려는 취지에서 제106조 제3항과 제4항에 전자정보의 압수·수색절차에 관한 사항을 입법화하였다.

본 연구에서 검토한 대상판결은 형사소송법의 규정에 근거하여 전자정보의 압수·수색과정에서 발생할 수 있는 다양한 문제들에 대해 판단하고 있다. 즉, ① 정보저장매체를 압수·수색하는 경우 출력·복사를 원칙으로 하고 정보저장매체의 압수는 예외적으로 허용되어야 하는가, ② 압수·수색의 허용범위와 관련하여 압수된 대상물이 영장에 기재된 범죄와의 관련성을 가져야 하는가, ③ 정보저장매체를 외부로 반출하여 수사기관에서 정보를 분석하는 과정을 압수·수색의 과정으로 보아 피압수자 및 변호인의 참여권이 보장되어야 하는가 등에 대해 판단하고 있다. 특히 [대상판결 2]는 스마트폰의 사용증가로 범죄사실 발견을 위한 중요한 증거로 스마트폰에 저장된 정보가 부각됨에 따라서 스마트폰을 형사소송법에 규정된 정보저장매체로 판단하고 있다는 점과 형사소송법이 개정된 이후에 정보저장매체의 압수·수색의 허용범위의 판단에서 범죄사실과의 관련성을 엄격하게 해석하여 적용하고 있다는 점에서 그 의의를 크다 할 것이다.

[주 제 어]
전자증거, 압수·수색, 정보저장매체, 스마트폰

[Key words]
Elektronische Beweis, Durchsuchung und Beschlagnahme, Datenspeichermedien, Smartphon

접수일자: 2014. 5. 11. 심사일자: 2014. 6. 13. 게재확정일자: 2014. 6. 20.

[참고문헌]

강동욱, 디지털증거 수집에 관한 형사소송법 개정안에 대한 검토, 법학연구 제19권 제3호(2010).

손동권, 새로이 입법화된 디지털 증거의 압수·수색제도에 관한 연구, 형사정책 제23권 제2호.

오기두, 형사절차상 컴퓨터 관련 증거의 수집 및 이용에 관란 연구, 서울대학교 박사학위논문, 1997년.

원혜욱, 과학적 수사방법에 의한 증거수집 -전자증거의 압수·수색을 중심으로-, 비교형사법연구 제5권 제2호.

이경렬, 디지털정보 관련 증거의 압수·수색 규정의 도입방안 연구, 홍익법학 제13권 제3호(2012).

이완규, 디지털 증거 압수수색과 관련성 개념의 해석, 법조 2012. 11.

이숙연, 전자정보에 대한 압수수색과 기본권, 그리고 영장주의에 관하여, 헌법학연구 제18권 제1호(2012).

이주원, 디지털 증거에 대한 압수수색제도의 개선, 민주법학 제49호(2012).

전승수, 디지털 정보에 대한 압수수색영장의 집행, 법조 2012. 7.

조국, 컴퓨터 전자기록에 대한 대물적 강제처분의 해석론적 쟁점, 형사정책 제22권 제1호.

[Zusammenfassung]

Durchsuchung und Beschlagnahme von Datenspeichermedien -insbesondere von Smartphon

Won Hye Wook*

Artikel 12 GG garantiert Menschenrecht und Grundrechte. StPO regelt aufgrund von GG das Prozess über Durchsuchung und Beschlagnahme und den Schutz der Rechte des Einzelnen im Strafverfahren. Aus den Bestimmungen von StPO und der Gerichtsentscheidung wurde einige Problemen erscheint, die im Prozess von Durchsuchung und Beschlagnahme über die elektronische Beweis auftaucht wurde.

Der erste ist, was die Gegestand zur Durchsuchung und Beschlagnahme über die Elektronische Beweis ist. Ist es Datenspeichermedien, insbesondere Smartphon oder elektronischen Information?

Der zweite ist, was richitige Methode zur Durchsuchung und Beschlagnahme über die Elektronische Beweis ist. Ist die Durchsucung von Datenspeichermedien prinzipielle Methode oder Drucken und Replication von elektronischer Informationen prinzipielle Methode?

Der dritte ist, kann die Angeklagte und ihrer Rechtsanwalt an dem Prozess der Analyse über die elektronische Information teilnehmen?

Schließlich ist, muß die Beweis eine verfügbare Beweis anerkennen, die im Prozess der Analyse über die elektronische Information neu entdeckt wird?

Im folgenden werde ich über diese Fragen forschen.

* Prof. an der Inha Universität.

피의자신문의 성질과 수인의무

이 완 규**

[대상판례] 대법원 2013. 7. 1. 2013모160 결정

1. 사실관계

국가정보원은 북한의 대남공작기구와 연계하여 대한민국 내에 구축된 지하당에 가담하여 활동하였다는 혐의 등으로 피의자 ○○○ 등(이하 피의자들이라 한다)을 수사하였고, 피의자들은 구속영장에 의하여 2011. 7. 20. ××구치소에 구금되었다.

국가정보원은 2011. 7. 20. 오전에 피의자들을 국가정보원 조사실로 소환하였으나 피의자들은 수사기관에서는 진술은 물론 어떠한 조사도 받지 않겠다며 출감을 거부하였다. 피의자들의 출석거부를 보고받은 검사는 그 날 오후 ××구치소 측에 피의자들이 국가정보원에서 조사를 받을 수 있도록 인치하여 달라는 내용의 협조요청공문('피의자인치지휘 협조요청서')를 발송하였다.

2011. 7. 21. 피의자들이 다시 국가정보원 조사실로의 출감을 거부하자, ××구치소 교도관들은 검사로부터 교부받은 '피의자인치지휘 협조요청서'를 제시하면서 국가정보원 수사관들과 함께 피의자들을 국가정보원 조사실로 호송하였다. 그 과정에서 피의자 1은 계속하여 출감을 거부하였고, 담당 교도관들이 다소의 물리력을 행사하여 피의자 1을 수용실에서 나오게 한 후 호송차량에 탑승시켰다.

---

* 청주지방검찰청 차장검사, 법학박사.

2. 준항고심

(1) 피의자들의 주장

피의자들은 이와 같은 강제인치에 대하여 다음과 같이 주장하였다. ① 신체구속을 당하고 있는 피의자라고 하더라도 수사기관에 출석하거나 신문에 응할 의무는 없으므로 이를 강제한 수사기관의 처분은 위법하다. ② 예비적으로, 피의자가 수사기관에 출석하여 신문에 응할 의무가 있다고 하더라도 별도의 구인영장이 필요하므로 법원으로부터 구인영장을 발부받지 않고 강제인치한 처분은 영장주의 원칙에 반한다. ③ 예비적으로, 설사 피의자신문의 출석을 강제할 수 있고 구인영장이 별도로 필요하지 않다고 하더라도 피의자들에 대한 강제인치처분은 피의자들의 진술거부권을 포기하도록 강제하고, 변호인의 조력을 받을 수 있는 권리를 원천적으로 차단하거나 가족들과의 접견을 제한할 목적으로 이루어진 것이므로 재량권의 한계를 일탈·남용하여 위법하다는 것이다.

(2) 준항고심의 판단

이러한 피의자들의 주장에 대하여 준항고심은 다음과 같이 판시하였다.

1) 수사기관에 출석하거나 신문에 응할 의무가 없다는 주장에 대하여

(가) 구속의 목적

형사소송법상 구속은 구인과 구금을 포함하는데(형사소송법 제69조), 수사단계에서도 피의자에 대한 구인이 가능함을 명시하고 있고(형사소송법 제71조, 제209조), 피의자가 죄를 범하였다고 의심할 만한 상당한 이유가 있고, 정당한 이유없이 검사 또는 사법경찰관의 출석요구에 응하지 아니하거나 응하지 아니할 우려가 있는 때에는 체포영장에 의해 출석이 강제된다(형사소송법 제200조의2 제1항).

살피건대, ① 형사소송법은 조사를 위한 피의자 출석의 강제수단

으로서 체포제도를 인정하고, 체포한 때로부터 48시간 이내에 구속영장을 청구하여 체포된 피의자를 구속할 수 있도록 규정하고 있는바, 이는 체포에 나아가 구속된 피의자 역시 원천적으로 조사를 위한 수사기관의 출석 요청에 응할 의무가 있음을 전제로 한 것으로 보이는 점, ② 형사소송법은 수사단계에서 일정한 구속기간과 그 연장을 허용하고 있는데, 이는 구속 중에도 피의자에 대한 조사를 할 수 있도록 하는 한편, 구속 중 피의자 조사에 따르는 인권침해 우려를 감안하여 그 조사기간을 법률로 제한하는 취지로 해석되는 점(이와 달리 구속된 피의자라 하더라도 수사기관에 출석하거나 신문에 응할 의무가 없다고 해석한다면, 피의자가 수사기관에의 출석에 불응할 경우 기소전 조사를 체포시까지만 인정하고 구속영장이 발부된 이후에는 사실상 조사를 허용하지 않는 결과가 된다), ③ 구속 피의자의 경우에는 형사소송법이 변호인과의 자유로운 접견·교통권을 인정하고 있는 점 등을 종합하여 보면 형사소송법상 구속의 목적에는 증거인멸의 방지나 공판과 형 집행에서의 신병확보 뿐만 아니라 수사기관으로 하여금 기소여부의 결정시까지 구금상태에서 피의자를 조사할 수 있도록 하는 것도 포함되어 있다고 봄이 상당하다.

(나) 진술거부권의 의의

헌법 제12조 제2항은 "모든 국민은 고문을 받지 아니하며, 형사상 자기에게 불리한 진술을 강요당하지 아니한다."고 규정하여 형사책임에 관하여 자신에게 불이익한 진술을 강요당하지 아니할 것을 국민의 기본권으로 보장하고 있다. 우리 헌법이 이와 같이 진술거부권을 국민의 기본적 권리로 보장하는 것은, 첫째 피고인 또는 피의자의 인권을 실체적 진실발견이나 사회정의의 실현이라는 국가이익보다 우선적으로 보호함으로써 인간의 존엄성과 가치를 보장하고 나아가 비인간적인 자백의 강요와 고문을 근절하려는데 있고, 둘째 피고인 또는 피의자와 검사 사이에 무기평등을 도모하여 공정한 재판의 이념을 실현하려는데 있다(헌법재판소 1997. 3. 27. 96헌가11결정, 헌법재판소 2005.

12. 22. 2004헌바25결정 등 참조).

진술거부권의 구체적 내용에 관하여 형사소송법 제244조의3은 “검사 또는 사법경찰관이 출석한 피의자를 신문하기 전에 미리 피의자에 대하여 진술을 거부할 수 있음을 알려주어야 하고, 이를 알려준 때에는 피의자가 진술을 거부할 권리와 변호인의 조력을 받을 권리를 행사할 것인지의 여부를 질문하고, 이에 대한 피의자의 답변을 조서에 기재하여야 한다. 이 경우 피의자의 답변은 피의자로 하여금 자필로 기재하게 하거나 검사 또는 사법경찰관이 피의자의 답변을 기재한 부분에 기명날인 또는 서명하게 하여야 한다.”고 규정하고 있다.

한편, 수사기관은 혐의가 있다고 인식하는 때에는 범죄사실과 증거에 관하여 수사할 수 있고, 수사에 필요한 때에는 피의자의 출석을 요구하여 일정한 절차에 따라 진술을 들을 수 있다(형사소송법 제195조, 제196조 제1항, 제200조, 제241조 내지 제244조의5). 이와 같은 수사기관의 피의자 조사는 변명을 포함한 피의자의 진술을 듣고 기소·불기소 여부를 결정하고, 나아가 사안의 진상을 명백히 하기 위한 목적에서 이루어지는 것이므로 피의자가 신문과정에서 진행되는 질문에 대해 답변을 거부할 수 있음은 별론으로 구속된 피의자에게 조사를 위한 출석을 강제한다고 하여 곧바로 진술거부권의 박탈을 의미하는 것은 아니다.

(다) 소결론

해석상 구속의 목적에는 수사기관의 피의자 조사도 포함되어 있고, 비록 피의자가 명시적으로 진술을 하지 않겠다는 의사표시를 하더라도 수사기관에서 이루어지는 피의자 조사가 피의자에 대한 진술을 강요하는 등 헌법과 법률에 의하여 피의자에게 보장된 권리를 직접적으로 침해하거나 그에 이를 정도라고 볼 수 있는 경우가 아닌 이상 구속된 피의자는 원칙적으로 수사기관에 출석하여 신문에 응할 의무가 있다고 봄이 상당하다.

이 사건에 관하여 보건대, 아래에서 판단하는 바와 같이 피준항고인들이 준항고인들을 국가정보원 조사실로 인치한 것은 사실관계를 확인하기 위한 피의자 조사의 일환으로 행해진 것이고, 달리 준항고인들의 진술을 강요하거나 위와 같은 인치행위로 인하여 준항고인에게 보장된 권리를 침해하였다고 볼 만한 사정이 없으므로 준항고인들은 국가정보원에 출석하여 신문에 응할 의무가 있다. 따라서 준항고인들의 위 주장은 받아들이지 아니한다.

2) 영장주의 원칙에 위배된다는 주장에 대하여

준항고인들은 수사기관에 신문을 위한 인치를 하기 위해서는 별도의 구인영장이 필요한데, 본건의 경우 영장 없는 인치·구금장소의 변경에 해당하여 위법하다고 주장한다.

앞서 살핀바와 같이 우리법은 구금만을 위한 구금영장과 구인만을 위한 구속영장을 구별하지 않고 구속에 구인과 구금을 포함하는 것으로 규정하고 있는 점에 비추어 구속영장을 발부받으면 그 효력에 의하여 피의자를 구금할 수 있을 뿐만 아니라 구금된 피의자가 신문을 위한 출석요구에 불응할 경우 당해 구속영장의 효력에 의하여 피의자를 구인할 수 있고, 별도의 구인영장은 필요하지 않다고 봄이 상당하다.

또한 기록에 의하면 국가정보원은 준항고인들을 국가정보원 조사실로 인치·조사한 후 영장에 기재된 구금장소인 서울구치소에 다시 호송·구금하는 방식으로 조사를 진행한 사실이 인정되므로, 구금장소의 임의적 변경이라고 보기도 어렵다. 따라서 준항고인들의 위 주장은 받아들이지 아니한다.

3) 재량권 행사의 일탈·남용에 해당된다는 주장에 대하여

준항고인들은 국가정보원이 준항고인들에게 진술을 강요하고, 방어권 및 변호인과 가족들의 접견교통권을 침해하기 위한 목적으로 준항고인들을 국가정보원 조사실로 인치·조사하였다고 주장한다.

살피건대 준항고인들을 국가정보원 조사실로 인치한 행위 자체가 진술을 강요하기 위한 목적이었다고 볼 만한 사정이 없고, 국가정보원

이 피의자의 변호인에게 청사 입구에 설치된 보안검색대 통과 등을 거치도록 요구한 것은 국가정보원의 국가시설 관리권에 근거한 것으로서 접견교통권을 침해하기 위한 목적이었다고 볼 수 없다. 또한 국가정보원이 공범관계로 의심되는 일부 가족에 대하여 형사소송법 제209조, 제91조에 의거 접견을 제한한 사실 이외에 가족과의 접견교통권을 제한하였다고 볼 만한 사정도 없다.

따라서 준항고인들의 이 부분 주장 역시 받아들이지 아니한다.

3. 대법원의 재항고심

이에 대하여 대법원은 먼저 피의자신문제도와 구속영장의 효력과 관련하여 다음과 같이 설시한다.

형사소송법(이하 '법'이라고 한다) 제199조 제1항은 "수사에 관하여는 그 목적을 달성하기 위하여 필요한 조사를 할 수 있다. 다만 강제처분은 이 법률에 특별한 규정이 있는 경우에 한하며, 필요한 최소한도의 범위 안에서만 하여야 한다."고 하고, 법 제200조는 "검사 또는 사법경찰관은 수사에 필요한 때에는 피의자의 출석을 요구하여 진술을 들을 수 있다."고 하여, 수사의 목적을 달성하기 위하여 임의수사의 한 방법으로 피의자신문을 할 수 있음을 규정하고 있다. 나아가 법 제200조의2 제1항은 '피의자가 죄를 범하였다고 의심할 만한 상당한 이유가 있고, 정당한 이유 없이 제200조의 규정에 의한 출석요구에 응하지 아니하거나 응하지 아니할 우려'가 있는 때에는 체포영장을 발부받아 피의자를 체포할 수 있다는 취지로 규정하고 있으므로, 수사기관은 그와 같은 경우 체포영장을 청구하여 피의자를 체포한 후 피의자를 상대로 법 제200조, 제241조 내지 제244조의5에 규정된 피의자신문을 할 수 있다.

한편, 법 제201조 제1항은 "피의자가 죄를 범하였다고 의심할 만한 상당한 이유가 있고 제70조 제1항 각호의 1에 해당하는 사유가 있을 때에는 검사는 관할 지방법원 판사에게 청구하여 구속영장을 받아 피의자를 구속할 수 있고 사법경찰관은 검사에게 신청하여 검사의 청구로 관할 지방법원 판사의 구속영장을 받아 피의자를 구속할 수 있다."고 하여 검사나 사법경찰관이 피의자를 구속하려면 구속영장에 의하여야 한다는 점을 분명히 하고 있고, 법 제70조 제1항은 '구속의 사유'를 "피고인이 일정한 주거가 없는 때(제1호), 피고인이 증거를 인멸할 염려가 있는 때(제2호), 피고인이 도망하거나 도망할 염려가 있는 때(제3호)"로 규정하고 있다.

위와 같은 규정들의 취지와 내용에 비추어 보면, 수사기관이 관할 지방법원 판사가 발부한 구속영장에 의하여 피의자를 구속하는 경우, 그 구속영장은 기본적으로 장차 공판정에의 출석이나 형의 집행을 담보하기 위한 것이지만, 이와 함께 법 제202조, 제203조에서 정하는 구속기간의 범위 내에서 수사기관이 법 제200조, 제241조 내지 제244조의5에 규정된 피의자신문의 방식으로 구속된 피의자를 조사하는 등 적정한 방법으로 범죄를 수사하는 것도 예정하고 있다고 할 것이다. 따라서 구속영장 발부에 의하여 적법하게 구금된 피의자가 피의자신문을 위한 출석요구에 응하지 아니하면서 수사기관 조사실에의 출석을 거부한다면 수사기관은 그 구속영장의 효력에 의하여 피의자를 조사실로 구인할 수 있다고 보아야 할 것이다. 다만 이러한 경우에도 그 피의자신문 절차는 어디까지나 법 제199조 제1항 본문, 제200조의 규정에 따른 임의수사의 한 방법으로 진행되어야 할 것이므로, 피의자는 헌법 제12조 제2항과 법 제244조의3에 따라 일체의 진술을 하지 아니하거나 개개의 질문에 대하여 진술을 거부할 수 있고, 수사기관은 피의자를 신문하기 전에 그와 같은 권리를 알려주어야 한다.

그리고 나서 이러한 법리에 따라 준항고인들에 대하여 적법한 구속영장이 발부된 이상 수사기관으로서는 피의자신문을 위하여 준항고인들을 조사실로 구인할 수 있다고 할 것이고, 그 피의자신문 과정에서 진술거부권이 고지되지 않았다거나 준항고인들의 진술을 강제하였다고 볼 만한 별다른 자료를 찾아볼 수 없는 이상, 피의자신문을 위하여 준항고인들을 인치 내지 구인한 수사기관의 조치에 어떠한 위법이 있다고 할 수 없다고 하였다.

[평 석]

I. 서

필자의 경험으로는 2003년경부터 이 사건 사례와 같이 구속영장에 의해 구속된 피의자가 수사기관의 조사를 위한 출석요구에 응하지 않는 사례가 실제로 수사실무에서 발생하고 있다는 소식을 들었던 것으로 기억한다.

이러한 사례는 주로 검사의 수사에서 가끔 발생하였는데 그 이유는 검사의 수사절차에서는 구속 피의자를 구치소에 구금한 상태에서 검사실로 왕래하게 하는데 구치소에 구금된 피의자가 출석요구에 불응하는 상황이 발생하였기 때문이다. 경찰의 수사에서는 경찰서 내의 유치장에 구금되므로 이러한 상황이 발생될 여지가 적다. 이 사건 사례는 국가정보원의 수사에서 문제되었는데 국가정보원도 자체 유치시설을 두지 않고 구속 피의자를 구치소에 구금하기 때문에 이런 사례가 발생한 것이다.

실무에서는 공소제기 여부의 결정을 위해 구속된 피의자를 검사가 다시 조사하는 것이 필요하고 그 조사를 위한 출석요구에 피의자가 응하는 것이 당연한 것으로 여겨졌었는데 갑자기 이와 같은 사례가 나타나자 이에 어떻게 대응할 것인지가 큰 문제였다. 만약 피의자가 응하지 않으면 조사할 수 없다고 하고 그러한 사례가 일반화되면 수사실무는 매우 어려운 문제에 봉착할 것이기 때문이었다.

그런데 피의자나 그 변호인들이 주장하는 논거는 피의자신문이 임의수사이기 때문에 출석요구에 응할 의무가 없다는 것이었는데 당시만 해도 국내에 있는 모든 형사소송법 교과서가 피의자신문을 이와 같이 설명하고 있어서 그 대응이 쉽지 않았다. 피의자신문이 임의수사라고 인정하면 임의수사라는 개념이 가지고 있는 용어상 의미, 즉 당사자의 동의가 있는 경우에, 임의적인 방법만 허용된다는 것으로 연결되기 때문이다.

만약 그 주장과는 반대로 출석요구에 응하여야 하고, 응하지 않는 경우 강제로 구인할 수 있다면 그 근거는 무엇일까. 또 그렇다면 피의자신문을 임의수사라고 설명하는 것이 적절한가하는 의문이 생긴다, 따라서 이 문제는 피의자신문이 임의수사인가라는 질문 즉, 피의자신문의 성질론부터 근본적인 재검토가 필요하였다.

실무에 닥친 이 문제를 해결하기 위해 고민하던 중 2004. 2. 김종률 부장검사가 법률신문에 "현행 형사소송법상 피의자신문"이라는 글을 발표하였는데 피의자신문의 강제처분성에 대한 주장을 하여 피의자신문을 임의수사라고 설명하던 당시의 통설에 대한 이견을 발표하였다.[1] 그 후 필자가 2005. 2.경 서울대학원에서 "검사의 지위에 관한 연구"라는 제목으로 제출한 박사학위 논문에서 피의자신문의 강제처분성을 주장하였고, 그 논문을 보완하여 발간한 「검찰제도와 검사의 지위」라는 저서에서도 같은 주장을 하였다.[2] 나아가 강제구인이 가능하려면 영장주의에 부합하여야 하므로 피의자신문과 영장의 문제를 어떻게 해결할 것인가에 관심을 두고 고민을 하게 되어 2006년 발간한 「형사소송법 특강」에서 "피의자신문제도와 인신구속제도의 관련성"이라는 글을 실었다.

그 후 검찰의 일선청에서 출석요구에 불응하는 피의자를 강제구인하기 위해서 체포영장을 청구하였다가 기각되는 사례가 발생하였는데 이에 대해 필자는 체포제도는 불구속 피의자를 강제구인하는 제도이므로 이를 구속 피의자에 사용하는 것은 적절하지 않다는 생각이었고, 법원의 영장 기각 취지도 그런 취지로 이해하였다. 그리고 나서

1) 김종률, "현행 형사소송법상 피의자신문", 법률신문, 2004. 2. 19.
2) 이완규, 『검찰제도와 검사의 지위』, 성민기업, 2005, 108-137면.

그 근거를 찾기 위해 고민하던 중 구속의 개념에 구인과 구금을 포함한다고 정의한 형사소송법 규정을 바탕으로 강제구인은 발부된 구속영장의 효력에 의해 가능하다는 이론을 전개하였다.[3]

이 사건 판례는 구속영장의 효력에 의해 강제구인이 가능하다는 견해에 따른 조치에 대해 준항고가 신청되고 대법원에서 그 견해를 긍정한 판례로서 약 10년에 걸친 이론적 탐구와 논쟁의 결과라 할 것이다. 그러나 강제구인의 문제는 해결되었으나 피의자신문의 성질에 관한 근본적인 논의는 판례에 들어있지 않아 차후에도 계속 논의할 필요가 있다. 그런 관점에서 피의자신문제도를 재조명하면서 본 판례를 살펴보기로 한다.

II. 형사소송 구조와 피의자신문제도의 연혁

1. 직권주의 소송구조와 피의자신문

대륙법계의 직권주의적 형사사법체계에서는 법원이 직접 스스로 진실을 규명하기 위하여 증거를 수집하였으므로 그 진실을 규명하는 방법으로서 범죄 혐의를 받는 사람을 상대로 조사하는 방법이 자연스럽게 인정되었다. 그런데 여기서의 조사는 피조사자에게 조사에 대한 수인의무, 즉 조사를 위한 소환에 출석할 의무와 조사가 진행되는 도중에 퇴거할 수 없는 체류의무를 부과한다는 의미에서 강제성이 있는 것이었다. 그리고 이러한 강제성이 있는 조사는 남용의 가능성이 높다는 점에서 수인의무가 있는 조사의 권한은 원칙적으로 판사의 권한으로 유지하려 하였는데 프랑스와 독일의 발전 방향에 차이가 있다.

(1) 프랑스의 접근방법

프랑스는 규문시대로부터 수인의무가 부과되는 조사방법으로서의 신문(interrogatoire)과 수인의무가 없는 임의적 조사(entendre)를 법문상

3) 법무연수원, 『검찰실무 I』, 2010, 169면 이하 참조.

으로 구분하였다.[4] 신문은 일반규문단계에서 일정한 정도의 범죄혐의에 대한 조사자료를 수집하고 이에 따라 피의자가 특정된 것을 전제로 하여 특별규문단계에서만 강제력을 배경으로 판사에 의해 행해졌다. 즉 규문판사는 신문을 위하여 소환을 하고 소환에 응하지 않으면 구인하였는바 이에 따라 피신문자는 소환에 응할 의무[5]와 신문시 퇴거하지 못하고 응할 의무가 부과되었던 것이다.

이러한 강제성이 있는 신문의 개념은 프랑스 혁명 직후의 형사소송법인 치죄법에서도 임의적 조사(l'audition)와 명확히 구별되었고 신문은 판사의 권한으로 유지되었다.[6] 이러한 구분은 현재까지도 이어져 프랑스의 현행법상으로도 임의적 조사(entendre)와 수인의무 있는 신문(interrogatoire)은 구분되고 있다.

이렇게 신문은 강제성이 있으므로 공판전 절차에서는 원칙적으로 예심판사의 권한이며 예심판사는 소환에 응하지 않는 사람을 구인할 수 있다.[7] 반면에 현행범 및 준현행범사건에 있어서는 검사도 예심전에 수사할 수 있는데 이 때는 검사도 구인권이 있으며 이에 따라 구인된 사람에 대한 조사를 위해 신문을 할 수 있다.[8]

---

4) 필자는 조사의 단계상으로 보아 임의적 조사는 초기의 기초 자료 수집 단계에서 이루어지고 임의적 조사이므로 주로 피조사자의 진술을 듣는 형태로 이루어지고, 신문은 수집된 기초자료를 토대로 추궁형으로 이루어지는 경우가 많으므로 신문과 구별되는 임의적 조사를 진술청취형 조사라는 용어를 사용하여 왔다(이완규, 앞의 책, 95면 이하). 그러나 신문이나 임의적 조사나 문답이 이루어지는 것은 같고 그 정도의 차이에 불과하므로 이러한 구별은 수인의무의 유무라는 차이라는 제도의 핵심을 나타내는데 부적절해 보인다. 따라서 본고에서는 신문과 임의적 조사라는 용어로 구별하기로 한다.

5) 소환은 출석의무를 부과하는 처분으로서 강제처분이었고, 이 의무 불이행시 강제하는 것은 판사의 구인권한이었다.

6) Sättler, Die Entwicklung der französischen Staatsanwaltschaft, Dissertation Universität Mainz, 1956, S. 193-194.

7) 신문에 관한 예심판사의 절차인 프랑스 형사소송법 제114조-121조, 소환, 구인 등에 관한 제122조 등 참조.

8) 프랑스 형사소송법 제70조: 중죄의 현행범사건에서 예심판사가 아직 사건을 수리하고 있지 아니한 때에는 공화국 검사는 범죄혐의 있는 모든 사람에 대하여 구인장을 발부할 수 있다. 공화국 검사는 위 영장에 의해 인치된 자를

한편 사법경찰관의 경우는 출석요구는 할 수 있으나 이에 응하지 않아도 사법경찰관이 강제할 수는 없다. 즉 사법경찰관은 출석의무를 부과하는 권한이 없다. 사법경찰관은 공화국 검사에 보고하여 공화국 검사가 출석을 강제할 수 있다.9) 일단 이와 같은 임의성을 전제로 한 출석요구에 응하여 행하는 조사의 경우는 임의적 조사로서 entendre라는 용어를 사용하고 있다.10) 그러나 사법경찰관은 범죄혐의자를 단기간 임시유치할 수 있는데11) 이와 같이 임시유치된 상태에서의 조사에 대하여는 신문(interrogatoire)이라는 용어를 사용한다. 이는 보호유치라는 구금상황하에서는 신문에 대한 수인의무가 부과되기 때문인 것이다.12)

즉 원칙적으로 구인권이 있는 예심판사의 경우는 신문이라는 용어를 사용하고, 수사기관의 경우는 구인상태 또는 임시유치 상태 등 일정한 구금상황에서 행해지는 조사에서 신문이라고 하고 있다. 결국 출석의무 또는 신문장소 체류의무라는 형태로 수인의무가 부과되는 경우를 신문(interrogatoire)이라고 하고 있는데 수사기관의 경우는 구금상황에서 이러한 신문이 인정되는 것에 유의할 필요가 있다.

이 신문에는 진술거부권이 고지되어야 하며,13) 임시유치 상태하에서는 변호인접견이 보장되고 있고,14) 예심판사의 신문에는 변호인이

즉시 그곳에서 신문한다(Le procureur de la Republique interroge sur-le-champ la personne ainsi conduite devant lui).(밑줄은 필자가 함)

9) 프랑스 형사소송법 제62조 제2문.

10) 프랑스 형사소송법 제62조 제1문.

11) 한국의 긴급체포와 유사하며, 그 기간은 24시간이다. 검사의 서면허가를 받아 24시간 연장할 수 있다. 프랑스 형사소송법 제63조.

12) 프랑스 형사소송법 제64조 제1문: 모든 사법경찰관은 임시유치된 모든 사람의 진술을 기재한 조서에 신문을 하였던 시간, 신문 사이에 휴식을 주었던 시간, 보호유치의 개시일시, 석방일시 또는 담당 사법관에게 인계한 시간을 기재하여야 한다(Tout officier de police judiciaire doit mentionner sur le poces-verbal d'audition de toute personne gardee a vue la duree des interrogatoires auxquels elle a ete sousmise et des repos qui ont separe ces interrogatoires, …).(밑줄은 필자가 함).

13) 프랑스 형사소송법 제63-1조.

참여할 수 있다.15)

(2) 독일의 접근방법

독일은 프랑스와 달리 사람을 상대로 문답을 하며 조사하는 것을 모두 Vernehmung이라고 하는데16) 일반적으로 독일법 번역시에 이 용어를 신문이라고 번역하고 있다. 독일에서의 Vernehmung은 혐의사실에 대해 일정한 지향성을 가지고 확인하기 위하여 묻는 것을 말하며 이는 용어의 의미에 따른 분류라 할 수 있다.17)

그러나 같은 Vernehmung이라는 용어를 사용하더라도 경찰의 Vernehmung에는 수인의무가 없고, 검사 또는 판사의 Vernehmung에는 수인의무가 있다. 즉, 용어는 구별없이 사용하나 누구의 신문에 수인의무를 부여할 것인가는 소환권, 구인권 등을 별도로 규정하여 규율하고 있는 것이다.

예심이 폐지된 이후에 독일은 검사의 Vernehmung에 대하여 소환 및 구인권을 부여하여 출석의무와 체류의무를 부과하고 있다.18) 경찰의 신문에 대하여는 이러한 수인의무가 없으므로 피의자는 경찰의 소환에는 응하지 않아도 된다.19)

(3) 직권주의하에서 수인의무의 필요성

직권주의 하에서의 신문에 대한 수인의무는 재판을 위한 법원의 권한을 효율적으로 수행할 필요성으로부터 나온다. 직권주의하에서

---

14) 프랑스 형사소송법 제63-4조.

15) 프랑스 형사소송법 제114조.

16) 이와 별도로 경찰관 등이 일정한 사실을 확인하기 위해 탐문을 하며 문답하는 경우도 있는데 이러한 탐문(Umfrage)형 조사방법은 법규정이 없어도 당연히 인정된다. Kramer, *Grundbegriffe des Strafverfahrens* 4. Aufl., Kohlhammer, 1999, Rdnr. 28a.

17) Eisenberg, *Beweisrecht der StPO*, C.H.Beck, 1999, Rdnr. 510.

18) 독일 형사소송법 제163조의a 제3항에 의하여 검사의 신문에 판사의 신문에 관한 제133조-136조를 준용함으로써 검사의 신문에 대하여도 수인의무가 부여되었다.

19) Eisenberg, a.a.O, Rdnr. 512.

법원은 실체적 진실발견을 위하여 스스로 증거를 수집할 수 있는 기관이다. 법원이 진실발견을 위한 책무를 수행하기 위해서는 직접 피고인과 문답하는 것이 효율적이다. 그리고 그 업무수행을 가능하게 하기 위해서는 피고인으로 하여금 법원의 소환에 응하도록 하고, 나아가 그 신문 중에는 신문장소에서 떠나지 않도록 조치할 필요가 있는 것이다.

나아가 수사절차에서의 피의자신문에 수인의무를 부여하는 것은 공판단계 심리의 효율성을 도모하기 위한 필요성 때문이다. 법원이 공판정에서 모든 증거수집과 신문을 최초의 혐의단계부터 진행할 수는 없다. 따라서 공판전에 그 신문자료를 준비하여 줄 절차가 필요하고 이에 따라 공판전 조사절차에서도 신문규정을 두게 된다. 그리고 그 신문은 강제성을 가지므로 프랑스나 예심절차를 두었던 독일 구형사소송법은 원칙적으로 판사가 하는 예심절차에서 인정되었다.

그러면 판사 이외의 수사기관의 신문에도 이러한 수인의무를 부여할 것인가가 문제된다. 그렇게 하면 수사의 초동단계에서 강제성으로 인하여 효율적으로 증거를 수집할 수 있는 장점이 있는 반면에 인권침해의 위험도 있기 때문이다.

그런데 프랑스나 독일 구형사소송법과 같이 공판전의 예심절차를 두어 판사가 신문을 할 수 있는 경우는 문제가 덜 하나 예심제도가 없게 되면 판사 이외의 어떠한 수사기관에 이러한 강제성 있는 신문의 권한을 인정할 것인가가 특히 문제가 된다. 만약 공판청구 전의 조사절차에 전혀 강제성을 부여하지 않으면 범죄혐의에 대하여 공판을 개시할 정도의 충분한 혐의가 있는지에 대하여 충실한 조사가 될 수 없으므로 부실한 조사상태에서 공판청구가 되어 무죄율이 상승할 것이다. 이것은 피고인의 입장에서 보면 무고하게 공판정에 서게 되는 불이익이 있는 것이고 나아가 공판의 비용성을 생각하면 많은 비용을 들이게 되는 것이다. 또한 조사가 부실하여짐에 따라 실제로는 죄가 있음에도 불구하고 사실을 밝히지 못하여 공판청구를 하지 못하는 결과도 초래될 수 있고 이는 실체적 정의의 발견이라는 형사소송의 이념에 충실하지 못하게 될 우려가 있는 것이다.

따라서 공판전 조사절차에서 수인의무 있는 신문을 하게 할 현실적인 필요성과 인권보장이라는 이념간의 충돌을 조화롭게 절충할 필요가 있는 것이다. 이에 따라 프랑스에서는 원칙적으로 사법관으로서의 예심판사 또는 검사에게만 수인의무 있는 신문의 권한을 인정하고, 예심제도를 폐지한 독일에서는 수사기관 중에는 검사에게만 수인의무 있는 신문권한을 부여하여 해결한 것이다.

2. 당사자주의에서의 접근방법

(1) 법원 또는 판사의 신문제도 부인

영미법계의 당사자주의 형사사법체계는 법정에서 소추자와 피소추자가 당사자로서 공방을 하고, 당사자가 증거자료를 수집하여 제시하면서 진행되므로 법원 또는 판사는 진실발견을 위한 증거수집자가 아니다. 따라서 법원 또는 판사의 신문제도는 인정되지 않았다.

18세기 이전의 영국의 법원에서는 소추측의 주장에 대하여 피고인이 직접 답변을 하는 방식으로 진행되었고 그러다보니 판사가 진술을 명확히 하거나 정리하기 위하여 피고인에게 직접 질문을 하는 방식이 이용되기는 하였다. 그러나 그 질문도 소추측 주장이 이러하니 이에 대해 답변하여보라고 하고 그 답변이 명확하지 않다든가 보충할 필요가 있을 때 보충하여 질문을 하는 방식이었을 뿐이다. 따라서 이를 대륙법계에서 법원이 사실관계를 직접 밝히기 위해 질문하고 나아가 수인의무가 인정되는 방식의 신문이라고 할 수는 없었다. 그리고 18세기 이후 피고인이 직접 말하는 방식이 사라지고 변호인이 대신 답변하는 방식이 정착되면서 그나마 이러한 질문방식도 사라지게 되었다.[20)]

20) Langbein, *The Origins of Adversary Criminal Trial*, Oxford University Press, 2003, pp. 253-276.

(2) 당사자의 신문권 부인

재판을 하려면 사실관계를 확정하여야 하고 이를 위해서는 증거자료가 수집되어야 한다. 영미법계 당사자주의는 법원이 증거수집에 나서지 않으며 증거수집은 당사자에게 맡겨진다. 그렇지만 당사자는 상대방과의 관계에서는 대등하므로 상대방 당사자에 대하여 강제성 있는 신문권한을 부여받는다는 발상이 어렵다. 그러므로 당사자는 법정에서도 강제적으로(즉 상대방이 원하여 증인으로 나서지 않는 한) 상대방을 신문할 수 없다. 다만 법원 앞에서 자신의 주장에 대한 상대방의 답변을 듣는 것으로 한정될 뿐이다.

공판정에서의 이러한 당사자들간의 지위는 공판전 단계에서도 마찬가지이다. 따라서 공판전 단계인 수사절차에서도 상대방을 조사하기 위하여 자신에게 오라고 소환할 수도 없으며 오지 않는다고 하여 이를 강제할 수도 없다. 따라서 당사자의 조사활동은 먼저 진술을 듣고 싶으면 진술을 해 줄 것을 바라는 사람을 직접 찾아다니는 방식으로 할 수밖에 없고, 또한 진술을 듣는 방식도 순수한 임의적 조사일 수밖에 없다.

(3) 경찰의 체포상태에서 신문에 유사한 실무형성 및 이에 대한 규제

사회가 복잡해지고 범죄사건도 폭증하여 처리하여야 할 사건이 많아지면 범죄의 예방과 범죄의 확인 및 그에 대한 형사절차의 개시를 오로지 사적인 임무로만 할 수는 없다. 이에 따라 영미법계에서도 이러한 임무를 맡게 될 공적인 기구로서 경찰제도가 17세기에 도입되고 경찰이 이제는 법원의 절차 이전에서 증거를 수집하는 일을 맡게 되었다.

경찰도 사적 당사자와 같은 지위에서 증거를 수집하므로 원래의 형태인 임의적 조사만을 할 수 있는 것이었다. 한편 영미법계에서는 형사범죄(felony)[21] 피의자는 누구나 체포할 수 있었다. 그런데 이 때

21) 일반적으로 felony를 중죄라고 번역하는데 그렇게 번역하면 우리나라의 용어

의 체포는 형사절차의 진행을 위해 법원에 데려가기 위한 것이지 피의자를 조사하기 위한 것은 아니었다. 따라서 체포 후 구금상태에서 피의자에게 질문하는 것은 원래에는 금지되어 있었다.[22)]

체포제도의 전통적인 기능에 따라 경찰제도 도입 후에도 피체포자를 신문하는 것은 경찰의 기능이 아니었다. 따라서 영미법계 보통법은 질문을 위한 구금(detention for questioning)의 권한을 인정하지 않았다.[23)] 그럼에도 불구하고 영국의 실무에서는 임의적 조사권한을 이용하여 경찰이 피체포자를 장악한 채로 조사를 하는 수단으로 체포를 이용하게 되었는데 이러한 실무가 Mohammed-Holgate 사건에서 대법원(House of Lords)에 의해서도 인정되었다.[24)]

이후 이에 대한 규제의 필요성으로 판사들은 '법관규칙(Judge's Rules)'을 제정하여 규제하려 하였으나 그럼에도 불구하고 구금상태에서의 경찰의 질문권이 인정되어 갔고, 이에 따른 문제점을 해결하고자 결국 경찰 및 형사증거법(Police and Criminal Evidence Act 1984, PACE)에서 법적으로 단기간의 체포후 구금상태에서의 질문권한을 부여하고 그 과정을 규제하는 장치들을 두어 해결하고자 하였다.

결국 영국에서 선택한 방법은 피의자에 대하여 단기간의 체포와 이 기간 동안의 질문권을 부여한 것이 되었다. 이렇게 되면 경찰의 체포에 의한 질문은 체포 후의 구금권한으로 인하여 체포된 피의자가 조사를 거부하고 그 장소를 임의로 떠날 수 없게 되므로 그런 한도에서 사실상 수인의무가 부여된 것과 같은 효과가 있게 된다.

이러한 경향은 형사소송의 실제의 운영에 있어 증가하는 범죄에 대응하기 위하여 경제성과 효율성이 있는 제도가 필요하다는 점을 생

상 내포와 달라 오해하기 쉽다. 영미법계에서의 felony에는 우리나라의 형법상의 범죄들이 대부분 포함되며, 흔히 경죄라고 번역되는 misdemeanor는 우리나라에서는 즉심사건에 해당하는 경미범죄에 가깝다. 따라서 본고에서는 felony를 형사범죄라고 번역한다.

22) Uglow, *Criminal Justice*, Sweet & Maxwell, 1995, p.71.

23) Uglow, op cit, p.71.

24) Uglow, op cit, p.71.

각하면 이해할 수 있다. 피의자의 진술을 들을 수 있다면 경찰단계에서도 이미 혐의가 인정되지 않는다는 것이 확인되어 입건하지 않을 것이고 그렇게 되었다면 피의자는 법정에 서지도 않을 것이다. 그러므로 무고한 사람이 법정에 가서 불필요하게 법정의 절차를 이행한다는 것보다는 미리 그런 무고한 사람이 법정에 서지 않도록 하는 것이 오히려 인권보장에 적절하지 않는가 하는 관점을 영국사람들도 생각하게 된 것이다.[25)]

그렇지만 수인의무를 부여하는 신문제도를 인정하는 것은 당사자주의적 관점에 비추어보면 한쪽 당사자에게 우월적 지위를 인정하는 것이므로 구조적인 문제와 충돌한다. 나아가 구금상태에서의 신문제도가 갖는 인권침해 가능성으로 인해 이를 엄격히 규제할 필요도 있다.

그렇기 때문에 체포 상태하에서 피체포자가 일체의 진술을 하지 않겠다고 한다면 더 이상 질문할 수는 없다. 즉 신문을 계속 수인할 의무가 없는 것이다. 그리고 진술을 거부한 사람을 조사를 위해 소환할 권한도 인정되지 않는다. 오로지 당사자 스스로가 임의로 진술하겠다고 한 경우에만 조사가 인정된다. 이는 대륙법계에서 인정되는 수인의무가 있는 신문권을 인정하는 것과 큰 차이이다.

나아가 그러한 임의적 질문권한만 인정하면서도 구금상태에서 행해지는 질문의 인권침해 가능성을 막기 위해 엄격한 규제를 하는데 미국 연방대법원의 Miranda rule 등이 대표적인 예이다.

Ⅲ. 한국의 피의자신문제도

1. 현행법상 신문규정의 특징

형사소송법은 피고인, 피의자에 대하여 전형적인 대륙법계의 신문제도를 채택하고 있다. 다만 대륙법계의 프랑스나 독일이 신문의 권한을 사법관인 판사와 검사에게만 한정하고 있는 것과 달리 현행법은

25) Uglow, op cit, pp.114-118.

사법경찰관에게도 피의자신문의 권한을 인정하고 있는 점에서 크게 다르다. 이는 일제 강점기에 식민지 통치를 위해 경찰에 강력한 권한을 부여하여 너무 많이 나아간 것을 아직 다시 되돌리지 못한 것이다.

한편, 피의자의 조사방식으로 피의자신문 이외에 피의자조사라는 방식도 규정함으로써 두 가지 조사방식의 관련성이 문제된다. 현행법은 피의자에 대한 조사방식으로 제200조 제1항의 조사규정과 제241조 이하의 신문규정을 두고 있다. 제241조부터 제245조까지의 피의자신문에 관한 규정은 일본 구형사소송법 제133조부터 제139조까지의 피고인신문규정을 모델로 한 것으로 보인다.[26]

형사소송법 제정당시의 입법모델이 된 일본 구형사소송법에서도 수인의무 있는 신문과 수인의무 없는 임의적 조사를 구분하고 있었는데 이러한 구분은 프랑스의 영향을 받았던 것으로 보인다.[27] 임의적 조사는 순수한 임의적 조사이므로 피의자는 수인의무가 없어 출석을 거부할 수도 있고 언제든지 퇴거할 수 있다. 이에 반해 신문은 수인의무가 부여되어 강제성을 갖는 조사방식이므로 출석을 거부할 수 없고 신문 중에임의로 퇴거할 수 없는 것이다.[28] 그러므로 현행법상의 규정들을 이해하기 위해서는 연혁적 검토부터 필요하다.

---

26) 일본 구형사소송법의 이 피고인신문 관련조항은 제139조에 의하여 피의자신문에 준용되었으며 제139조에는 사법경찰관이 피의자를 신문하는 경우는 사법경찰리로 하여금 입회하게 하여야 한다고 규정하고 있었다.

27) 예심제도를 두고 있던 일본의 구형사소송법상 신문의 권한은 프랑스와 같이 법원 또는 예심판사에게만 유보되어 있고, 검사나 사법경찰관은 원칙적으로 임의적 조사방법인 취조만 할 수 있었을 뿐이다. 신문을 위하여는 검사가 예심판사나 구재판소 판사에게 청구하여 하게 하였다(일본 구형사소송법 제255조 제1항 참조).

28) 그러므로 일본 구형사소송법 제255조 제1항은 「검사가 … 강제처분을 필요로 하는 때에는 … 피의자신문 … 을 예심판사 … 에게 청구할 수 있다」고 하고 있었던 것이다.

2. 한국의 피의자신문제도의 연혁

(1) 일본 형사소송법상의 신문제도의 변천

(가) 일본 구형사소송법시대의 신문제도

① 신문 규정

한국은 일본을 통하여 대륙법계의 형사사법체계를 도입하였으며 신문제도도 일본을 통하여 도입된 제도이다. 그러므로 먼저 일본에서의 신문제도의 변천을 살펴볼 필요가 있다.

일본은 明治시대에 대륙의 근대적 제도를 도입하였는바 당시의 형사소송제도는 프랑스의 영향을 받았다. 파리대학 교수인 브와소나드를 초빙하여 형법과 치죄법(治罪法)[29]을 기초하게 하여 1880년(明治13년) 치죄법이 공포되고 1882년부터 시행되었는데 이 치죄법은 당시의 프랑스의 치죄법(Code d'instruction criminelle)과 유사하였다. 이 치죄법에서의 조사방식도 프랑스의 예에 따라 수인의무가 부과되는 신문(訊問)과 수인의무가 없는 임의적 조사를 구분하고 있었다.

예심판사는 피고인을 신문할 수 있었으며[30] 신문을 위하여 피고인을 소환하고[31] 이 소환에 응하지 않으면 구인할 수 있었다.[32] 구인된 피고인은 48시간내에 신문을 하고 48시간이 경과하는 경우는 구류장을 발부하지 않으면 석방하여야 하였는데 신문은 원칙적으로 예심판사가 하는 것이었다.

---

29) 형사소송법에 해당한다.

30) 일본 치죄법 제149조-155조; 한편 이 때는 「피의자」라는 개념이 없었고, 고소, 고발을 받거나 현행범으로 체포되면 바로 「피고인」이라고 개념하였다. 검사의 기소는 중죄의 경우는 예심청구, 경죄의 경우는 바로 경죄재판소에의 기소였고, 예심의 전 단계를 「수사」로 개념하였다. 따라서 수사의 범위는 고소·고발의 접수(사법경찰관은 고소·고발을 접수한 때는 즉시 검사에게 이를 송치하여야 하였다, 일본 치죄법 제93조 제3항)와 고소·고발인의 진술청취, 현행범체포 및 이에 부수하는 조사(신문, 검증 등 처분가능, 일본 치죄법 제104조) 등에 한하였다.

31) 일본 치죄법 제118조.

32) 일본 치죄법 제120조. 한편 주거부정, 증거인멸의 우려가 있는 때 등 소정의 사유가 있으면 소환 없이 구인장을 발부할 수도 있었다(일본 치죄법 제121조).

검사는 예심판사보다 먼저 중죄와 경죄의 현행범이 있음을 안 때에는 예심판사를 기다리지 않고 현장에 임하여 예심판사에 속한 처분을 할 수 있었으므로[33] 이 때는 신문을 할 수 있었다. 또한 사법경찰관으로부터 체포한 현행범을 인치받은 때에는 24시간 내에 신문하고 조서를 작성한 후 청구서와 함께 예심판사에 송치하여야 하였다.[34] 한편, 사법경찰관은 현행범(준현행범)의 체포의 경우 예외적으로 임시로(仮に)신문을 할 수 있었고,[35] 검사의 현행범에 대한 수사는 사법경찰관에게 임시로 하게 할 수 있었으므로[36] 이와 같이 검사의 지휘를 받는 한에서 현행범의 경우에만 허용되는 것이었다.

이러한 일본 치죄법상의 신문에 대한 구조는 1890년(明治 23년)에 시행된 明治 刑事訴訟法에서도 유지되어 피고인신문[37]은 예심판사의 권한이며[38] 현행범의 경우만 제한적으로 검사에게 인정되고 사법경찰관에게는 임시적으로 인정된다.[39] 그런데 1922년에 제정된 大正 刑事訴訟法에서는 신문과 관련하여 검사와 사법경찰관의 권한이 확대되었다. 즉 종래의 현행범 이외에 요급사건이라는 개념이 추가되어 급속을 요하여 판사의 구인장을 받는 것이 불가능할 때에는 검사가 구인장을 발하거나 사법경찰관에게 구인을 명할 수 있게 하였다.[40] 이에 따라 구인되는 경우는 사법경찰관은 즉시 신문하고 48시간 내에 서류 및 증거물과 함께 구인된 피의자를 검사에게 송치한다고 하여 피의자개념이 사용되며,[41] 검사는 지체없이 24시간 내에 신문하고 예심판사에게 구류장을 청구하거나 급속한 경우는 직접 구류장을 발부할 수 있었다.[42] 요급사건의 범위를 감안하면[43] 검사의 신문권한이 크게 확대

33) 일본 치죄법 제203조 제1항.
34) 일본 치죄법 제206조 제1항.
35) 일본 치죄법 제104조.
36) 일본 치죄법 제205조 제1항.
37) 일본 구(明治)형사소송법에서도 피의자개념이 나타나지 않는다.
38) 일본 구(明治)형사소송법 제93조-제101조..
39) 일본 구(明治)형사소송법 제144조, 제147조.
40) 일본 구(大正)형사소송법 제123조.
41) 일본 구(大正)형사소송법 제127조.

된 것이었다.

그러나 이러한 예외적인 경우를 제외하면 원칙적으로 신문은 여전히 예심판사의 권한이었고, 검사는 필요하다고 인정될 때에는 지방재판소의 예심판사나 구재판소의 판사에게 청구하여 이를 행할 수 있었다.44)

② 임의적 조사 규정

한편, 大正 刑事訴訟法은 제254조 제1항에 수사에 관하여는 그 목적을 달성하기 위하여 필요한 취조(取調)를 할 수 있다고 하고 그 단서에서 다만 강제처분은 별단의 규정이 있는 경우가 아니면 이를 할 수 없다고 하였다. 또한, 제255조 제1항은 강제처분은 공소제기 전에도 판사에게 청구하여 할 수 있다고 하였는데 이 강제처분 가운데에 피의자신문이 명문으로 포함되어 있어 피의자신문의 강제처분성을 명확히 하고 있었다.

이에 따라 검사나 사법경찰관은 원칙적으로 임의적 조사방법인 취조의 권한만 행사할 수 있었다.

(나) 패전 후 일본 형사소송법상의 규율

① 조문의 구성

제2차 세계대전에 패전한 후 일본은 미군정의 영향력 아래 미국식의 제도를 많이 도입하여 영미법적인 구조와 대륙법적인 구조가 혼합되게 되었다. 특히 예심제도를 폐지하고 신문제도도 폐지하는 큰 변화를 가져왔다. 공판단계에서의 피고인신문을 폐지하고 피고인질문으로 용어를 바꾸어 증거조사절차 뒤로 위치를 전환하였으며, 공판전 단계에서 인정되던 피의자신문제도도 폐지하였다.

---

42) 일본 구(大正)형사소송법 제129조.

43) ① 피의자가 정해진 주거를 갖지 않은 때, ② 현행범인이 그 장소에 있지 않을 때, ③ 현행범인의 취조로 인하여 그 사건의 공범을 발견한 때, ④ 기결의 수인(囚人) 또는 본 법에 의하여 구금된 자가 도망한 때, ⑤ 사체의 검증으로 인하여 범인을 발견한 때, ⑥ 피의자가 상습으로 강도 또는 절도의 죄를 범한 것일 때 등이 요급사건으로 되어있었다(일본 구(大正)형사소송법 제123조).

44) 일본 구(大正)형사소송법 제255조 제1항.

그리하여 수사절차에서의 피의자 조사방법으로는 종전에 임의적 조사방법으로 인정되던 피의자 취조(取調)만을 규정하게 되었다.[45] 구(大正)형사소송법하에서 예외적으로 인정되던 검사와 사법경찰관의 신문의 권한도 없어졌다. 신문제도의 폐지는 종래 강제처분으로서의 신문, 즉 수인의무가 부과되는 조사방법의 폐지라는 의미를 가지며 그러한 한에서는 영미법적인 구조로의 전환을 의미하였다.

그러나 그럼에도 불구하고 일본 형사소송법 제198조 제1항은 "검찰관, 검찰사무관 또는 사법경찰직원은 범죄의 수사를 함에 관하여 필요가 있을 때에는 피의자의 출두를 구하고 그를 취조할 수 있다. 다만, 피의자는 체포 또는 구류되어 있는 경우를 제외하고는 출두를 거부하거나 또는 출두 후 언제라도 퇴거할 수 있다."고 규정하여 단서에서 체포 또는 구류된 경우 종래의 신문과 같이 출석과 체류의 의무를 부과하여 실질상 신문을 인정한 것과 다름없는 규정을 두고 있다. 이는 겉으로는 영미법적인 구조전환을 한 것처럼 보이면서도 그 이면에는 대륙법적인 신문의 구조를 상당부분 유지하고 있는 것으로 평가할 수 있다.

즉, 일본은 패전 이전에는 대륙법계 형사사법체제로서 공판전에 예심 등을 통해 범죄혐의와 관련된 자료를 정밀하게 확인한 후 공판을 시작하는 체제였는데 그 예심제도를 폐지하였기 때문에 공판전 단계에서 예심판사가 하던 기능을 대신하여 누군가가 피의자 등을 미리 조사하여 줄 필요성이 있었을 것이다. 일단 외면적으로는 영미법계와 같이 임의적 조사방식만을 남겨 피의자조사의 임의수사성이 전면으로 나오게 되었으나[46] 그렇다고 하여 이러한 임의수사성을 관철하여 영

---

45) 일본 형사소송법 제198조.

46) 田宮裕는 일본 형사소송법 제198조의 취조규정이 취조도 종래에는 예심판사의 권한이고 검사나 사법경찰관에는 원칙적으로는 금지되어 있었으나 차차 「임의의 청취」라는 이유로 판례상 허용되는 것으로 되었던 것인데 이를 명문으로 허용하는 것으로 된 점에 의미가 있다고 한다. 田宮裕, 『刑事手續とその運用』, 有斐閣, 1990, 408面.

미법과 같이 피의자 조사가 불가능한 것으로 하여서는 실체적 진실발견을 우선하는 정밀사법의 형사사법체계가 운영될 수 없었을 것이다. 따라서 일본도 체포 또는 구류된 때에는 출두를 거부하거나 퇴거할 수 없도록 함으로써 체포와 구류로 구금된 피의자의 경우는 예외적으로 종래의 신문과 같이 피의자 조사가 가능하도록 강제처분성을 부여하여 실무상의 문제점을 해결하려 하였던 것으로 보인다.

대륙법계와 다른 특징은 먼저 조사 관련 규정과 인신구속의 연결인데, 대륙법계의 신문제도에 있어서 소환→구인으로 이어지는 출석의무는 인정하지 않되 체포의 요건을 영미법계와 같이 「범죄혐의」만으로 함으로써 체포를 쉽게 할 수 있게 하여 구인의 문제를 해결하였다. 그리하여 경찰에는 체포의 권한만 부여하고, 검사에게는 구류의 권한을 부여하여 경찰의 조사에는 체포기간인 48시간 내에 체류의무를 부과하고, 검사에게는 10일부터 최장 25일까지의 구류기간을 부여하여 예심제도 폐지로 인한 공백을 보완하였다. 결국 외형상으로는 영미법적인 접근방식을 따르면서도 공판전에 검사가 피의자를 조사하는 대륙식 체제를 유지한 일본으로서 영미법의 접근방식보다는 검사의 구류기간이 포함되므로 좀 더 장기간의 수인의무를 부여한 것이라고 할 수 있다.

② 수인의무 관련 견해

일본의 전통적 견해나 실무에서는 단서규정을 이렇게 수인의무를 부여한 것으로 해석하고 운영하고 있다.[47)]

그런데 이러한 해석에 반대하여 수인의무를 부정하는 학설도 있

---

47) 高田卓爾, 『刑事訴訟法』, 靑林書院新社, 1984, 335面; 三井誠, "被疑者の取調べとその規制", 刑法雜誌 第27券 第1号(1986), 178面; 法務省 刑事局 刑事訴訟法硏究會, 『實務刑事訴訟法』, 立花書房, 1994, 179-180面; 한편 団藤重光은 체포, 구류된 상태에서의 출석 및 체류의무를 긍정하고 있는바 이에 따라 피의자의 취조를 「강제처분」의 장에서 논하고 있음이 주목된다. 다만 団藤重光은 이 의무는 체포와 구류라는 처분의 작용 중에 포함된 것으로 보며 취조 자체에 수인의무가 부과되는 것은 아니라고 해석한다(団藤重光, 『刑事訴訟法』, 靑林書院新社, 1963, 118-119面).

다. 즉 이 단서의 규정에 대하여 ① 출두거부, 퇴거를 인정하는 것이 체포·구속의 효력 자체를 부인하는 것인 아니라는 취지를 주의적으로 규정한 것에 그친다는 해석,[48] ② 이 규정이 체포·구속된 경우의 수인의무에 대하여 명문을 두지 않고 해석에 위임하고 있으며 체포·구속은 취조를 목직으로 하는 것이 아니므로 체포·구속 중의 피의자에 대하여도 특별한 취급을 할 필요가 없다는 해석,[49] ③ 제198조는 재택(在宅)피의자, 즉 불구속피의자에 대한 것이므로 신병구금자에 대한 출두요구는 문제가 될 수 없다는 해석[50] 등으로 체포·구속된 경우에도 취조실에의 출두 및 체류의무가 없다는 견해가 주장되고 있고, 나아가 ④ 아예 법에 체포·구류된 경우를 제외하고 있는 것은 구금 중의 피의자에 대한 취조를 일체 인정하지 않는 입장을 취하였기 때문이라는 견해도 있다.[51]

그러나 이러한 수인의무 부정설은 아직 일부 학설에 그칠 뿐 실무는 의연히 수인의무를 인정하고 운영되고 있으며[52] 실무에서는 이 때의 수인의무는 체포 또는 구류된 그 사건에 한하지 않고 별건의 조사에도 인정된다고 하고 있는 실정이다.[53]

(2) 형사소송법상 신문제도의 연혁

(가) 일제 강점기의 신문제도

우리나라에는 일제 강점기를 거치면서 대륙식의 신문제도가 도입되게 되었는데, 문제는 신문의 권한을 판사의 권한으로 유지하고 있던 프랑스나 독일 및 일본 등과 달리 한국에서는 도입 초기부터 신문의

48) 鈴木茂嗣, 『刑事訴訟法』, 青林書院, 1990, 83面.
49) 平野龍一, 『刑事訴訟法』, 有斐閣,, 1958, 106面.
50) 田宮裕, “被疑者の取調べ”, 法學教室 第78号(1987), 40面.
51) 澤登佳人, “逮捕または拘留中の被疑者取調べは許されない”, 法政理論 第22券 第2号(1979), 1面.
52) 일본에서의 취조와 수인의무에 관련된 논의의 소개로는 이동희, “피의자신문의 현황과 문제점”, 형사법연구 제20호(2003), 225-226면; 이은모, “피의자 인신구속제도 정비방안”, 형사법연구 제19호(2003), 125-127면 참조.
53) 法務省 刑事局 刑事訴訟法研究會, 前掲書, 186面.

권한이 사법경찰관에게까지 내려가게 된 점에 있다.

조선을 강제로 합병한 일본이 조선에 대한 식민통치를 위하여 지역 곳곳에 배치되어 있는 경찰인력에 강한 권한을 주었는데 판사의 권한으로 제한되고 있던 신문의 권한, 즉 강제처분성이 있는 신문의 권한을 사법경찰관에게까지 부여한 것이다.

1912년 총독부가 조선형사령을 입안하면서 근대 형사소송법의 대원칙을 배제하는 독소조항을 삽입하였는데 그 중 제12조와 제13조에서 검사와 사법경찰관, 특히 사법경찰관에게 독자적인 강제수사권을 부여한 것을 들 수 있다. 1912년의 조선형사령 제12조는 "① 검사는 현행범이 아닌 사건이라 하더라도 수사의 결과 급속한 처분을 요한다고 사료하는 때에는 공소제기 전에 한하여 영장을 발하여 검증, 수색, 물건차압을 하거나, 피고인,[54] 증인을 신문하거나 또는 감정을 명할 수 있다. 다만, 벌금, 과료 또는 비용배상의 언도를 하거나 선서를 시킬 수는 없다. ② 전항의 규정에 의하여 검사에게 허용한 직무는 사법경찰관도 역시 임의로 이를 할 수 있다. 다만, 구류장을 발할 수는 없다."고 하고 있다. 나아가 제13조는 "① 사법경찰관이 전조 제2항의 규정에 의하여 피고인을 신문한 후 금고 이상의 형에 해당한다고 사료하는 때에는 14일을 초과하지 않는 기간에 유치할 수 있다. ② 사법경찰관은 전항의 유치기간 내에 증빙서류 및 의견서와 함께 피고인을 관할 재판소의 검사에게 송치하여야 한다."고 하였다. 이렇게 하여 사법경찰관이 강제성이 있는 조사방법으로서의 신문을 할 권한과 그 강제성을 뒷받침할 수 있는 14일간의 구금권한을 부여받게 되었다.[55]

54) 「피고인」이라는 용어를 사용한 점에 대하여는 이 당시는 일본이 明治刑事訴訟法시대로 明治刑事訴訟法하에서는 피의자라는 개념이 없었고 고소, 고발되거나, 현행범체포된 사람은 바로 피고인으로 불리웠던 점을 감안하면 이해될 수 있을 것이다.

55) 그런데 앞에서 본 바와 같이 정작 일본 본토에서의 치죄법과 明治형사소송법에서는 현행범인 경우를 제외하고는 신문의 권한이 판사에게만 인정되고 있었다. 大正형사소송법에 의해서 현행범이 아닌 경우에도 검사에게 요급사건의 경우 신문의 권한을 부여하였지만 그러나 그 기간은 사법경찰관 48시간,

신문의 권한을 사법경찰관에게 광범위하게 인정하던 이러한 실정은 일본에서의 大正형사소송법의 시행에 맞추어 개정된 조선형사령에서도 변경되지 않았다. 즉, 1922년 개정되어 1924년 시행된 조선형사령 제12조는 "① 검사는 형사소송법에 규정한 경우 외에 사건이 금고 이상의 형에 해당하고 급속한 처분을 요한다고 사료하는 때에는 공소의 제기 전에 한하여 압수, 수색, 검증 및 피의자의 구인[56], 피의자 또는 증인의 신문, 감정, 통역 또는 번역의 처분을 할 수 있다. ② 전항의 규정에 의하여 검사에게 허용한 처분은 사법경찰관이 이를 행할 수 있다."고 규정하고, 제13조는 "① 사법경찰관은 전조 제2항의 규정에 의하여 피의자를 신문한 후 형사소송법 제87조 제1항 각호에 규정한 사유가 있다고 사료하는 때에는 10일을 초과하지 않는 기간에 피의자를 유치할 수 있다. ② 사법경찰관은 전항의 유치기간 내에 서류 및 증거물과 함께 피의자를 관할재판소의 검사 또는 그에 상당하는 관서에 송치하는 수속을 하여야 한다."고 하고 있다. 즉 사법경찰관의 영장 없는 유치기간이 14일에서 10일로 줄어든 것 이외에는 이전과 별 변화가 없다.[57]

그리하여 구인이라고 하는 강제처분에 의해 뒷받침되는 출석의무와 체류의무가 인정되는 강제처분으로서의 신문권한을 검사와 사법경찰관이 행사하게 되었고 특히 당시 조선인들은 사법경찰관의 영장 없는 유치기간 10일 동안 이러한 강제처분으로서의 신문을 수인하여야

검사는 사법경찰관으로부터 송치받은 후 다시 24시간의 한도가 있었던 것이다(일본 구형사소송법 제127조, 제129조). 따라서 원칙적으로는 이 신문의 권한은 판사의 권한으로 유지하여 검사가 공소제기 전에 필요하다고 인정하는 때에는 판사에게 청구하여 하도록 하는 체제를 유지하고 있었다(일본 구형사소송법 제255조).

56) 개정된 조선형사령에서는 구인이라는 용어가 추가되어 구인 → 신문으로 이어지는 강제처분성이 더 명확히 되고 있다.

57) 이와 같은 사법경찰관의 영장 없는 10일의 유치기간이 해방후에는 영장만 받도록 하고 기간은 그대로 유지되면서 세계에서 유례가 없는 사법경찰관의 10일의 구속기간이라는 현행법상 규정이 생긴 것이다. 아직까지 남아있는 형사소송법상의 일제잔재로서 하루속히 개선되어야 할 것이다.

하는 상황에 처하게 되었다.58)

(나) 제정형사소송법상의 신문제도

① 피의자 신문제도의 유지

제2차 대전 후 일본의 형사소송법이 구(大正)형사소송법에 규정되어 있던 예심제도 및 강제처분으로서의 신문제도를 폐지한 것에 반하여 한국의 제정형사소송법은 예심제도를 폐지하면서도 수사단계에서 검사와 사법경찰관의 피의자신문제도를 유지하는 선택을 하였다. 그런데 이러한 선택을 함에 있어서도 피의자신문에 관한 한 사법경찰관에게도 신문의 권한을 부여하였던 조선형사령체제가 거의 유지되어 문제의 소지를 가지고 있었다.

즉 제정형사소송법은 검사와 사법경찰관에게 일반적으로 피의자신문을 할 수 있도록 규정하였다. 다만, 조선형사령에서는 검사와 사법경찰관이 영장없이 피의자를 구인할 수 있었고59), 사법경찰관은 이와 같이 구인하여 신문한 후 10일간 영장 없이 유치할 수도 있었는데 영장주의가 도입되면서 이 구인과 10일간의 유치에 관한 한은 판사의 영장을 필요로 하는 것으로 개선되었을 뿐이다.

피의자신문의 강제처분성은 형사소송법 제정 당시의 입법논의에서도 잘 나타난다. 당시 검사 및 사법경찰관리의 피의자신문제도 및 피의자신문조서 작성규정을 둔 형사소송법 정부초안에 대한 공청회에서 이수욱 당시 서울고등법원 부장판사는 "초안에 의할 것 같으면 법관에 신청해서 수사기관은 10일 동안은 피의자를 조사할 수 있는데 거기다가 피의자신문에 있어서 강제처분을 하도록 되어 있는데(밑줄은 필자가 함) 현행법 제255조60)에는 여하한 경우라도 수사기관은 강제

58) 이에 더하여 그 신문의 결과인 조서에 절대적 증거능력을 인정함으로써 조선형사령체계는 광범위한 경찰사법의 체제를 바탕으로 한 체제였다. 신동운, "일제하의 형사절차에 관한 연구", 『한국법사학 논총(II)』(박병호교수 환갑기념), 박영사, 1991, 141면.

59) 사법경찰관은 검사의 명령에 의하여 구인장을 발부할 수 있었다. 일본 구(大正)형사소송법 제123조, 제128조.

60) 일본 구(大正)형사소송법 제255조에 의하면 검사가 수사에 필요한 경우 원칙

처분권이 없습니다. 현하 민주주의를 지향하고 있는 오늘날 수사기관에다가 강제처분권을 주는 시대에 역행하는 비민주적인 법규를 맨들 수는 없을 줄 압니다. 만약 이 초안대로 할 것 같으면 자백강요나 긴급구속의 남용이 생길 줄 압니다. 그러기 때문에 원칙에 도라가서 현행법과 같이 수사기관에 강제처분권을 인주는 것이 좋다."고 발언하고 있다.[61] 이는 수사기관이 10일 동안 구속할 수 있는 상황에서 수인의무가 있는 피의자신문의 권한을 부여하면 자백강요와 긴급구속의 남용 등 폐해가 생길 수 있으므로 피의자신문권한을 부여하는 것에 반대하는 것이었다.

그러나 이에 대해 김병로가 "강제처분권을 전적으로 없애버리고 공판유일주의로 나가는 것도 이론상으로는 좋은데 사실상 지금 우리 현실에 있어서 수사기관을 전연 무시하고 기소장 하나만 보아서 공판에 나가서 공판에서 비로소 개시를 해가지고 한다면 사실상 우리가 오늘날 가지고 있는 우리 법관의 기능, 능률문제나 인원과 예산문제 이것 가지고는 도저히 이 사건은 완전히 처리될 수 없다고 생각한다."고 말한다.[62] 이는 수사단계에서 피의자신문을 할 수 없게 하면 결국 영미법계와 같이 법원의 절차에서 비로소 피의자의 진술을 듣고 다투게 되는 방식으로 가게 될 것인데 그러한 공판유일주의식제도는 이론상으로는 좋으나 현실성이 없다는 말을 하고 있는 것이다.

그러자 엄상섭 의원이 "이 강제수사권을 주는 데 있어서 물건을 압수한다든지 하는 방향에 있어서는 폐단이 적으나 제일 문제되는 것은 인신을 구속한다든지 하는 방향에서 제일 문제이고 구속되어 가지고 있는 동안에 조사된 것 이것이 아무런 제한 없이 증거로 채택될 때에 이 문제가 심각하게 되는 것입니다. 그래서 증거력을 제한하는

적으로 판사에게 청구하여 강제처분을 할 수 있도록 되어 있으며 이에는 피의자신문도 포함되어 있는 것을 말한다. 이 때까지는 일제강점기에 의용되던 일본 형사소송법이 그대로 유지되고 있었다.

61) 대검찰청, 『형사소송법 제정·개정 자료집』, 1997, 335면.

62) 대검찰청, 앞의 책, 335-336면.

방안을 생각하자고 할 것입니다. 인적·물적면에서는 강제수사권을 주고 증거면에 있어서는 좀더 강한 면을 깍아볼가 하는 생각을 가지고 있습니다."고 언급한다.[63] 즉, 수사기관이 피의자를 구속한 상태에서 조사하는 것 즉 강제처분으로서의 피의자신문의 권한은 유지하되 그 조사결과인 조서에 대한 증거능력을 제한하고자 하는 구상을 하고 있는 것이다. 그리하여 결과적으로 수사기관의 피의자신문제도는 그대로 입법화되었고 다만 엄상섭 의원의 구상대로 사법경찰관의 피의자신문조서에 대한 증거능력제한규정이 나중에 삽입되어 제정형사소송법에 입법화되었다.

② 의무위반의 강제와 영장주의의 문제

수인의무가 있는 피의자신문제도를 유지한다고 하여도 신문권자에 의해 부과되는 출석의무와 체류의무를 불이행할 때에는 이를 물리적으로 강제할 수단이 필요하다. 일제 강점기와 같이 검사나 사법경찰관이 독자적인 강제권(구인, 구금)의 권한이 있는 경우는 이에 의할 것이지만 법관의 영장을 받는 영장주의 체제가 도입되면 물리적 강제를 위해서는 영장이 필요하기 때문에 이를 어떻게 구성할 것인가가 문제된다. 이 점과 관련하여 인신에 관한 영장의 변화도 같이 살펴볼 필요가 있다.

일본의 大正 刑事訴訟法은 구인은 법관의 영장 없이 검사가 발부할 수 있었지만 구류는 판사의 권한으로 유보되어 있었다.[64] 그러나 조선형사령 하에서는 사법경찰관은 판사의 영장 없이 구인과 10일간의 유치를 할 수 있었고, 검사는 판사의 영장 없이 구인하고, 10일간 구류할 수 있었으며[65] 또한 영장 없이 구류한 때에는 계속구금을 위

63) 대검찰청, 앞의 책, 336-337면.

64) 예외적으로 급속을 요하여 판사의 구류장을 구할 수 없는 경우는 검사가 구류장을 발부할 수 있으나 이 때는 즉시 공소를 제기하여야 하는 등의 제한이 있었다. 일본 구(大正)형사소송법 제129조 제1항.

65) 조선형사령 제15조 제1항, 제2항(제1항은 검사가 처음부터 피의자를 신문하여 바로 구류하는 경우이고, 제2항은 사법경찰관이 유치한 피의자를 인치받은 후 신문하고 구류하는 경우이다).

하여 판사에게 구류장을 청구할 수도 있었다.[66]

그런데 해방 후에 판사의 영장제도를 관철하려는 시도가 행해지는바 그것이 1948. 3. 20.자 형사소송법의 개정과 관련한 미군정법령 제176호와 1948. 3. 31.자로 발해진 미군정법령 제180호이다.[67] 이 법령에서 주목하여야 할 것은 종래의 구인, 유지, 체포, 구류 등으로 구분하였던 인신에 대한 강제처분을 '구속'이라는 개념으로 통일하고 있는 점이다. 즉 미군정법령 제176호 제2조의 가항은 '구속이라고 하는 것은 구인, 구류, 유치, 체포 또는 검속 등 어떠한 명칭이든지 신체를 구속하는 모든 경우를 말한다'고 하고 있다. 이는 종래의 계속구금의 의미에서의 구류뿐 아니라 구인이든 유치든 명칭 여하를 불문하고 인신을 제한하는 강제처분에 대하여 판사의 영장을 필요로 하는 것으로 전환하는 것을 의미하였다. 그 후 이러한 전환은 제정형사소송법에서도 이어져 법전편찬위원회에서 마련된 제정형사소송법 정부초안 제70조는 '법원은 … 피고인을 구속(구인·구금)할 수 있다 …'라고 하고 있었고, 제정형사소송법은 제69조 구속의 정의에서 '본법에서 구속이라 함은 구인과 구금을 포함한다'고 규정하게 되었다.

여기서 구속의 개념에 구인이 포함되는 것으로 규정한 것이 피의자신문의 수인의무와 밀접한 관련이 있다. 피의자신문의 수인의무는 출석의무와 체류의무를 의미하므로 출석의무에 대응한 구인제도를 필요로 하기 때문이다. 그런데 제정형사소송법 제209조는 피의자의 구속과 관련하여 제71조의 구인의 효력조항을 준용하고 있어 수사단계에 있어서도 구속영장을 발부받은 경우 구인도 포함되는 것으로 규정하여 수인의무의 강제를 영장으로 뒷받침하고 있다.

③ 구속개념상 구인의 의미

구속의 정의 중에서 구금의 의미는 의문의 여지가 없으나 구인의 의미에 대하여는 두 가지 해석가능성이 있다.

---

66) 조선형사령 제15조 제3항.

67) 두 법령 모두 1948. 4. 1.자로 시행되었다.

먼저, 구속의 정의규정에서 말하는 구인은 구금을 위한 구인만을 의미한다고 해석할 수도 있다. 이를 최초구인설이라고 할 수 있겠다. 이 견해라면 구속 피의자의 강제구인 문제에 대해 구금된 이후에 다시 구인하기 위해서는 다시 구인을 위한 영장이 필요하다고 할 것이며 법상 구인을 위해서는 구속영장이 필요하므로(법 제73조 참조) 다시 구속영장이 발부되어야 할 것이다. 그런데 이러한 해석은 구속영장이 발부되어 있는 피고인에 대하여 구인하기 위해 다시 또 구속영장을 발부한다는 것이 타당한가 하는 의문이 제기된다.

한편, 정의규정에서 말하는 구인은 구금을 위한 최초의 구인뿐만 아니라 구금된 이후에 형사절차의 진행을 위한 구인도 포함한다고 해석할 수도 있다. 이를 계속구인설이라 할 수 있겠다. 계속구인설은 구속에 있어 구인은 구금 후의 구인도 포함하므로 구속영장의 효력에 의해 구속기간이 남아 있는 한 구금된 피고인을 구인하는데는 별도의 영장이 필요없다고 해석한다.[68)]

구속의 목적은 형사절차의 진행과 형벌의 집행을 확보함에 있는데 형사절차의 진행을 위해서는 구인이 필요하다. 우리법이 구금만을 위한 구금영장과 구인만을 위한 구인영장을 구별하지 않고 구속에 구인과 구금을 포함하는 개념으로 구성한 것은 구속영장으로 구금과 형사절차 진행을 위한 구인을 모두 해결하려고 한 것으로 볼 수 있다. 따라서 계속구인설이 타당하다고 하겠으며 본 판례 평석의 대상 판결도 계속구인설의 입장을 취하고 있다.

만약 최초구인설과 같이 구금된 피의자나 피고인의 구인을 위해 별도의 구속영장을 받아야 한다고 해석하게 되면 우리 법상 이러한 영장을 받을 수가 없다. 왜냐하면 법상 구속의 요건은 도주나 증거인멸의 우려인데 이미 구금된 사람에 대해 도주의 우려를 생각할 수 없기 때문이다. 구인은 출석을 불응하는 자에 대해 이를 강제하기 위한 것이기 때문에 구금된 사람에 대해 구인을 위한 별도의 영장을 발부

68) 법무연수원, 『검찰실무 I』, 2010, 170면.

하려면 출석불응 만을 요건으로 하는 구인영장제도가 별도로 존재하여야 할 것이다. 이는 피의자의 단계뿐만 아니라 피고인 단계에서도 마찬가지이다.

이와 같이 우리법상 구속된 피의자나 피고인의 구인을 위한 별도의 규정을 두지 않은 것은 구속된 피의자나 피고인의 구인이 불가능하다는 것이 아니라 구속된 피의자에 대한 구인은 이미 발부된 구속영장에 의해 가능하기 때문이다. 예컨대 법 제277조의2 제1항은 "피고인이 출석하지 아니하면 개정하지 못하는 경우에 구속된 피고인이 정당한 사유없이 출석을 거부하고, 교도관에 의한 인치가 불가능하거나 현저히 곤란하다고 인정되는 때에는 피고인의 출석없이 공판절차를 진행할 수 있다"고 규정한다. 이 규정은 피고인이 출석을 거부할 때에는 강제적 인치, 즉 구인이 가능함을 전제로 하고 있다. 그런데 이 강제적 인치의 근거는 무엇일까. 만약 법원이 강제적 인치를 위해 구속된 피고인에 대해 구인을 위한 별도의 구속영장을 발부하여야 한다고 해석하려면 법원이 그러한 영장을 발부할 수 있는 근거조문이 있어야 하는데 현행법상 그러한 조문은 없다. 제73조에 구인 또는 구금을 위해서는 구속영장을 발부한다고 하고 있으나 구인을 위한 구속영장의 요건도 도주 및 증거인멸의 우려만 규정하고 있을 뿐 단순한 출석불응을 사유로 구속영장을 발부할 수는 없기 때문이다. 이는 증인의 경우 구인을 위해 소환불응만을 요건으로 한 제152조를 둔 것과 차이가 있다. 따라서 구속된 피고인의 강제적 인치의 근거는 이미 발부되어 있는 구속영장의 효력에서 찾을 수밖에 없을 것이다. 그것이 바로 구속은 구인과 구금을 포함한다고 규정한 제69조의 중요한 의미라 할 것이다.[69]

피고인 단계에서 이루어지는 구속영장에 의한 강제구인의 논리는 피의자 단계에서도 마찬가지로 인정되어야 할 것이다. 법 제209조에 의하여 구인과 관련된 제71조가 수사단계 구속에도 준용되고 있는데

69) 법무연수원, 앞의 책, 171면.

이것도 수사기관이 구속영장을 받아 피의자를 구속한 경우 그 영장의 효력에 의해 구인할 수 있음을 규정한 것이라 할 것이다.

④ 제정 형사소송법상의 피의자 조사방법의 구상

이와 같은 신문제도의 유지, 구금상태의 출석과 체류의 강제를 위한 구속영장의 규정 등을 통해 제정 형사소송법은 검사와 사법경찰관이 구속된 피의자에 대해서만 수인의무 있는 신문을 할 수 있고, 불구속 피의자의 경우는 수인의무 없는 순수한 임의적 조사만을 할 수 있는 것으로 구상하였다. 이는 일본에서 법률규정에 의해 체포와 구류라는 구금상태 하에서는 수인의무를 부담하도록 한 것과 유사하다.

따라서 제정 형사소송법 하에서는 검사와 사법경찰관이 임의적 조사방법으로서 출석요구를 하는 경우 이는 임의수사로서 응할 의무가 없고, 그 조사 중 언제든지 퇴거할 수 있었다. 다만 피의자를 구속한 경우는 출석의무와 체류의무가 있었고, 그 의무는 구속영장의 효력 중 구인효력에 의해 강제되었다.70)

(다) 체포제도의 도입과 구조의 변화

이와 같이 제정형사소송법상의 조사방식의 구조는 불구속 피의자에 대한 순수한 임의수사방식의 제200조의 조사와 구속(현행범 체포 및 긴급구속 포함) 상태에서의 수인의무 있는 강제수사인 제241조 이하의 피의자신문이 있었는데 1995년의 체포제도 도입으로 불구속 피의자에 대한 출석요구에 출석의무부과 효력이 부여되게 됨으로써 구조의 변화가 있었다.

종전에는 불구속 피의자에 대한 출석요구에 대해서는 출석의무가 인정되지 않았고 이를 강제할 방식이 없어 실무에서는 임의동행이라는 편법적 방식이 많이 사용되었다. 그런데 인권의식의 향상으로 임의동행에 거부하는 사례도 생기고 임의동행에 의한 편법적 구금이 불법

70) 권오병, 『형사소송법 요론』, 미국의 소리사 출판국, 1959, 228면에서는 구속기간 중의 피의자신문에 관하여는 특별한 규정이 있으며 구속기간 중에는 그 횟수에 제한없이 수사진행의 형편에 따라서 피의자에 대하여 범죄사실과 정상에 관한 필요한 사항을 신문하여야 한다고 한다.

구금으로 평가되면서 수사실무의 어려움이 발생하여 이를 해결하기 위해 구속에 이르기 이전의 초동단계에서 피의자의 출석을 강제할 수 있는 수단에 관한 입법적 논의가 있게 되었다.71)

이 논의과정에서 법무부에서 마련한 초안은 출석에 불응하는 피의자를 판사의 구인영장을 받아 구인하는 제도를 구상하였는데 이로써 불구속 피의자에 대한 출석요구는 출석의무를 부과하는 처분이 되고 그 불이행은 구인영장으로 강제하는 것이었다.

그런데 이러한 법무부 초안에 대해 학계에서 일본식의 체포제도 도입을 주장하게 되었는데 출석요구는 여전히 의무부과 효력이 없는 것으로 하고, 대신에 범죄혐의를 조건으로 하여 체포영장에 의해 체포하는 것이었다. 이렇게 되면 체포된 경우는 수인의무와 체류의무 있는 종래의 피의자신문에 의할 것이지만 적어도 체포되기 이전의 불구속 상태에서는 제200조에 의한 출석요구는 의무부과력이 없는 것이었다.

법무부에서는 이러한 학계의 의견을 받아들여 범죄혐의만을 요건으로 하는 체포제도를 정부안으로 확정하여 국회에 제출하였는데 국회 논의과정에서 체포의 요건에 범죄혐의와 함께 출석불응(및 출석에 불응할 우려)이 요건으로 추가되었다. 그런데 출석불응은 구인제도의 요건이므로 명칭은 체포라 하였으나 실질이 구인제도와 같다.72)

이렇게 하여 체포라는 명칭으로 구인제도가 도입됨으로써 종래와 달리 불구속 피의자에 대한 출석요구에 의무부과 효력이 부여되었고 이를 체포영장으로 강제할 수 있게 됨에 따라 검사는 물론 사법경찰관까지도 종래에 비해 강력한 조사수단을 확보하게 되었다.

3. 현행법상 피의자신문의 수인의무

(1) 신문제도에 관한 혼돈

이와 같이 제정형사소송법에는 임의수사방식으로서 제200조의 조

71) 자세한 설명은 이완규, 『형사소송법 특강』, 법문사. 2006, 170-174면 참조.

72) 이완규, 위의 책, 174면.

사방식과 수인의무가 있는 조사방식인 제241조 이하의 피의자신문의 2가지 방식이 규정되어 있었다. 법 시행 초기에는 피의자신문제도의 강제처분성에 대한 인식이 명확하였다. 제정형사소송법이 시행되자 검찰에서는 전국 검사장회의를 개최하는 등으로 신법에 따른 시행지침을 마련하였다. 그리하여 1954. 10. 18. 김치열 대검 차장검사는 지시사항에서 "신법에 의하면 피의자에 대하여만 신문할 수 있고 기타인에 대하여는 여하한 사유가 있어도 신문할 수 없고 다만 소환하여 진술을 들을 수 있음에 불과함"이라고 하고 있는바 피의자에 대하여는 강제처분성이 있는 신문제도가 유지되나 기타 인에 대하여는 신문제도가 폐지된 사실이 명확히 언급되고 있다.[73]

그러데 일본 형사소송법상 피의자취조의 임의수사성에 대한 이론에 영향을 받은 일부 학자들이 우리 형사소송법과 일본 형사소송법과의 차이를 간과하고 피의자신문의 임의수사성을 주장하면서 제241조 이하의 피의자신문규정은 제200조의 조사에 대한 절차규정에 불과하다는 이론을 전개하였고 그것이 통설적 견해로 자리잡게 됨에 따라 실무와 이론의 괴리되고 혼돈이 발생하게 되었다.

(2) 피의자신문의 성질과 수인의무에 관한 견해대립

(가) 수인의무 긍정설

현행법상의 피의자신문의 강제처분성 즉, 수인의무에 대하여 형사소송법 제정 당시의 실무는 이를 당연한 것으로 인식하고 있었고 형사소송법 제정 무렵 실무가들의 문헌에서는 그 강제처분성이 논해지고 있다.[74] 이러한 실무가들의 견해가 1970년대 중반까지는 이어졌

---

73) 법률신문, 1954. 10. 18.자. 그런데 이 지시에서 계속하여 「기타 인의 진술을 기재한 서류도 조서라는 용어로 통일하였으므로 그 어느 것을 막론하고 조서로 통일하되 피의자는 피의자신문조서로 하고 기타의 자는 증인진술조서 또는 감정인진술조서로 할 것이나 이는 신문이 아니고 그 형식은 청취서와 동일하게 작성할 것」이라고 한다.

74) 권오병, 『형사소송법요론』, 미국의 소리사 출판국, 1959, 228면; 최대교, 『개정 형사소송법강의』, 박영사, 1955, 139-144면.

으나[75] 이후에는 일본법상 피의자취조의 임의수사론에 대한 일본이론의 도입과 지배에 따라 수인의무 긍정설을 취하는 견해가 끊어지게 되었는데 최근에 다시 수인의무 긍정설을 주장하는 견해들이 등장하였다.[76]

(나) 수인의무 부정설

수인의무 부정설은 형사소송법 제200조의 조사와 제241조 이하의 신문의 구별을 조사방식의 구별로 보지 않고 제241조 이하의 신문규정이 제200조의 조사의 절차를 규정한 것으로 보는 관점에서 출발한다.

1957년의 서일교의 형사소송법강의에서는 "수사단계에서도 당사자주의적 소송구조를 구현시키기 위하여 임의적 조사에 의함을 원칙으로 하고 강제처분은 형사소송법에 특별한 규정이 없으면 하지 못한다."는 관점 하에서 피의자에 대한 임의출석의 요구·조사라는 항목에 제200조의 조사를 설명하고 별다른 추가설명 없이 바로 피의자신문 관련조항을 열거하여 피의자신문이 제200조의 조사의 절차인 것처럼 되고 있는데[77] 이러한 방식을 김기두,[78] 정영석[79] 교수 등도 취하고 있었다.

그러다가 1982년 백형구 변호사가 아예 '피의자에 대한 임의수사(피의자신문)'라는 제목 하에 피의자신문의 의의에 관하여 설명하면서 "검사 또는 사법경찰관은 수사에 필요한 때에는 피의자의 출석을 요

75) 한옥신 등, 『주석형사소송법』, 한국사법행정학회, 1976, 228-230면, 284면.

76) 김종률, "현행 형사소송법상 피의자신문", 법률신문, 2004. 2. 19.13면; 김종률, "피의자신문은 아직은 강제처분이다", 법률신문, 2004. 4. 1., 15면; 노명선/이완규, 『형사소송법』 성균관대학교출판부, 2013, 206-207면(수인의무에 대한 입법적 해결 필요성을 언급하면서도 구속피의자의 강제출석에 관하여는 구속에 구인이 포함되므로 구속영장 효력으로 가능하다고 한다.); 법무연수원, 『검찰실무 I』, 2010, 169면 이하; 이완규, 『형사소송법특강』, 법문사, 2006, 133면 이하; 허일태, "피의자 비디오 진술녹화와 인권과의 관계", 수사연구, 2004. 4. 31면.

77) 서일교, 『형사소송법강의』, 제일문화사, 1957, 206-208면.

78) 김기두, 『형사소송법』, 법문사, 1959, 215-216면.

79) 정영석, 『형사소송법』, 법문사, 1966, 301-302면.

구하여 진술을 들을 수 있다."고 제200조 제1항을 설명하고 나서 "이와 같이 수사기관이 피의사건에 관하여 진술을 듣는 절차를 피의자신문"이라고 설명하였다.[80] 이러한 설명방식을 강구진,[81] 이재상[82] 등 유력한 학자들이 계속 취하면서 강제처분성을 부인하는 것이 통설이 되었다. 현재까지도 제200조 제1항의 조사를 설명하면서 별다른 구분 없이 그 조사절차로서 피의자신문을 논하고, 임의수사이므로 출석요구에 응할 의무도 없고, 출석한 경우에도 언제나 퇴거할 수 있다는 식의 설명이 주류를 이루고 있다.[83]

조문 체계에 대한 해석과 함께 수인의무 부정설에서 근거로 드는 중요한 실질적 이유는 현행법상 진술거부권과 임의성 없는 자백의 증거능력을 부정하고 있다는 점이다. 피의자신문의 경우에는 진술거부권이 보장되어 진술의무가 없으며 수사기관이 피의자에게 진술을 강요하는 것은 허용되지 않으므로 수사기관의 피의자신문은 강제수사가 아니라 임의수사에 해당한다는 것이고 임의성 없는 자백의 증거능력을 제한하는 것도 이를 뒷받침한다는 것이다.[84] 즉, 수인의무를 긍정하면 실질적으로 진술을 강요하는 것과 다름이 없기 때문에 진술거부권과 충돌될 우려가 있다는 것이다.이러한 이해는 진술거부권을 조사

---

80) 백형구, 『형사소송법』, 한국사법행정학회,1982, 360면; 이러한 설명방식은 백형구, 『주해형사소송법』, 한국사법행정학회, 1984, 262면, 백형구, 『형사소송법강의』, 박영사, 1985, 338면 등에 이어진다.

81) 강구진, 『형사소송법원론』, 학연사, 1982, 184-186면;

82) 이재상, 『형사소송법』, 박영사, 1987, 218-220면.

83) 배종대/이상돈/정승환/이주원, 『형사소송법』, 홍문사, 2013, 110-111면; 신동운, 『간추린 형사소송법』, 법문사, 2013, 79면; 신양균, 『형사소송법』(2000), 123-128면; 신현주, 『형사소송법』(2002), 233면; 이영란, 『한국 형사소송법』, 나남, 2008, 298면; 이재상, 『형사소송법』, 박영사, 2013, 233-234면; 임동규, 『형사소송법』, 법문사. 167-168면; 차용석/최용성, 『형사소송법』, 21세기사, 2013, 195면; 권창국, "피의자신문과 피의자의 신문수인의무", 법률신문, 2004. 4. 12. 13면; 백형구, "피의자신문의 이론과 실무", 법률신문, 2004. 3. 25. 14면; 심희기, "피의자신문이 강제처분인가", 법률신문, 2004. 3. 18. 15면.

84) 강구진, 『형사소송법원론』, 학연사, 1982, 185-186면; 백형구, 앞의 글, 법률신문 2004. 3. 24. 14면; 이동희, 앞의 글, 223-224면.

자체를 거부할 수 있는 권리로 이해한다.[85)]

이러한 설명방법은 일본에서 체포, 구류상태에서의 취조수인의무를 부정하는 논자들의 이론을 참고한 것으로 보인다. 일본에서도 수인의무를 긍정하면 이것이 공술의 의무는 아니라고 하여도 실질적으로 공술을 강요하는 것과 다름이 없기 때문에 묵비권을 침해하는 것으로 된다는 점, 자백에 대한 규제적 태도도 배경이 된다는 점 등이 근거로 들어진다.[86)]

(다) 체포사유에 의한 강제성설

그런데 수인의무 부정설 중에서 체포사유로 출석요구에 불응한 경우나 출석에 불응할 우려 등이 규정되어 있는 점을 들어 사실상 수사기관의 출석요구에 강제적 측면이 상당하게 부각되고 있다거나[87)], 현행법상으로 피의자를 출석시키는 자체는 강제가 가능하도록 구성되어 있다거나[88)], 현행법의 태도는 신체구속 중인 자는 출석의무 및 체류의무가 있음을 전제로 한 것이 아닌가 생각된다는[89)] 등의 견해도 있다.

(3) 검 토

(가) 제200조의 조사와 제241조 이하의 신문 규정의 검토

한국법은 일본법과 달리 제200조의 피의자조사와 명백히 구분되는 피의자신문을 규정하고 있으며 이 피의자신문은 입법경위에서도 보듯이 대륙법계, 특히 프랑스법상의 신문(interrogatoire)제도에서 유래하는 제도이다. 그리고 이는 수인의무가 부과된 강제처분성을 가지는 것이다.[90)] 따라서 피의자신문을 제200조의 조사의 절차규정으로 설명

85) 이은모, 『형사소송법』, 박영사, 2012, 230면.,

86) 平野龍一, 『刑事訴訟法』, 有斐閣, 1958, 106面; 田宮裕, 『刑事手續とその運用』, 有斐閣, 1990, 127面.

87) 신동운, 『신형사소송법』, 법문사, 2008, 177면; 신동운, 『간추린 형사소송법』, 법문사. 2013, 79면.

88) 손동권/신이철, 『새로운 형사소송법』, 세창출판사, 2013, 228면.

89) 이은모, 『형사소송법』, 박영사, 2012, 230-231면.

90) 같은 취지, 김종률, 법률신문, 2004. 2. 19., 13면.

하는 수인의무부정설의 관점은 제도의 연혁이나 입법경위와는 다른 해석이라 할 것이다.

그런데 이와 관련하여 우리 법은 일본 형사소송법 제198조 단서와 같이 체포나 구류 중의 예외조항이 없기 때문에 순수한 임의수사라는 견해도 있다.[91] 그러나 피의자신문에 관한 연혁적 검토에서도 보았듯이 피의자신문이라는 제도는 피의자가 구금된 상태에서 이루어지는 신문을 중요대상으로 하는 것이고, 그 자체가 수인의무를 포함하는 제도이므로 피의자신문규정이 있으면 족하고 이와 별도로 일본과 같이 출석과 체류의무를 부과하는 규정을 둘 필요가 없는 것이다.[92]

(나) 의무의 강제이행 문제

수인의무는 출석의무와 체류의무를 내용으로 하는데 그 의무가 있는가와는 별개의 문제로서 그 의무를 위반하였을 때 이를 강제할 수 있는가가 핵심이라 할 것이다.

① 불구속 피의자의 경우

앞에서 본 바와 같이 1995년 체포제도가 도입되면서 체포사유에 출석불응(또는 출석불응의 우려)이 들어감으로써 결과적으로 체포제도가 구인의 역할을 하게 되는 상황이 되었는데 출석에 불응하면 강제로 구인할 수 있다는 것은 출석의무를 전제하는 것이 아닌가 하는 해석이 가능하기 때문이다.[93]

이에 대하여 수사기관의 출석요구는 이를 거부할 수 있으며 일단

91) 심희기, 앞의 글, 15면; 한편, 이은모, "피의자 인신구속제도 정비방안", 형사법연구 제19호(2003), 127면은 명문규정이 없기 때문에 현행법상은 수인의무가 부정되어야 하며 나아가 아예 부정하는 취지의 명문규정을 두는 것이 바람직하다고까지 주장한다.

92) 같은 취지, 김종률, 앞의 글, 2004. 4. 1, 15면; 따라서 일본 형사소송법 제198조 단서의 해석을 둘러싼 일본에서의 수인의무 긍정설과 부정설의 논의는 한국 형사소송법 해석에 있어서는 그대로 적용하여서는 안 될 것이다.

93) 일본 형사소송법은 체포사유로 출석불응을 규정하고 있지 않다. 그 때문에 출석불응을 이유로 하는 체포가 허용되는가에 대하여 적극설, 징표설(출석불응으로 도주나 증거인멸의 우려가 추정된다는 것), 소극설이 나뉘고 있고 징표설이 다수설이다. 後藤昭, 『捜査法の論理』, 岩波書店,2001, 57-67面.

출석하였다가도 자유롭게 퇴거할 수 있다고 하면서도 초동수사단계에서의 합목적적인 수사진행을 위하여 국민들에게 출석협조의 의무를 부과한 것이 체포제도의 핵심이라고 하고, 다만 의무부과의 필요성을 수사기관이 스스로 판단하지 않고 영장주의의 요청에 따라 법관의 사법심사에 맡긴 점에 특색이 있다고 하면서 '출석협조의무'라는 용어로서 출석의무를 인정하는 견해[94], 출석의무에 대하여 직접 언급하지는 않으면서도 실질적으로 인정하는 것과 마찬가지의 결과에 대하여 언급하면서 이러한 입법방식이 마치 피의자신문을 확보하기 위한 수단으로서 체포제도가 존재하는 듯한 인상을 준다는 이유로 바람직하지 않은 입법방식이라고 지적하는 견해[95], 일본의 형사소송법이론 중 징표설의 논리를 도입하여 출석불응 등은 체포의 필요성을 징표하는 하나의 기준에 불과한 것으로 보자는 견해[96], 체포제도의 도입취지가 임의수사인 피의자신문이 갖는 한계를 극복하고 필요 최소한의 강제적 출석확보를 가능하게 하려는 것에 있다고 하면서 이 점을 고려하여 체포된 피의자에 대한 출석·조사수인의무는 긍정하여야 한다는 견해[97] 등이 제시되고 있다.

사견으로는 1995년 도입된 체포제도는 신문제도를 두지 않고 있는 일본에서의 체포→구류(즉 구금)의 경로를 무비판적으로 도입하여 용어와 내용이 불일치하는 문제점을 가지고 있으며 이에 따라 해석상의 혼란을 유발하고 있다고 본다. 즉 수인의무 있는 신문제도가 있는 나라에서는 소환→구인→구금의 경로와 소환이 불가능하거나 부적절한 경우의 체포→구금의 경로로 나누어 규율하여야 체계상으로 적절하다는 점을[98] 간과한 것이다.

---

94) 신동운, 『형사소송법』, 법문사, 1997, 167면.

95) 신양균, 『형사소송법』, 법문사. 2000, 141-142면; 이은모, 앞의 책, 231면.

96) 이동희, 앞의 글, 224면; 조상제, "현행 형사소송법상 체포제도의 문제점", 계명법학 제3집(1998), 13면.

97) 서보학, "피의자신문에 있어서의 인권보장 및 방어권 강화방안", 형사법연구 제20호(2003), 258-259면.

98) 프랑스와 독일의 입법례가 이러하다.

신문을 위한 출석강제로서는 구인제도를 이용하면 되고, 소환할 수 없는 경우의 체포를 위한 규정만 두면 되었을 것인데 일본의 체포제도를 모델로 하여 영미법적인 체포제도를 도입함으로써 이 체포가 신문을 위한 출석강제수단인지 영미법계와 같은 초기수사단계에서의 신병확보수단인지 해석상의 혼란이 발생한 것이다. 이에 더하여 체포된 경우에도 수인의무가 있느니 없느니 하는 일본식 논의가 가세하여 혼란을 가중시키고 있다.

입법론적으로는 구인의 실질과 맞지 않는 체포의 외양이라는 문제가 있지만 일단 해석론으로는 이 제도의 도입취지가 불법적인 임의동행의 관행을 없애고 적법한 절차에 의한 강제연행을 가능하게 하기 위하여 도입되었다는 점, 현행법상 체포제도는 결국 신문을 위한 출석강제의 수단으로서 중요한 의미를 가진다는 점, 그리고 이러한 출석강제는 결국 출석의무를 전제하여야 한다는 점에서 현행법상 체포요건으로서의 출석불응 등 규정도 출석의무의 근거가 되고 있다고 보아야 할 것이다.[99]

출석의무가 전제되지 않는다면 출석요구에 불응하였다고 하여 강제로 출석하게 하는 처분이 왜 가능한지를 설명하기 어려울 것이다. 그렇기 때문에 수인의무 부정설을 취하는 사람들 중에서도 이 부분을 설명하기 어려워 강제성을 일부 인정하는 절충적 설명이 나온다.

그러나 출석의무를 인정하면 논리일관한 설명이 될 수 있을 것이다. 출석의무가 인정되어 강제출석이 가능하다면 구인 후에 체포기간 동안 조사에 있어 피체포자의 체류의무도 인정될 수 있을 것이고 그 강제도 체포영장의 효력이 의한다고 설명할 수 있다.

② 구속 피의자의 경우

구속 피의자에 대한 출석요구에 있어서 출석의무와 신문 중의 체류의무가 형사소송법 제정시 피의자신문제도를 유지한 주요 이유였던 점과 그 의무의 강제를 위해 구속의 효력에 구금뿐만 아니라 구인도

99) 이완규, 『형사소송법 특강』, 법문사, 2006, 138면.

포함하는 것으로 규정하였고 이에 따라 구속영장의 효력에 의해 구속피의자의 출석 강제와 체류의 강제가 가능하다고 해석해야 한다는 점은 앞에서 보았다.

(다) 진술거부권의 문제

수인의무가 사실상 진술을 강요하는 것과 다름이 없어 진술거부권을 침해한다는 주장은 진술거부권과 신문의 수인의무는 별개의 문제라는 점에서 타당하지 않다.

앞에서 보았듯이 신문의 수인의무를 인정하고 있는 독일과 프랑스에서도 신문에 있어 진술거부권은 보장되고 있다. 즉 신문의 수인의무와 진술거부권이 양립할 수 없는 것이 아니다. 공판전 조사단계를 두는 직권주의체제에서 공판전 조사의 운영을 위해서는 피의자의 출석이 필요할 수밖에 없고 따라서 피의자의 출석은 강제하지만 그렇게 출석한 상황에서 진술을 거부하면 이는 존중되는 것이다.[100] 본건 판례의 하급심인 준항고심 결정에서는 진술거부권과 수인의무의 관계를 별개로 설명하고 있는바 타당하다고 할 것이다.

실질적으로 진술을 강요하는 결과가 될 것이라는 주장은 입법론적으로는 몰라도 이미 수인의무를 전제로 하는 신문이라는 제도를 두고 있는 한국법의 해석론으로는 적용하기 어렵다. 또한 바로 그러한 이유 때문에 수인의무를 부과하는 신문에 있어서 진술이 강요되지 않도록 각종의 규제장치와 신문과정의 투명성을 보장하고자 하는 제도들이 마련되고 도입되었던 것이다. 입법정책적으로는 수인의무 있는 신문을 인정하는 것이 타당한가를 논할 수 있겠으나 이는 형사사법체계의 구조의 선택의 문제이므로 차원을 달리하여 논하여야 할 것이다.

(라) 실무적 필요성에 대한 검토

나아가 피의자신문에 대하여 수인의무를 부인할 때 실무상 어떤 문제가 발생하는지 그리고 그것이 타당한지를 살펴볼 필요가 있다.

먼저 불구속사건에서 피의자의 출석의무를 부정하면 대표적으로

100) 이완규, 『형사소송법 특강』, 법문사, 2006, 139-140면.

예컨대 고소사건수사는 불가능해진다. 고소사건은 고소인의 고소장 제출로 수사가 시작되는데 고소인의 진술을 들은 후에 피고소인을 소환하였을 때 피고소인이 출석에 불응하는 경우는 수인의무를 부정하면 이를 강제할 방법이 없다. 그러면 피고소인에 대한 조사는 피소소인이 임의로 출석해 주면 모를까 피고소인이 출석에 응하지 않으면 불가능하며 이런 법리를 아는 사람들은 필시 출석하지 않을 것이다.

그러면 이와 같은 상황에서 검사는 유죄판결을 받을 만한 입증이 되지 않으니 증거불충분으로 불기소처분을 하든가, 아니면 피고소인을 출석시킬 수 있는 권한은 법원에만 있으므로 그 상태, 즉 고소장과 고소인진술만을 들은 상태에서 법정에서 시시비비를 가릴 수밖에 없다고 보고 기소하여 공판정에서 혐의를 가리는 방향으로 가야 할 것이다.[101)]

첫째 방법은 실제로 범죄의 피해를 입은 고소인이라면 그 피해에 대하여 국가가 구제하여 주지 않는 것이므로 국가소추주의의 존재의의를 상실하게 될 것이다. 둘째 방법은 공판정에서 모든 시시비비를 가려야 할 것이니 그 비용과 효율성이 문제될 것인데 현재의 인력구조나 물적 자원에 비추어 한국의 형사사법체계가 이를 감당할 수 없을 것이다.[102)]

그렇기 때문에 결국 이 문제도 결국 형사사법체계를 어떻게 구성할 것인지에 대한 입법정책의 문제로 돌아간다. 즉 영미법계와 같이 공판전의 조사를 체포할 정도의 범죄혐의만 조사하게 하고 그 정도의

---

101) 이 방법이 영미법적인 방법이다.

102) 고소, 고발사건은 도로교통법위반사건이나 간단한 현행범사건 등과 달리 사건경위를 상세히 들어보아야 하며 사실관계나 법률문제가 복잡한 경우가 많아 조사에 상당한 시간이 필요한 경우가 많은바 이런 사건들을 모두 법정절차로 처리하는 것은 불가능할 것이다. 이를 해결하기 위해서는 공소협상(plea-bargain)제도 도입 등 제도적 보완이 필요할 것이다. 예컨대 Burnham, *Introduction to the Law and Legal System of the United States*, West Group, 2003, p. 276에서는 공소협상제도를 설명하면서 미국에서 피고인의 3분의 1 이상이 공판으로 심리할 것을 요구하면 시스템이 붕괴될 것이라고 언급하고 있다.

혐의만 가지고 법정절차로 이전하게 하여 공판을 하는 방식을 취하여 피의자의 인권보장을 강화하되 무죄율증가나 혐의를 밝히지 못하여 불기소하는 율이 증가하여도 이를 감수할 것인지, 아니면 대륙법계와 같이 공판전 조사를 충실하게 하여 죄 있는 자가 불기소되는 일이 없게 하고, 나아가 죄 없는 자가 공판청구되는 비율을 낮추어 무죄율이 낮은 체제로 갈 것인지를 선택하는 것이다.[103)]

현재 우리나라의 판사, 검사, 사법경찰관 등 형사사법에 종사하는 사람들의 인력구조, 법원, 검찰청, 경찰관서 등의 물적 시설, 직권주의적 체계하에서 공소제기 전에 충분한 조사를 한 후 기소를 해 온 그간의 실무관행 등에 비추어 이 문제도 대륙법계와 같이 공판전 조사를 충분히 하게 하는 방식으로 해결하여야 한다고 본다. 그렇다면 어떠한 방식으로든지 공판전의 피의자신문에 있어 수인의무를 인정하는 단계를 만들 필요가 있는 것이다.

(마) 판례에 대한 검토

이러한 관점에서 보면, 본 판례에서 대법원이 구속 피의자의 강제구인을 인정하고 나아가 그 근거로서 구속영장의 효력을 든 것은 타당하다. 그런데 대법원은 어떤 근거로 구속영장의 효력이 조사를 위한 강제구인의 근거가 되는지에 대해 구체적인 설명이 없다. 이는 법 제69조에 규정한 바와 같이 구속은 구금과 구인을 포함하는데 여기서 구인은 구금상태 하에서의 계속 구인도 포함한다고 해석할 수밖에 없을 것이다. 본 사건의 준항고심 법원에서 구속에 구인과 구금이 포함되는 점을 설시하고 있는데 매우 적절한 설시라 하겠다.

나아가 진술거부권과 수인의무의 관계에 대해서도 대법원에서는 언급하고 있지 않으나 준항고심 법원은 수인의무는 출석과 신문 중 체류만을 강제할 뿐 진술거부권 행사는 존중되므로 별개의 문제라고 설시하고 있는바 타당하다.

---

103) 이완규, 『형사소송법 특강』, 법문사, 2006, 140면.

Ⅳ. 피의자신문의 성질론: 임의수사인가 강제수사인가

1. 판례의 설시와 문제점

본 판례는 구속피의자가 수사기관의 출석요구에 불응하는 경우 구속영장의 효력에 의해 강제구인할 수 있다고 하여 구속 피의자에 대한 신문에 있어 출석과 체류의 수인의무를 인정하고 있다. 그런데 그럼에도 불구하고 피의자신문을 '임의수사'라고 하면서 진술거부권 고지 등의 필요성을 설시하고 있다.

여기서 임의수사로 정의하는 것이 타당한가하는 의문이 있다. 왜냐하면 임의수사라는 용어에 대한 일반적 이해에 의하면 이는 동의나 승낙을 전제로 한 수사방법이므로 피의자신문을 임의수사라고 한다면 피조사가가 조사 자체에 응하지 않겠다고 하면 조사 자체를 할 수 없는 것으로 구성하는 것이 용어에 충실한 것으로 보이기 때문이다. 그 때문에 진술 자체에 대한 강제는 아니더라도 출석과 체류가 강제되는 피의자신문은 일반적으로 이해되는 '임의수사'와는 다른 것이 아닌가 하는 의문이 있다. 이 의문의 해결을 위해서는 임의수사와 강제수사의 개념론으로부터 검토할 필요가 있다.

2. 제200조의 임의적 조사와 제241조 이하의 신문의 구별문제

(1) 비구별설

다수설은 제200조와 제241조 이하의 조사방식을 구별하지 않고 모두 피의자신문 규정으로 이해한다. 이러한 견해는 1970년대 이후에 우리나라의 주류적 견해로 되었다. 1982년 제정된 검찰사건사무규칙에서도 이러한 견해에 따라 피의자신문을 임의수사 규정에 규율하여 제200조의 조사방식과 제241조 이하 조사방식을 구별하지 않게 되었으며 현재 수사실무도 피의자에 대해 일정한 범죄혐의에 대해 조사하는 것은 모두 피의자신문으로 하고 있다.

(2) 구 별 설

구별설은 제200조의 임의적 조사방식은 구금상태 하에서 수인의무를 인정하는 제241조 이하의 신문규정과는 연혁적으로나 조문체계상으로나 전혀 다른 규정이라는 견해이다.

원래 세성형사소송법은 제200조의 조사권한에 따른 출석요구에는 강제규정을 두지 않았다. 그러므로 출석의무가 인정되지 않았고 임의로 출석하면 조사할 수 있었다. 그리고 그 상태에서는 조사중 피의자가 임의로 퇴거하려면 언제든지 퇴거할 수 있었으며 체류를 강제할 수도 없었다. 그러므로 이는 임의적 조사방법이다.

반면에 제241조 이하의 피의자신문은 구금된 피의자에 대하여 출석과 체류를 강제하는 조사방법으로서 출석과 체류를 강제할 수 있도록 구속의 개념에 구인과 구금을 포함하게 하여 구속영장의 효력으로 이를 뒷받침하였다. 그러므로 순수한 임의조사 방식인 제200조의 조사와 수인의무가 있는 조사방법인 제241조 이하의 신문을 구별하는 것이 타당하다고 한다.[104)]

(3) 검 토

앞에서 본 바와 같이 제정 형사소송법에서 피의자 조사라는 제목으로 규정한 제200조의 규정은 구금상태에서의 신문수인의무가 부과되는 조사방법인 제241조 이하의 피의자신문과 구별되는 규정이었다. 그런데 1970년대 이후에 이를 구별하지 않고 모두 피의자신문 관련 규정으로 이해하는 견해가 주류가 되었고 나아가 현재 실무도 이 견해에 따라 행해지고 있다. 이미 40년 넘게 행해진 실무를 되돌이키기 어려운 실정이다.

나아가 2008년의 법개정시에 제200조 제2항에 있던 진술거부권 고지 규정이 삭제되고 이를 제244조의3으로 이전하면서 새로운 구체

104) 대검찰청, 『조사·신문 핵심원리 실무매뉴얼』, 2010, 196-197면; 이완규, 『검찰제도와 검사의 지위』, 성민기업, 2005, 135-137면.

적 규정이 신설되었고, 제243조의2로 변호인의 참여 규정, 제244조의2로 피의자진술의 영상녹화규정 등이 신설된 점이 고려되어야 한다. 법개정 당시의 조문 논의과정에서는 제200조와 제241조 이하의 규정을 모두 피의자신문으로 보는 당시의 통설적 견해를 전제로 하여 진술거부권 고지의 내용을 더 구체화하고, 변호인 참여규정을 신설하고, 영상녹화 규정도 도입하면서 이들 규정을 모두 제241조 이하의 신문 규정 이하에 규정하였다.

따라서 연혁적으로 볼 때 제정 형사소송법 당시에는 제200조의 임의적 조사와 제241조 이하의 신문이 구별되는 규정이었으나 2008년 법개정으로 통설적 견해로 입법적 수정이 있는 것으로 보아야 할 것이다. 필자는 법개정 이전에 신문방식이 구별되는 것이므로 일원화된 실무를 변경하여야 한다는 견해를 취하였었으나[105] 법개정에 따라 견해를 변경한다. 그러므로 현행법상으로는 제200조는 피의자신문이 기본 조문이고, 제241조 이하는 피의자신문의 절차규정으로 해석하여야 할 것이다.

4. 피의자신문의 강제처분성 논의의 쟁점

(1) 무엇이 강제되는가: 출석과 체류의 강제

피의자신문에서 진술은 강제되지 않는다. 그러므로 진술을 할 것인가 말 것인가는 오로지 진술자의 의사에 달려 있다. 판례는 이 부분에 착안하여 피의자신문을 임의수사라고 하고 있다. 그런데 피의자신문의 강제처분성을 주장하는 사람들도 진술거부권이 보장되므로 진술이 강제되지 않는다는 점에 대해서는 이견이 없다. 그러므로 진술이 강제되지 않으므로 임의수사라는 논리는 쟁점을 제대로 파악하고 있다고하기 어렵다.

피의자신문이 강제처분이라고 하는 주장은 신문이라는 절차 자체

105) 이완규, 『검찰제도와 검사의 지위』, 성민기업, 2005, 135-137면.

가 강제되는가라는 관점에서 주장되는 것이다. 그래서 신문을 위한 출석이 강제되고, 신문과정에서는 그 자리에 체류하여 신문을 받아야 하는 강제성이 인정되는가가 쟁점이다. 즉, 출석의무와 체류의무가 인정되는가이다.

(2) 구금 피의자의 경우

본 판례에 의하면 체포된 피의자나 구속된 피의자는 수사기관의 피의자신문을 위한 소환에 응해야 하고 신문과정에서 체류해야 한다. 이에 응하지 않는 경우는 출석과 체류를 강제할 수 있는데 이에 필요한 영장주의의 문제는 체포영장과 구속영장으로 해결되는 것이다. 구속 피의자의 경우 실무상 논란이 있어왔는데 구속영장의 효력에 의해 구속기간 내의 피의자신문을 위한 구인이 가능하다는 계속구인설의 입장을 취하였다.

그렇다면 일단, 구금 상태의 피의자에 대한 피의자신문은 출석의무와 체류의무를 부과하는 조사방법으로서 출석과 체류의 불이행이 체포영장과 구속영장이라는 영장에 의해 물리적으로도 강제될 수 있으므로 강제처분으로 보아야 할 것이다. 물론, 피의자신문은 이에 의해 달성하고자 하는 본래의 목적인 진술의 취득이 강제되는 것은 아니고 영장으로 강제되는 것은 출석과 체류뿐이므로 압수수색 등과 같이 본래의 목적 달성을 강제할 수 있는 수사방식과는 차이가 있다. 그러나 그러한 차이를 감안하더라도 의무의 부과와 영장에 의한 강제라는 요소는 순수한 임의수사 영역과는 성질이 다르다. 그런데 수인의무와 그 강제가능성이라는 강제적 요소를 인정하면서도 이를 임의수사라고 하면 개념상 충돌에 따라 이해가 어렵다. 그러한 점에서 본 판례가 피의자신문을 임의수사라고 하는 다수설에 따라 설명하고 있는 점은 아쉬운 부분이다.

(3) 불구속 피의자의 경우

불구속 피의자의 경우는 출석요구에 대하여 출석의무를 인정할 것인가의 문제가 있다. 이에 관하여 학설이 대립되나 앞에서 본 바와 같이 현행법상 체포의 사유로 출석불응을 규정하고 있는 점에서 출석의무가 인정된다고 본다. 예컨대 압수수색에 있어서도 임의로 제출하지 않을 때 압수수색 영장에 의해 압수할 수 있지만 절차적으로 미리 제출요구를 한 후에 이에 응하지 않으면 압수하는 식의 절차로 이행되지 않는다. 그러므로 제출의무라는 것을 상정할 수 없다. 이에 반해 피의자신문의 경우는 원칙적으로 먼저 출석요구를 한 후에 불응하면 체포하는 절차로 이행되므로 출석요구는 출석의무를 부과하는 처분으로 보아야 할 것이다.

피의자신문에 있어서의 출석요구를 출석의무를 부과하는 처분이라고 하면 그 성질에 대해 견해가 나뉠 수 있다. 필자는 강제처분의 개념에 있어 의무를 부과하는 처분도 강제처분의 개념으로 파악하는 견해를 취하고 있는데[106] 이에 의하면 불구속 상태에서의 피의자신문도 출석의무를 부과하는 처분이므로 강제처분의 일종이라 할 것이다. 다만 그 강제처분성은 출석의무의 부과에만 있으므로 출석의무의 불이행시 피의자신문권한 자체로는 이를 강제할 수 없으며 이를 강제하기 위해서는 체포영장이나 구속영장을 받아야 한다. 또한 출석한 피의자가 신문과정에서 퇴거하려 할 때에는 이를 저지할 수 없다. 이를 저지하고 체류의무를 부과, 강제하려면 영장을 받아 구금상태에서의 피의자신문으로 전환하여야 한다. 그러므로 구금상태에서의 피의자신문의 강제처분성과는 구분되는 약한 정도의 강제처분성만 가진다.

반면에 강제처분의 개념을 영장주의 영역과 동일시하고 의무부과처분은 강제처분의 영역에 포함시키지 않는 견해에 의하면 불구속 피

106) 형사소송법 제정 직후의 견해들은 대부분 이러한 견해들이었다. 강서룡, 『신형사소송법요의』, 법제신문사, 1954, 95면; 김용식, 『신형사소송법론』, 보문각, 1954, 109면; 서일교, 『형사소송법강의』, 제일문화사 ,1957, 100면; 옥황남, 『신형사소송법해의』, 지구당, 1955, 99면; 유병진, 『형사소송법개요』, 서울고시학회 ,1958, 138면. 최근에 이러한 견해를 취하는 문헌으로 이완규, 『형사소송법연구 II』, 법문사, 2011, 226-227면.

의자에 대한 피의자신문은 임의처분이 될 것이다.

V. 결　어

피의자신문을 임의수사로 설명하고, 출석의무와 체류의무가 없다는 통설적 설명에 따라 2000년대 초반에 구속된 피의자가 수사기관의 출석요구에 불응하는 상황이 실제로 발생하여 이 문제의 해결이 향후의 수사체제의 구조나 형사사법체계 전체의 운영에 매우 중요한 문제가 되었다. 본 판례는 이 문제에 대해 수사기관의 조사를 위한 강제구인이 가능하다고 하여 현재의 실무 운영방식을 유지할 수 있도록 해주었다.

판례의 해석은 실무 현실 상황과 그 운영상 필요성을 정확히 파악하고 실무 운영을 가능하게 해준 점에서 현실적으로 타당할 뿐만 아니라 이론적 측면에서도 그 강제의 근거를 구속영장에서 찾고 있어 매우 적절하다고 하겠다. 판례의 해석은 구속의 개념에 있어 법 제69조 규정의 구인은 구금 후의 계속적 구인도 포함한다는 것으로 필자가 제시한 계속구인설을 취한 것으로 이해된다.

그러나 판례는 이와 같이 강제성을 인정하면서도 피의자신문의 성질을 임의수사라고 설명하고 있어 임의수사라는 용어의 일반적 이해와 강제성의 개념상 충돌을 남기고 있다. 현행법의 해석상으로는 구금상태에서의 피의자신문은 출석과 체류가 영장에 의해 강제되는 강제처분이고, 불구속 상태에서의 피의자신문은 출석과 체류가 강제될 수는 없으나 출석의무를 부과하는 처분으로서 의무부과라는 점에서 약한 정도의 강제처분성이 있고 순수한 임의처분과는 구별된다고 할 것이다.

[주 제 어]

피의자신문, 수인의무, 출석의무, 체류의무, 강제처분성

[Key words]

interrogation of the suspect, duty to endure the process, duty to attend, duty to stay, the character of compulsory measure

접수일자: 2014. 5. 20. 심사일자: 2014. 6. 15. 게재확정일자: 2014. 6. 20.

[참고문헌]

강구진, 『형사소송법원론』, 학연사, 1982.
강서룡, 『신형사소송법요의』,법제신문사, 1954.
권오병, 『형사소송법 요론』, 미국의 소리사 출판국, 1959.
권창국, "피의자신문과 피의자의 신문수인의무", 법률신문, 2004. 4. 12.
김용식, 『신형사소송법론』, 보문각, 1954.
김종률, "현행 형사소송법상 피의자신문", 법률신문, 2004. 2. 19.
김종률, "피의자신문은 아직은 강제처분이다", 법률신문, 2004. 4. 1.
노명선/이완규, 『형사소송법』, 성균관대학교출판부, 2013.
대검찰청, 『조사·신문 핵심원리 실무매뉴얼』, 2010.
대검찰청, 『형사소송법 제정·개정 자료집』, 1997.
배종대/이상돈/정승환/이주원, 『형사소송법』, 홍문사, 2013.
백형구, 『형사소송법』, 한국사법행정학회, 1982.
백형구, 『주해형사소송법』, 한국사법행정학회, 1984.
백형구, 『형사소송법강의』, 박영사, 1985.
백형구, "피의자신문의 이론과 실무", 법률신문, 2004. 3. 25.
법무연수원, 『검찰실무 I』, 2010.
손동권/신이철, 『새로운 형사소송법』, 세창출판사, 2013.
서보학, "피의자신문에 있어서의 인권보장 및 방어권 강화방안", 형사법연구 제20호(2003).
서일교, 『형사소송법강의』, 제일문화사, 1957.
신동운, 『신형사소송법』, 법문사, 2008.
신동운, 『간추린 형사소송법』, 법문사, 2013.
신동운, "일제하의 형사절차에 관한 연구", 『한국법사학 논총(II)』(박병호교수 환갑기념), 박영사, 1991.
신양균, 『형사소송법』, 법문사, 2000.
신현주, 『형사소송법』, 박영사, 2002.
심희기, "피의자신문이 강제처분인가", 법률신문, 2004. 3. 18.

옥황남, 『신형사소송법해의』, 지구당, 1955.

유병진, 『형사소송법개요』, 서울고시학회, 1958.

이영란, 『한국 형사소송법』, 나남, 2008.

이완규, 『검찰제도와 검사의 지위』, 성민기업, 2005.

이완규, 『형사소송법 특강』, 법문사. 2006.

이완규, 『형사소송법 연구 II』, 법문사, 2011.

이은모, 『형사소송법』, 박영사, 2012.

이은모, "피의자 인신구속제도 정비방안", 형사법연구 제19호(2003).

이재상, 『형사소송법』, 박영사, 1987.

이재상, 『신형사소송법』, 박영사, 2013.

정영석, 『형사소송법』, 법문사, 1966.

조상제, "현행 형사소송법상 체포제도의 문제점", 계명법학 제3집(1998).

차용석/최용성, 『형사소송법』, 21세기사, 2013.

최대교, 『개정형사소송법강의』, 박영사, 1955.

허일태, "피의자 비디오 진술녹화와 인권과의 관계", 수사연구, 2004. 4.

田宮裕, 『刑事手續とその運用』, 有斐閣, 1990.

田宮裕, "被疑者の取調べ", 法學教室 第78号(1987).

高田卓爾, 『刑事訴訟法』, 青林書院新社, 1984.

団藤重光, 『刑事訴訟法』, 青林書院新社, 1963.

澤登佳人, "逮捕または拘留中の被疑者取調べは許されない", 法政理論 第22券 第2号(1979).

鈴木茂嗣, 『刑事訴訟法』, 青林書院, 1990.

三井誠, "被疑者の取調べとその規制", 刑法雜誌 第27券 第1号(1986).

後藤昭, 『捜査法の論理』, 岩波書店, 2001.

法務省 刑事局 刑事訴訟法研究會, 『實務刑事訴訟法』, 立花書房, 1994.

平野龍一, 『刑事訴訟法』, 有斐閣, 1958.

Burnham, *Introduction to the Law and Legal System of the United States*, West Group, 2003.

Eisenberg, *Beweisrecht der StPO*, C.H.Beck, 1999.

Kramer, *Grundbegriffe des Strafverfahrens* 4. Aufl., Kohlhammer, 1999.

Langbein, *The Origins of Adversary Criminal Trial*, Oxford University Press, 2003.

Sättler, *Die Entwicklung der französischen Staatsanwaltschaft*, Dissertation Universität Mainz, 1956.

Uglow, *Criminal Justice*, Sweet & Maxwell, 1995.

[Abstract]

Character of interrogation and duty of suspect to endure the process of interrogation

Wankyu Lee*

In 2003, some cases were reported to Attorney General of Korea in Supreme Prosecution Service, in which the suspect in detention rejected the request of the prosecutor to attend at his office. Previously, the Prosecution Service interpreted the request to attend for interrogation of the suspect to have the power to impose the duty on the suspect. But in the Academic circles, the majority viewed the request to have no power to impose the duty. Thus they explained the suspect may refuse to attend and during the interrogation leave the office anytime. The suspects who refused to attend rely on the view of the majority of the literature.

The Prosecution Service insisted that the interrogation system of Korean Criminal Procedure give the prosecutor and the judicial police the authority to impose the duty to attend on the suspect, especially the duty to attend and to stay on the suspect in arrest or detention. The duty could be forced by arrest warrant or detention warrant. The provision of detention(§ 69, Korean Criminal Procedure) give the definition that it includes the power to take the suspect to a place and to detain in custody. The power to take to a place should be interpreted to include the power to take the suspect to the investigator's office during the detention.

In this Case of the suspect in detention, the Court approved the view of the Prosecution Service and concluded the judicial police officer who took the suspect to the office for interrogation to be lawful.

* Deputy Chief Prosecutor, Cheongju Provincial Prosecution Service.

Notwithstanding, the Court explained the character of the interrogation to be voluntary because the statement of the suspect should not be forced. But it could be said contradictory between the possibility of forcing the duty to attend and stay against the suspect's will and the character of voluntainess. The compulsory nature could be said to be proper to this system.

가명진술조서의 증거능력
-조서 작성 절차와 방식의 적법성을 중심으로-

전 승 수**

[대상판결] 대법원 2012. 5. 24. 선고 2011도7757 판결

1. 공소사실의 요지

피고인은, 조직폭력배 ○○파 두목의 친형이고, 현재 피고인의 고향에서 진행 중인 신도시조성공사(이하 '조성공사'라 한다)와 관련하여 주민대책위원회(이하 '위원회'라 한다) 위원장을 맡고 있는 자이다.

가. 업무방해

피고인은 조성공사 과정에서 이미 덤프트럭 운행업무를 하고 있던 피해자 1의 업무를 방해하고 피고인이 덤프트럭 운행업무를 관장하기로 마음먹고, 2009. 2.경 위원회의 부위원장인 A와 위원인 B를 통하여 피해자에게 "트럭 투입 일을 위원회에서 하겠다"라는 취지로 말하여 평소 피고인의 폭력전과 및 조직폭력배 두목인 피고인의 동생으로 인하여 피고인에 대한 두려움을 갖고 있던 피해자로 하여금 덤프트럭 운행업무를 중단하도록 하여 위력으로써 피해자의 업무를 방해하였다.

* 서울동부지방검찰청 형사제4부 부장검사, 법학박사.

나. 공　갈

피고인은 위와 같은 방법으로 덤프트럭 운행업무를 방해한 다음 조성공사 과정에 투입되는 덤프트럭 전체의 배차를 관장하던 중, 중기업자 및 덤프트럭 운전자들로부터 배차료 명목으로 금원을 갈취하기로 마음먹고, 2009. 4.경 위 부위원장인 A와 위원인 B를 통하여 피해자 1에게 "트럭 배차 일을 하는데 전화요금, 인건비 등이 필요하니 위원회에 돈을 좀 내라"는 취지로 말하여 평소 피고인의 폭력전과 및 조직폭력배 두목인 피고인의 동생으로 인하여 피고인에 대한 두려움을 갖고 있던 피해자 1과 이러한 사실을 전해들은 피해자들로 하여금 이를 수락하고 덤프트럭 1대를 운행할 때마다 하루에 10,000원(1시간당 1,000원)씩을 지급하도록 하는 방법으로 피해자들로 하여금 2009. 5. 27.경부터 2009. 11. 11.경까지 총 24건 합계 3,278,500원을 교부받아 이를 갈취하였다.

다. 협　박

피고인은 2009. 4.경 조성공사와 관련하여 원주민대책조합 설립 설명회를 하려고 하는 피해자 2에게 "설명회 다니면서 대책위에 거짓말을 하고 다니면 혓바닥 짤라뿐다"라고 말하여 협박하고, 2009. 5.경 대책조합 이사인 피해자 3에게 "이 새끼 돌아다니면서 내 욕을 하고 다니는데 혓바닥 잘라뿐다"라고 말하여 협박하였다.

2. 제1심 및 제2심의 판단

가. 제1심의 판단

제1심[1)]은 피고인에 대한 공소사실 중 업무방해 및 공갈의 점에 대하여는 무죄, 2009. 4.경 협박의 점에 대하여는 피해자의 처벌불원을 이유로 공소기각, 2009. 5.경 협박의 점에 대하여는 피고인의 자백 등

1) 대구지방법원 서부지원 2010. 12. 16. 선고 2009고단 2383 판결.

을 증거로 징역 6월 및 집행유예 1년을 선고하였다.

제1심은 무죄 부분 중 공갈의 점을 판단하면서 특정범죄신고자 등 보호법이 일정한 경우 엄격한 요건 하에 예외적으로 수사기관에서 작성되는 진술조서에 그 진술인의 인적사항의 전부 또는 일부를 기재하지 아니할 수 있도록 하고 있는 점 등에 비추어 이른바 가명으로 작성된 진술조서는 형사소송법 제312조 제4항이 규정하고 있는 적법한 절차와 방식에 따른 것이라고 보기 어려운 점, 가명으로 작성된 진술조서도 형사소송법 제312조 제4항에 의해 증거로 할 수 있다고 한다면 원진술자가 사망·질병·외국거주·소재불명 그 밖에 이에 준하는 사유로 인하여 진술할 수 없는 때에도 형사소송법 제314조에 따라 이를 증거로 할 수 있다는 불합리한 결과가 되는 점, 미리 증거를 보전하지 아니하면 그 증거를 사용하기 곤란한 사정이 있는 때에는 증거보전절차에 따라 판사에게 증인신문을 청구할 수 있는 점 등을 종합하여 보면, 가명으로 작성된 피해자들에 대한 각 진술조서는 증거능력이 인정되지 아니한다고 보았다. 그리고 피해자 1의 진술에 일관성이 없고, 나머지 피해자들과 참고인들의 진술만으로는 피고인의 업무방해와 배차비 명목의 금원 갈취를 인정하기에 부족하다고 판단하였다.

이에 검사와 피고인이 항소하였다.

나. 제2심의 판단

제2심[2]은 검사와 피고인의 항소를 모두 기각하였는데, 검사의 항소에 대한 기각의 요지는 다음과 같다.

형사소송법 제312조 제4항은 검사 또는 사법경찰관이 피고인이 아닌 자의 진술을 기재한 조서가 갖추어야 할 첫 번째 요건으로서 '적법한 절차와 방식'의 준수를 들고 있고, 특정범죄신고자 등 보호법은 특정한 5개 범죄군('특정범죄')에 한하여 진술자의 인적 사항 전부 또는 일부를 기재하지 아니할 수 있는 특례를 정하고 있으며, 위 특례에

2) 대구지방법원 2011. 5. 31. 선고 2011노100 판결.

서 인정하고 있는 경우를 제외하고는 검사 또는 사법경찰관이 피고인 아닌 자의 진술을 기재하면서 진술자의 인적 사항 전부 또는 일부를 기재하지 아니한 진술조서를 '적법한 절차나 방식'을 거친 것으로 볼 수 있는 근거는 없다. 공갈죄는 특정범죄신고자 등 보호법에서 특례를 규정한 '특정범죄'에 해당하지 않으므로, 위 공갈 부분에 대한 이 사건 각 가명 진술조서의 각 진술인들은 특정범죄신고자 등 보호법의 '범죄신고자등'에 해당하지 아니함이 명백하고, 수사기관이 피고인의 공갈 혐의에 관하여 참고인들을 상대로 진술조서를 작성하면서 참고인들의 성명을 '가명'으로 기재한 진술조서는 형사소송법 제312조 제4항이 정한 '적법한 절차나 방식'을 갖추지 못한 것이며, 각 가명 진술조서에 대해 그 진술인들이 공판기일에 증인으로 출석하여 성립 및 내용의 진정을 인정하였다거나 피고인이나 변호인이 그 기재 내용에 관하여 각 진술자들에 대해 반대신문을 할 수 있었다는 사정과 관계없이 그 증거능력이 없다고 판단하였다.

이에 검사가 상고하였다.

3. 대법원의 판단

대법원은 원심판결을 파기하고, 사건을 원심법원에 환송하였는데, 그 요지는 다음과 같다.

형사소송법 제312조 제4항은 검사 또는 사법경찰관이 피고인이 아닌 자의 진술을 기재한 조서의 증거능력이 인정되려면 '적법한 절차와 방식에 따라 작성된 것'이어야 한다고 규정하고 있다. 여기서 적법한 절차와 방식이라 함은 피의자 또는 제3자에 대한 조서 작성 과정에서 지켜야 할 진술거부권의 고지 등 형사소송법이 정한 제반 절차를 준수하고 조서의 작성방식에도 어긋남이 없어야 한다는 것을 의미한다. 그런데 형사소송법은 조서에 진술자의 실명 등 인적 사항을 확인하여 이를 그대로 밝혀 기재할 것을 요구하는 규정을 따로 두고 있지는 아니하다. 따라서 「특정범죄신고자 등 보호법」 등에서처럼 명시적으로 진술자의 인적 사항의 전부 또는 일부의 기재를 생략할 수 있도록 한 경우가 아니라 하더라도, 진술자와 피고인의 관계, 범죄의 종류, 진술자 보호의 필요성 등 여러 사정으로 볼 때 상당한 이유가 있는 경우에는 수사기관이 진술자의 성명을 가명으로 기재하여 조서를 작성하였다고 해서 그 이유만으로 그 조서가 '적법한 절차와 방식'에 따라 작성되지 않았다고 할 것은 아니다. 그러한 조서라도 공판기일 등에 원진술자가 출석하여 자신의 진술을 기재한 조서임을 확인함과 아울러 그 조서의 실질적 진정성립을 인정하고 나아가 그에 대한 반대신문이 이루어지는 등 형사소송법 제312조 제4항에서 규정한 조서의 증거능력 인정에 관한 다른 요건이 모두 갖추어진 이상 그 증거능력을 부정할 것은 아니라고 할 것이다.

4. 환송판결

파기환송심[3]은 피해자들이 피고인과 그 동생이 두렵거나 위원회 등으로부터 불이익을 받는 것을 우려하여 수사기관에서 가명으로 조사를 받게 된 사정 등을 인정하면서 피해자들의 가명진술조서를 증거로 사용하고, 피고인에 대하여 공소기각부분을 제외한 나머지 공소사실에 대하여 징역 6월 및 집행유예 1년을 선고하였고, 환송판결은 상고기간 경과로 확정되었다.

[연　구]

I. 들어가는 말

2007년 개정된 현행 형사소송법은 수사기관 작성의 조서에 대하여 증거능력이 부여되기 위한 요건으로 실질적 진정성립과 함께 적법한 절차와 방식에 따라 작성될 것을 명시적으로 요구하고 있다. 이는

3) 대구지방법원 2012. 8. 30. 선고 2012노1564 판결.

2007년 개정 전의 형사소송법이 수사기관 작성의 조서에 대하여 그 증거능력의 요건으로 진정성립을 요구하였던 것과 대비된다. 여기서 '적법한 절차와 방식'의 의미에 대하여 학설은 종래의 형식적 진정성립을 포함하는 보다 넓은 개념으로서 조서작성의 절차와 방식의 적법성을 의미한다고 보고 있다.

그런데 구체적인 사안에서 조서 작성 절차와 방식에 관한 법률규정을 따르지 아니한 경우에 형사소송법 제314조의 증거능력 요건인 '적법한 절차와 방식'을 위반한 것으로 모두 그 증거능력을 부정할 것인지가 문제된다. 특정범죄신고자 등 보호법, 공익신고자보호법 등의 특별법에서 가명조서에 관한 근거, 절차와 방식을 규정하고 있는데, 이 사건의 경우와 같이 수사과정에서 가명조서를 작성하면서 특별법에서 정한 대상범죄 이외의 범죄에 대하여 가명조서를 작성한 경우에 그 조서의 증거능력을 인정할 수 있는지가 문제된다. 대상판결은 가명진술조서의 증거능력과 관련하여 '적법한 절차와 방식'의 해석을 위한 실마리를 제공하고 있다는 점에서 의의가 있다.

본 논문에서는 먼저 '적법한 절차와 방식'의 의의와 구체적인 제한사유를 살펴보고, 대상판결을 중심으로 가명진술조서의 작성과 관련된 법률 규정 및 가명진술조서의 증거능력을 검토해 보고자 한다.

II. 조서 작성의 절차와 방식의 적법성

1. 의 의

검사 또는 사법경찰관이 작성한 피의자신문조서와 참고인진술조서가 그 증거능력을 인정받으려면 그 조서가 적법한 절차와 방식에 따라 작성된 것이어야 한다(형사소송법 제314조 제1항, 제3항, 제4항). 여기서 적법한 절차와 방식에 따라 작성되었다 함은 서명·날인의 진정성을 의미하는 조서의 형식적 진정성립을 포함하는 개념이며, 나아가 조서의 작성방법(형사소송법 제48조), 피의자신문과 참여자에 관한 규정(형사소송법 제243조), 변호인의 신문참여에 관한 규정(형사소송법 제243조의2), 피의자신문조서의 작성방식에 관한 규정(형사소송법 제244조), 수사과정의 기록에 관한 규정(형사소송법 제244조의4) 등 조서 작성의 절차와 방식에 관한 규정을 준수하여 조서가 작성되어야 함을 의미한다.[4)]

판례도 여기서 '적법한 절차와 방식'이라 함은 피의자 또는 제3자에 대한 조서 작성 과정에서 지켜야 할 진술거부권의 고지 등 형사소송법이 정한 제반절차를 준수하고 조서의 작성방식에도 어긋남이 없어야 한다는 것을 의미한다고 판시하고 있다.[5)]

2. 구체적인 제한사유

현행 형사소송법은 조서 작성 절차와 방식의 적법성이라는 요건을 통하여 종전의 형식적 진정성립보다 넓게 증거능력을 제한하고 있다. 아래에서는 형식적 진정성립을 포함하여 조서 작성절차와 방식에 관한 구체적인 제한사유를 살펴봄으로써 그 의미를 검토하고자 한다.

가. 형식적 진정성립

형식적 진정성립은 조서에 기재된 서명·날인 등이 진술자의 것임에 틀림없다는 원진술자의 진술을 말한다.

조서 말미에 원진술자의 서명·날인 및 간인이 없거나,[6)] 원진술자

4) 법무부, 개정 형사소송법, 2007, 236면; 노명선/이완규, 형사소송법, 성균관대학교 출판부, 2009, 579면; 배종대/이상돈/정승환/이주원, 신형사소송법(제5판), 홍문사, 2013, 640면; 손동권/신이철, 새로운 형사소송법, 세창출판사, 2013, 593면; 신동운, 신형사소송법(제4판), 법문사, 2012, 1077면; 이은모, 형사소송법(제3판), 박영사, 2012, 683면; 이재상, 형사소송법, 박영사, 2013, 595면; 임동규, 형사소송법(제9판), 법문사, 2013, 506면; 정웅석/백승민, 형사소송법(전정제4판), 대명출판사, 2011, 677면; 차용석/최용성, 형사소송법(제3판), 21세기사, 2008, 564면.

5) 대법원 2012. 5. 25. 선고 2011도7757 판결; 대법원 2013. 3. 28. 선고 2010도3359 판결.

의 서명만이 있고 그 날인이나 간인이 없는 경우에[7] 또는 원진술자의 기명만이 있고 날인이나 무인이 없는 경우에[8] 검사 작성의 피고인에 대한 피의자신문조서는 증거능력이 없다.

그리고 서명 또는 기명날인이 없는 피고인에 대한 진술조서도 증거능력이 없다.[9] 설사 피고인이 법정에서 그 피의자신문조서의 임의성을 인정하였다고 하여 달리 볼 것은 아니다.[10] 여기서 서명·날인은 진술자 본인의 것이어야 하므로, 진술자가 화상으로 인하여 서명할 수 없다는 이유로 입회하고 있던 동생에게 대신 읽어주고 그 동생으로 하여금 서명날인하게 한 피해자에 대한 진술조서는 형식적 진정성립의 요건을 결여하여 그 증거능력을 인정할 수 없다.[11]

조서작성자인 검사나 사법경찰관의 기명날인이나 서명이 없는 조서는 형사소송법 제57조 제1항[12]에 위반되어 무효이고 따라서 이에 대한 증거능력을 인정할 수 없다.[13] 그러나 조서작성자인 검사나 사법경찰관의 기명날인 또는 서명은 조서의 효력에 관한 문제이므로,[14] 조서 작성 절차와 방식의 적법성이라는 요건과 관련이 없다.

나. 신문절차와 조서 작성 방식의 적법성

(1) 피의자신문의 절차 및 조서 작성 방식

피의자신문의 절차, 방식과 조서 작성 방식과 관련하여 현행 형사소송법은 피의자의 출석요구(제200조), 진술거부권의 고지 및 그 행사 여부에 관한 답변 기재(제244조의3), 신문사항과 신문방법(제241조, 제

6) 대법원 1992. 6. 23. 선고 92도954 판결.
7) 대법원 1999. 4. 13. 선고 99도237 판결.
8) 대법원 1981. 10. 27. 선고 81도1370 판결.
9) 대법원 1993. 4. 23. 선고 92도2908 판결.
10) 대법원 1999. 4. 13. 선고 99도237 판결.
11) 대법원 1997. 4. 11. 선고 96도2865 판결.
12) 형사소송법 제57조 제1항에 의하면 공무원이 작성하는 서류에는 법률에 다른 규정이 없는 때에는 작성 연월일과 소속공무소를 기재하고 기명날인 또는 서명하여야 한다.
13) 대법원 2001. 9. 28. 선고 2001도4091 판결; 신동운, 앞의 책, 1078면.
14) 임동규, 앞의 책, 506면.

242조, 제245조), 참여자(제243조), 피의자신문조서의 작성(제244조 제1항), 열람·낭독 및 의견 진술기재(제244조 제2항), 변호인의 피의자신문 참여 및 변호인의 의견진술(제243조의2), 신뢰관계자의 동석(제244조의5), 영상녹화(제244조의2), 수사과정의 기록(제244조의4) 등을 구체적으로 규정하고 있다.

종전 판례는 피의자신문조서를 작성함에 있어 피의자에게 그 기재내용을 알려주지 아니하였다 하더라도 그 사실만으로는 피의자신문조서의 증거능력이 없다고 할 수 없다고 판결하였다.[15] 형사소송법 제312조의 '적법한 절차와 방식에 따라 작성된 것'이라는 요건의 해석과 관련하여 위 판례를 그 참고자료로 들면서 피의자신문조서의 작성에 사소한 위법이 있다고 하여 그 증거능력을 부정해야 하는가라는 의문을 제시하는 견해가 있다.[16] 그러나 피의자신문조서가 '적법한 절차와 방식'에 따라 작성된 것으로 인정되기 위하여는 원칙적으로 피의자신문조서가 형사소송법 제241조 이하에 규정된 피의자신문의 절차와 방식을 준수하여 작성되어야 하고,[17] 조서 기재 내용의 열람 또는 낭독은 조서의 정확성을 확보하기 위하여 2007년 개정된 형사소송법에 추가된 이의제기나 의견진술의 기재를 위한 전제조건으로서 조서 작성 절차의 핵심 부분에 해당하므로, 피의자에게 조서의 기재내용을 알려주지 아니한 경우에 그 조서의 증거능력은 인정되지 아니한다고 보는 것이 타당하다.

그리고 비록 사법경찰관이 피의자에게 진술거부권을 행사할 수 있음을 알려주고 그 행사 여부를 질문하였다 하더라도, 형사소송법 제244조의3 제2항에 규정한 방식에 위반하여 진술거부권 행사 여부에 대한 피의자의 답변이 자필로 기재되어 있지 아니하거나 그 답변 부분에 피의자의 기명날인 또는 서명이 되어 있지 아니한 사법경찰관

15) 대법원 1993. 5. 14. 선고 93도486 판결.
16) 이재상, 앞의 책, 595면.
17) 신동운, 앞의 책, 1079면.

작성의 피의자신문조서는 특별한 사정이 없는 한 형사소송법 제312조 제3항에서 정한 '적법한 절차와 방식'에 따라 작성된 조서라 할 수 없으므로 그 증거능력을 인정할 수 없다.[18]

또한 피의자가 변호인의 참여를 원한다는 의사를 명백하게 표시하였음에도 수사기관이 정당한 사유 없이 변호인을 참여하게 하지 아니한 채 피의자를 신문하여 작성한 피의자신문조서는 형사소송법 제312조에 정한 '적법한 절차와 방식'에 위반된 증거에 해당하므로 이를 증거로 할 수 없다.[19]

(2) 참고인조사의 절차와 조서 작성 방식

검사 또는 사법경찰관은 수사에 필요한 때에는 피의자가 아닌 자의 출석을 요구하여 진술을 들을 수 있다(형사소송법 제221조 제1항 제1문). 이 경우 그의 동의를 받아 영상녹화할 수 있다(형사소송법 제221조 제1항 제2문). 수사기관이 범죄로 인한 피해자를 조사하는 경우에 신뢰관계에 있는 자를 동석하게 할 수 있다(형사소송법 제221조 제3항, 제163조의2 제1항 내지 제3항). 참고인조사를 하는 경우에도 수사과정을 진술조서에 기록하여야 한다(형사소송법 제244조의4 제3항).

참고인진술조서의 경우에도 형사소송법 제312조 제4항의 적법한 절차와 방식에 따라 작성된 것으로 인정되기 위하여는 조서의 작성방법(형사소송법 제48조), 제3자의 출석요구에 관한 규정(법제221조), 수사과정의 기록에 관한 규정(제244조의4 제3항), 신뢰관계자의 동석에 관한 규정(제221조 제3항) 등 참고인조사의 절차와 조서 작성 방식을 준수하여 작성되어야 한다.

다. 위법수집증거배제법칙과의 관계

수사기관 작성의 조서에 대한 증거능력 요건으로서 '적법한 절차와 방식'과 위법수집증거배제법칙의 요건인 '적법한 절차'의 관계가 문

18) 대법원 2013. 3. 28. 선고 2010도3359 판결.
19) 대법원 2013. 3. 28. 선고 2010도3359 판결.

제된다. 특히 피의자신문절차 중 진술거부권의 고지와 피의자의 변호인 참여요구 등은 헌법상 적법절차의 원칙, 자기부죄거부의 권리 및 변호인의 조력을 받을 권리를 실질적으로 보장하기 위하여 규정된 것이므로 이를 준수하지 아니하고 작성된 피의자신문조서에 대하여 '적법한 절차와 방식'이라는 요건과 위법수집증거배제법칙 중 어느 사유를 이유로 증거능력을 배제하여야 하는 것인지가 실무상 문제된다.

이와 관련하여 적법한 절차와 방식에 따르지 않고 작성된 피의자신문조서는 위법수집증거배제법칙(형사소송법 제308조의2)에 의해서도 증거능력을 상실한다는 이유로 절차와 방식의 적법성이라는 요건이 실질적 의미를 갖는지 의문을 제기하는 견해가 있다.[20]

판례는 피의자가 변호인의 참여를 원한다는 의사를 명백하게 표시하였음에도 수사기관이 정당한 사유 없이 변호인을 참여하게 하지 아니한 채 피의자를 신문하여 작성한 피의자신문조서에 대하여 형사소송법 제312조에 정한 '적법한 절차와 방식'에 위반된 증거일 뿐만 아니라 형사소송법 제308조의2에서 정한 '적법한 절차에 따르지 아니하고 수집한 증거'에 해당하므로 이를 증거로 할 수 없다고 하고 있다.[21]

형사소송법 제312조에서 규정하고 있는 '적법한 절차와 방식'은 수사기관의 조서를 작성하는 과정에서 그 절차와 방식이 적법할 것임을 요한다는 점에서 그 대상과 적용범위가 제한적이지만, 형사소송법 제308조의2에서 정한 '적법한 절차'는 헌법과 형사소송법이 정한 적법절차를 의미한다는 점에서 그 대상과 적용범위가 일반적이다. 따라서 조서 작성에 있어서의 '적법한 절차와 방식'은 위법수집증거배제법칙의 요건으로서 '적법한 절차'와 구별된다.[22]

그러나 2007년 개정된 현행 형사소송법 제312조는 조서 작성 절

---

20) 배종대/이상돈/정승환/이주원, 앞의 책, 640면.
21) 대법원 2013. 3. 28. 선고 2010도3359 판결.
22) 신동운, 앞의 책, 1077면.

차와 방식의 적법성을 그 증거능력의 인정요건 중 하나로 규정함으로써 위법수집증거배제법칙이라는 일반적 증거법칙이 조서생성과정에도 적용됨을 명시적으로 선언하고, 수사과정의 기록제도 등 조서의 정확성과 신뢰성을 높이기 위하여 조서 작성의 절차와 방식을 정비하면서 조서 작성 절차와 방식의 형식적 보장을 통하여 진술거부권 등 실질적인 권리를 더욱 강하게 보장하고 있다는 점에서 그 의의가 있다. 피의자신문 과정에서 진술거부권 등 실질적인 권리가 보장되었는지 여부는 수사 이후의 재판과정에서 이를 입증하기가 쉽지 않지만, 조서 작성 과정에서 진술거부권의 고지, 변호인 참여 등의 절차와 방식을 기재하게 하고 이에 피의자 등의 의견을 기재하게 하는 방법을 통하여 그 절차와 방식의 준수 여부를 입증하는 것이 보다 용이하다.

3. 증명방법

가. 객관적인 방법

조서가 적법한 절차와 방식에 따라 작성되었음은 공판준비 또는 공판기일에 원진술자의 진술에 의하여 인정되어야 한다(형사소송법 제312조 제1항, 제4항). 그리고 피고인의 진술에 의한 경우에 한하지 않고 영상녹화물, 필적감정 등의 객관적인 방법에 의해서도 증명이 가능하다(형사소송법 제312조 제2항, 제4항).[23] 형사소송법 제312조 제2항이 실질적 진정성립에 대한 대체적 입증방법으로 영상녹화물이나 그 밖의 객관적인 방법을 허용하고 있는 점에 비추어 그 형식적 진정성립을 포함하는 조서 작성 절차와 방식의 적법성에 대하여도 객관적인 방법에 의한 입증을 허용함이 상당하고,[24] 참고인진술조서에 관한 형사소송법 제312조 제4항은 객관적인 방법에 의한 입증대상에 실질적 진정성립뿐만 아니라 조서 작성 절차와 방식의 적법성까지 포함하고 있는 형식을 취하고 있기 때문이다.

23) 신동운, 앞의 책, 1080면; 이은모, 앞의 책, 683면.
24) 신동운, 앞의 책, 1080면.

나. 조사자 증언의 문제

조사자의 증언에 의하여 증명이 가능한지에 대하여는 긍정설[25]과 부정설[26]이 대립한다. 부정설은 피조사자와의 관계에서 조사자나 참여자의 진술은 '객관적 방법'이라고 볼 수 없다는 점을 근거로 들고 있다.[27]

진술거부권의 행사 여부에 관한 답변 기재(제244조의3), 피의자신문에 참여한 변호인의 의견진술 기재(제243조의2), 수사과정의 기록(제244조의4) 등 조서의 기재내용은 수사절차의 적법성과 진술의 임의성을 형식적인 측면에서 보장하기 위한 것이므로, 그 기재내용이 없는 것은 그 자체로 형사소송법 제312조에서 정한 '적법한 절차와 방식'에 따라 작성된 조서라 할 수 없다. 한편 서명·날인의 진정성이나 기재내용이 원진술자에 의하여 기재된 것임을 원진술자가 부인하는 경우에 필적 감정 등의 과학적 방법에 의하여 증명하는 것이 명확하다. 그러나 이 때 증명은 자유로운 증명에 해당하여 그 증명방법은 원칙적으로 제한이 없고,[28] 증명력이 다소 떨어진다고 하여 이를 배제할 이유가 없으므로 조사자를 포함한 인적 방법도 포함된다고 봄이 타당하다.

III. 대상판결의 평석

1. 중요 쟁점

가. 문제의 소재

수사과정에서 강력범죄의 피해자들이 보복 등을 우려하여 진술을 거부하는 경우에 이를 보호하기 위하여 가명조서를 작성해야 할 필요가 있다. 가명조서의 작성에 대하여는 먼저 특정범죄신고자등보호법

25) 이은모, 앞의 책, 683면.
26) 신동운, 앞의 책, 1080면.
27) 신동운, 앞의 책, 1080면.
28) 법무부, 개정 형사소송법(2007), 238면.

에 그 작성 및 관리절차가 규정되어 있고, 공익신고자보호법, 공직선거법, 부패방지 및 국민권익위원회의 설치와 운영에 관한 법률, 부패재산의 몰수 및 회복에 관한 특례법, 성매매알선 등 행위의 처벌에 관한 법률, 정치자금법 등에서 특정범죄신고자등보호법의 규정을 준용하고 있다.

그런데 위와 같은 특별법에서 가명조서의 작성을 허용하는 규정을 두고 있을 뿐이고, 가명조서를 금지하거나 실명 등 인적사항을 확인하여야 한다는 규정을 두고 있는 법률이 없다. 따라서 이와 관련하여 특별법에 정한 대상범죄 이외의 범죄에 대하여도 가명조서를 작성할 수 있는지와 그 가명조서의 증거능력에 대하여 논란이 있다.

나. 대상 사건의 쟁점

대상사건의 경과를 살펴보면 수사기관이 참고인진술조서를 작성함에 있어 진술자의 성명을 가명으로 기재하기 위하여는 특별법이 인정하는 경우에 한하는지 여부가 중요 쟁점이 되었다.

제1심 법원과 제2심 법원은 특정한 5개 범죄군('특정범죄')에 한하여 진술자의 인정사항 전부 또는 일부를 기재하지 아니할 수 있는 경우를 정하고 있는 특정범죄신고자 등 보호법의 규정이 예외적인 특례에 해당하고, 그 경우를 제외하고는 검사 또는 사법경찰관이 피고인 아닌 자의 진술을 기재하면서 진술자의 인적 사항 전부 또는 일부를 기재하지 아니한 진술조서를 '적법한 절차나 방식'을 거친 것으로 볼 수 있는 근거가 없다고 판시하였다.

이에 대하여 검사는 형사소송법상 진술조서에 실명을 기재하여야 한다는 명시적인 규정이 없다는 점과 특정범죄신고자 등 보호법은 범죄신고자를 실질적으로 보호하기 위한 방안의 하나로 가명조서의 작성이 가능함을 예시하는 것이라는 점을 이유로 상소를 제기하였다.

2. 관련 법률의 규정

가. 가명조서에 관한 특별법

(1) 관련 법률의 규정

특정범죄신고자 등 보호법 제7조는 다음과 같이 제1항과 제5항에서 특정범죄[29]에 관한 범죄신고등[30]과 관련하여 조서나 진술서 등을 작성할 때 범죄신고자등이나 그 친족등이 보복을 당할 우려가 있는 경우에 인적 사항의 전부 또는 일부를 기재하지 아니할 수 있다고 규정하면서 제2항부터 제4항, 제6항부터 제8항까지에서 신원관리카드의 작성 및 관리 등의 절차와 가명조서상 서명의 효력에 대하여 규정하고 있다.

제7조(인적 사항의 기재 생략) ① 검사 또는 사법경찰관은 범죄신고등과 관련하여 조서나 그 밖의 서류(이하 "조서등"이라 한다)를 작성할 때 범죄신고자등이나 그 친족등이 보복을 당할 우려가 있는 경우에는 그 취지를 조서등에 기재하고 범죄신고자등의 성명·연령·주소·직업 등 신원을 알 수 있는 사항(이하 "인적 사항"이라 한다)의 전부 또는 일부를 기재하지 아니할 수 있다.

② 사법경찰관이 조서등에 범죄신고자등의 인적 사항의 전부 또는 일부를 기재하지 아니한 경우에는 즉시 검사에게 보고하여야 한다.

---

29) 특정범죄신고자 등 보호법 제2조(정의) 1. "특정범죄"란 다음 각 목의 어느 하나에 해당하는 범죄를 말한다.
가. 「특정강력범죄의 처벌에 관한 특례법」 제2조의 범죄
나. 「마약류 불법거래 방지에 관한 특례법」 제2조제2항의 범죄
다. 「폭력행위 등 처벌에 관한 법률」 제4조 및 「특정범죄 가중처벌 등에 관한 법률」 제5조의8의 단체 구성원의 그 단체의 활동과 관련된 범죄
라. 「국제형사재판소 관할 범죄의 처벌 등에 관한 법률」 제8조부터 제16조까지의 죄
마. 「특정범죄 가중처벌 등에 관한 법률」 제5조의9의 죄

30) 특정범죄신고자 등 보호법 제2조(정의)
2. "범죄신고등"이란 특정범죄에 관한 신고·진정(陳情)·고소·고발 등 수사 단서의 제공, 진술 또는 증언이나 그 밖의 자료제출행위 및 범인검거를 위한 제보 또는 검거활동을 말한다.

③ 제1항의 경우 검사 또는 사법경찰관은 조서등에 기재하지 아니한 인적 사항을 범죄신고자등 신원관리카드(이하 "신원관리카드"라 한다)에 등재하여야 한다.

④ 제1항에 따라 조서등에 성명을 기재하지 아니하는 경우에는 범죄신고자등으로 하여금 조서등에 서명은 가명(假名)으로, 간인(間印) 및 날인(捺印)은 무인(拇印)으로 하게 하여야 한다. 이 경우 가명으로 된 서명은 본명(本名)의 서명과 동일한 효력이 있다.

⑤ 범죄신고자등은 진술서 등을 작성할 때 검사 또는 사법경찰관의 승인을 받아 인적 사항의 전부 또는 일부를 기재하지 아니할 수 있다. 이 경우 제2항부터 제4항까지의 규정을 준용한다.

⑥ 범죄신고자등이나 그 법정대리인은 검사 또는 사법경찰관에게 제1항에 따른 조치를 하도록 신청할 수 있다. 이 경우 검사 또는 사법경찰관은 특별한 사유가 없으면 그 조치를 하여야 한다.

⑦ 신원관리카드는 검사가 관리한다.

⑧ 신원관리카드의 작성 및 관리 등에 필요한 사항은 대통령령으로 정한다.

그리고 공익신고자보호법 제11조,[31] 공직선거법 제262조의2,[32] 부

---

31) 공익신고자보호법 제11조(인적사항의 기재 생략 등) ① 공익신고자등이나 그 친족 또는 동거인이 공익신고등을 이유로 피해를 입거나 입을 우려가 있다고 인정할 만한 상당한 이유가 있는 경우에 조사 및 형사절차에서 「특정범죄신고자 등 보호법」 제7조, 제9조부터 제12조까지의 규정을 준용한다.

32) 공직선거법 제262조의2(선거범죄신고자 등의 보호) ① 선거범죄[제16장 벌칙에 규정된 죄(제261조제6항의 과태료에 해당하는 위법행위를 포함한다)와 「국민투표법」 위반의 죄를 말한다. 이하 같다]에 관한 신고·진정·고소·고발 등 조사 또는 수사단서의 제공, 진술 또는 증언 그 밖의 자료제출행위 및 범인검거를 위한 제보 또는 검거활동을 한 자가 그와 관련하여 피해를 입거나 입을 우려가 있다고 인정할 만한 상당한 이유가 있는 경우 그 선거범죄에 관한 형사절차 및 선거관리위원회의 조사과정에서는 「특정범죄신고자 등 보호법」 제5조·제7조·제9조부터 제12조까지 및 제16조를 준용한다.

② 누구든지 제1항의 규정에 의하여 보호되고 있는 선거범죄신고자 등이라는 정을 알면서 그 인적사항 또는 선거범죄신고자등임을 알 수 있는 사실을 다른 사람에게 알려주거나 공개 또는 보도하여서는 아니된다.

패방지 및 국민권익위원회의 설치와 운영에 관한 법률 제64조,[33] 부패재산의 몰수 및 회복에 관한 특례법 제19조,[34] 성매매알선 등 행위의 처벌에 관한 법률 제6조,[35] 정치자금법 제53조[36] 등에서 특정범죄신고

---

33) 부패방지 및 국민권익위원회의 설치와 운영에 관한 법률 제64조(신변보호 등) ① 위원회 및 제59조제3항에 따라 신고사항을 이첩받은 조사기관의 종사자는 신고자의 동의 없이 그 신분을 밝히거나 암시하여서는 아니 된다.
② 신고자는 신고를 한 이유로 자신과 친족 또는 동거인의 신변에 불안이 있는 경우에는 위원회에 신변보호조치를 요구할 수 있다. 이 경우 위원회는 필요하다고 인정한 때에는 경찰청장, 관할 지방경찰청장, 관할 경찰서장에게 신변보호조치를 요구할 수 있다.
③ 제2항에 따른 신변보호조치를 요구받은 경찰청장, 관할 지방경찰청장, 관할 경찰서장은 대통령령으로 정하는 바에 따라 즉시 신변보호조치를 취하여야 한다.
④ 신고자가 신고를 이유로 피해를 입거나 입을 우려가 있다고 인정할 만한 상당한 이유가 있는 경우 해당 신고와 관련한 조사 및 형사절차에서 「특정범죄신고자 등 보호법」 제7조(인적 사항의 기재생략) 및 제9조(신원관리카드의 열람) 내지 제12조(소송진행의 협의등)의 규정을 준용한다.
⑤ 누구든지 제3항 및 제4항에 따라 보호되고 있는 부패행위신고자 등이라는 사정을 알면서 그 인적사항 또는 부패행위신고자 등임을 미루어 알 수 있는 사실을 다른 사람에게 알려주거나 공개 또는 보도하여서는 아니 된다.

34) 부패재산의 몰수 및 회복에 관한 특례법 제19조 (부패범죄 신고자의 보호) 부패범죄 신고자의 보호에 관하여는 「특정범죄신고자 등 보호법」 제3조부터 제17조까지의 규정을 준용한다.

35) 성매매알선 등 행위의 처벌에 관한 법률 제6조(성매매피해자에 대한 처벌특례와 보호) ① 성매매피해자의 성매매는 처벌하지 아니한다.
② 검사 또는 사법경찰관은 수사과정에서 피의자 또는 참고인이 성매매피해자에 해당한다고 볼 만한 상당한 이유가 있을 때에는 지체 없이 법정대리인, 친족 또는 변호인에게 통지하고, 신변보호, 수사의 비공개, 친족 또는 지원시설·성매매피해상담소에의 인계 등 그 보호에 필요한 조치를 하여야 한다. 다만, 피의자 또는 참고인의 사생활 보호 등 부득이한 사유가 있는 경우에는 통지하지 아니할 수 있다.
③ 법원 또는 수사기관이 이 법에 규정된 범죄를 신고(고소·고발을 포함한다. 이하 같다)한 사람 또는 성매매피해자(이하 "신고자등"이라 한다. 이하 같다)를 조사하거나 증인으로 신문(訊問)하는 경우에는 「특정범죄 신고자 등 보호법」 제7조부터 제13조까지의 규정을 준용한다. 이 경우 「특정범죄 신고자 등 보호법」 제9조와 제13조를 제외하고는 보복을 당할 우려가 있어야 한다는 요건이 필요하지 아니하다.

36) 정치자금법 제53조(정치자금범죄 신고자의 보호 등) ① 정치자금범죄(제8장에

자등보호법의 규정을 준용하고 있다.

(2) 검 토

실무상 사법경찰관이 특별법에서 정한 절차를 준수하지 아니한 채 진술자가 누구인지를 확인할 수 있는 방법을 기록에 현출하지 아니하고 또한 진술의 근거와 내용이 불분명한 가명조서를 작성한 후에 이를 근거로 계좌추적영장이나 압수수색영장을 신청하는 경우가 있다. 이로 인하여 특별법에서 정한 가명조서 작성의 핵심절차를 신원관리카드의 작성 및 관리로 보고, 특별법의 입법취지를 무분별한 가명조서의 억제, 가명조서의 진정성 담보 및 진정성 검증 가능성 확보에 있다고 주장할 수 있다.

그러나 특정범죄신고자 등 보호법은 1999. 8. 31. 제정되어 2000. 6. 1. 시행되고 있는데, 그 제정이유를 보면 "최근 범죄가 점차 흉폭화·조직화되면서 범죄피해자가 보복범행을 우려하여 범죄신고를 기피하는 현상이 심화되고 있고 이는 형사사법제도의 운영에 중대한 장애가 되고 있으나, 증인등을 보호하기 위한 개별 법률의 규정들은 범죄신고자등을 체계적으로 보호하는데 충분하다고 할 수 없는 실정이므로, 형사절차에서 국민들이 안심하고 자발적으로 협조를 할 수 있도록 범죄신고자등을 실질적으로 보호할 수 있는 제도적 장치를 마련하

해당하는 죄를 말한다. 이 장에서 같다)에 관한 신고·진정·고소·고발 등 조사 또는 수사단서의 제공, 진술 또는 증언 그 밖에 자료제출행위 및 범인검거를 위한 제보 또는 검거활동을 한 자(이하 이 조에서 "정치자금범죄 신고자등"이라 한다)가 그와 관련하여 피해를 입거나 입을 우려가 있다고 인정할 만한 상당한 이유가 있는 경우 그 정치자금범죄에 관한 형사절차 및 선거관리위원회의 조사과정에 있어서는 「특정범죄신고자등 보호법」 제5조(불이익처우의 금지)·제7조(인적 사항의 기재생략)·제9조(신원관리카드의 열람) 내지 제12조(소송진행의 협의 등) 및 제16조(범죄신고자 등에 대한 형의 감면)의 규정을 준용한다.

② 누구든지 제1항의 규정에 의하여 보호되고 있는 정치자금범죄 신고자등이라는 정을 알면서 그 인적 사항 또는 정치자금 범죄신고자등임을 미루어 알 수 있는 사실을 다른 사람에게 알려 주거나 공개 또는 보도하여서는 아니된다.

려는 것"이라고 하고 있다. 그리고 특정범죄신고자 등 보호법 제1조는 특정범죄에 관한 형사절차에서 국민이 안심하고 자발적으로 협조할 수 있도록 그 범죄신고자등을 실질적으로 보호함으로써 범죄로부터 사회를 방위함에 이바지함을 목적으로 하고 있음을 명시하고 있다.

이러한 위 특별법의 제정이유와 목적을 고려하면 특정범죄신고자 등 보호법 제7조 제1항은 범죄신고자등을 실질적으로 보호하기 위한 방안들 중의 하나로서 가명조서의 작성이라는 방법도 가능하다는 것을 의미한다고 해석함이 타당하다.

만약 이와 달리 위 특별법에 가명조서 작성의 대상범죄, 보복 우려 등 가능사유 및 신원관리카드의 작성과 관리 등의 절차를 상세하게 규정하고 있음을 이유로 그 입법취지가 무분별한 가명조서의 억제 및 가명조서의 진정성 담보라고 보면서 특별법에서 정한 대상범죄 이외의 범죄에 대하여는 가명의 진술조서 작성을 불허하고 있다고 해석하거나 "… 인적 사항의 전부 또는 일부를 기재하지 아니할 수 있다"라는 문구상 이를 예외적인 특례에 해당한다고 보게 되면, 이는 범죄신고자등의 보호범위를 축소할 뿐만 아니라 보복이 우려되는 다른 일반 범죄, 즉 사기나 폭행 등의 범죄로 인한 피해자를 보호하지 못하는 문제가 발생하여 위 특별법의 제정이유와 목적에 극명하게 상반된다.

나. 형사소송법상 진술조서의 증거능력

(1) 관련 규정

형사소송법 제312조 제4항은 "검사 또는 사법경찰관이 피고인이 아닌 자의 진술을 기재한 조서는 적법한 절차와 방식에 따라 작성된 것으로서 그 조서가 검사 또는 사법경찰관 앞에서 진술한 내용과 동일하게 기재되어 있음이 원진술자의 공판준비 또는 공판기일에서의 진술이나 영상녹화물 또는 그 밖의 객관적인 방법에 의하여 증명되고, 피고인 또는 변호인이 공판준비 또는 공판기일에 그 기재 내용에 관하여 원진술자를 신문할 수 있었던 때에는 증거로 할 수 있다. 다만,

그 조서에 기재된 진술이 특히 신빙할 수 있는 상태 하에서 행하여졌음이 증명된 때에 한한다."고 규정하고 있다.

그리고 형사소송법은 참고인진술조서 작성의 절차와 방식과 관련하여 조서의 작성방법(형사소송법 제48조), 제3자의 출석요구에 관한 규정(법제221조), 수사과정의 기록에 관한 규정(제244조의4 제3항), 신뢰관계자의 동석에 관한 규정(제221조 제3항) 등을 규정하고 있다.

(2) 검 토

조서란 소송법상 일정한 절차의 경과를 확인하기 위한 기록으로서, 그 절차 진행의 형식적 규정 준수 여부나 실질적 내용을 법에 의해 조서작성 권한을 부여받은 자가 법에 정한 방식에 따라 기록한 서면이다.[37] 따라서 수사기관 작성 조서는 형사소송법에 규정된 작성방식을 준수하여야 한다.

하지만 형사소송법은 조서에 진술자의 실명 등 인적 사항을 확인하여 실명을 기재할 것을 요구하는 명시적인 규정을 두고 있지 아니하다. 따라서 가명의 진술조서라고 하더라도 원진술자가 공판기일 등에 출석하여 조서의 형식적 진정성립과 아울러 실질적 진정성립을 인정하고, 반대신문의 기회 부여와 특신상태 등 형사소송법 제312조 제4항의 요건을 모두 충족하고 있다면 그 증거능력을 인정하여야 할 것이다.

3. 대상 판결에 대한 검토

대상판결은 "형사소송법은 조서에 진술자의 실명 등 인적 사항을 확인하여 이를 그대로 밝혀 기재할 것을 요구하는 규정을 따로 두고 있지는 아니하다. 따라서 특정범죄신고자 등 보호법 등에서처럼 명시적으로 진술자의 인적 사항의 전부 또는 일부의 기재를 생략할 수 있도록 한 경우가 아니라 하더라도, 진술자와 피고인의 관계, 범죄의 종

37) 이완규, "반대신문권과 수사기관 조서의 증거능력 및 증명력", 형사판례연구 제18권(2010), 380면.

류, 진술자 보호의 필요성 등 여러 사정으로 볼 때 상당한 이유가 있는 경우에는 수사기관이 진술자의 성명을 가명으로 기재하여 조서를 작성하였다고 해서 그 이유만으로 그 조서가 '적법한 절차와 방식'에 따라 작성되지 않았다고 할 것은 아니다"라고 판시하고 있다.

앞에서 살펴본 바와 같이 특별법의 제정이유와 목적, 형사소송법의 규정 등을 고려하면, 특정범죄신고자 등 보호법 등과 같이 가명조서를 명시적으로 허용하는 특별법의 대상범죄 이외의 범죄에 대하여도 가명으로 조서를 작성할 수 있다고 보는 것이 타당하다.

한편 대상사건에 대한 환송심 판결에서는 피해자들이 모두 수사기관의 설득에 불구하고 보복 등을 받을 것을 우려하여 수사기관에서 가명으로 조사를 받게 된 사정을 인정하면서 피해자들에 대한 가명조서를 증거로 열거하고 있다. 이는 대상판결이 진술자와 피고인의 관계, 범죄의 종류, 진술자 보호의 필요성 등 여러 사정으로 볼 때 '상당한 이유'가 있는 경우에는 가명조사라는 이유만으로 그 조서가 '적법한 절차와 방식'에 따라 작성되지 않았다고 할 것은 아니다라고 판시하고 있기 때문인 것으로 보인다.

대상판결은 특별법의 대상범죄 이외의 범죄에 대하여도 가명으로 조서를 작성할 수 있다고 허용하면서도 진술자와 피고인의 관계, 범죄의 종류, 진술자 보호의 필요성 등의 사정을 종합하여 가명조서 작성의 상당성을 판단할 여지를 남기고 있다. 이는 가명조서의 작성을 통한 범죄피해자등의 실질적 보호와 무분별한 가명조서의 남발을 억제할 필요성을 조화하려는 시도로 판단된다.

IV. 결 론

대상판결은 형사소송법 제312조에서 규정한 '적법한 절차와 방식'에 대하여 피의자 또는 제3자에 대한 조서 작성 과정에서 지켜야 할 진술거부권의 고지 등 형사소송법이 정한 제반 절차를 준수하고 조서의 작성방식에도 어긋남이 없어야 한다는 것을 의미한다고 판시하고 있다. 즉 대상판결은 2007년 형사소송법 개정 이후에 '적법한 절차와 방식'의 의미에 형식적 진정성립과 아울러 신문절차와 조서 작성방식을 포함한다는 점을 판시한 최초의 판결이라는 의의가 있다.

또한 대상판결은 진술자와 피고인의 관계, 범죄의 종류, 진술자 보호의 필요성 등 여러 사정으로 볼 때 '상당한 이유'가 있는 경우에는 특별법의 대상범죄 이외의 범죄에 대하여 가명으로 조서를 작성하였다는 이유만으로 그 조서의 증거능력을 부정할 것은 아니라고 판시함으로써 상당성 기준을 통하여 범죄피해자의 실질적 보호를 위한 가명조서의 작성 필요성과 무분별한 가명조서의 남발 억제를 통한 절차의 적정성 확보이라는 형사소송법상 중요 가치들의 균형을 조화하려는 해석의 여지를 남기고 있다. 그러나 이러한 상당성 판단기준은 수사절차에 대하여 명확한 구별기준을 제시하여야 하는 역할을 다하지 못하고, 새로운 논란을 촉발할 수 있다는 문제가 있다고 할 것이다.

[주 제 어]
가명진술조서, 증거능력, 적법한 절차와 방식, 조서의 작성방식

[Keywords]
witness statement under a pseudonym, admissibility, due process and proper method, method of preparing the protocol by the investigative authority

접수일자: 2014. 5. 9. 심사일자: 2014. 6. 16. 게재확정일자: 2014. 6. 20.

[참고문헌]

노명선/이완규, 형사소송법, 성균관대학교 출판부, 2009.
배종대/이상돈/정승환/이주원, 신형사소송법(제5판), 홍문사, 2013.
손동권/신이철, 새로운 형사소송법, 세창출판사, 2013.
신동운, 신형사소송법(제4판), 법문사, 2012.
이은모, 형사소송법(제3판), 박영사, 2012.
이재상, 형사소송법, 박영사, 2013.
임동규, 형사소송법(제9판), 법문사, 2013.
정웅석/백승민, 형사소송법(전정제4판), 대명출판사, 2011.
차용석/최용성, 형사소송법(제3판), 21세기사, 2008.
법무부, 개정 형사소송법, 2007.
이완규, "반대신문권과 수사기관 조서의 증거능력 및 증명력", 형사판례연구 제18권(2010).

대법원 1981. 10. 27. 선고 81도1370 판결.
대법원 1992. 6. 23. 선고 92도954 판결.
대법원 1993. 4. 23. 선고 92도2908 판결.
대법원 1993. 5. 14. 선고 93도486 판결.
대법원 1997. 4. 11. 선고 96도2865 판결.
대법원 1999. 4. 13. 선고 99도237 판결.
대법원 2001. 9. 28. 선고 2001도4091 판결.
대법원 2012. 5. 25. 선고 2011도7757 판결.
대법원 2013. 3. 28. 선고 2010도3359 판결.

[Abstract]

The admissibility of a witness statement under a pseudonym

Chun, Seung Soo*

The Criminal Procedure Act of Korea prescribes that a written statement prepared by the investigative authority is admissible as evidence, only if it was prepared in compliance with the due process and proper method. The requirement of 'due process and proper method' means the legality of the process and method of preparing a written statement by the investigative authority.

On the other hand, the Article 7 of the Korean act on protection of specific crime informants(hereinafter referred to as "the informants protection act") provides that when any retaliation is likely to be taken against an informant of a crime or his/her relatives, prosecutors or police officers are not required to note all or part of information which verifies the identity of the informant of the crime, such as a name, age, address or occupation. In regard to the requirement of 'due process and proper method', it is questionable whether a written statement of witness under a pseudonym is admissible as evidence where it is prepared on the crimes other than the specific crime prescribed in the informants protection act.

In this case, the lower court and the appellate court decided that a written statement of witness under a pseudonym was not admissible because the questioned crime of blackmail was not the specific crime and the statement under a pseudonym did not comply with the due process and proper method.

* Senior Prosecutor of the 4th Criminal Department, Seoul Eastern District Prosecutors' Office.

On the contrary, the Supreme Court of Korea decided that the investigative authority could prepare the protocol of a written statement under a pseudonym, if there had been a probable cause considering a combination of circumstances such as the relation between witness and the defendant, the type of crime, the necessity of protecting the witness because the Criminal Procedure Act did not require a real name in the written statement to verify the identity of witness. And the Court ruled that the meaning of 'due process and proper method' prescribed in the Article 312 of the Criminal Procedure Act was that the investigative authority must comply with all process and methods provided in the Criminal Procedure Act, like informing of the right to remain silent where a written statement was prepared.

However, the balancing test of a probable cause in the ruling has a problem with not presenting a bright-line rule in the investigative procedure and arousing new controversies.

공판조서의 증거능력에 대한 위헌여부에 대한 연구
-형사소송법 제315조 제3호 위헌소원-

오 경 식*

[대상결정] 헌법재판소 2013. 10. 24. 선고 2011헌바79 결정

[사실관계]

1. 사건의 개요와 심판의 대상

가. 사건의 개요

(1) 청구인은 '임○영, 조○구가 공동하여 위험한 물건인 쇠몽둥이로 피해자에게 상해를 가하도록 교사하였다'는 등의 범죄사실로 2010. 10. 14. 대전지방법원에서 징역 3년 6월 등을 선고받았다[대전지방법원 2010고단1752, 2403(병합)]. 위 사건에서 이미 형이 확정된 임○영, 조○구가 형사재판[대전지방법원 2009고단3648, 3672(병합)]에서 피고인으로서 한 진술이 기재된 공판조서가 증거로 채택·조사되었고, 그 공판조서상에는 청구인이 자신들에게 상해를 교사하였다는 취지의 진술이 기재되어 있었다. 그 후 임○영, 조○구는 청구인에 대한 위 형사사건의 증인으로 출석하여 청구인의 교사사실을 부인하는 취지의 증

* 강릉원주대학교 법학과 교수.

언을 하였으나, **1심 법원**은 임○영, 조○구의 법정 진술보다 위 공판조서상의 진술에 더 신빙성이 있다고 판단하여 공소사실을 유죄로 인정하였다.

(2) 청구인은 위 판결에 불복하여 항소한 뒤(대전지방법원 2010노2600), 1심 판결에서 유죄의 증거가 된 공판조서가 청구인에게 **반대신문권이 보장되지 않은 전문증거에 해당하므로 증거능력이 없다고 주장**하는 한편, 공범이 다른 사건에서 피고인으로서 한 진술이 기재된 공판조서에 증거능력을 부여하는 근거가 되는 형사소송법 제315조 제3호가 위헌이라고 주장하며, 위헌법률심판제청신청을 하였다(대전지방법원 2010초기998). 그리고 위 법원이 2011. 4. 8. 위헌법률심판제청신청을 기각하자, 청구인은 2011. 4. 19. 이 사건 헌법소원심판을 청구하였다.

나. 심판의 대상

청구인은, 주위적으로 형사소송법 제315조 제3호 자체에 대한 위헌 선언을 구하고, 예비적으로 위 조항에 공범이 다른 사건에서 피고인으로서 한 진술을 기재한 공판조서가 포함된다고 해석하는 한 위헌이라는 결정을 구하고 있다. 그런데 위 예비적 한정위헌청구는 동일한 심판대상에 관한 주위적 청구의 양적 일부분에 불과하여 진정한 의미의 예비적 청구라고 볼 수 없으므로 이를 별도의 심판대상으로 삼을 필요가 없고, 다만 그 예비적 청구에 관한 주장을 위 법률조항의 위헌여부에 관한 판단의 이유 중에서 판단하는 것으로 족하다(헌재 1994. 4. 28. 93헌바26, 판례집 6-1, 348, 351-352; 헌재 2009. 5. 28. 2006헌바24, 판례집 21-1하, 484, 490 참조). 따라서 이 사건 심판의 대상은 형사소송법(1954. 9. 23. 법률 제341호로 제정된 것) 제315조 제3호(이하 '이 사건 법률조항'이라고 한다)의 위헌 여부이다.

2. 청구인의 주장요지

(1) 이 사건 법률조항이 당연히 증거능력 있는 서류로 규정하고 있는 '특히 신용할 만한 정황에 의하여 작성된 문서'라는 문언은 지나치게 추상적이고 모호하여 그 의의와 대상, 범위를 가늠할 수 없으므로 명확성원칙에 위배된다. 또한 이 사건 법률조항은 단순히 특히 신용할 만한 정황에 의하여 작성되었다는 사정만으로 그 문서에 절대적인 증거능력을 인정함으로써, 전문증거의 증거능력을 제한한 형사소송법 제310조의2의 규정을 형해화하고 그 진술에 관한 피고인의 반대신문의 기회를 원천적으로 막고 있어 적법절차의 원칙에 위배되고 피고인의 공정한 재판을 받을 권리를 침해한다고 주장.

(2) 법원은 다른 사건에서 공범이 피고인으로서 한 진술을 기재한 공판조서가 이 사건 법률조항에서 정한 '당연히 증거능력이 있는 서류'에 해당하는 것으로 보고 있다. 그러나 공범의 진술은 자신의 책임을 다른 공범에게 전가하려는 동기에 의해 왜곡되기 쉬우므로 당해 사건에서 반대신문에 의한 탄핵을 거쳐 그 진술내용의 모순과 불합리가 드러날 때에만 법관의 심증형성의 기초가 되는 진정한 증거가치를 가질 수 있다는 점에 비추어 볼 때, 이 사건 법률조항에 다른 사건에서 공범이 피고인으로서 한 진술이 기재된 공판조서가 포함되는 것으로 해석하는 것은 헌법상 적법절차의 원칙에 어긋나고 피고인의 공정한 재판을 받을 권리를 침해한다고 주장.

3. 본안에 대한 헌법재판소의 판단

가. 이 사건 법률조항의 의의

형사소송법 제310조의2는 "제311조 내지 제316조에 규정한 것 이외에는 공판준비 또는 공판기일에서의 진술에 대신하여 진술을 기재한 서류나 공판준비 또는 공판기일 외에서의 타인의 진술을 내용으로 하는 진술은 이를 증거로 할 수 없다."고 규정하여 전문증거의 증거능력을 원칙적으로 부인하고 있다. 이는 공개된 법정에서 법관의 면전에서 진술되지 아니하고 피고인에게 반대신문의 기회를 부여하지 않은 전문증거의 증거능력을 배척함으로써 피고인의 반대신문권을 보장하고, 직접심리주의와 공판중심주의를 철저히 하여 피고인의 공정한 재판을 받을 권리를 보장하기 위한 것이다(헌재 1994. 4. 28. 93헌바26, 판례집 6-1, 348, 359 참조). 그러나 직접주의와 전문법칙을 모든 경우에 예외 없이 관철하게 되면 신속한 재판을 저해하고 실체적 진실발견에 지장을 초래할 수 있으므로, 형사소송법은 제311조 내지 제316조에서 전문법칙의 예외 규정들을 두고 있다.

이 사건 법률조항이 속한 형사소송법 제315조는 이러한 예외 규정들 중 하나로, 제1호의 가족관계기록사항에 관한 증명서, 공정증서 등본 기타 공무원 또는 외국공무원의 직무상 증명할 수 있는 사항에 관하여 작성한 문서(공권적 증명문서)와 제2호의 상업장부, 항해일지 기타 업무상 필요로 작성한 통상문서(업무상 통상문서)와 함께 3호의 **'기타 특히 신용할 만한 정황에 의하여 작성된 문서'**를 당연히 증거능력이 있는 문서로 규정하고 있다.

한편, 법원은, 다른 사건에서 공범의 피고인으로서의 진술을 기재한 공판조서(대법원 1964. 4. 28. 선고 64도135 판결)와 이와 유사한 다른 피고인에 대한 형사사건의 공판조서 중 일부인 증인신문조서(대법원 2005. 4. 28. 선고 2004도4428 판결), 구속적부심사절차에서 피의자를 심문하고 그 진술을 기재한 구속적부심문조서(대법원 2004. 1. 16. 선고 2003도5693 판결) 등을 이 사건 법률조항에 해당하는 문서로 해석하고 있다.

나. 명확성원칙 위배 여부

(1) 이 사건 법률조항의 '기타 특히 신용할 만한 정황에 의하여 작성된 문서'의 의미에 관하여 형사소송법은 명확한 정의규정을 두고 있지 않다. 형사소송법 제315조 제1호와 제2호의 문서들을 '특히 신용

할 만한 정황에 의하여 작성된 문서'의 예시로 삼고 있는 이 사건 법률조항의 규정형식을 종합해서 고찰해 보면, 이 사건 법률조항에서 규정한 '기타 특히 신용할 만한 정황에 의하여 작성된 문서'란 형사소송법 제315조 제1호와 제2호에서 열거된 공권적 증명문서 및 업무상 통상문서에 준하여 '굳이 반대신문의 기회 부여 여부가 문제되지 않을 정도로 고도의 신용성의 정황적 보장이 있는 문서'를 의미하는 것으로 해석할 수 있다.

(2) 따라서 이 사건 법률조항은 보통의 상식을 가진 일반인이라면 그 의미를 충분히 알 수 있고, 법관의 보충적인 가치판단을 통해서 그 의미내용을 확인할 수 있을 뿐만 아니라 그러한 보충적 해석이 해석자의 개인적인 취향에 따라 좌우될 가능성이 없다고 할 것이므로, 명확성원칙에 위배되지 않는다고 결정하였다.

다. 공정한 재판을 받을 권리의 침해 여부

(1) 공정한 재판을 받을 권리와 반대신문권의 보장

(가) 헌법 제27조 제1항은 "모든 국민은 헌법과 법률이 정한 법관에 의하여 법률에 의한 재판을 받을 권리를 가진다."라고 규정함으로써 모든 국민에게 적법하고 공정한 재판을 받을 권리를 보장하고 있다(헌재 1996. 12. 26. 94헌바1, 판례집 8-2, 808, 819-820). 이 공정한 재판을 받을 권리 속에는 신속하고 공개된 법정의 법관 면전에서 모든 증거자료가 조사·진술되고 이에 대하여 피고인이 공격·방어할 수 있는 기회가 보장되는 재판, 원칙적으로 당사자주의와 구두변론주의가 보장되어 당사자가 공소사실에 대한 답변과 입증 및 반증을 하는 등 공격, 방어권이 충분히 보장되는 재판을 받을 권리가 포함되어 있다(헌재 1994. 4. 28. 93헌바26, 판례집 6-1, 348, 356-357; 헌재 1998. 7. 16. 97헌바22, 판례집 10-2, 218, 226; 헌재 2001. 6. 28. 99헌가14, 판례집 13-1, 1188, 1200).

헌법은 피고인의 반대신문권을 미국이나 일본과 같이 헌법상의 기본권으로까지 규정하지는 않았으나, 형사소송법은 제161조의2에서 상대 당사자의 반대신문을 전제로 한 교호신문제도를 규정하고 있고, 제312조 제4항, 제5항에서 '공판준비 및 공판기일에서 원진술자를 신문할 수 있는 때에 한하여' 피고인 아닌 자의 진술을 기재한 조서나 진술서의 증거능력을 인정하도록 규정함으로써 피고인에게 불리한 증거에 대하여 반대신문할 수 있는 권리를 명문으로 인정하고 있다. 이는 위와 같은 공정한 재판을 받을 권리를 형사소송절차에서 구현하고자 한 것이다(헌재 1994. 4. 28. 93헌바26, 판례집 6-1, 348, 363; 헌재 1998. 9. 30. 97헌바51, 판례집 10-2, 541, 549-550; 헌재 1998. 12. 24. 94헌바46, 판례집 10-2, 842, 852 등 참조).

이에 형사소송법은 이러한 반대신문권을 실질적·적극적으로 보장하기 위하여 제310조의2 이하에서 증거능력 부여과정에서도 전문증거의 증거능력을 제한하고 있다. 그런데 이 사건 법률조항은 전문증거인 '기타 특히 신용할 만한 정황에 의하여 작성된 문서'에 관하여 당연히 증거능력을 부여함으로써 피고인의 반대신문권의 행사를 제한하는 규정으로서 헌법 제27조가 정한 재판청구권, 그 중에서도 '공정한 재판을 받을 권리'를 제한하고 있는 것이므로, 그 제한이 헌법적 한계를 일탈한 것인지 여부가 문제된다.

(나) 한편, **청구인**은 이 사건 법률조항이 적법절차의 원칙에 위반된다고 주장하나, 적법절차의 원칙은 법률이 정한 형식적 절차와 실체적 내용이 모두 합리성과 정당성을 갖춘 적정한 것이어야 한다는 실질적 의미를 지니고 있는 것으로서, 이 사건 법률조항과 관련해서는 사실상 반대신문권을 보장하여 공정한 재판을 받을 권리를 보장하는 문제에 귀착된다고 할 것이므로, 공정한 재판을 받을 권리의 침해 여부에 대한 판단 속에 적법절차의 원칙 위반 여부에 대한 판단까지 포함된다고 할 것이다고 결정하였다(헌재 2010. 11. 25. 2009헌바57, 판례집 22-2하, 387, 394; 헌재 2012. 7. 26. 2010헌바62, 판례집 24-2상, 93, 99).

(2) 과잉금지원칙 위반 여부

(가) 목적의 정당성 및 수단의 적합성

이 사건 법률조항은 전문증거 중'특히 신용할 만한 정황에 의하여 작성된 문서'에 대하여 당연히 증거능력을 인정하는 전문법칙의 예외 규정이다. 이는 전문법칙을 모든 경우에 예외 없이 철저하게 관철하는 경우, 재판의 지연을 초래하여 신속한 재판을 저해하게 되거나, 증명력 있는 증거들을 이용하지 못하여 실체적 진실발견을 저해하여 형사소송의 최대과제인 공정한 재판과 사법정의실현에 지장을 초래할 수 있으므로(헌재 1994. 4. 28. 93헌바26, 판례집 6-1, 348, 360 참조), 이러한 폐단을 방지하기 위한 것이다. 따라서 이 사건 법률조항은 그 목적의 정당성 및 수단의 적합성이 인정된다.

(나) 피해의 최소성 및 법익균형성

1) 이 사건 법률조항은 형사소송법 제315조 제1호, 제2호에 준할 정도의 신용성의 정황적 보장이 있는 문서에 한하여 전문법칙의 예외를 인정하고 있고, 그 의미가 앞서 본 바와 같이 피고인에게 굳이 반대신문의 기회를 부여할 필요가 없을 정도로 신용성의 정황이 있는 문서로 해석되는 이상, 이미 피고인의 방어권 제한이 최소한의 범위로 축소되어 있다.

그리고 이 사건 법률조항에 따라 문제된 문서의 증거능력이 인정되는 경우라도, 피고인은 그 문서의 작성자 또는 원진술자를 증인으로 신청하여 반대신문권을 행사할 수 있으므로 위 조항이 피고인의 반대신문의 기회를 완전히 박탈하고 있다고 볼 수도 없다. 나아가 문서 작성자 또는 원진술자가 증인으로 출석하여 문서의 내용과 상반되는 진술을 하는 경우 그 법정 진술과 문서상의 진술 중 어느 하나가 반드시 우월한 증명력을 갖는다고 볼 수 없으므로, 이 사건 법률조항에 의해 우선 그 문서의 증거능력을 인정하되 법관으로 하여금 제반사정을 고려하여 어느 증거가 보다 신빙성이 있는지 판단하도록 하는 것이 실체적 진실발견과 피고인의 방어권 보장 사이의 균형과 조화를 위한 합리적인 방법이라고 할 것이다.

2) 한편, 이 사건 법률조항에 공범이 다른 사건에서 피고인으로서 한 진술을 기재한 공판조서가 포함된다고 보는 것이 전문법칙의 예외를 지나치게 넓게 인정함으로써 피고인의 방어권을 부당하게 제한하는 것인지가 문제된다.

공판조서는 그 서면 자체의 성질과 작성과정에서 법정된 엄격한 절차적 보장에 의하여 고도의 임의성과 기재의 정확성 및 절차적 적법성이 담보되어 있다. 또한 우리 형사소송법이 채택하고 있는 대심적 구조 하에서 공소사실을 부인하거나 양형상 유리한 진술을 하는 피고인의 진술은 공개된 법정에서 반대당사자의 지위에 있는 검사에 의하여 검증되고 탄핵되는 지위에 있으므로, 이를 제3자가 일방적으로 한 진술과 같다고 평가할 수 없다.

이와 같은 사정에 비추어 볼 때, 법정진술에 해당하는 공판조서상의 진술과 다른 전문증거와 사이에는 문서의 신용성과 관련된 외부적 정황에 뚜렷한 차이가 있으므로, 그 증거능력의 인정요건에 차등을 두는 것이 피고인의 방어권을 지나치게 제약한다고 보기는 어렵다.

따라서 이 사건 법률조항에 의하여 다른 사건에서 공범의 피고인으로서의 진술을 기재한 공판조서의 증거능력을 인정하여 이를 일단 유무죄 판단을 위한 고려의 대상으로 들여놓되, 그 공판조서상의 진술 당시 당해 사건 피고인의 반대신문의 기회가 보장되어 있지 않았던 사정이나, 공범이 자신의 사건에서 자신의 책임을 회피하는 진술을 하였을 가능성이 있는 사정 등을 종합적으로 살펴 법원으로 하여금 그 신빙성을 자유심증에 의하여 판단하도록 하는 것이 더 합리적이라고 할 것이다.

청구인은 공범의 진술을 기재한 공판조서에 대한 증거능력을 완전히 부정하지는 않더라도 적어도 형사소송법 제313조 제1항에 따라 원진술자의 성립인정의 진술이 있을 것을 증거능력 인정요건으로 하여야 한다는 취지로도 주장한다.

그러나 공범의 진술이 기재된 다른 사건의 공판조서에 관하여 형사소송법 제313조 제1항을 적용하더라도, 원진술자인 공범이 법원의 소환에 불응하거나, 사망, 질병, 외국거주, 소재불명 등으로 법정에 출석할 수 없을 때에는 형사소송법 제314조에 의하여 증거능력을 부여받게 되므로, 이 사건 법률조항에 의하여 공범의 공판조서에 당연히 증거능력을 인정하는 경우와 형사소송법 제313조 제1항을 적용하는 경우의 실질적인 차이는, 법관이 검사 또는 피고인의 신청에도 불구하고 다른 사건 공판조서의 원진술자인 공범을 증인으로 채택하지 아니하는 결정을 하는 때에 한하여 있게 된다. 그런데 당해 사건에서 공범인 임○영 등이 증인으로 채택되어 조사된 것처럼, 공판조서상의 진술이 피고인의 유무죄를 가르는 중요한 증거이고 피고인이 그 진술을 다투고 있음에도 불구하고 법원이 원진술자인 공범에 대한 증인신청을 거부할 이유가 없으므로, 실제 재판과정에서 이 사건 법률조항에 의하여 피고인의 방어권에 대한 현실적인 침해가 발생할 가능성이 거의 없다.

이와 같은 사정들을 종합해 볼 때, 다른 사건에서 공범의 피고인으로서의 진술을 기재한 공판조서가 이 사건 법률조항에 포함되는 것으로 해석한다고 하여 피고인의 방어권에 지나친 제약을 가져온다거나 전문법칙의 예외 인정범위를 합리적 이유 없이 확대하였다고 보기는 어렵다.

3) 이처럼 이 사건 법률조항이 굳이 반대신문의 기회를 부여할 필요가 없을 정도로 신용성의 정황이 있는 문서에 국한하여 전문법칙의 예외를 인정하고 있는 이상, 이로 인한 피고인의 방어권에 대한 현실적 침해가능성은 거의 없는 반면, 실체적 진실발견과 신속한 재판을 통하여 사법정의를 실현하려는 공익이 크다고 하지 않을 수 없고, 결국 이 사건 법률조항을 통하여 실체법상의 정의와 절차법상의 정의의 조화를 도모한다는 점에서 피해의 최소성 및 법익의 균형성 또한 인정되므로 피고인의 공정한 재판을 받을 권리를 침해한다고 볼 수 없다.

<이 사건 법률조항은 헌법에 위반되지 아니하므로, 관여 재판관 전원의 일치된 의견으로 주문과 같이 결정한다. 이 결정에는 아래 6.과 같은 재판관 이정미, 재판관 안창호, 재판관 서기석의 보충의견이 있다.>

<재판관 이정미, 재판관 안창호, 재판관 서기석의 보충의견 요약>

우리는 이 사건 법률조항이 헌법에 위반된다고 판단하지는 않지만, 피고인 아닌 사람의 진술이 기재된 다른 사건의 공판조서의 증거능력 인정요건을 명확하게 규정하는 것으로 입법을 개선할 필요가 있다고 생각한다.

그런데 공범의 진술이 기재된 공판조서는 어디까지나 타인의 진술을 문자의 형태로 기록한 전문증거의 하나로서 일반 진술증거가 갖는 오류 가능성을 그대로 가지고 있을 뿐 아니라, 그 진술이 공개된 법정에서 법관의 면전 하에 이루어진 것이어서 고도의 '임의성'과 '절차적 적법성'이 담보되는 것에 해당할지는 몰라도, 그 내용에 관하여는 원진술자인 공범이 당해 사건의 피고인에게 책임을 전가하는 허위의 진술을 할 가능성이 얼마든지 있고, 따라서 과연 그것이 '굳이 반대신문을 거칠 필요가 없을 만큼' 고도의 신용성이 정황적으로 보장되어 있는 경우에 해당하는지에 관하여 정당한 의문이 제기될 수 있다.

다른 사건에서 공범이 피고인으로서 한 진술을 기재한 공판조서에 대하여, 공범이 증인으로 출석할 수 없거나 증인으로 출석하여 다른 진술을 한 때 한하여 증거능력을 부여하는 등 **공정한 재판을 받을 권리 침해의 소지를 없앨 수 있는 명확한 입법을 하는 것이 국민의 기본권 보장과 법치국가원리에 입각한 형사소송제도의 형성을 위해서 더욱 바람직하다고 할 것이므로, 그러한 내용으로 입법을 개선할 필요가 있다고 생각한다.**

[평 석]

Ⅰ. 문제제기

1. 본 헌재결정과 관련된 논점

본 헌재 결정의 쟁점이 되는 논점은 다음과 같다. 명확성원칙의 위배 여부와 이 사건 형사소송법 제315조 제3호의 과잉금지원칙 위배 여부이며, 동 조항에 공범의 공판조서를 포함하는 것으로 해석하는 것의 위헌 여부이다. 필자는 본 사건과 관련하여 헌재 공개변론에서 합헌적 의견을 제시한 참고인으로서, 그 의견서를 중심으로 본 헌재 결정에 대한 평석을 하고자 한다. 따라서 헌재의 합헌결정논거와 의견을 같이 하거나 좀 더 다른 관점에서 합헌의 논거를 제시하고자 한다.

본 헌재 결정에서 형사소송법 제315조 제3호'기타 특히 신용할 만한 정황에 의하여 작성된 문서'의 의미에 관하여 명확한 정의 규정을 두고 있지는 않지만, 전문법칙과 관련된 형사소송법의 규정들의 체계와 규정취지, 제315조의 제1호, 제2호의 문서를 예시로 삼고 있는 위 조항의 규정형식을 종합해서 고찰해 보면, 이 사건 법률조항에서 정한 문서가 '굳이 반대신문의 기회 부여 여부가 문제되지 않을 정도로 고도의 신용성의 정황적 보장이 있는 문서'를 의미하는 것으로 합리적인 해석기준을 찾을 수 있으므로, 이 조항은 명확성원칙에 위배되지 않는다고 결정하고 있다.

과잉금지원칙 위배 여부에 대해서는 피고인에게 굳이 반대신문의 기회를 부여할 필요가 없을 정도로 신용성의 정황이 있는 문서로 해석되는 이상, 이미 피고인의 방어권 제한이 최소한의 범위로 축소되어 있으므로, 위 조항이 피고인의 공정한 재판을 받을 권리를 침해한다고도 볼 수 없다.

본 조항에 공범의 공판조서를 포함하는 것으로 해석하는 것의 위헌 여부에 대해서 무조건 증거능력이 인정되는 것은 당해 피고사건에 관한 공판조서이며, 다른 피고사건의 공판조서는 제3315조 제3호의 특히 신용할 만한 정황에 의하여 작성된 문서로서 증거능력이 인정되며, 다른 공동피고인의 공소사실에 관해서도 원칙적으로 증거능력이 있으나, 공동피고인이라도 전혀 별개의 사건으로 기소된 경우에는 증인신문절차에 의하여 신문하여야 하며, 공판조서에 기재된 공동피고인의 진술만으로는 피고인을 유죄로 인정할 수 없다는 제한적 해석도 있다.[1)]

공판조서는 그 서면 자체의 성질과 작성과정에서 법정된 엄격한 절차적 보장에 의하여 고도의 임의성과 기재의 정확성, 절차적 적법성이 담보되어 있으므로, 다른 전문증거와 비교하여 문서의 신용성과 관련된 외부적 정황에 뚜렷한 차이가 있다. 따라서 그 증거능력 인정요건에 차등을 두는 것이 피고의 방어권을 지나치게 제약하는 것이라고 볼 수 없으며, 이 사건 법률조항을 적용하지 않고 공판조서의 증거능력을 일률적으로 부정한다면, 공판조서보다 낮은 신용성의 보장을 가진 수사기관 작성의 조서에 대하여만 증거능력이 인정되는 법체계상의 모순이 발생하게 되고, 공판조서상의 진술이 법정진술보다 신용성이 있는 경우에도, 이를 증거로 고려할 수조차 없게 되어 실체적 진실발견에 중대한 지장을 초래하게 된다. 따라서 공판조서의 증거능력을 인정하되, 그 신빙성을 법원이 자유심증에 의하여 판단하도록 하는 것이 합리적이다. 따라서 다른 사건에서 공범의 피고인으로서의 진술을 기재한 공판조서가 이 사건 법률조항에 포함되는 것으로 해석한다고 하여, 피고인의 공정한 재판을 받을 권리를 침해한다고 볼 수 없다는 결정을 내렸다.

1) 정웅석/백승민, 형사소송법, 전정 제6판, 대명출판사, 2014, 784면;반대해석으로는 신이철, 당연히 증거능력이 인정되는 서류-특히 형사소송법 제315조를 중심으로-, 「법학논총」, 한양대법학연구소, 제29집 제4호. 2012, 464면 이하 참조.

2. 형사소송법 제315조의 입법취지 및 필요성

형사소송법 제315조는 당연히 증거능력이 인정되는 서류에 대해 규정하고 있다. 이 규정은 전문증거의 증거능력을 원칙적으로 배제하는 전문법칙에 대한 예외로서 전문증거에 해당하는 서류라 할지라도 그 서류 자체에 신용성이 고도로 보장되는 경우이거나 원진술자인 작성자를 증인으로 신문하는 것이 의미 없고 부적당한 경우 등에 그 증거능력을 당연히 인정한다.[2]

형사소송법 제315조 각 호에 규정된 서류는 ①작성자 또는 진술자를 공판기일에 소환하여 진술을 들어보더라도 그 성립의 진정함이 증명될 것이 당연히 예상되거나,[3] ②공판기일에 진술을 요할 자가 사망, 질병 기타 사유로 인하여 진술할 수 없고 그 서류가 그 진술 또는 작성이 특히 신빙할 수 있는 상태 하에서 행하여졌다고 판명날 것이 확실히 예상되는 경우이다.[4][5]

형사소송법 제315조는 일정한 전문증거에 대해 증거능력을 인정하면서, 직접주의와 전문법칙의 예외를 인정하고 있다. 이와 같이 전문법칙의 예외를 규정한 취지는 직접주의와 전문법칙을 모든 경우 예외 없이 엄격하게 관철하면 신속한 재판과 실체적 진실발견을 저해하여 공정한 재판과 사법정의 실현에 지장을 초래할 수 있기 때문이다.[6] 형사소송법 제315조에서 열거하는 서류들은 신용성이 정황적으로 담보되거나 진술자를 증인으로 신문하는 것이 부적절한 경우이다. 또한 형사소송법 제315조는 형사소송법 제313조나 제314조에 규정된 증거능력 부여절차를 밟는 것이 의미 없는 증거에 대해 당연히 증거능력이 있는 것으로 규정하여 신속한 재판 진행과 실체 진실 발견에 기여하기 위해서 규정된 것이다.[7]

---

2) 이창현, 형사소송법, 입추출판사, 2014, 919면.
3) 형사소송법 제313조에 의하여 증거능력 부여절차를 거치는 경우.
4) 형사소송법 제314조에 의하여 증거능력 부여절차를 거치는 경우.
5) 박승진, 주석 형사소송법(3), 한국사법행정학회, 1997, 466면 각주 1) 참조.
6) 헌재 2005. 12. 22. 2004헌바45 결정 참조.

형사소송법 제315조 각 호에 규정된 당연히 증거능력이 인정되는 서류라 하더라도 제313조나 제314조에 규정된 일반적인 증거능력 부여절차를 거쳤다면 증거능력이 인정되지 않았을 경우도 있겠으나, 그러한 경우는 확률적으로 의미가 없을 만큼 매우 드물다. 따라서 그러한 발생하기 어려운 경우까지 모두 고려하여 증거능력 유무판단을 할 경우, 재판절차의 원활한 진행과 실체 진실 발견이 어려워짐을 고려하여, 형사소송법 제315조를 규정하게 된 것이 입법취지이다. 이 규정을 통하여 일정한 증거에 대해서는 당연히 증거능력을 부여한 것인 만큼 공판과정에서 뒤늦게 증거능력을 의심할 만한 사정이 밝혀지더라도, 본 조 각호의 서류는 여전히 증거능력을 인정함이 타당할 것이며,[8][9] 이후 법관의 증명력 판단대상으로 하는 것이 타당하다.

3. 형사소송법 제315조에 대한 구체적 검토

(1) 형사소송법 제315조 제1호

형사소송법 제315조 제1호는 가족관계기록사항에 관한 증명서, 공정증서등본 기타 공무원 또는 외국공무원의 직무상 증명할 수 있는 사항에 관하여 작성한 문서에 대해서 당연히 증거능력을 인정하고 있다. 이는 공권에 의해 작성된 증명문서의 증거능력을 인정한 것이다. 공권적 증명문서는 그 작성과정 및 작성주체에서 고도의 신용성이 보장되며, 원본을 제출하거나 작성 공무원을 직접 증인으로 신문하는 것이 현실적으로 곤란하므로 이러한 점을 고려하여 당연히 증거능력을 인정한 것이다.

(2) 형사소송법 제315조 제2호

형사소송법 제315조 제2호는 상업장부, 항해일지 기타 업무상 필

7) 박승진,앞의 책, 466면 참조.

8) 박승진,앞의 책, 466면 참조.

9) 사후적으로 증거능력에 의심할 만한 사정이 밝혀진 증거에 대해서는 증명력 판단 과정에서 그 증명력이 떨어지는 것으로 판단하면 족하다.

요로 작성한 통상문서에 대해 당연히 증거능력이 인정되는 서류로 규정하고 있다. 일상 업무의 과정에서 작성되는 문서는 업무상의 신용 때문에 정확한 기재를 기대할 수 있고 기계적, 반복적으로 이루어지기 때문에 허위기재의 우려가 적다는 점에 그 증거능력 인정의 근거가 있다. 출납부, 전표, 통계표 등이 여기에 속한다.

(3) 형사소송법 제315조 제3호

형사소송법 제315조 제3호는 '기타 특히 신용할 만한 정황에 의하여 작성된 문서'에 대하여 당연히 증거능력을 인정하고 있다. 명시적으로 규정하고 있지는 않지만 해석상 제1호, 제2호에 준할 정도의 고도의 신용성이 문서 자체에 의하여 보장되는 서면의 경우에 그 증거능력을 당연히 인정하는 규정으로 본다. 그 구체적 예를 살펴보면 공공기록, 보고서, 역서(歷書), 정기간행물의 시장가격표, 스포츠기록, 공무소작성의 각종 통계와 연감 등을 들 수 있다. 영미법상 임종 시의 진술, 자연적인 발언, 고문서 등도 여기에 포함된다.[10]

판례에 의하면 다른 공동피고인의 공판조서, 군법회의판결사본, 인터폴을 통해 입수된 홍콩경찰의 피의자신문조서는 형사소송법 제315조 제3호에 해당된다고 보지만,[11] 주민들이 진정서사본은 증거능력이 인정되지 않는다고 판시하고 있다.[12]

10) 추가적인 예시는 다음 입법례 부분에서 후술하기로 한다.
11) 대법원 1964. 4. 28. 선고 64도135 판결, 대법원 1965. 6. 22. 선고 65도372 판결, 대법원 1966. 7. 12. 선고 65도617 판결 참조.
12) 대법원 1983. 12. 13. 선고 83도2613 판결 참조.

Ⅱ. 전문법칙 및 그 예외에 대한 해외 입법례[13)]

1. 일 본

- 刑事訴訟法(**형사소송법**)[14)]

제321조(피고인 이외의 자의 공술서 · 공술녹취서의 증거능력)

① 피고인 이외의 자가 작성한 공술서 또는 그 자의 공술을 녹취한 서면으로 공술자의 서명 또는 날인 있는 것은 다음에 기재한 경우에 한하여 이를 증거로 할 수 있다.

1. 재판관 면전에 있어서의 공술을 녹취한 서면에 대하여는 그 공술자가 사망, 정신 혹은 신체의 이상, 소재불명 혹은 국외에 있기 때문에 공판준비 또는 공판기일에 공술할 수 없는 때 또는 공술자가 공판준비 또는 공판기일에 있어서 전의 공술과 상이한 공술을 한 때

제323조(기타의 서면)

전 2조에 게기한 서변 이외의 서면은 다음 것에 한하여 이를 증거로 할 수 있다.

1. 호적등본, 공정증서 기타 공무원(외국공무원 포함)이 직무상 증명할 수 있는 사실에 관하여 그 공무원의 작성한 서면
2. 상업장부, 항해일지, 기타 업무의 통상의 과정에서 작성한 서면
3. **전 2호에 게기된 것 외의 특히 신용할 만한 정황 아래 작성한 서면**

13) 독일의 경우, 형사소송법 제250조에서 원칙적으로 직접주의를 채택하고 있고, 같은 법 제251조에서 규정하고 있는 일정한 예외를 제외하고는 법관의 조서일지라도 원진술자를 공판정에서 신문하도록 하고 있다. 따라서 법관 면전 조서일지라도 검사와 피고인 양측이 동의하거나 원진술자가 사망 등의 사유로 법정에서 증언하기 어려운 사유가 있는 경우에만 그 조서를 낭독하여 그 낭독사실을 기재한 조서를 증거로 할 수 있을 뿐이어서(이 경우에도 다른 사건의 공판조서가 증거가 되는 것이 아니라, 그 조서의 낭독을 기재한 당해사건의 공판조서가 증거가 된다.) 다른 나라의 입법례에 비해 전문법칙의 예외를 좁게 인정하고 있다.

14) 昭和二十三年七月十日法律第百三十一号(1948. 7. 10. 법률 제131호), 最終改正 : 平成二三年六月二四日法律第七四号(최종개정 : 2011. 6. 24. 법률 제74호).

일본 형사소송법 제321조 제1항 제1호는 재판관 면전 조서로서 피고인 이외의 자의 진술을 기재한 서류(공술서나 공술녹취서)에 대하여는 그 공술자가 사망, 정신 혹은 신체의 이상, 소재불명 혹은 국외에 있기 때문에 공판준비 혹은 공판기일에 있어서 공술할 수 없는 때 또는 공술자가 공판준비 또는 공판기일에 있어서 전의 공술과 상이한 공술을 한 때에 증거로 할 수 있다고 규정하고 있다.

일본의 입법례를 살펴보면 우리나라의 경우처럼 다른 사건의 공판조서에 대하여 당연히 증거능력을 인정하는 것은 아니지만, 공술불능성(공술의 재현불능)이나 공술자의 자기모순(공술의 상반성)이 있는 경우에는 그 증거능력을 인정하고 있다. 즉, 공술자(다른 사건의 피고인 내지는 공동피고인)가 법정에 나와서 진술할 수 없는 경우에는 반대신문권이 보장되지 않는다고 하더라도 그 증거능력을 인정하고 있고, 진술할 수 있는 경우라도 공술자의 진술이 원진술과 상이할 경우에는 기존의 공술서나 공술녹취서에 그 증거능력을 인정하고 있다. 이러한 점을 고려할 때 일본의 입법례가 다른 사건의 공판조서의 증거능력을 판단함에 있어서 우리나라의 경우보다는 형식적으로 엄격히 판단하지만 실제적 운영에 있어서는 큰 차이가 없음을 보여주고 있다.[15)]

2. 미 국

> **- FEDERAL RULES OF EVIDENCE(연방증거규칙)[16)]**
>
> 제803조(전문의 예외 : 원진술자의 증언여부가 중요하지 아니함)
> 다음에 기재한 것들은, 비록 원진술자가 공판정에 출석하여 증언할 수 있다 하더라도, 전문법칙에 의하여 배제되지 아니한다.

15) 실제 당해사건에 있어서도, 다른 사건의 피고인들이 당해 사건 법정에 나와서 자신들이 피고인으로서 진술했던 이전 사건의 공판조서와 반대되는 진술을 한 바(공술의 상반성), 일본의 입법례에 의할 경우에도 우리나라의 경우와 마찬가지로 이전 사건 공판조서에 그 증거능력이 인정된다.

(1) 현재 지각(知覺)한 인상(印象)
(2) 흥분상태의 발언
(3) 현존하는 정신적, 감정적 또는 신체적 상태
(4) 의학적 진단 또는 치료목적의 진술
(5) 기록된 과거기억
(6) 통상적으로 행하여지는 활동에 관한 기록
(7) (6)항의 기록 중 해당기재 없음
(8) 공적인 기록과 보고
(9) 생명에 관한 통계기록
(10) 공적인 기록 또는 기재의 흠결
(11) 종교기관의 기록
(12) 결혼, 세례 그리고 유사한 증명서
(13) 가계기록
(14) 재산상의 이해관계에 영향을 주는 문서의 기록
(15) 재산상의 이해관계에 영향을 주는 문서의 진술
(16) 오래된 문서에서의 진술기재
(17) 시장보고서(市場報告書), 상업출판물
(18) 학술논문
(19) 개인 또는 가계역사(家系歷史)에 관한 평판
(20) 경계(境界) 또는 일반적인 역사에 관한 평판
(21) 인격에 관한 평판
(22) 이전의 형사유죄 판결
(23) 개인, 가계, 일반적인 역사 또는 경계에 관한 판결
(24) 기타 예외들 [제807조로 이동됨[17]]

(1975. 12. 12.; 1987. 3. 2.; 1987. 10. 1.; 1997. 4. 11.; 1997. 12. 1.; 2000. 4. 17.; 2000. 12. 1. 각 개정되었는바, 각 항목의 전문내용은 생략)

16) December 1, 2009(2009. 12. 1.) Printed for the use of THE COMMITTEE ON THE JUDICIARY HOUSE OF REPRESENTATIVES.

17) 제807조(기타 예외)
제803조 또는 제804조에 특별히 포함되지 않으나 신뢰성이 동등한 정황에 의해 보장되는 진술서도, (A) 그 진술이 중요한 사실에 관한 증거로써 제시되고, (B) 그 진술이 이성적인 노력을 통해 신청자가 어렵게 구할 수 있는 다

연방증거규칙 제803조는 전문법칙의 예외를 규정하고 있습니다. 즉 제803조는 증인이 법정에서 진술할 수 있는 경우(Availability)인데 증인이 법정에 나와 있기 때문에 반대신문을 받는다는 차이가 있기는 하지만[18], 우리나라의 형사소송법 제315조에서 규정한 당연히 증거능력이 있는 서류와 유사한 것이라고 볼 수 있나. 다만 그 규정 형식에서 미국의 연방증거규칙은 전문법칙의 예외를 구체적으로 열거하고 있는 반면, 우리나라의 경우 당연히 증거능력을 인정하는 서류에 대하여 '기타 특히 신용할 만한 정황에 의하여 작성된 문서'라고 규정하여 그 구체적 범위를 해석에 맡기고 있는 점만 다르다.

Ⅲ. 형사소송법 제315조 제3호의 명확성 원칙 위배 여부

1. 명확성 원칙의 의의 및 적용범위

헌법 제12조 및 제13조를 통하여 보장되고 있는 죄형법정주의의 원칙은 범죄와 형벌이 법률로 정하여져야 함을 의미하고, 이러한 죄형법정주의에서 파생되는 명확성의 원칙은 법률이 처벌하고자 하는 행위가 무엇이며 그에 대한 형벌이 어떠한 것인지를 누구나 예견할 수 있고, 그에 따라 자신의 행위를 결정할 수 있도록 구성요건을 명확하게 규정할 것을 요구하고 있다.[19]

른 어떠한 증거보다 쟁점에 관하여 증명할 수 있으며, (C) 이들 규정과 정당한 이익들에 관한 일반적 목표들이 증명으로 이끄는 진술을 허락함으로써 최상으로 기여할 것이라고 법원이 결정한 경우, 전문법칙에 의해 제외되지 않는다. 그러나 그것을 제시한 자가 반대편 당사자에게 소송에 앞서 충분히 알 수 있게 만들거나 그것, 즉 진술과 진술자의 이름, 주소를 포함한 그에 관한 자세한 사항들을 제공한 제시자의 의도를 접할 준비를 할 공정한 기회를 반대편 당사자에게 제공하지 않는 경우, 이러한 예외 하에서의 진술은 허용될 수 없다.

18) 이 점에 있어서도 대부분의 재판에서 다른 사건의 공판조서 상의 진술자인 다른 피고인을, 당해 재판에서 증인으로 직접 신문하기 때문에 우리나라의 경우도 사실상 반대신문의 기회를 주고 있다고 볼 수 있다.

19) 헌재 2000. 6. 29. 선고 98헌가10 결정, 2006. 7. 27. 선고 2004헌바46 결정 등

죄형법정주의가 요구하는 명확성의 원칙은 적극적으로 범죄성립을 정하는 구성요건 규정뿐만 아니라 위법성 조각사유와 같이 범죄의 성립을 부정하는 규정에 대하여도 적용되지만,[20] 그 적용범위는 적어도 개인의 권리에 영향을 미치고 범죄의 성립을 인정하게 하는 기능을 가진 법률 조항에 한정된다.[21]

2. 형사소송법 제315조 제3호의 명확성 원칙 위배 여부

형사소송법 제315조 제3호는 전문법칙에 대한 예외 규정으로서 증거절차법에 관한 규정이다. 명확성의 원칙은 죄형법정주의에서 파생된 원칙으로 그 적용범위는 범죄 및 형벌에 관한 사항에 미친다 할 것인데, 형사소송법 제315조 제3호는 증거절차법에 관한 규정으로서 명확성의 원칙이 요구되는 규정이라고 볼 수는 없다. 따라서 형사소송법 제315조 제3호와 관련하여 명확성 원칙 위배 여부가 문제될 수는 없다.

형사소송법 제315조 제3호 자체의 명확성 여부를 검토하여 보더라도 불명확한 규정이라고 할 수는 없다. 실무상으로도 법률적용 단계에서 다의적으로 해석될 우려가 없고 건전한 법관의 양식이나 조리에 따른 보충적인 해석에 의하여 그 의미가 구체화 될 수 있는 경우에는 불확정 개념이나 추상적 개념의 사용도 허용될 수 있으며,[22] 동 규정이 '기타 특히 신용할 만한 정황에 의하여 작성된 문서'라고 규정하여 일부 추상적 개념을 사용하였지만, 이는 형사소송법 제315조 제1호, 제2호와의 관계, 합헌적 법률해석의 원칙 등을 고려하면 그 의미를 구체화하여 해석할 수 있으므로 그 개념 사용은 가능하다고 생각한다.

참조.

20) 헌재 2001. 6. 28. 선고 99헌바31 결정 참조.

21) 헌재 1998. 5. 28. 선고 96헌바83 결정 참조.

22) 헌재 2005. 6. 30. 선고 2002헌바83 결정 참조.

3. 소 결

형사소송법 제315조 제3호는 증거절차법에 관한 규정으로서 명확성 원칙이 요구되는 규정이라고 할 수 없으나, 일부 추상적 개념이 사용되었더라도 그 의미를 구체화하여 해석할 수 있으므로 명확성 원칙에 위배되는 규정으로 볼 수는 없다.

Ⅳ. 형사소송법 제315조 제3호의 적법절차 원칙 위배 여부

1. 적법절차 원칙의 의의

적법절차주의는 적어도 형사소송절차에서 그 절차를 규율하는 법이 형식적 의미의 법률로 정하여져야 할 뿐만 아니라, 그 법률의 내용이 정의에 합치되어야 된다는, 즉 절차의 적법성뿐만 아니라 절차의 적정성까지 보장되어야 한다는 의미로 이해되어야 한다.[23)]

적법절차에 의한 공개법정에서의 공정한 재판을 받을 권리보장을 위하여 현대 민주국가에서는 형사소송절차상의 증거법에서도 임의성 없는 증거와 유일한 증거인 자백에 대한 증거능력을 배제하는 한편 공판중심주의에 의한 직접주의와, 반대신문의 기회가 부여되지 않은 전문증거에 대한 증거능력을 부인하는 전문법칙을 채택하고 있다.[24)]

2. 적법절차 원칙과 반대신문권의 보장

공개법정에서 법관의 면전에서 진술되지 아니하고 피고인에게 반대신문의 기회를 부여하지 않은 전문증거의 증거능력을 배척함은 피고인의 반대신문기회를 보장하고, 직접심리주의에서 공판중심주의를 철저히 함으로써 피고인의 공개법정에서의 적법절차에 의한 공정한 재판을 받을 권리를 보장하기 위한 것이다.[25)] 그러나 우리나라 헌법은

23) 헌재 1993. 7. 29. 선고 90헌바35 결정 참조.
24) 헌재 1994. 4. 28. 선고 93헌바26 결정 참조.
25) 헌재 1994. 4. 28. 선고 93헌바26 결정 참조.

미국이나 일본 헌법과 달리 피고인의 증인에 대한 반대신문권을 명시적 권리로 규정되어 있지 않다.[26]

피고인 반대신문권은 적법절차에 의한 공정한 재판을 받을 권리나 공개재판을 받을 기본권 실현을 위한 한 가지 수단에 불과할 뿐이지, 헌법상 명문으로 규정된 기본권이라고 볼 수는 없다.[27] 원칙적으로 반대신문권을 부여하되 이 권리를 인정하는 근거를 배제할 만한 부득이한 사유가 있는 경우에는 입법자가 입법을 통하여 그 권리를 제한할 수 있다. 따라서 전문법칙에 대한 예외를 규정하며 일부 반대신문권을 제한한다 하여 기본권을 본질적으로 침해하는 것이라거나 이를 형해화한 것이라고 할 수는 없다.[28]

3. 형사소송법 제315조 제3호가 적법절차 원칙에 위배되는지 여부

형사소송법 제315조 제3호는 당연히 증거능력 있는 서류에 대해서 규정하고 있고, 법원은 해석을 통해 다른 사건의 공판조서를 본조에 해당하는 서류로 보아 당연히 그 증거능력을 인정하고 있습니다. 이러한 전문법칙에 대한 예외 규정은 반대신문권에 대한 제한으로 해석될 수 있다. 즉 반대신문권은 제한 불가능한 헌법상의 기본권이 아니라 적법절차 원칙 내지는 재판청구권 보장을 위한 권리에 불과한 만큼 일정한 경우 그 제한이 불가능한 것은 아니라 해석된다.

따라서 형사소송법 제315조 제3호가 전문법칙의 예외를 규정하고 있고, 이러한 전문법칙의 예외에 대한 입법과 법원의 해석을 통하여 공판조서의 증거능력을 인정한다고 하여 곧바로 적법절차원칙에 대한 위반 또는 기본권침해로 볼 수는 없다.

다만 반대신문권의 제한이 그 본질적인 내용까지 침해할 경우에는 적법 절차에 의한 공정한 재판을 받을 권리를 침해할 수도 있는

26) 헌재 1994. 4. 28. 선고 93헌바26 결정 참조.
27) 헌재 1998. 9. 30. 선고 97헌바51 결정 참조.
28) 헌재 1998. 9. 30. 선고 97헌바51 결정 참조.

바, 이에 대한 검토는 기본권 제한 법률의 일반적 한계라고 할 수 있는 헌법 제37조 제2항의 과잉금지원칙과 관련해서 논해야 할 것이다. 과잉금지원칙 위배 여부는 재판청구권 침해 여부에 대한 검토를 하면서 좀 더 논의하기로 한다.

V. 형사소송법 제315조 제3호의 재판청구권 침해여부

1. 재판청구권의 의의

헌법 제27조 제1항은 "모든 국민은 헌법과 법률이 정한 '법관'에 의하여 '법률'에 의한 재판을 받을 권리를 가진다."고 규정되어 있다. 재판청구권은 헌법과 법률이 정한 법률에 의하여 법률에 의한 재판을 받을 권리를 의미하는 것일 뿐 구체적 소송에 있어서 특정의 당사자가 승소의 판결을 받을 권리를 의미하는 것은 아니다.[29]

'법률에 의한 재판'이라 함은 합헌적인 실체법과 절차법에 따라 행하여지는 재판을 의미하고, 형사재판에 있어서 합헌적인 실체법과 절차법에 따라 행하여지는 재판이라고 하려면, 적어도 그 기본원리라고 할 수 있는 죄형법정주의와 적법절차 원칙에 위반되지 아니하는 실체법과 절차법에 따라 규율되는 재판이 되어야 한다.[30]

2. 형사소송법 제315조 제3호에 의해 제한되는 재판청구권

형사소송법 제315조 제3호는 전문법칙의 예외를 규정하며 일정한 전문증거에 대하여 당연히 증거능력을 인정하고 있다. 이러한 규정은 당사자의 반대신문권을 제한한다는 점에서 재판절차상의 공격·방어권에 대한 일부 제한이라고 할 수 있고, 이는 재판청구권에 대한 제한

29) 헌재 1998. 9. 30. 선고 97헌바51 결정 등 참조.

30) 헌재 1993. 7. 29. 선고 90헌바35 결정 참조, 따라서 재판청구권 침해여부에 대한 검토는 적법절차 원칙에 위배되는지 여부에 대한 검토와 함께 이루어져야 한다.

으로 볼 수도 있다.

그러나 비례의 원칙을 준수하는 범위 내에서는 재판청구권의 제한도 얼마든지 가능하며, 특히 재판청구권을 보장하기 위해서는 입법자에 의한 재판청구권의 구체적 형성이 불가피하므로 입법자의 광범위한 입법재량이 인정된다.[31] 헌법재판소 역시 입법자의 광범위한 입법재량이 인정됨을 근거로 하여 “비록 완화된 의미에서 일지언정 헌법 제37조 제2항의 비례의 원칙은 준수되어야 한다.”고 판시하여, 재판청구권 침해여부는 완화된 과잉금지원칙에 따라 심사할 필요가 있음을 밝힌 바 있다.[32]

따라서 이하에서는 형사소송법 제315조 제3호의 재판청구권 제한이 기본권 침해에 해당되는지를 과잉금지원칙에 따라 검토해 보기로 한다.

3. 과잉금지원칙 위배 여부

(1) 목적의 정당성

형사소송법 제315조 제3호는 같은 조 제1호, 제2호에서 열거하지 아니한 서류임에도 불구하고 특히 신용할 만한 정황에 의해 작성된 문서는 당연히 증거능력이 있는 서류로서 증거능력이 인정된다고 규정되어 있다. 이는 전문법칙 예외 인정요건인 ‘신용성의 정황적 보장’과 ‘필요성’을 충족한 문서의 경우에는 증거능력을 인정함으로써 재판에서 참작할 필요가 있는 증거를 확보하게 하고 재판의 지연을 방지하며 이를 통해 실체적 진실을 발견하는 데 그 목적이 있으므로 목적의 정당성은 인정된다.

(2) 수단의 적합성

형사소송법 제315조 제3호는 증거능력이 명백히 인정될 증거에

31) 헌재 1996. 8. 29. 선고 93헌바57 결정 등 참조.
32) 헌재 2001. 6. 28. 선고 2000헌바77 결정 참조.

대해서 불필요한 절차를 거치지 않도록 함으로써 재판의 지연 방지 및 증거 확보를 통해 실체 진실 발견에 기여하는 적합한 수단이라 할 할 수 있다. 만일 전문법칙을 보다 엄격히 적용하여 형사소송법 제315조 제3호에 해당하는 증거들 조차 증거능력부여 절차를 모두 거치게 한다면 재판절차의 지연 및 증거 확보에 대한 과중한 부담이 생기게 된다. 따라서 수단의 적합성 역시 인정된다고 본다.

(3) 침해의 최소성

형사소송법 제315조 제3호의 '특히 신용할 만한 정황'이란 법문은 신용성의 정황적 보장을 강력히 요구하고 있다. 그리고 그 법문에 대하여 문서의 작성에 허위개입의 여지가 적고 그 진술내용의 신용성을 담보할 구체적이고 외부적인 작성 정황이 있는 경우로 한정하여 해석한다면, 비록 피고인에게 반대신문의 기회가 부여되지 않았다 하더라도, 반대신문을 대체할 만한 구체적이고 외부적인 정황은 인정된다고 할 것이다. 따라서 형사소송법 제315조 제3호는 '특히 신용할 만한 정황'이라고 규정하여 그 적용으로 인하여 발생할 수 있는 반대신문권 제한 및 재판과정에서 발생할 수 있는 재판청구권 제한을 합리적으로 최소화하고 있다.

또한 형사소송법 제315조 제3호에 의하여 증거능력이 인정되는 다른 사건의 공판조서가 작성될 당시에, 당해 사건 피고인의 반대신문권이 보장되어 있지 않더라도 곧바로 증거능력 자체를 부정할 것이 아니라 증거능력을 인정하되 다만 증명력 판단 내지 평가 단계에서 피고인의 변명과 다른 제반증거도 충분히 고려할 수 있으므로 당해 피고인의 공격·방어권과 반대신문권의 제한을 최소화 할 수 있다고 생각한다.

즉, 다른 피고사건의 공판조서가 증거능력이 인정된다고 하더라도 다른 증거들과 종합하여 피고인의 범죄사실에 대한 유죄로 인정될 수도 있었을 뿐이지, 그 증거능력이 인정된다는 점만으로 당연히 유죄판결은 받는 것은 아니며, 증명력 판단의 결과 피고인에게 불리한 재판이 내려지지 않을 수도 있으며,[33] 재판청구권은 구체적 소송에 있어서 특정의 당사자가 승소의 판결을 받을 권리를 의미하는 것이 아니며 그에 관한 광범위한 입법형성권이 인정되는 점 등을 종합하면 형사소송법 제315조 제3호는 전문법칙의 예외를 인정함으로써 발생되는 재판청구권 제한을 최소화하고 있다고 해석된다.

(4) 법익의 균형성

형사소송법 제315조 제3호가 일부 전문증거에 대해서도 당연히 증거능력을 인정함으로써 추구하는 공익은 재판절차의 원활한 진행과 실체진실 발견이라고 할 수 있다. 반면에 이에 대하여 제한되는 사익은 반대신문권 제한에 따른 재판청구권으로 볼 수 있다. 그러나 위에서 살펴본 바와 같이 심판대상 규정은 침해되는 사익을 최소화하고 있고, 사후에 증거능력 유무 판단을 할 경우 그 증거능력이 의심되는 증거에 대해서도 증명력 판단을 통해 권리침해를 막을 수 있다는 점을 고려하면 추구하는 공익이 제한되는 사익에 비하여 더 크다고 할 수 있다. 따라서 법익의 균형성 요건도 만족한다고 볼 수 있다.

4. 소 결

따라서 형사소송법 제315조 제3호는 과잉금지원칙에 위배되거나 적법절차 원칙에 위배되어 재판청구권을 침해한다고 볼 수는 없다.

---

33) 대법원은 1981. 11. 24. 선고 81도2591 판결에서 "소론 군법회의 판결사본은 특히 신용할 만한 상황에 의하여 작성된 문서라고 볼 여지가 있으므로 원심이 이를 증거로 함에 부동의하고 그 진정성립의 증명이 없다는 이유로 배척한 점은 적절한 조치라고 보기 어려우나 원심이 피고인을 무죄로 본 판단경위에 비추어 보면 위 판결사본의 증거능력을 인정한다고 하여도 원심 결론에 소장이 없다고 해석되므로"라는 이유를 설시하였는바, 이 사건 법률조항에 의해 다른 피고사건의 공판조서에 증거능력이 인정되더라도 피고인의 변명, 관련 증거들에 의하여 증명력에 대한 판단 결과 무죄로 인정될 수도 있다고 생각한다.

Ⅵ. 결　론

형사소송법 제315조 제3호는 전문증거에 해당하는 서류라 할지라도 특히 신용성이 높은 경우에 전문법칙의 예외를 인정하여 재판절차의 진행을 원활하게 하고 실체진실 발견에 기여하는데 그 입법취지가 있다.

일본의 경우 다른 사건의 공판조서에 대하여 우리나라 형사소송법과 달리 당연히 증거능력을 인정하고 있지는 않지만, 실제 증거능력 유무를 결정하는데 있어서는 큰 차이가 없다고 볼 수 있고, 미국의 경우도 전문법칙의 예외를 열거적으로 규정하여 그 범위를 제한적으로 인정하고 있지만, 법 문언에 다양한 경우를 상정하여 실제 증거법의 운영에 있어서는 우리나라의 형사소송절차와 큰 차이는 없다.

또한 형사소송법 제315조 제3호는 증거절차법에 관한 규정으로서 명확성 원칙이 적용되는 경우가 아니며, 그 해석 자체도 그 적용범위를 구체적으로 확정할 수 있어 불명확한 규정이라고 볼 수는 없다. 그리고 위에서 살펴본 바와 같이 형사소송법 제315조 제3호는 적법절차원칙에 반한다고도 볼 수 없고, 과잉금지원칙에 위배하여 재판청구권을 침해하고 있다고 볼 수도 없다.

따라서 형사소송법 제315조 제3호는 그 입법취지, 해외 입법례와의 비교, 법리적 검토 등 종합적인 면에서 고려하여 볼 때 위헌적인 규정으로 볼 수는 없다.

헌재 결정의 보충의견과 같이 공범의 진술이 기재된 공판조서는 그 진술이 공개된 법정에서 법관의 면전 하에 이루어진 것이어서 고도의 '임의성'과 '절차적 적법성'이 담보되는 것에 해당할지는 몰라도, 그 내용에 관하여는 원진술자인 공범이 당해 사건의 피고인에게 책임을 전가하는 허위의 진술을 할 가능성이 있다는 취지에 찬동한다. 따라서 공범이 증인으로 출석할 수 없거나 증인으로 출석하여 다른 진술을 한 때 한하여 증거능력을 부여하는 등 공정한 재판을 받을 권리

침해의 소지를 없앨 수 있는 명확한 입법을 하는 것이 국민의 기본권 보장과 법치국가원리에 입각한 형사소송제도의 형성을 위해서 더욱 바람직하다고 할 것이므로, 그러한 내용으로 입법을 개선할 필요가 있다는 취지에 찬성한다.

[주 제 어]

형사소송법 제315조 제3항의 헌법재판소 결정, 공판조서의 증거능력, 증거법칙, 전문법칙의 예외, 적법절차의 원칙

[Key words]

the provision 3 of Article 315 of the Criminal Procedure, protocol of trial, the evidence law, commentary on the Constitutional Court's 2013.10.24. sentence 2011 Hunba 79 decision

접수일자: 2014. 5. 4. 심사일자: 2014. 6. 16. 게재확정일자: 2014. 6. 20.

[참고문헌]

노명선/이완규, 「형사소송법」, 성균관대학교출판부, 2009.

박승진, 「주석 형사소송법(3)」, 한국사법행정학회, 1997.

심희기/양동철, 「신형사소송법판례」, 홍문사, 2009.

이재상, 「형사소송법」, 박영사, 2012.

이창현, 「형사소송법」, 입추출판사, 2014.

정영석/이형국, 「형사소송법」(전정판), 법문사, 1996.

정웅석/백승민, 「형사소송법」(전정제6판), 대명출판사, 2014.

법무부, 개정 형사소송법, 2007.

신이철, 당연히 증거능력이 인정되는 서류-특히 형사소송법 제315조를 중심으로-, 「법학논총」, 한양대법학연구소, 제29집 제4호. 2012.

최병천, 공판조서의 증거능력-전문법칙의 예외인 미국의 '종전 증언'과의 비교법적 고찰-, 「법조」,법조협회, 제674호, 2012.11.

최병천, 공판조서와 피고인의 반대신문권-일본과의 비교법적 고찰-, 「경찰법연구」, 제10권 제2호, 2012.

대법원 1964. 4. 28. 선고 64도135 판결.

대법원 1965. 6. 22. 선고 65도372 판결.

대법원 1966. 7. 12. 선고 65도617 판결.

대법원 1981. 11. 24. 선고 81도2591 판결.

대법원 1983. 12. 13. 선고 83도2613 판결.

헌재 1993. 7. 29. 선고 90헌바35 결정.

헌재 1994. 4. 28. 선고 93헌바26 결정.

헌재 1996. 8. 29. 선고 93헌바57 결정.

헌재 1996. 12. 26. 선고 94헌바1 결정.

헌재 1998. 5. 28. 선고 96헌바83 결정.

헌재 1998. 9. 30. 선고 97헌바51 결정.

헌재 1998. 9. 30. 선고 97헌바51 결정.

헌재 2000. 6. 29. 선고 98헌가10 결정.
헌재 2001. 6. 28. 선고 2000헌바77 결정.
헌재 2001. 6. 28. 선고 99헌바31 결정.
헌재 2005. 6. 30. 선고 2002헌바83 결정.
헌재 2005. 12. 22. 선고 2004헌바45 결정.
헌재 2006. 7. 27. 선고 2004헌바46 결정.

[Abstract]

The adjudication on the constitutionality on the admissibility of evidence of protocols
-in the provision 3 of Article 315 of the Criminal Procedure-

Kyung Sik Oh*

This research paper is a commentary on the Constitutional Court's 2013.10.24. sentence 2011 Hunba 79 decision.

The point issues of the Constitutional Court's decisions are as follows. Whether it has violated the principle of definiteness, the principle of excess prohibition, and whether including the accomplice's protocol of trial in the same article is a violation of the constitution. This writer is a testifier who has suggested a constitutional opinion in the Constitutional Court's public defense. Therefore, there will be an annotation on the Court's decision based on the written opinion which may agree with the Court's basis of decision or have a different perspective towards it.

The legislative intent of the provision 3 of Article 315 of the Criminal Procedure is to accept creditable papers with exceptions to the hearsay rule, allowing the trial procedure to get along smoothly and contributing to the finding of the truth of substance.

Japan, on the other hand does not allow a protocol of trial from a different case to have admissibility of evidence. However, there is not a big difference in the procedure of deciding the actual admissibility. Similarly, the United States enumerates the exceptions to the hearsay rule, presuming it limitedly, but with multiple instances laid in the legislation, there is not much difference, compared to Korea's criminal procedure, in how the evidence law is operated.

* Professor, Ph.D., Department of Law, Gangneung-Wonju National University.

In addition, the provision 3 of Article 315 of the Criminal Procedure is a regulation on the procedure for the preservation of evidence, not applied to the principle of definiteness. Also, the interpretation itself can concretely determine the range of application, therefore not a vague regulation. As seen above, the provision 3 of Article 315 of the Criminal Procedure does not transgress the principle of legal step or the principle of excess prohibition.

In short, the provision 3 of Article 315 of the Criminal Procedure is constitutional, considering the legislative intent, comparison with foreign legislation cases, and juridical examination.

Though the protocol of trial with an accomplice's testimony is guaranteed to have a high level of 'voluntariness' and 'due process' because it is realized in the court before judges, considering the content, there may be a possibility of false testimony to shift responsibility on the defendant.

In conclusion, this writer approves of the improvement of the legislation, for it is more desirable to have a definite legislation to guarantee people's basic human rights and develop the code of criminal procedure based on the principle of constitutional state.

조사자 증언 관련 특신상태의 판단과 증명

한 제 희*

[대상판결] 춘천지방법원 2013. 8. 27. 선고 2013고합54 판결

[공소사실]

피고인(40세)은 사실혼 관계에 있는 피해자 ○○○(여, 50세)이 평소 피고인에게 남편으로서 무능하다며 욕을 하고 무시하는 것에 심한 불만을 품고 있던 중, 분위기 쇄신 차원에서 피해자와 함께 여행을 떠나 2013. 5. 18. 16:30경 강원 ○○에 있는 ○○민박집에서 저녁으로 삼겹살을 구워 먹게 되었다. 그런데 피해자는 여행을 와서도 피고인이 음식 준비를 전혀 도와주지 않는다는 이유로 "남의 남편들은 캠핑을 오면 다 해 주는데 당신은 병신같이 그렇게 가만히 앉아 있으려면 당장 가라. 갑갑해서 못 살겠다. 너 혼자 집에 가라."고 말하면서 피고인에게 현금 5만 원을 던지는 등 심한 모멸감을 주었다. 피고인은 이에 격분하여 더 이상 화를 참지 못하고 피해자를 목 졸라 살해할 것을 마음먹었다.

그리하여 피고인은 옆에 앉아 있던 피해자의 목을 양손으로 힘껏 조르고, 힘이 빠진 피해자가 뒤로 넘어가자 배 위에 올라타 "이런 씨발년 죽여 버린다. 죽어, 죽어, 죽어!"라고 말하면서 약 2분 동안 피해

* 대검찰청 검찰연구관.

자의 목을 졸라 피해자를 살해하려고 하였으나, 피해자가 이를 모면하기 위해 우측 손으로 피고인의 성기를 움켜잡으려고 하자 이에 놀라 목을 조르고 있던 손을 놓게 되었고 그 사이 피해자가 현장에서 도망치는 바람에 그 뜻을 이루지 못하고 미수에 그쳤다. [죄명 : 살인미수]

[판결 이유]

1. 관련법리

형사재판에서 공소된 범죄사실에 대한 입증책임은 검사에게 있는 것이고, 유죄의 인정은 법관으로 하여금 합리적인 의심을 할 여지가 없을 정도로 공소사실이 진실한 것이라는 확신을 가지게 하는 증명력을 가진 증거에 의하여야 하므로, 그와 같은 증거가 없다면 설령 피고인에게 유죄의 의심이 간다 하더라도 피고인의 이익으로 판단할 수밖에 없다(대법원 2001. 8. 21. 선고 2001도2823 판결 등 참조).

살인죄에 있어서의 범의는 반드시 살해의 목적이나 계획적인 살해의 의도가 있어야 인정되는 것은 아니고, 자기의 행위로 인하여 타인의 사망의 결과를 발생시킬 만한 가능성 또는 위험이 있음을 인식하거나 예견하면 족한 것이고 그 인식이나 예견은 확정적인 것은 물론 불확정적인 것이라도 소위 미필적 고의로 인정되는 것인바, 피고인에게 범행 당시 살인의 범의가 있었는지 여부는 피고인이 범행에 이르게 된 경위, 범행의 동기, 준비된 흉기의 유무·종류·용법, 공격의 부위와 반복성, 사망의 결과발생 가능성 정도 등 범행 전후의 객관적인 사정을 종합하여 판단할 수밖에 없다(대법원 2006. 4. 14. 선고 2006도734 판결 등 참조).

2. 피고인에게 살인의 범의가 있었는지

가. 피해자에 대한 경찰 진술조서

검사 또는 사법경찰관이 피의자 아닌 자의 진술을 기재한 조서는 공판준비 또는 공판기일에서의 원진술자의 진술에 의하여 그 성립의 진정함이 인정된 때에만 증거로 할 수 있고, 여기서 성립의 진정이라 함은 간인·서명·날인 등 조서의 형식적인 진정과 그 조서의 내용이 원진술자가 진술한 대로 기재된 것이라는 실질적인 진정을 모두 의미하며, 사법경찰리 작성의 피의자 아닌 자에 대한 진술조서를 피고인이 증거로 할 수 있음을 동의하지 아니하였고, 원진술자가 공판기일에서 위 진술조서에 서명·무인한 것은 맞으나 그 진술조서의 기재 내용과 같이 진술하지는 아니하였다고 진술함으로써 그 진술조서의 실질적인 성립의 진정을 부인한 경우, 그 진술조서에는 증거능력을 부여할 수 없고, 그 진술조서를 작성한 경찰관이 공판기일에서 원진술자가 진술하는 내용대로 조서를 작성하고 진술인이 서명·무인하였다고 진술하고 있다 하여 증거능력이 있게 되는 것은 아니라고 할 것인바(대법원 1995. 10. 13. 선고 95도1761, 95감도83 판결, 대법원 2002. 8. 23. 선고 2002도2112 판결 등 참조), 피해자에 대한 경찰 진술조서는 피해자가 이 법정에서 그 진정성립을 부인하고 있는 이상 증거능력이 없다.

나. 피고인에 대한 제1회 경찰 피의자신문조서

피고인에 대한 제1회 경찰 피의자신문조서는 피고인이 그 내용을 부인하고 있어 그 증거능력이 없다(피고인에 대한 제2회 경찰 피의자신문조서 및 검찰 피의자신문조서의 각 진술기재는 피고인이 피해자에게 위와 같은 객관적인 행위를 한 것은 대부분 인정하면서 화가 나서 피해자에게 겁을 주기 위해 그랬던 것인데 피해자가 정말 죽을 것 같기도 하고 피해자가 자신의 낭심을 잡으려고 하기도 하여 손을 놓았다는 취지로 진술하여 살인의 고의를 부인하는 내용이어서 이 법정에서의 진술과 일치한다).

다. 증인 ○○○[1]의 법정진술

증인 ○○○의 법정진술 중 피해자의 진술을 내용으로 하는 부분은 피고인 아닌 자의 공판기일에서의 진술이 피고인 아닌 타인의 진술을 그 내용으로 하는 것으로 형사소송법 제316조 제2항에 따라 원진술자가 사망, 질병, 외국거주, 소재불명 그 밖에 이에 준하는 사유로 인하여 진술할 수 없고, 그 진술이 특히 신빙할 수 있는 상태 하에서 행하여졌음이 증명된 때에 한하여 이를 증거로 할 수 있는데, 원진술자인 피해자가 이 법정에서 진술하였으므로 증거능력이 없다.

그리고 피고인의 진술을 내용으로 하는 부분은 피고인이 아닌 자(공소제기 전에 피고인을 피의자로 조사하였거나 그 조사에 참여하였던 자를 포함한다)의 공판기일에서의 진술이 피고인의 진술을 그 내용으로 하는 것으로 형사소송법 제316조 제1항에 따라 그 진술이 특히 신빙할 수 있는 상태 하에서 행하여졌음이 증명된 때에 한하여 이를 증거로 할 수 있는데, <u>피고인의 진술이 특히 신빙할 수 있는 상태에서 행하여졌다고 볼 만한 증거가 없어 증거능력이 있다고 보기 어렵고,</u>[2] 가사 증거능력이 있다고 하더라도 증인은 이 법정에서 "처음에 목을 조른 사실이 있는지에 대하여 먼저 직설적으로 물어보니 인정하였고 그 내용을 정확히 들어보니 부부간에 무시당한 부분이 있어서 홧김에 서있는 상태에서 목을 졸랐다고 얘기를 했다, 그리고 그 상태에서 옥신각신하다가 정말로 이제는 자기 입장에서는 죽일 마음은 없었는데 잘못하면 피해를, 죽을 수도 있겠다 싶어서 손을 놓은 상황이고 나중에는 좀 더 겁만 주려고 싱크대 쪽으로 칼을 가지러 갔다고 진술했습니다", "목을 조를 때 살해할 의도가 전혀 없었냐는 질문에 피고인이 '솔직히 전혀 없었다면 거짓말이겠지요, 어쨌거나 제가 한 행동에 대해서 죄송하게 생각합니다'라고 진술했습니다"라고 진술하

1) 경찰 수사단계에서 피고인과 피해자를 조사한 경찰관.
2) 밑줄은 필자.

였는바, 위와 같은 피고인의 진술을 전체적으로 살펴보면, 증인의 증언만으로는 피고인에게 당시 살인의 범의가 있었다고 단정하기 부족하다.

라. 기 타

수사보고는 피해자가 사건 직후 '남편이 칼을 들고 날 죽이려고 한다, 숨겨달라'고 말하면서 민박집으로 도망하였고 민박집 주인의 휴대폰을 빌려 직접 경찰에 신고하였다는 내용이고, 경찰 압수조서 및 압수목록, 수사보고(현장사진 등 첨부)는 피고인이 피해자의 목에서 손을 놓은 후 칼을 가지러 갔다는 사실, 사건 직후 피해자의 목 아래쪽에 미세하게 붉은 부분이 있는 사실에 대한 증거들로서, 피해자가 이 법정에서 '피고인이 목을 조를 때 죽을 것 같지는 않았다', '당시 세게 안 누른 것 같다', '(피고인이 목을 조르고 있던 손을 놓은 후) 칼을 갖다 죽인다고 했을 때는 겁이 났지만 목을 조를 때는 겁 안 먹었다', '원래 집에서 자주 그랬던 거라서 칼 들면 내가 잘못했다고, 미안하다고 그러면 칼 내려놓고 자기도 잘못했다고 그러거든요'라고 진술한 점에 비추어(피해자의 법정진술에 의하면 피고인과 피해자는 평소 부부싸움을 과격하게 했던 것으로 보인다), 위 증거들만으로는 살인의 범의가 합리적 의심을 배제할 정도로 충분히 증명되었다고 보기에 부족하고, 달리 이를 인정할 만한 증거가 없다.

3. 결 론

그렇다면 이 사건 공소사실은 범죄의 증명이 없는 때에 해당하므로, 형사소송법 제325조 후단에 의하여 피고인에 대하여 무죄를 선고한다.

[연　구]

I. 시작하는 말

1. 수사 및 재판의 진행 경과

대상판결의 사안은, 약 5년 동안 사실혼 관계에 있던 피고인과 피해자가 함께 민박집에 놀러 가 음식을 조리하는 과정에서 서로 말다툼하다 자신을 비하하는 피해자의 말에 화가 난 피고인이 피해자의 목을 조른 다음, 피해자를 죽여 버리겠다고 말하며 칼을 찾으러 가자 그 사이 피해자가 민박집 주인에게로 도망하여 신고를 요청하면서 적발된 사건이다. 사건 발생 직후 피해자의 목 아래 부위가 붉게 변해 있었으나 피해자가 별다른 치료를 받지는 않아 상해 여부는 확인되지 않았고, 살인미수 혐의가 인정되기 위해서는 피고인이 피해자의 목을 졸랐던 당시 상황에 대한 피해자의 진술이 가장 중요한 증거가 되었는데, 당초 수사과정에서 피고인이 자신을 죽일 듯이 목을 졸랐다고 강하게 주장하여 왔던 피해자가 도중에 피고인과 화해하면서 종전 진술을 번복하기 시작하였다.

즉, 피해자는 경찰에서 조사받으면서, "피고인이 주변에 있던 집기를 바닥에 던지면서 주먹으로 저의 몸과 팔 부위를 수차례 때리다가 저의 목 부위를 양손으로 서 있는 상태에서 조르면서 죽여 버린다고 했어요. 그래서 제가 힘에 부쳐서 뒤로 넘어졌는데 저의 배 위에 올라탄 상태에서 '이런 씨팔년 죽여 버린다, 죽어, 죽어' 하면서 목을 양손으로 졸라서 정말로 죽을 것 같아서 제가 손을 피고인의 낭심 쪽으로 가져가니까 피고인이 놀라서 목을 잡은 양손을 놓았을 때 제가 몸을 돌려서 빠져나왔습니다. (목을 조른 시간은) 제 기분으로는 약 2분 이상 되지 않았나 싶어요. 정말 죽는 줄 알았어요. 숨을 못 쉬는 상태에서 제가 팔과 발로 발버둥 치는데도 양손을 놓지 않고 죽어 죽어 하는데 정말 무서웠어요. 피고인이 저를 목 조르고 팔과 몸을 때릴 때 팔 부위에 멍이 들었어요. 목 부위가 양쪽으로 졸려서 뻐근하고 우측 옆구리도 아픕니다. 아마도 경찰관이 늦게 출동했으면 저는 아마도 이 세상 사람이 아니죠. 저를 죽이려고 마음먹은 것이에요. 정말 무섭습니다"라고 진술하였다.

그런데 피해자는 검찰 수사단계에서 피고인과 화해하여 계속 함께 살 생각이니 피고인을 선처하여 달라는 취지의 탄원서를 제출하기 시작한 것을 비롯하여, 공판단계에서 법정에 증인으로 출석하여서는 다음과 같이 증언하며 종전의 주장을 대부분 번복하였다. 즉, "그 당시 죽여 버린다는 소리는 잘 못 들었어요. 심하게 때리지는 않았어요. 목을 조르기는 했지만 죽어 죽어라는 말은 못 들었어요. 목을 조를 때 발버둥 치지는 않았어요. 목 부위가 빨갛게 변한 것은 가려워서 제가 긁어서 그래요. 그 상황에서 죽을 것 같지는 않았던 것 같아요. 제가 한 달 전에 교통사고가 나서 머리가 너무 많이 아파서 아직 후유증이 있어서 덜 나은 상태에서 진술을 하게 되니까 판단력이 흐려져서 없던 말도 하게 되고 10~20%는 없던 말도 막 하게 되는 것 같아요. 읽어보라고 주셨는데 읽기 싫어서 그냥 '잘 쓰셨네요' 하면서 다 찍어드렸어요. 피고인이 싸울 때마다 안 산다고 그러면서 자주 목을 조르는데, 겁을 주려고 그랬던 것 같아요"라고 증언하였고, 증인과정에서 바닥에 무릎을 꿇고 울면서 피고인에 대한 선처를 호소하기도 하였다.

이에 검사는 피해자를 조사한 경찰관을 증인으로 신청하였는데, 그 경찰관은 당시 피해자가 그의 의사에 따라 진술하는 내용을 조서에 그대로 기재하였고 조사를 마친 후 피해자가 약 19분 동안 조서를 열람한 후[3] 누락된 부분이 있다고 하면서 자필로 '목 부위가 양쪽으로 졸려서 뻐근하고 우측 옆구리도 아픕니다'라고 추가로 기재하기도 하였다고 증언하였다.

한편, 피고인은 경찰에서 처음 조사받을 때는 피해자가 주장하는

3) 피해자가 약 19분에 걸쳐 조서를 열람하였다는 사실은 진술조서 마지막에 첨부된 '수사과정확인서'의 기재내용을 통해서도 확인할 수 있다.

범행사실 및 살인의 고의를 모두 인정하는 취지로 진술하였다가, 두 번째 경찰 조사 및 검찰 조사과정에서는 당초의 진술내용을 달리하여 피해자의 목을 조른 사실은 인정하나 피해자를 살해할 생각으로 조른 것은 아니며 도중에 피해자가 죽을 수도 있겠다는 생각이 들어 목을 조르던 것을 그만두었다는 취지로 진술하였고, 공판과정에서도 단지 겁만 주려고 피해자의 목을 20~30초가량 약하게 졸랐을 뿐이라며 살인의 고의를 부인하였다.

이에 피고인과 그 변호인은 공판기일에 증거에 관한 의견을 진술하면서, 피해자에 대한 경찰 작성의 진술조서에 대해서는 증거 부동의 하고, 피고인이 공소사실을 모두 인정하는 취지로 진술하였다고 기재되어 있던 경찰 작성의 제1회 피의자신문조서에 대해서는 내용부인하였으며, 피고인이 살인의 고의를 부인하는 취지로 진술하였다고 기재되어 있던 경찰 작성의 제2회 피의자신문조서와 검사 작성의 피의자신문조서에 대해서는 증거 동의하였다. 그 외에 범행현장을 촬영한 사진, 민박집 주인의 진술이 기재된 수사보고서 등 나머지 증거에 대해서는 모두 증거 동의하였으나, 이는 위 판결 이유에도 나타나 있는 바와 같이 살인의 고의를 직접적으로 인정할 수 있는 증거들은 아니었다.

이와 같은 피고인의 증거에 관한 의견 진술 결과, 피고인을 조사하면서 경찰이 작성한 제1회 피의자신문조서는 피고인의 내용부인으로 즉시 증거능력을 상실하게 되었고, 이에 검사는 피고인이 경찰에서 조사받을 때 살인의 고의를 비롯하여 공소사실을 인정하는 취지로 진술하였다는 사실을 입증하기 위해 조사 경찰관을 증인으로 신청하였다.

그리고 위 조사 경찰관은 증인신문과정에서 경찰 조사 당시 피고인이 진술한 내용에 대해 말하면서 피고인이 진술한 그대로 조서에 기재하였다고 증언하였다.

2. 대상판결의 쟁점

대상판결의 논지는, ① 검사 또는 사법경찰관이 피의자가 아닌 자의 진술을 기재한 조서는 공판기일에서 원진술자가 성립의 진정을 인정하지 않는 경우 그를 조사한 사람이 공판기일에서 원진술자가 진술하는 내용대로 조서를 작성하였다고 증언한다고 하여 그 증거능력이 인정되는 것은 아니므로, 이 사건 피해자에 대한 경찰 작성의 진술조서도 피해자가 그 성립의 진정을 부인한 이상 조사자의 증언으로도 조서의 진정성립이 인정되지는 않는다, ② 공소제기 전에 피고인을 피의자로 조사한 사람이 조사과정에서의 피고인의 진술내용에 대해 증언하는 경우 이는 그 피고인의 진술이 특히 신빙할 수 있는 상태에서 행하여졌음이 증명된 때에 한하여 증거로 할 수 있는데, 이 사건 피고인의 진술은 특히 신빙할 수 있는 상태에서 행하여졌다고 볼 만한 증거가 없어 증거능력이 인정되지 않는다는 것이다.

①의 경우, 현행 형사소송법(이하 '법'이라고 한다) 제312조 제4항이 진술조서의 실질적 진정성립을 원진술자의 진술에 의해서만 인정할 수 있다고 규정하고 있던 구법과는 달리, "검사 또는 사법경찰관이 피고인이 아닌 자의 진술을 기재한 조서는 적법한 절차와 방식에 따라 작성된 것으로서 그 조서가 검사 또는 사법경찰관 앞에서 진술한 내용과 동일하게 기재되어 있음이 원진술자의 공판준비 또는 공판기일에서의 진술이나 영상녹화물 또는 그 밖의 객관적인 방법에 의하여 증명되고, 피고인 또는 변호인이 공판준비 또는 공판기일에 그 기재내용에 관하여 원진술자를 신문할 수 있었던 때에는 증거로 할 수 있다. 다만, 그 조서에 기재된 진술이 특히 신빙할 수 있는 상태하에서 행하여졌음이 증명된 때에 한한다"라고 하여, 조서의 실질적 진정성립을 증명하기 위한 수단으로 원진술자의 진술 외에 '영상녹화물 또는 그 밖의 객관적인 방법'을 추가하였다. 이에 수사단계에서 피고인이 아닌 사람을 조사하였거나 그 조사에 참여하였던 사람(이하 '조사자'

라고 한다)의 법정진술(증언)이 조서의 실질적 진정성립을 증명할 수 있는 위 '객관적인 방법'에 해당하는지가 문제될 수 있다.

이에 대해서는 독립하여 증거능력이 없는 영상녹화물과는 달리 조사자의 증언은 법 제316조에 의해 독립하여 증거능력이 인정되는 증거임에도 이를 조서의 진정성립을 인정하는 데 쓸 수 없다는 것은 부당하다는 견해도 일부 있지만,[4] 다수의 견해는 조사자의 증언이 조서의 실질적 진정성립을 인정할 수 있는 위 '객관적인 방법'에는 해당하지 않는다는 입장인 것으로 보인다.[5]

다수의 견해에 따르면 이 사건에서 피해자가 법정에 출석하여 경찰이 작성한 진술조서의 실질적 진정성립을 부인한 이상, 피해자를 조사한 경찰관이 법정에 나와 피해자 조사 당시의 진술내용에 대해 증언하더라도 그 진술조서를 증거로 쓸 수 없고 원진술자의 진술불능을 요건으로 하는 법 제316조 제2항 규정으로 인해 경찰관의 증언 자체를 증거로 쓸 수도 없어, 결국 피해자의 수사과정에서의 진술내용에 관한 한 조사자를 증인으로 신청할 실익이 전혀 없게 된다. 즉, 피고인이 아닌 사람이 수사과정에서 했던 진술을 공판단계에서 번복하여 버리는 경우, 이에 대한 대처방법이 전혀 없게 된다는 것이다.

②의 경우, 법 제316조 제1항이 "피고인이 아닌 자(공소제기 전에 피고인을 피의자로 조사하였거나 그 조사에 참여하였던 자를 포함한다)의 공판준비 또는 공판기일에서의 진술이 피고인의 진술을 그 내용으로 하는 것인 때에는 그 진술이 특히 신빙할 수 있는 상태하에서 행하여졌음이 증명된 때에 한하여 이를 증거로 할 수 있다"라고 규정하고 있어, 피고인의 수사과정에서의 진술내용에 관한 조사자의 증언이 증거능력을 인정받기 위해서는 특신상태라는 요건을 충족하여야 하는데, 과연 어떠한 경우에 원진술자의 진술이 특히 신빙할 수 있는

4) 김희균, "개정 형사소송법 상 번복 증언과 불일치 진술의 증거능력", 형사법의 신동향 통권 제18호, 대검찰청(2009. 2), 245면.

5) 정광진·김종길, "형사소송법상 조사자증언제도의 도입과 경찰 수사절차의 변화방향", 법학논총 제29집 제1호, 한양대학교 법학연구소(2012), 39면.

상태하에서 행하여졌다고 볼 수 있는지, 그리고 이러한 특신상태는 공판과정에서 어떠한 방법으로 증명할 수 있을 것인지가 문제된다.

사실 대상판결의 결론에 직접적인 영향을 미친 쟁점은 ①로서, 이 사건에서 보듯이 사건의 핵심 참고인이 종전 진술을 번복하여 버린 경우 검사의 공소유지 노력은 속수무책이 되어 버리곤 한다. 다만, 이 글에서는 대상판결 결론의 당부와는 관계 없이 단지 조사자 증언제도의 실무 운용상황을 살펴보자는 의미에서 위 두 가지 논점 중 논의의 범위를 ②의 논점으로 한정하여 검토하기로 한다.

3. 문제의 제기

필자는 2012년 8월 한국형사판례연구회 월례발표회에서 “특신상태의 의의와 판단기준“이라는 주제로 발표를 하였는데, 최근 춘천지방법원에서 조사자 증언에 대해 특신상태가 인정되지 않는다는 이유로 무죄를 선고한 1심 판결이 있어 특신상태에 관한 연구의 연장선 차원에서 위 판결을 이번 글의 소재로 선정하였다.

지난번 발표에서는 특신상태를 증명하는 방법에 관하여, 특신상태는 증거능력의 요건에 해당하므로 검사가 그 존재에 대하여 구체적으로 주장·증명하여야 하는 것이나, 이는 공소사실에 대한 것이 아니라 소송법상의 사실에 관한 것이므로 엄격한 증명을 요하지 않고 자유로운 증명으로 족하며, 조사과정에 참여한 사람에 대한 증인신문이나 조사과정에서 작성된 영상녹화물을 검증하는 등의 방법을 활용하여 원진술 당시의 상황을 확인함으로써 특신상태의 존재를 증명할 수 있을 것이라는 취지의 의견을 개진하였다.[6]

대상판결에서는 단지 피고인의 진술이 특히 신빙할 수 있는 상태에서 행해졌다고 인정할 증거가 없다는 이유로 조사자 증언의 증거능력을 부정하고 있을 뿐, 그와 같은 결론에 이르게 된 다른 이유에 대해서는 언급하고 있지 않다.

---

6) 졸고, “특신상태의 의의와 판단기준”, 형사판례연구(21), 박영사, 555면.

그렇다면 대상판결의 사안에서 특신상태를 인정할 만한 증거로는 과연 어떠한 것이 있었는지, 검사는 공판과정에서 특신상태를 증명하기 위해 어떠한 입증활동을 시도하였기에 특신상태를 인정할 증거가 전혀 없다는 판단을 받게 된 것인지 궁금해진다. 이를 확인하기 위해서는 대상판결 사건의 실제 공판진행상황이 어떠하였는지 살펴볼 필요가 있을 것이다.

이와 같은 논의의 전개를 위해, 이 글에서는 먼저 조사자 증언제도의 도입취지가 무엇인지 간단히 알아보고 조사자 증언이 증거능력을 인정받기 위한 특신상태는 어떠한 증거에 의해 증명될 수 있는지를 관련 사례들을 통해 살펴본 다음(Ⅱ. 조사자 증언과 특신상태 판단), 조사자 증언에 관한 특신상태는 공판과정에서 어떠한 증거조사절차를 통해 증명될 수 있을 것인지에 대해 검토하기로 한다(Ⅲ. 조사자 증언과 특신상태 증명).

Ⅱ. 조사자 증언과 특신상태 판단

1. 조사자 증언제도 개관

가. 제도의 도입 취지

피고인 또는 피고인이 아닌 사람의 수사과정에서의 진술내용을 조사자의 법정진술을 통해 공판과정에 현출할 수 있게 한 조사자 증언제도가 도입된 것은 2007. 6. 1. 법률 제8496호로 개정되어 2008. 1. 1.부터 시행되고 있는 현행 형사소송법에서이다.

종래 대법원 판례는 수사과정에서 피고인을 조사한 경찰관이 법정에 나와 피의자신문시의 피고인의 진술내용을 증언하더라도 이는 법 제312조 제2항(현행법 제312조 제3항)에 따라 증거능력을 판단해야 한다고 함으로써[7] 사실상 조사자의 증언이 공판과정에 등장할 수 있

7) 대법원 2005. 11. 25. 선고 2005도5831 판결 등.

는 여지가 거의 없었으나, 현행법은 이러한 판례의 종래 해석론을 입법으로 변경한 것이다.[8]

조사자 증언제도의 신설에 대해서는, 조사자가 위증죄의 부담을 안고 피고인 측의 반대신문을 받으면서 증언을 하고 이에 증거능력을 부여함으로써 실체적 진실 발견과 피고인의 방어권 보장 사이에 조화를 도모한 것이며, 앞으로 증언하는 조사자는 위증이나 허위공문서작성 등의 시비를 염두에 두고 수사에 임하게 되어 수사의 투명성 제고와 적법절차 준수를 촉진하고, 불필요한 시비를 피하기 위하여 수사과정에서의 영상녹화가 활성화되는 등 수사방식이 인권친화적으로 전환되는 계기로 작용할 것으로 평가하는 견해[9]가 있는 한편으로, 현행법이 수사기관 작성 조서의 증거능력을 일반적으로 인정하는 종래의 증거법 골격을 그대로 유지하면서 나아가 조사자 증언의 증거능력까지 인정함으로써 자백획득에 편중하는 수사관행을 시정하지 못하도록 한 조치로서 우리나라 수사기관의 수준을 선진화하는 데 장애가 될 것이라며 반대하는 견해[10]도 있다.

생각건대, 공판과정에서 검사가 수사기관 작성 조서의 증거능력에 집착하는 경우는 피고인이나 중요 참고인이 수사과정에서는 공소사실에 부합하는 취지로 진술하였다가 공판단계에서 합리적인 사유 없이 이를 번복함으로써 증거능력 있는 증거가 전혀 없게 되는 상황을 초래하는 경우인데, 조사자 증언제도는 이러한 진술번복으로 인해 생길 수 있는 불합리한 결과를 방지하는 데 의의가 있는 제도이다.

즉, 피고인이나 참고인의 공판과정에서의 번복진술이 항상 수사과정에서의 종전진술보다 진실에 가깝다고 볼 수 없는 이상 법 제312조, 제313조, 제316조의 전문증거 규정은 이러한 번복진술에 대항할 수 있는 주요한 수단인데, 종전의 전문증거 규정이나 판례의 해석에서

8) 이완규, 형사소송법연구 I, 탐구사(2007), 171면.
9) 법무부, 개정 형사소송법(2007), 243면.
10) 오기두, "개정된 형사소송법의 운용", 저스티스 통권 제103호, 한국법학원(2008. 4), 97면.

는 단지 이와 같이 진술번복을 시도하고 있는 피고인이나 참고인 자신의 진술에 의해서만 조서의 진정성립이 좌우될 수 있게 하는 등 이들의 수사단계에서의 종전진술이 공판과정에 현출되는 것 자체를 제약하고 있었다. 이로 인해 법 제312조, 제313조, 제316조가 부당한 진술번복을 방지하는 역할을 제대로 수행하지 못하고 있던 상황에서, 개정법은 조서의 실질적 진정성립을 인정함에 있어 원진술자의 진술 외에 영상녹화물 또는 그 밖에 객관적인 방법도 가능하도록 한 데 이어 조사자의 증언에 증거능력을 인정함으로써 진술번복을 시도하고 있는 피고인이나 참고인의 수사단계에서의 종전진술을 공판과정에 현출할 수 있도록 개선하였다. 피고인이나 참고인의 진술번복으로 인해 불합리한 결과가 발생할 수 있다는 점을 고려하여 미국을 비롯한 여러 나라에서도 수사단계에서의 종전진술의 증거능력을 인정하는 방법을 마련하고 있다.[11)]

조사자 증언제도의 도입에 이러한 의의가 있다는 점을 감안한다면, 조사자 증언제도를 단지 수사기관 작성의 조서나 수사기관의 선입견이 공판과정에까지 들어와 공판중심주의 구현을 방해하는 것이라는 식의 거부감을 갖고 이를 소극적으로만 운영할 것이 아니라, 실체진실 발견을 위해 피고인이나 참고인의 부당한 진술번복에 어떻게 대처할 것인가의 관점에서 운영할 필요도 있다고 생각한다. 이는 수사과정에서의 종전진술이 공판과정에서의 번복진술보다 진실에 가까울 확률이 높다는 의미가 아니라, 서로 다른 내용의 두 가지 진술이 존재한다면 그 중 어느 것이 진실인지 여부를 판단하기 위해서는 두 진술의 내용

11) 김희균, 같은 글, 250면 ; 이 글에서는 그 이유에 대해 다음과 같이 설명한다. "미국의 경우에는 가정폭력 사건에서 85% 이상의 생존 피해자가 피고인의 잔인한 행동에 대한 초기진술을 번복한다. 압력 때문이다. 가정폭력 사건을 다루는 검사보다 더 불쌍한 사람이 없을 정도다. 피해자가 증인으로 안 나오면 사건이 안 되고, 증인으로 나와도 초기 진술 같은 생생한 증거를 낼 수가 없다. 반면에 피고인들은 이중의 보호를 받는다. 증인을 못 나오게 해서 헌법상 대질심문권 문제를 제기하거나, 증언을 번복하게 해서, 불일치 진술의 증거능력을 없애는 것이다."

을 서로 비교하여 검토하는 작업이 당연히 필요한 것이고, 그러기 위해서는 먼저 수사과정에서의 종전진술이 증거조사의 대상이 될 수 있는 자격이 주어져야 한다는 측면에서도 그러하다.[12)]

한편, 조사자 증언제도의 도입 초기에는 제도에 대한 법원의 여전한 부정적 입장으로 인해 조사자를 증인으로 신청하더라도 재백조사되지 않는 경우가 많아 그 증거신청의 가부 자체가 쟁점이 되기도 하였으나,[13)] 제도가 상당기간 시행되어 온 지금은 증거신청이 가능한지의 문제보다는 조사자 증언이 특신상태의 관문을 넘어 증거능력을 인정받을 수 있는지 여부로 그 쟁점이 옮겨간 상황으로 보인다.

나. 조사자 증언의 증거능력 인정 요건

(1) 조사자 또는 참여자

피고인 또는 피고인이 아닌 사람이 수사기관에서 행한 진술내용에 관하여 법정에서 증언할 수 있는 것은 그를 조사하였거나 그 조사에 참여하였던 사람이다.

(2) 피고인 또는 참고인의 진술

조사자 증언의 대상이 되는 것은 조사자가 지득한 피고인 또는 피고인이 아닌 사람의 조사 당시의 진술이다.

따라서 조사자가 사건발생경위, 인지경위, 수사과정을 통하여 독자적으로 수집한 내용 등은 조사자로서 피고인 또는 피고인이 아닌 사람의 진술을 지득한 것이 아니라 일반적인 증인으로서 한 증언에 해당하는 원본증거이므로, 이에 대해서는 법 제316조가 적용되지 않는다.[14)]

(3) 피고인이 아닌 사람의 진술불능 상태

조사자의 증언이 피고인이 아닌 타인의 진술을 그 내용으로 하는

12) 증거조사의 대상이 될 수 있는 자격이 주어져야만 법관, 배심원, 방청객 등이 피고인이나 참고인이 수사과정에서 어떠한 내용의 진술을 하였었는지를 비로소 알 수 있다.

13) 이완규, 같은 책, 172면.

14) 정광진·김종길, 같은 글, 36면.

때에는 원진술자가 사망, 질병, 외국거주, 소재불명, 그 밖에 이에 준하는 사유로 인하여 진술할 수 없음을 요한다(법 제316조 제2항).

따라서 대상판결의 사안과 같이 피해자가 법정에 증인으로 출석하여 직접 증언한 이상 조사자의 증언을 증거로 쓸 수 있는 방법은 없다.[15]

(4) 특신상태

우리 법상 대부분의 전문증거에서는 증거능력 인정의 요건으로서 원진술이 '특히 신빙할 수 있는 상태하'에서 행하여졌음을 요구하고 있는데, 통상 이를 '특신상태' 또는 '특신정황'이라고 부른다.[16]

특신상태의 의미에 대해서는, 전문법칙의 예외사유인 신용성의 정황적 보장이라고 보는 견해, 검사의 면전에서 진술한 상황이 법관의 면전에서 행한 진술에 준하는 객관성과 적법성을 갖추어야 한다고 보아 특신상태란 절차의 적법성을 의미한다는 견해, 신용성의 정황적 보장이 없거나 적법절차를 위반한 경우 중 어느 하나에 해당하면 특신상태가 부정된다고 하여 특신상태란 양자 모두를 의미한다는 견해 등이 주장되고 있다.[17] 판례는 특신상태를 그 진술내용이나 조서 또는 서류의 작성에 허위개입의 여지가 거의 없고, 그 진술내용의 신빙성이나 임의성을 담보할 구체적이고 외부적인 정황이 있는 경우를 말한다고 하여,[18] 특신상태가 신용성의 정황적 보장을 의미한다는 입장인 것으로 보인다.

그리하여 일반적으로 특신상태는, 진술자가 진술하게 된 경위, 진술자와 사건과의 관계, 진술할 때의 상황, 진술자의 기억력의 정도, 지적 수준, 진술내용이 전체적으로 보아 그 사건을 경험한 사람의 진술로 평가할 수 있는지 등의 제반정황을 종합적으로 고려하여 판단하여

15) 대법원 2008. 9. 25. 선고 2008도6985 판결.
16) 졸고, 같은 글, 534면.
17) 이은모, "개정형사소송법상의 증거법칙에 대한 검토", 법학논총 제24집 제2호, 한양대학교 법학연구소(2007), 297면.
18) 대법원 2006. 5. 25. 선고 2004도3619 판결 등.

야 한다거나,[19] 예컨대 변호인과 자유롭게 접견하였는지 여부, 변호인의 참여가 정당한 이유 없이 배제되었는지 여부, 조사의 내용에 비추어 합리적인 조사기간을 넘어서 조사가 이루어졌는지 여부, 구속상태에서 별다른 조사를 하지도 않은 채 매일 소환하여 같은 질문을 반복하도록 하였는지 여부 등을 고려하여 엄격하게 판단하여야 한다고 설명된다.[20]

특히, 조사자 증언과 관련한 특신상태에 대해서는, 조사과정에 참여한 사람에 대한 증인신문이나 조사과정에서 작성된 영상녹화물을 검증하는 등의 방법을 활용하여 원진술 당시의 상황을 확인하여야 한다는 견해,[21] 검사 또는 검찰수사관의 증언, 조사상황에 대한 조사자의 확인서, 조사과정에 동석한 제3자의 확인서 등을 통해 특신상태를 확인하여야 한다는 견해,[22] 특신상태는 조사의 전과정을 생생하게 보여주는 영상녹화물에 의해서만 완전한 형태의 증명에 이를 수 있다고 보는 견해[23] 등이 있다.

이상과 같은 견해들은 조사자 증언과 관련하여 특신상태를 증명할 수 있는 가장 주요한 방법으로 원진술자의 진술장면이 촬영된 영상녹화물의 검증, 조사과정에 참여하거나 동석한 사람에 대한 증인신문을 들고 있는 것으로 보인다.

그러면 다음 항에서는 일부 판결례를 통하여 조사자 증언제도 도입 이후 과연 판례는 어떠한 증거로써 특신상태를 인정하고 있는지에 대해 살펴보기로 한다.

---

19) 노명선·이완규, 형사소송법, 성균관대학교 출판부(2009), 583면.
20) 법원행정처, 법원실무제요 형사(Ⅱ)(2008), 107면.
21) 신이철, "검사작성의 피고인이 된 피의자신문조서의 증거능력 인정요건", 동아법학 제49호, 동아대학교 법학연구소(2010. 11), 202면.
22) 김민기, '형사소송법상 특신상태의 의미와 인정방법', 형사재판의 쟁점과 과제, 사법발전재단(2008), 149면{차정인, "공판중심주의 실현방안 연구", 부산대학교 대학원 박사학위논문(2009), 161면에서 재인용}.
23) 차정인, 같은 글, 161면.

2. 특신상태 관련 판례

가. 인정 사례

(1) 대구고법 2008. 11. 27. 선고 2008노293 판결

공직선거법위반 혐의로 기소된 이 사건의 피고인들은 경찰 수사단계에서 선거운동과 관련하여 금품을 수수한 사실을 자백하였다가 검찰 수사단계부터 종전의 자백진술을 번복하였고, 경찰 수사단계에서 혐의를 자백하는 취지로 진술하였던 것은 나이 어린 경찰관들이 모욕적인 언사로 추궁을 하며 윽박지르는 바람에 검찰에서 진술하게 대답하기 위하여 허위로 진술한 것이라고 주장하였다. 이에 피고인들을 조사했던 경찰관들이 증인으로 출석하여 피고인들이 자백하였던 사실에 대해 증언하였고, 그러한 경찰관들의 증언에 관하여 법원은 다음과 같은 이유로 특신상태를 인정하였다.

“살피건대, ① 피고인들을 조사한 경찰관인 갑과 을은 피고인들에게 진술거부권과 변호인선임권이 있음을 고지하고 조사 도중에 적절하게 휴식시간을 주면서 조사하였고, ② 피고인들은 2008. 4. 2. 긴급체포된 후 그날 오후부터 다음날 새벽 1시경까지 제1회 경찰 피의자신문을 받았으나 그 후 충분히 수면을 취하고 그 다음 피의자신문부터는 주간에 조사를 받았으며, ③ 피고인들이 영양경찰서에서 제1회 경찰 피의자신문을 마치고 영덕경찰서 유치장에 입감되기 직전 담당 검사와의 면담을 원하여 조사 경찰관들이 배제된 상태에서 대구지방검찰청 영덕지청의 담당 검사와 면담하였는데 당시 ‘불편한 점이 없었느냐’는 담당 검사의 질문에 피고인들은 경찰의 회유나 협박이 있었다, 불편한 점이 있다는 등의 이야기를 한 적이 없었고, ④ 피고인들은 처음부터 범행을 자백한 것이 아니라 피고인 1의 집에 대한 압수수색 결과 장롱 위에 띠지로 묶인 100만 원 묶음 15다발이 발견되자 그때부터 자신들의 범행을 자백하기 시작하였으며, ⑤ 피고인 1은 영양군 입안면 출신으로 경상북도 도의회 의원까지 지낸 인물이고, 위

피고인을 주로 조사하여 금품 수수 사실을 자백하는 진술을 받은 경찰관 갑도 입안면이 고향으로 위 피고인 아들의 중학교 후배인 점 등에 비추어 볼 때, 경찰에서 피고인들이 금품 수수 사실을 자백하는 내용의 진술을 한 것은 그 진술에 허위개입의 여지가 거의 없고 그 진술내용의 신빙성이나 임의성을 담보할 만한 상태에서 행하여졌다고 보인다.

따라서 경찰수사단계에서 범행을 자백하는 피고인들의 진술을 내용으로 하는 증인 갑, 을의 원심 및 당심 법정진술은 그 증거능력이 있고, 피고인들의 신분이나 지위에 비추어 볼 때 자백의 의미나 중요성을 제대로 헤아리지 못한 채 허위자백을 하였다고 볼 수 없는 만큼 그 신빙성도 충분하다고 할 것이다."

위 항소심 판결과 그 원심 판결[24]에 기재되어 있는 공소사실에 부합하는 증거들은 피고인들의 일부 법정진술과 검사가 작성한 피의자신문조서의 일부 기재내용, 그리고 피고인들을 조사한 경찰관 3명의 법정진술, 통신사실 확인자료, 압수수색과 관련한 각종 수사보고서와 압수물 등인바, 이에 비추어 볼 때 재판부는 위 경찰관들의 증언에 피고인들의 수사단계부터 공판단계에 이르기까지의 전체적인 진술 내용 등을 종합하여 특신상태를 인정한 것으로 보이고, 그 특신상태의 증명만을 위해 별도로 신청되거나 채택된 증거가 있는 것으로 보이지는 않는다.

나. 불인정 사례

(1) 부산지법 2009. 12. 24. 선고 2009노3477 판결

피고인이 피해자의 집에서 보석을 절취하였다는 혐의로 기소된 이 사건에서도 피고인이 수사과정에서의 진술을 번복하고 공판단계에서 그 혐의를 부인하였기에, 피고인을 조사하였던 경찰관이 법정에 증인으로 출석하여 수사단계에서 피고인이 혐의를 자백한 사실이 있다

24) 대구지법 영덕지원 2008. 6. 23. 선고 2008고합10 판결.

는 취지로 증언하였고, 이에 대해 법원은 다음과 같이 위 경찰관 증언의 증거능력을 부정하였다.

"기록에 의하여 인정되는 다음과 같은 사정, 즉 ① 피고인은 정신지체·언어장애 3급의 장애인으로서 경찰 조사 당시 진술거부권이나 변호인의 조력을 받을 권리에 관하여 제대로 이해하지 못하고 진술에 임하였을 가능성이 높은 점, ② 실제로 조사 당시 피고인이 변호인의 조력을 받지 않았음은 물론 피고인과 신뢰관계에 있는 자가 동석하지도 아니한 점, ③ 오히려 앞서 피고인으로부터 범행사실의 자백을 받아내었고 그 후 피고인에게 '돈을 내놓지 않으면 집안 살림을 다 부셔버리겠다'라고 말한 적이 있는 피해자가 동석하여 금반지와 진주목걸이가 담겨 있던 보라색 천지갑을 제시하면서 공소사실에 부합하는 진술을 하고, 사법경찰관 진○○ 역시 피해자의 진술을 토대로 피고인을 추궁한 점, ④ 사법경찰관 진○○은 피고인이 조사 당시 울거나 피해자를 보고 두려워한 적이 없다고 진술하고 있으나 피고인은 물론이거니와 피해자조차 피고인이 내내 울면서 조사를 받았다고 진술한 점, ⑤ 피고인은 글을 읽지 못하고 조사 당시 피의자신문조서에 서명, 무인하기 전에 그 내용에 관하여 설명을 들었는지에 관하여서도 모르겠다고 진술한 점, ⑥ 이미 조사가 이루어진지 10여 개월 정도 지나 사법경찰관 진○○도 그 당시 피고인의 진술이 어떠한 상황에서 이루어졌는지에 관하여 구체적으로 정확히 기억하지 못하는 것으로 보이는 점 등에 비추어 볼 때, 피고인의 당시 진술이 특히 신빙할 수 있는 상태 하에서 행하여졌음이 증명되었다고 보기 어려우므로 진○○의 원심 법정 진술 중 피고인이 이 사건 공소사실에 관하여 자백한 것을 들었다는 진술 부분은 증거능력이 없다."

이 사건에서 법원은 피고인의 지적 능력과 동석자 유무, 그리고 피고인이 조사과정에서 울면서 조사를 받았던 사정 등을 근거로 특신상태를 부정하였는데, 위 항소심 판결과 그 원심 판결[25]의 판시내용을

25) 부산지법 2009. 9. 11. 선고 2009고정1903 판결.

살펴보면 이러한 특신상태 존부의 판단근거가 된 자료는 피고인, 조사 경찰관 진○○, 조사과정에 동석하였던 피해자의 진술 등이고, 그 외에 특신상태의 증명을 위해 별도로 제출되거나 신청된 증거는 없는 것으로 보인다.[26]

(2) **수원지법 2010. 7. 8. 선고 2010노1741 판결**

이용원을 운영하면서 손님들에게 유사성행위의 성매매를 알선하였다는 혐의로 기소된 이 사건의 피고인은 경찰 수사과정에서 혐의를 자백하였다가 공판과정에서는 이를 번복하여 혐의를 부인하면서 단속 당시 경찰관이 성매매를 하였다는 객관적인 증거가 없음에도 1시간 30분 동안 집요하게 자백을 요구하며 벌금을 조금만 내면 된다는 등으로 회유하기에 허위자백하였던 것이라고 주장하였고, 이에 조사 경찰관이 법정에 출석하여 피고인의 자백사실에 대해 증언하였다.

법원은 "공판준비 또는 공판기일에서의 진술과 마찬가지로 공판준비 또는 공판기일 외에서 행해진 피고인의 진술을 증거로 할 수 있는 요건인 '그 진술이 특히 신빙할 수 있는 상태 하에서 행하여졌음이 증명된 때'라는 문언을 해석함에 있어서도 실질적 직접심리주의 원칙을 존중하는 방향으로 해석하여야 하는 것이고, 이러한 원칙이 몰각되도록 함부로 해석하여서는 안 된다. 따라서 '그 진술이 특히 신빙할 수 있는 상태 하에서 행하여졌음이 증명된 때'라고 함은, 그 진술이 행해지는 절차의 주재자, 공개, 관련자의 참여, 절차의 진행 등의 면에서 볼 때 공판준비 또는 공판기일에서의 진술과 마찬가지로 진술에 허위, 강요의 개입을 엄격히 차단하는 제반 절차적 규정이 마련되고 또 준수됨으로써 그 진술에 허위, 강요의 개입 여지가 거의 없고, 아울러 이러한 허위, 강요의 개입 여부에 대한 엄밀한 심사가 담보될 수 있는 상태에서 행해진 때라고 봄이 상당하다"라고 전제한 다음, "검찰

---

26) 이 사건에서 법원은 조사과정에서 피고인이 자백하는 것을 보았다고 주장한 한○○의 증언에 대해서도 조사자의 경우와 비슷한 이유로 특신상태를 인정하기 어렵다는 이유로 증거능력을 부정하였다.

이 제출한 증거만으로는 조사 경찰관이 전하는 피고인의 자백 취지의 진술이 그 진술이 행해지는 절차의 주재자, 공개, 관련자의 참여, 절차의 진행 등의 면에서 볼 때 허위, 강요의 개입을 엄격히 차단하는 제반 절차적 규정이 마련되고 또 준수됨으로써 허위, 강요의 개입 여지가 거의 없고, 아울러 이러한 허위, 강요의 개입 여부에 대한 엄밀한 심사가 담보될 수 있는 상태에서 행해졌다고 단정하기 어렵다"라고 판시하여 조사 경찰관 증언의 증거능력을 부정하였다.

위 판결만으로는 법원이 구체적으로 어떠한 사유로 특신상태가 인정되지 않는다고 본 것인지 분명하지 않으나, 원심 판결[27]에서는 "특히 형사소송법 제312조 제3항에서 검사 이외의 수사기관인 사법경찰관이 작성한 피의자신문조서는 그 실질적, 형식적 진정성립 여부를 고려하지 아니한 채 피고인이 그 내용을 인정하는 경우에만 증거로 할 수 있다고 규정하고 있는 취지를 고려할 때 그 조사자가 사법경찰관이었던 경우에는 그 특신상태를 엄격하게 적용하여야 할 것으로 보인다. (중략) 홍○○[28]가 범행 현장 및 경찰 조사 당시 들었다는 피고인의 자백이 특신상태에서 이루어졌다고 볼만한 뚜렷한 증거가 없고, 오히려 단속 현장에서 피고인 운영의 업소가 유사성행위 업소라는 선입견을 가지고 있던 홍○○가 업소 밖에 설치된 싸인 볼이나 시설 등을 거론하며 피고인을 강하게 추궁한 것으로 보이고, 그 자리에는 홍○○ 등 단속경찰관과 피고인만이 있었던 점, 단속 당시 홍○○ 등 단속경찰관은 피고인 운영의 업소에서 유사성행위가 이루어졌다는 점에 관하여 객관적인 정황이나 증거를 취득하지 못하였고, 피고인에게 묵비권이나 진술거부권의 고지가 이루어지지 않은 것으로 보이는 점, 홍○○는 피고인이 단속 다음날 경찰에 출석하여서도 범행을 자백하는 것을 들었다고 진술하고 있으나, 단속 현장에서 홍○○에게 진술서까지 작성, 교부한 피고인으로서는 바로 다음날 홍○○로부터 피의자 조

27) 수원지법 성남지원 2010. 4. 8. 선고 2009고정2854 판결.
28) 조사 경찰관.

사를 받으면서 심리적으로 상당히 억압된 상황에 있었을 것으로 보이는 점 등 홍○○가 들었다는 피고인의 진술이 과연 특히 신빙할 수 있는 상태하에서 이루어진 것인지 의심이 드는 정황만이 존재할 뿐이다"라고 판단하였다.

즉, 위 항소심 판결과 원심 판결을 종합하면, 특신상태 유무를 판단하기 위해서는 조사절차의 주재자가 누구인지, 조사절차가 공개되었는지, 조사절차에 관련자가 참여하였는지, 기타 절차의 진행상황이 어떠하였는지 등 조사 당시의 여러 상황을 검토하는 한편 그 절차와 관련한 규정들이 준수되었는지 여부를 살펴야 하는바, 이 사건에서는 ① 법 제312조 제3항의 입법취지에 비추어 단속 당시 조사절차의 주재자가 검사가 아닌 경찰관이었던 점, ② 단속현장이 공개되지 않고 단속 경찰관과 피고인만 있었고 다른 참여자도 없었던 점, ③ 단속과정에서 범죄혐의를 인정할 만한 상당한 이유가 없었고 진술거부권도 고지되지 않은 것으로 보여 그 절차 관련 규정이 준수되었는지 여부가 의심되는 점 등의 사정을 들어 특신상태를 인정할 수 없다고 판단한 것으로 보인다.

조사자 증언제도의 진가가 발휘되는 경우는 초동수사과정에서의 관련자의 진술에 대해서이고 수사의 밀행성 원칙에 비추어 단속현장의 공개는 기대하기 곤란한 것인 점에 비추어 보면, 일단 이러한 사유가 특신상태 부정의 논거로서 적합한 것인지는 의문이나, 이 사건 역시 원심과 항소심의 판시내용을 살펴보더라도 검사가 제출하여 법원이 특신상태 유무 판단을 위해 활용한 자료는 피고인과 조사 경찰관의 진술뿐이고, 그 외에 특신상태 증명을 위해 별도로 제출되거나 신청된 증거는 없는 것으로 보인다.

(3) 춘천지법 2010. 11. 26. 선고 2010고합72 판결

의붓딸을 강간한 혐의로 기소된 이 사건의 피고인은 경찰 조사과정에서 강간사실을 자백하였다가 검찰 수사과정부터 이를 번복하여 강간사실을 부인하기 시작하였고, 이에 피고인을 조사한 경찰관이 법

정에 나와 피고인의 자백진술을 들었다는 취지로 증언하였다.

이에 대해 법원은 "피고인 아닌 자의 공판준비 또는 공판기일에서의 진술이 피고인의 진술을 그 내용으로 하는 것인 때에는 형사소송법 제316조 제1항의 규정에 따라 그 진술이 특히 신빙할 수 있는 상태하에서 행하여진 때에 한하여 이를 증거로 사용할 수 있다. 피고인이 이 법정에서 위 진술 내용을 부인하고 있는 상태에서, 위 증인의 증언 내용만으로 위 진술이 특히 신빙할 수 있는 상태에서 이루어졌다고 인정하기 어렵고, 달리 이와 같은 사정을 인정할 자료가 없으므로, 위 증인의 증언 내용 중 피고인의 진술을 내용으로 하는 부분은 이를 유죄의 증거로 삼을 수 없고, 나머지 증언 부분은 경찰 수사 당시의 정황 등을 진술한 것에 불과한 것으로서 위 공소사실을 인정하기에 부족하다"라고 판시하였다.

이 판결은 특신상태가 인정되지 않는 데 대한 구체적인 이유는 설명하지 않고, 단지 피고인이 법정에서 수사과정에서의 자백진술의 존재를 부인하고 있어 조사자의 증언만으로는 특신상태를 인정하는데 충분하지 않다는 결론을 내놓고 있을 뿐이다.

이 사건의 실제 공판기록과 수사기록을 살펴보면, 경찰 조사과정에서 피고인이 자백진술한 사실이 있음을 증명하기 위해 검사가 조사자를 증인으로 신청한 것 외에 특신상태를 증명하기 위해 다른 증거를 별도로 제출하거나 신청한 사실은 없음을 알 수 있다.

3. 특신상태의 판단방법

전항의 판결례들을 살펴보면, 피고인이 수사기관에서 조사를 받으며 진술할 당시의 상황이 그 진술을 특히 신빙할 수 있을만한 상황이었는지 여부를 판단하기 위한 주요 자료는 피고인의 진술, 조사자의 진술, 조사 당시 참여자나 동석자가 있었던 경우 그의 진술, 조사과정에서 작성된 조서의 기재내용 등을 종합하여 인정할 수 있는 정황사실이라는 것을 알 수 있다.

또한, 전항의 마지막에 소개한 위 춘천지법의 판결에서 볼 수 있는 바와 같이 피고인이 수사과정에서의 진술의 존재 자체를 부인하고 있다는 사정에 주안점을 두고 조사자 증언과 관련한 특신상태를 쉽게 인정하지 않으려는 법원의 경향도 엿볼 수 있다.

생각건대, 특신상태라는 관문을 무난하게 넘어 피고인의 수사과정에서의 진술을 공판과정으로 끌어 나오기 위해서는 조사과정에 변호인 또는 신뢰관계 있는 사람을 참여시키거나 조사과정 전부를 영상녹화하는 수사기관의 조치가 가장 바람직하겠으나,[29] 설령 변호인 또는 신뢰관계 있는 사람의 참여나 영상녹화조사가 이루어지지 않았다 하더라도 피고인이 수사과정에서의 종전진술의 존재를 부인한다는 사정만으로 특신상태가 쉽게 부인될 것은 아니라고 본다. 특신상태는 조사자의 증언 자체와 함께 피고인의 주장과 조서의 기재내용 등도 아울러 종합적으로 검토하여 그 존부를 판단하여야 하는 것이기 때문이다.

또한, 특신상태를 판단함에 있어 피고인이 수사과정에서의 종전진술의 존재를 부인한다는 사정에 보다 더 주안점을 둘 경우, 피고인이 아닌 사람이 법정에 출석하여 수사과정에서의 종전진술을 부인한 이상 조사자가 법정에 출석하여 증언할 실익이 전혀 없게 되는 상황(법 제316조 제2항)과 마찬가지로 법 제316조 제1항의 조사자 증언제도 역시 그 도입취지나 효용성이 크게 반감된다는 문제가 야기될 수 있으므로, 이러한 사정도 고려한 판단이 이루어져야 할 것으로 생각된다.

4. 대상판결 사안의 검토

대상판결의 경우도 조사자 증언에 대하여 다른 이유설시 없이 단지 "피고인의 진술이 특히 신빙할 수 있는 상태에서 행하여졌다고 볼

29) 특히, 피의자나 참고인으로부터 자백진술 내지 혐의사실 입증에 필요한 진술을 얻기 가장 용이한 초동수사를 담당하는 경찰의 경우에 이러한 조치가 더 요구된다고 할 것이다.

만한 증거가 없어 증거능력이 있다고 보기 어렵다"라고만 판시하고 있어, 피고인이 수사과정에서의 종전진술의 존재를 부인한다는 점에 보다 주안점을 두고 좀처럼 특신상태를 인정하지 않으려는 입장에 서 있는 판결이 아닌가 보이기도 한다.

대상판결 사안의 공판기록과 수사기록을 살펴보면 피의자신문과정에 변호인이나 신뢰관계 있는 사람 등이 참여하지 않았고 신문과정이 영상녹화되지도 않았는데, 따라서 신문 당시의 상황을 확인할 수 있는 방법이라고는 피고인과 조사자의 진술을 들어보는 외에 다른 방법이 없었을 것으로 보인다.

그렇다 하더라도 기록상 검사가 위 조사자의 증인신문절차 이후에 조사자 증언의 증거능력 인정에 필요한 특신상태의 증명을 위해 보다 적극적인 입증활동을 수행하였으리라고 볼 수 있는 흔적이 전혀 보이지 않고, 그로 인해 법원이 특신상태를 인정할 증거가 없다고 결론짓는 것이 자연스러워 보이기까지 한다. 그렇다면 이는 검사의 입증활동 해태 내지 소극적인 공소유지활동에 기인한 것은 아닌지 의문이 든다. 다음 항에서 이에 대해 살펴보기로 한다.

Ⅲ. 조사자 증언과 특신상태 증명

1. 일반적인 증거조사절차 개관

법원이 소송사건에 대하여 사실관계의 존부에 대한 심증을 얻기 위해서는 증거방법을 조사하여 그 내용인 증거자료를 확보해야 하고, 이때 각종 증거방법을 조사하여 그 내용인 증거자료를 확보하는 절차를 (광의의) 증거조사라고 부른다.[30] 이러한 증거조사를 위해서는 그 대상이 되는 증거들을 수집하여 선별하는 절차가 선행되어야 하는데, 즉 증거조사는 당사자나 법원에 의해 수집된 증거에 대해 증거결정을

30) 김일룡, "증거결정절차의 개선방안에 대한 연구", 한양대학교 대학원 박사학위논문(2010), 8면.

하는 선행과정(증거조사의 개시절차)과 증거결정을 통하여 채택된 증거에 대해 증명력을 검토하는 (협의의) 증거조사과정으로 구분할 수 있다.[31] 여기서 증거결정이라 함은 소송절차에서 당사자 등이 신청한 증거나 법원이 수집한 증거에 대하여 이를 증거조사의 대상으로 삼을 것인가 여부를 결정하는 것을 말한다.[32]

증거조사절차는 증거신청{법 제294조, 형사소송규칙(이하 '규칙'이라고 한다) 제132조, 제132조의3}, 증거결정에 관한 의견진술(규칙 제134조), 증거결정(법 제295조, 규칙 제134조), 협의의 증거조사(법 제291조 내지 제292조의3), 증거조사에 관한 의견진술 및 이의신청(법 제293조, 제296조, 규칙 제135조의2, 제136조 내지 제140조) 순으로 진행된다.

가. 증거신청 및 증거결정에 관한 의견진술

증거신청이란 법원 또는 판사에 대하여 특정한 증거조사의 시행을 구하는 당사자의 소송행위로서, 증거조사의 신청을 말한다.[33]

즉, 검사, 피고인 또는 변호인은 서류나 물건을 증거로 제출할 수 있고, 증인, 감정인, 통역인 또는 번역인의 신문을 신청할 수 있다(법 제294조 제1항). 검사, 피고인 또는 변호인은 특별한 사정이 없는 한 필요한 증거를 일괄하여 신청하여야 한다(규칙 제132조).

증거를 제출함에 있어서는 증거분리제출제도가 시행되고 있어, 법 제311조부터 제315조까지 또는 제318조에 따라 증거로 할 수 있는 서류나 물건이 수사기록의 일부인 때에는 검사는 이를 특정하여 개별적으로 제출함으로써 그 조사를 신청하여야 한다(규칙 제132조의3 제1항).

증거조사절차가 개시되면 법원은 증거조사의 시행 여부를 결정하는 증거결정을 하게 되는데, 그에 앞서서 증거결정에 대한 검사 및 피고인 등의 의견진술이 행해진다.[34] 이는 피고인의 경우 통상 증거 동

31) 김일룡, 같은 글, 8면.
32) 김일룡, 같은 글, 8면.
33) 사법연수원, 형사증거법 및 사실인정론(2009), 96면.

의 또는 부동의, 내용부인, 진정성립 부인 등으로 의견이 진술될 것이다.

나. 증거결정

법원은 당사자의 증거신청에 대하여 결정을 하여야 하는데(법 제295조 전단), 이에는 신청된 증거를 조사하기로 하는 채택결정과 증거신청의 각하 또는 기각결정이 있다.[35]

서증의 신청, 즉 서류의 제출이 있는 경우, 전항의 증거결정에 관한 의견진술을 통해 그 증거능력이 있다고 인정되면 바로 채택결정을 하고, 피고인이 내용을 부인하는 경찰 피의자신문조서와 같이 증거능력 없음이 확정된 경우에는 즉시 기각결정을 할 것이나, 위 의견진술에 의하여 증거능력 유무가 당장은 확실하지 않거나 장차 원진술자의 증언 등에 의하여 증거능력을 구비하게 될 가능성이 있는 경우에는 채부의 결정을 보류하였다가 증거능력 유무가 확실해진 후에 증거결정을 한다.[36]

공판기일에 증거결정을 할 때에는 재판장이 구두로 고지하고 그 내용을 공판조서(즉 증거목록)에 기재하면 충분하며, 따로 결정서를 작성할 필요는 없다.[37]

다만, 증거결정은 공판절차에서 판결에 직접적인 영향을 미치는 중요한 결정으로서 당사자의 이의신청 대상이므로(법 제296조), 법원의 증거결정은 검사, 피고인 및 변호인에게 고지되어야 하고, 이때 신청된 증거 중 채택하는 증거와 채택하지 않는 증거를 구체적으로 특정하여야 한다.[38] 종래 실무에서는 피고인 또는 변호인이 신청한 증인을 신문하지 않을 경우에만 기각결정을 구두로 고지하고 나머지는 생략하는 경향이 있었으나, 증거분리제출제도 하에서 증거능력이 있는 증거만을 증거기록에 올바로 편철하기 위해서라도 어떠한 증거가 증

34) 사법연수원, 같은 책, 101면.
35) 사법연수원, 같은 책, 105면.
36) 사법연수원, 같은 책, 106면.
37) 법원실무제요 형사(II), 156면.
38) 법원실무제요 형사(II), 157면; 법원행정처, 새로 쓰는 증거조사(2007), 41면.

거능력의 관문을 통과하여 증거조사의 대상으로 되었는지를 명확히 하고 법정절차가 준수되고 있다는 모습을 확인시킬 필요가 있으므로, 신청된 증거 중 채택하는 증거와 채택하지 않는 증거를 구체적으로 특정하여 당사자에게 고지하여야 한다.[39]

다. (협의의) 증거조사

증거결정에 의해 채택된 증거에 대해서는 그 증거의 내용이 무엇인지를 음미하고 그 신빙성 여부를 검토해 보는 증거조사가 이루어진다.

증거인 서류나 물건에 대해서는 검사, 피고인 또는 변호인이 개별적으로 지시설명한 후 증거신청인이 서류를 낭독 또는 내용고지하거나 증거물을 제시한다(법 제291조, 제292조). 그리고 인적 증거 등 다른 유형의 증거에 대해서는 증인신문, 검증, 감정 등의 방법으로 증거조사가 이루어진다.

라. 증거조사에 관한 의견진술 및 이의신청

협의의 증거조사가 종료되면 재판장은 피고인에게 각 증거조사의 결과에 대한 의견을 묻고 권리를 보호함에 필요한 증거조사를 신청할 수 있음을 고지하여야 하고(법 제293조), 검사, 피고인 또는 변호인은 증거조사에 관하여 이의신청을 할 수 있다(법 제296조).

증거조사에 관한 이의신청이란, 당사자가 법원 또는 소송관계인의 소송행위가 위법 또는 부당함을 주장하여 그 시정 또는 다른 조치를 법원에 청구하는 소송행위를 말하는데, 이는 증거조사절차상의 위법 또는 부당의 하자를 당사자로 하여금 지체 없이 지적하게 하여 그 하자를 신속하게 보정함으로써 증거조사의 적정을 도모하려는 데 그 취지가 있다.[40] 현행법상 증거조사절차에서 발생한 위법·부당에 대해서는 이의신청을 하는 외에 달리 독자적으로 불복할 수 있는 방법이 없다.[41]

---

39) 새로 쓰는 증거조사, 41면.
40) 사법연수원, 같은 책, 147면.

증거조사에 관하여 이의신청을 할 수 있다 함은 증거신청, 증거결정, 증거조사의 순서와 방법, 증거능력의 유무 등 널리 증거조사에 관한 모든 절차와 처분에 대하여 이의신청을 할 수 있다는 의미이다.[42] 이의신청은 법령의 위반이 있는 경우뿐만 아니라 상당하지 아니함을 이유로 하는 경우에도 할 수 있으나(규칙 제135조의2 본문), 증거결정에 대한 이의신청은 법령의 위반이 있음을 이유로 하여서만 할 수 있다(규칙 제135조의2 단서).[43] 이의신청은 개개의 행위, 처분 또는 결정시마다 그 이유를 간결하게 명시하여 즉시 이를 하여야 하고(규칙 제137조), 이의신청에 대해서는 그 신청이 있은 후 즉시 결정을 하여야 한다(법 제296조 제2항, 규칙 제138조).

이의신청에 대하여 법원이 하는 결정에는, 신청이 이유 없다고 인정하거나 시기에 늦었거나 소송지연만을 목적으로 한 것임이 명백한 신청에 대하여 하는 기각결정, 신청이 이유 있다고 인정하는 경우에 하는 신청에 상응하는 결정, 이미 증거조사를 마친 증거가 증거능력이 없는 것으로 판명된 때에 그 증거의 전부 또는 일부를 배제한다는 취지로 하는 증거배제결정이 있다.[44] 증거배제결정은 그 증거가 증거능력이 없음을 명시함과 동시에 그 증거로부터는 심증을 취하지 않도록 한다는 취지를 나타내는 것을 말하는데, 증거배제결정은 이의신청이 없더라도 직권으로 할 수 있다.[45]

41) 사법연수원, 같은 책, 147면.
42) 사법연수원, 같은 책, 148면.
43) 다만, 이에 대해서는 협의의 증거조사의 부당성보다 증거결정의 부당성이 증거법상 더 결정적 의미를 갖는 경우가 허다하고 법률의 정한 이의신청권을 형사소송규칙으로 제한함은 대법원규칙제정권의 한계를 벗어난 것이라는 이유로 반대하는 의견이 있다(차정인, 같은 글, 60면).
44) 사법연수원, 같은 책, 149면.
45) 사법연수원, 같은 책, 149면.

2. 특신상태의 증거조사

가. 개 요

특신상태는 증거능력의 요건에 해당하므로 검사가 그 존재에 대하여 구체적으로 주장·증명하여야 하는 것이지만, 이는 공소사실에 대한 것이 아니라 소송법상의 사실에 관한 것이므로 엄격한 증명을 요하지 아니하고 자유로운 증명[46]으로 족하다.[47]

판례도 특신상태는, 구체적인 사건에 따라 당해 조서의 형식과 내용, 피고인의 학력, 경력, 직업, 사회적 지위, 지능 정도 등 제반 사정을 참작하여 자유로운 심증으로 이를 판단하면 된다고 한다.[48]

나. 증거신청 단계에서의 문제

앞서 살펴본 바와 같이 특별한 사정이 없는 한 증거는 일괄하여 신청하여야 하는데(규칙 제132조), 피고인의 수사과정에서의 진술내용을 증명하기 위해 그 조사자를 증인으로 신청하는 경우 조사자를 증인으로 신청하면서 그와 동시에 특신상태를 증명하기 위한 증거도 함께 신청하여야 하는지가 문제될 수 있겠다. 이는 조사자의 증언과 관련한 특신상태의 증명에는 항상 조사자의 증언 자체와는 별개의 다른 어떠한 증거가 더 필요한 것인지 여부의 문제이기도 하다.

생각건대, 사안별로 그 사정이 다를 수도 있겠으나 실제로는 제3자의 조사 참여나 영상녹화조사가 이루어지지 않은 이상 조사 당시의 상황이 특히 신빙할 수 있는 상황이었음을 증명할만한 별도의 독립된 증거가 없는 상황이 대부분일 것이고, 설령 제3자의 조사 참여나 영상녹화조사가 이루어진 일이 있다 하더라도 이는 먼저 조사자에 대한

46) 자유로운 증명에 있어서는 그 증거가 증거능력이 있을 필요가 없고 법률이 규정한 방법에 의한 증거조사를 거칠 필요도 없으나, 법정에서 이에 대한 증거조사는 필요한 것으로서, 구체적으로는 법원의 재량에 의하여 상당한 방법으로 조사하면 족하다(사법연수원, 같은 책, 3면).

47) 대법원 2001. 9. 4. 선고 2000도1743 판결 등; 신이철, 같은 글, 202면.

48) 대법원 1995. 5. 12. 선고 95도484 판결.

증인신문이 행해진 상황에서 조사자의 증언만으로는 피고인의 수사과정에서의 진술의 존재나 특신상태에 대한 증명에 불충분하다고 판단되는 경우 보완적으로 증거조사가 실시될 성격의 증거인 점을 감안하면, 결국 조사자의 증인신청과 동시에 특신상태를 증명하기 위한 증거도 함께 신청하는 경우는 실제로는 드물다고 할 것이다.

즉, 먼저 증인으로 출석한 조사자를 신문하고 조사자에 대한 피고인 측의 반대신문도 지켜보는 과정에서 조사 당시의 상황이 어떠하였는지에 대해 판단해 볼 수 있는 것이고, 특신상태의 증명은 엄격한 증명이 아닌 자유로운 증명으로도 족한 것이므로, 조사자의 증언과는 별개의 특신상태 증명만을 위한 다른 증거가 항상 필요한 것은 아닐 것이다. 그리고 사안에 따라 조사자에 대한 증인신문만으로는 특신상태 유무의 판단이 곤란한 경우, 조사자에 대한 증인신문 후 특신상태 유무를 판단하기 위한 후속 입증활동이 진행되어야 할 것이다.

결국 조사자 증언과 관련한 특신상태의 증명은 이와 같이 2단계의 입증활동이 요구된다고 할 것인데, 그렇다면 먼저 조사자에 대한 증인신문절차가 종료된 상태에서 특신상태에 대한 증명이 충분한지 아니면 부족한지 여부는 누가 판단하여 후속 입증활동의 필요성 여부를 결정할 것인가의 문제가 남게 될 것이다.

다. 증거조사 종료 단계에서의 문제

앞서 살펴본 바와 같이 당사자에 의해 신청된 증거에 대해 법원은 증거조사를 할 것인지 여부를 정하는 증거결정을 하여야 하고 이 증거결정에 대해 검사와 피고인 등은 이의신청을 할 수 있으며, 이후 증거조사가 종료되었을 때도 증거조사과정에서 증거능력의 유무 등과 관련하여 행해진 모든 절차와 처분에 대해 이의신청을 할 수 있다.

그런데, 증거결정이나 증거조사 과정에서 행해진 처분 등은 당사자의 이의신청 대상이므로, 법원은 검사와 피고인 등에게 증거결정이나 증거조사절차를 통해 채택하는 증거와 채택하지 않는 증거를 구체적으로 특정하여 고지하여야 함에도, 실무상 그러한 고지가 제대로 이루어지지 않는 경우가 흔히 있다.

예를 들어, 전문증거 규정에 따라 원진술자의 법정진술에 의하여 증거능력 인정 여부가 결정되는 조서가 증거로 신청된 경우, 법원은 일단 그 증거결정을 보류하였다가 추후 원진술자의 법정진술이 이루어졌을 때 비로소 그동안 보류하여 두었던 증거결정을 하게 되는데, 실무상 이때 곧바로 법정에서 증거결정의 내용을 명시적으로 고지하지 않은 채 곧바로 증거조사에 들어가곤 한다. 명시적으로 증거결정의 내용이 고지되지는 않았지만, 증거조사에 들어간다는 것은 그 조서 기재내용의 신빙성, 즉 증명력 유무를 검토하겠다는 의미이므로 검사나 피고인은 당연히 그 조서의 증거능력이 인정되었다고 여기게 된다. 그리고 (협의의) 증거조사를 마친 후에도 그 조서를 증거로 할 수 있다거나 증거로 할 수 없다는 점에 대한 어떠한 별다른 언급이 없는 채로 (광의의) 증거조사절차가 완전히 끝나게 되는데, 그럼에도 불구하고 이와 같이 이미 증거능력이 인정된 채로 증거조사절차가 종료되었다고 여겨졌던 조서가 변론종결 후 판결선고시점에 이르러 갑자기 특신상태의 부존재 등을 이유로 그 증거능력이 배제되는 경우가 있는 것이다.

이와 마찬가지로 조사자의 증언처럼 일단 증거조사를 하기로 증거결정이 이루어져 증인신문이 행해진 경우에도, 법원이 그 증인신문의 종료시점 또는 (광의의) 증거조사절차가 모두 완료된 시점에 조사자 증언의 증거능력이 인정되는지 그렇지 않은지에 대해 법정에서 명시적으로 언급하지 않은 채, 역시 판결선고시점에 이르러 비로소 특신상태의 부존재 등을 이유로 그 증거능력이 인정되지 않는다고 판결하는 경우를 흔히 볼 수 있다.

실무상 일부 치열하게 다퉈지는 사건이나 사회적으로 이슈가 되는 사건에서는 재판부가 법정에서 증거결정의 내용이나 증거채택 여부를 명확히 고지하고 있으나, 대부분의 일반 사건에서는 법정에서 증거결정의 내용이나 증거채택 여부가 명확히 고지되는 경우가 비교적 드문 편이다. 이는 특히 종래 특신상태가 추정된다고 해석되거나 증거법 영역에서의 미미한 역할 등의 이유로 특신상태에 관하여 별다른 입증활동이 이루어지지 않았던 데도 그 이유가 있다.

그런데 이와 같은 재판 진행은, 조서의 경우 증거능력이 인정되지도 않을 조서가 협의의 증거조사단계까지 진입하여 그 기재내용이 모두 낭독됨으로써 법관이나 배심원이 그에 의해 심증을 형성할 수 있다는 문제점이 있고, 조서이든 증언이든 전문증거들이 변론종결시점까지 그 증거능력의 인정 여부가 확정되지도 않은 채 불분명한 상태로 남게 된다는 문제가 있다. 이는 사실상 변론종결 후 판사실에서 판결서가 작성되는 과정에서 심증이 형성되는 것으로서, 공판절차 안에서 공소사실과 관련된 모든 증거가 직접 검토됨으로써 법정 밖이 아닌 법정 안에서 심증 형성이 이루어져야 한다는 공판중심주의 원칙에도 부합하지 않는다.

한편, 공소사실을 입증하여야 하는 검사의 입장에서는, 만약 검사가 신청한 증거에 대해 법정에서 그 증거결정의 내용이나 증거능력 인정 여부가 명확히 고지되었다면, 증거로 채택되지 않거나 증거능력이 부인된 증거에 대해 곧바로 이의신청을 하거나 추가입증활동을 시도함으로써 증거능력을 보완하려는 노력을 할 수 있었을 텐데, 위와 같은 고지가 법정에서 이루어지지 않는다면 이러한 이의신청권 행사나 추가입증활동의 기회를 잃게 되는 문제가 있다.

따라서 1차로 조사자에 대한 증인신문이 이루어진 경우, 법원은 조사자 증언에 대한 증거능력 인정 여부를 법정에서 즉시 검사와 피고인에게 명확히 고지함으로써 채택된 증거와 그렇지 않은 증거를 명확히 구분하여야 하고, 이를 통해 검사나 피고인의 이의신청권 행사 내지 추가입증활동의 기회를 보장함으로써 충실한 심리자료를 확보하려는 재판진행이 필요할 것이다. 그리고 검사나 피고인 역시 이러한 고지가 이루어지지 않을 경우, 적극적인 의견 개진과 이의신청 등을 통해 법원에 적절한 소송지휘권이 행사되도록 함이 상당하다.

3. 대상판결 사안의 검토

대상판결 사안의 공판기록을 살펴보면, 공판과정에서 피고인 측이 피고인의 수사과정에서의 진술내용에 대한 조사자 증언의 증거능력 유무에 대해 정면으로 다투지는 않았다는 사실을 알 수 있다. 그리고 제3회 공판기일에 작성된 공판조서의 기재내용에 의하면, 재판장은 경찰관에 대한 증인신문을 마친 후 검사와 피고인에게 증거조사를 마쳤다는 사실만을 고지하였을 뿐 검사가 증거로 제출한 경찰 작성의 피해자 진술조서와 경찰관의 법정진술이 증거능력 있는지 없는지에 대해서는 아무런 언급을 하지 않은 채 증거조사절차를 모두 종료하였고, 이에 검사는 증거조사결과에 대해 별다른 의견을 개진하거나 이의를 신청하지는 않은 사실을 알 수 있으며, 나중에 재판부는 판결선고에 이르러 특신상태가 인정되지 않는다는 이유로 위 피해자 진술조서와 경찰관의 증언이 증거능력 없다고 판단하였다.

앞에서도 지적한 바와 같이, 전체 공판과정이나 조사자에 대한 증인신문과정에서 조사자 증언의 증거능력 유무에 대해 정면으로 다퉈지거나 의문이 제기된 사실이 없음에도, 그러한 증거가 변론종결 후 판결선고시점에 이르러 증거신청인인 검사가 알지 못하는 사이에 비로소 그 증거능력이 부인된다는 것은, 증거조사에 관한 검사의 이의신청권 행사와 추가입증활동의 기회를 박탈하는 것으로서 부당한 재판진행이라고 생각된다.

앞서 특신상태 유무가 문제된 사례로서 살펴본 춘천지법 2010. 11. 26. 선고 2010고합72 판결{Ⅱ. 2. 나. (3)항}의 경우에도, 실제 공판기록과 수사기록을 살펴보면 경찰 조사 당시 피고인이 자백진술한 사실이 있음을 증명하기 위해 검사가 그 조사자를 증인으로 신청하여 신문하였고 이에 대해 재판부가 조사자 증언에 대한 증거능력 유무에 대해 고지하지 않고 변론종결한 후 판결선고에 이르러 비로소 그 증거능력을 부인하였음을 알 수 있다.

이와 같이 특신상태의 부존재를 이유로 조사자 증언의 증거능력이 배제되기 위해서는 법원이 법정에서 증거결정의 내용 또는 증거능력 인정 여부에 대해 검사에게 명확히 고지함으로써 이의신청 또는 추가입증활동이 이루어질 수 있도록 하고, 검사는 이러한 고지가 이루어지지 않을 경우 적극적인 의견 개진이나 이의신청 등을 통해 조사자 증언이 쉽게 증거로서 배척되지 않고 법정에서 충분한 심리가 이루어질 수 있도록 노력할 필요가 있다.

Ⅳ. 맺 는 말

조사자 증언제도의 도입 취지는 다른 무엇보다도 특히 피고인이나 중요 참고인의 부당한 진술번복으로 생길 수 있는 불합리한 결과를 방지하고 이에 효과적으로 대처하는 데 있다고 생각한다. 따라서 이 제도를 운영할 때도 가급적 이러한 도입 취지가 고려되어야 하고, 단지 피고인이 공소사실을 부인한다거나 조사 당시의 진술사실을 부인한다는 점에 주안점을 두고 수사기관 작성 조서의 증거능력을 쉽게 부정하듯 조사자 증언과 관련된 특신상태를 쉽게 부정하는 식의 해석은 재고의 여지가 있다.

조사자 증언제도 도입 이후의 관련 판례들을 살펴보면, 조사자 증언과 관련한 특신상태의 존부를 판단하는 데 쓰이는 주요 자료로는 피고인의 진술, 조사자의 진술, 조사 당시 참여자나 동석자가 있었던 경우 그의 진술, 조사과정에서 작성된 조서의 기재내용 등을 들 수 있다. 따라서 수사기관의 입장에서 특신상태를 무난히 인정받기 위해서는 조사과정에 변호인 또는 신뢰관계 있는 사람을 참여시키거나 조사과정 전부를 영상녹화하는 것이 가장 바람직할 것이나, 변호인 또는 신뢰관계 있는 사람의 참여나 영상녹화조사가 이루어지지 않았다고 하여 특신상태를 쉽게 부인하는 해석 역시 바람직하지 않고, 조사자의 증언 자체와 함께 피고인의 주장 및 조서의 기재내용 등을 종합적으로 검토하는 방법으로 특신상태의 존부를 판단할 수 있다고 생각된다.

그리고 법원이 공판과정에서 검사와 피고인 등에게 증거결정이나 증거조사질차를 통해 채택하는 증서와 채택하지 않는 증거를 구체적으로 특정하여 고지하여야 함에도 그러한 고지가 제대로 이루어지지 않은 채 변론종결되는 경우가 실무상 흔히 있는데, 이러한 재판 진행 관행은 시정되어야 한다. 특히 조사자의 증언과 관련한 특신상태를 부정하려면 특신상태가 인정되지 않는다는 취지를 공판과정에서 명시적으로 고지함으로써 검사로 하여금 추가입증활동을 하게 하고 이를 통해 충분한 심리자료를 확보한 상태에서 증거의 채택 여부를 판단하여야 하며, 검사는 이러한 고지가 이루어지지 않을 경우 법원에 그 취지를 명확히 하도록 하고 적극적인 입증활동에 노력해야 할 것이다.

[주 제 어]
특신상태, 조사자 증언, 형사소송법, 전문증거, 증거능력

[Key words]
special guarantees of trustworthiness, Police Officer's testifying in court, Code of Criminal Procedure, hearsay evidence, admissibility.

접수일자: 2014. 4. 20. 심사일자: 2014. 6. 16. 게재확정일자: 2014. 6. 20.

[참고문헌]

노명선·이완규, 형사소송법, 성균관대학교 출판부, 2009.

배종대·이상돈·정승환·이주원, 신형사소송법(제3판), 홍문사, 2011.

백형구 외, 주석 형사소송법(Ⅲ), 한국사법행정연구원, 2009.

법무부, 개정 형사소송법, 2007.

법원행정처, 법원실무제요 형사(Ⅱ), 2008.

법원행정처, 새로 쓰는 증거조사, 2007.

사법연수원, 형사증거법 및 사실인정론, 2009.

이완규, 형사소송법 연구(Ⅰ), 탐구사, 2007.

김일룡, "증거결정절차의 개선방안에 대한 연구", 한양대학교 대학원 박사학위논문, 2010.

김희균, "개정 형사소송법 상 번복 증언과 불일치 진술의 증거능력", 형사법의 신동향 통권 제18호, 대검찰청, 2009. 2.

박종렬·전명길, "조사자 증언제도에 대한 고찰", 법학연구 제36집, 한국법학회, 2009. 11.

신이철, "검사작성의 피고인이 된 피의자신문조서의 증거능력 인정요건", 동아법학 제49호, 동아대학교 법학연구소, 2010. 11.

오기두, "개정된 형사소송법의 운용", 저스티스 통권 제103호, 한국법학원, 2008. 4.

이은모, "개정형사소송법상의 증거법칙에 대한 검토", 법학논총 제24집 제2호, 한양대학교 법학연구소, 2007.

정광진·김종길, "형사소송법상 조사자증언제도의 도입과 경찰 수사절차의 변화방향", 법학논총 제29집 제1호, 한양대학교 법학연구소, 2012.

차정인, "개정 형사소송법상의 증거조사", 형사법연구, 제19권 제4호, 한국형사법학회, 2007.

차정인, "형사소송법규에 충실한 공판절차", 법조, 법조협회, 2006. 9.

차정인, "공판중심주의 실현방안 연구", 부산대학교 대학원 박사학위논문,

2009.

천진호, “피고인의 경찰 진술을 내용으로 하는 증언의 증거능력에 대한 재검토”, 법학논고 제20집, 경북대학교 법학연구소, 2004. 6.

한제희, “특신상태의 의의와 판단기준”, 형사판례연구(21), 박영사, 2013. 6.

[Abstract]

Judgment and verification of special guarantees of trustworthiness in police officer's testifying in court

Je-Hee HAN*

I think the spirit of the introduction of the testimony system of investigators, is in order to prevent, it is possible, among other things, what happens to overturn sentence unfair of witness or defendant, the absurd result, to deal effectively with this.

If you look at the relevant case law of the testimony system after the introduction of the investigators, the main material used to determine the presence or absence of special guarantees of trustworthiness associated with the testimony of investigators. If there is participants at the time, it is possible to mention his statement, a description of statement was created in the course of the investigation. Therefore, in order to be recognized innocuously the special guarantees of trustworthiness from the perspective of law enforcement, it or enlist a person or trusted counsel in the course of the investigation, to record the all process of investigation is most preferred and counsel or if the video recording research and participation of people with a trust relationship has not been made, and that along with the testimony itself of investigators, will be discussed in a comprehensive manner, such as the description of the written statement and assertion of the accused, the presence or absence of special guarantees of trustworthiness, it is necessary to judge.

And, by notifying explicitly whether the certification of special guarantees of trustworthiness associated with the testimony of the investigator in the course of the trial, so as to additional proof activities

* Research officer/Prosecutor, Supreme Prosecutors' Office.

for inspection, by this, the court, a sufficient psychological it is necessary while securing the article must determine the adoption of evidence.

전자증거의 진정성과 전문법칙의 적용

심 희 기*

[대상판결] 대법원 2013. 7. 26. 선고 2013도2511 판결

1. 사실관계

피고인등(이하 'D'로 약칭함)은 국가보안법위반혐의(반국가단체의 구성·간첩·자진지원·금품수수·특수잠입·탈출·찬양·고무등·회합·통신등·편의제공등)로 기소되었다. 유죄증거로 제출된 것은 정보저장매체에 입력하여 기억된 문자정보(이하 '전자 문건'이라 한다) 또는 그 출력물(이하 '출력 문건'이라 한다)이다. '출력 문건'의 작성자(원진술자)인 D는 법정에서 출력 문건의 성립의 진정(법 제 313조 제1항)을 인정하지 아니하였다. 제1심과 항소심은 유죄를 선고하였다.

(A) [국가정보원 수사관들은 D 혹은 D의 가족, 직원이 참여한 상태에서 각 정보저장매체를 압수한 다음 참여자의 서명을 받아 봉인하였고, 국가정보원에서 일부 정보저장매체에 저장된 자료를 '이미징' 방식으로 복제할 때 D 또는 전문가들로부터 서명을 받아 봉인상태를 확인→봉인을 해제→재봉인하였다. 제1심법원은 D, 검사, 변호인이 모두 참여한 가운데 검증을 실시하여 그 검증과정에서 산출한 해쉬(hash) 값과 압수·수색 당시 쓰기방지장치를 부착하여 '이미징' 작업을 하면서 산출한 해쉬 값을 대조하여 그 해쉬 값이 동일함을 확인하거나, '이미징' 작업을 통해 생성된 파일의 문자정보와 그 출력 문건이

* 연세대 교수.

동일함을 확인하였다.] 이를 토대로 제1심과 항소심은 증거로 제출된 출력 문건들이 '압수된 정보저장매체 원본에 저장되었던 내용과 동일한 것이고 정보저장매체 원본이 문건 출력시까지 변경되지 않았다고 인정하여 출력 문건들을 증거로 사용할 수 있다'[1]고 판단하였다. D는 '정보저장매체 등이 수사기관에 의하여 조작되었고', '전문법칙 적용에 위법이 있다'고 주장하며 상고하였다.

2. 재판요지

(1) [전자증거의 진정성 개념과 그 입증방법] "압수물인 컴퓨터용 디스크 그밖에 이와 비슷한 정보저장매체(이하 '정보저장매체'라고만 한다)에 입력하여 기억된 문자정보 또는 그 출력물을 증거로 사용하기 위해서는 ⓐ 정보저장매체 원본에 저장된 내용과 출력 문건의 동일성이 인정되어야 하고, 이를 위해서는 '정보저장매체 원본이 압수시부터 문건 출력시까지 변경되지 않았다'는 사정, 즉 **무결성**이 담보되어야 한다. 특히 ⓑ 정보저장매체 원본을 대신하여 저장매체에 저장된 자료를 '하드카피' 또는 '이미징'한 매체로부터 출력한 문건의 경우에는 정보저장매체 원본과 '하드카피' 또는 '이미징'한 매체 사이에 자료의 **동일성**도 인정되어야 할 뿐만 아니라, ⓒ 이를 확인하는 과정에서 이용한 컴퓨터의 기계적 정확성, 프로그램의 신뢰성, 입력·처리·출력의 각 단계에서 조작자의 전문적인 기술능력과 정확성이 담보되어야 한다(대법원 2007.12.13. 선고 2007도7257 판결 등 참조). 이 경우 (B) [출력 문건과 정보저장매체에 저장된 자료가 동일하고 정보저장매체 원본이 문건 출력시까지 변경되지 않았다']는 점은, ㉮ 피압수·수색 당사자가 정보저장매체 원본과 '하드카피' 또는 '이미징'한 매체의 해쉬(Hash) 값이 동일하다는 취지로 서명한 확인서면을 교부받아 법원에 제출하는 방법에 의하여 증명하는 것이 원칙이나, ㉯ 그와 같은 방법에 의한 증명이 불가능하거나 현저히 곤란한 경우에는, 정보저장매

1) 후술하는 무결성(integrity)을 인정한 것이다.

체 원본에 대한 압수, 봉인, 봉인해제, '하드카피' 또는 '이미징' 등 일련의 절차에 참여한 수사관이나 전문가 등의 증언에 의해 (C) [정보저장매체 원본과 '하드카피' 또는 '이미징'한 매체사이의 해쉬 값이 동일하다거나 정보저장매체 원본이 최초 압수시부터 밀봉되어 증거제출시까지 전혀 변경되지 않았다는 등의 사정]을 증명하는 방법 또는 ㉰ 법원이 그 원본에 저장된 자료와 증거로 제출된 출력 문건을 대조하는 방법 등으로도 그와 같은 무결성·동일성을 인정할 수 있고, 반드시 압수·수색 과정을 촬영한 영상녹화물 재생 등의 방법으로만 증명하여야 한다고 볼 것은 아니다."

⑵ [전문법칙의 적용] ⓓ "사람이 정보저장매체에 입력하여 기억된 문자정보 또는 그 출력물을 증거로 사용하는 경우, 이는 실질에 있어서 사람이 작성한 진술서나 그 진술을 기재한 서류와 크게 다를 바 없고, 압수 후의 보관 및 출력과정에 조작의 가능성이 있으며, 기본적으로 반대신문의 기회가 보장되지 않는 점 등에 비추어 그 내용의 진실성에 관하여는 전문법칙이 적용되고, 따라서 원칙적으로 형사소송법 제313조 제1항에 의하여 그 작성자 또는 진술자의 진술에 의하여 성립의 진정함이 증명된 때에 한하여 이를 증거로 사용할 수 있다. 다만 정보저장매체에 기억된 문자정보의 내용의 진실성이 아닌 그와 같은 내용의 문자정보가 존재하는 것 자체가 증거로 되는 경우에는 전문법칙이 적용되지 아니한다(대법원 1999.9.3. 선고 99도2317 판결, 대법원 2013.2.15. 선고 2010도3504 판결 등 참조). 나아가 ⓔ 어떤 진술을 범죄사실에 대한 직접증거로 사용할 때에는 그 진술이 전문증거가 된다고 하더라도 그와 같은 진술을 하였다는 것 자체 또는 그 진술의 진실성과 관계없는 간접사실에 대한 정황증거로 사용할 때에는 반드시 전문증거가 되는 것은 아니다(대법원 2000.2.25. 선고 99도1252 판결 등 참조)."

[연　　구]

2013년 7월에 선고된 본 판결은 일명 '왕재산(旺載山) 사건'으로 불리우는 사건의 대법원판결(이하 '왕재산 판결'로 약칭함)이다. 이 판결은 실체법과 절차법 모두에 걸쳐 학계의 검토대상으로 삼을 만한 논점을 풍부하게 담고 있어 주목된다. 수많은 논점 중에서 필자가 이 논문에서 주목하고자 하는 논점은 (1) 전자증거의 진정성 개념과 그 입증방법, 그리고 (2) 전자증거와 전문법칙의 적용방식이다.

필자가 생각하는 전자증거란 'digital evidence', 혹은 'electronic evidence'로 표시되는 증거들이다. 이 논문의 방법론은 왕재산 판결을 비롯한 전자증거 관련판결들을'미국 연방증거법(Federal Rules of Evidence; 이하 'FRE'로 약칭함)의 논증방식과의 비교'라는 관점에서 분석·논평하고 필요한 경우에 주석을 가하는 것이다.

다음에 아래에서 필자는 '비서류증거'라는 용어를 사용할 예정인데 '비서류증거'란 주로 전자증거와 녹음된 음성정보(녹음테이프를 포함한다. 이하 '음성정보'로 약칭함)를 아우르는 용어로 사용할 것이다. 전자증거의 생성자(maker)나 음성의 주인이 私人인데 기소된 피고인의 유죄·무죄증거로 전자증거 혹은 음성정보가 제출되는 케이스가 점차 늘어나고 있다. 이 때 전자증거와 음성정보는 엄밀하게 말하면 현행 형사소송법 제313조 제1항의 진술서나 진술기재서가 아니다. 그러나 1997년부터 대법원은 비서류증거가 피고인의 유죄·무죄입증의 증거로 법정에 제출될 때 이를 실질적으로 형사소송법 제313조 제1항의 진술서나 진술기재서에 준하는 '문건'으로 보아 형사소송법 제313조 제1항을 적용(혹은 준용)하여 왔다.

그런데 대법원은 그 과정에서 종래의'전문예외요건인 진정성립' 개념과 구별되는 '협의의 무결성', '광의의 무결성'개념을 구사하여 문제되는 전자증거에 대하여 '때로는 증거능력을 인정하고 때로는 증거능력을 부정'(후술하는 Ⅲ.2 부분 참조)하고 있다. 여기서 '협의의 무결성', '광의의 무결성'개념은 종래의 전문예외요건으로서의 '진정성립' 개념과 같은 것인지 다른 것인지를 분명히 할 필요가 있다. Ⅰ,Ⅱ,Ⅲ, Ⅳ에서 필자는'협의의 무결성', '광의의 무결성'개념은 종래의 전문예외요건으로서의 진정성립 개념과 별개의 '진정성'카테고리로 파악할 것을 주장한다 필자가 제안하는'진정성' 개념은 FRE의 '신성성'(authentication) 개념과 친화성이 있는 개념이다.

다음에 대법원은 유죄·무죄증거로 제출된 전자증거에 대하여 때로는 전문법칙을 적용하고 때로는 전문법칙을 적용하지 아니하고 있다. 대법원은 증거제출자가 전자문건에 표시된 '인간의 경험적 사실에 관한 정보'를 그 내용의 진실성을 입증하기 위하여 제출하는 때에는 전문법칙을 적용하고 전자문건에 '인간의 경험적 사실에 관한 정보'가 아예 없거나, 입증취지가 내용의 진실성을 입증하기 위한 것이 아니라 일정한 표현행위 자체의 존재가 범죄구성요건의 일부를 실현하는 것일 때에는 전문법칙을 적용하지 아니한다. 이런 경향성은 FRE의 논증방식과 매우 유사한 것이다. 따라서 Ⅴ, Ⅵ에서는 이 문제를 살펴보고 그 이유와 구별기준에 대하여 좀 더 세밀한 논증을 추구할 것이다.

Ⅶ은 이 논문의 결론 부분이다. 필자는 왕재산 판결을 비롯한 종래의 전자증거 관련판결들을 FRE의 논증방식과의 비교라는 관점에서 분석, 논평하기로 하였는데 Ⅰ,Ⅱ,Ⅲ,Ⅳ,Ⅴ,Ⅵ의 분석결과 왕재산 판결을 비롯한 전자증거 관련판결들은 FRE의 논증방식과 매우 밀접한 친화성이 있다는 점, 그러면서도 유독 녹음테이프에 담긴 음성정보의 경우에는 그것으로 입증하려고 하는 입증취지와 무관하게 모든 경우에 전문법칙을 적용하는 모순된 모습을 보이고 있어 시정이 요구된다는 점을 제시할 것이다.

Ⅰ. 전문예외요건으로서의 진정성립 개념과 구별되는 증거의 진정성 개념의 설정필요성

'전문예외요건으로서의 진정성립 개념과 구별되는 증거의 진정성 개념의 설정필요성]을 역설한 선행연구[2]가 있다. 여기서는 기본적으로 이 선행연구에 동의하면서 그 입장에 약간의 주석을 덧붙이려고 한다. 형사소송법 제312조-313조의 전문예외요건으로서의 '성립의 진정'이란 "간인·서명·날인 등 조서의 '형식적 진정성립'과 그 조서의 내용이 원진술자가 진술한 대로 기재된 것이라는 실질적인 진정성립을 모두 의미하는 것(대법원 2002.8.23. 선고 2002도2112 판결; 대법원 1990.10. 16. 선고 90도1474 판결 등 다수)이고, '실질적 진정성립'은 원진술자의 진술에 의하여서만 인정될 수 있는 것"(대법원 2004.12.16. 선고 2002도537 판결)이다. 그런데 재판요지 ⓐ 부분에서 언급되고 있는 무결성(integrity, 정보저장매체 원본이 압수시부터 문건 출력시까지 변경되지 않았다는 사정)은 수사기관 작성의 조서(법 제312조)와 사인이 작성한 진술서·진술기재서·감정서 (법 제313조)의 전문예외 요건인 '성립의 진정'과 분명히 구별된다.

후술하는 바와 같이 재판요지 ⓐ 부분에서 대법원이 요구하고 있는 '전자증거의 무결성'이란 미국 증거법 총론(그리고 FRE)에서 논의되는 기초개념인 증거의 '진정성'(authenticity) 개념이 전자증거의 영역에서 다소 특이하게 발현된 속성일 뿐이다. 이미 한국 실무에서 발생한 몇 몇 케이스와 향후 발생할 가능성이 있는 수많은 未知의 케이스를 염두에 둘 때 현행 형사소송법이 명시하지 않고 있지만 케이스 해결에 필요한 개념으로 형사소송법 제312조-313조의 전문예외요건으로서의 '성립의 진정'개념과 구별되는 '증거의 진정성 (authenticity)' 개념

2) 이완규(2012), 진술증거의 전문증거성과 진정성 문제의 구별, 형사판례연구 20호 (2012.06)[이하 이 논문은 '이완규(2012)'로 인용함], 527-559면; 이완규(2013), 협박 진술 녹음의 전문증거 문제와 진정성 문제의 구별, 저스티스 통권 제139호(2013.12)[이하 이 논문은 '이완규(2013)'로 인용함], 372-384면

을 설정[3]하지 않거나 미국식'증거의 진정성' 개념을 한국의 전문예외요건으로서의 '성립의 진정'개념의 일부로 포섭하려는 발상[4]은 현실세계에서 발생하는 사건들을 합리적으로 해결하지 못할 가능성이 있어 염려스럽다.

Ⅱ. FRE의 증거의 진정성 개념

FRE가 설정하는 '증거의 진정성' 개념[5]은 "모든 증거는 조사하기 전에 먼저 그 증거가, 제출자가 주장하는 바로 그 증거라는 점, 즉 진정(to be 'genuine')성이 증명되어야 한다."는 발상에 기초해 있다. 이완규는 FRE 제901조 (a)에 착안하여, 증거의 진정성 개념을, 증거로 제출되는 '서류나 물건, 문건, 녹음테이프, 비디오테이프, 전자파일 등'(이하 '서류등'으로 약칭함)이 "증거제출자가 주장하는 바로 그 증거"임을 의미하는 것으로 보자고 제안[6]한다. 이 제안은 기본적으로 건강한 제안이다. 그 이유는 다음과 같다.

'증거의 진정성'(authenticity)이나 '최우량증거제출의 원칙'(the best evidence rule)의 문제들은 어느 증거가 '전문증거인가 아닌가'의 문제와는 차원을 달리하는 별도의 문제들이다.[7] 이에 반하여 현행법 제312조, 제313조의'성립의 진정'은 '증거의 진정성'개념의 극히 일부분만

3) 이완규(2012), 527-559면; 이완규(2013), 372-401면.
4) 이완규(2013), 387면 각주 17)에서 인용하는 문헌들.
5) Article IX. Authentication And Identification Rule 901. Authenticating or Identifying Evidence (a) In General. To satisfy the requirement of authenticating or identifying an item of evidence, the proponent must produce evidence sufficient to support a finding that 'the item is what the proponent claims it is.'
6) 이완규(2013), 383면.
7) 미국 증거법의 고전으로 통하는 John William Strong et al, McCormick on Evidence(4th. Ed. 1992)에서 전문법칙 부분은 Title 10(424-547면)에서 기술되고 있고, 진정성 부분은 Title 9의 chapter 22(402-410면), 최량증거제출의 원칙은 chapter 23(411-423면)에서 별도로 기술되고 있다. 다른 증거법 문헌에서도 마찬가지이다.

을 포섭하거나, 때로는 미국 증거법의'증거의 진정성'개념을 전혀 포섭하지 못하는 협애한 개념이다.

현재 법정에 증거로 제출되는 서류 등이 위조, 변조, 조작된 것이 아니고, '보관 잘못 등으로 오염되지 않고 본래의 상태로 동일성이 유지된 것'[증거물일 경우 이를 '보관연쇄(chain of custody)'라고 한다]임이 증명되어야 법정에서 온전히 증거로 사용될 수 있음은 상식에 속하는 일이다. 이런 의미의 '진정성을 입증하는 것은 모든 증거가 증거로 사용될 수 있기 위한 전제조건'이다. 전문증거조차도 전문예외 요건의 구비(예를 들어 법 311-316조) 혹은 전문법칙의 적용배제(예를 들어 법 318조 제1항)를 따지기 전에 이런 의미의'진정성'요건을 구비하여야 한다.

증거의 진정성은 증명력을 따지기 이전에 구비되어야 하므로 증거능력의 문제이고 형벌권의 존부와 그 범위와는 상관없는 영역이므로 자유로운 증명의 대상이지만[8] 그 증명의 정도는 합리적 의심의 여지가 없는 증명이어야 한다.

왕재산 판결의 사안에서 피고인등은 공판절차에서 검사가 증거로 제출한'정보저장매체 등이 수사기관에 의하여 조작되었다'고 주장하였는데 이 주장은 이런 의미의 진정성 (authenticity, chain of custody) 문제를 제기한 것이다. 피고인 측의 이런 문제제기에 대하여 검사측이 전문예외 요건의 구비, 혹은 전문법칙의 적용배제 논증으로 대응한다면 東問西答하는 것이다.

법 제312조의 조서·진술서, 법 제313조 제1항의 진술서·진술기재서, 법 제313조 제2항의 감정서의'성립의 진정'개념과 구별되는 '증거의 진정성 (authenticity)' 개념을 설정하면 법 제318조 제1항의 '진정'개념이 향후 유용하게 활용될 수 있다. 아마도 입법자는 법 제318조 제1항의 '진정' 개념을 명확하게 의식한 상태에서 '진정' 개념을 '造語'하지 않았을 것이다. 그러나 이제 영미식의 전문법칙과 독일형소법의 직

8) 이완규(2013), 383면.

접주의의 모습이 대조적으로 선명하게 드러난 마당이므로 제318조 제1항의 '진정' 개념은 미국 증거법 총론, 그리고 FRE의 기초개념의 하나인 '증거의 진정성'(authenticity) 개념에 비추어 정립해 가는 것이 좋을 것이고 일심회 판결(2007)과 왕재산 판결(2013)은 그런 방향으로의 인식전환을 위한 교두보를 확보한 판결로 자리매김할 수 있다.

Ⅲ. 전자증거의 진정성 개념

1. 일심회 판결과 왕재산 판결의 연속성

2007년에 선고된 일심회 사건 판결 [대법원 2007.12.13. 선고 2007도7257 판결](이하 '일심회 판결'로 약칭함)을 계기로 전자증거의 진정성이 담보되려면 '원본과 사본 혹은 출력문건 사이'에 '동일성(identity)+무결성(無缺性, integrity)+신뢰성(reliability)'이 인정되어야 한다는 설명이 여러 연구자들 사이에 공통적으로 제시[9]되어 왔다. 왕재산 판결도 기본적으로는 일심회 판결과 궤를 같이 한다. 그러나 왕재산 판결은 다음과 같은 두 가지 점에서 일심회 판결과 별도로 주목하여야 한다.

첫째, 일심회 판결은 '디지털 저장매체 원본이 압수된 이후 문건 출력에 이르기까지 변경되지 않았음이 담보되어야 한다'고 천명하였을 뿐이지만 왕재산 판결은 이를 '무결성'(integrity)이란 용어를 구사하여 명시하였다. 필자는 이를 '광의의 무결성'개념으로 파악할 것을 제안한다.

둘째, 왕재산 판결은 일심회 판결에 존재하지 않았던 '무결성의 입증방법'을 다양하게 명시한 점에서 주목할 만하다.

재판요지의 ⓐ 부분에서 논증되고 있는 것이 협의의 무결성이고

9) 이숙연(2011), 디지털증거 및 그 증거능력과 증거조사방안-형사절차를 중심으로 한 연구-, 사법논집, 제53집(2011년); 오기두(2012), 전문증거의 증거능력, 법률신문 4059호 2012.8.13.자.

ⓑ, ⓒ의 요건은 원본이 하드카피되거나 이미징된 경우에 추가로 요구되는 요건들이다. 전자증거의 영역에서는 많은 경우에 원본제출이 불가능하거나 현저히 곤란할 수가 있어 하드카피나 이미징 결과가 원본 대신에 증거로 제출되므로 본래의 요건인 ⓐ(협의의 무결성) 외에 ⓑ, ⓒ의 요건도 요구된다. 그러므로 필자는 ⓐ를 협의의 무결성, ⓐ 외에 ⓑ, ⓒ까지도 아우르는 요건을 광의의 무결성 개념으로 파악할 것을 제안한다.

위와 같은 내용을 갖는 무결성 개념은 전통적으로 증거물의 영역에서 중시된 '보관연쇄'(COC, chain of custody) 개념, 문서에서 중시된 최우량증거(=원본)제출의 원칙 등이 전자증거의 영역에서 전자증거에 고유한 특성 때문에 다소간 특이하게 응용된 개념으로 파악할 수 있다.

2. 무결성의 긍정례와 부정례

왕재산 판결에서는 'D의 국가기밀 탐지·수집' 혐의에 대하여 제1심, 항소심, 대법원 모두 사실관계의 (A) 부분의 사정을 인정하여 무결성을 긍정하였다. 그러나 'D2의 이적표현물 소지로 인한 찬양·고무' 혐의의 증거로 제출된 MP3 파일에 대하여는 제1심, 항소심, 대법원 모두 무결성을 부정하였다. 대법원은"제1심법원 검증결과에 의할 때 압수·수색이 개시된 이후 시점에 위 MP3 파일이 저장된 하드디스크에 접속한 흔적이 나타나 있고, 당시 압수·수색을 담당한 국가정보원 수사관의 증언 등에 의하더라도 그 접속 경위에 관하여 납득할 만한 사정이 밝혀지지 않았다"는 등의 이유를 들어, "정보저장매체 원본이 문건 출력 시까지 변경되지 않은 것으로 단정할 수 없다."며 "위 파일을 증거로 사용할 수 없다."고 판단하여 그 부분 공소사실에 대하여는 무죄가 선고되었다.

Ⅳ. 전자증거의 진정성(무결성) 입증방법의 다양성

왕재산 판결은 '전자증거의 진정성 입증방법은 단일하지 않고 ㉮, ㉯, ㉰와 같이 다양'할 수 있음을 판시하고 있다. 이 입장은 FRE와 친화성 있는 입장이다. 이것은 전자증거에 특유한 속성이 아니고 '증거 일반의 진정성 입증방법'에 공통되는 사항이다. FRE는 '진정성 입증방법'을 10가지나 열거하고도 모자라 그 10가지 이외에도 다양하게 진정성을 입증할 수 있는 방법이 있음을 명시[10)]하고 있다.

Ⅴ. 전문법칙의 적용이 있는 전자문건과 전문법칙의 적용이 없는 전자문건

이하에서는 전문법칙의 적용이 있는 전자문건으로 판단된 사례와 전문법칙의 적용이 없는 전자문건으로 판단된 사례를 발굴하여 그 이유를 분석하고 판례에 일관성이 있는가를 검증하는 것이 과제이다. 이 문제에 관한 확립된 판례이론은 "그 기재내용의 진실성에 관하여는 전문법칙이 적용되고, 따라서 형사소송법 제313조 제1항에 의하여 그 작성자 또는 진술자의 진술에 의하여 그 성립의 진정함이 증명된 때에 한하여 이를 증거로 사용할 수 있지만 (이적표현물을 컴퓨터 디스켓에 저장, 보관하는 방법으로 이적표현물을 소지하는 경우와 같이) 문건의 내용의 진실성이 아닌 그러한 내용의 문건의 존재 그 자체가 직접 증거로 되는 경우에는 전문법칙의 적용이 없다"[대법원 1999. 9. 3. 선고 99도2317 판결][11)]는 것이다. 이 논증방식은 표현상 약간의 오

10) Rule 901. Authenticating or Identifying Evidence (b) Examples. The following are examples only – not a complete list – of evidence that satisfies the requirement..

11) "컴퓨터 디스켓에 들어 있는 문건이 증거로 사용되는 경우 위 컴퓨터 디스켓은 그 기재의 매체가 다를 뿐 실질에 있어서는 피고인 또는 피고인 아닌 자의 진술을 기재한 서류와 크게 다를 바 없고, 압수 후의 보관 및 출력과정에 조작의 가능성이 있으며, 기본적으로 반대신문의 기회가 보장되지 않는 점 등에 비추어 그 기재내용의 진실성에 관하여는 전문법칙이 적용되고, 따라서

해를 불러일으킬 소지가 있지만 기본적으로는 FRE의 입장과 친화성이 있는 논증방식이다. 문제는 그 구체적 적용에 있다.

1. 전문법칙의 적용이 없다고 판단된 사안들

(1) 컴퓨터 디스켓에 들어 있는 문건이 이적표현물소지 혐의의 유죄증거로 제출된 사안 [대법원 1999.9.3. 선고 99도2318 판결]

D는 이적표현물소지(국가보안법 위반) 혐의로 기소되었다. 유죄증거로 제출된 것은 이적표현물을 담고 있는 컴퓨터 디스켓이었다. 이 사안에 대하여 대법원은 "문건의 내용의 진실성이 아닌 문건의 존재 그 자체가 직접 증거로 되는 경우이므로 적법한 검증절차를 거친 이상 위 컴퓨터 디스켓의 증거능력이 인정된다."고 판시하였다.

(2) 일심회 판결(대법원 2007. 12. 13. 선고 2007도7257 판결)

'국가기밀을 탐지·수집'한 사실이 요증사실인 사안에서 대법원은 "이 부분 공소사실에 대한 증거로 제출된 출력 문건들의 내용 대부분은 그 **요증사실**과의 관계에서 문건 기재 내용이 진실한지가 문제 되는 것이 아니라 그러한 내용의 문자정보가 존재하는 것 자체가 증거

형사소송법 제313조 제1항에 의하여 그 작성자 또는 진술자의 진술에 의하여 그 성립의 진정함이 증명된 때에 한하여 이를 증거로 사용할 수 있다. 그런데 위 컴퓨터 디스켓에 수록된 문건들(컴퓨터 디스켓에 대하여 실시한 검증결과는 단지 디스켓에 수록된 문건의 내용이 출력물에 기재된 것과 같다는 것에 불과하여 증거자료가 되는 것은 여전히 컴퓨터 디스켓에 보관된 문건의 내용이다)에 대하여는 그 작성자 또는 진술자에 의하여 성립의 진정함이 증명된 바 없다. 그럼에도 불구하고 원심이 위 컴퓨터 디스켓에 수록된 문건들의 증거능력을 인정하여 이를 피고인들에 대한 유죄의 증거로 쓴 것은 위법하다(다만, 이적표현물을 컴퓨터 디스켓에 저장, 보관하는 방법으로 이적표현물을 소지하는 경우에는 컴퓨터 디스켓에 담긴 문건의 내용의 진실성이 아닌 그러한 내용의 문건의 존재 그 자체가 직접 증거로 되는 경우이므로 적법한 검증 절차를 거친 이상 이적표현물 소지의 점에 관하여는 컴퓨터 디스켓의 증거능력이 인정된다."

가 되는 경우에 해당하는 것이므로, 원심의 위와 같은 판단(전문법칙의 적용이 없다는 판단)은 그 범위 내에서 정당한 것으로 수긍할 수 있다."며 상고를 기각하였다.

(3) 피해자의 휴대전화로 전송된 문자메시지가 유죄증거로 제출된 사안[대법원 2008.11.13. 선고 2006도2556 판결]

D는 공포심이나 불안감을 유발하는 문자정보를 반복적으로 V의 휴대전화에 도달하게 하는 행위를 하여 (구)정보통신망 이용촉진 및 정보보호등에 관한 법률 제65조 제1항 제3호[12] 위반 혐의로 기소되었다. "땅에 떨어진 당신의 악함을 지켜보고 있으리라, D"등의 문자메시지를 피고인 D가 상대방(V) 전화에 도달하게 하여 이것이 전문인가 여부가 문제된 사안이다. 이에 대하여 대법원은 다음과 같이 판시하였는데 그 정확한 의미의 파악은 쉽지 않다:

> "형사소송법 제310조의2는 '제311조 내지 제316조에 규정한 것 이외에는 공판준비 또는 공판기일에서의 진술에 대신하여 진술을 기재한 서류나 공판준비 또는 공판기일 외에서의 타인의 진술을 내용으로 하는 진술은 이를 증거로 할 수 없다.'고 규정하고 있는바, 이는 '사실을 직접 경험한 사람의 진술이 법정에 직접 제출되어야 하고 이에 갈음하는 대체물인 진술 또는 서류가 제출되어서는 안 된다'는 이른바 **전문법칙을 선언**한 것이다. 따라서 정보통신망을 통하여 공포심이나 불안감을 유발하는 글을 반복적으로 상대방에게 도달하게 하는 행위를 하였다는 공소사실에 대하여 휴대전화기에 저장된 문자정보가 그 증거가 되는 경우와 같이, 그 문자정보가 **범행의 직접적인 수단**이 될 뿐 **경험자의 진술에 갈음**

12) 현재는 같은 법 제74조 제1항 제3호('정보통신망을 통하여 공포심이나 불안감을 유발하는 말, 음향, 글, 화상 또는 영상을 반복적으로 상대방에게 도달하게 한 자'를 1년 이하의 징역 또는 1천만 원 이하의 벌금에 처함)로 조문이 이동되었다.

하는 대체물에 해당하지 않는 경우에는 형사소송법 제310조의2에 서 정한 전문법칙이 적용될 여지가 없다."[대법원 2008.11.13. 선고 2006도2556 판결]

앞선 판례들에서 제시된 '문건의 내용의 진실성이 아닌 문건의 존재 그 자체가 직접 증거로 되는 경우'를 이 판결에서는 '문자정보가 범행의 직접적인 수단이 될 뿐 경험자의 진술에 갈음하는 대체물에 해당하지 않는 경우'로 판시한 것으로 보이지만[13] 그 진정한 의도가 무엇인지 궁금하다. 이 판결에 대한 판례해설을 집필한 김태업은 이 사안에 전문법칙이 적용되지 않는 이유를 "문자정보(문자메시지 글)는 협박죄에서의 협박편지와 같이 증거물인 서면에 준하는 것"[14]이라는 이유를 들고 있는데 말끔한 논증은 아닌 것 같다. '문자정보가 범행의 직접적인 수단'이라는 진단은 문자정보를 전달시키는 것은 그 자체 '법률요건(여기서는 범죄구성요건)을 구성하는 법적 사실(operative legal fact)'이고 '주장(assertion)이 아니'라는 논증에 가깝다. '범죄구성요건을 구성하는 법적 사실'이란 표현 대신에 자주 쓰이는 용법이 '언어적 행동' (verbal acts), 혹은 '행동의 언어적 부분'(verbal parts of an act) 이라는 표현이다.[15] 어떤 발언(utterance) 자체가 법적 효과 (예를 들어 협박, 명예훼손, 청약, 승낙등)를 초래하는 경우가 이를 가리킨다,

필자는 2013년 발표된 논문에서 "전문법칙문제 해결에 임하는 최근의 대법원판례의 추세를 FRE의 시각과 친화성이 있는 해석론"이라고 진단하였는데 만약 FRE의 시각에서 이 사안을 해결하면 어떤 논증이 가능할 것인가?

---

13) 이완규(2013), 393면.

14) 김태업, "휴대전화기에 보관된 문자정보 및 이를 휴대전화기 화면에 띄워 촬영한 사진의 증거능력", 대법원판례해설(78호, 2008 하반기), 법원행정처(2009. 07), 631면.

15) Norman M. Garland, "AN OVERVIEW OF RELEVANCE AND HEARSAY: A NINE STEP ANALYTICAL GUIDE" in *Southwestern University Law Review*(1993), pp.1054-1055.

FRE의 시각에서 이 문제를 접근한다면 먼저 문제의 문건에'의도된 주장(intended assertion)이 있는가를 판정하여야 한다.[16)]

여기서 주장(assertion)이란 ㉮ 모종의 사실(the fact at issue)의 존부에 대하여 ㉯ 원진술자(declarant)가 ㉰ 정보전달(a transfer of information)을 목표로 (이것이 assert의 의미이다) ㉱ 의식적(communicative)으로 의도(intend)한 것이어야 한다. 이런 의미의 주장이 없으면 그것을 굳이 전문증거로 보아 증거능력을 박탈할 필요가 없다는 실용주의적 관점에서의 定義가 FRE의 관점이다. 여기서 정보란 누군가 원진술자에게, 전달된 정보가 '참'(true)인지 혹은 '거짓'(false)인지를 질문하였을 때 원진술자가 '참'혹은 '거짓'이라고 답할 수 있을 정도의 '경험적 앎(personal knowledge, personal experience)의 대상이어야 한다.[17)] 예를 들어 원진술이 질문(question)이거나, 명령(directive)인 때, 원진술이 계약(contract)의 청약(offer), 승낙(consent), 거절(disagreement)을 구성하는 발언(發言, utterance)일 때 그 원진술은 정보전달이 없어 주장이 아니고 따라서 전문법칙을 적용할 필요가 없다.[18)] 반면에 원진술이 'D가 V를 칼로 찔렀다', '그 날 비가 내렸다' 등인 경우에는 정보전달이 있어 주장이다. 이 정의는 FRE의 입법자가 전문법칙이 적용되는 진술의 범위를 입법당시, 판례법으로 발전하여 온 영국의 보통법 (common law)상의 전문증거의 포섭범위 보다 좁게 설정하려는 의도 하에 의식적으로 조작한 것이다.

'주장'을 키워드로 내세워 전문법칙이 적용되는'진술 (statement)'의 의미를 위와 같이 좁게 설정 (FRE 801조의 입장)하면 국내의 판례나 강의서 저작자들의 논변방식의 모순이나 불명확성은 대부분 해소될 수 있다. 이곳에서는 하나의 예만 들겠다. '원진술의 존재 (자체)'를 요

16) 상세한 논증은 심희기, 전문과 비전문의 구별, 법조, 2013년 6월호(38-74)에서 전개되고 있으므로 여기서는 대강의 내용만 제시한다.

17) "그게 진실이야?"라고 반문될 수 있는 경우가 전문증거라는 설명[이완규(2013), 392면]은 본문의 설명과 합치하는 설명이다.

18) 이완규(2013), 381면도 본문의 설명과 대체로 일치한다.

증사실로 삼아 당사자 중 1인(예를 들어 검사)이 '특정한 원진술의 존재'를 증거로 제출할 때 그것은 '모종의 사실(fact)의 진부(眞否)에 대한 주장'(달리 말하면 '정보전달', transfer of informations)이 없는 '단순 발언'(mere utterance)이기 때문에 비전문(non-hearsay)이며 따라서 그에 대하여는 전문법칙을 적용할 필요가 없다. FRE는 '모종의 사실의 진부(眞否)에 대한 주장 혹은 모종의 정보전달'이 없는 발언은 '주장'이 아니므로 비전문(증거) (non-hearsay)으로 자리매김하는 논변이다.

이 관점에 서면 [대법원 2008.11.13. 선고 2006도2556 판결]의 사안에서 전문법칙의 적용이 없는 이유를 간단히 설명할 수 있다. 이 사안에서 문제가 된 문자메시지에는 '주장'이 없으므로 전문법칙을 적용할 필요가 없다. 이렇게 주장하면 다음과 같은 반론이 예상된다. 그 사안의 문자메시지는 언어를 수단으로 표출된 것인데 그것이 '진술 혹은 주장'이 아니라면 무엇이란 말인가?

그것은 언어(진술)처럼 보이지만 그 본질은 (언어·진술이 아니라) '언어적 행동'(verbal act)이라는 설명도 가능하고, 혹은 '법률요건(여기서는 범죄구성요건)을 구성하는 법적 사실(operative legal fact)이므로 언어·진술·주장이 아니'라는 설명도 가능하다.

한국학계가 전문의 개념을 설정할 때 FRE와 같이 '주장의 의미를 강조하는 논변'을 도입하면 향후 제기될 미묘한 사건에서 전문과 비전문을 구별하는 작업이 매우 용이하게 된다. '주장의 의미를 강조하는 논변'이 희박하기 때문에 [대법원 2008.11.13. 선고 2006도2556 판결] 사안에 대한 적절한 논증이 어려운 것이다.

(4) 왕재산 판결

피고인 D는 "반국가단체의 구성원과 문건을 주고받는 방법으로 통신하여 반국가단체로부터 지령을 받고 국가기밀을 탐지·수집"한 혐의로 기소되었다. 유죄증거로 제출된 것은 정보저장매체에 입력하여 기억된 문자정보 또는 그 출력물(이하 '출력 문건'이라 한다)이다. '출력 문건'의 작성자(원진술자)인 D는 법정에서 출력 문건의 성립의 진정(법 제 313조 제1항)을 인정하지 아니하였다. 출력 문건이 전문이면 법원은 이를 증거로 사용할 수 없고, 출력 문건이 비전문이면 D가 법정에서 출력 문건의 성립의 진정(법 제 313조 제1항)을 인정하지 아니한 소송행위는 의미 없는 소송행위가 된다. 항소심은 "수령한 지령 및 탐지·수집하여 취득한 국가기밀이 문건의 형태로 존재하는 경우나 편의제공의 목적물이 문건인 경우 등에는, '문건 내용의 진실성이 문제되는 것이 아니라 그러한 내용의 문건이 존재하는 것 자체가 증거가 되는 것으로서, 위와 같은 공소사실에 대하여는 전문법칙이 적용되지 않는다'고 보아 해당 부분의 공소사실에 관한 증거로 제출된 출력 문건들의 증거능력이 인정된다"고 판단하였다. 대법원은 위와 같은 항소심의 판단을 "정당한 것으로 수긍"하였다. 결론은 타당한 것이지만 문제는 논증의 용이성·간결성·일관성이다. 앞의 분석처럼 이 사안에 대하여도 FRE 방식의 논증을 시도하여 보자.

"수령한 지령 및 탐지·수집하여 취득한 국가기밀"에는 주장이 없으므로 전문증거가 아니라는 설명이 가장 기본적인 논증방법이지만 '그러한 내용의 문건이 존재하는 것 자체'의 본질은 (언어·진술이 아니라) '언어적 행동'(verbal act)이라는 설명도 가능하다. 혹은 '그러한 내용의 문건을 만들거나 소지하고 있는 것 자체'의 본질은 '범죄구성요건을 구성하는 법적 사실'(operative legal fact)이므로 '언어·진술·주장이 아니고 행동이므로 전문증거로 볼 필요가 없다'는 설명도 가능하다.

2. 전문법칙의 적용이 있다고 판단된 사안

워드파일이 담긴 메모리카드가 문제된 [대법원 2007.7.26. 선고 2007도3219 판결]이 이에 해당한다. 피고인 D는 "W2(포주)가 운영하는 인터넷 채팅사이트를 통하여 알게 된 불상(不詳)의 여성에게 성매수 대가로 23만 원을 주고 1회 성교하여 성매수"(성매매알선 등 행위의 처벌에 관한 법률위반)한 혐의로 기소되었다. 성매매 여성들이 성매매를 업으로 하면서 영업에 참고하기 위하여 성매매를 전후하여 상대 남성의 아이디와 전화번호 및 성매매방법 등을 메모지에 적어두었다가 직접 또는 W2(포주)가 고용한 또 다른 여직원이 입력하여 작성된 메모리카드의 출력물의 증거능력이 문제된 사안이다. 메모리카드 출력물의 D관련 기재사항은 "23-1, 보통"이었다. 검사는 이 기재의 의미를 '1회 성교하고 23만 원을 받았다'는 취지라고 주장하였다. D는 ① '메모리카드 출력물을 증거로 함에 부동의'하였고, ②'메모리카드 출력물의 성립의 진정함이 작성자에 의하여 증명되지 아니하였으므로 메모리카드의 출력물은 증거능력이 없다'고 주장하였다. D의 이 주장은 메모리 카드의 문자정보에 대한 적용법조가 법 제313조 제1항이라는 전제(즉, 傳聞)를 가지고 주장된 것이다. 이에 대하여 법원은 (메모리카드의 문자정보가 전문임을 인정하지만) 동시에 '메모리 카드의 문자정보는 법 제315조 제2호 소정의 영업상 필요로 작성된 통상문서로서 그 자체가 당연히 증거능력 있는 문서에 해당한다'고 파악하여 D의 주장을 배척하였다. FRE의 입장에 충실한 논증은 다음과 같다.

'1회 성교하고 23만 원을 받았다'는 형식의 문건에는 ㉮ 모종의 사실(the fact at issue, 여기서는 성매매)의 존부에 대하여 ㉯ 원진술자(declarant)가 ㉰ 정보전달(a transfer of information)을 목표로 (이것이 assert의 의미이다) ㉱ 의식적 (communicative)으로 의도 (intend)한 것이 있으므로 전문이다. 따라서 전문법칙의 적용이 있고 적용법조는 법 제313조 제1항이다. 그러므로 원칙적으로 원진술자가 법정에 출석하여 성립의 진정을 인정하여야 하지만 동시에 이 문건은 법 제315조 제2호 소정의 영업상 필요로 작성된 통상문서이므로 원진술자가 법정에 출석하여 성립의 진정을 인정하지 않아도 증거능력이 있다.

3. 녹음테이프의 음성정보와 전문법칙의 적용

비서류증거 일반에 대하여 "타인의 (법정외) 진술을 내용으로 하는 진술이 전문증거 (본 논문의 문맥에서는 전문: 필자)인지 여부는 요증사실과의 관계에서 정하여지는바, 원진술의 내용인 사실이 요증사실인 경우(to prove the Truth of the Matter Asserted, 이하 'TOMA'로 약칭함)에는 전문증거이나, 원진술의 존재(자체)가 요증사실인 경우에는 본래증거이지 전문증거가 아니"라는 판례이론[19]은 거의 확고하게 굳어진 상태이다. 문제는 유독 '녹음테이프의 음성정보'를 담고 있는 증거에 위 판례이론을 응용(apply)하는 방식에 있다. '녹음테이프의 음성정보와 전문법칙의 적용' 영역에 관한 한 한국의 재판실무에서는 위와 같은 구분이 실천되고 있지 않고 모두 전문증거로 간주하는 상태에 있다. 많은 사례를 들 수 있지만 여기서는 전형적인 사례로서 2012년 판결(대법원 2012.9.13. 선고 2012도7461 판결)만을 살펴보자. 이 문제는 이미 이완규가 2013년 논문에서 통렬하게 지적한 바 있지만 여기서 필자의 논증패턴으로 간결하게 다시 재검토하기로 한다.

(1) 2012년 판결의 사실관계

A광역시 B구청장 D에게는 C조합의 토지구획정리사업 완료에 필수적인 공사 등에 관한 협의 권한이 있다. D는 승소 가능성이 거의 없는 민사소송을 제기한 뒤 C조합의 대표자인 O에게 'D의 요구대로 조정에 응하지 않으면 위 사업 완료를 위한 관련 협의가 진행되지 않을 것'이라고 말하였다. C조합의 대표자인 O는 위 사업이 제대로 마무리되지 않을 경우 C조합이 피해를 볼 것을 우려하여 조정합의에 이르렀다. O가 D를 고소하여 D는 특정경제범죄 가중처벌 등에 관한 법률위반(공갈) 혐의로 기소되었다. 대법원은 녹음테이프의 음성정보에

19) 대법원 1999. 9. 3. 선고 99도2317 판결; 대법원 2000. 2. 25. 선고 99도1252 판결; 대법원 2008.9.25. 선고 2008도5347 판결; 대법원 2008.11.13. 선고 2006도2556 판결; 대법원 2008.11.13. 선고 2008도8007 판결; 대법원 2012.07.26. 선고 2012도2937 판결

대하여 전문법칙의 적용이 있다고 판단하였다.[20)]

이 사안에서'D의 요구대로 조정에 응하지 않으면 위 사업 완료를 위한 관련 협의가 진행되지 않을 것'이라는 원진술의 존재(자체)가 요증사실이므로 비서류증거 일반에 대한 대법원의 주류적 논법에 따르면 이에 대하여 전문법칙이 작동될 이유가 없다. '녹음테이프의 음성정보'가 유·무죄증거로 제출될 때도 전자증거가 유·무죄증거로 제출될 때와 마찬가지로 전문법칙의 적용이 있는 경우[21)]가 있고 전문법칙의 적용이 없는 경우가 있다. 그 구별기준은 역시 "요증사실과의 관계에서 정하여지는바, 원진술의 내용인 사실이 요증사실인 경우에는 전문증거이나, 원진술의 존재(자체)가 요증사실인 경우에는 본래증거이지 전문증거가 아니"어야 한다. 그러나 현재의 대법원판례들은 '녹음테이프의 음성정보'가 유·무죄증거로 제출될 때는 요증사실이 무엇인지 상관없이 항상 전문법칙의 적용이 있다는 결론으로 나아가고 있다. 이런 판례상황은 시정이 요구된다.

Ⅵ. 직접증거로 사용할 때 전문증거가 되는 증거라도 간접사실에 대한 정황증거로 사용할 수 있는가(긍정)

특수잠입·탈출, 회합의 점이 요증사실인 사안에서 왕재산 사건의 항소심은 유죄판결을 선고하였는데 항소심은 다음과 같은 파일들이

20) "증거자료가 되는 것은 녹음테이프에 녹음된 대화 내용 그 자체이고, 그 중 D의 진술 내용은 실질적으로 형사소송법 제311조, 제312조의 규정 이외에 D의 진술을 기재한 서류와 다름없어, D가 그 녹음테이프를 증거로 할 수 있음에 동의하지 않은 이상 그 녹음테이프에 녹음된 D의 진술 내용을 증거로 사용하기 위해서는 형사소송법 제313조 제1항 단서에 따라 공판준비 또는 공판기일에서 그 작성자인 상대방의 진술에 의하여 녹음테이프에 녹음된 D의 진술 내용이 D가 진술한 대로 녹음된 것임이 증명되고 나아가 그 진술이 특히 신빙할 수 있는 상태 하에서 행해진 것임이 인정되어야 한다(대법원 2001.10.9. 선고 2001도3106 판결, 대법원 2004.5.27. 선고 2004도1449 판결, 대법원 2008.12.24. 선고 2008도9414 판결 등 참조)."

21) 대법원 2008.12.24. 선고 2008도9414 판결; 이완규(2013), 395면에서 재인용함.

피고인의 컴퓨터에 '저장'되어 있었던 사실을 유죄 인정의 근거가 되는 간접사실 중 하나로 들었다:

"공소외 9 선생 앞: 2011년 면담은 1월 30일 ~ 2월 1일까지 공소외 9와 ▽▽선생과 함께 북경에서 하였으면 하는 의견입니다."

이를 위법이라고 주장하는 피고인의 상고에 대하여 대법원은 "ⓔ 어떤 진술을 범죄사실에 대한 직접증거로 사용할 때에는 그 진술이 전문증거가 된다고 하더라도 그와 같은 진술을 하였다는 것 자체 또는 그 진술의 진실성과 관계없는 간접사실에 대한 정황증거로 사용할 때에는 반드시 전문증거가 되는 것은 아니다(대법원 2000. 2. 25. 선고 99도1252 판결[22] 등 참조)."라는 일반론을 제시한 다음 "그 내용과 같이 피고인 1, 피고인 5가 북한 공작원들과 그 일시 경 실제로 회합하였음을 증명하려고 하는 경우에는 문건 내용이 진실한지가 문제 되므로 전문법칙이 적용되지만, 그와 같은 내용이 담긴 파일이 피고인 1의 컴퓨터에 저장되어 있다는 사실 자체는 그 기재 내용의 진실성과 관계없는 것으로서 이 부분 공소사실을 입증하기 위한 간접사실에 해당하므로 이러한 경우까지 전문법칙이 적용된다고 할 수 없다."며 상고를 기각하였다.

이 판시사항은 왕재산 판결 이전인 2000년에 이미 판시된 바 있

22) [대법원 2000. 2. 25. 선고 99도1252 판결] "어떤 진술이 범죄사실에 대한 직접증거로 사용함에 있어서는 전문증거가 된다고 하더라도 그와 같은 진술을 하였다는 것 자체 또는 그 진술의 진실성과 관계없는 간접사실에 대한 정황증거로 사용함에 있어서는 반드시 전문증거가 되는 것은 아니다. 이러한 관점에서 앞서 인정한 간접사실 및 그 간접사실로부터의 피고인1의 협박교사 사실을 추론하여 보면, 원심이 피고인1의 협박교사 사실을 인정한 것은 그것이 진실한 것이라는 점에 대한 합리적인 의심을 할 여지가 없는 정도의 심증형성에 의한 것이라고 볼 수 있고, 이와 같은 원심의 사실인정에 상고이유에서 주장하는 바와 같은 전문법칙 내지 채증법칙을 위배하여 사실을 오인한 위법이 있다고 할 수 없다."

는 판시사항이지만 전자증거의 영역에서 다시 한 번 판시되었으므로 이 두 개의 판결은 향후 확고한 선례로 취급될 것으로 보인다. 그런데 이 논증은'어느 증거가 전문(증거)인지 여부는 항상 요증사실과의 상대적 관계에서 결정된다'는 논증이므로 FRE의 논증과 친화성이 있는 논증이다.

Ⅶ. 결 어

첫째, 한국 민사소송법학에서는 '성립의 진정'이라는 용어가 정착되어 있고 형사소송법에서도 일부 이런 표현(법 제312조, 제313조)을 쓰고 있지만 그것은 서류·서면이 증거로 제출되던 시절에 형성된 법리이다. 그러나 서류·서면이 아닌'비서류증거'의 제출이 늘어나고 있는 현대의 민·형사소송에서 서류·서면이 증거로 제출되던 시절에 형성된 법리를 가지고 '비서류증거'까지 포섭하는 것은 불가능한 일이다. 필자가 지칭하는 비서류증거란 주로 전자증거와 녹음테이프의 음성정보(녹음테이프를 포함한다. 이하 '음성정보'로 약칭함)를 아우르는 용어이다. 비서류증거에 대하여는 강의교재, 주석서 등에 만족할 만한 설명이 없는 경우가 많다. 국내의 법상태가 이런 법상태이므로 미국 증거법에서 보편적으로 사용하고 있는 '증거의 진정성'개념을 설정하지 아니하면 이미 쏟아져 나오고 있고, 향후에도 쏟아져 나올, 케이스에 대한 '합리적 논증, 납득할 만한 논증'이 불가능하다. 따라서 FRE의 논증방식을 잠정적으로나마 차용할 필요가 있다.

둘째, 1980년대 후반 이래 전문법칙의 해석·적용의 영역에서 한국의 재판실무는 한편에서 FRE의 입장으로 수렴되는 추세를 보여주고 있지만 조서의 진정성립 문제와 구별되는 '증거일반의 진정성'(authenticity) 문제에서 한국법 독자의 진정성 개념을 설정하려는 구상도 있어 다소간 혼란상태에 있음을 부인할 수 없다. '증거일반의 진정성'문제에서 한국법 독자의 진정성 개념을 설정하려는 구상은 지구적 규모의 의사소통에 문제를 일으키므로 바람직하지 않다.

셋째, 재판실무는 전자증거의 영역에서는 입증취지가 무엇인지에 따라 전문법칙을 적용할 경우와 그렇지 못한 경우를 정확하게 구분하여 타당한 결론을 내고 있지만 유독 녹음테이프의 음성정보가 문제되는 사안에서는 입증취지와 무관하게 모든 경우에 전문법칙을 적용하는 모순된 모습을 보이고 있어 시정이 요구된다.

[주 제 어]
주장, 진술, 전문, 비전문, 전자증거, 진정성

[Key words]
assertion, statement, hearsay, non-hearsay, digital evidence, electronic evidence, authentication

접수일자: 2014. 5. 16. 심사일자: 2014. 6. 16. 게재확정일자: 2014. 6. 20.

[참고문헌]

국내문헌

김태업, "휴대전화기에 보관된 문자정보 및 이를 휴대전화기 화면에 띄워 촬영한 사진의 증거능력", 대법원판례해설(78호, 2008 하반기), 법원행정처(2009. 07).

심희기, 전문과 비전문의 구별, 법조, 2013년 6월호(38-74).

오기두, 전문증거의 증거능력, 법률신문 4059호 2012.8.13.자.

이숙연, 디지털증거 및 그 증거능력과 증거조사방안－형사절차를 중심으로 한 연구－, 사법논집, 제53집(2011년).

이완규, 진술증거의 전문증거성과 진정성 문제의 구별, 형사판례연구 20호 (2012.06) 527-559면.

이완규, 협박 진술 녹음의 전문증거 문제와 진정성 문제의 구별, 저스티스 통권 제139호(2013.12), 372-401면.

서양문헌

단행본

John William Strong et al, *McCormick on Evidence*(4th. Ed), West Publishing Co(1992).

Karim A.A. Khan, Caroline Buisman, Christopher Gosnell, *Principles of evidence in international criminal justice*, Oxford University Press(2010).

Paul C. Giannelli, *Understanding evidence*, 2nd ed., LexisNexis Matthew Bender(2006).

논문

Norman M. Garland, "AN OVERVIEW OF RELEVANCE AND HEARSAY: A NINE STEP ANALYTICAL GUIDE" in Southwestern University Law Review(1993).

[Abstract]

The authentication of electronic evidences and the application of hearsay rule of them in Korea

Huigi Sim*

So-called Wang-jaesan decision (2013do2511) was declared by 'Korean Supreme Court' (hereafter 'KSC') in July, 2013. The decision had a lot of important substantial and procedural issues in criminal spheres. However, what I have tried to concentrate in this review are only two issues, the one is the issue of the authenticity of electronic evidence (or digital evidence), the other is the issue of the application of 'the Korean version hearsay rule' (hereafter 'KHR') of the electronic evidence.

The methodology of this review is the comparative analysis of the Wang-jaesan decision from the perspective of Federal Rules of Evidence (hereafter 'FRE').

In Wang-jaesan decision KSC defined the concept of integrity of electronic evidence as 'the contents of the digital data have not been altered in any manner from the moment that were seized' or 'that evidence wasn't changed after it was captured or collected.'

The meaning of this concept is different from the meaning of the traditional 'exactness of utterances'(成立의 眞正) of article 312, 312 of KHR. That concept was made from the unique Korean modern legal history. However, it cannot deal with so many hard cases properly. Therefore I suggest in chapter Ⅰ, Ⅱ, Ⅲ, Ⅳ that We Korean legal scholars and practitioners should adopt the concept of authentication something like FRE, even though Korean Criminal Procedure Law does not have clear stipulations about it.

---

* Yonsei Law School.

In chapter Ⅴ, Ⅵ I did comparing analyses about the applications of KHR by KSC since 1990's up to the 2010's. I found that KSC has adopted enormously FRE when there were no clear stipulations in Korean Criminal Procedure Law.

This is a kind of interesting phenomenon which deserves to be analyzed from the perspective of comparative law and global legal transplant of evidence rule.

2013년도 형법판례 회고

오 영 근*

Ⅰ. 서 언

2013년 선고된 대법원형사판결 중 2014. 2. 24. 현재 대법원 종합법률정보 싸이트[1]에 공개되어 있는 형사판례는 모두 171건으로서 2012년의 259건보다는 그 숫자가 줄어들었다.

이 중 전원합의체 형법판결은 3건이다. 대법원 2013. 6. 20 선고 2010도14328 전원합의체 판결은 소위 '베트남 여성의 자녀 약취 사건'이다. 대법원 2013. 5. 16 선고 2012도14788 전원합의체 판결은 법률상 부부간의 강간을 인정한 판결이고, 대법원 2013. 2. 21 선고 2010도10500 전원합의체 판결은 부동산 횡령죄의 불가벌적 사후행위에 관한 판결이다. 앞의 두 판결은 관여법관의 의견이 일치하지 않아 전원합의체에서 판결을 한 것이고, 마지막 판결은 종래의 입장을 변경하였기 때문에 전원합의체에서 판결한 것이다.

이하에서는 위에 언급한 전원합의체 판결 이외에 필자가 임의적으로 선정한 판결[2]들을 총칙관련 판례와 각칙관련 판례로 나누어 소개하기로 한다.[3]

---

* 한양대학교 법학전문대학원 교수.

1) http://glaw.scourt.go.kr/wsjo/panre/sjo060.do#1393207457680.

2) 이 글에서 소개하는 판결들에 대한 좀더 자세한 필자의 평석은 로앤비(LAWnB) 법률정보싸이트의 천자평석을 참고.

3) 기타 2013년도 중요 형법판례를 소개한 것으로, 노명선, "2013년도 형법 중요

II. 전원합의체 판결

1. 대법원 2013. 6. 20. 선고 2010도14328 전원합의체판결
- 다문화가정에서 국외이송목적 미성년자약취죄의 문제 -

(1) 사실관계 및 재판의 경과

피고인은 베트남 국적 여성으로서 2006년 한국인 A와 국제결혼하여 아들 B를 출산하였다. 피고인은 A와 함께 살면서 A로부터 학대받거나 가혹행위를 당한 적은 없으나, 평소 A나 시집 식구들이 자신이 외국인이라는 이유로 한국인에게는 시키지 않는 일을 시키고, 자신을 차별하고 무시한다는 생각을 갖고 있었다. 그러던 중 피고인은 며칠동안 A로부터 집을 나가라는 말을 듣게 되었다. 이에 피고인은 생후 13개월인 B를 데리고 친정인 베트남으로 돌아갔다. 그러나 피고인은 B의 양육비를 벌기 위하여 혼자 한국으로 입국하여 회사에 근무하던 중 A에게 발각되었다. 이후 피고인과 A는 협의이혼의사확인을 받으면서 피해자에 대한 양육자를 피고인으로 정하였다. B는 피고인의 베트남 친정집에서 양육되고 있었다.

피고인은 국외이송목적 미성년자약취죄 및 피약취자국외이송죄((구 형법 제289조 제1, 2항)로 기소되었다.
제1심과 항소심은 피고인에게 무죄를 선고하였다.

검사가 상고하였다. 대법원은 형사소송법 제390조 제2항에 의해 2013. 3. 21. 대법원 대법정에서 공개변론을 실시하였다. 이 공개변론은 사법사상 최초로 인터넷 및 케이블 TV에서 실시간으로 중계하였다. 공개변론 후 대법원은 검사의 상고를 기각하였다.

(2) 판결요지

[다수의견] 부모가 이혼하였거나 별거하는 상황에서 미성년의 자녀를 부모의 일방이 평온하게 보호·양육하고 있는데, 상대방 부모가

판례", 인권과 정의 제440호, 대한변호사협회, 2014, 80면 이하 참고.

폭행, 협박 또는 불법적인 사실상의 힘을 행사하여 그 보호·양육 상태를 깨뜨리고 자녀를 탈취하여 자기 또는 제3자의 사실상 지배하에 옮긴 경우, 그와 같은 행위는 특별한 사정이 없는 한 미성년자에 대한 약취죄를 구성한다고 볼 수 있다. 그러나 이와 달리 미성년의 자녀를 부모가 함께 동거하면서 보호·양육하여 오던 중 부모의 일방이 상내방 부모나 그 자녀에게 어떠한 폭행, 협박이나 불법적인 사실상의 힘을 행사함이 없이 그 자녀를 데리고 종전의 거소를 벗어나 다른 곳으로 옮겨 자녀에 대한 보호·양육을 계속하였다면, 그 행위가 보호·양육권의 남용에 해당한다는 등 특별한 사정이 없는 한 설령 이에 관하여 법원의 결정이나 상대방 부모의 동의를 얻지 아니하였다고 하더라도 그러한 행위에 대하여 곧바로 형법상 미성년자에 대한 약취죄의 성립을 인정할 수는 없다고 할 것이다.

(3) 평 석[4)]

종래의 대법원판례 중에는 미성년자의 자유 외에 보호감독자의 감호권도 미성년자약취죄의 보호법익이므로 미성년자의 동의가 있다고 하더라도 감호권자의 감호권을 침해하는 경우에는 미성년자약취죄가 성립한다고 하거나[5)], 미성년자를 보호감독하는 자도 다른 보호감독자의 감호권을 침해하거나 자신의 감호권을 남용하여 미성년자 본인의 이익을 침해하는 경우에는 미성년자 약취·유인죄의 주체가 될 수 있다고 한 판결[6)]도 있다.

반대의견은 위에서 언급한 종래의 판례들의 입장을 피고인에게 그대로 적용하고 있다. 그러나 대상판결의 사건은 구 형법 제289조등이 미처 예상하지 못한 것이므로 좀더 입체적인 해석이 필요하다. 다음과 이유에서 다수의견의 입장이 타당하다고 생각된다.

4) 이 판결에 대한 다른 평석으로, 하태훈, “미성년자약취죄와 국외이송약취죄의 ‘약취’의 의미 : 대법원 2013.6.20. 선고 2010도 14328 전원합의체 판결에 대한 평석”, 고려법학 제71호, 2013, 97-126면.

5) 대법원 2003. 2. 11. 선고 2002도7115 판결.

6) 대법원 2008. 1. 31.선고 2007도8011 판결.

첫째, 통설, 판례는 미성년자약취죄의 일차적 보호법익은 미성년자의 자유이고, 부차적 보호법익은 보호감독자의 감호권이라고 한다. 이러한 경우 부차적 보호법익만 침해해도 범죄가 성립한다고 하는 것은 범죄의 성립범위를 너무 넓게 인정하는 것으로서 형법해석의 엄격성원칙에 반한다. 따라서 이 사건 같이 일차적 보호법익을 위해 부차적 보호법익을 침해한 경우에는 전체적으로 보호법익에 대한 침해나 위태화가 없다고 보아 범죄성립을 인정하지 말아야 할 것이다.

둘째, 이 사건에서 피고인의 행위가 B의 자유와 안전이라는 일차적 보호법익을 침해하였다고 보기 어렵다. 왜냐하면 피고인과 A는 이혼할 상태에 있었으므로 B는 피고인과 A 중 어느 일방의 감호를 받을 수밖에 없다. 따라서 B가 피고인과 A 모두의 감호를 받는 상태와 피고인 일방의 감호를 받는 상태를 비교할 것이 아니라, 피고인 또는 A 일방의 감호를 받는 상태와 피고인 일방의 감호를 받는 상태를 비교하여 보호법익의 침해 내지 위태화가 있는지를 따져야 한다. 이렇게 보면 피고인의 행위가 B의 자유와 안전을 침해하거나 위태화하였고 볼 수는 없다.

셋째, 피고인과 A는 B에 대해 공동감호권을 가지고 있었다. 그런데 재산범죄에서와 달리 인격적 법익을 침해하는 범죄에서는 법익주체 중 일부의 법익을 침해하였다고 하더라도 바로 범죄성립을 인정해서는 안되는 경우가 있다. 예를 들어 복수의 거주자 중 일부의 동의만을 얻고 주거에 들어간 행위가 다른 거주자의 의사에는 반한다고 하더라도 그것만으로 주거침입죄를 인정해서는 안될 것이다. 이러한 경우들 중 상당부분은 주거침입죄가 아닌 민사문제로 해결해야 한다.

넷째, 점유나 재산개념에서 보듯이 형법상의 개념은 민법상의 개념에 비해 사실상의 상태를 중요시한다. 따라서 미성년자약취죄의 주체를 결정할 때에도, 누가 민법상 감호권자인가가 아니라 누가 미성년자를 사실상 감호하는 자인가를 우선시해야 할 것이다. 이 사건의 경우 피고인이 영아를 주로 감호, 양육하고 있었으므로, 피고인의 범죄

주체성을 부정할 수도 있을 것이다.

2. 대법원 2013. 5. 16. 선고 2012도14788 전원합의체 판결
- 법률상 부부간의 강간죄 성립여부 -

(1) 사실관계

피고인과 피해자는 법률상 부부였지만 서로 불화하여 각방을 써 오고 있었다. 그러던 중 남편인 피고인은 두 차례에 걸쳐 흉기를 휴대한 채 아내인 피해자를 폭행한 후 항거불능 상태에 이른 피해자를 간음하였다. 피고인은 성폭력특례법위반(특수강간)죄로 기소되었다.

항소심인 서울고등법원은 피고인에게 유죄를 인정하였다(서울고법 2012. 11. 8. 선고 2012노1657, 2012전노145 판결). 피고인이 상고하였다.

대법원은 공개변론을 거쳐 관여법관 11 : 2의 의견으로 피고인의 상고를 기각하였다.

(2) 판결요지

[다수의견] 헌법이 보장하는 혼인과 가족생활의 내용, 가정에서의 성폭력에 대한 인식의 변화, 형법의 체계와 그 개정 경과, 강간죄의 보호법익과 부부의 동거의무의 내용 등에 비추어 보면, 형법 제297조가 정한 강간죄의 객체인 '부녀'에는 법률상 처가 포함되고, 혼인관계가 파탄된 경우뿐만 아니라 혼인관계가 실질적으로 유지되고 있는 경우에도 남편이 반항을 불가능하게 하거나 현저히 곤란하게 할 정도의 폭행이나 협박을 가하여 아내를 간음한 경우에는 강간죄가 성립한다고 보아야 한다. 다만 남편의 아내에 대한 폭행 또는 협박이 피해자의 반항을 불가능하게 하거나 현저히 곤란하게 할 정도에 이른 것인지 여부는, 부부 사이의 성생활에 대한 국가의 개입은 가정의 유지라는 관점에서 최대한 자제하여야 한다는 전제에서, 그 폭행 또는 협박의 내용과 정도가 아내의 성적 자기결정권을 본질적으로 침해하는 정도

에 이른 것인지 여부, 남편이 유형력을 행사하게 된 경위, 혼인생활의 형태와 부부의 평소 성행, 성교 당시와 그 후의 상황 등 모든 사정을 종합하여 신중하게 판단하여야 한다.

(3) 평 석

종전의 판례는 실질적 부부관계를 유지하고 있는 경우에는 부부강간죄가 성립할 수 없다고 하다가[7], 실질적인 부부관계가 인정될 수 없는 경우에는 법률상의 처도 강간죄의 객체가 된다고 하였다[8]. 대상판결은 실질적인 부부관계가 유지되고 있는 경우에도 부부강간죄가 성립할 수 있다고 한다.

강간죄의 보호법익을 정조라고 할 경우에는 법률상 처는 본죄의 객체가 된다고 할 수 없을 것이다. 왜냐하면 '정조'란 부녀가 남편 또는 시가에 지켜야 할 의무 즉 남편과만 성관계를 할 사회적 요구 내지 기대라고 할 수 있기 때문이다. 그러나 강간죄의 보호법익을 성적 의사결정의 자유라고 본다면 법률상의 처도 본죄의 객체가 될 수 있다고 해야 할 것이다.

반대의견은 간음의 사전적 의미가 '부부가 아닌 사람의 성관계'라고 하지만, 형법상 간음의 개념에서 '부부간의 성관계'를 배제해야 하는 것은 아니다. '성관계'는 가치중립적인 개념이고, '간음'은 '부정적으로 평가되는 성관계'라는 가치평가적 개념이다. 따라서 형법에서 부정적으로 평가되는 부부간의 성관계를 '간음'이라고 표현해도 문리해석의 한계를 넘었다거나 유추해석이라고 할 수는 없다. 그리고 형법이 '간음'이라는 용어를 사용하는 것은 성기의 결합이 있는 간음과 성기의 결합이 없는 추행을 구별하기 위한 것이라고 할 수도 있다.

부부간에는 강간죄는 성립할 수 없고, 폭행·협박죄만이 성립한다는 견해도 있다. 그러나 부부간에 일반적으로 동거의무가 있다고 하더라도 이것이 남편이 요구하는 특정한 시간, 장소, 방법에 따른 성관계

7) 대법원 1970.03.10. 선고 70도29 판결.

8) 대법원 2009.02.12. 선고 2008도8601 판결.

에 응할 아내의 법률상의 의무라고까지 할 수는 없다. 따라서 폭행·협박으로 이를 강요했을 때에는 폭행·협박죄만이 아니라 강간죄가 성립한다고 해야 할 것이다[9].

3. 대법원 2013. 2. 21. 선고 2010도10500 전원합의체 판결
- 횡령죄의 불가벌적 사후행위 -

(1) 사실관계 및 재판의 경과

피고인 甲은 1995. 10. 20. 피해자 종중으로부터 부동산을 명의신탁받아 보관하던 중 임의로 1995년 채권최고액 1,400만 원의 근저당권을, 2003년 채권최고액 750만 원의 근저당권을 각 설정하였다. 이 후 甲은 乙과 공모하여 위 부동산을 1억 9,300만 원에 매도하였다.

피고인 甲, 乙은 횡령죄로 기소되었다. 항소심인 의정부지방법원은 종래의 대법원의 입장과 달리 피고인들을 유죄로 인정하였다(의정부지법 2010. 7. 23. 선고 2010노594 판결).

피고인들이 상고하였다. 대법원 전원합의체는 종래의 입장을 변경하고 피고인들의 상고를 기각하였다.

(2) 판결요지

[다수의견] 타인의 부동산을 보관 중인 자가 불법영득의사를 가지고 그 부동산에 근저당권설정등기를 경료함으로써 일단 횡령행위가 기수에 이르렀다 하더라도 그 후 같은 부동산에 별개의 근저당권을 설정하여 새로운 법익침해의 위험을 추가함으로써 법익침해의 위험을 증가시키거나 해당 부동산을 매각함으로써 기존의 근저당권과 관계없

9) 부부강간죄에 대한 논문으로, 박기석, "부부강간행위의 강간죄 성립여부", 형사정책연구 제15권 제4호(2004년 겨울호), 75-102면; 박강우, "부부강간죄 논란에 부쳐 : 성찰적 여성주의를 제안하면서", 충북대 법학연구, 제15권 제2호, 2004, 99-108면; 윤영철, "형법의 법익론 관점에서 본 부부강간의 문제", 형사정책연구 제18권 제1호(2007년 봄호), 5-38면; 이종갑, "아내강간의 성립에 대한 소고", 한양법학 제23집, 2008, 399-418면; 안나현, "부부강간에 대한 논쟁과 법해석의 변화에 관한 소고", 가천법학, 제6권 제4호, 2013, 181-210면.

이 법익침해의 결과를 발생시켰다면, 이는 당초의 근저당권 실행을 위한 임의경매에 의한 매각 등 그 근저당권으로 인해 당연히 예상될 수 있는 범위를 넘어 새로운 법익침해의 위험을 추가시키거나 법익침해의 결과를 발생시킨 것이므로 특별한 사정이 없는 한 불가벌적 사후행위로 볼 수 없고, 별도로 횡령죄를 구성한다.

(3) 평 석

종래의 판례는 부동산의 보관자가 임의의 처분행위를 함으로써 그 부동산에 대한 횡령죄가 성립한 이후 다시 그 부동산의 처분행위들을 한 경우 후행 처분행위들은 모두 최초에 성립한 횡령죄의 불가벌적 사후행위가 된다는 입장을 취하였다[10].

이에 비해 대상판결은 이전 판례에 비해 부동산횡령죄의 불가벌적 사후행위의 성립범위를 제한하고 있다. 즉, 후행 처분행위가 선행 처분행위로 예상할 수 없는 새로운 위험을 추가함으로써 법익침해에 대한 위험을 증가시키거나 선행 처분행위와는 무관한 방법으로 법익침해의 결과를 발생시키는 경우에는 별도로 횡령죄를 구성한다는 것이다[11].

대상판결과 같은 논리가 일정한 범죄에서는 타당하다고 할 수 있다. 예를 들어 A를 폭행한 며칠 후 A를 다시 상해하거나 살해한 경우에는 폭행죄 이외에 상해죄나 살인죄가 별도로 성립한다고 해야 할 것이기 때문이다.

그러나 다른 범죄나 재산범죄에서도 이러한 논리가 타당한지는 의문이다. 대상판결의 논리를 따른다면 상점의 종업원이 음료수를 절취한 며칠 후 식품을 절취한 경우에는 각각 절도죄의 경합범이 성립한다고 해야 할 것이다. 또한 증인이 선행 변론기일에 위증을 하고 후

10) 대법원 2006. 11. 9. 선고 2005도8699 판결 등.

11) 이 판결에 대한 다른 평석으로, 조현욱, "명의수탁자의 보관부동산 후행 처분행위의 불가벌적 사후행위 해당여부", 법학논고, 제42집, 2013, 189-218면; 우인성, "횡령죄의 불가벌적 사후행위에 관한 판례의 변경", 사법, 제24호, 2013, 325-372면.

행 변론기일에 앞의 위증보다 더 피고인에게 불리한 위증을 한 경우에는 위증죄의 경합범이 성립한다고 해야 할 것이다.

횡령죄의 보호법익을 소유권등 본권이라고 하고 보호의 정도를 침해범이라고 한다면, 대상판결의 입장보다는 종래의 입장이 좀더 타당하다고 생각된다. 그리고 설사 후행 처분행위가 불가벌적 사후행위가 아니라고 하더라도 횡령죄의 경합범을 인정할 것이 아니라 포괄일죄를 인정해야 할 것이다.

대상판결과 관련하여 보통은 항소심이 종래의 대법원의 입장에 따라 피고인에게 무죄를 인정하고, 검사가 상고를 하면 대법원이 전원합의체에서 종래의 입장을 변경하고 파기환송판결을 하는 것이 자연스러울 것이다. 그런데 이 사건의 특징은 항소심판결이 과감하게 종래 대법원의 확립된 입장과 다른 판결을 하였고, 피고인이 상고하자 대법원이 항소심판결을 인용하였다는 것이다.

III. 총칙관련 판례

1. 대법원 2013. 2. 28. 선고 2012도13737 판결

- 소유권규정의 개정과 형법 제1조 제2항의 적용여부 -

(1) 사실관계 및 재판의 경과

K주식회사는 토지소유자인 B주식회사로부터 골프장 조성공사를 수주하였고, 피고인은 K주식회사의 골프장조성공사 현장소장으로 근무하고 있었다. 그런데 B주식회사 소유의 토지에는 A주식회사 명의로 광업권이 등록되어 있었다. 피고인은 구 광업법이 시행되던 시기에 골프장 조성공사를 하다가 그곳에서 노출되거나 채취된 광물을 인근 저지대 등에 매립하였다. 피고인은 A주식회사 소유의 공사장에서 노출되거나 채취된 광물을 손괴하였다는 이유로 기소되었다. 그런데 이후 채취된 광물의 소유권을 광업권자가 아니라 토지소유자에게 인정하는

개정 광업법이 시행되었다.

제1심과 항소심은 개정 광업법을 적용하여 피고인에게 면소판결을 하였다(대전지법 2012. 10. 18. 선고 2012노1467 판결).

검사가 상고하였다. 대법원은 항소심판결을 파기하고, 사건을 대전지방법원 본원 합의부에 환송하였다.

(2) 판결요지

광업법(2010. 1. 27. 법률 제9882호로 개정되어 2011. 1. 28. 시행된 것, 이하 '개정 광업법'이라 한다) 시행 이전에 분리된 광물에 관한 재물손괴의 형사적 책임을 묻는 위 공소사실에 관하여 개정 광업법 부칙 제4조 제1항에 의하여 개정 광업법 제5조 제1항 단서가 적용된다고 할 수 없고, 개정 광업법 제5조 제1항 단서 신설이 구 광업법(2010. 1. 27. 법률 제9882호로 개정되기 전의 것)에 의하여 광업권자 등에게 소유권이 귀속되던 광물에 관한 토지소유자 등의 훼손 등 행위를 범죄로 처벌하였던 것이 부당하다는 반성적 고려에서 이루어진 법령의 개폐로 볼 수 없는 이상, 형법 제1조 제2항이 적용된다고 볼 수 없다.

(3) 평　　석

대상판결은 피고인이 채취한 광물의 소유권은 이미 구 광업법에 의해 A회사에 속한다는 것이 결정되었다고 한다. 그리고 개정 광업법에 의해 새로 채굴된 광물의 소유권이 A회사가 아닌 B회사에 속한다고 변경되었다고 하더라도 구 광업법 시행 당시 토지에서 분리된 광물에 대한 소유권이 일단 A회사에게 인정된 이상 개정 광업법에 의해 이러한 소유권관계가 변경될 수 없다고 한다. 즉, 개정 광업법 제5조 1항은 이전에 범죄로 되었던 행위를 더 이상 범죄로 하지 않는 규정이 아니라 소유권 귀속에 관한 규정이므로 이 규정이 피고인에게 유리하게 변경되었다고 하더라도 형법 제1조 제2항이 적용될 수는 없다는 것이다.

타인소유의 재물손괴 행위가 범죄로 규정되었다가 비범죄화 되거나 형벌이 완화되었을 경우에는 형법 제1조 제2항의 적용여부를 검토해야 할 것이다. 그러나 재물에 대한 소유권 귀속 규정이 피고인에게 유리하게 변경되었다고 하여 구법 시행시에 이루어진 타인 소유의 재물손괴 행위에 대해 형법 제1조 제2항이 적용될 수 없을 것이다.

대상판결이 형법 제1조 제2항을 동기설에 따라 해석하는 것은 타당하지 않지만, 피고인에게 형법 제1조 제2항이 적용될 수 없다고 하는 것은 타당하다.

2. 대법원 2013. 9. 26. 선고 2013도5856 판결

- 강제추행죄와 경향범 -

(1) 사실관계 및 재판의 경과

피고인은 여성인 피해자와 싸우던 중 피해자가 엎어져서 피고인의 머리를 잡아당기자 보복의 의미에서 피해자로 하여금 반항하지 못하게 한 후 피해자의 입술과 귀, 유두와 가슴 및 어깨 부위를 깨무는 등의 행위를 하였다.

항소심법원은 피고인의 행위가 추행에 이르렀다거나 피고인에게 피해자를 추행한다는 의사가 있었다고 보기 어렵다는 이유로 무죄를 선고하였다(대전고법 2013. 5. 2. 선고 청주 2013노37 판결).

검사가 상고하였다. 대법원은 항소심판결을 파기하고, 사건을 대전고등법원에 환송하였다.

(2) 판결요지

'추행'이란 객관적으로 일반인에게 성적 수치심이나 혐오감을 일으키게 하고 선량한 성적 도덕관념에 반하는 행위로서 피해자의 성적 자유를 침해하는 것이고, 이에 해당하는지는 피해자의 의사, 성별, 연령, 행위자와 피해자의 이전부터의 관계, 행위에 이르게 된 경위, 구체적 행위태양, 주위의 객관적 상황과 그 시대의 성적 도덕관념 등을 종합적으로 고려하여 신중히 결정되어야 한다. 그리고 강제추행죄의 성립에 필요한 주관적 구성요건으로 성욕을 자극·흥분·만족시키려는 주관적 동기나 목적이 있어야 하는 것은 아니다.

(3) 평 석

강제추행죄의 성립에 고의 이외에 초과주관적 구성요건요소로서 일정한 성적 경향 등을 필요로 하는지에 대해 견해의 대립이 있다.

판례는 처음에는 이를 정면으로 언급하지는 않고, 간접적으로 부정하는 입장을 취했다[12]. 이후 2006년에 이르러 "추행죄의 성립에 필요한 주관적 구성요건으로 성욕을 자극·흥분·만족시키려는 주관적 동기나 목적이 있어야 하는 것은 아니다"라고 분명하게 언급하였다[13].

대상판결은 이러한 종래의 입장을 재확인하여 일응 폭행이라고 보이는 행위의 경우에도 그것이 객관적으로 성적 수치심 등을 일으키게 하고, 행위자에게 이러한 행위에 대해 고의가 있는 경우에는 성욕의 만족등을 위한 경향이 없더라도 강제추행죄가 성립한다고 한다.

경향범을 긍정 여부 사이에는 별 차이가 없고, 경향범의 범위를 설정하기도 어렵고, 경향의 존재 여부를 파악하기 어려우므로 경향범을 인정하지 않는 것이 타당할 것이다.

3. 대법원 2013. 1. 24. 선고 2012도12689 판결

- 성주물성애증과 심신장애 -

(1) 사실관계 및 재판의 경과

피고인은 빌라에 침입하여 여성 속옷 등을 훔치다가 집주인에게 발각되는 바람에 체포되었다. 피고인에 대한 정신감정 결과에 의하면, 피고인은 특이한 정신병적 증세를 보이지 않고, 사고기능 면에서도 사고장애의 증거가 뚜렷하지 않으며, 다만 범행 당시에는 알코올 복용

12) 대법원 1998. 1. 23. 선고 97도2506 판결; 대법원 2002.04.26. 선고 2001도2417 판결 등.

13) 대법원 2006. 1. 13. 선고 2005도6791 판결; 대법원 2009. 9. 24. 선고 2009도2576 판결 등.

상태에서 성주물성애증으로 절도 충동을 억제하지 못하여 범행에 이른 것으로 의사결정능력이 다소 저하된 상태에 있었을 것으로 추정되었다.

피고인은 야간주거침입절도죄로 기소되었다. 항소심법원은 피고인이 성주물성애증으로 인하여 사물을 변별하거나 의사를 결정할 능력이 미약한 상태에 있었다고 판단하였다(대전지법 2012. 9. 26. 선고 2012노1025 판결).

검사가 상고하였다. 대법원은 항소심판결을 파기하고, 사건을 대전지방법원 본원 합의부에 환송하였다.

(2) 판결요지

특별한 사정이 없는 한 성격적 결함을 가진 사람에 대하여 자신의 충동을 억제하고 법을 준수하도록 요구하는 것이 기대할 수 없는 행위를 요구하는 것이라고는 할 수 없으므로, 무생물인 옷 등을 성적 각성과 희열의 자극제로 믿고 이를 성적 흥분을 고취시키는 데 쓰는 성주물성애증이라는 정신질환이 있다고 하더라도 그러한 사정만으로는 절도 범행에 대한 형의 감면사유인 심신장애에 해당한다고 볼 수 없고, 다만 그 증상이 매우 심각하여 원래의 의미의 정신병이 있는 사람과 동등하다고 평가할 수 있거나, 다른 심신장애사유와 경합된 경우 등에는 심신장애를 인정할 여지가 있으며[14], 이 경우 심신장애의 인정 여부는 성주물성애증의 정도 및 내용, 범행의 동기 및 원인, 범행의 경위 및 수단과 태양, 범행 전후의 피고인의 행동, 범행 및 그 전후의 상황에 관한 기억의 유무 및 정도, 수사 및 공판절차에서의 태도 등을 종합하여 법원이 독자적으로 판단할 수 있다(대법원 1994. 5. 13. 선고 94도581 판결 등 참조).

(3) 평　　석

대상판결은 충동조절장애와 원래의 의미의 정신병을 구별하고 있

14) 대법원 1995. 2. 24. 선고 94도3163 판결 등 참조.

다. 즉, 원래의 의미의 정신병은 생물학적 요소로 심신장애에 해당되지만, 충동조절장애는 그 자체만으로는 심신장애에 해당되지 않고 원래의 의미의 정신병과 결(경)합하거나 원래의 의미의 정신병과 동일하다고 평가되거나 된 경우에만 심신장애에 해당된다는 것이다.

그러나 정신의학에서는 충동조절장애도 정신장애(심신장애)에 속하는 것으로 보고 있다. 따라서 충동조절장애와 원래의 의미의 정신병을 구분하는 대상판결의 입장은 타당하다고 할 수 없다. 따라서 심신장애에 의한 형의 감경을 인정해야 했을 것이다.

치료감호제도가 도입되기 이전에는 심신장애로 인한 책임무능력자나 한정책임능력자에 대한 별 대책이 없었기 때문에 심신장애를 엄격하게 해석해야 할 필요가 있었다. 판례가 정신병과 동일하다고 평가될 수 있을 정도의 충동조절장애가 있는 경우에만 심신장애를 인정한다고 하는 것은 이 때문이라고 할 수 있다. 그러나 이러한 입장에 의하면 매우 예외적인 경우 책임조각적 충동조절장애는 인정될 수 있지만, 이것보다 훨씬 더 많은 경우인 책임감경적 충동조절장애는 사실상 인정될 수 없다고 할 수 있다.

그러나 치료감호제도가 시행되고 있는 오늘날에는 이렇게 엄격하게 해석할 필요가 없다. 피고인이 성주물성애증으로 인해 충동을 조절하지 못하고 범죄행위를 하였다는 바로 그 사실만으로도 의사결정능력이 없거나 미약하였다고 할 수 있다. 따라서 심신장애의 개념을 넓게 인정하여 피고인에게 형벌보다는 치료감호를 과하는 것이 더 효과적이라고 판단될 때에는 심신장애로 인한 한정책임능력을 인정하는 방향으로 나아가야 할 것이다.

4. 대법원 2013.7.25. 선고 2013도6181, 2013전도122 판결

- 위치추적 전자장치 부착 하한 가중규정의 소급효 -

(1) 사실관계 및 재판의 경과

피고인은 18세의 피해자에게 성폭력특례법상 주거침입강간등죄를 범하였다. 그런데 이후 '전자장치부착법'이 개정되어, 제9조 제1항 단서는 19세 미만의 사람에 대하여 특정범죄를 저지른 경우에는 부착기간의 하한을 2배로 하도록 하였다(이전의 법률은 16세 미만의 사람에 대해 특정범죄를 저지른 경우로 규정하고 있었다). 그런데 동법 부칙은 제9조에 대한 소급적용규정은 두지 않았다.

제1심 법원은 구법을 적용하여 10년간의 전자장치 부착을 명하였으나 항소심법원은 개정법률을 소급적용하여 피고인에게 20년간의 전자장치 부착을 명하였다(부산고법 2013. 5. 3. 선고 창원 2012노368, 2012전노46 판결).

피고인이 상고하였다. 대법원은 항소심판결 중 부착명령청구사건 부분을 파기하고, 이 부분 사건을 부산고등법원에 환송하였다.

(2) 판결요지

위 법 부칙(2012. 12. 18. 법률 제11558호)은 제2조 제2항에서 '제5조 제1항 제4호 및 제5호의 개정규정에 따른 부착명령청구는 이 법 시행 전에 저지른 성폭력범죄에 대하여도 적용한다'고 규정하여 위 법 시행 전에 18세 피해자에 대하여 저지른 성폭력범죄의 처벌 등에 관한 특례법 위반(주거침입강간등)죄에 위 법 제5조 제1항 제4호를 적용할 수 있게 되었다. 그런데 위 법 부칙은 이와 달리 19세 미만의 사람에 대하여 특정범죄를 저지른 경우 부착기간 하한을 2배 가중하도록 한 위 법 제9조 제1항 단서에 대하여는 소급적용에 관한 명확한 경과규정을 두지 않았는데, 전자장치 부착명령에 관하여 피고인에게 실질적인 불이익을 추가하는 내용의 법 개정이 있고, 그 규정의 소급적용에 관한 명확한 경과규정이 없는 한 그 규정의 소급적용은 이를 부정하는 것이 피고인의 권익 보장이나, 위 법 부칙에서 일부 조항을 특정하여 소급적용에 관한 경과규정을 둔 입법자의 의사에 부합한다.

(3) 평 석

종래 대법원은 특정 범죄자에 대한 위치추적 전자장치 부착명령은 형벌이 아닌 보안처분의 일종이라고 하여[15], 부착명령의 소급효를 인정하였다.[16]

대상판결은 개정법 부칙에 동법 제5조 등에 대한 소급적용은 명문으로 규정되어 있지만 제9조에 대한 소급적용은 명문으로 규정되어 있지 않다는 이유로 제9조 제1항의 소급적용은 허용되지 않는다고 한다. 이와 같이 부착명령의 소급효를 제한하는 것은 타당하다.

그러나 좀더 바람직한 것은 보안처분의 소급효를 부정하고, 명문의 규정에 불구하고 보안처분을 소급적용할 수 없다고 해야 할 것이다[17]. 형벌과 보안처분의 구별은 상대적인 것이고, 어떤 형사제재이든 보안처분과 형벌의 성격을 동시에 지니고 있다. 판례가 어떤 형사제재를 형벌이 아니라 보안처분이라고 규정하고 소급효를 인정하는 것은 범죄에 대한 강경대책을 주장하는 여론에 따라 새로이 도입된 형사제재를 빨리 적용해야 한다는 조바심에서 비롯된 것이라고 할 수 있다. 그러나 사법부의 가장 중요한 임무는 여론의 요구에 의해 남용되는 형벌권의 행사로부터 범죄인과 일반국민의 인권을 보호하는 것이다.

---

15) 대법원 2009.9.10. 선고 2009도6061,2009전도13 판결; 대법원 2011.7.28. 선고 2011도5813, 2011전도99 판결 외 다수판결.

16) 대법원 2010.12.23. 선고 2010도11996, 2010전도86 판결.

17) 같은 취지, 김혜정, "형 집행 종료 후의 전자장치 부착명령과 소급효금지원칙과의 관계", 인권과 정의, 2013년 8월호, 8)74-86면; 정영훈, "특정범죄자에 대한 위치추적 전자장치 부착 등에 관한 법률 부칙 제2조 제1항 결정에 대한 검토", 인권과 정의, 2013년 6월호, 118-134면; 서보학, "전자장치부착 명령 소급규정의 위헌성", 경희법학, 제48권 제4호, 2013, 107-142면 등.

IV. 각칙관련 판례

1. 성폭력특례법상 카메라등이용 촬영죄의 성립범위

- 대법원 2013. 6. 27. 선고 2013도4279 판결 -

(1) 사실관계 및 재판의 경과

피고인은 피해자(여, 14세)와 화상채팅을 하면서 피해자에게 유방, 음부 등 신체부위를 보여달라고 하였다. 이에 피해자는 스스로 자신의 신체 부위를 화상카메라에 비추었고 피고인은 컴퓨터화면의 영상을 휴대전화 내장 카메라로 촬영하여 동영상 파일로 저장하였다.

피고인은 구 성폭력특례법 제13조 제1항의 카메라등이용 촬영죄로 기소되었다. 제1심법원과 항소심인 춘천지방법원 강릉지원은 피고인에게 무죄를 선고하였다(춘천지법 강릉지원 2013. 4. 2. 선고 2012노371 판결).

검사가 상고하였으나 대법원은 검사의 상고를 기각하였다.

(2) 판결요지

피고인이 촬영한 대상은 피해자의 신체 이미지가 담긴 영상일 뿐 피해자의 신체 그 자체는 아니라고 할 것이어서 법 제13조 제1항의 구성요건에 해당하지 않으며, 형벌법규의 목적론적 해석도 해당 법률문언의 통상적인 의미 내에서만 가능한 것으로, 다른 사람의 신체 이미지가 담긴 영상도 위 규정의 '다른 사람의 신체'에 포함된다고 해석하는 것은 법률문언의 통상적인 의미를 벗어나는 것이므로 죄형법정주의 원칙상 허용될 수 없다는 이유로 피고인에게 무죄를 인정한 원심판단은 정당하다.

(3) 평　　석

대상판결은 신체의 이미지 영상을 촬영한 행위가 신체를 촬영한 행위에 포함된다고 해석하는 것은 피고인에게 불리한 유추해석이므로 죄형법정주의의 원칙에 어긋난다고 한 최초의 판결이다.

다만, 대상판결은 문언의 '통상의 의미'를 벗어나는 해석을 유추해석 내지 유추라는 의미로 사용하고 있다. 그런데 유추해석은 문언의 '통상의' 의미를 벗어나는 해석이라기 보다는 문언의 '가능한 의미'를 벗어나는 해석이라고 해야 할 것이다. 그리고 문언의 '가능한' 의미를 벗어나지 않고 문언의 '통상의' 의미를 벗어나는 해석은 유추해석이 아니라 확장해석이라고 해야 할 것이다.

예를 들어 존속살해죄에서 '배우자', '직계존속' 등의 문언의 통상적 의미에 대해 법률상의 배우자 또는 직계존속에 국한된다는 견해와, 사실상의 배우자 또는 직계존속도 포함된다고 하는 견해가 있을 수 있다. 두 견해 중 후자의 견해가 타당하다고 할 수 있다. '통상의' 개념은 '법률상'의 개념보다 좀더 넓은 것이 보통이기 때문이다. 따라서 존속살해죄의 직계존속에 사실상의 직계존속도 포함된다고 하는 해석은 확장해석이라기 보다는 문리해석이고, 직계존속을 법률상의 직계존속에 국한된다고 하는 해석은 통상의 의미보다 그 범위를 좁게 인정하는 축소해석이라고 할 수 있다. 그러나 가톨릭교의 대부나 대모도 존속살해죄의 직계존속에 포함된다고 해석하는 것은 직계존속이라는 문언의 통상의 의미 뿐만 아니라 문언의 가능한 의미를 벗어나는 유추해석으로서 피고인에게 불리하므로 허용되지 않는다고 해야 할 것이다.

2. 위계에 의한 업무방해죄와 컴퓨터업무방해죄와의 관계

- 대법원 2013. 11. 28. 선고 2013도5117 판결 -

(1) 사실관계 및 재판의 경과

M정당은 직접투표, 인터넷 전자투표, 부재자 우편투표로 제19대 국회의원 비례대표 후보를 추천하기 위한 당내경선을 하였다. 이 중 선거권자가 전자투표를 하려면 시스템에 접속하는 과정과 후보자를

선택하여 클릭하는 과정에서 당원명부에 등록된 휴대전화로 전송받은 고유인증번호를 2차례 시스템에 입력하여야 했다. 피고인 甲, 乙은 선거권자들로부터 고유인증번호만을 전달받은 뒤 그것을 컴퓨터에 입력하여 자신들이 지지하는 후보자인 K에게 전자투표를 하였다.

피고인들은 위계에 의한 업무방해죄로 기소되었다. 항소심인 서울중앙지방법원은 피고인들에게 유죄를 선고하였다(서울중앙지법 2013. 4. 26. 선고 2013노117 판결). 피고인들이 상고하였으나, 대법원은 상고를 기각하였다.

(2) 판결요지

M 정당의 제19대 국회의원 비례대표 후보자 추천을 위한 당내 경선과정에서 피고인들이 선거권자들로부터 인증번호만을 전달받은 뒤 그들 명의로 특정 후보자에게 전자투표를 함으로써 위계로써 M 정당의 경선관리 업무를 방해하였다는 내용으로 기소된 사안에서, 국회의원 비례대표 후보자 명단을 확정하기 위한 당내 경선은 정당의 대표자나 대의원을 선출하는 절차와 달리 국회의원 당선으로 연결될 수 있는 중요한 절차로서 직접투표의 원칙이 그러한 경선절차의 민주성을 확보하기 위한 최소한의 기준이 된다고 할 수 있는 점 등 제반 사정을 종합할 때, 당내 경선에도 직접·평등·비밀투표 등 일반적인 선거원칙이 그대로 적용되고 대리투표는 허용되지 않는다는 이유로 피고인들에게 유죄를 인정한 사례.

(3) 평 석

피고인들의 행위는 M정당의 선거관리업무를 방해한 행위로서 위계에 의한 업무방해죄(제314조 제1항)에 해당된다고 할 수도 있지만, 위계의 행사는 사람에게 직접 행사해야 한다는 반론이 있을 수도 있다. 그렇지 않으면 컴퓨터등장애업무방해죄(제314조 제2항)나 컴퓨터등사용사기죄(제347조의2) 등을 규정한 것과 조화되지 않는다고 할 수도 있다.

이러한 논란을 피하기 위해 피고인들의 행위가 컴퓨터등장애업무방해죄에 해당되는지를 검토할 필요가 있다. 피고인들의 행위는 컴퓨터에 권한없이 정보를 입력한 행위라고 할 수 있다. 설사 특정인에게 투표하라고 선거권자의 촉탁이나 승낙을 받았더라도 피고인들에게는 대리투표할 권한은 없기 때문이다.

형법 제314조 제2항에는 권한없는 정보나 명령의 입력등은 규정되어 있지 않지만, 판례는 권한없는 명령의 입력은 부정한 명령의 입력에 포함된다고 하므로[18], 피고인들의 행위는 부정한 명령의 입력이라고 할 수 있다.

대상판결이 제314조 제2항을 적용하지 않은 종래의 판례가 동규정의 범죄가 성립하기 위해서는 정보처리의 장애가 현실적으로 발생하였을 것을 요한다고 하기(대법원 2010. 9. 30. 선고 2009도12238 판결; 대법원 2004.07.09. 선고 2002도631 판결 등) 때문으로 보인다. 즉, 종래의 판결은 제314조 제2항을 "(1) ①컴퓨터 등 정보처리장치 또는 전자기록 등 특수매체기록을 손괴하거나 ②정보처리장치에 허위의 정보 또는 부정한 명령을 입력하거나 ③기타 방법으로 (2)정보처리에 장애를 발생하게 하여 (3)사람의 업무를 방해한 자"로 해석하는 것이라고 할 수 있다[19]. 그리고 대상판결은 피고인들의 행위에 의해 정보처리의 현실적 장애가 발생하지는 않았다고 판단한 것일 수도 있다.

그러나 제314조 제2항은 "(1) ①컴퓨터 등 정보처리장치 또는 전자기록 등 특수매체기록을 손괴하거나 ②정보처리장치에 허위의 정보 또는 부정한 명령을 입력하거나 ③기타 방법으로 정보처리에 장애를 발생하게 하여 (2)사람의 업무를 방해한 자"라고 해석해야 할 것이다. 따라서 피고인들의 행위에 대해 제314조 제1항이 아니라 제2항을 적용하는 것이 바람직하다고 할 수 있다.

---

18) 대법원 2003. 1. 10. 선고 2002도2363 판결.

19) 같은 입장으로, 이정훈, "컴퓨터등장애업무방해죄의 성립요건", 비교형사법연구, 제8권 제1호, 2006, 381-406면.

3. 배임죄에서 소극적 재산상 손해 및 손해액

- 대법원 2013. 4. 26. 선고 2011도6798 판결 -

(1) 사실관계 및 재판의 경과

피고인은 A주식회사의 부사장 직책으로 대외적 영업활동을 하여 그 활동 및 계약을 A회사에 귀속시키기로 하였다. 피고인은 A회사에 귀속된 금형제작·납품계약을 이행하기 위한 금형제작물량 중 50%는 피고인이 운영하던 S주식회사에서, 나머지 50%는 A회사에서 제작하여 그 수익을 1/2씩 나누기로 하는 약정을 체결하였다. 그럼에도 불구하고 피고인은 A회사에 알리지 않고 피고인 자신이 A회사의 대표인 것처럼 가장하거나 피고인이 별도로 설립한 K주식회사 명의로 5회에 걸쳐 합계 163,600,000원의 금형제작·납품계약을 체결한 후, 그 납품대금으로 합계 105,697,880원을 수령하였다.

피고인은 업무상배임죄로 기소되었다.

항소심인 인천지방법원은 피고인이 A회사에 납품대금 상당인 105,697,880원의 재산상 손해를 가하였다고 보아 이 부분에 관하여는 업무상배임죄가 성립한다고 판단하고, 위 금형제작·납품계약 체결 후 받지 못한 미수금 및 거래상대방의 해지에 의하여 받지 못하게 된 나머지 계약대금에 관하여는 재산상 손해를 인정할 수 없다고 보아 무죄로 판단하였다(인천지법 2011. 5. 12. 선고 2011노351 판결).

검사가 상고하였다. 대법원은 검사의 상고를 받아들여 항소심판결을 파기하고 사건을 인천지방법원으로 환송하였다.

(2) 판결요지

피고인이, B가 운영하는 A주식회사의 부사장으로 대외 영업활동을 하여 그 활동 및 계약을 A회사에 귀속시키기로 B와 약정하고도 A회사에 알리지 않고 피고인 자신이 A회사 대표인 것처럼 가장하거나 피고인이 별도로 설립한 K주식회사 명의로 금형제작·납품계약을 체결함으로써 A회사에 손해를 가하였다고 하여 업무상배임으로 기소된 사안에서, A회사의 재산상 손해는 피고인의 임무위배행위로 A회사의 금형제작·납품계약 체결기회가 박탈됨으로써 발생하므로, 원칙적으로 계약을 체결한 때를 기준으로 금형제작·납품계약 대금에 기초하여 산정하여야 하며, 계약대금 중에서 사후적으로 발생되는 미수금이나 계약 해지로 받지 못하게 되는 나머지 계약대금 등은 특별한 사정이 없는 한 계약 대금에서 공제할 것이 아닌데도, 이와 달리 금형제작·납품계약 대금 중 미수금 및 계약 해지로 받지 못하게 된 부분은 피고인의 배임행위로 인한 재산상 손해로 인정할 수 없다고 본 원심판결에 업무상배임죄의 재산상 손해에 관한 법리를 오해한 잘못이 있다고 한 사례.

(3) 평　석

대상판결이 손해를 가한 때라 함은 현실적으로 손해를 가한 때뿐만 아니라 손해발생의 위험성이 있는 경우도 포함된다고 하는 종래의 입장을 따르는 것은 타당하다고 할 수 없다. '손해를 가한 때'를 '손해발생의 위험을 초래한 때'라고 해석하는 것은 문언의 가능한 의미를 넘어서서 피고인에게 불리한 유추해석이기 때문이다. 다만 현실적 재산상의 손해와 재산상 손해의 현실화는 구별해야 한다. 예를 들어 우량채권을 불량채권으로 바꾼 경우 재산상 손해의 현실화는 변제기에 가서 있게 되지만, 현실적 재산상의 손해는 바꾼 시점에 있다고 할 수 있다. 이는 재산상 이익 또는 손해라는 개념의 특수성 때문이다.

배임죄의 보호법익은 전체로서의 재산이므로 손해의 발생여부와 손해액의 산정은 배임행위의 전후를 총체적으로 비교하여 배임행위 이후의 본인의 전체재산가액이 배임행위 이후의 본인의 전체재산가액보다 감소된 경우 재산상의 손해가 발생하였다고 할 수 있다[20].

그런데 재산상 손해의 액수를 결정할 때에 A회사가 지출해야 할 비용을 공제하여야 하는지 문제된다. 예를 들어 만약 위 계약을 통해

20) 대법원 1999. 4. 13. 선고 98도4022 판결.

물건을 납품하기 위해서 드는 비용이 153,600,000원이나 95,697,880원이라고 한다면, 손해액은 163,600,000원이나 105,697,880원이 아니라 1천만원이라고 해야 하는 것은 아닌지 이다. 판례는 사기죄나 뇌물죄에서 이득가액을 산정할 때에 그에 필요한 대가를 이득가액에서 공제하지 않는다는 입장을 취하고 있다. 대상판결은 배임죄의 재산상 손해액의 산정에도 대가를 고려할 필요가 없다는 입장이라고 할 수 있다[21].

판례는 사기죄의 보호법익을 전체로서의 재산이 아니라 개별재산으로 파악하고 있으므로 사기죄에서 대가를 이득가액에서 공제하지 않는 것도 생각해 볼 수 있다(그러나 이것도 부당하다). 그러나 배임죄에서는 배임행위의 전후를 총체적으로 비교하여 재산상의 손해를 산정해야 한다면 A주식회사가 실제로 취득할 수 있었던 이익을 재산상 손해라고 해야 하므로 비용을 공제한 금액을 재산상 손해라고 해야 할 것이다. 특히, 특경법 등에 이득액에 따라 처벌을 달리하는 규정이 있으므로, 재산상 이익이나 손해의 산정은 엄격하게 해야 할 것이다.

4. 회사비자금을 배임증재한 운영자의 죄책

- 대법원 2013. 4. 25. 선고 2011도9238 판결 -

(1) 사실관계 및 재판의 경과

법정관리를 받고 있는 A주식회사 운영자인 甲은 비자금을 조성하여 Y회사의 임원인 K에게 Y회사의 사무를 처리하면서 편의를 봐달라는 청탁을 하고 수차례에 걸쳐 237,320,005원을 공여하였다. 또한 甲은 Z회사의 사장인 M에게도 편의를 봐달라는 청탁을 하고 그 대가로 미화 1만 달러를 공여하였다. 甲은 배임증재죄와 횡령죄로 기소되었다.

항소심인 서울고등법원은 배임증재죄는 유죄를 인정하였으나 리베이트나 접대비 및 배임증재에 제공된 비용 모두 A회사의 영업을 위

21) 배임죄의 손해액 사정에 대한 판례를 소개한 것으로, 우인성, "형법상 배임죄에 있어서 재산상 손해의 산정", 대법원판례해설, 제96호, 2013, 580-630명.

한 것이었다는 이유로 횡령죄에 대해서는 무죄를 선고하였다(서울고법 2011. 7. 1. 선고 2010노3069 판결).

검사가 상고하였다. 대법원은 항소심판결을 파기하고 사건을 서울고등법원으로 환송하였다.

(2) 판결요지

회사가 기업활동을 함에 있어서 형사상의 범죄를 수단으로 하여서는 안되므로 뇌물공여를 금지하는 법률 규정은 회사가 기업활동을 함에 있어서 준수하여야 할 것이고, 따라서 회사의 이사 등이 업무상의 임무에 위배하여 보관 중인 회사의 자금으로 뇌물을 공여하였다면 이는 오로지 회사의 이익을 도모할 목적이라기보다는 뇌물공여 상대방의 이익을 도모할 목적이나 기타 다른 목적으로 행하여진 것이라고 봄이 상당하므로, 그 이사 등은 회사에 대하여 업무상횡령죄의 죄책을 면하지 못한다(대법원 2005. 5. 26. 선고 2003도5519 판결, 대법원 2005. 10. 28. 선고 2003다69638 판결 등 참조). 그리고 특별한 사정이 없는 한 이러한 법리는 회사의 이사 등이 회사의 자금으로 부정한 청탁을 하고 배임증재를 한 경우에도 마찬가지로 적용된다.

(3) 평 석

종래의 판례는 비록 위법하게 비자금을 확보하고 사용하였더라도 그것이 개인적인 이익을 위한 것이 아니라 회사의 이익을 위한 것이라고 한다면 횡령죄의 죄책은 지지 않지만[22], 회사의 이익을 위한다고 하더라도 뇌물공여를 한 경우에는 민사상의 손해배상책임을 져야 한다고 하였다[23].

대상판결은 종래의 민사판결을 그대로 옮겨와 “회사가 기업활동을 함에 있어서 형사상의 범죄를 수단으로 하여서는 안되므로 뇌물공

22) 대법원 2005.05.26. 선고 2003도5519 판결.
23) 대법원 2005.10.28. 선고 2003다69638 판결; 대법원 2009. 12. 10. 선고 2007다58285 판결.

여를 금지하는 법률 규정은 회사가 기업활동을 함에 있어서 준수하여야 할 것"이므로, 뇌물공여나 배임증재를 하면 설사 회사를 위한 행위라고 하더라도 횡령죄가 성립한다고 한다.

대상판결은 횡령죄를 인정하는 근거로 "회사의 이사 등이 업무상의 임무에 위배하여 보관 중인 회사의 자금으로 뇌물을 공여하였다면 이는 오로지 회사의 이익을 도모할 목적이라기보다는 뇌물공여 상대방의 이익을 도모할 목적이나 기타 다른 목적으로 행하여진 것이라고 봄이 상당하므로"라고 한다.

그러나 이와 같이 의제하는 것은 지나치다고 할 수 있다. 오로지 회사를 위해 뇌물공여나 배임증재를 하는 수도 있을 수 있기 때문이다. 횡령죄는 회사운영의 건전성을 보호하기 위한 범죄가 아니라 재산범죄이므로 위탁자 본인을 위한 행위라면 횡령행위라고 할 수 없고, 그 행위가 무엇인지는 문제되지 않는다고 해야 할 것이다. 형법규정에 명시적으로 표현되어 있지는 않지만, 횡령죄가 성립하기 위해서는 자신이 영득하거나 제3자로 하여금 영득하게 하여야 한다. 그리고 여기에서 제3자에는 위탁자 본인은 포함되지 않고, 횡령자와 일정한 관계가 있거나 의사연락 등이 있는 제3자여야 한다. 그리고 주로 본인을 위하는 의사였다면 부차적으로 제3자를 위한 의사가 있더라도 영득의사를 부정해야 할 것이다. 예컨대 비자금을 뇌물로 공여하여 회사에 더 많은 이익을 주었다고 할 경우 그 반사회성이나 비윤리성은 횡령죄로서 비난해야 할 것이 아니라 뇌물공여죄 등으로 비난해야 할 것이다.

대상판결은 비자금으로 범죄나 반사회적 행위를 한 경우라면 본인을 위한 것이라고 할 수 없기 때문에 영득의사가 인정된다는 의미로도 해석될 수 있다. 그러나 횡령죄의 성립여부를 논할 때에는 비자금 사용 자체의 비윤리성이나 반사회성을 고려해서는 안된다. 횡령죄에 대한 비난가능성은 영득행위에 그 자체에 있는 것이지, 영득행위에 대한 다른 측면에서의 평가에 좌우되는 것은 아니기 때문이다.

대상판결과 관련하여, 동일인 대출한도를 초과하여 대출한 경우 무조건 배임죄를 인정하던 입장에서 양자를 별개로 취급하여야 한다는 입장으로 변경한 판례[24]를 참고하면 좋을 것이다. .

5. 위조된 외국통화 행사의 죄책

- 대법원 2013. 12. 12. 선고 2012도2249 판결 -

(1) 사실관계 및 재판의 경과

피고인은 위조된 영국 중앙은행발행의 10만파운드화 지폐를 행사하였다. 그런데 이 지폐는 영국 중앙은행(BANK OF ENGLAND)에서 1971년에 발행한 5파운드화 지폐를 스캐너 등을 사용하여 10만 파운드화로 위조한 것으로, 일반 모조지 위에 5파운드화 특유의 도안이 표시되어 있고 그 전면에 "BANK OF ENGLAND, I PROMISE TO PAY THE BEARER ON DEMAND THE SUM OF ONE HUNDRED THOUSAND POUNDS, LONDON FOR THE GOV AND COMP OF THE BANK OF ENGLAND"("영국 중앙은행은 소지인에게 10만 파운드를 지급한다"는 내용) 등의 기재되어 있는 것이었다. 그러나 영국 중앙은행이 10만 파운드화 지폐를 발행하거나 유통시킨 사실이 전혀 없었기 때문에, 10만 파운드화 지폐는 영국에서 강제통용력이 없음은 물론 국내에서 유통되지도 않았다.

피고인은 위조통화행사죄로 기소되었다.

항소심인 서울서부지방법원은 피고인의 행위가 위조통화행사죄와 위조도화(문서)행사죄 어디에도 해당되지 않는다고 하였다(서울서부지법 2012. 2. 2. 선고 2011노1167 판결).

검사가 상고하였다. 대법원은 항소심판결을 파기하고 사건을 서울서부지방법원 합의부에 환송하였다.

---

24) 대법원 2008. 6. 19. 선고 2006도4876 전원합의체 판결.

(2) 판결요지

형법상 통화에 관한 죄는 문서에 관한 죄에 대하여 특별관계에 있으므로 통화에 관한 죄가 성립하는 때에는 문서에 관한 죄는 별도로 성립하지 않는다. 그러나 위조된 외국의 화폐, 지폐 또는 은행권이 강제통용력을 가지지 않는 경우에는 형법 제207조 제3항에서 정한 '외국에서 통용하는 외국의 화폐 등'에 해당하지 않고, 나아가 그 화폐 등이 국내에서 사실상 거래 대가의 지급수단이 되고 있지 않는 경우에는 형법 제207조 제2항에서 정한 '내국에서 유통하는 외국의 화폐 등'에도 해당하지 않으므로, 그 화폐 등을 행사하더라도 형법 제207조 제4항에서 정한 위조통화행사죄를 구성하지 않는다고 할 것이고, 따라서 이러한 경우에는 형법 제234조에서 정한 위조사문서행사죄 또는 위조사도화행사죄로 의율할 수 있다고 보아야 한다.

(3) 평　석

가. 위조문서행사죄의 문제

대상판결은 통화에 관한 죄가 문서에 관한 죄에 특별관계에 있으므로 위조통화행사죄가 성립하지 않는 경우 위조문서행사죄가 성립한다는 것을 최초로 명시한 판결이다. 즉, 종래의 판결들 중 통화위조죄나 위조통화행사죄를 인정하지 않았던 판결들은 문서위조죄나 위조문서행사죄를 검토하지 않았지만,[25] 대상판결은 이러한 경우에 문서위조죄나 위조문서(도화)행사죄는 성립한다고 해야 한다는 입장을 취하고 있다.

그런데 통화위조죄를 인정하지 않은 종래의 판례들과 항소심이 왜 문서위조죄의 성립여부에 대해 언급하지 않았는지 살펴봐야 할 필요가 있다.

문서위조죄에 대해서도 판례는 "행사할 목적으로 작성된 문서가

---

25) 대법원 1985. 4. 23. 선고 85도570 판결; 대법원 1986. 3. 25. 선고 86도255 판결; 대법원 2012. 3. 29. 선고 2011도7704 판결 등.

일반인으로 하여금 당해 명의인의 권한 내에서 작성된 문서라고 믿게 할 수 있는 정도의 형식과 외관을 갖추고 있으면 문서위조죄가 성립하는 것이고"라고 한다[26]. 이 판결을 반대해석하면 위조된 문서가 일반인으로 하여금 명의권한 내에서 작성한 것으로 믿을 만한 형식과 외관을 갖추고 있지 못하면 문서위조죄는 성립할 수 없다는 입장이라고 할 수 있다.

이러한 판례의 입장을 대상판결의 사건에 적용하여 보면, 대상판결의 사건에서의 위조지폐가 명의인인 영국중앙은행이 권한 내에서 작성한 것이라고 볼 수 있을만한 외관을 갖추었다고 보기 어렵다. 그리고 이는 위조통화로서의 외관을 갖추지 못한 위조통화에서도 마찬가지라고 할 수 있다. 이 때문에 종래의 판례들이 사문서(도화)위조죄 등을 인정하지 않았다고 할 수 있다. 이러한 의미에서 종래 판례와 항소심의 입장이 타당하고, 위조사문서행사죄를 인정한 대상판결은 타당하다고 할 수 없다.

나. 가벼운 범죄의 인정문제

예를 들어 사람을 살해하려고 치사량에 현저히 미달한 독약을 주었으나 그 사람이 사망하지 않았지만 상해는 입은 경우와 같이, 중한 범죄는 불능범이 되었으나 그 보다 가벼운 범죄의 기수범 또는 미수범이 성립하는 경우 행위자를 가벼운 범죄의 기수범 혹은 미수범으로 처벌할 수 있는지에 문제될 수 있다. 대상판결은 긍정하는 입장이라고 할 수 있다.

특별관계에 관한 한 이러한 대상판결의 입장은 타당하다고 생각된다. 왜냐하면 형벌가중적 특별관계에서는 '대는 소를 겸한다'는 원칙에 따라 중한 범죄의 고의는 가벼운 범죄의 고의를 포함한다고 할 수 있기 때문이다.

26) 대법원 2005. 2. 24. 선고 2002도18 전원합의체 판결.

6. 군형법상 상관모욕죄의 객체에 대통령의 포함 여부

- 대법원 2013. 12. 12. 선고 2013도4555 판결 -

(1) 사실관계 및 재판의 경과

육군 특전사 중사인 피고인은 퇴근 뒤 자신의 트위터에 "쥐새끼 사대강으로 총알 장전해서 신공항, KTX, 수돗물까지 다 해쳐먹으려는 듯! 총알이 좀 부족한지 내년엔 14조원 들여서 무기구입까지!'라는 글을 올리는 등 여러 차례에 걸쳐 당시 이명박 대통령을 모욕하였다는 혐의로 기소되었다.

제1심법원과 항소심인 고등군사법원은 피고인에게 유죄를 인정하고 징역 6월에 집행유예 1년을 선고하였다(고등군사법원 2013. 4. 12. 선고 2012노244 판결).

피고인이 상고하였다. 피고인은 ①퇴근 뒤 트위터에 올린 글까지 문제삼는 것은 표현의 자유에 대한 과도한 침해이고, ②설사 대통령을 상관으로 본다고 해도, 유권자인 피고인이 트위터에서 언급한 대통령은 군 최고통수권자가 아니라 행정부 수반이니 정당한 비판의 대상이라는 등의 주장을 하였다.

대법원은 피고인의 상고를 기각하였다.

(2) 판결요지

군형법 제64조 제2항은 "문서, 도화 또는 우상을 공시하거나 연설 또는 그 밖의 공연한 방법으로 상관을 모욕한 사람은 3년 이하의 징역이나 금고에 처한다"고 규정하고 있고, 군형법 제2조 제1호는 "'상관'이란 명령복종관계에서 명령권을 가진 사람을 말하고, 명령복종관계가 없는 경우의 상위 계급자와 상위 서열자는 상관에 준한다"고 규정하고 있다.

헌법 제74조, 국군조직법 제6조는 대통령은 국군을 통수한다고 규정하고 있고, 국군조직법 제8조는 국방부장관은 대통령의 명을 받아 군사에 관한 사항을 관장한다고 규정하고 있으며, 국군조직법 제9조,

제10조는 합동참모의장과 각군 참모총장은 국방부장관의 명을 받는다고 규정하고 있는 등 대통령과 국군의 명령복종관계를 규정하고 있고, 한편 군인사법 제47조의2의 위임에 의한 군인복무규율 제2조 제4호는 2009. 9. 29. 대통령령 제21750호로 개정되면서 "'상관'이란 명령복종관계에 있는 사람 사이에서 명령권을 가진 사람으로서 국군통수권자부터 바로 위 상급자까지를 말한다"고 규정함으로써 대통령이 상관이라고 명시하고 있다.

군형법상 상관모욕죄는 상관에 대한 사회적 평가, 즉 외부적 명예 외에 군 조직의 질서 및 통수체계 유지 역시 보호법익으로 하는 점, 상관모욕죄의 입법 취지, 앞서 본 바와 같은 법규범의 체계적 구조 등을 종합하면, 상관모욕죄에서의 '상관'에 대통령이 포함된다고 보아야 한다.

(3) 평 석

가. 근거법규의 문제점

대상판결은 '가카 이 새끼'라고 하면서 인천공항 매각사건, BBK 의혹과 KTX 민영화, 내곡동 땅 등과 관련하여 이명박대통령을 비판하는 글을 트위터에 올린 육군대위에게 상관모욕죄를 인정한 직전의 대법원판결(이 판결은 공간되지 않았다)과 같은 취지이다.

피고인의 행위가 군형법상 상관모욕죄에 해당되지 않아도 형법상 모욕죄에는 해당되고, 피고인의 행위가 사회상규에 위배되지 않는다고도 할 수 없다. 따라서 피고인을 처벌하는 것이 표현의 자유를 과도하게 침해하는 것이라고 하는 피고인의 주장은 타당하지 않다.

그러나 피고인이 군인의 신분에서가 군통수권자로서의 대통령을 모욕한 것이 아니라 유권자의 신분에서 행정부 수반으로서의 대통령을 모욕한 것이라고 하는 주장의 타당성은 좀더 세심하게 검토해야 할 필요가 있다.

대상판결은 헌법, 국군조직법, 군인사법, 군인복무규율의 규정들을 형식적으로 고찰하여 상관모욕죄를 인정하고 있다. 예를 들어 대상판결은 군인사법 제47조의2에 따른 군인복무규율 제2조 제4호를 근거로 상관모욕죄를 인정한다. 그런데 동규율은 "이 영은 군인사법 제47조의2에 따라 군인의 복무 기타 병영생활에 관한 기본사항을 규정함을 목적으로 한다"(제1조), "'병영생활'이라 함은 내무생활·근무·교육훈련 기타 병영을 중심으로 이루어지는 모든 활동을 말한다"(제2조 제1호)라고 규정하고 있다. 이는 병영활동에서 대통령이 상관으로 인정된다는 것을 말하고, 이를 반대해석하면 병영활동 이외의 활동에서는 상관으로 인정되지 않는다는 것을 의미할 수도 있다.

그리고 동규율의 모법인 군인사법 제1조는 "이 법은 군인의 책임 및 직무의 중요성과 신분 및 근무조건의 특수성을 고려하여 그 임용, 복무, 교육훈련, 사기 및 신분보장 등에 관하여 국가공무원법에 대한 특례를 규정함을 목적으로 한다"고 규정하고 있다. 즉, 군인사법은 군인의 지위를 향상시키기 위한 법률이고, 군인들을 가중처벌하기 위한 목적을 지니고 있지 않다. 따라서 피고인에게 군형법상 상관모욕죄를 적용하기 위해 군인사법과 군인복무규율을 원용한 것은 동법률과 동규율의 목적과는 어긋나는 것이다.

대상판결은 상관모욕죄를 인정할 근거로 헌법과 국군조직법을 들고 있지만, 국군조직법은 국방의 의무를 수행하기 위한 국군의 조직과 편성의 대강(大綱)을 규정함을 목적으로 하는 법(제1조)이므로 군형법상 상관모욕죄를 인정할 근거로 제시되기에는 적합하지 않은 성격의 법률이다.

나. 보호법익 관련 문제점

대상판결은 상관모욕죄의 인정근거로 상관모욕죄가 상관의 외적 명예와 군조직의 질서 및 통수체계 유지 역시 보호법익으로 한다는 것을 근거로 들고 있다. 상관모욕죄가 성립하기 위해서는 두 보호법익 모두에 대한 추상적 위험이라도 발생해야 한다. 그런데 피고인의 행위에 의해 대통령의 외적 명예에 추상적 위험이 발생하였다고는 할 수 있다. 그러나 특수전 중사가 근무시간 이외에 트위터로 대통령을 모욕하였다고 하여 군조직의 질서 및 통수체계 유지가 침해될 수 없음은 물론이고 그에 대한 구체적 위험이나 추상적 위험도 발생하였다고 하기는 곤란하다.

피고인을 모욕죄로 처벌하지 않은 것은 피해자인 대통령이 고소하기는 어려웠기 때문일 것이다. 그러나 만약 피고인의 행위로 인해 군조직의 질서와 국군 통수체계에 대한 위험이 발생하였다고 할 경우 대통령은 형법상의 모욕죄가 인정될 것인지 아니면 상관모욕죄가 인정될 것인지에 상관없이 고소를 해야 했을 것이다. 이것으로 미루어볼 때에도 피고인의 행위가 군조직의 질서유지와 군통수체계 유지에 아무런 위험을 발생시키지 않았다고 해야 할 것이다.

[주 제 어]
위치추적 전자장치, 대법원판결, 평석, 사실관계, 판결요지

[Key words]
The Electronic Monitoring, The Decision of Korean Supreme Court, The Case Review, The Fact of the case, The Summary of Decision

접수일자: 2014. 5. 13. 심사일자: 2014. 6. 16. 게재확정일자: 2014. 6. 20.

[참고문헌]

법원실무제요 형사(Ⅱ), 법원행정처, 2008년.

신동운, 신형사소송법 제3판, 법문사, 2011년.

제4판 주석 형사소송법(Ⅰ), 한국사법행정하회, 2009년.

제4판 주석 형사소송법(Ⅲ), 한국사법행정학회, 2009년.

김재원, 변호사의 의뢰인 비밀 공개(미국의 최근 논의를 중심으로), 인권과 정의 351호, 대한변호사협회, 2005. 11.

김희옥, 증언거부와 형사소송법 제314조의 기타 사유로 인하여 진술할 수 없는 때, 형사판례연구(2), 박영사, 1996년.

김희진, 변호사-의뢰인 (비밀유지) 특권, 재판실무연구, 서울남부지방법원, 2010년.

문주희, 변호사-의뢰인의 비밀유지특권, 재판실무연구, 서울남부지방법원, 2010년.

이보환, 증거물인 서류와 증거서류, 재판자료 제23집, 법원도서관, 1984년.

이상돈, 변호사와 의뢰인과의 관계에 관한 연구, 중앙법학 9집 2호(하), 2007년.

[Abstract]

The Reviews of the Criminal Cases of the Korean Supreme Court in 2013

OH, Young Keun*

In the year of 2013, 171 criminal cases decided by the Korean Supreme Court(KSC) are registered on the internet homepage of the Court. 3 cases of which are decided by the Grand Panel. In this paper, 13 cases of the 171 cases are reviewed which, I think, are comparatively imporant. 4 cases are concerning the general provisions of Korean Criminal Law. The other 6 cases are concening the pariticular provisions of Korean Criminal Law. All the reviews are constituted of 1. The Fact of the Case, 2. The Summary of Decision and 3. The Note.

The contents of this paper is as follows;

I. Introduction

II. The Grnad Panel of the KSC's Judgements

In this chapter, 3cases of the Grand Panel in KSC are reviewed.

III. The KSC's Judgements concerning the General Provisions of Criminal Law

In this chapter, 4 cases are selected and reviewed. The related subjects of the cases are such as the periodical application scope of the

* Prof. Dr., School of Law, Hanyang University.

criminal law, the nature of the crime of indecent assault , the retroactive effect of electric monitoring.

IV. The KSC's Judgements concerning the Particular Provisons of Criminal Law

In this chapter, 6 cases are selected and reviewed. The related subjects of the cases are such as the crime of illegal shooting of the human body, the legal nature of the crime of indecent assault, the crime of defamation in the Military Criminal Act, the computation of the amount of the damages in the crime of malpractice.

刑事判例研究 總目次
(1권~22권)

[刑事判例硏究(1)]

[刑事判例硏究(2)]

[刑事判例硏究(3)]

[刑事判例硏究(4)]

[刑事判例研究(5)]

[刑事判例硏究(6)]

[刑事判例硏究(10)]

[刑事判例研究(11)]

[刑事判例硏究(12)]

[刑事判例研究(15)]

[刑事判例研究(16)]

[刑事判例研究(17)]

[刑事判例硏究(19)]

[刑事判例硏究(20)]

[刑事判例硏究(21)]

한국형사판례연구회 2013년도 발표회

○ 제250회 형사판례연구회(2013.01.07)

김영기 검사: 현실거래에 의한 시세조종과 매매유인 목적 –'도이치증권 v. 대한전선' 사건을 중심으로–

김혜정 교수: 소년법상 보호처분의 성격과 전자장치 부착명령의 요건과의 관계

○ 제251회 형사판례연구회(2013.02.04)

김태명 교수: 대향범에 대한 형법총칙상 공범규정의 적용

오영근 교수: 2012년도 형사판례 회고

○ 제252회 형사판례연구회(2013.03.04)

최병각 교수: 진술과 기록, 그 증거능력 –형사소송법 제313조를 중심으로–

김혜경 교수: 포괄일죄 개념의 부정을 근거로 한 집합범의 죄수판단

○ 제253회 형사판례연구회(2013.04.06–07)

김정옥 검사: 강제채혈 허용요건

김봉수 교수: 횡령죄의 미수범 성립 여부

○ 第254회 형사판례연구회(2013.05.06)

한대균 판사: 형법 제310조의 적용범위와 정당행위

이용식 교수: 횡령죄의 기수성립에 관한 논의구조

○ 第255회 형사판례연구회(2013.06.03)

김영규 검사: 동독 내에서 서독에 적대적인 간첩활동을 한 동독 주민의 형사처벌 여부(소극)

이경렬 교수: '명의수탁자의 처분과 횡령'의 불가벌적 사후행위

○ 第256회 형사판례연구회(2013.07.01)

원혜욱 교수: 정보저장매체의 압수·수색

이원상 교수: 허위사실 적시에 의한 명예훼손죄의 딜레마

○ 第257회 형사판례연구회(2013.10.07)

한제희 검사: 조사자 증언 관련 특신상태의 판단과 증명

이경재 교수: 성매매의 위헌성 여부에 관한 고찰

○ 第258회 형사판례연구회(2013.11.04)

전승수 검사: 가명조서 작성 절차와 방식의 적법성

윤지영 박사: 보호감독자에 의한 미성년자 약취죄 성립요건

○ 第259회 형사판례연구회(2013.12.02)

황만성 교수: 횡령죄의 불가벌적 사후행위와 횡령이득액의 산정

한국형사판례연구회 회칙

1997. 11. 03. 제정
2006. 12. 04. 개정
2007. 12. 10. 개정
2011. 12. 05. 개정
2013. 12. 02. 개정

제 1 장 총 칙

제 1 조 [명칭]

본회는 한국형사판례연구회(이하 '본회'라 함)라 한다.

제 2 조 [주소지]

본회는 서울특별시에 주소지를 둔다.

제 3 조 [목적]

본회는 형사판례를 연구하고 회원 상호간의 의견교환을 장려·촉진·지원함으로써 형사법학 및 형사판례의 발전을 도모함을 목적으로 한다.

제 4 조 [사업]

본회는 전조의 목적을 달성하기 위하여 다음의 사업을 한다.

1. 형사판례연구
2. 월례연구발표회 및 토론회 개최
3. 학술지 '형사판례연구' 및 기타 간행물의 발간
4. 기타 본회의 목적에 적합한 사업

제 2 장 회 원

제 5 조 [회원]

본회의 회원은 본회의 목적에 찬동하는 자로서, 다음 각 호에 따라 구성한다.

1. 정회원은 판사, 검사, 변호사, 대학의 전임강사 이상의 자, 박사학위 소지자 기타 이와 동등한 자격을 갖추었다고 인정되는 자로서 정회원 3인 이상의 추천과 이사회의 승인을 얻은 자로 한다.
2. 준회원은 대학원 박사과정 이상의 연구기관에서 형사법학 및 유관분야를 연구하는 자로서 정회원 1인 이상의 추천과 이사회의 승인을 얻은 자로 한다.
3. 기관회원은 대학도서관 기타 형사법학을 연구하는 유관기관으로 정회원 3인 이상의 추천과 이사회의 승인을 얻은 기관으로 한다.

제 6 조 [권리의무]

회원은 본회의 각종 사업에 참여할 수 있는 권리를 가지며 회칙준수, 총회와 이사회 의결사항의 이행 및 회비납부의 의무를 진다.

제 7 조 [자격상실]

회원 중 본회의 목적에 위배되거나 품위를 손상시키는 행위를 한 자는 이사회의 결의에 의하여 제명할 수 있다.

제 3 장 총 회

제 8 조 [종류와 소집]

① 총회는 정기총회와 임시총회로 하고, 회장이 이를 소집한다.

② 정기총회는 매년 하반기 중에 소집함을 원칙으로 한다.

③ 임시총회는 회장이 필요하다고 인정하거나, 이사회의 의결이 있거나, 재적회원 2/5 이상의 요구가 있을 때에 소집한다.

④ 총회의 소집은 적어도 회의 7일 전에 회의의 목적을 명시하여 회원들에게 통지하여야 한다. 다만 긴급하다고 인정되는 사유가 있는 때에는 예외로 한다.

제 9 조 [권한]

총회의 의결사항은 다음과 같다.

1. 회칙의 제정 및 개정에 관한 사항

2. 회장 · 부회장 및 감사의 선임에 관한 사항
3. 예산 및 결산의 승인에 관한 사항
4. 기타 회장이 이사회의 의결을 거쳐 회부한 사항

제10조 [의결]

총회의 의결은 출석회원 과반수의 찬성으로 한다.

제 4 장 이 사 회

제11조 [구성 및 소집]

① 이사회는 회장, 부회장 및 이사로 구성한다.
② 회장·부회장은 당연직 이사로서, 각각 이사회의 의장 · 부의장이 된다.
③ 이사회는 회장이 필요하다고 인정하거나 이사 3인 이상의 요구가 있을 때에 회장이 소집한다.

제12조 [권한]

이사회는 다음 사항을 심의·의결한다.

1. 사업계획에 관한 사항
2. 재산의 취득 · 관리 · 처분에 관한 사항
3. 총회의 소집과 총회에 회부할 의안에 관한 사항
4. 총회가 위임한 사항
5. 기타 회장이 회부한 본회 운영에 관한 중요사항

제13조 [의결]

이사회의 의결은 재적이사 과반수의 출석과 출석이사 과반수의 찬성으로 한다.

제14조 [상임이사회]

① 회장은 이사회의 효과적인 운영을 위하여 이사 중에서 총무, 연구, 연구윤리, 출판, 섭외, 재무, 법제, 홍보의 업무를 전담할 상임이사를 위촉할 수 있다.
② 상임이사회는 회장, 부회장, 상임이사로 구성한다.
③ 회장은 상임이사회를 소집하고 그 의장이 된다.

④ 이사회는 필요하다고 인정되는 경우에는 그 권한을 상임이사회에 위임할 수 있으며, 회장은 긴급하다고 인정되는 사유가 있는 경우에는 이사회의 권한을 상임이사회로 하여금 대행하게 할 수 있다.
⑤ 상임이사회의 의결은 재적상임이사 과반수의 출석과 출석상임이사 과반수의 찬성에 의한다.

제5장 임 원

제15조 [종류]
본회에 다음의 임원을 둔다.
1. 회장 1인
2. 부회장 4인
3. 이사 5인 이상 40인 이내
4. 감사 2인

제16조 [임원의 선임]
① 회장은 부회장 및 상임이사 중에서 이사회의 추천을 받아 총회에서 선임한다.
② 부회장은 이사 중에서 이사회의 추천을 받아 총회에서 선임한다.
③ 이사는 회장의 추천을 받아 총회에서 선임한다.
④ 감사는 이사회의 추천을 받아 총회에서 선임한다.

제17조 [임원의 직무]
① 회장은 본회를 대표하고 회무 전반을 관장한다.
② 부회장은 회장을 보좌하고, 회장 유고시에 그 직무를 대행한다.
③ 이사는 이사회의 구성원으로서 중요 회무를 심의·의결한다.
④ 감사는 본회의 사업과 회계를 감사하여 정기총회에 보고한다.

제18조 [임원의 임기]
① 임원의 임기는 2년으로 하되 중임할 수 있다.
② 임원이 궐위된 때의 후임자의 임기는 전임자의 잔임기간으로 한다.

제19조 [고문]
① 본회의 발전을 위하여 약간 명의 고문을 둘 수 있다.

② 고문은 이사회의 의결을 거쳐 회장이 위촉한다.

제20조 [간사]

① 회장의 명을 받아 회무를 처리하기 위하여 간사 약간 명을 둘 수 있다.

② 간사는 회장이 임명한다.

제21조 [위원회]

① 본회에 편집위원회와 연구윤리위원회를 둔다.

② 본회 사업의 효율적인 추진을 위하여 이사회의 의결을 거쳐 필요한 분과위원회를 둘 수 있다.

제 6 장 재 무

제22조 [재정]

① 이 회의 재정은 회원의 회비, 기부금, 보조금 및 기타 수입으로 한다.

② 회비의 액수는 이사회가 정한다.

제23조 [예산과 결산]

재정에 관한 수입과 지출은 매년도마다 예산으로 편성하여 총회의 결의를 얻어야 하고 결산은 다음 연도 총회에 보고하여야 한다.

부칙(1997. 11. 03)

제 1 조

발기인 및 발기인 3인 이상의 추천을 받아 이 회의 회원이 되기를 승낙한 자는 제 5 조 제 2 항의 규정에 불구하고 회원이 된다.

부칙(2006. 12. 04)

제 1 조 [시행일]

이 회칙은 이사회의 승인이 있은 날부터 시행한다.

부칙(2007. 12. 10)

제 1 조 [시행일]
이 회칙은 이사회의 승인이 있은 날부터 시행한다.

부칙 (2011. 12. 05.)

제1조 [시행일]
이 회칙은 이사회의 승인이 있은 날부터 시행한다.

부칙 (2013. 12. 02.)

제1조 [시행일]
이 회칙은 이사회의 승인이 있은 날부터 시행한다.

한국형사판례연구회 편집위원회 규정

1997. 11. 03. 제정

2006. 12. 04. 개정

2007. 12. 10. 개정

2013. 12. 02. 개정

제 1 조 [목적]

이 규정은 한국형사판례연구회(이하 '본회'라 함) 회칙 제 4 조 제 3 호에 규정된 학술지 기타 간행물의 발간을 위한 편집위원회(이하 '위원회'라 함)의 구성과 운영에 관한 사항을 정함을 목적으로 한다.

제 2 조 [구성]

위원회는 편집위원장을 포함한 10인 이내의 편집위원으로 구성한다.

제 3 조 [편집위원의 선임 및 임기]

① 편집위원장은 본회의 출판담당 상임이사로 한다.

② 편집위원은 본회의 회원 중에서 이사회가 선임한다.

③ 편집위원의 임기는 2년으로 하되, 연임할 수 있다.

제 4 조 [업무]

위원회의 주요업무는 다음 각 호와 같다.

1. 본회의 학술지 '형사판례연구'의 편집 및 출판
2. '형사판례연구' 원고의 접수 및 게재여부 심사
3. 기타 간행물의 편집 및 출판
4. 편집위원회의 업무와 관련된 지침의 제정

제 5 조 [운영]

① 이 위원회는 위원장 또는 편집위원 과반수의 요구가 있는 경우에 위원장이 소집한다.

② 이 위원회의 의결은 편집위원 과반수의 출석과 출석위원 과반수의

찬성에 의한다.

③ 편집위원장은 위원회의 업무를 효율적으로 수행하기 위하여 편집 간사를 둘 수 있다.

제 6 조 [투고원고의 심사]

① 위원회는 '형사판례연구' 기타 간행물에 투고된 원고를 심사하여 그 게재여부를 의결한다.

② 위원회는 '형사판례연구'에 투고되는 원고의 작성 및 문헌인용방법, 투고절차 등에 관한 지침(투고지침)을 제정할 수 있다.

③ 위원회는 '형사판례연구'에 투고된 원고의 심사기준 및 절차에 관한 지침(심사지침)을 제정할 수 있다.

④ 제1항의 원고 게재여부에 관한 의결은 '可', '否', '수정후 재심의'로 나눈다.

⑤ '수정후 재심의'로 의결된 원고가 수정·투고된 때에는 위원회는 그 재심의를 위원장 또는 약간 명의 위원에게 위임할 수 있고, 재심의의 결정은 '可' 또는 '否'로 한다.

제 7 조 [형사판례연구의 발간]

① '형사판례연구'는 연 1회 발간하며, 발간일자는 매년 6월 30일로 한다.

② 학술대회 발표논문 기타 학회에서 개최하는 학술발표회에서 발표된 논문은 '형사판례연구'의 별책으로 발간할 수 있다.

제 8 조 [개정]

이 규정의 개정은 이사회의 승인을 받아야 한다.

부칙(2006. 12. 04)

제 1 조 [시행일]

이 규정은 이사회의 승인이 있은 날부터 시행한다.

부칙(2007. 12. 10)

제 1 조 [시행일]

이 규정은 이사회의 승인이 있은 날부터 시행한다.

부칙(2013. 12. 02)

제 1 조 [시행일]

이 규정은 이사회의 승인이 있은 날부터 시행한다.

한국형사판례연구회 심사지침

2006. 12. 04. 제정

2007. 12. 10. 개정

제 1 조 [목적]

이 지침은 한국형사판례연구회 편집위원회 규정 제 6 조 제 3 항에 규정된 '형사판례연구' 투고원고에 대한 심사기준 및 절차에 관한 지침을 정함을 목적으로 한다.

제 2 조 [원고모집의 공고]

① 편집위원장은 매년 1월 중에 각 회원에게 전자우편으로 '형사판례연구'에 대한 원고를 모집하는 공문을 발송하고, 본 학회 홈페이지(http://www.kaccs.com)에 원고모집에 관한 사항을 게시한다.

② 원고모집을 공고함에 있어서는 투고절차, 논문작성 및 문헌인용방법, 심사기준 및 절차에 관한 기본적인 사항을 고지하여야 한다.

제 3 조 [원고접수]

① 편집간사는 원고를 접수하고, 각 투고자에게 전화 또는 전자우편으로 접수결과를 통보한다

② 편집간사는 투고자의 인적사항, 논문제목, 접수일자, 분량 등을 기재한 접수결과표를 작성하여 투고원고를 편집위원장에게 송부한다.

③ 편집위원장은 투고원고가 편집위원회가 정한 투고지침에 현저히 위배된다고 판단하는 경우에는 투고자에게 수정을 요구할 수 있다.

제 4 조 [심사위원의 선정 및 심사원고 송부]

① 편집위원장은 각 투고원고에 대해 3인의 심사위원을 선정하고, 각 심사위원에게 심사기한을 정하여 심사원고를 송부한다.

② 심사위원을 선정함에 있어서는 해당분야에 대한 심사위원의 전문성을 고려하고 심사의 공정성을 기할 수 있도록 유의한다.

③ 심사원고에는 투고자의 인적사항이 기재되어서는 안 되며, 이미 기재되어 있는 경우에는 그 내용 가운데 인적 사항을 추론할 수 있

는 부분을 삭제한다.

제 5 조 [투고원고에 대한 심사]

① 심사위원은 투고원고를 심사하고 심사평가서를 작성하여 심사기간 내에 이를 편집위원장에게 송부한다.

② 심사위원은 투고원고를 심사함에 있어서는 다음의 각 호의 사항을 기준으로 한다.

1. 일반연구의 논문의 경우에는 주제의 창의성, 연구방법의 적절성, 내용의 완결성, 논문작성 및 문헌인용방법의 정확성, 연구결과의 학문적 기여도
2. 번역논문의 경우에는 번역의 필요성, 번역의 정확성 및 학문적 기여도

제 6 조 [투고원고에 대한 게재여부의 결정]

① 편집위원장은 심사위원의 심사평가가 완료된 후 투고원고에 대한 게재여부의 결정을 위한 편집회의를 개최한다.

② 편집위원장은 심사결과표를 작성하여 편집회의에 보고하고, 편집회의에서는 이를 토대로 게재여부를 결정한다. 다만 투고원고의 게재여부에 대한 최종결정이 있을 때까지 투고자 및 심사위원의 인적사항이 공개되지 않도록 유의하여야 한다.

③ 투고원고에 대한 게재여부의 결정은 다음 각 호의 기준에 의한다.

1. 3인의 심사위원 모두 게재 '可' 의견을 내거나, 2인의 심사위원이 게재 '可' 그리고 1인이 '수정후 재심의' 의견을 낸 때에는 게재 '可'로 결정한다. 다만 수정을 조건으로 할 수 있다.
2. 1인의 심사위원이 게재 '可' 의견을 내고 2인이 '수정후 재심의' 의견을 내거나 3인의 심사위원이 모두 '수정후 재심의' 의견을 낸 때에는 '수정후 재심의' 결정을 한다.
3. 투고원고에 대한 심사결과 심사위원 중 1인 이상이 게재 '否' 의견을 낸 경우에는 게재하지 아니한다. 다만 2인이 게재 '可' 의견을 내고 1인이 게재 '否' 의견을 낸 때에는 '수정후 재심의' 결정을 할 수 있다.

④ 수정원고에 대한 심사는 편집위원회 규정 제6조 제4항에 따라 편집위원장이 직접 또는 약간 명의 심사위원에게 위임하여 게재 '可' 또는 '否'로 결정한다. 다만 '수정후 재심의'결정된 원고에 대하여 투고자가 수정을 거부한 경우에는 '否'로 결정한다.

⑤ 편집위원장은 게재결정이 내려진 투고원고가 타인의 원고를 표절한 것이거나 이미 다른 학술지에 게재한 사실이 있는 것으로 밝혀진 때에는 게재결정을 취소한다.

제 7 조 [심사결과의 통보, 이의신청]

① 편집위원장은 편집회의 후 즉시 각 투고자에게 결정결과 및 이유 그리고 사후절차를 내용으로 하는 공문을 발송한다.

② 게재 '否' 결정을 받은 투고자는 편집위원장에게 이의신청을 할 수 있으며, 편집위원장은 이의신청에 대해서 인용 또는 기각여부를 결정한다.

③ 편집위원장이 이의신청에 대해 인용결정을 한 때에는 심사위원을 다시 선정하고 심사를 의뢰하여 그 결과에 따라 게재 '可' 또는 '否' 결정을 한다.

제 8 조 [최종원고의 제출, 교정 및 편집]

① 게재 '可'의 결정을 통보받은 투고자는 정해진 기간 내에 최종원고를 작성하여 편집간사에게 제출한다.

② 최종원고에 대한 교정 및 편집에 관한 사항은 편집위원장이 결정하며, 필요한 때에는 교정쇄를 투고자에게 송부하여 교정을 하게 할 수 있다.

제 9 조 [논문게재예정증명서의 발급]

편집위원장은 '형사판례연구'의 발행 이전에 최종적으로 게재가 결정된 원고에 대하여 투고자의 신청이 있는 경우에는 '논문게재예정증명서'를 발급한다.

제10조 ['형사판례연구' 게재논문의 전자출판]

'형사판례연구'에 게재된 논문의 전자출판과 관련된 사항은 편집위원회의 결정에 따른다.

부칙(2006. 12. 04)

제 1 조 [시행일]
이 지침은 '형사판례연구' 제15권 발행시부터 적용한다.

부칙(2007. 12. 10)

제1조 [시행일]
이 지침은 '형사판례연구' 제16권 발행시부터 적용한다.

한국형사판례연구회 투고지침

2006.12.04. 제정

2007.12.10. 개정

2011.12.05. 개정

제 1 조 [목적]

이 지침은 한국형사판례연구회 편집위원회 규정 제 6 조 제 2 항에 규정된 '형사판례연구' 투고원고에 대한 논문작성, 문헌인용방법 및 투고절차에 관한 사항을 정함을 목적으로 한다.

제 2 조 [논문제출]

① 투고원고는 다른 학술지에 발표되지 않은 것으로서 형법, 형사소송법 및 행형법 등 형사법 분야에 관한 것이어야 한다.

② 투고자는 원고마감기한 내에 투고신청서와 함께 원고파일 및 심사용 출력원고 3부를 편집간사에게 직접 또는 등기우편으로 제출한다. 다만 심사용 출력원고에는 필자가 누구임을 알 수 있는 사항(성명, 소속, 직위, 연구비지원 등)이 기재되어서는 안 된다.

③ 원고파일은 한글 프로그램으로 다음 각 호의 형식에 따라 작성하여 플로피디스켓 또는 전자우편으로 제출한다.

1. 용지종류 및 여백 : A4, 위쪽 35mm, 오른쪽 및 왼쪽 30mm, 아래쪽 30mm
2. 글자모양 및 크기 : 휴먼명조체 11포인트(단 각주는 10포인트)
3. 줄간격 : 160%

④ 투고원고의 분량은 원고지 120매 이하를 원칙으로 하며 이를 초과하는 경우 초과게재료를 납부하여야 한다.

⑤ 투고원고가 이 지침에 현저히 위반되는 경우 편집간사는 투고자에게 수정을 요구할 수 있다.

⑥ 편집간사는 투고원고의 접수결과를 편집위원장에게 보고하고, 투고자에게 전화 또는 전자우편으로 접수결과를 통보한다.

제 3 조 [논문작성방법]

① 투고원고의 작성에 있어서는 편집위원회 규정 및 이 지침에 규정된 사항을 준수하여야 한다.

② 투고원고는 다음 각 호의 내용으로 구성되어야 한다.

1. 제목(한글 및 외국어)
2. 저자명, 소속기관(한글 및 외국어). 저자(공동저자 포함)의 소속 기관은 각주 형태로 표기한다.
3. 목차
4. 본문(항목번호는 Ⅰ, 1, (1), 가, ①, A의 순서로 함)
5. 주제어(5단어 내외의 한글 및 외국어)
6. 초록(500단어 내외의 외국어)

③ 투고원고의 내용은 원칙적으로 국문으로 작성되어야 한다. 다만 외국인의 원고 기타 논문의 특성상 외국어로 작성되어야 하는 것은 외국어로 작성할 수 있으나 국문으로 된 번역문을 첨부하여야 한다.

④ 제 2 항 각 호의 외국어는 영어, 독일어, 프랑스어, 중국어, 일본어 중의 하나로 작성한다.

⑤ 저자가 2인 이상인 경우에는 책임저자와 공동저자의 구분을 명시하여야 한다.

제 4 조 [논문작성시 유의사항]

투고원고를 작성함에 있어서는 다음 각 호의 사항에 유의하여야 한다.

1. 국내외의 문헌을 인용함에 있어서는 최신의 문헌까지 인용하되 가급적 교과서 범주를 넘어서 학술논문 수준의 문헌을 인용하고, 교과서의 경우에는 출판연도와 함께 판수를 정확하게 기재한다.
2. 외국법에 관한 논문이 아닌 한 국내의 학술논문을 인용하여 국내 학설의 현황을 파악할 수 있도록 하고, 외국문헌은 필요한 한도 내에서 인용한다.
3. 이론이나 학설을 소개하는 경우 일부 문헌만을 근거로 삼지 않고

될수록 많은 문헌을 인용하여 다수설 및 소수설의 평가가 정확히 되도록 유의한다.

4. 기존의 학설을 비판하거나 새로운 학설을 주장하는 경우 그 근거되는 논의상황이 국내의 상황인지 또는 외국의 상황인지를 명확하게 구별하고, 자신의 주장이 해석론인지 형사정책적 제안인지도 분명히 제시한다.
5. 원고는 원칙적으로 한글로 작성하며 한자와 외국어는 혼동이 생길 수 있는 경우에만 괄호 안에 넣어서 표기한다.
6. 외국의 논문이 번역에 가깝게 게재논문의 기초가 되어서는 안 된다.

제 5 조 [문헌인용의 방법]

다른 문헌의 내용을 인용하는 경우에는 다음 각 호의 방식에 의하고, 각주에서 그 출처를 밝혀야 한다.

1. 인용되는 내용이 많은 경우에는 별도의 문단으로 인용하고, 본문과 구별되도록 인용문단 위와 아래를 한 줄씩 띄우고 글자크기를 10포인트 그리고 양쪽 여백을 4ch(칸)으로 설정한다.
2. 인용되는 내용이 많지 않은 경우에는 인용부호(“ ”)를 사용하여 표시한다.
3. 인용문의 내용 중 일부를 생략하는 경우에는 생략부호(…)를 사용하고, 내용을 변경하는 경우에는 변경표시([ ])를 하여야 한다.
4. 인용문의 일부를 강조하고자 할 때에는 국문은 밑줄을 쳐서 표시하고 영문은 이탤릭체를 사용한다.

제 6 조 [각주의 내용]

① 각주에서는 원칙적으로 한글을 사용하여야 하고, 인용되는 문헌이 외국문헌인 경우에도 저자명, 논문제목, 서명 또는 잡지명, 발행지, 출판사 등과 같은 고유명사를 제외한 나머지는 한글로 표기한다. 특히 See, Cf, Ibid, Supra, Hereinafter, et al, etc, Vgl, Dazu, Siehe, a.a.O., f(ff), usw 등과 같이 외국어로 된 지시어는 사용하지 않는다.

② 인용문헌이 여러 개인 경우에는 각각의 문헌 사이에 세미콜론(;)을 표기하여 구분한다.

③ 문헌을 재인용하는 경우에는 원래의 문헌을 표시한 후 괄호 안에 참조한 문헌을 기재한 후 '재인용'이라고 표시한다.

④ 제1항 내지 제3항 및 제7조 내지 제11조에 규정된 이외의 사항에 대하여는 한국법학교수협의회에서 결정한「논문작성 및 문헌인용에 관한 표준(2000)」에 따른다.

제 7 조 [인용문헌의 표시]

① 인용되는 문헌이 단행본인 경우에는 저자, 서명, 판수, 발행지 : 출판사, 출판연도, 면수의 순서로 기재한다. 다만 발행지와 출판사는 생략할 수 있다.

② 인용되는 문헌이 논문인 경우에는 저자, 논문제목, 서명(잡지인 경우에는 잡지명, 권수 호수), 발행지 : 출판사, 출판연월, 면수의 순서로 기재한다. 다만 발행지와 출판사는 생략할 수 있고, 월간지의 경우에는 권수와 호수 및 출판년도 대신에 '○○○○년 ○월호'로 기재할 수 있다. 그리고 논문 제목은 동양문헌인 때에는 인용부호(" ")안에 기재하고, 서양문헌인 때에는 별도의 표시 없이 이탤릭체로 표기한다.

예) 김종서, "현행 지방자치관계법의 비판적 검토", 인권과 정의 1992년 3월호, 99쪽.

③ 서명 및 잡지명은 그 명칭의 전부를 기재하여야 한다. 다만 외국문헌의 경우 처음에는 그 전부를 표기하고 이후부터는 약어로 기재할 수 있다.

④ 저자가 두 명인 경우에는 저자명 사이에 가운데점(·)을 표시하고, 세 명 이상인 경우에는 대표 저자만을 표기한 후 '외(外)'라고 기재한다.

⑤ 인용문헌이 편집물인 경우에는 저자명 뒤에 '편(編)'이라고 기재한다.

⑥ 인용문헌이 번역물인 경우에는 저자명 뒤에 사선(/)을 긋고, 번역자의 이름을 기입한 뒤 '역(譯)'이라고 기재한다.

예) Karl Larenz·Claus-Wilhelm Canaris/허일태 역, 법학방법론, 2000, 120쪽.

⑦ 기념논문집, 공청회자료집 등은 서명 다음에 콜론(:)을 표시하고

그 내용을 표시한다.

예) 현대형사법의 쟁점과 과제 : 동암 이형국 교수 화갑기념논문집

제 8 조 [판례의 표시]

① 판례는 선고법원, 선고연월일, 사건번호 및 출처의 순서로 개재하되, 출처는 괄호 안에 표기한다.

예) 대법원 1996. 4. 26. 선고 96다1078 판결(공 1996상, 1708), 대전고법 2000. 11. 10. 선고 2000노473 판결(하집 2000(2), 652)

② 판례의 출처는 다음 각 호와 같이 약어를 사용하여 표시한다.

1. 법원공보(또는 판례공보) 1987년 125면 이하 → 공 1987, 125
2. 대법원판례집 제11권 2집 형사편 29면 이하 → 집11(2), 형 29
3. 고등법원판례집 1970년 형사·특별편 20면 이하 → 고집 1970, 형특 20
4. 하급심판결집 1984년 제 2 권 229면 → 하집 1984(2), 229
5. 판례카드 3675번 → 카 3675
6. 헌법재판소판례집 제5권 2집 14면 이하 → 헌집5(2), 14
7. 헌법재판소공보 제3호 255면 → 헌공3, 255
8. 판례총람 형법 338조 5번 → 총람 형338, 5

③ 외국판례는 당해 국가에서 일반적으로 사용되는 표기방법에 따른다.

제 9 조 [법령의 표시]

① 법령은 공식명칭을 사용하여야 하며, 띄어쓰기를 하지 않고 모두 붙여 쓴다.

② 법령의 이름이 긴 경우에는 '[이하 ○○○이라고 한다]'고 표시한 후 일반적으로 사용되는 약칭을 사용할 수 있다.

예) 성폭력범죄의처벌및피해자보호등에관한법률[이하 성폭력특별법이라고 한다]

③ 법령의 조항은 '제○조 제○항 제○호'의 방식으로 기재하며, 필요한 경우에는 본문, 단서, 전문 또는 후문을 특정하여야 한다.

④ 법령이 개정 또는 폐지된 때에는 그 연월일 및 법령 호수를 기재

하여야 한다.

예) 형사소송법(1995. 12. 29. 법률 제5054호로 개정되고 1997. 12. 13. 법률 제5435호로 개정되기 이전의 것) 제201조의2 제1항

⑤ 외국의 법령은 당해 국가에서 일반적으로 사용되는 표기방법에 따른다.

제10조 [기타 자료의 표시]

① 신문에 실린 자료는 작성자와 기사명이 있는 경우 저자명, “제목", 신문명, 연월일자, 면을 표시하고, 작성자와 기사명이 없는 경우에는 신문명, 연월일, 면을 표시한다.

예) 박상기, “부동산 명의신탁과 횡령죄”, 법률신문, 1997. 10. 27, 14쪽.

② 인터넷 자료는 저자명, “자료명”, URL, 검색일자를 표시한다.

예) 박영도 외, “법률문화 및 법률용어에 관한 국민여론 조사”, http://www.klri.re.kr/LIBRARY/library.html, 2002. 6. 1.검색.

제11조 [동일한 문헌의 인용표시]

① 앞의 각주에서 제시된 문헌을 다시 인용할 경우에는 저자명, 주 ○)의 글(또는 책), 면의 순서로 표기한다.

② 바로 앞의 각주에서 인용된 문헌을 다시 인용하는 경우에는 앞의 글(또는 앞의 책), 면의 순서로 표기한다.

③ 하나의 각주에서 동일한 문헌을 다시 인용할 경우는 같은 글(또는 같은 책), 면의 순서로 표기한다.

제12조 [표 및 그림의 표시]

표와 그림은 <표 1>, <그림 1>의 방식으로 일련번호와 제목을 표시하고, 표와 그림의 왼쪽 아랫부분에 그 출처를 명시하여야 한다.

제13조 [편집위원회의 결정통보 및 수정원고 제출]

① 편집위원회는 투고원고에 대한 심사위원의 평가가 완료된 후 편집회의를 개최하여 투고원고에 대한 게재여부를 결정하고 투고자에게 그 결과를 서면 또는 전자우편으로 통지한다.

② 편집위원회가 투고원고에 대하여 ‘수정후 재심의’ 결정을 한 경우

투고자는 정해진 기간 내에 수정원고를 제출하여야 한다.

제14조 [학회비 및 게재료 납부]

① 편집위원회에 의해 게재결정된 투고원고는 투고자가 당해 연도 회비를 납부한 경우에 한하여 학회지에 게재될 수 있다.

② 편집위원회에 의해 게재결정된 투고원고의 투고자는 다음 각 호의 구분에 의하여 게재료를 납부하여야 한다.

1. 교수 및 실무가: 편당 20만원
2. 강사 기타: 편당 10만원

③ 투고원고(외국어 초록 포함)의 분량이 원고지 120매를 초과하고 150매 이하인 경우에는 1매당 3천원, 150매를 초과하는 경우에는 1매당 5천원의 초과게재료를 납부하여야 한다.

제15조 [논문연구윤리 준수]

① 투고원고는 논문연구윤리 확인서에 포함된 논문연구윤리를 준수하여야 한다.

② 투고원고는 논문연구윤리 확인서를 제출한 경우에 한하여 학회지에 게재될 수 있다.

제16조 [논문사용권 등 위임동의서 제출]

투고원고는 논문사용권 및 복제·전송권 위임동의서를 제출한 경우에 한하여 학회지에 게재될 수 있다.

제17조 [중복게재의 제한]

① '형사판례연구'에 게재된 논문은 다른 학술지에 다시 게재할 수 없다.

② 편집위원회는 제 1 항에 위반한 투고자에 대하여 결정으로 일정기간 투고자격을 제한할 수 있다.

부칙(2006. 12. 04)

제 1 조 [시행일]

이 지침은 '형사판례연구' 제15권 발행시부터 적용한다.

부칙(2007. 12. 10)

제 1 조 [시행일]
이 지침은 '형사판례연구' 제16권 발행시부터 적용한다.

부칙 (2011.12.05.)

제1조 [시행일]
이 지침은 '형사판례연구' 제20권 발행시부터 적용한다.

한국형사판례연구회 연구윤리위원회 규정

2007. 12. 10. 제정

2008. 06. 02. 개정

제 1 조 [목적]

이 규정은 연구윤리위반행위의 방지 및 건전한 연구윤리의 확보를 위한 기본적인 원칙과 방향을 제시하고, 한국형사판례연구회(이하 '본회'라 함) 회원의 연구윤리위반행위에 대한 조치와 절차 등을 규정함을 목적으로 한다.

제 2 조 [연구윤리위반행위]

연구윤리위반행위는 다음 각 호의 하나에 해당하는 것을 말한다.

1. "위조" — 존재하지 않는 데이터 또는 연구결과 등을 허위로 만들어 내는 행위
2. "변조" — 연구의 재료·장비·과정 등을 인위적으로 조작하거나 데이터를 임의로 변형·삭제함으로써 연구의 내용 또는 결과를 왜곡하는 행위
3. "표절" — 타인의 아이디어, 연구의 내용 또는 결과 등을 정당한 승인 또는 인용 없이 도용하는 행위
4. "부당한 논문저자 표시" — 연구내용 또는 결과에 대하여 과학적·기술적 공헌 또는 기여를 한 사람에게 정당한 이유 없이 논문저자 자격을 부여하지 않거나, 과학적·기술적 공헌 또는 기여를 하지 않은 자에게 감사의 표시 또는 예우 등을 이유로 논문저자 자격을 부여하는 행위
5. "중복게재" — 과거에 공간된 논문 등 저작물을 중복하여 출판하는 행위

6. “조사방해·부정은폐”—본인 또는 타인의 연구윤리위반행위의 의혹에 대한 조사를 고의로 방해하거나 제보자에게 위해를 가하는 행위

제 3 조 [연구윤리위원회]

① 연구윤리위반행위의 조사·의결을 위하여 연구윤리위원회(이하 ‘위원회’라 함)를 둔다.

② 연구윤리위원회는 연구윤리위원장을 포함한 10인 이내의 위원으로 구성한다.

③ 연구윤리위원장(이하 ‘위원장’이라 함)은 본회의 연구윤리담당 상임이사로 한다.

④ 연구윤리위원(이하 ‘위원’이라 함)은 본회 회원 중에서 이사회가 선임한다.

⑤ 연구윤리위원의 임기는 1년으로 하며, 연임할 수 있다.

제 4 조 [연구윤리위원회의 조사]

① 위원장은 다음 각 호의 경우 위원회에 연구윤리위반 여부의 조사를 요청하여야 한다.

1. 제보 등에 의하여 연구윤리위반행위에 해당한다는 의심이 있는 때
2. 본회 회원 10인 이상이 서면으로 연구윤리위반행위에 대한 조사를 요청한 때

② 제보의 접수일로부터 만 5년 이전의 연구윤리위반행위에 대해서는 이를 접수하였더라도 처리하지 않음을 원칙으로 한다. 단, 5년 이전의 연구윤리위반행위라 하더라도 피조사자가 그 결과를 직접 재인용하여 5년 이내에 후속 연구의 기획·수행, 연구결과의 보고 및 발표에 사용하였을 경우와 공공의 복지 또는 안전에 위험이 발생하거나 발생할 우려가 있는 경우에는 이를 처리하여야 한다.

③ 연구윤리위반행위의 사실 여부를 입증할 책임은 위원회에 있다. 단, 피조사자가 위원회에서 요구하는 자료를 고의로 훼손하였거나 제출을 거부하는 경우에 요구자료에 포함되어 있다고 인정되는 내용의 진실성을 입증할 책임은 피조사자에게 있다.

④ 위원회는 제보자와 피조사자에게 의견진술, 이의제기 및 변론의 권리와 기회를 동등하게 보장하여야 하며 관련 절차를 사전에 알려주어야 한다.

제 5 조 [연구윤리위원회의 의결]

① 위원회의 연구윤리위반결정은 재적위원 과반수의 출석과 출석위원 3분의 2 이상의 찬성으로 의결한다.

② 조사·의결의 공정을 기하기 어려운 사유가 있는 위원은 당해 조사·의결에 관여할 수 없다. 이 경우 당해 위원은 재적위원의 수에 산입하지 아니한다.

제 6 조 [제보자의 보호]

① 제보자는 연구윤리위반행위를 인지한 사실 또는 관련 증거를 위원회에 알린 자를 말한다.

② 제보자는 구술·서면·전화·전자우편 등 가능한 모든 방법으로 제보할 수 있으며 실명으로 제보함을 원칙으로 한다. 단, 익명의 제보라 하더라도 서면 또는 전자우편으로 논문명, 구체적인 연구윤리위반행위의 내용과 증거를 포함하여 제보한 경우 위원회는 이를 실명 제보에 준하여 처리하여야 한다.

③ 위원회는 제보자가 연구윤리위반행위 신고를 이유로 부당한 압력 또는 위해 등을 받지 않도록 보호해야 할 의무를 지니며 이에 필요한 시책을 마련하여야 한다.

④ 제보자의 신원에 관한 사항은 정보공개의 대상이 되지 않으며, 제보자가 신고를 이유로 제 3 항의 불이익을 받거나 자신의 의지에 반하여 신원이 노출될 경우 위원회 및 위원은 이에 대한 책임을 진다.

⑤ 제보자는 연구윤리위반행위의 신고 이후 진행되는 조사 절차 및 일정 등을 알려줄 것을 위원회에 요구할 수 있으며, 위원회는 이에 성실히 응하여야 한다.

⑥ 제보 내용이 허위인 줄 알았거나 알 수 있었음에도 불구하고 이를

신고한 제보자는 보호 대상에 포함되지 않는다.

제 7 조 [피조사자의 보호]

① 피조사자는 제보 또는 위원회의 인지에 의하여 연구윤리위반행위의 조사대상이 된 자 또는 조사 수행 과정에서 연구윤리위반행위에 가담한 것으로 추정되어 조사의 대상이 된 자를 말하며, 조사 과정에서의 참고인이나 증인은 이에 포함되지 아니한다.

② 위원회는 검증 과정에서 피조사자의 명예나 권리가 부당하게 침해되지 않도록 주의하여야 한다.

③ 연구윤리위반행위에 대한 의혹은 판정 결과가 확정되기 전까지 외부에 공개되어서는 아니 된다.

④ 피조사자는 연구윤리위반행위의 조사·처리절차 및 처리일정 등을 알려줄 것을 위원회에 요구할 수 있으며, 위원회는 이에 성실히 응하여야 한다.

제 8 조 [예비조사]

① 예비조사는 연구윤리위반행위의 의혹에 대하여 조사할 필요가 있는지 여부를 결정하기 위한 절차를 말하며, 신고 접수일로부터 30일 이내에 착수하여야 한다.

② 예비조사 결과 피조사자가 연구윤리위반행위 사실을 모두 인정한 경우에는 본조사 절차를 거치지 않고 바로 판정을 내릴 수 있다.

③ 예비조사에서 본조사를 실시하지 않는 것으로 결정할 경우 이에 대한 구체적인 사유를 결정일로부터 10일 이내에 제보자에게 문서 또는 전자우편으로 통보한다. 단, 익명제보의 경우는 그러하지 않다.

④ 제보자는 예비조사 결과에 대해 불복하는 경우 통보를 받은 날로부터 30일 이내에 위원회에 이의를 제기할 수 있다.

제 9 조 [본조사]

① 본조사는 연구윤리위반행위의 사실 여부를 입증하기 위한 절차를 말하며, 예비조사에서 본조사의 필요성이 인정된 경우 즉시 착수하여야 한다.

② 위원회는 제보자와 피조사자에게 의견진술의 기회를 주어야 하며, 본조사결과를 확정하기 이전에 이의제기 및 변론의 기회를 주어야 한다. 당사자가 이에 응하지 않을 경우에는 이의가 없는 것으로 간주한다.

③ 제보자와 피조사자의 이의제기 또는 변론 내용과 그에 대한 처리결과는 조사결과 보고서에 포함되어야 한다.

제10조 [판정]

① 판정은 본조사결과를 확정하고 이를 제보자와 피조사자에게 문서 또는 전자우편으로 통보하는 절차를 말하며, 본조사에 의하여 연구윤리위반이 인정된 경우 즉시 하여야 한다.

② 예비조사 착수 이후 판정에 이르기까지의 모든 조사 일정은 6개월 이내에 종료되어야 한다.

③ 제보자 또는 피조사자가 판정에 불복할 경우에는 통보를 받은 날로부터 30일 이내에 본회 회장에게 이의신청을 할 수 있으며, 본회 회장은 이의신청 내용이 합리적이고 타당하다고 판단할 경우 이사회의 결정으로 임시 조사위원회를 구성하여 재조사를 실시하여야 한다.

제11조 [위원회의 권한과 의무]

① 위원회는 조사과정에서 제보자·피조사자·증인 및 참고인에 대하여 진술을 위한 출석을 요구할 수 있고 피조사자에게 자료의 제출을 요구할 수 있으며, 이 경우 피조사자는 반드시 이에 응하여야 한다.

② 위원회 및 위원은 제보자의 신원 등 위원회의 직무와 관련하여 알게 된 사항에 대하여 비밀을 유지하여야 한다.

제12조 [조사의 기록과 정보의 공개]

① 위원회는 조사 과정의 모든 기록을 음성, 영상, 또는 문서의 형태로 5년 이상 보관하여야 한다.

② 조사결과 보고서는 판정이 끝난 이후 공개할 수 있다. 단, 증인·참고인·자문에 참여한 자의 명단 등은 당사자에게 불이익을 줄 가능성이 있을 경우 공개하지 않을 수 있다.

제13조 [연구윤리위반행위에 대한 조치]
위원회가 연구윤리위반행위로 결정한 때에는 다음 각 호의 조치를 취하여야 한다.

1. 투고원고를 '형사판례연구' 논문목록에서 삭제
2. 투고자에 대하여 3년 이상 '형사판례연구'에 논문투고 금지
3. 위반사항을 한국형사판례연구회 홈페이지에 1년간 공고
4. 한국학술진흥재단에 위반내용에 대한 세부적인 사항 통보

제14조 [연구윤리에 대한 교육]
위원회는 본회 회원의 연구윤리의식을 고취시키기 위하여 연구수행과정에서 준수해야 할 연구윤리 규범, 부정행위의 범위, 부정행위에 대한 대응방법 및 검증절차 등에 관한 교육을 실시하여야 한다.

제15조 [규정의 개정]
이 규정의 개정은 이사회의 의결에 의한다.

부칙(2008. 06. 02)

제 1 조 [시행일]
이 규정은 이사회의 의결이 있은 날부터 시행한다.

한국형사판례연구회 임원명단

2014년 6월 현재

한국형사판례연구회 회원명부

2014년 6월 현재

〈학 계〉

성 명	직 위	근 무 처	우편번호	주 소	직장/자택 전화번호
강 기 정	교수	창원대 법학과	641-773	경남 창원시 의창구 창원대학로 20	055-213-3203
강 동 범	교수	이화여대 법학전문대학원	120-750	서울 서대문구 이화여대길 52	02-3277-4480
강 석 구	부연구위원	형사정책 연구원	137-715	서울 서초구 태봉로 114	02-3460-5128
강 수 진	교수	고려대 법학전문대학원	136-701	서울 성북구 인임동 5가 1번지	02-3290-2889
강 우 예	교수	한국해양대 해사법학부	606-791	부산 영도구 태종로 727	051-410-4393
권 오 걸	교수	경북대 법학전문대학원	702-701	대구 북구 대학로 80	053-950-5473
권 오 봉	교수	부산대 법학전문대학원	609-735	부산 금정구 부산대학로63번길 2	051-510-1574
권 창 국	교수	전주대 법정학부	560-759	전북 전주시 완산구 효자동3가 1200번지	063-220-2242
김 봉 수	교수	전남대 법학전문대학원	500-757	광주 북구 용봉로 77	062-530-2278
김 선 복	교수	부경대 법학과	608-737	부산 남구 용소로 45	051-629-5441
김 성 돈	교수	성균관대 법학전문대학원	110-745	서울 종로구 성균관로 25-2	02-760-0343

성 명	직 위	근 무 처	우편번호	주 소	직장/자택 전화번호
김 성 룡	교수	경북대 법학전문대학원	702-701	대구 북구 대학로 80	053-950-5459
김 성 은	교수	강원대 법학전문대학원	200-701	강원 춘천시 강원대학길 1 (효자2동 192-1)	033-250-6539
김 성 천	교수	중앙대 법학전문대학원	156-756	서울 동작구 흑석로 84	02-820-5447
김 영 철	교수	건국대 법학전문대학원	143-701	서울 광진구 능동로 120	02-2049-6047
김 영 환	교수	한양대 법학전문대학원	133-791	서울 성동구 왕십리로 222	02-2220-0995
김 유 근	부연구위원	형사정책연구원	137-715	서울 서초구 태봉로 114	02-3460-5182
김 인 선	명예교수	순천대 법학과	540-950	전남 순천시 중앙로 255	061-750-3430
김 인 회	교수	인하대 법학전문대학원	402-751	인천 남구 인하로 100	032-860-8965
김 재 봉	교수	한양대 법학전문대학원	137-791	서울 성동구 왕십리로 222	02-2220-1303
김 재 윤	교수	전남대 법학전문대학원	500-757	광주 북구 용봉로 77	062-530-2240
김 재 희	박사	성균관대 법학연구소 선임연구원	110-745	서울시 종로구 성균관로 25-2	02-760-1288
김 정 환	교수	연세대 법학전문대학원	120-749	서울 서대문구 연세로 50	02-2123-3003
김 종 원	명예교수	성균관대 법학과	110-745	서울 종로구 성균관로 25-2	02-760-0922
김 태 명	교수	전북대 법학전문대학원	561-756	전북 전주시 덕진구 백제대로 567	063-270-4701

성 명	직 위	근 무 처	우편번호	주 소	전화번호 직장/자택
김 택 수	교수	계명대 경찰법학과	704-919	대구 달서구 달구벌대로 1095	053-580-5468
김 한 균	부연구위원	형사정책연구원	137-715	서울 서초구 태봉로 114	02-3460-5163
김 혁 돈	교수	가야대 경찰행정학과	621-748	경남 김해시 삼계로 208번지	055-330-1145
김 형 준	원장	중앙대 법학전문대학원	156-756	서울 동작구 흑석로 84	02-820-5421
김 혜 경	교수	계명대 경찰행정학과	704-919	대구 달서구 달구벌대로 1095	053-580-5956
김 혜 정	교수	영남대 법학전문대학원	712-749	경북 경산시 대학로 280	053-810-2616
김 희 균	교수	서울시립대 법학전문대학원	130-743	서울 동대문구 서울시립대로 163	02-6490-5102
김 희 옥	총장	동국대	100-715	서울 중구 필동로 1길 30	02-2260-3011
노 수 환	교수	성균관대 법학전문대학원	110-745	서울시 종로구 성균관로 25-2	02-760-0354
도 중 진	교수	충남대 평화안보대학원	305-764	대전 유성구 대학로 99번지	042-821-5297
류 부 곤	교수	한경대 법학과	456-749	경기 안성시 중앙로 327 (석정동 67)	031-670-5304
류 석 준	교수	영산대 법률학과	626-790	경남 양산시 주남로 288	055-380-9423
류 인 모	교수	인천대 법학과	406-772	인천 연수구 아카데미로 119	032-835-8324
류 전 철	교수	전남대 법학전문대학원	500-757	광주 북구 용봉로 77	062-530-2283

성 명	직 위	근 무 처	우편번호	주 소	직장/자택 전화번호
류 화 진	교수	영산대 법률학과	626-790	경남 양산시 주남로 288	055-380-9448
문 성 도	교수	경찰대 법학과	446-703	경기 용인시 기흥구 언남로 74	031-620-2562
민 영 성	교수	부산대 법학전문대학원	609-735	부산 금정구 부산대학로63번길 2	051-510-2514
박 강 우	교수	충북대 법학전문대학원	361-763	충북 청주시 흥덕구 내수동로 52번지	043-261-2622
박 광 민	원장	성균관대 법학전문대학원	110-745	서울 종로구 성균관로 25-2	02-760-0359
박 기 석	교수	대구대 경찰행정학과	712-714	경북 경산시 진량읍 대구대로 201	053-850-6182
박 미 숙	선임 연구위원	형사정책 연구원	137-715	서울 서초구 태봉로 114	02-3460-5166
박 상 기	교수	연세대 법학전문대학원	120-749	서울 서대문구 연세로 50	02-2123-3005
박 상 진	교수	건국대 법학과	380-701	충북 충주시 단월동 322	043-840-3429
박 수 희	교수	관동대 경찰행정학과	210-701	강원 강릉시 범일로 579번길 24	033-649-7336
박 찬 걸	교수	대구가톨릭대 경찰행정학과	712-702	경북 경산시 하양읍 하양로 13-13	053-850-3339
박 혜 진	연구원	고려대학교 법학연구원	136-701	서울 성북구 안암로 145 고려대학교 CJ법학관 405호	02-3290-1630
백 원 기	교수	인천대 법학과	406-772	인천 연수구 아카데미로 119	032-835-8328
변 종 필	교수	동국대 법학과	100-715	서울 중구 필동로 1길 30	02-2260-3238

성 명	직 위	근 무 처	우편번호	주 소	직장 자택 전화번호
서 거 석	총장	전북대 법학전문대학원	561-756	전북 전주시 덕진구 백제대로 567	063-270-2001
서 보 학	교수	경희대 법학전문대학원	130-701	서울 동대문구 경희대로 26	02-961-0614
성 낙 현	교수	영남대 법학전문대학원	712-749	경북 경산시 대학로 280	053-810-2623
손 동 권	교수	건국대 법학전문대학원	143-701	서울 광진구 능동로 120	02-450-3599
손 지 영	연구위원	사법정책 연구원	410-777	경기도 고양시 일산동구 호수로 550	031-920-3550
송 광 섭	교수	원광대 법학전문대학원	570-749	전북 익산시 원광대학로 22	063-850-6373
승 재 현	부연구 위원	형사정책 연구원	137-715	서울 서초구 태봉로 114	02-3460-5164
신 동 운	교수	서울대 법학전문대학원	151-743	서울 관악구 관악로 1	02-880-7563
신 양 균	교수	전북대 법학전문대학원	561-756	전북 전주시 덕진구 백제대로 567	063-270-2666
심 재 무	교수	경성대 법학과	608-736	부산 남구 수영로 309	051-663-4518
심 희 기	교수	연세대 법학전문대학원	120-749	서울 서대문구 연세로 50	02-2123-6037
안 경 옥	교수	경희대 법학전문대학원	130-701	서울 동대문구 경희대로 26	02-961-0517
안 성 조	교수	제주대 법학전문대학원	690-756	제주 제주시 제주대학로 102	064-754-2988
안 원 하	교수	부산대 법학전문대학원	609-735	부산 금정구 부산대학로63번길 2	051-510-2502

성 명	직 위	근 무 처	우편번호	주 소	직장/자택 전화번호
오 경 식	교수	강릉원주대 법학과	210-702	강원 강릉시 지변동 산1	033-640-2211
오 병 두	교수	홍익대 법학과	121-791	서울 마포구 상수동 72-1	02-320-1822
오 영 근	교수	한양대 법학전문대학원	133-791	서울 성동구 왕십리로 222	02-2220-0994
원 재 천	교수	한동대 법학과	791-708	경북 포항시 북구 흥해읍 한동로 558	054-260-1268
원 혜 욱	교수	인하대 법학전문대학원	402-751	인천 남구 인하로 100	032-860-7937
유 용 봉	교수	한세대 경찰행정학과	435-742	경기 군포시 당정동 604-5	031-450-5272
윤 동 호	조교수	국민대 법학과	136-702	서울 성북구 정릉로 77	02-910-4488
윤 용 규	교수	강원대 법학전문대학원	200-701	강원 춘천시 강원대학길 1 (효자2동 192-1)	033-250-6517
윤 지 영	부연구위원	형사정책 연구원	137-715	서울 서초구 태봉로 114	02-3460-5136
윤 해 성	연구위원	형사정책 연구원	137-715	서울 서초구 태봉로 114	02-3460-5156
은 숭 표	교수	영남대 법학전문대학원	712-749	경북 경산시 대학로 280	053-810-2615
이 강 민	강사	이화여대 법학과	120-750	서울 서대문구 이화여대길 52	02-3277-4936
이 경 렬	교수	숙명여대 법학과	140-742	서울 용산구 청파로47길 100	02-710-9806
이 경 재	교수	충북대 법학전문대학원	361-763	충북 청주시 흥덕구 내수동로 52번지	043-261-2612

성 명	직 위	근 무 처	우편번호	주 소	직장 자택 전화번호
이 경 호	교수	한국해양대 해사법학부	606-791	부산 영도구 태종로 727	051-410-4393
이 근 우	교수	가천대 법학과	461-701	경기 성남시 수정구 성남대로 1342	031-750-8728
이 기 헌	교수	명지대 법학과	120-728	서울 서대문구 거북골로 34	02-300-0813
이 기 호	교수	경찰대 법학과	446-703	경기 용인군 기흥구 언남로 74	031-620-2462
이 동 희	교수	경찰대 법학과	446-703	경기 용인군 기흥구 언남로 74	031-620-2662
이 상 문	교수	군산대 해양경찰학과	573-701	전북 군산시 대학로 558 (미룡동 산68)	063-469-1893
이 상 용	교수	명지대 법학과	120-728	서울 서대문구 거북골로 34	02-300-0817
이 상 원	교수	서울대 법학전문대학원	151-743	서울 관악구 관악로 1	02-880-2618
이 상 현	교수	숭실대 국제법무학과	156-743	서울 동작구 상도로 369	02-820-0486
이 승 준	교수	충북대 법학전문대학원	361-763	충북 청주시 흥덕구 내수동로 52번지	043-261-3689
이 승 현	연구 위원	형사정책 연구원	137-715	서울 서초구 태봉로 114	02-3460-5193
이 승 호	교수	건국대 법학전문대학원	143-701	서울 광진구 능동로 120	02-450-3597
이 영 란	명예교수	숙명여대 법학과	140-742	서울 용산구 청파로47길 1	02-710-9494
이 용 식	교수	서울대 법학전문대학원	151-743	서울 관악구 관악로 1	02-880-7557

성 명	직 위	근 무 처	우편번호	주 소	직장/자택 전화번호
이 원 경	강사	인하대, 상명대	150-918	서울 영등포구 여의도동 47 자이@ 301-1802	02-786-9130
이 원 상	교수	조선대 법학과	501-759	광주광역시 동구 필문대로 309	062-230-6073
이 유 진	선임 연구위원	청소년정책 연구원	137-715	서울 서초구 태봉로 114	02-2188-8835
이 윤 제	교수	아주대 법학전문대학원	443-749	경기 수원시 영통구 월드컵로 206	031-219-3784
이 은 모	교수	한양대 법학전문대학원	137-791	서울 성동구 왕십리로 222	02-2220-2573
이 인 영	교수	백석대 법정경찰학부	330-704	충남 천안시 동남구 문암로 76	041-550-2124
이 정 념	박사	독일괴팅엔대 형사법연구소			
이 정 민	교수	단국대 법학과	448-701	경기 용인시 수지구 죽전로 152	031-8005-3973
이 정 원	교수	영남대 법학전문대학원	712-749	경북 경산시 대학로 280	053-810-2629
이 정 훈	교수	중앙대 법학전문대학원	156-756	서울 동작구 흑석로 84	02-820-5456
이 주 원	교수	고려대 법학전문대학원	136-701	서울 성북구 안암동 5가 1번지	02-3290-2882
이 진 국	교수	아주대 법학전문대학원	443-749	경기 수원시 영통구 월드컵로 206	031-219-3791
이 진 권	교수	한남대 경찰행정학과	306-791	대전 대덕구 오정동 133	042-629-8465
이 창 섭	교수	제주대 법학전문대학원	690-756	제주 제주시 제주대학로 102	064-754-2976

성 명	직 위	근 무 처	우편번호	주 소	직장/자택 전화번호
이 천 현	연구위원	형사정책 연구원	137-715	서울 서초구 태봉로 114	02-3460-5125
이 태 언	교수	부산외대 법학과	609-815	부산 금정구 금샘로 485번길 65	051-509-5991
이 호 중	교수	서강대 법학전문대학원	121-742	서울 마포구 백범로 35	02-705-7843
이 희 경	강사	이화여대 법학과	120-192	서울 서대문구 북아현2동 두산@ 102-1604	
임 정 호	연구위원	법무법인 남산	100-706	서울 중구 충무로 1가 25-5 고려대연각타워 17층	02-777-0550
임 창 주	교수	서영대학교 법무경찰행정과	500-742	광주 북구 운암동 서가로 1번	062-520-5255
장 규 원	교수	원광대 경찰행정학과	570-749	전북 익산시 익산대로 460	063-850-6905
장 성 원	교수	세명대 법학과	390-711	충북 제천시 세명로 65	043-649-1208
장 승 일	강사	전남대학교 법학과	500-757	광주 북구 용봉로 77	062-530-2207
장 연 화	교수	인하대 법학전문대학원	402-751	인천 남구 인하로 100	032-860-8972
장 영 민	교수	이화여대 법학전문대학원	120-750	서울 서대문구 이화여대길 52	02-3277-3502
전 지 연	교수	연세대 법학전문대학원	120-749	서울 서대문구 연세로 50	02-2123-5996
전 현 욱	부연구위원	형사정책 연구원	137-715	서울 서초구 태봉로 114	02-3460-9295
정 도 희	교수	경상대 법학과	660-701	경남 진주시 진주대로 501	02-772-2042

성 명	직 위	근 무 처	우편번호	주 소	전화번호 (직장/자택)
정 승 환	교수	고려대 법학전문대학원	136-701	서울 성북구 안암동5가 1번지	02-3290-2871
정 영 일	교수	경희대 법학전문대학원	130-701	서울 동대문구 경희대로 26	02-961-9142
정 웅 석	교수	서경대 법학과	136-704	서울 성북구 서경로 124	02-940-7182
정 준 섭	교수	숙명여대 법학과	140-742	서울 용산구 청파로47길 100	02-710-9935
정 진 수	선임 연구위원	형사정책 연구원	137-715	서울 서초구 태봉로 114	02-3460-5127
정 한 중	교수	한국외대 법학전문대학원	130-791	서울 동대문구 이문로 107	02-2173-3258
정 행 철	명예교수	동의대 법학과	614-714	부산 부산진구 엄광로 176	051-890-1360
정 현 미	교수	이화여대 법학전문대학원	120-750	서울 서대문구 이화여대길 52	02-3277-3555
조 국	교수	서울대 법학전문대학원	151-743	서울 관악구 관악로 1	02-880-5794
조 균 석	교수	이화여대 법학전문대학원	120-750	서울 서대문구 이화여대길 52	02-3277-6858
조 병 선	교수	청주대 법학과	360-764	충북 청주시 상당구 대성로 298	043-229-8221
조 상 제	교수	아주대 법학전문대학원	443-749	경기 수원시 영통구 월드컵로 206	031-219-2759
조 준 현	교수	성신여대 법학과	136-742	서울 성북구 보문로 34다길 2	02-920-7124
조 현 욱	학술 연구교수	건국대 법학연구소	143-701	서울 광진구 능동로 120	02-450-3297

성 명	직 위	근 무 처	우편번호	주 소	직장/자택 전화번호
주 승 희	교수	덕성여대 법학과	132-714	서울 도봉구 쌍문동 419	02-901-8177
천 진 호	교수	동아대 법학전문대학원	602-760	부산 서구 구덕로 225	051-200-8509
최 민 영	부연구위원	형사정책 연구원	137-715	서울 서초구 태봉로 114	02-3460-5178
최 병 각	교수	동아대 법학전문대학원	602-760	부산 서구 구덕로 225	051-200-8528
최 병 문	교수	상지대 법학과	220-702	강원 원주시 우산동 660	033-730-0242
최 상 욱	교수	강원대 법학전문대학원	200-701	강원 춘천시 강원대학길 1 (효자2동 192-1)	033-250-6516
최 석 윤	교수	한국해양대 해양경찰학과	606-791	부산 영도구 태종로 727	051-410-4238
최 우 찬	교수	서강대 법학전문대학원	121-742	서울 마포구 백범로 35	02-705-8404
최 준 혁	교수	인하대 법학전문대학원	402-751	인천 남구 인하로 100	032-860-7926
최 호 진	교수	단국대 법학과	448-701	경기 용인시 수지구 죽전로 152	031-8005-3290
탁 희 성	선임 연구위원	형사정책 연구원	137-715	서울 서초구 태봉로 114	02-3460-5161
하 태 영	교수	동아대 법학전문대학원	602-760	부산 서구 구덕로 225	051-200-8573
하 태 훈	교수	고려대 법학전문대학원	136-701	서울 성북구 안암동5가 1번지	02-3290-1897
한 상 돈	교수	아주대 법학전문대학원	443-749	경기 수원시 영통구 월드컵로 206	031-219-3786

성 명	직 위	근 무 처	우편번호 / 주 소	직장/자택 전화번호
한 상 훈	교수	연세대 법학전문대학원	120-749 서울 서대문구 연세로 50	02-2123-5998
한 영 수	교수	아주대 법학전문대학원	443-749 경기 수원시 영통구 월드컵로 206	031-219-3783
한 인 섭	교수	서울대 법학전문대학원	151-743 서울 관악구 관악로 1	02-880-7577
허 일 태	교수	동아대 법학전문대학원	602-760 부산 서구 구덕로 225	051-200-8516
홍 승 희	교수	원광대 법학전문대학원	570-749 전북 익산시 원광대학로 22	063-850-6469
황 만 성	교수	원광대 법학전문대학원	570-749 전북 익산시 원광대학로 22	063-850-6467
황 태 정	교수	경기대 경찰행정학과	443-760 경기 수원시 영통구 광교산로 154-42	031-249-9337
황 호 원	교수	한국항공대 항공우주법학과	412-791 경기 고양시 덕양구 항공대학로 76	02-300-0345

〈변 호 사〉

이 름	직 위	근 무 지	우편번호	주 소	직장 / 자택 전화번호
강 민 구	대표 변호사	법무법인 진솔	137-883	서울 서초구 서초중앙로 148 김영빌딩 11층	02-536-2455
강 용 현	대표 변호사	법무법인 태평양	135-911	서울 강남구 테헤란로 137 현대해상빌딩 17층	02-3404-1001 (3404-0184)
곽 무 근	변호사	법무법인 로고스	135-973	서울 강남구 테헤란로 87길 36(삼성동 159-9 도심공항타워 14층)	02-2188-1000 (2188-1049)
권 광 중	고문 변호사	법무법인 광장	100-770	서울 중구 남대문로 63 한진빌딩	02-2191-3031
금 태 섭	변호사	법무법인 공존	137-874	서울 서초구 서초대로 272 한국아이비에스빌딩 8층	02-532-6464
김 광 준	변호사	김광준 법률사무소	135-272	서울 강남구 도곡2동 527 도곡레슬아파트 201-402	02-576-0968
김 광 준	변호사	법무법인 태평양	135-911	서울 강남구 테헤란로 137 현대해상빌딩 17층	02-3404-1001 (3404-0481)
김 대 휘	대표 변호사	법무법인 화우	135-798	서울 강남구 영동대로 517 아셈타워 22층	02-6003-7120
김 동 건	대표 변호사	법무법인 바른	135-846	서울 강남구 테헤란로 92길 7 바른빌딩	02-3476-5599 (3479-7500)
김 동 철	대표 변호사	법무법인 유앤아이	302-831	대전 서구 둔산중로 74 인곡타워 3층	042-472-0041
김 상 헌	대표이사	NHN	463-867	경기 성남시 분당구 불정로 6 NAVER그린팩토리	1588-3830
김 상 희	변호사	김상희 법률사무소	137-884	서울 서초구 서초동 1702-9 상림빌딩 301호	02-536-7373
김 성 준	변호사	김성준 법률사무소	132-821	서울 도봉구 도봉동 626-134 율촌빌딩3층	02-3493-0100

이 름	직 위	근 무 지	우편번호	주 소	직장 자택 전화번호
김 주 덕	대표 변호사	법무법인 태일	137-885	서울 서초구 서초동 1719-3 태흥빌딩 4층	02-3481-4200
김 진 환	고문 변호사	법무법인 충정	100 724	서울 중구 태평로2가 120 신한은행빌딩	02-772-2700 (772-2788)
문 성 우	대표 변호사	법무법인 바른	135-846	서울 강남구 테헤란로 92길 7 바른빌딩	02-3476-5599 (3479-2322)
문 영 호	변호사	법무법인 태평양	135-911	서울 강남구 테헤란로 137 현대해상빌딩 17층	02-3404-1001 (3404-0539)
박 민 식	국회의원	국회	150-702	서울 영등포구 여의도동 1번지 국회의원회관 621호	02-784-2316
박 영 관	변호사	법무법인 동인	137-955	서울 서초구 서초대로74길 4 삼성생명서초타워 17층	02-2046-1300 (2046-0656)
박 혜 진	변호사	김&장 법률사무소	110-720	서울 종로구 사직로8길 39 세양빌딩	02-3703-1114 (3703-4610)
백 승 민	고문 변호사	테크앤로 법률사무소	110-714	서울 종로구 종로 1 교보생명빌딩 15층	02-2010-8840
백 창 수	변호사	법무법인 징률	135-839	서울 강남구 테헤란로 408 대치빌딩	02-2183-5500 (2183-5539)
서 우 정	부사장	삼성생명	100-742	서울 중구 태평로2가 삼성본관빌딩 11층 법무실	02-751-3490
석 동 현	변호사	법무법인 대호	612-827	부산 해운대구 해운대로 309 리드빌딩 3층	051-744-2014
선우 영	대표 변호사	법무법인 세아	135-729	서울 강남구 삼성동 159-1 트레이드타워 205호	02-6000-0040 (6000-0089)
소 병 철	변호사	소병철 법률사무소		(전 법무연수원장)	
손 기 식	센터장	서울남부지법 조정센터	158-736	서울 양천구 신월로 386 (전 사법연수원장)	02-2192-1114

이 름	직 위	근 무 지	우편번호	주 소	직장/자택 전화번호
손 기 호	사무총장	대한법률구조공단	740-220	경북 김천시 혁신2로 26	054-810-0132
신 남 규	고문 변호사	법무법인 인	135-080	서울 강남구 역삼동 동주빌딩 11층	02-523-2662
신 용 석	변호사	신용석 법률사무소	137-731	서울 서초구 서초동 1704-1 정곡빌딩 동관 201호	02-595-3400
여 훈 구	변호사	김&장 법률사무소	110-720	서울 종로구 사직로8길 39 세양빌딩	02-3703-1114 (3703-4603)
원 범 연	대표 변호사	법무법인 강남	137-802	서울 서초구 서초중앙로 203 OSB빌딩 4층	02-6010-7000 (6010-7021)
유 병 규	법무팀장	삼성SDS	135-918	서울 강남구 역삼2동 707-19	02-3429-2083
윤 병 철	변호사	법무법인 화우	135-798	서울 강남구 영동대로 517 아셈타워 22층	02-6182-8303
윤 재 윤	대표 변호사	법무법인 세종	100-052	서울 중구 퇴계로 100 스테이트타워 남산 8층	02-316-4114 (316-4205)
이 건 종	법무실장	현대중공업	110-801	서울 종로구 계동 140-2 현대중공업	02-746-4692
이 광 재	변호사	법무법인 보람	143-201	서울 광진구 구의1동 크레신타워 507호	02-457-5522
이 기 배	대표 변호사	법무법인 로월드	137-873	서울 서초구 서초동 1553-5 오퓨런스빌딩 1602호	02-6223-1000
이 명 규	변호사	법무법인 태평양	135-911	서울 강남구 테헤란로 137 현대해상빌딩 17층	02-3404-1001 (3404-0131)
이 상 철	변호사	법무법인 유원	137-883	서울 서초구 서초4동 1695-5 로펌애비뉴빌딩 306호	02-599-3461

이 름	직 위	근 무 지	우편번호	주 소	직장 자택 전화번호
이 용 우	변호사	법무법인 로고스	135-973	서울 강남구 테헤란로 87길 36(삼성동 159-9 도심공항타워빌딩 14층)	02-2188-1001
이 용 주	변호사	법무법인 태원	137-885	서초구 법원로2길 15 길도빌딩 409호	02-535-7234
이 재 홍	변호사	김&장 법률사무소	110-720	서울 종로구 사직로8길 39 세양빌딩	02-3703-1114 (3703-1525)
이 종 상	법무팀장	LG그룹	150-721	서울 영등포구 여의도동 20 LG트윈타워 동관 29층	02-3773-2091
이 충 상	변호사	법무법인 바른	135-846	서울 강남구 테헤란로 92길 7 바른빌딩	02-3476-5599 (3479-7535)
이 훈 규	고문 변호사	법무법인(유) 원	137-858	서울 서초구 강남대로 343 신덕빌딩	02-3019-2700 (3479-2164)
전 주 혜	변호사	법무법인 태평양	135-911	서울 강남구 테헤란로 137 현대해상빌딩 17층	02-3404-1001 (3404-0153)
정 동 기	고문 변호사	법무법인 바른	135-846	서울 강남구 테헤란로 92길 7 바른빌딩	02-3476-5599 (3479-2423)
정 동 욱	고문 변호사	법무법인 케이씨엘	110-727	서울 종로구 종로5길 58 석탄회관빌딩 10층	02-721-4000 (721-4471)
정 석 우	변호사	법무법인 동인	137-955	서울 서초구 서초대로74길 4 삼성생명서초타워 17층	02-2046-1300 (2046-0686)
정 진 규	대표 변호사	법무법인 대륙아주	135-513	서울 강남구 테헤란로 317 동훈타워	02-563-2900
조 영 수	변호사	법무법인 로월드	137-873	서울 서초구 서초동 1553-5 오퓨런스빌딩 1602호	02-6223-1000
최 교 일	변호사	최교일 법률사무소	137-857	서울 서초구 서초동 1321	02-587-2111
최 근 서	변호사	최근서 법률사무소	137-885	서울 서초구 서초동 1713-4 길도빌딩 504호	02-532-1700

이 름	직 위	근 무 지	우편번호	주 소	직장/자택 전화번호
최 동 렬	변호사	법무법인 율촌	135-713	서울 강남구 테헤란로 518 섬유센터 12층)	02-528-5200 (528-5988)
최 정 수	대표 변호사	법무법인 세줄	135-920	서울 강남구 역삼동 718-2 안제타워 17층	02-6200-5500
최 철 환	변호사	김&장 법률사무소	110-720	서울 종로구 사직로8길 39 세양빌딩	02-3703-1114 (3703-1874)
추 호 경	원장	한국의료분쟁 조정중재원	100-741	서울 중구 후암로 110 서울시티타워 18층	02-6210-0114
한 영 석	변호사	법무법인 우일	100-740	서울 중구 남대문로5가 526 대우재단빌딩 1103호	02-752-3101
홍 석 조	회장	BGF리테일	135-876	서울 강남구 테헤란로 405	1577-3663
홍 연 숙	변호사	홍연숙 법률사무소	135-820	서울 강남구 학동로 343 포바강남타워	
황 인 규	대표이사	주식회사 충남도시가스	301-840	대전광역시 중구 유등천동로 762	042-336-5100

〈법 원〉

이 름	직 위	근 무 지	우편번호	주 소	직장/자택 전화번호
권 순 건	판사	춘천지방법원	200-715	강원도 춘천시 공지로 284	033-259-9000
권 창 환	판사	의정부지법 고양지원	480-707	경기도 의정부시 녹양로 34번길 23	031-828-0114
권 태 형	부장판사	광주지방법원	501-703	광주광역시 동구 준법로 7-12(지산2동)	062-239-1114
김 광 태	부장판사	서울고등법원	137-735	서울 서초구 서초중앙로 157	02-530-1114
김 기 영	부장판사	서울중앙지법	137-737	서울 서초구 서초중앙로 157	02-530-1114
김 대 웅	부장판사	서울고등법원	137-735	서울 서초구 서초중앙로 157	02-530-1114
김 동 완	판사	서울고등법원	137-735	서울 서초구 서초중앙로 157	02-530-1114
김 용 헌	사무처장	헌법재판소	110-250	서울 종로구 북촌로 15(재동 83)	02-708-3456
김 우 진	부장판사	서울고등법원	137-735	서울 서초구 서초중앙로 157	02-530-1114
김 정 원	부장판사	서울북부지법	132-770	서울 도봉구 마들로 749	02-910-3090
김 형 두	부장판사	서울고등법원	137-735	서울 서초구 서초중앙로 157	02-530-1114
김 희 철	판사	수원지방법원	443-704	경기도 수원시 영통구 월드컵로 120(원천동)	031-210-1114
남 성 민	부장판사	인천지방법원	402-753	인천 남구 소성로 163번길 17(학익동)	032-860-1113
노 진 영	교수	사법연수원	411-777	경기도 고양시 일산동구 호수로 550	031-920-3114

이 름	직 위	근 무 지	우편번호 / 주 소	직장 / 자택 전화번호
박 진 환	지원장	춘천지방법원 원주지원	200-715 강원도 춘천시 공지로 284(효자2동 356)	033-259-9000
오 기 두	부장판사	서울남부지법	158-736 서울 양천구 신월로 386(신정동)	02-2192-1114
오 상 용	부장판사	수원지방법원	443-704 경기도 수원시 영통구 월드컵로 120(원천동)	031-210-1114
우 인 성	판사	서울중앙지법	137-737 서울 서초구 서초중앙로 157	02)530-1114
유 현 정	판사	창원지방법원 마산지원	631-704 창원시 마산합포구 완월동7길 16	055-240-9310
윤 승 은	부장판사	서울중앙지법	137-737 서울 서초구 서초중앙로 157	02-530-1114
이 규 훈	판사	서울동부지법	143-705 서울 광진구 아차산로 404	02-2204-2114
이 민 걸	부장판사	서울고등법원	137-735 서울 서초구 서초중앙로 157	02-530-1114
이 승 련	부장판사	부산고등법원	611-741 부산광역시 연제구 법원로 31	051-590-1114
이 정 환	부장판사	창원지방법원	642-705 경남 창원시 성산구 창이대로 681	055-266-2200
이 창 형	부장판사	서울고등법원	137-735 서울 서초구 서초중앙로 157	02-530-1114
임 경 옥	판사	서울남부지법	158-736 서울 양천구 신월로 386(신정동)	02-2192-1114
임 동 규	부장판사	서울동부지법	143-705 서울 광진구 아차산로 404	02-2204-2031
한 경 환	재판연구관 (판사)	대법원	137-750 서울 서초구 서초대로 219	02-3480-1100

이 름	직 위	근 무 지	우편번호 / 주 소	직장 / 자택 전화번호
한 대 균	판사	서울북부지법	132-770 서울 도봉구 마들로 749	02-910-3173

〈검 찰〉

이 름	직 위	근 무 지	우편번호	주 소	직장 자택 전화번호
고 홍	검사	광주고검	501-707	광주광역시 동구 준법로 7-12	062-231-3114
권 순 철	부장검사	인천지검	402-768	인천 남구 소성로 163번길 49	032-860-4000
권 익 환	범죄정보 기획관	대검찰청	137-730	서울 서초구 반포대로 157	02-3480-2000
권 태 호	검사	대구고검	706-714	대구 수성구 동대구로 364	053-740-3300
김 기 준	검사	부산고검	611-743	부산광역시 연제구 법원로 15	051-606-3300
김 석 우	부장검사	인천지검	402-768	인천 남구 소성로 163번길	032-860-4000
김 영 규	부장검사	수원지검	443-703	수원시 영통구 월드컵로 120	031-210-4200
김 영 기	검사	청주지검	361-704	충북 청주시 서원구 산남로70번길 51	043-299-4000
김 윤 섭	검사	서울동부지검	143-704	서울 광진구 아차산로 404	02-2204-4000
김 종 형	부장검사	인천지검 부천지청	420-703	경기도 부천시 원미구 상일로 127	032-320-4000
김 진 숙	단장	대검찰청 미래기획단	137-730	서울 서초구 반포대로 157	02-3480-2000
류 장 만	부부장 검사	부산지검	611-744	부산 연제구 법원로 15	051-606-3300
박 민 표	검사장	대전지검	302-719	대전광역시 서구 둔산중로78번길 15	042-470-3000
박 수 민	검사	부산지검	611-744	부산광역시 연제구 법원로 15	051-606-3300

이 름	직 위	근 무 지	우편번호	주 소	전화번호 (직장/자택)
박 종 근	부장검사	울산지검	680-705	울산광역시 남구 법대로14번길 37	052-257-9000
박 지 영	피해자인권 과장	대검찰청	137-730	서울 서초구 반포대로 157	02-3480-2000
백 재 명	공안1과장	대검찰청	137-730	서울 서초구 반포대로 157	02-3480-2000
변 창 훈	부장검사	서울중앙지검	137-741	서울특별시 서초구 반포대로 158	02-530-3114
봉 욱	검사장	울산지검	680-705	울산광역시 남구 법대로14번길 37	052-257-9000
신 승 희	검사	대검찰청 미래기획단	137-730	서울 서초구 반포대로 157	02-3480-2000
심 우 정	검찰과장	법무부	427-720	경기도 과천시 관문로 47 정부과천청사 1동	02-2110-3248
안 미 영	인권정책 과장	법무부	427-720	경기도 과천시 관문로 47 정부과천청사 1동	02-2110-3213
안 성 수	단장	법무부 형사사법공통 시스템운영단	427-720	경기도 과천시 관문로 47 정부과천청사 1동	02-535-3181
오 세 인	공안부장	대검찰청	137-730	서울 서초구 반포대로 157	02-3480-2000
유 혁	지청장	춘천지검 속초지청	217-809	강원도 속초시 법대로 15	033-630-4200
이 선 욱	형사기획 과장	법무부	427-720	경기도 과천시 관문로 47 정부과천청사 1동	02-2110-3269
이 선 훈	검사	대전고검	302-709	대전광역시 서구 둔산중로78번길 15	042-470-3000
이 승 호	검사	서울중앙지검	137-741	서울특별시 서초구 반포대로 158	02-530-3114

이 름	직 위	근 무 지	우편번호 / 주 소	직장 / 자택 전화번호
이 완 규	차장검사	청주지검	361-704 충북 청주시 서원구 산남로70번길 51	043-299-4000
이 주 형	형사4부장	서울중앙지검	137-741 서울특별시 서초구 반포대로 158	02-530-3114
이 흥 락	제2차장	대구지검	706-714 대구 수성구 동대구로 364	053-740-3300
전 승 수	부장검사	서울동부지검	143-704 서울 광진구 아차산로 404	02-2204-4000
정 점 식	기획부장	법무연수원	446-776 경기 용인시 기흥구 구성로 243	031-288-2300
정 진 기	형사4부장	수원지검	443-703 수원시 영통구 월드컵로 120	031-210-4200
정 혁 준	검사	서울서부지검	121-713 서울 마포구 마포대로 174	02-3270-4000
조 상 준	수사지휘 과장	대검찰청	137-730 서울 서초구 반포대로 157	02-3480-2000
조 은 석	형사부장	대검찰청	137-730 서울 서초구 반포대로 157	02-3480-2000
조 희 진	차장검사	서울고검	137-740 서울 서초구 반포대로 158	02-530-3114
차 맹 기	형사1부장	서울북부지검	132-700 서울 도봉구 마들로 747	02-3399-4200
최 기 식	통일법무 과장	법무부	427-720 경기도 과천시 관문로 47 정부과천청사 1동	02-2110-3223
최 길 수	검사	서울고검	137-740 서울 서초구 반포대로 158	02-530-3114
최 성 진	과학수사 기획관	대검찰청	137-730 서울 서초구 반포대로 157	02-3480-2000

이 름	직 위	근 무 지	우편번호	주 소	직장/자택 전화번호
최 운 식	지청장	대구지검 김천지청	740-705	경북 김천시 물망골길 33	054-429-4200
최 인 호	부부장검사	인천지검	402-768	인천 남구 소성로 163번길	032-860-4000
최 재 경	검사장	인천지검	402-768	인천 남구 소성로 163번길	032-860-4000
한 웅 재	공판송무과장	대검찰청	137-730	서울 서초구 반포대로 157	02-3480-2000
한 제 희	검찰연구관	대검찰청	137-730	서울 서초구 반포대로 157	02-3480-2000
황 병 주	검찰연구관	대검찰청	137-730	서울 서초구 반포대로 157	02-3480-2000
황 철 규	범죄예방정책국장	법무부	427-720	경기도 과천시 관문로 47 정부과천청사 1동	02-2110-3006

刑事判例硏究 [22]

2014년 6월 20일 초판인쇄
2014년 6월 30일 초판발행

편 자 한국형사판례연구회
발행인 안 종 만
발행처 (주) 박영사
서울특별시 종로구 새문안로3길 36, 1601
전화 (733)6771 FAX (736)4818
등록 1959. 3. 11. 제300-1959-1호(倫)

편자와 협의하여 인지첩부 생략함

www.pybook.co.kr e-mail: pys@pybook.co.kr

ISBN 979-11-303-2643-6
978-89-6454-587-4(세트)

정 가 48,000원

ISSN 1225-6005 22